W0044966

Net IT

Fachqualifikationen
Netzwerktechnologien

Finn Brandt (Herausgeber)

Lars Otten

3., überarbeitete und erweiterte Auflage

Verlag Handwerk und Technik

ISBN 978-3-582-03636-0

Das Werk und seine Teile sind urheberrechtlich geschützt. Jede Nutzung in anderen als den
gesetzlich zugelassenen Fällen bedarf der vorherigen schriftlichen Einwilligung des Verlages.
Hinweis zu § 52 a UrhG: Weder das Werk noch seine Teile dürfen ohne eine solche Einwilligung
eingescannt und in ein Netzwerk eingestellt werden. Dies gilt auch für Intranets von Schulen und
sonstigen Bildungseinrichtungen.
Die Verweise auf Internetadressen und -dateien beziehen sich auf deren Zustand und Inhalt zum
Zeitpunkt der Drucklegung des Werks. Der Verlag übernimmt keinerlei Gewähr und Haftung für
deren Aktualität oder Inhalt noch für den Inhalt von mit ihnen verlinkten weiteren Internetseiten.

Verlag Handwerk und Technik GmbH,
Lademannbogen 135, 22339 Hamburg; Postfach 63 05 00, 22331 Hamburg – 2011
E-Mail: info@handwerk-technik.de – Internet: www.handwerk-technik.de

Umschlagsmotiv: Dell GmbH, 60549 Frankfurt am Main
Layout, Satz und Reproduktion: tiff.any GmbH, 10999 Berlin
Druck und Bindung: Offizin Andersen Nexö Leipzig, 04442 Zwenkau

Dieses erfolgreich eingeführte Unterrichtswerk ist ein Lehr- und Lernmittel für alle technischen und kaufmännischen Ausbildungsberufe, die sich mit der Netzwerk- und Telekommunikationstechnik befassen. In den IT-Berufen und neu geordneten Elektroberufen ist es hervorragend zur Vertiefung geeignet. Darüber hinaus begleitet „Net IT" Unterrichtsschwerpunkte in den entsprechenden Fächern des Beruflichen Gymnasiums, Fachgymnasiums und in den einschlägigen Fachschulen. Das Buch ist sowohl in einer lernfeldorientierten Unterrichtskonzeption als auch als Nachschlagewerk einsetzbar.

In „Net IT" werden die besonderen Fachqualifikationen der Netzwerk- und Telekommunikationstechnik umfassend behandelt. Das Werk baut auf den im Band „T@ke IT" vermittelten Grundqualifikationen auf und erweitert diese. Die fachlichen Inhalte werden auf praxisrelevante Fallbeispiele bezogen und Lösungsansätze aufgezeigt.

Folgende Elemente unterstützen die Darstellungen:
- Definitionen werden rot hervorgehoben.
- Vertiefungen, Beispiele und Tabellen sind blau markiert.
- Praxistipps und Anwendungshinweise sind mit „Tipp" und farblich grün gekennzeichnet.
- Aufgabenstellungen und Arbeitsaufträge am Ende von Abschnitten und Kapiteln sollen zur weiteren Beschäftigung animieren.
- Exkurse stellen in sehr kompakter Form Fakten und Vorschriften zur Verfügung oder behandeln ein umfassendes Beispiel.

Zudem werden Basiskenntnisse der elektrischen und optischen Übertragungstechnik am Ende des Buches dargestellt.

In der vorliegenden zweiten Auflage wurden Fehler bereinigt und Inhalte aktualisiert. Auf die in der ersten Auflage beigefügte CD wird verzichtet, da Programmversionen schnell veralten und sich Download-Quellen ändern (siehe Hinweis S. 440).

Wir wünschen Ihnen viel Spaß und Erfolg mit diesem Buch und danken den aufmerksamen und interessierten Lesern für Rückmeldungen und Anregungen – natürlich werden wir diese auch weiterhin zur Verbesserung des Buches nutzen.

Die Autoren

Ich will offen sein: Ein Psychiater kann Ihnen auch nicht weiterhelfen — was Sie brauchen... das ist ein IT-Spezialist!

Inhaltsverzeichnis

Öffentliche Netze und Dienste

Basiswissen Nachrichtentechnik

Die Firma Lütgens wünscht den Aufbau und die Einrichtung eines Computernetzwerkes. Mit diesem allgemein formulierten Auftrag tritt sie an die Firma B@ltic Networks GmbH heran. Erste Aufgabe muss es also sein, mit dem Kunden eine detaillierte Netzwerkberatung und Netzwerkplanung durchzuführen.

Für eine Argumentation mit einem Kunden müssen die Vor- und Nachteile umfassend dargestellt werden. Nicht alle Anforderungen, die von einem Kunden vorgebracht werden, benötigen zwangsläufig ein vernetztes Gesamtsystem. Folgende Aspekte kennzeichnen eine qualifizierte Beratung:
- Hardwareanforderungen
- Softwareanforderungen
- Sicherheitskriterien
- Datenschutzkriterien
- Wartungsaufwand
- Administrationsaufwand.

Funktion	Beschreibung	Vorteile	Nachteile
Ressource-Sharing	Mehrere Benutzer teilen sich die Nutzung von Peripheriegeräten. Beispiele: Drucker, Plattenspeicher, Bandlaufwerke, CD-ROM-Datenspeicher.	Teure, leistungsfähige Geräte stehen mehreren Benutzern zur Verfügung und werden besser ausgelastet.	Die Peripheriegeräte stehen zum Teil weit entfernt vom Arbeitsplatz. Bei hoher Auslastung der Geräte lange Wartezeiten.
Prozessor-Sharing	Rechenintensive Anwendungen können auf anderen, leistungsfähigeren Rechnern im Netz ablaufen.	Die lokalen Rechner werden entlastet.	Der Zugriff auf die leistungsfähigen Rechner muss organisiert werden.
Software-Sharing	Auf eine auf einem Server befindliche Software kann von allen angeschlossenen Plätzen aus zugegriffen werden.	Geringere Kosten für Softwarelizenzen. Hohes Softwareangebot für alle Anwender.	Weniger Programme für „individuelle" Lösungen.
Data-Sharing	Der Server hält auf seiner Festplatte den Datenbestand, mit dem alle Rechner arbeiten können.	Alle Anwender können auf denselben Datenbestand zugreifen und gemeinsam an Projekten arbeiten.	Große Plattenkapazitäten erforderlich. Hoher Aufwand an Sicherung und Pflege des Datenbestandes. ▶▶

Funktion	Beschreibung	Vorteile	Nachteile
Informationsaustausch	Über Netzwerke lassen sich Informationen suchen, finden und austauschen. Beispiele: WWW, Email, FTP, NEWS (siehe Kapitel 26: Netzdienste)	Jeder Anwender kann selbst leicht Informationen recherchieren oder versenden.	Sicherheitsrelevante Informationen müssen im Netzwerk besonders gegen Diebstahl oder Manipulation gesichert werden. Die Verbreitung von Computerviren wird leichter möglich.
Sicherheitsverbund	Zur Datensicherung können redundante Datenbestände auf einem zweiten Computer angelegt ("gespiegelt") werden.	Die Sicherheit des Datenbestandes wird erhöht.	Es ist ein erhöhter Aufwand an Hard- und Software nötig.

Die folgende Tabelle stellt die wichtigsten Aspekte einer Systemvernetzung dar. Bei einer Abwägung sind Kostenersparnisse bei der Nutzung von Hard- und Software gegen erhöhte Aufwendungen bei der Wartung und Administration gegenüber zu stellen. Insbesondere sind auch Datenschutz- und Datensicherheitsaspekte zu berücksichtigen.

1. Stellen Sie Aspekte und Kriterien zusammen, die aus der Sicht eines Betriebes deutlich gegen eine Vernetzung von Systemen sprechen.
2. Erweitern Sie die obige Tabelle um weitere Kriterien.

Im Dialog mit dem möglichen Auftraggeber, der Firma Lütgens, soll die Firma B@ltic Networks eine Netzwerkplanung durchführen. Erst auf der Grundlage dieser Planung kann ein qualifiziertes Angebot erstellt werden.

Eine qualifizierte und umfassende Netzwerkplanung setzt Kenntnisse über die relevanten technischen und kaufmännischen Aspekte vernetzter IT-Systeme voraus, die zum Beispiel in den Kernqualifikationen (siehe auch Band „T@ke IT") bereitgestellt werden. Die technischen Aspekte werden im weiteren Verlauf dieses Buches behandelt. Darüber hinaus muss eine IT-Fachkraft in der Lage sein, strukturiert den gesamten Geschäftsprozess begleiten zu können. Dazu gehören bis zur Angebotserstellung folgende Teilschritte:

- das Kundengespräch
- der Prozess der Entscheidungsfindung
- die Erstellung eines Pflichtenheftes
- die Kenntnis aller Kalkulationskriterien

Grundlage für eine erfolgreiche Durchführung dieser Aufgaben sind fundierte Erfahrungen in der Aufbereitung und Präsentation von Informationen.

2.1 Kundengespräch

Das erfolgreiche Kundengespräch setzt Übung in der Gesprächsführung und im Umgang mit Kunden voraus, da der Kunde seine Wünsche präzise formulieren muss. Häufig ist der Kunde jedoch dazu nicht in der Lage und kann die Anforderungen nur ungenau vortragen. Folgende Zwecke kann ein Kundengespräch haben:

- Ermittlung der Kundenwünsche
- Ermittlung von Problemstellungen
- Darstellung von Lösungsmöglichkeiten
- Einweisung in Lösungen

Ein Kundengespräch dient dem Informations- und Meinungsaustausch mit dem Kunden.

Für die Vorbereitung eines Kundengespräches sind deshalb folgende Dinge zu klären:

- Welches Ziel hat das Gespräch?
- Um welchen Kunden handelt es sich?
- Wie ist der Betrieb des Kunden strukturiert und organisiert?
- Welche Vorkenntnisse hat der Kunde?
- Welche Gesprächsstrategie ist zu wählen?
- Welche Lösungsmöglichkeiten können angeboten werden?
- Welche Entscheidungshilfen können angeboten werden?
- In welchem Verhältnis stehen Aufwand und Nutzen?
- Welche Hilfs- und Demonstrationsmittel werden benötigt?

Zu der Erörterung der oben formulierten Punkte kommt evtl. noch eine Begutachtung der örtlichen Gegebenheiten hinzu.

2.2 Entscheidungsfindung

Der Prozess einer Entscheidungsfindung kann sehr langwierig sein. Nur auf der Basis relevanter Informationen kann eine angemessene und tragfähige Entscheidung getroffen werden. Die Grafik 2.2-1 stellt mögliche Entscheidungskriterien dar. Die Gewichtung dieser Kriterien obliegt den Entscheidungsträgern.

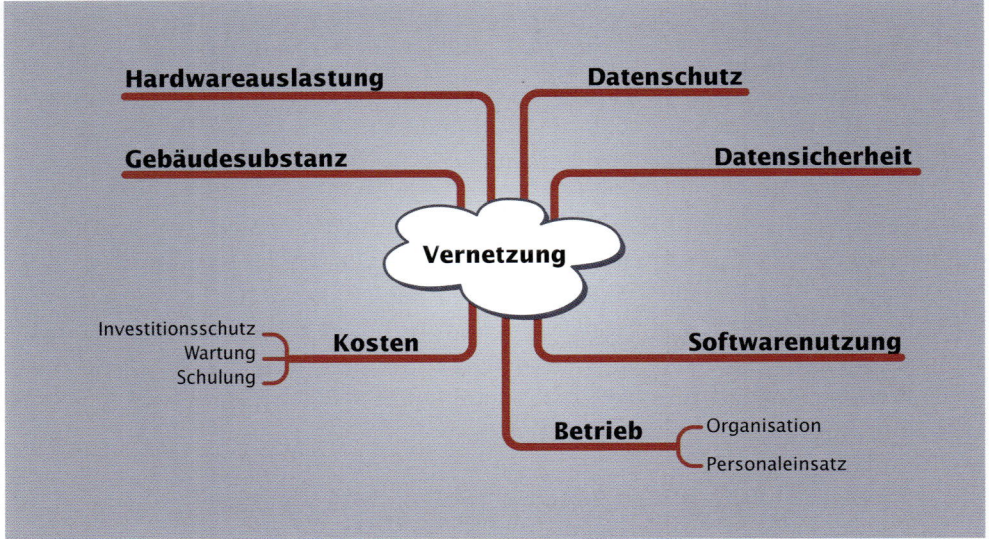

2.2-1
Entscheidungs-
kriterien

1. Erweitern Sie die Mind-Map 2.2-1 um weitere Aspekte. Diskutieren Sie die einzelnen Aspekte mit Ihren Kollegen.
2. Entwickeln Sie einen Kriterienkatalog, welchen Sie bei der Beratung eines Kunden nutzen könnten.

2.3 Projektdurchführung

Für die Durchführung einer Vernetzungsmaßnahme sind ein Lastenheft und ein Pflichtenheft zu erstellen. Welchen Aufgaben diese gerecht werden müssen, ist in der DIN-Norm 69905[1] festgelegt. Diese Norm legt Begriffe für die Abwicklung von Projekten fest. Im Zusammenhang mit dieser Norm steht die Richtlinie VDI/VDE 3694[2] „Lastenheft/Pflichtenheft für den Einsatz von Automatisierungssystemen", die einen Rahmen für das Erstellen von Lasten- und Pflichtenheften vorgibt.

2.3.1 Lastenheft

Im Lastenheft sind alle Anforderungen des Auftraggebers an Lieferungen und Leistungen aufgeführt. Es wird vom Auftraggeber erstellt und dient als Grundlage für Ausschreibungen, Angebote und Verträge. Im Lastenheft werden aus der Sicht des

In einem Lastenheft wird festgelegt, WOFÜR WAS zu entwickeln ist.

Auftraggebers bzw. des Anwenders somit alle Anforderungen und Rahmenbedingungen festgelegt. Diese müssen überprüfbar und bewertbar sein.

Folgendes Raster wird für die Verfassung eines Lastenheftes vorgeschlagen. Es ist zu berücksichtigen, dass sich die zugrunde liegende Richtlinie (VDI/VDE 3694) auf Automatisierungssysteme bezieht. Deshalb ist das Lastenheft hinsichtlich Aufbau und Inhalt den jeweiligen Anforderungen anzupassen.

[1] **DIN**: Deutsches Institut für Normung
[2] **VDI**: Verein Deutscher Ingenieure
VDE: Verband der Elektrotechnik, Elektronik und Informationstechnik

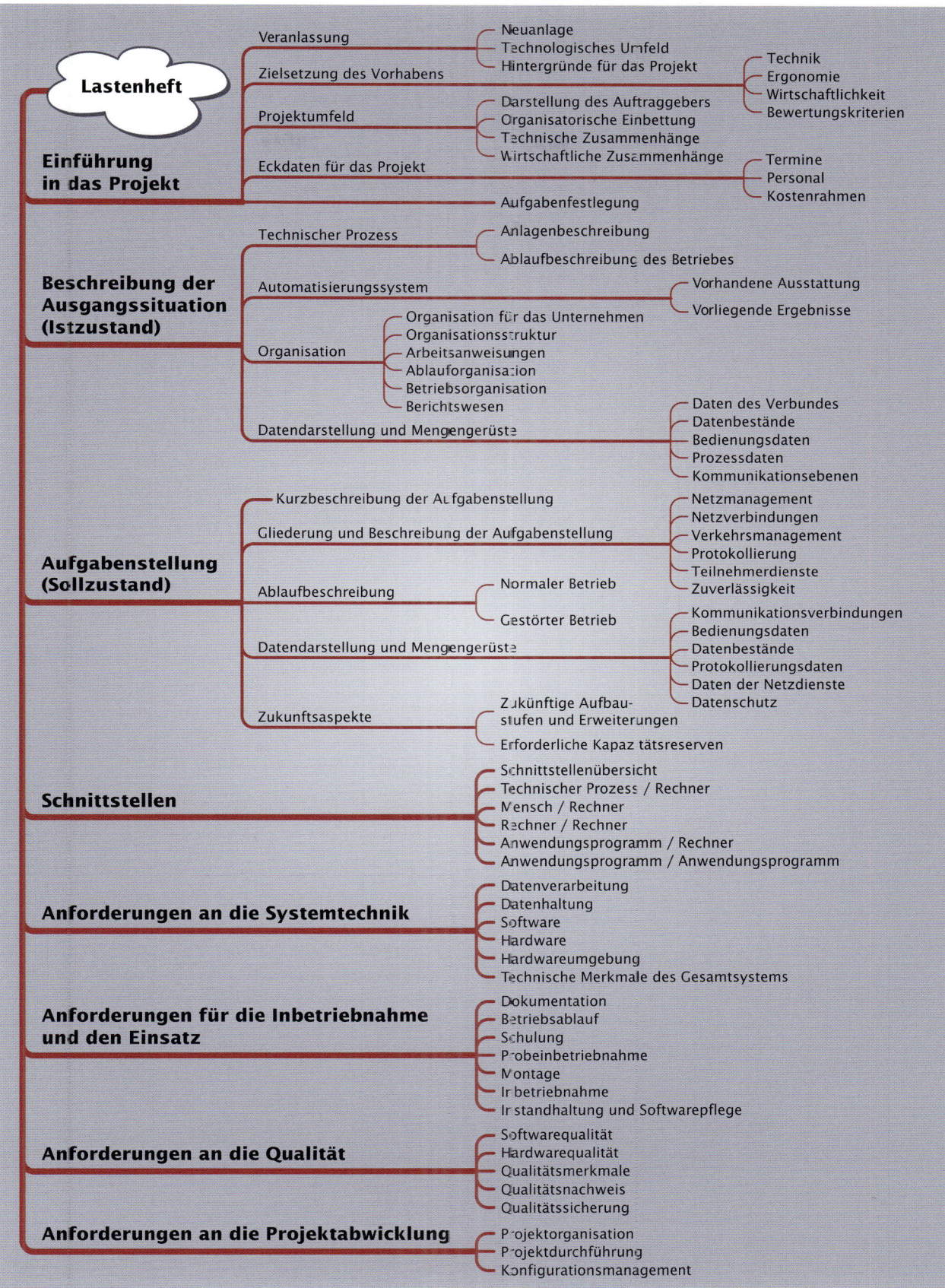

Lastenheft

Einführung in das Projekt
- Veranlassung
  - Neuanlage
  - Technologisches Umfeld
  - Hintergründe für das Projekt
- Zielsetzung des Vorhabens
  - Technik
  - Ergonomie
  - Wirtschaftlichkeit
  - Bewertungskriterien
- Projektumfeld
  - Darstellung des Auftraggebers
  - Organisatorische Einbettung
  - Technische Zusammenhänge
  - Wirtschaftliche Zusammenhänge
- Eckdaten für das Projekt
  - Termine
  - Personal
  - Kostenrahmen
- Aufgabenfestlegung

Beschreibung der Ausgangssituation (Istzustand)
- Technischer Prozess
  - Anlagenbeschreibung
  - Ablaufbeschreibung des Betriebes
- Automatisierungssystem
  - Vorhandene Ausstattung
  - Vorliegende Ergebnisse
- Organisation
  - Organisation für das Unternehmen
  - Organisationsstruktur
  - Arbeitsanweisungen
  - Ablauforganisation
  - Betriebsorganisation
  - Berichtswesen
- Datendarstellung und Mengengerüste
  - Daten des Verbundes
  - Datenbestände
  - Bedienungsdaten
  - Prozessdaten
  - Kommunikationsebenen

Aufgabenstellung (Sollzustand)
- Kurzbeschreibung der Aufgabenstellung
- Gliederung und Beschreibung der Aufgabenstellung
  - Netzmanagement
  - Netzverbindungen
  - Verkehrsmanagement
  - Protokollierung
  - Teilnehmerdienste
  - Zuverlässigkeit
- Ablaufbeschreibung
  - Normaler Betrieb
  - Gestörter Betrieb
- Datendarstellung und Mengengerüste
  - Kommunikationsverbindungen
  - Bedienungsdaten
  - Datenbestände
  - Protokollierungsdaten
  - Daten der Netzdienste
  - Datenschutz
- Zukunftsaspekte
  - Zukünftige Aufbaustufen und Erweiterungen
  - Erforderliche Kapazitätsreserven

Schnittstellen
- Schnittstellenübersicht
- Technischer Prozess / Rechner
- Mensch / Rechner
- Rechner / Rechner
- Anwendungsprogramm / Rechner
- Anwendungsprogramm / Anwendungsprogramm

Anforderungen an die Systemtechnik
- Datenverarbeitung
- Datenhaltung
- Software
- Hardware
- Hardwareumgebung
- Technische Merkmale des Gesamtsystems

Anforderungen für die Inbetriebnahme und den Einsatz
- Dokumentation
- Betriebsablauf
- Schulung
- Probeinbetriebnahme
- Montage
- Inbetriebnahme
- Instandhaltung und Softwarepflege

Anforderungen an die Qualität
- Softwarequalität
- Hardwarequalität
- Qualitätsmerkmale
- Qualitätsnachweis
- Qualitätssicherung

Anforderungen an die Projektabwicklung
- Projektorganisation
- Projektdurchführung
- Konfigurationsmanagement

2.3.1-1 Lastenheft

2.3.2 Pflichtenheft

Alle relevanten Absprachen eines Projektes bezüglich der Ziele und der Durchführung sind in einem Pflichtenheft festzuhalten. Dieses Pflichtenheft ist Vertragsbestandteil zwischen Auftraggeber und Auftragnehmer und wird in der Regel vom Auftragnehmer erstellt. Da das Lastenheft Bestandteil des Pflichtenheftes ist, werden auch alle Vorgaben des Auftraggebers sowie die Realisierungsanforderungen beschrieben. Dies bedeutet auch die Definition des Lösungsweges und der konkreten Systemtechnik.

> *In einem Pflichtenheft ist festgelegt, WIE und WOMIT die Anforderungen des Lastenheftes erfüllt werden.*

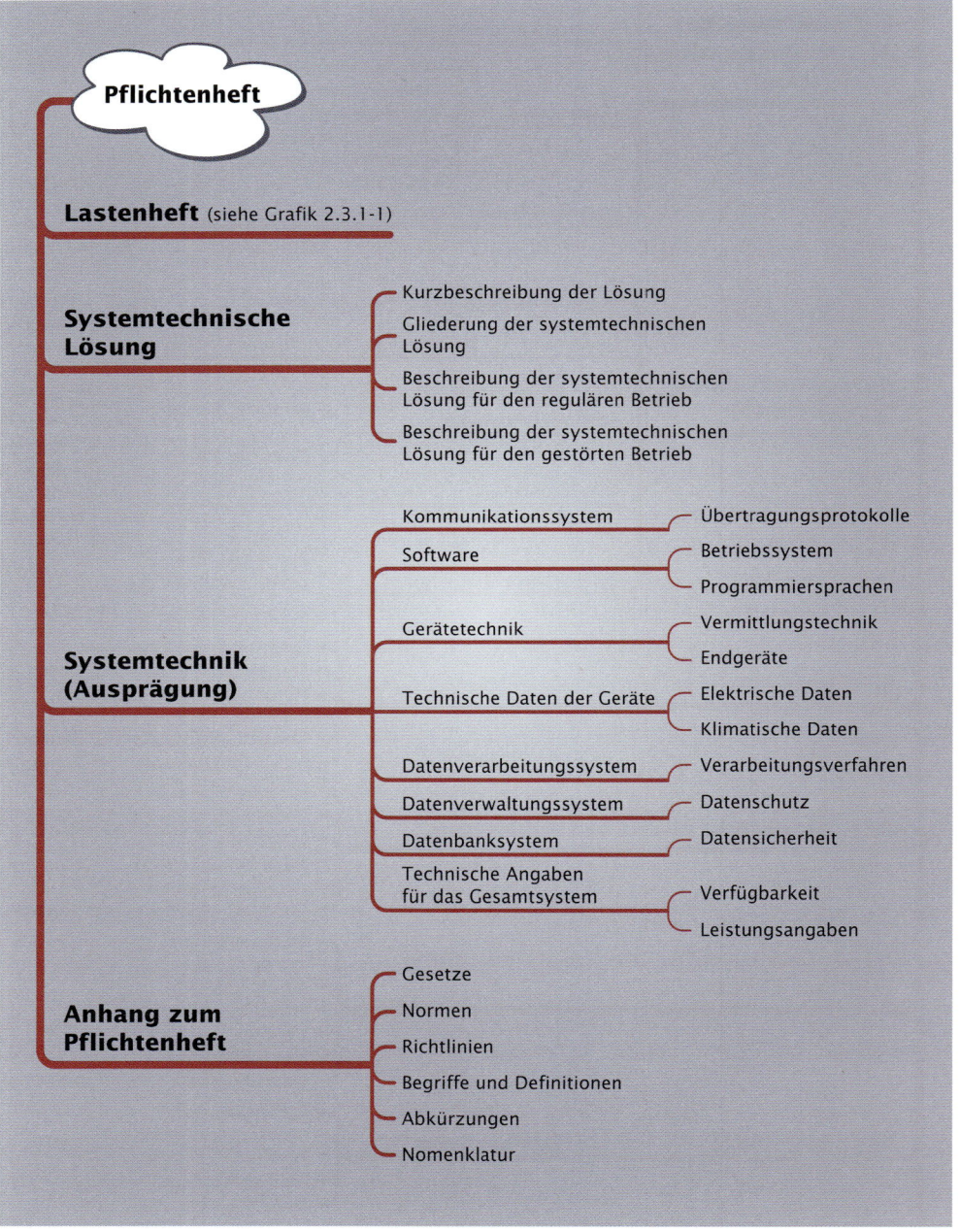

2.3.2-1
Pflichtenheft

Überlegen Sie, welche besonderen technischen Inhalte und Rahmenbedingungen für ein Vernetzungsprojekt in einem Pflichtenheft festzulegen sind.

2.4 Kalkulationskriterien

Sowohl die Firma B@ltic Networks als auch die Firma Lütgens müssen für die Durchführung des Vernetzungsprojektes eine Kalkulation durchführen. Die Firma B@ltic Networks führt diese aus der Sicht des Anbieters durch. Firma Lütgens hat als Auftraggeber die Kosten für das gesamte Vernetzungsprojekt zu berücksichtigen. Dazu gehören neben den direkten Kosten, die z. B. durch die Leistungen der Firma B@ltic Networks anfallen, auch indirekte Kosten wie z. B. Folgekosten. Die Kalkulation der Firma B@ltic Networks ist Bestandteil des Angebots und findet ihren Ausdruck im Preis für die zu erbringenden Leistungen.

Neben den allgemeinen kaufmännischen Kalkulationskriterien für die Anschaffung der Netzwerkhard- und -software sind vom Auftraggeber möglicherweise weitere Aspekte zu berücksichtigen, z. B.:

Investitionsschutz

Es muss abgeschätzt werden, wie lange die Anschaffung die Anforderungen erfüllen kann und innerhalb welchen Zeitraumes eine Neuanschaffung getätigt werden muss.

Schulung

Es ist zu berücksichtigen, in welchem Umfang und in welcher Tiefe Mitarbeiter geschult und ausgebildet werden müssen. Gegebenenfalls sind sogar neue Mitarbeiter mit der benötigten Qualifikation einzustellen.

Betriebsorganisation

Die Einführung einer Netzwerklösung kann auch eine Veränderung der Betriebsorganisation zur Folge haben. Diese muss rechtzeitig vorbereitet werden. Übergangslösungen müssen einen stabilen Ablauf der Betriebsprozesse gewährleisten.

Veränderung der Kostenstrukturen

Durch die Einführung von Netzwerklösungen sind mit optimierten Betriebsabläufen auch Kosteneinsparungen beabsichtigt. Es ist jedoch auch das Entstehen neuer Kosten wie z. B. für Wartung und Administration zu kalkulieren.

3 Referenzmodelle

Mit der Vernetzung von IT-Systemen in der Firma Lütgens soll ein internes Netzwerk aufgebaut werden. Dazu sind bestehende Teilnetzwerke miteinander zu koppeln sowie Einzelplatzsysteme einzubinden. Damit dies gelingt, muss untersucht werden, wie bisher eine Kommunikation in den einzelnen Netzwerken organisiert wurde. Aus dieser Analyse heraus ist dann zu planen, wie die Kommunikation innerhalb eines Gesamtnetzes in Zukunft organisiert werden kann.

Referenzmodelle dienen der Normung von Kommunikationsprotokollen.

Für die Entwicklung und Organisation der Kommunikation zwischen zwei oder mehreren IT-Systemen werden Referenzmodelle benutzt.

Referenzmodelle gliedern die Elemente einer Kommunikation in einzelne Schichten und ordnen diesen bestimmte Funktionen zu. Die Schichten bauen aufeinander auf. Ist bereits die Funktion einer einzigen Schicht gestört, nicht vorhanden oder inkompatibel zu der Funktion der benachbarten Schicht, so ist keine geordnete Kommunikation mehr möglich. Für die Analyse und die Strukturierung von Netzwerken haben Referenzmodelle eine erhebliche Bedeutung. Die Dienste und Funktionen werden durch Protokolle beschrieben.

Unter Protokollen versteht man die Einigung und Niederschrift auf einen gemeinsamen Standard.

Auf diese Weise soll eine Kommunikation zwischen Produkten verschiedener Hersteller auch unter Berücksichtigung zukünftiger Entwicklungen ermöglicht werden. Die Möglichkeit, Systeme unterschiedlicher Hersteller an einer gemeinsamen Kommunikation zu beteiligen, wird als „offene Kommunikation" bezeichnet. Die Realisierung umfasst häufig eine Zusammenfassung mehrerer Kommunikationsschichten. Die einzelnen Standards werden zum Beispiel für die Protokollfamilie TCP/IP in den sogenannten RFCs[1] festgelegt und diskutiert, bevor sie als endgültige Norm verabschiedet werden.

Das ISO/OSI-Referenzmodell ist ein offizielles und weit verbreitetes Hilfsmittel für die Normung offener Sprach- und Daten-Kommunikation.

3.1 ISO/OSI-Referenzmodell

Das gängige Modell für die Vereinbarung der Kommunikationsdienste ist das ISO/OSI-Referenzmodell[2]. Es wurde auf der Grundlage des TCP/IP-Referenzmodells (siehe Abschnitt 3.2: TCP/IP-Referenzmodell) weiterentwickelt.

In insgesamt sieben aufeinander aufbauenden Schichten werden alle für eine offene Kommunikation notwendigen Angaben festgelegt. Folgende Prinzipien galten für die Einführung der Schichten:
- Eine Schicht ist nur für eine eng begrenzte Funktion verantwortlich.
- Die Funktion einer Schicht sollte international genormten Protokollen folgen.
- Der Übergang zwischen den Schichten sollte mit möglichst geringem Informationsaustausch erfolgen.
- Die Anzahl der Schichten sollte so groß sein, dass nicht mehrere Funktionen in einer Schicht zusammengefasst werden müssen.
- Die Anzahl der Schichten sollte so gering sein, dass das Modell in der Praxis handhabbar ist.

[1] **RFC**: **R**equest **F**or **C**omment, engl. Anforderung eines Kommentars
[2] **ISO**: **I**nternational **O**rganization for **S**tandardization, engl. Internationale Normungs-Organisation
OSI: **O**pen **S**ystems **I**nterconnection, engl. Verbindung offener Systeme

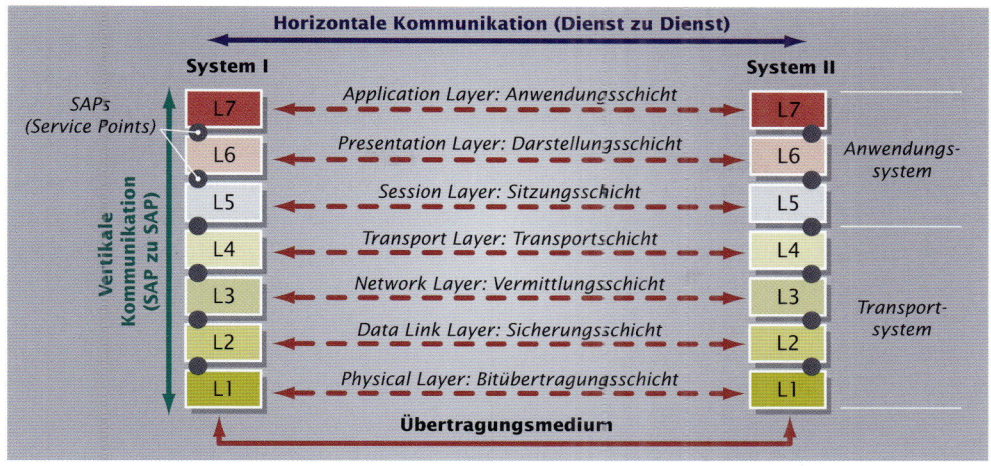

3.1-1
ISO/OSI-Referenz-
modell

Das ISO/OSI-Referenzmodell gliedert sich in zwei Bereiche. In den ersten vier Schichten werden die Kommunikationskanäle festgelegt, die das sogenannte Transportsystem bilden. Die oberen drei Schichten dienen der Informationsdarstellung und werden als Anwendungssystem bezeichnet. Beim Senden von Daten werden die Schichten in der Reihenfolge 7 bis 1 und beim Empfang von Daten in der Reihenfolge 1 bis 7 genutzt. Die Kommunikation zwischen den einzelnen Schichten wird über spezielle Schnittstellen, den Service Access Points (SAP)[1], durchgeführt. Sie ist als vertikale Kommunikation zu betrachten. Die Kommunikation zwischen zwei Rechnersystemen gelingt nur auf der Basis gleicher Protokollschichten bzw. deren Diensten. Diese Kommunikationsrichtung wird als horizontale Kommunikation bezeichnet.

Vier grundlegende Begriffe sind für das Verständnis der Kommunikation in den Schichten und zwischen den Schichten von Bedeutung.
* **Instanzen:** Instanzen sind Module einer Schicht, die sowohl hard- als auch softwaremäßig realisiert werden können. Die Kommunikation zwischen den Instanzen kann sowohl vertikal mit Instanzen höherer oder niedrigerer Schichten als auch horizontal mit getrennten Instanzen erfolgen (s. o.).
* **Dienste:** Leistungen, die eine Schicht einer benachbarten Schicht anbietet, bezeichnet man als Dienste (z. B. die Adressauflösung).
* **Protokolle:** Über Protokolle wird eine Kommunikation zwischen zwei Instanzen auf derselben Ebene definiert (z. B. ARP).
* **Pakete:** Sollen Nachrichten zwischen den Schichten ausgetauscht werden, so werden diese in der Regel in Teilabschnitte zerlegt und in Form sogenannter Pakete ausgetauscht.

Im Folgenden werden die einzelnen Schichten und ihre grundsätzlichen Aufgaben kurz beschrieben.

Physical Layer (Bitübertragungsschicht)
In der Bitübertragungsschicht werden die mechanischen, elektrischen und funktionalen Eigenschaften einer Verbindung definiert. Dies betrifft z. B. die Festlegung des Übertragungsmediums, der Steckverbindungen und deren Belegung, der Signalpegel, der Signalcodierungen sowie des Auf- und Abbaus der physikalischen Verbindungen. Die einzelnen Bitsequenzen einer Nachricht werden in übertragbare Formate umgesetzt. In einer Rechnerverbindung werden diese Funktionen z. B. durch die Netzwerkkarte zur Verfügung gestellt.

[1] **SAP: S**ervice **A**ccess **P**oint: engl. Dienst Zugangs- (Übergangs-) Punkt

Data Link Layer (Sicherungsschicht)

Durch die Sicherungsschicht wird der Zugriff auf das Übertragungsmedium organisiert und es werden aus den codierten Bitsequenzen Datenrahmen erzeugt. Sicherungsverfahren zur Übertragungsfehlererkennung, wie z. B. ein CRC (Cyclic Redundancy Check) sind für eine möglichst fehlerfreie Übertragung zwischen den Kommunikationspartnern verantwortlich. Teilweise wird in der Sicherungsschicht auch eine Datenkompression[1] vorgenommen. Die Quittierung, die Zeit- und Sequenzüberwachung sowie die Flusskontrolle sind ebenfalls Bestandteil des Data Link Layers (siehe Abschnitt 9.3.2: Protokolle des Transportsystems). Da mehrere Prüf- und Kontrollverfahren in dieser Schicht durchgeführt werden, wird sie als Sicherungsschicht bezeichnet. Aus der Durchführung der oben genannten Funktionen erfolgt dann die Erzeugung eines kompletten Datenrahmens, bestehend aus den eigentlichen Informationen und den Rahmeninformationen, dem sogenannten „Frame"[2]. Netzwerkkarten, Repeater und Switches arbeiten auf den Schichten 1 und 2 des ISO/OSI-Referenzmodells. Die Sicherungsschicht kann auch als Verbindungsschicht bezeichnet werden.

Network Layer (Vermittlungsschicht)

Die Organisation der Zustellung der Datenpakete wird durch die Vermittlungsschicht vorgenommen. Dies beinhaltet die Auswahl und die Steuerung des Weges der Nachrichtenpakete (Routing) sowie die Organisation einer physikalischen Verbindung von Knoten[3] in einem Netzwerk. Die Durchführung kann sowohl hard- als auch softwaremäßig erfolgen. Protokolle wie IP (Internet Protocol) und RIP (Routing Information Protocol) definieren die Dienste für diese Schicht. Die Vermittlungsschicht kann auch als Netzwerkschicht bezeichnet werden.

Transport Layer (Transportschicht)

Das verbindende Element zwischen dem Anwendungssystem und dem Transportsystem stellt die Transportschicht dar. Es werden der Verbindungsaufbau, die -freigabe und der -abbau organisiert. Bestehen mehrere Kommunikationsverbindungen, kann eine Aufteilung des Versandes der Gesamtnachricht in Form von Datensegmenten auf mehrere Wege (Multiplexing) erfolgen. Weiterhin wird der Datenfluss gesteuert und die Integrität (Unverfälschtheit) der Daten sichergestellt. Die Realisierung wird durch Protokolle wie TCP (Transmission Control Protocol) und UDP (User Datagram Protocol) beschrieben.

Session Layer (Sitzungsschicht)

Die Sitzungsschicht stellt dem Anwender auf der Befehlsebene die Steuerung der Kommunikation zwischen unterschiedlichen Systemen zur Verfügung. Dies umfasst z. B. die Zugangskontrolle, die Zugangsberechtigungen, die Fehlerbehandlung und den Datentransfer.

Presentation Layer (Darstellungsschicht)

In der Darstellungsschicht findet eine Codierung bzw. Decodierung der Datenformate für die Anwendungsschicht statt. Außerdem werden verschiedene Datenumwandlungen, Ver- und Entschlüsselungen und Datenprüfungen vorgenommen.

Application Layer (Anwendungsschicht)

Die Anwendungsschicht beinhaltet keine spezielle Anwenderapplikation wie z. B. eine Tabellenkalkulation. Vielmehr wird durch diese Schicht die Verbindung zwischen dem Anwendungsprogramm und dem Netzwerk hergestellt. Dies geschieht beispielsweise

[1] Komprimierungsverfahren reduzieren die zu übertragene Datenmenge um redundante (mehrfach) vorhandene Daten.
[2] **Frame:** engl. Rahmen
[3] Als Knoten (engl. Node) werden IT-Systeme bezeichnet, die an einer Netzwerkkommunikation teilnehmen können.

bei der Ausführung entsprechender Befehle des Protokolls SMTP beim Senden und Empfangen von E-Mails (siehe Abschnitt 9.3.1: Protokolle des Transportsystems).

In der Kundendatei der Firma B@ltic Networks GmbH soll die Telefonnummer eines Kunden durch einen Sachbearbeiter geändert werden. Die Datenbank befindet sich auf dem Server der Buchhaltung. Anhand der Kommunikation zwischen Arbeitsplatzrechner und Server soll beispielhaft das Durchlaufen der einzelnen Schichten des ISO/OSI-Referenzmodells dargestellt werden.

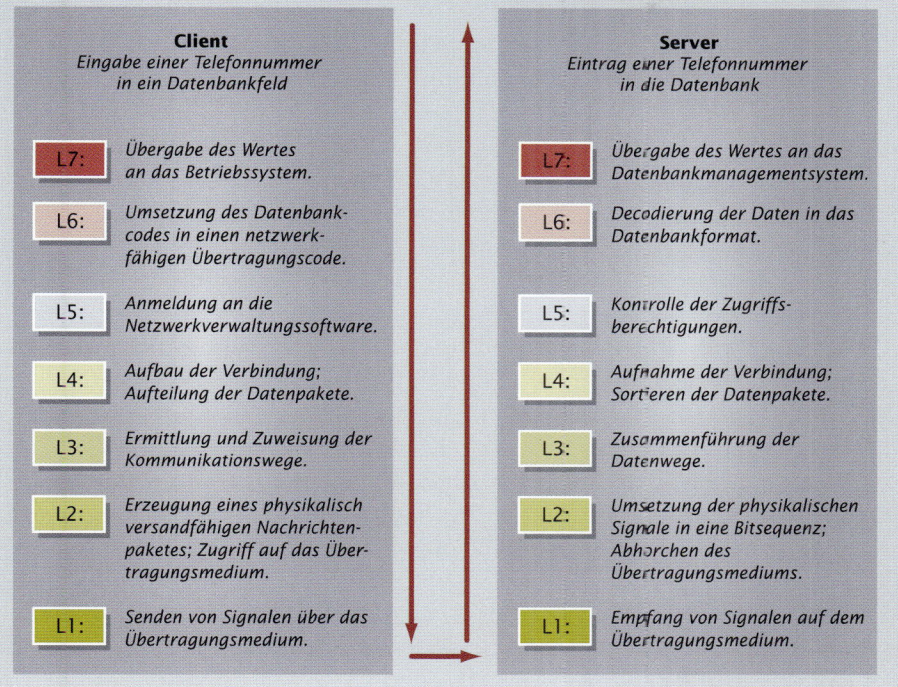

Client
Eingabe einer Telefonnummer in ein Datenbankfeld

L7: Übergabe des Wertes an das Betriebssystem.

L6: Umsetzung des Datenbankcodes in einen netzwerkfähigen Übertragungscode.

L5: Anmeldung an die Netzwerkverwaltungssoftware.

L4: Aufbau der Verbindung; Aufteilung der Datenpakete.

L3: Ermittlung und Zuweisung der Kommunikationswege.

L2: Erzeugung eines physikalisch versandfähigen Nachrichtenpaketes; Zugriff auf das Übertragungsmedium.

L1: Senden von Signalen über das Übertragungsmedium.

Server
Eintrag einer Telefonnummer in die Datenbank

L7: Übergabe des Wertes an das Datenbankmanagementsystem.

L6: Decodierung der Daten in das Datenbankformat.

L5: Kontrolle der Zugriffsberechtigungen.

L4: Aufnahme der Verbindung; Sortieren der Datenpakete.

L3: Zusammenführung der Datenwege.

L2: Umsetzung der physikalischen Signale in eine Bitsequenz; Abhorchen des Übertragungsmediums.

L1: Empfang von Signalen auf dem Übertragungsmedium.

3.1-2 Anwendungsbeispiel des ISO/OSI-Referenzmodells

Untersuchen Sie die Betriebssystemeinstellungen eines vernetzten Computers in Ihrem Betrieb oder Ihrer Schule. Versuchen Sie, die netzwerkspezifischen Einstellungen und Dienste zu ermitteln und den Ebenen des ISO/OSI-Referenzmodells zuzuordnen.

3.2 TCP/IP-Referenzmodell

Das TCP/IP-Referenzmodell basiert auf einer Entwicklung des „US-**D**epartment **of D**efence" (**DoD**), dem US-Verteidigungsministerium. Es ist eng mit der Entwicklung des ARPANET[1] und somit mit den Grundlagen des Internets verbunden und wird deshalb auch als Internet-Referenzmodell oder DoD-Modell bezeichnet. Mitte der siebziger Jahre entwickelt, kann es als Vorläufer des ISO/OSI-Referenzmodells betrachtet werden.

> *Das TCP/IP-Referenzmodell wird auch als Internet-Referenzmodell oder DoD-Modell bezeichnet.*

Das TCP/IP-Referenzmodell gliedert eine Kommunikation in vier Schichten:
- die Zugangsschicht,
- die Internetschicht,
- die Transportschicht und
- die Anwendungsschicht.

[1] **ARPANET:** Advanced Research Projects Agency Net, engl. Netz der Agentur für fortschrittliche Forschungsprojekte, Forschungsnetz des US-Verteidigungsministeriums

In der Praxis lassen sich mit diesem Modell die einzelnen Funktionen der üblicherweise für eine Internetverbindung verwendeten TCP/IP-Protokollfamilie einfacher
zuordnen. Im Vergleich mit dem ISO/OSI-Referenzmodell werden die Zuordnungen
der einzelnen Schichten deutlich.

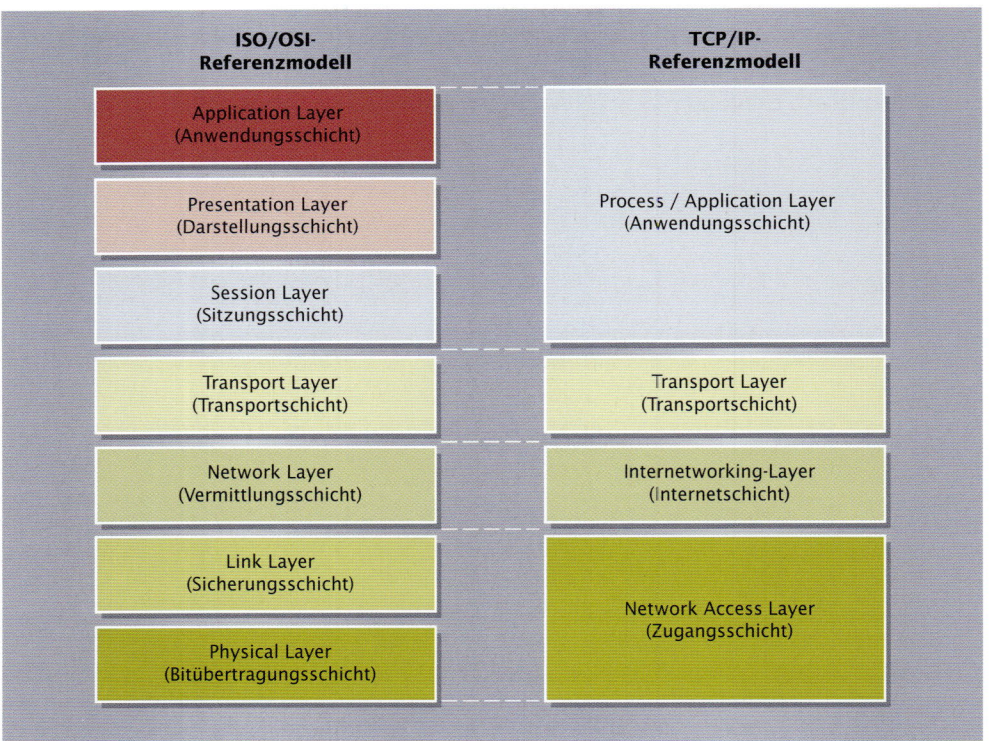

3.2-1
Vergleich von ISO/
OSI-Referenzmodell
und TCP/IP-
Referenzmodell

3.3 Einsatz der Referenzmodelle

Das ISO/OSI-Referenzmodell besitzt den Vorteil, sehr systematisch die Aufgaben
und Funktionen einzelnen Schichten zuzuordnen. Spezifikationen werden präzise
definiert, so dass neue Technologien und Netze von verschiedenen Herstellern entwickelt werden können. Nachteilig ist jedoch, dass für die Zuordnung bzw. Abgrenzung der einzelnen Schichten bei der Realisierung ein hoher Verwaltungsaufwand
zwischen den Modulen erforderlich ist. Hier ist die Verwendung des TCP/IP-Refe-
renzmodells von Vorteil, in dem mehrere Funktionen in einer Schicht zusammengefasst werden. Dies ermöglicht effizientere Kommunikationsstrukturen. Da jedoch
beim TCP/IP-Referenzmodell keine konkreten Anforderungen bezüglich der Dienste, Schnittstellen und Protokolle vorgenommen werden, ist die Entwicklung neuer
offener Standards problematischer. Die Verwendung des TCP/IP-Referenzmodells
ist aus obigen Gründen nur begrenzt geeignet, andere Protokollfamilien wie z. B.
IPX/SPX zu beschreiben.

Kommunikationsnetzwerke werden in Form von Übersichtsplänen dokumentiert. Dazu werden die verwendeten Geräte und ihre Verbindungen dargestellt. Zusätzlich sind Einträge grundlegender Einstellungen, z. B. der IP-Adressen, möglich. Für die Darstellung der Nachrichtentechnik, der Vermittlungssysteme und Vermittlungseinrichtungen werden Schaltzeichen nach DIN EN 60617 verwendet. In der folgenden Tabelle sind einige ausgewählte Schaltzeichen dargestellt.

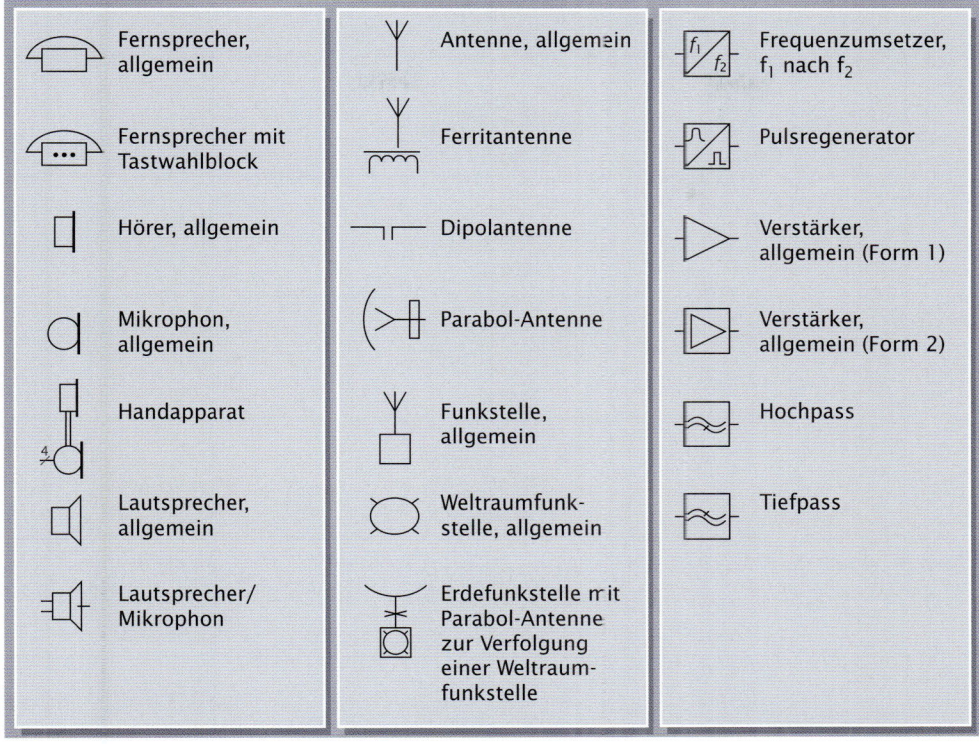

1-1 Auswahl von Schaltzeichen nach DIN 40 900 T.9/03.88

Für die Darstellung von Komponenten in der Vernetzungstechnik von IT-Systemen gibt es keine gültige Norm. Aufgrund der rasanten Veränderung dieser Technik wird zurzeit auf eine Normung der Symbole verzichtet. Trotzdem haben sich zwei übliche Standards etabliert. Der eine Standard basiert auf den Symbolen eines weit verbreiteten Zeichenprogramms für die Darstellung von Übersichts- und Blockschaltbildern (Microsoft Visio). Hierbei werden die vorgegebenen grafischen Symbole durch eine Beschriftung definiert. Der zweite Standard basiert auf den Symbolen eines führenden Unternehmens der Intranet-/Internet-Technologien (Cisco). Netzwerkkomponenten erhalten hier ein abstraktes Symbol.

> *Für gängige Zeichenprogramme, auch für Microsoft Visio, stellt Cisco Symbolbibliotheken zum Download im Internet bereit.*

Eine kleine Übersicht der Netzwerksymbole zeigt die folgende Tabelle.

	Zeichenprogramm	Cisco
Arbeitsstation (PC)	Arbeitsplatz	
Repeater	Repeater	
Hub	Hub	
Bridge	Bridge	
Switch	Switch	
ATM-Switch	ATM-Switch	
Router	Router	
NAT	NAT	
Firewall	Firewall	
Server (allgemein)	Server	
Gateway	Gateway	
Kommunikations-Server	Kommunikations-Server	
Terminal Server	Terminal-Server	

1-2 Auswahl und Gegenüberstellung von Netzwerksymbolen

Für die konkrete Planung des Firmennetzwerkes der Firma Lütgens müssen in den Katalogen der Zulieferfirmen der Firma B@ltic Networks Funktionselemente und Baugruppen ausgewählt und miteinander verglichen werden.

Für den Austausch von Informationen innerhalb eines Netzwerkes sind grundsätzlich folgende Fragen zu klären:
- Welche Systeme bieten welche Dienste an?
- Welche Systeme dienen dem Anwender als Ein-/Ausgabegeräte?
- Wie wirken die Kommunikationsteilnehmer im Netzwerk zusammen?
- Welche Elemente sind an der Kommunikation beteiligt?

In einem vernetzten IT-System sind meist nur zwei Partner an einer Kommunikation beteiligt (siehe auch Kapitel 8). Zwischengeschaltete Systeme dienen lediglich der Nachrichtenübermittlung oder der Signalumwandlung.

4.1 Netzwerksysteme

In einem vernetzten IT-System kommunizieren im Prinzip drei Arten von IT-Systemen:
- Systeme, die Dienste und Funktionen anbieten (Server)
- Systeme, die Dienste und Funktionen anfordern (Clients)
- Terminals

4.1.1 Server

Eine besondere Rolle in einem Netzwerk spielen IT-Systeme, die Dienste (Services[1]) und Funktionen anbieten. Diese werden als Server bezeichnet.

Eingesetzt werden Computersysteme, welche hinsichtlich der Verarbeitungsgeschwindigkeit und der Speicherkapazität (Hauptspeicher, Plattenspeicher) entsprechend leistungsfähig dimensioniert sind. Folgende Aufgaben kann ein Server übernehmen:

> *IT-Systeme, die Dienste und Funktionen anbieten, werden als Server bezeichnet.*

- Steuerung und Organisation der Kommunikation z. B. mit anderen Netzen (Kommunikations-Server)
- Speicherung und Verwaltung von Programmen und Dateien (Fileserver)
- Verwaltung und Ausführung von Druckaufträgen (Printserver)
- Verwaltung und Organisation von externen Zugriffen auf ein Netz (Access-Server)

Diese spezifischen Funktionen werden in den entsprechenden Abschnitten zu den Netzwerkbetriebssystemen beschrieben. In größeren Netzen werden die Netzwerkaufgaben aus Gründen der Ausfallsicherheit, der Datensicherheit und des Datenschutzes von verschiedenen Computern übernommen. Um die Ausfallsicherheit zu erhöhen werden besondere Qualitätsanforderungen an die Hardware gestellt, da Server in der Regel im Dauerbetrieb laufen.

Man unterscheidet bei Servern zwei Betriebsarten:
- „Non-dedicated Server"[2] stellen neben der Serverfunktion auch Ressourcen für Anwender-Applikationen zur Verfügung. Auf diese Weise werden Server- und Clientfunktionen gleichzeitig auf einem Computer ausgeführt.
- „Dedicated Server" übernehmen nur Serverfunktionen. Aus Gründen der Betriebssicherheit (Systemabstürze durch Fehler in den Anwendungsprogrammen auf dem Client) werden heutzutage fast ausschließlich „dedicated Server" installiert.

[1] **service:** engl. Dienst
[2] **dedicated:** engl. fest zugeordnet, zweckbestimmt, (anwendungs)-spezifisch

4.1.2 Client

Als „Client" bezeichnet man allgemein einen im Netzwerk angeschlossenen Computer, der Anforderungen und Aufgaben an einen Server weiterreicht.

> *IT-Systeme, die Dienste anfordern, werden als Client bezeichnet.*

Diese Aufgaben können, wie im vorherigen Abschnitt dargestellt, Kommunikationsanforderungen, Druckaufträge sowie Datei- und Programmanforderungen sein.

Je nach Leistungsfähigkeit und Ausbaustufe werden Clients unterschieden in:

- **Workstations:** Workstations sind komplette Computersysteme mit eigenem Prozessor und mit eigener (lokaler) Festplatte. Bei einer Störung des Netzes liegt der Vorteil einer Workstation darin, dass mit dem auf der lokalen Festplatte vorhandenen Betriebssystem und den lokal installierten Programmen weiter gearbeitet werden kann. Nachteile sind die gegenüber einem Netzwerkcomputer (NC) höhere Gefahr des Eindringens eines Virus und der höhere Betreuungsaufwand für lokale Festplatten. Der Begriff „Workstation" ist nicht genau definiert und wird auch für Einzelplatzrechner mit besonders großer Leistungsfähigkeit genutzt.
- **Netzwerkcomputer:** Verzichtet man bei einem Client-Computer auf lokale Festplatten, Diskettenlaufwerke und freie Schnittstellen, so werden die Rechner als Netzwerkcomputer (NC, Network Computer) oder Thin-Client bezeichnet. Vorteile eines NC sind die erhöhte Datensicherheit und der niedrigere Betreuungsaufwand. Nachteile sind der deutlich höhere Datentransfer über das Netz und die Installation netzwerkfähiger Peripheriegeräte wie z. B. Drucker, Plotter usw.

4.1.3 Terminal

Terminals sind im Prinzip Bedien- und Eingabekonsolen, die nur aus Tastatur, Monitor und evtl. Maus bestehen. Sie sind über entsprechende Leitungen direkt mit dem Server verbunden.

> *Terminals sind Bedienkonsolen, die an besonders leistungsfähigen Servern, sogenannten Terminal-Servern, angeschlossen sind.*

Alle Prozesse und Programme laufen auf dem Zentralrechner. Anforderungen der Terminals werden zentral verarbeitet bzw. an andere Server weitergeleitet. Die Monitore geben lediglich ein Abbild der aktuellen Sitzung (Session) wieder.

Auch der Begriff des Terminals ist inzwischen unscharf definiert. So werden auch einfache Clients, die an Terminalservern betrieben werden, als Terminals bezeichnet (siehe auch Kapitel 4.2.3 und 4.2.4).

Vorteile:
- **geringer Platzbedarf,**
- **praktisch keine Geräuschentwicklung und**
- **langfristiger Einsatz der Terminals (hoher Investitionsschutz).**

4.1.3-1
Terminal

1. Wie viele Server werden in Ihrem Betrieb/Ihrer Schule eingesetzt?
2. Auf welche Server haben Sie an Ihrem Arbeitsplatz (Client) Zugriff?
3. Welche Dienste werden Ihnen auf diesem Server angeboten?
4. Auf welche Drucker können Sie von Ihrem Arbeitsplatz aus zugreifen?

4.2 Netzwerkarchitekturen

Für das Netzwerk der Firma Lütgens ist zu planen, in welcher Beziehung die eingesetzten IT-Systeme zueinander stehen sollen und welche Abhängigkeiten vorgegeben werden sollen. Dazu sind die benötigten Dienste und der Einsatz entsprechend leistungsfähiger Hardware abzuwägen. Auch Kriterien des Datenschutzes, des Wartungsaufwandes und des Administrationsaufwandes sind zu berücksichtigen.

Für die oben beschriebene Problemstellung muss eine Kommunikationsstruktur berücksichtigt werden, die festlegt, welche Systeme Dienste anbieten und welche Systeme Dienste anfordern.

Abhängig von der Anzahl der angeschlossenen Computer, deren Kommunikationsbedarf und dem Zugriff auf gemeinsam genutzte Ressourcen, können unterschiedliche Netzwerktypen verwendet werden.

> *Die Organisation der Kommunikation zwischen mehreren Computern wird als Netzwerkarchitektur bezeichnet.*

4.2.1 Peer-to-Peer-Netzwerk

Die „einfachste" Vernetzungsvariante ist die gleichberechtigte Kommunikation aller angeschlossenen Teilnehmer. Jeder beteiligte Rechner ist in diesem System sowohl Server als auch Client. Alle Ressourcen eines IT-Systems können allen Computern des Netzwerkes zur Verfügung gestellt werden.

Peer-to-Peer-Netzwerke bergen erhebliche Risiken im Bereich der Datensicherheit und des Datenschutzes. Außerdem ist ein hoher Aufwand bei der Netzwerkpflege und -verwaltung zu betreiben. Die Verwaltung und Organisation dieser Netze kann bis zu einer Größe von maximal 10 Rechnern unter wirtschaftlichen Gesichtspunkten vertretbar sein.

> *Werden zwei oder mehr Computer gleichberechtigt miteinander verbunden, so wird diese Architektur als Peer-to-Peer-Netzwerk[1] bezeichnet (Abkürzung: P2P).*

Die einfachste Peer-to-Peer-Vernetzung stellt die Verbindung zweier Computer über ein Nullmodemkabel dar. Dazu werden beide Rechner über die seriellen Schnittstellen verknüpft. Es gibt jedoch auch die Möglichkeit, über die parallelen Schnittstellen oder die USB-Ports zu vernetzen. Das Betriebssystem oder eine spezielle Software stellt dann die Festplattenlaufwerke des einen Computers dem zweiten Computer als externe Laufwerke zur Verfügung. Anwendung findet diese einfachste Form der Vernetzung z. B. bei temporären Vernetzungen zum Abgleich der Datenbestände zwischen einem Notebook und einem Desktop-PC im Büro.

[1] **Peer:** engl. Partner

TIPP

Da zunehmend IT-Systeme standardmäßig mit Netzwerkschnittstellen ausgerüstet sind, kann auch eine einfache Vernetzung mit Hilfe eines gekreuzten Netzwerkkabels (Cross-Patch-Kabel) hergestellt werden. Notebook-Computer bieten zunehmend die Möglichkeiten per Funk (Wireless LAN, Bluetooth) oder Infrarot eine Verbindung untereinander oder mit Peripheriegeräten (z. B. Drucker) herzustellen.

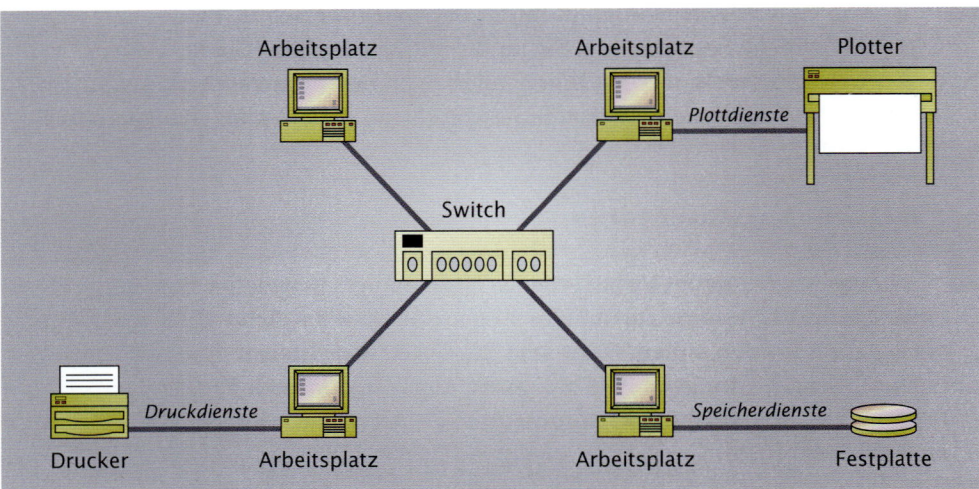

4.2.1-1 Peer-to-Peer-Netzwerk

Größere Peer-to-Peer-Netzwerke können durch die Verwendung einer Netzwerkkarte, der Verbindung mit dem entsprechenden Netzwerkübertragungsmedium, der Nutzung eines Hubs oder Switches und der Verwendung der benötigten Software in Betrieb genommen werden. In modernen Betriebssystemen sind die benötigten Softwarepakete heute bereits enthalten. Problematisch gestaltet sich dann neben den oben erwähnten Risiken die Betriebssicherheit der Netze. So ist z. B. die Verfügbarkeit eines Netzwerkdruckers nicht sichergestellt, wenn der anbietende Arbeitsplatzrechner gestört oder nicht in Betrieb ist. Ein Dauerbetrieb ist in der Regel nicht gewährleistet.

Vorteile:
- **einfache Einrichtung**
- **umfangreiche Nutzungsmöglichkeiten aller Systemressourcen**
- **einfache Erweiterbarkeit**
- **geringe Kosten (es ist z. B. kein Serverbetriebssystem notwendig)**

Nachteile:
- **geringer Zugriffsschutz**
- **hoher Administrationsaufwand**
- **hohe Störanfälligkeit**
- **komplexe Fehlersuche**

4.2.2 Client-Server-Netzwerk
Im Gegensatz zu Peer-to-Peer-Netzwerken sind Client-Server-Netzwerke streng hierarchisch organisiert.

In Client-Server-Netzwerken bieten Server Dienste an, die von Clients angefordert werden können.

Solche angebotenen Dienste können z. B. Programme, Daten, Druckverwaltung oder Kommunikationsverbindungen sein. Der Zugriff des Clients erfolgt nur auf die Ressourcen des anbietenden Servers. Eine Verwaltung und Systempflege wird von einem Netzwerk-Administrator oder Supervisor vorgenommen (siehe Abschnitt 12.5: Netzwerkadministration). Benutzer und Benutzergruppen müssen sich zentral an einem Server anmelden. Ihnen werden dann die entsprechenden Zugriffsrechte auf die Systemressourcen zugewiesen. In der Praxis werden die meisten lokalen Netzwerke als Client-Server-Netzwerke aufgebaut. Zunehmend werden dabei in größeren Netzen Netzwerkcomputer zur Realisierung der Client-Funktion eingesetzt.

Vorteile:

- zentrale Administration
- zentrales Angebot von Dienstleistungen
- hoher Zugriffsschutz
- einfache Erweiterbarkeit

Nachteile:

- hohe Kosten (Client- und
  Serverlizenzen)
- aufwändige Einrichtung

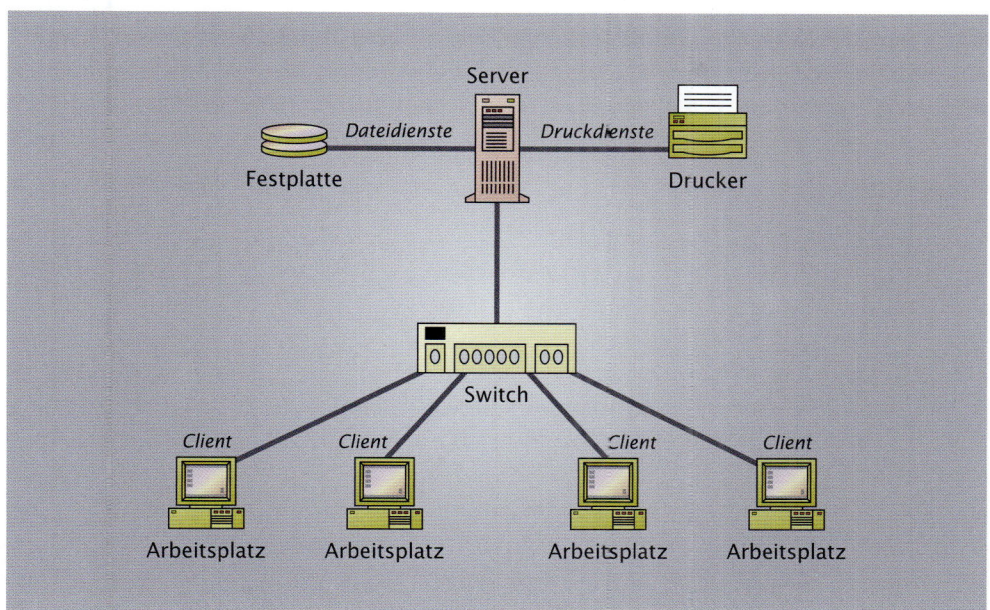

4.2.2-1
Beispiel für ein
Client-Server-
Netzwerk

4.2.3 Terminal-Server-Netzwerk

Eine Terminal-Server-Lösung ist eine Zwischenlösung zwischen einem Client-Server-Netzwerk und der Verwendung der Mittleren Datentechnik (siehe Kapitel 4.2.4). Grundsätzlich besteht der gleiche physikalische Netzaufbau. Die Clients sind soweit in ihrem Funktionsumfang reduziert, dass nur noch ein grundlegendes Betriebssystem für die Kommunikation mit dem Terminalserver tätig ist. Alle Programme und Dienste laufen auf dem Terminalserver ab. Dieser stellt den „Terminals" nur noch ein Abbild der Bedienoberfläche zur Verfügung.

Vorteile:

- zentrale Administration
- zentrales Angebot von
  Dienstleistungen
- hoher Zugriffsschutz
- einfache Erweiterbarkeit
- hohe Verfügbarkeit
- hoher Investitionsschutz
- geringe Geräuschentwicklung
  der Terminals

Nachteile:

- hohe Kosten (Lizenzen, Server-
  hardware)
- große Serverleistung notwendig
- hohe Netzwerkauslastung
- aufwändige Einrichtung

4.2.4 Mittlere Datentechnik

Eigentlich handelt es sich bei der Mittleren Datentechnik nicht um eine Vernetzung mehrerer Computersysteme, sondern um den direkten Zugriff mehrerer Benutzer auf einen Rechner. Der Zugriff auf den Rechner erfolgt durch abgesetzte Bedienkonsolen.

> *In der Mittleren Datentechnik (MDT) werden Zentralrechner eingesetzt, an die sternförmig Terminals (Bedienkonsolen) angeschlossen werden.*

Diese Technik wird vor allem dort eingesetzt, wo es nicht auf die schnelle Bearbeitung der Daten vor Ort ankommt. Vielmehr fungieren die angeschlossenen Terminals als Eingabegeräte. Die Verarbeitung der Daten erfolgt dann durch den Zentralrechner oder einen Rechnerverbund.

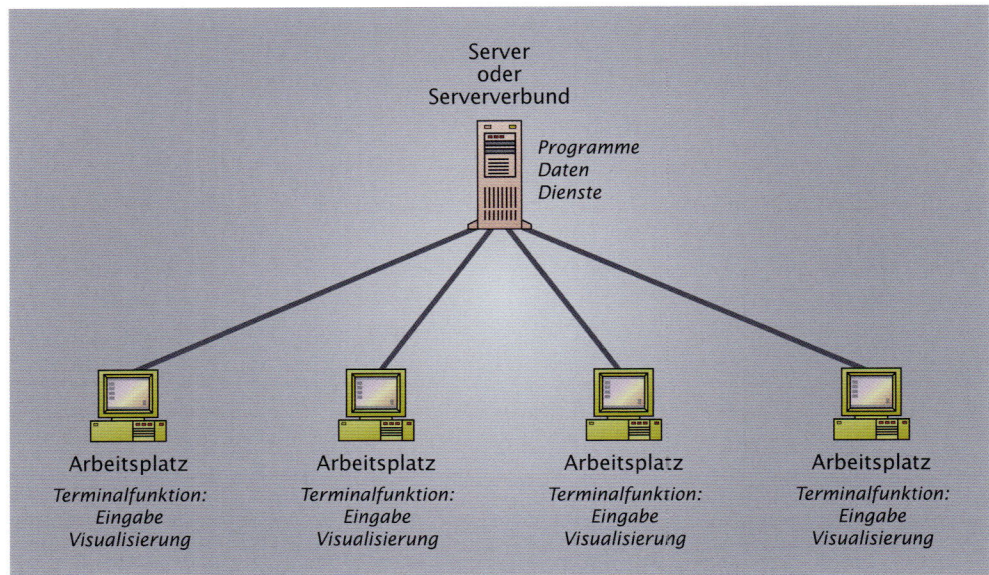

4.2.4-1 Beispiel für den Einsatz der Mittleren Datentechnik

Vorteile:
- **zentrale Administration**
- **zentrales Angebot von Dienstleistungen**
- **hoher Zugriffsschutz**
- **einfache Erweiterbarkeit der Stationen**
- **hohe Verfügbarkeit**

Nachteile:
- **hohe Kosten (Lizenzen, Hardware)**
- **inkompatible Standards**
- **aufwändige Einrichtung**

4.2.5 Cluster

Bei der Bildung von Rechnerclustern[1] handelt es sich um eine sehr komplexe Netzwerkarchitektur. Auf der Grundlage eines leistungsfähigen Netzwerkes werden einzelne Server so miteinander vernetzt, dass sie als ein Gesamtsystem erscheinen.

> *Ein Rechnercluster ist ein enger Verbund von Servern zu einem leistungsfähigen Gesamtsystem.*

Für die Organisation des Gesamtsystems müssen die verwendeten Netzwerkbetriebssysteme besondere Leistungsmerkmale besitzen. Dies betrifft z. B. die Delegation von Teilaufgaben auf einzelne Subsysteme und die Gewährleistung der Funktionssicherheit bei Ausfall eines Einzelsystems.

[1] **Cluster:** engl. Bündel, Haufen

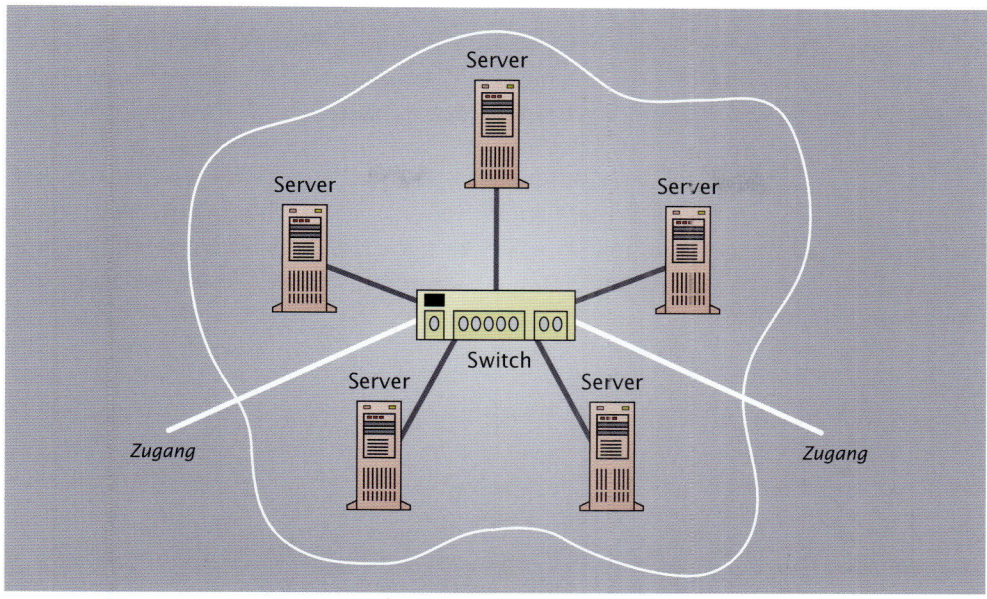

4.2.5-1
Bildung eines
Clusters

Vorteile:	Nachteile:
• hohe Leistungsfähigkeit	• hohe Kosten
• hohe Verfügbarkeit	(Lizenzen, Netzwerk-Hardware)
• einfacher Ausbau	• aufwändige Einrichtung
• kostengünstige Einzelsysteme	

1. Welche Netzwerkarchitektur wird in Ihrem Betrieb/Ihrer Schule angewendet?
2. Welche Netzwerkarchitekturen werden bevorzugt im Betrieb Ihrer
   Kunden gewünscht?
3. Gibt es dabei einen Zusammenhang zwischen Betriebsgröße Ihres
   Kunden und Art der angewandten Netzwerkarchitektur?
4. Wie unterscheiden sich die einzelnen Architekturen hinsichtlich Wartungsfreundlichkeit und Zugriffsschutz?

4.3 Funktionselemente von Netzwerken

Das Gesamtnetzwerk (Intranet) der Firma Lütgens ist über mehrere
Gebäude verteilt und basiert auf der Zusammenführung einzelner Subnetze.
In diesen Netzwerken wirken verschiedene Elemente bei der Übertragung
von Informationen mit.

> *Unter Funktionselementen sind diejenigen Be-
> standteile eines Netzwerkes zu verstehen, die eine
> Kommunikation organisieren oder übermitteln.*

4.3.1 Medienkonverter

Medienkonverter werden eingesetzt, wenn bei einer Datenübertragungsstrecke zwei unterschiedliche Übertragungsmedien gekoppelt werden. Es findet eine rein physikalische Umsetzung der Übertragungssignale statt.

> *Medienkonverter setzen Übertragungssignale zweier unterschiedlicher Medien auf der Schicht 1 des ISO/OSI-Referenzmodells um.*

Der in Abbildung 4.3.1-1 gezeigte Konverter setzt beispielsweise Signale auf einer Kupferleitung (1000BaseT) in Signale für einen Lichtwellenleiter (1000BaseLX) um.

4.3.1-1 Medienkonverter

4.3.2 Netzwerkkarte

Für den Anschluss eines Systems an ein Netzwerk wird eine Netzwerkkarte (NIC: Network Interface Card) benötigt.

> *Netzwerkkarten ermöglichen den Zugang zum Übertragungsmedium auf den Schichten 1 und 2 des ISO/OSI-Referenzmodells.*

Das bedeutet, dass durch die Netzwerkkarte die vom Computerbus parallel empfangenen Daten in einen bitseriellen Datenstrom umgesetzt werden.

Funktionsgruppen der Netzwerkkarte sind im Wesentlichen:
- ein Bus-Interface für die Anbindung an den Computerbus,
- ein Netzwerkinterface (MAU: Media Access Unit) für die logische Organisation des Netzwerkzugriffs und
- ein Physical-Controller für physikalische Ankopplung an das Übertragungsmedium.

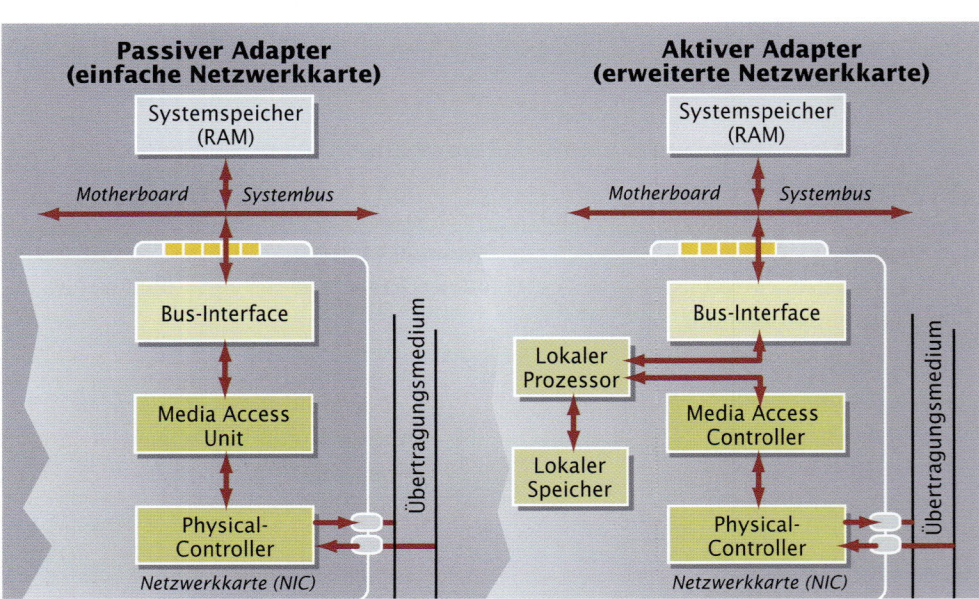

4.3.2-1 Blockschaltbilder passiver und aktiver Netzwerkkarten

Mit Hilfe des Media Access Control-Protokolls (MAC-Protokoll) wird der Zugriff auf das Übertragungsmedium organisiert. Dazu gehört auch die Übermittlung der Kartenadresse. Diese ist auf der Netzwerkkarte herstellerseitig hinterlegt und weltweit einmalig. Aufgrund der Zuordnung zum MAC-Protokoll wird diese Adresse auch als MAC-Adresse bezeichnet.

4.3.2-2
Netzwerkkarte für ein
Lichtwellenleiternetz

Wird die Netzwerkkarte ausgetauscht, so erhält das IT-System mit der neuen Netzwerkkarte auch eine neue MAC-Adresse. Es existieren auch Netzwerkkarten, deren MAC-Adresse verändert werden kann.

> *Die MAC-Adresse ist die hardwaremäßig festgelegte Adresse der Netzwerkkarte eines IT-Systems (Schicht 2).*

Die MAC-Adresse umfasst eine 48 Bit große Zahl. Dabei bezeichnen die ersten 24 Bit den Hersteller der Karte und die zweiten 24 Bit kennzeichnen die Karte. Sie wird üblicherweise in hexadezimaler Form angegeben (z. B.: 00-02-3F-8D-68-EF)

Für die Auswahl und den Einsatz von Netzwerkkarten ist der verwendete Netzwerkstandard von Bedeutung (siehe Kapitel 10: Netzwerkspezifikationen). Diese legen vor allem folgende Rahmenbedingungen fest:
- **Leitungsart:** Mit der Festlegung auf ein bestimmtes Übertragungsmedium ist auch die jeweilige Anschlusstechnik verbunden. Dies können neben Twisted-Pair-Leitungen auch Koaxialleitungen und Lichtwellenleiter sein. Bei der Nutzung drahtloser Übertragungen sind die jeweiligen Funkstandards zu berücksichtigen (siehe Kapitel 6: Übertragungsmedien).
- **Datenübertragungsart:** Es wird unterschieden, ob nur jeweils das Senden oder das Empfangen von Daten möglich ist (Halb-Duplex-Betrieb) oder ob gleichzeitig gesendet und empfangen werden kann (Voll-Duplex-Betrieb).
- **Datenübertragungsrate:** Die Datenübertragungsrate bezeichnet die Anzahl der Bits, die innerhalb einer Sekunde übermittelt werden können. Alle Netzwerkteilnehmer müssen in der Lage sein, mit derselben Übertragungsrate zu arbeiten. Einige Netzwerkkarten sind in der Lage, die notwendige Übertragungsrate zu ermitteln und sich selbsttätig darauf einzustellen (z. B. 10 Mbit/s oder 100 Mbit/s). Dieses Verfahren wird als Autosensing[1] bezeichnet.

Über die grundlegenden Netzwerkfunktionen hinaus können auf Netzwerkkarten weitere Funktionen genutzt werden:
- **Boot:** der Start eines Betriebssystems über eine Netzwerkverbindung. Dazu kann auf einem Speicherbaustein (ROM) ein Minimalbetriebssystem hinterlegt werden, welches eine Netzwerkverbindung aufbaut und über diese das vollständige Betriebssystem lädt.
- **Wake-on-LAN[2] (WOL):** Über eine Verbindung zwischen Netzwerkkarte und Mainboard kann mittels eines Netzwerkkommandos der Computer gestartet werden.

1. Stellen Sie fest, welche Kenndaten die in Ihrem IT-System befindliche Netzwerkkarte hat.
2. Überlegen Sie, wofür die in Bild 4.3.2-2 dargestellte Netzwerkkarte eine Anschlussleitung zum Mainboard besitzt.

[1] **Autosensing:** engl. Automatische Überprüfung

[2] **Wake-on-LAN:** engl. „Aufwachen" (Start) über eine Netzwerkverbindung

4.3.3 Repeater

In Netzen mit großer räumlicher Ausdehnung werden Repeater als Signalregeneratoren verwendet. Durch einen Repeater wird auf der physikalischen Schicht des ISO/OSI-Referenzmodells eine Regeneration[1] der elektrischen Signale durchgeführt. Bei längeren Übertragungsstrecken kommt es sonst durch schwache, fehlerhafte oder gestörte Signale zu einer Störung der Informationsübermittlung.

> *Ein Repeater regeneriert die Übertragungssignale in einem Netzwerk und dient der räumlichen Erweiterung eines Netzwerkes.*

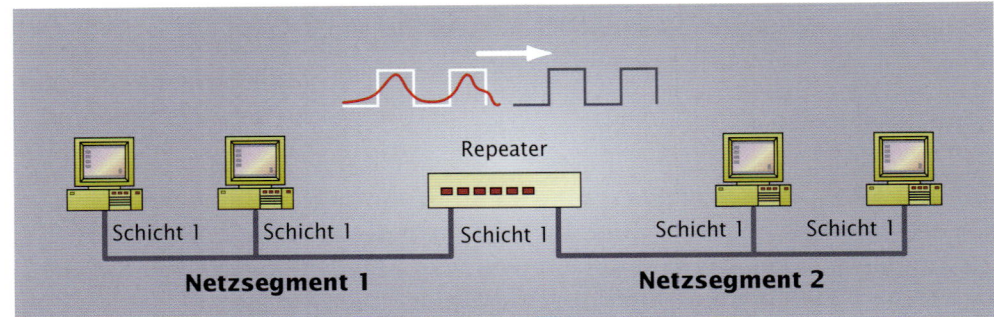

4.3.3-1
Einsatz eines
Repeaters

Im Betrieb wird dazu auf der einen Seite das ankommende Signal aufgenommen und dann neu erzeugt auf der anderen Seite ausgegeben. Eine bloße Verstärkung des Signals würde ankommende Signalverläufe nicht korrigieren können. Beide angeschlossenen Stränge müssen deshalb dieselbe Topologie (siehe Kapitel 5: Netzwerktopologien) haben und die gleichen Kommunikationsprotokolle nutzen (siehe Abschnitt 9.1.1: Konkurrenzverfahren). Durch einen Repeater kann die maximale Länge eines Segments[2] verlängert werden. Außerdem wird die Verfügbarkeit eines Netzes erhöht, da fehlerhafte elektrische Signale keine Auswirkungen in anderen Segmenten haben. Alle angeschlossenen Systeme befinden sich innerhalb derselben Kollisions-Domäne (siehe Konkurrenzverfahren). Allerdings muss durch die Regeneration der Signale eine Verzögerungszeit berücksichtigt werden. Diese beeinträchtigt wiederum die zulässige Gesamtlänge der beiden Netzwerksegmente. Über einen Repeater ist auch ein Wechsel des Übertragungsmediums möglich.

4.3.4 Hub

Hubs[3] verbinden Netzwerkelemente sternförmig und werden aus diesem Grund auch Sternkoppler genannt. Passive Hubs stellen nur eine elektrische, jedoch keine logische Verbindung zwischen den einzelnen Netzwerkkomponenten zur Verfügung. Beim Anschluss an einem Hub befinden sich alle Systeme innerhalb einer Kollisions-Domäne (siehe Abschnitt 9.1.1: Konkurrenzverfahren).

> *Ein Hub verbindet als Sternpunktverteiler die angeschlossenen Systeme auf der Schicht 1. Er ist in seiner Funktion wie ein Bus zu betrachten.*

[1] **Regeneration:** Neubildung, Wiederherstellung
[2] **Segment:** Netzwerke werden zur Erhöhung der Leistungsfähigkeit und zur besseren Strukturierung in Teilnetzwerke aufgeteilt. Diese Teilnetzwerke werden als Segmente bezeichnet.
[3] **Hub:** engl. Mittelpunkt, (Rad) Nabe

4.3.4-1   Gestapelte Hubs

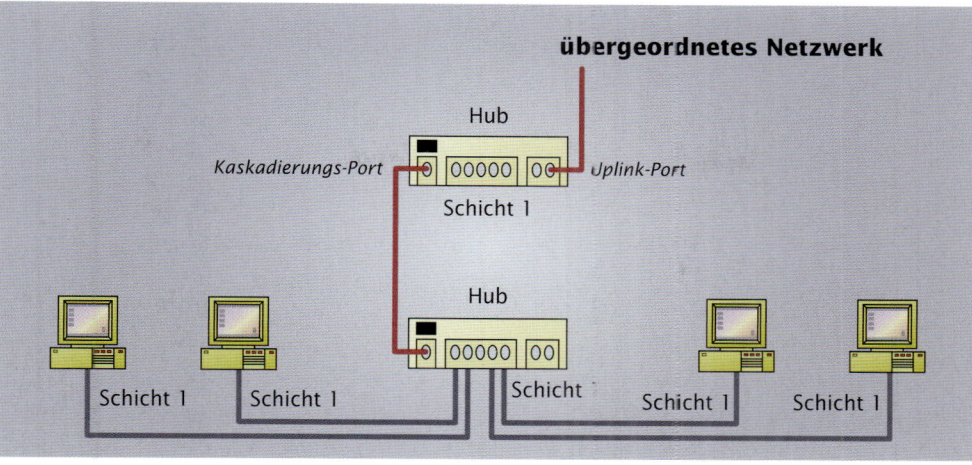

4.3.4-2 Einsatz von Hubs

TIPP

Ist ein Kaskadie-
rungsanschluss
nicht vorhanden,
so kann auch ein
beliebiger Port für
die Verbindung
mittels eines Patch-
kabels genutzt wer-
den. Üblicherweise
ist dazu einer der
Ports (meist Port 1)
mit zwei Anschluss-
buchsen versehen.
Der „gekreuzte"
Eingang ist dann
mit einem X
gekennzeichnet.

Aktive Hubs wirken durch eine Regeneration der Signalpegel gleichzeitig auch als Repeater und werden deshalb auch als Multiport-Repeater bezeichnet. Über herstellerspezifische Verbindungen (Bus-Ports[1]) lassen sich einige Hubs zu Stapeln kaskadieren[2] (stackable hubs[3]). Die meisten Hubs verfügen außerdem über einen zusätzlichen Anschluss für eine Verbindung in ein übergeordnetes Netz. Dieser Anschluss wird als „Uplink-Port"[4] bezeichnet. Hubs werden in modernen Netzen kaum noch eingesetzt

4.3.5 Bridge

Eine Bridge[5] arbeitet auf den ersten beiden Schichten des ISO/OSI-Referenzmodells und ermöglicht die Unterteilung von Netzwerken in Segmente (Teilnetze). Datenpakete werden von der Bridge anhand von Adresslisten auf der Basis von MAC-Adressen den einzelnen Netzen zugewiesen. Damit werden die angeschlossenen Systeme unterschiedlichen Kollisionsdomänen zugeordnet.

> *Bridges teilen Netze durch Bildung von Segmenten in Kollisions-Domänen auf.*

Bridges arbeiten nach dem Store-and-Forward-Verfahren. Hierbei liest die Bridge die Datenpakete vollständig ein und führt eine Fehlerprüfung durch, bevor die Pakete weitergeleitet werden. Weiterhin werden sie bezüglich der Absender- und Empfängeradressen analysiert. Diese Adressen werden dann folgendermaßen ausgewertet und behandelt:

- Ist die Absenderadresse nicht bekannt, wird sie in die brückeninterne Adresstabelle eingetragen. Auf diese Weise „lernt" die Bridge, auf welcher Seite der Bridge welche Systeme (MAC-Adressen) angeschlossen sind.
- Ist die Empfängeradresse in der Adresstabelle vorhanden (bekannt) und der Empfänger befindet sich auf derselben Seite der Bridge wie der Absender, so filtert (verwirft) die Bridge das Paket.
- Ist die Empfängeradresse nicht in der Adresstabelle vorhanden (unbekannt) oder auf der anderen Seite der Bridge, so wird das Paket weitergeschickt.

Da der lokale Datenverkehr so in dem Segment bleibt, wird nur im Bedarfsfall ein Datenpaket in das zweite Segment übermittelt. Bridges finden Verwendung, wenn ein Netzwerk z. B. über die maximale Anzahl der Stationen hinaus erweitert werden soll. Da Störungen in einem Netz nicht übertragen werden, wird die Ausfallsicherheit des Gesamtnetzes erhöht. Durch die Unterteilung in mehrere Segmente findet eine Lasttrennung statt. Datensicherheit und -durchsatz werden erhöht. Da Bridges

[1] **Port:** Als Ports werden allgemein Schnittstellen zwischen zwei unterschiedlichen Übertragungssystemen bezeichnet.
[2] **kaskadieren:** hintereinander schalten, Kaskade: Wasserfall
[3] **Stack:** engl. Stapel
[4] **Uplink:** engl. Aufwärtsverbindung
[5] **Bridge:** engl. Brücke

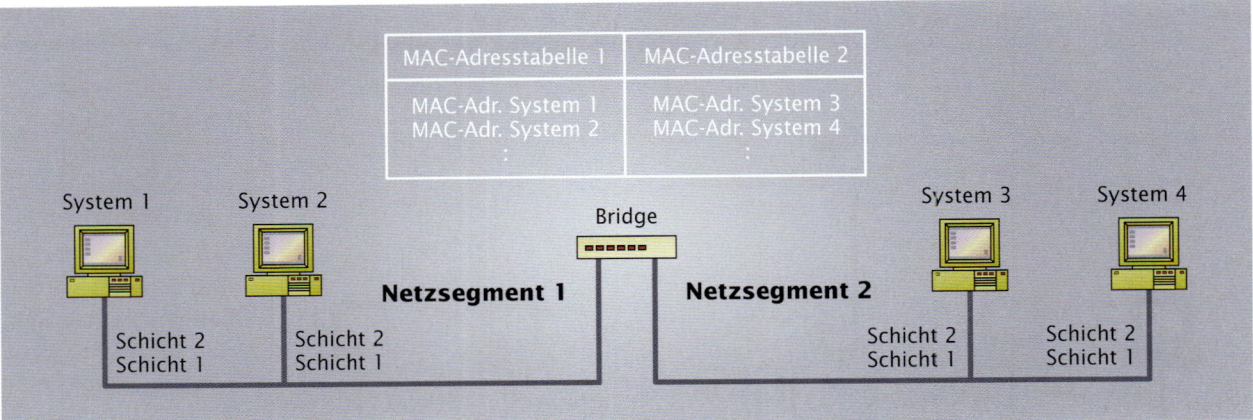

4.3.5-1 Einsatz einer Bridge

grundsätzlich die Funktionalität von Repeatern haben, können auch Verbindungen zwischen unterschiedlichen Übertragungsmedien hergestellt werden. Ist eine Bridge verwaltbar (managebar), so können die Adresstabellen dazu genutzt werden, gezielt die Kommunikation zwischen Systemen zu filtern.

Es wird bei Bridges zwischen mehreren Typen unterschieden:

- **Multiport-Bridges** stellen die Verbindungen zwischen mehr als zwei Segmenten her. Sie können auch als Switches betrachtet werden.
- **Local-Bridges** dienen der Erweiterung von Netzwerken durch Gliederung in mehrere Segmente und/oder dem Übergang auf ein anderes Übertragungsmedium.
- **Remote-Bridges** verbinden einzelne Netzwerke über Standleitungen miteinander. Sie werden bei Weitverkehrsnetzen eingesetzt.

Bei der Verwendung mehrerer Bridges und Switches (siehe auch „Switch") kann es dazu kommen, dass es mehrere Informationswege gibt (siehe Grafik 4.3.5-2). Dieser Effekt kann zu einer „Schleifenbildung" führen, die zur Folge hat, dass Datenpakete ständig im Kreis herumgereicht werden und somit das Netz erheblich belastet wird.

Um Schleifen zu entdecken und aufzulösen, kommunizieren Bridges und Switches untereinander. Nach einem in der Norm IEEE 802.1d festgelegten Algorithmus und Protokoll wird die entdeckte Schleifenstruktur in eine gesamte (überspannende) Baumstruktur aufgelöst, die dann keine Schleifen mehr enthält.

> *Das Verfahren zur Auflösung von Schleifen wird als Spanning Tree[1] Algorithmus bezeichnet.*

TIPP

Bei der Verwendung mehrerer Bridges und Switches unterschiedlicher Hersteller ist darauf zu achten, dass alle den Spanning Tree Algorithmus nach IEEE 802.1d verwenden. Ältere Bridges und Switches verwenden zum Teil noch Vorgängerversionen.

4.3.6 Switch

Ein Switch weist einen ähnlichen Funktionsumfang und Einsatzbereich wie eine Bridge auf.

> *Ein Switch kann als Multiport-Bridge betrachtet werden.*

Durch einen schnellen internen Bus können Datenpakete zwischen den Ports mit maximaler Geschwindigkeit übertragen werden und somit mehrere Verbindungen gleichzeitig hergestellt werden. An Switches können sowohl einzelne Stationen zur Erhöhung der nutzbaren Übertragungsbandbreite als auch strukturierte Segmente angeschlossen werden. Mit Hilfe eines Switches kann ein Netzwerk in mehrere Segmente gegliedert werden.

[1] **spanning tree:** engl. überspannender Baum

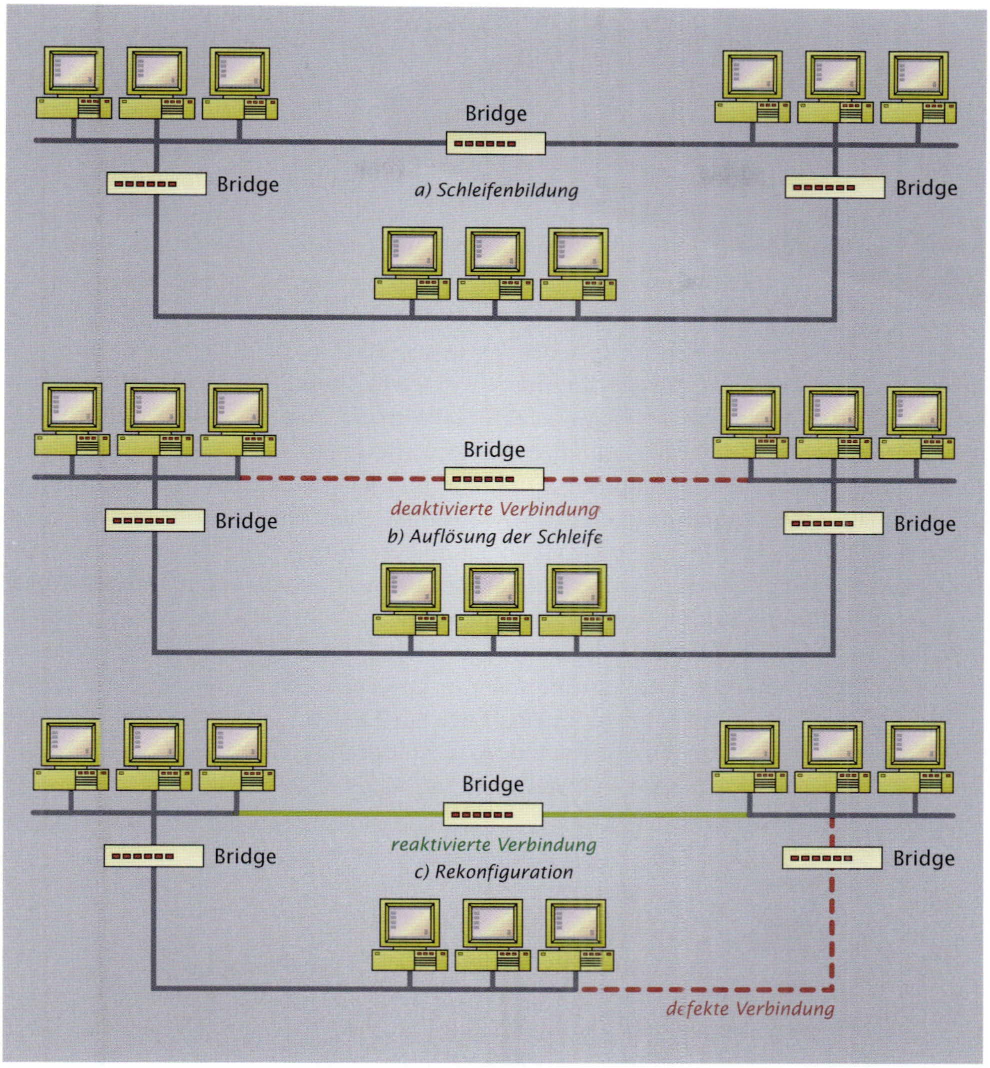

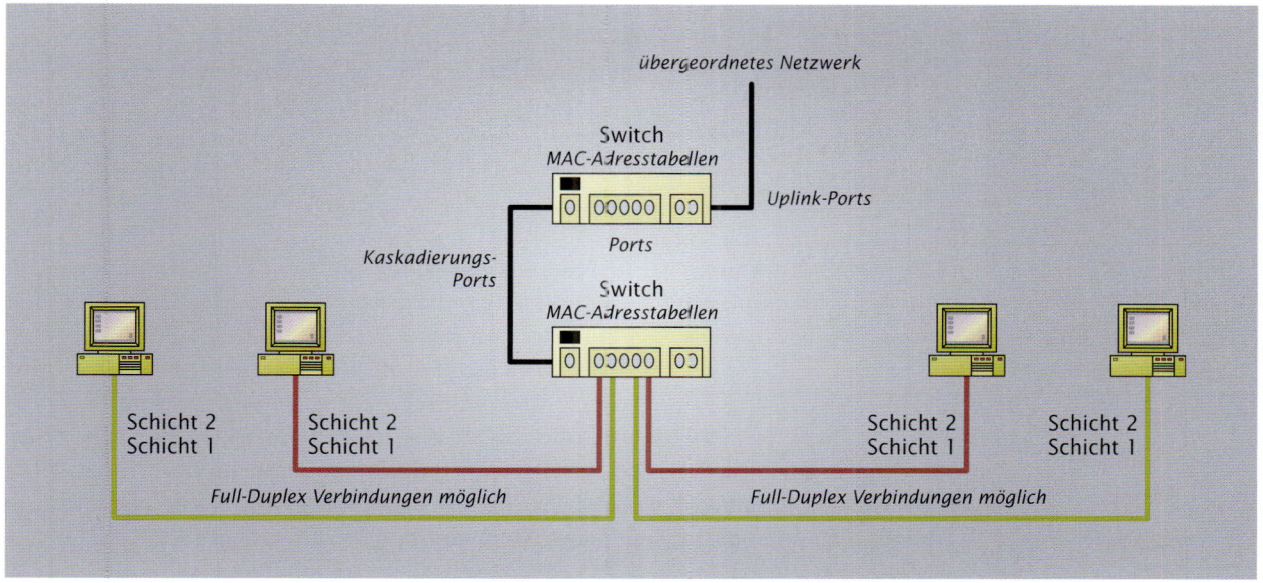

Bridge

a) Schleifenbildung

Bridge

Bridge

Bridge

deaktivierte Verbindung

b) Auflösung der Schleife

Bridge

Bridge

Bridge

reaktivierte Verbindung

c) Rekonfiguration

Bridge

defekte Verbindung

4.3.5-2
Schleifenbildung und
Schleifenauflösung

übergeordnetes Netzwerk

Switch
MAC-Adresstabellen

Uplink-Ports

Ports

Kaskadierungs-
Ports

Switch
MAC-Adresstabellen

Schicht 2
Schicht 1

Schicht 2
Schicht 1

Schicht 2
Schicht 1

Schicht 2
Schicht 1

Full-Duplex Verbindungen möglich

Full-Duplex Verbindungen möglich

4.3.6-1 Einsatz von Switches

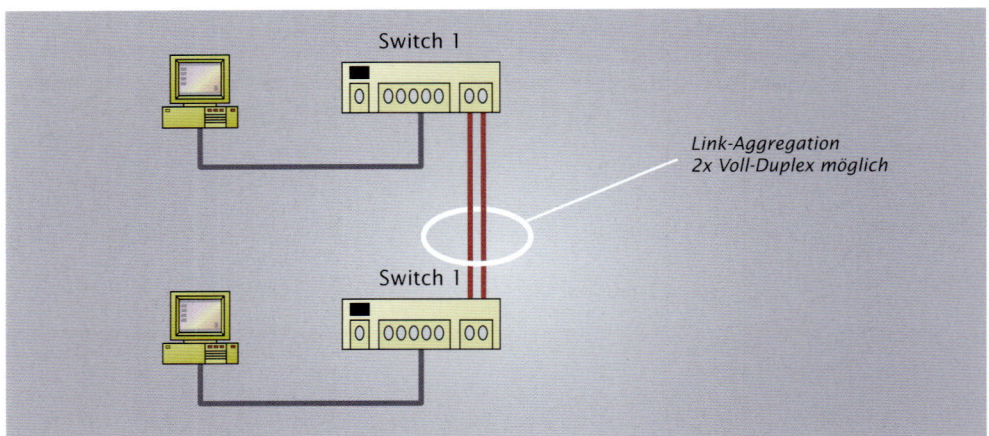

4.3.6-2
Switch mit
unterschied-
lichen Porttypen

Zusätzlich zu den Arbeitsverfahren einer Bridge (Store-and-Forward) kann noch ein weiteres Verfahren Anwendung finden. Dieses wird als On-the-Fly-Switching[1] oder Cut-Through-Switching[2] bezeichnet. Mit der Verwendung dieses Verfahrens gelten Switches nicht mehr als Bridge. Hier werden nicht mehr die kompletten Datenpakete eingelesen, sondern nur die Zieladresse (Ethernet: 6 Byte = 48 Bit). An diese Adresse wird das Datenpaket ohne weitere Überprüfung direkt weitergeleitet. Es werden auf diese Weise sehr kurze Verzögerungszeiten erreicht. Allerdings können bei dieser Technik fehlerhafte Pakete auch in andere Netzsegmente übertragen werden, da eine Fehlerprüfung erst nach dem vollständigen Einlesen des Paketes beim Empfänger vorgenommen wird. In größeren Netzen kann dieses Verfahren zu einer problematischen Erhöhung der Netzlast führen.

TIPP

Switches werden zunehmend anstelle von Hubs eingesetzt, da sie ein kollisionsfreies Netz ermöglichen.

Da zwischen den angeschlossenen Endgeräten keinerlei Kollisionen auftreten können, ist jede Kommunikationsverbindung als eigene Kollisionsdomäne zu betrachten. Es ist also möglich, auf den Leitungen im Voll-Duplex-Betrieb (siehe Kapitel 8: Netzwerkkommunikation) zu kommunizieren und somit quasi die doppelte Bandbreite zu nutzen. Diesen Vorteil kann man auch zur Erhöhung des Datendurchsatzes z. B. zwischen zwei Switches nutzen, indem diese durch mehrere Leitungen verbunden werden. Dieses Verfahren wird als Link-Aggregation[3] bezeichnet.

Switch 1

Link-Aggregation
2x Voll-Duplex möglich

Switch 1

4.3.6-3 Link-Aggregation

Virtuelle LANs (VLAN) sind unabhängig von ihrer physikalischen Struktur auf der Basis von MAC-Adressen und Port-Nummern logisch organisiert.

Üblicherweise kann ein Switch für besondere Einstellungen konfiguriert werden. Dies kann über eine serielle Verbindung (z. B. RS232) oder über eine Netzwerkverbindung (z. B. Telnet, siehe Abschnitt 9.3.1: Protokolle des Anwendungssystems) geschehen. Unter anderem können den Ports die MAC-Adressen der angeschlossenen Stationen zugeordnet werden. Die Ports wiederum können zu virtuellen Netzwerken (VLAN) zusammengefasst werden. Durch die Zuordnung von Ports zu mehreren VLANs sind Übergänge zwischen den Netzwerken möglich.

[1] **on the fly:** engl. im Flug
[2] **cut through:** engl. durchschneiden
[3] **Aggregation:** Vereinigung, Zusammenlegung

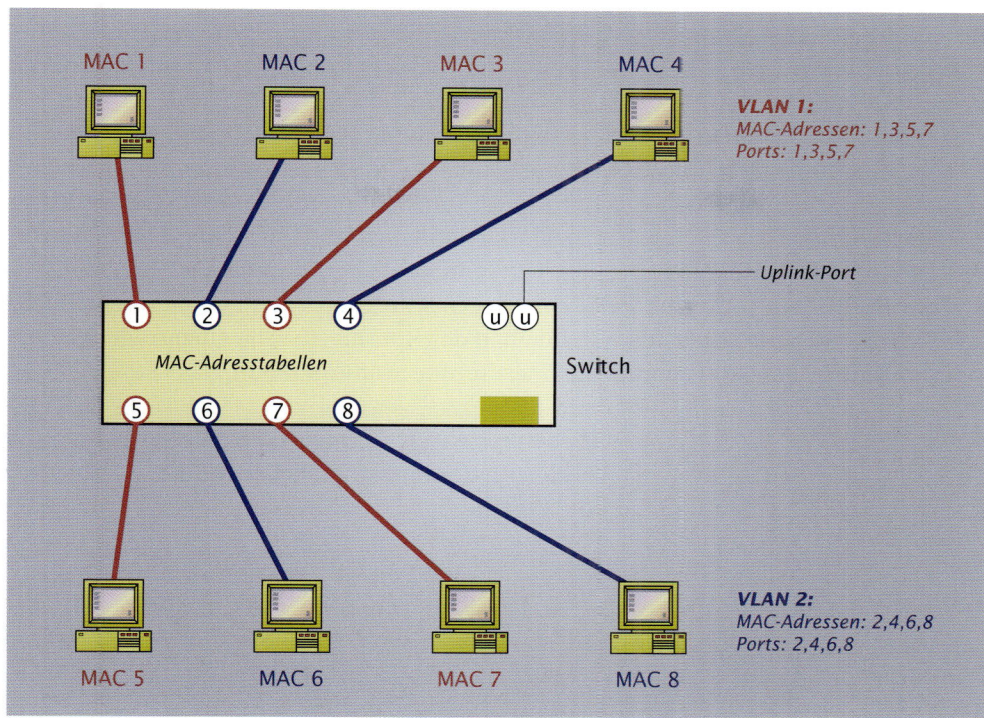

VLAN 1:
MAC-Adressen: 1,3,5,7
Ports: 1,3,5,7

Uplink-Port

MAC 1   MAC 2   MAC 3   MAC 4

① ② ③ ④   ⓤⓤ

MAC-Adresstabellen   Switch

⑤ ⑥ ⑦ ⑧

MAC 5   MAC 6   MAC 7   MAC 8

VLAN 2:
MAC-Adressen: 2,4,6,8
Ports: 2,4,6,8

4.3.6-4
Bildung von
virtuellen LANs

Vorteile:	**Nachteile:**
• **kollisionsfreies Netz**	• **höhere Anschaffungskosten**
• **Voll-Duplex-Betrieb möglich**	
• **Bessere Bandbreitenausnutzung**	
• **Vermeidung von Schleifen-**	
bildung	

1. Welche Verwaltungsmöglichkeiten hat ein Switch? Recherchieren Sie dazu im Handbuch eines Switches.
2. Welche Funktionsmerkmale hat dieser Switch?
3. Überprüfen Sie, ob der Switch auch über das Netzwerk verwaltbar ist.
4. Überlegen Sie, welche Kriterien für bzw. gegen eine Verwaltung des Switches über das Netzwerk sprechen.

4.3.7 Router

Router verbinden Netzwerke mit unterschiedlichen Topologien und Protokollen. Sie arbeiten auf den untersten drei Schichten des ISO/OSI-Referenzmodells. Die Grundfunktion ist die Wegfindung für Datenpakete in einem komplexen Netzwerk. Festgelegt wird der Weg vom Sender zum Empfänger durch Routing-Tabellen.

Nicht alle Protokolle der Schicht 3 können vom Router verarbeitet werden. Werden Netzwerke mit unterschiedlichen Protokollen über einen Router miteinander verbunden, so muss der Router eine Umsetzung z. B.

> *Router dienen der Wegfindung, der Vermittlung von Nachrichtenpaketen und der Filterung von Nachrichtenpaketen.*

der Paketlängen und Übertragungsgeschwindigkeiten vornehmen können. Für nicht routbare Protokolle müssen Router mit einer Bridgefunktion verwendet werden (Brouter).

Router arbeiten nach folgenden Verfahren:

- **Statisches Routing:** Der Router arbeitet mit vorher manuell hinterlegten Routing-Tabellen.
- **Dynamisches Routing:** Die Tabellen werden automatisch gebildet und aktualisiert. Der Weg des Paketes ist nicht festgelegt und wird erst zum Zeitpunkt des Versands ermittelt. Dazu benötigt der Router Informationen über die Netzwerkparameter der angeschlossenen Netze. Durchgeführt werden diese Berechnungen auf der Basis von Protokollen wie z. B. RIP[1] und OSPF[2].
- **Default-Routing:** Werden Pakete an Netzwerke gesendet, die dem Router nicht bekannt sind, so werden diese an einen in der Routing-Tabelle eingetragenen weiteren Router, den sogenannten Default-Router, weitergereicht.

> *Typische Einsatzgebiete von Routern sind Netzkopplungen und Weitverkehrsnetze (WAN).*

Diese Verfahren können sowohl hardware- als auch softwaremäßig realisiert werden.

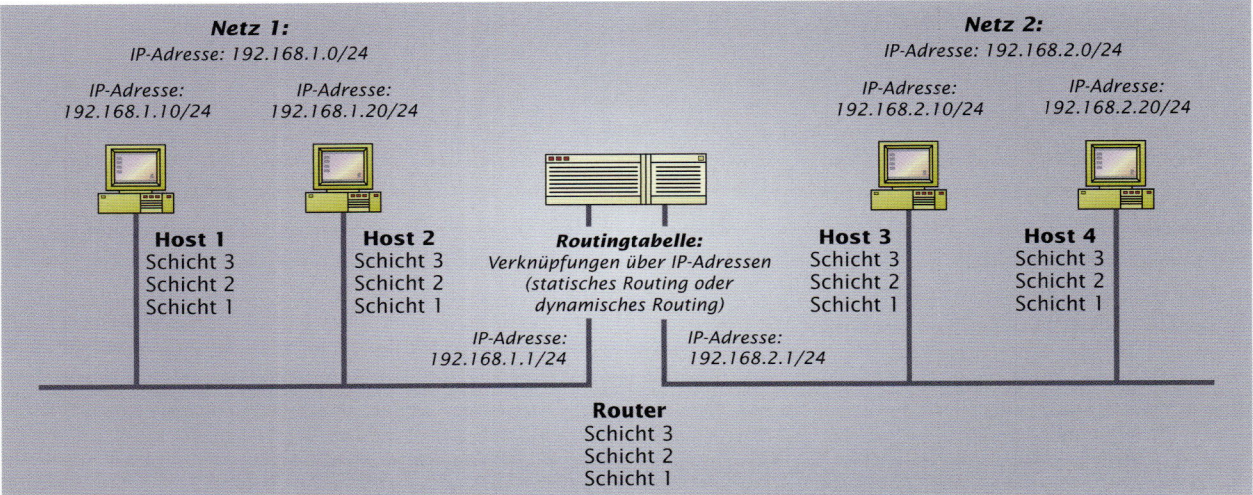

4.3.7-1 Einsatz eines Routers

4.3.7-2 Router

Da die Routingverfahren eng mit der Verwendung entsprechender Netzprotokolle und den IP-Adressen verknüpft sind, werden diese Verfahren in den entsprechenden Kapiteln dargestellt (siehe Kapitel 11: Routing und Exkurs „Routing").

Ermitteln Sie, wofür im Netzwerk Ihres Betriebes/Ihrer Schule Router eingesetzt werden?

4.3.8 Gateway

Durch ein Gateway können Netzwerke unterschiedlichen Typs und mit unterschiedlichen Protokollen bis auf die Ebene der Anwendungen verbunden werden. Ihre Funktion basiert auf allen sieben Schichten des ISO/OSI-Referenzmodells. Gateways sind Rechnersysteme, die auf allen Schichten des ISO/OSI-Referenzmodells arbeiten und die gewünschten Funktionen auf der Ebene der Anwendungssoftware anbieten (siehe auch Kapitel 12: Betriebssysteme in Netzwerken).

[1] **RIP: R**outing **I**nformation **P**rotocol, engl. Routing Informations Protokoll
[2] **OSPF: O**pen **S**hortest **P**ath **F**irst: engl. „Öffne zuerst den kürzesten Pfad."

Typische Anwendungen von Gateways sind:

- E-Mail-Systeme: Verbindung von Mail-Systemen. Dies könnte zum Beispiel die Verbindung von firmenspezifischen Standards (z. B. Lotus) mit allgemeinen Standards (SMTP) sein (siehe Grafik 4.3.8-1).

> *Gateways können unterschiedliche Netzwerksysteme auf allen sieben Schichten des ISO/OSI-Referenzmodells koppeln.*

- Proxy-Server mit integrierten Firewalls: Schutz gegen unbefugten Zugriff zwischen zwei Netzen (Firewalling). Dabei kann auch der gesamte Kommunikationsablauf protokolliert werden.

- WAN-Verbindung: Verbindung zweier lokaler Netze mit unterschiedlichen Netzsystemen über ein Telekommunikationsnetz. Ein Beispiel ist die Anbindung eines lokalen Netzes an ein Großrechnersystem.

TIPP

Problematisch ist zum Teil die nicht konsequente Verwendung der Begriffe Router und Gateway. So wird in manchen Betriebssystemen die Routerfunktionalität mit einer Gatewayfunktion gleichgesetzt.

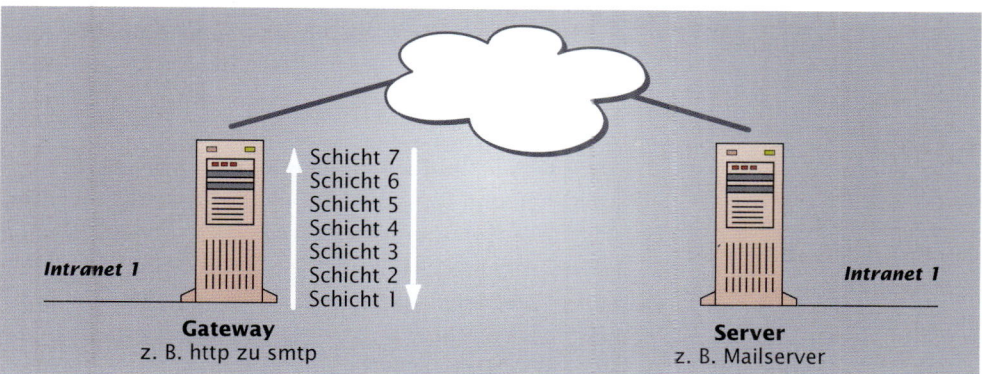

Gateway
z. B. http zu smtp

Server
z. B. Mailserver

4.3.8-1
Einsatz eines
Gateways

Ermitteln Sie, wofür im Netzwerk Ihres Betriebes/Ihrer Schule Gateways eingesetzt werden?

Gerät	Schicht im ISO/OSI-Referenzmodell	Anwendungen
Medien-konverter	Schicht 1	Übergang auf ein anderes Übertragungs-medium
Netzwerk-karte	Schicht 1 und 2	Zugriff auf das Übertragungsmedium, Adressierung über MAC-Adresse
Repeater	Schicht 1	Signalregenerierung, Reichweitenerhöhung
Hub	Schicht 1	Koppelelement für sternförmige Verbindung von Netzelementen
Bridge	Schicht 1 und 2	Verbindung von Netzsegmenten, Aufteilung von Kollisionsdomänen, Reichweitenerhöhung, Medienkonvertierung
Switch	Schicht 1 und 2	Koppelelement für sternförmige Verbindung von Netzelementen, Aufteilung von Kollisionsdomänen (siehe Bridge)
Router	Schicht 1 bis 3	Verbindung von Netzen, Aufteilung in Broadcastdomänen
Gateway	Schicht 1 bis 7	Verbindung von Anwendungen

5 Netzwerktopologien

Abhängig von der Gliederung des Gesamtnetzes in einzelne Teilnetze und den räumlichen Gegebenheiten ist für die Firma Lütgens die Anordnung und Verbindung der einzelnen Computersysteme zu planen. Aus dieser Planung heraus muss dann später das notwendige Verkabelungskonzept entwickelt werden.

> *Unter Netzwerktopologie versteht man die Art und Weise (Struktur), in der die einzelnen Netzwerkelemente verbunden werden.*

> *Unter physikalischer Topologie versteht man die räumliche Verbindung von Netzwerkkomponenten.*

> *Unter logischer Topologie versteht man die Organisation der Kommunikationswege zwischen den angeschlossenen Netzwerkstationen.*

Basierend auf den drei grundlegenden Strukturen Bus, Ring und Stern können komplexere Topologien aufgebaut werden. Grundsätzlich muss bedacht werden, dass zwischen der physikalischen und der logischen Topologie unterschieden wird. Sie sind nicht zwangsweise identisch.

Als ein Beispiel für den Unterschied zwischen physikalischer und logischer Topologie kann die sternförmige Verdrahtung eines Token-Ring-Netzes dienen (siehe Abschnitt 10.2: Token Ring). Eine Topologie muss stets auch unter dem Gesichtspunkt der möglichen Verbindungsformen betrachtet werden (siehe Kapitel 8: Netzwerkkommunikation).

5.1 Bustopologie

> *An einen Bus können Teilnehmer an beliebiger Stelle angekoppelt werden.*

Vor allem in kleinen lokalen Netzen war die Busstruktur weit verbreitet. Ein typisches Beispiel dieser Technik stellen ältere Standards des Ethernet[1] dar. Über eine gemeinsame Datenleitung (z. B. Koaxialkabel) können alle angeschlossenen Stationen gleichberechtigt miteinander kommunizieren. Die Enden der Busleitung sind durch Abschlusswiderstände zu terminieren, damit es nicht zu Signalreflexionen kommt (siehe Basiswissen).

Vorteile:
- **einfache Installation**
- **einfache Erweiterbarkeit**
- **geringe Kosten**

Nachteile:
- **hohe Störanfälligkeit des Mediums**
- **bei steigender Anzahl von Stationen hohe Anzahl von Kollisionen bei Zugriffen**
- **Probleme bei Fehlersuche und -analyse**
- **bei Störung des Übertragungsmediums Störung der gesamten Kommunikation**

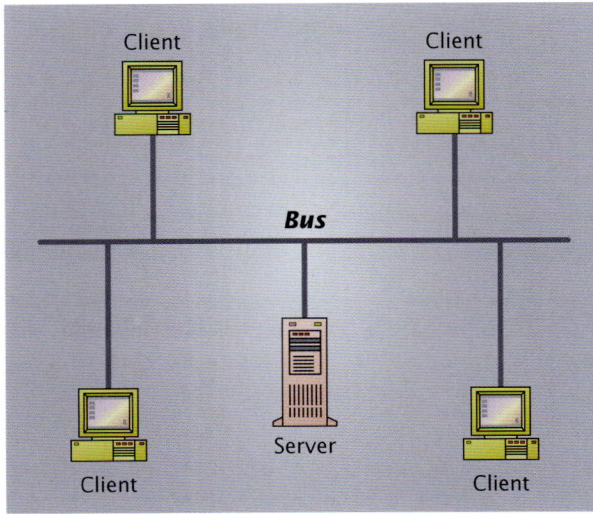

5.1-1 Bustopologie

[1] **Ethernet:** Bezeichnung eines weit verbreiteten Netzwerkstandards. Ethernet Varianten wie 10Base-2 und 10Base-T sind für Bustopologien genormt. Siehe auch: Übertragungsprotokolle

Bussysteme werden als parallele Busse überwiegend in der kurzen Verbindung intelligenter Komponenten eingesetzt (z. B. SCSI-Bus[1]). Serielle Busse sind weit verbreitet in der Automatisierungstechnik (z. B. PROFIBUS, ASI-Bus[2], EIB[3]), in der KFZ-Technik (CAN-Bus[4]) und in komplexen elektronischen Geräten (I²C-Bus[5]).

5.2 Sterntopologie

Die typische Vernetzungsform der mittleren Datentechnik ist die Verwendung eines Zentralrechners mit sternförmig über Kabel angebundenen Terminals. Eine Kommunikation zwischen den Terminals und Arbeitsstationen erfolgt ausschließlich über den Zentralrechner.

> *Bei der Sterntopologie sind alle angeschlossenen Stationen zentral mit einem Sternpunkt verbunden.*

Neben der Vernetzung über einen Zentralrechner kann man auch die Verbindung über einen Hub oder Switch (s. o.) als physikalische Sterntopologie betrachten. Moderne lokale Netze sind üblicherweise sternförmig angelegt.

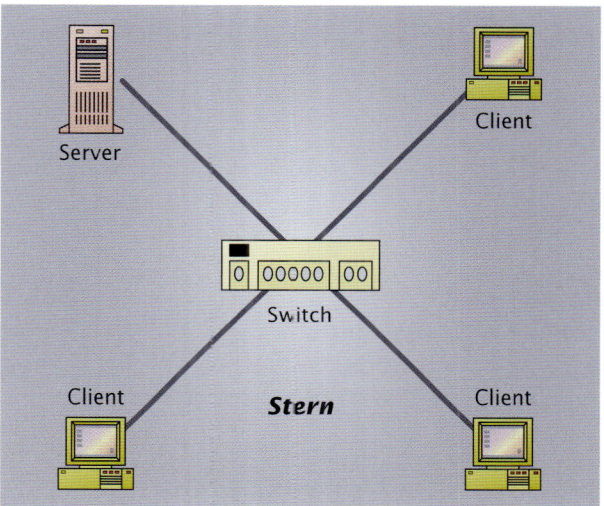

5.2-1
Sterntopologie

Vorteile:

- **hohe Übertragungssicherheit**
- **hohe Übertragungsbandbreite**

Nachteile:

- **hoher Aufwand in der Installation**
- **anfällig gegen Störung oder Ausfall des Sternpunktes**

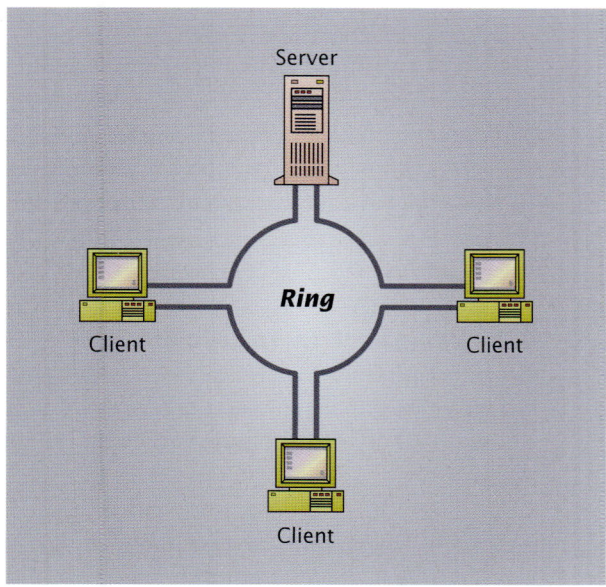

5.3-1 Ringtopologie

5.3 Ringtopologie

> *In einer Ringtopologie sind alle angeschlossenen Stationen nacheinander folgend in Form eines Ringes verbunden.*

In einem Ring wird jede Station mit einem „Vorgänger" und einem „Nachfolger" in Form eines geschlossenen Ringes verbunden. Nur eines der IT-Systeme kann eine umlaufende Nachricht bearbeiten.

Ein typisches Beispiel ist der Token Ring (siehe Abschnitt 10.2: Token Ring). Moderne

[1] **SCSI:** Small Computer System Interface, engl. Schnittstelle für kleine Computersysteme
[2] **ASI:** Actor Sensor Interface
[3] **EIB:** Europäischer Installations-Bus
[4] **CAN:** Car Area Network oder Controller Area Network
[5] **I²C:** IIC, Inter-Integrated Circuit

Ringnetze werden häufig als „logische Ringe" organisiert, sind jedoch physikalisch in Sternform ausgeführt. Auf diese Weise werden die Vorteile einer sternförmigen Verkabelung mit den Vorteilen einer Ringkommunikation verbunden (siehe Grafik 5.3-2).

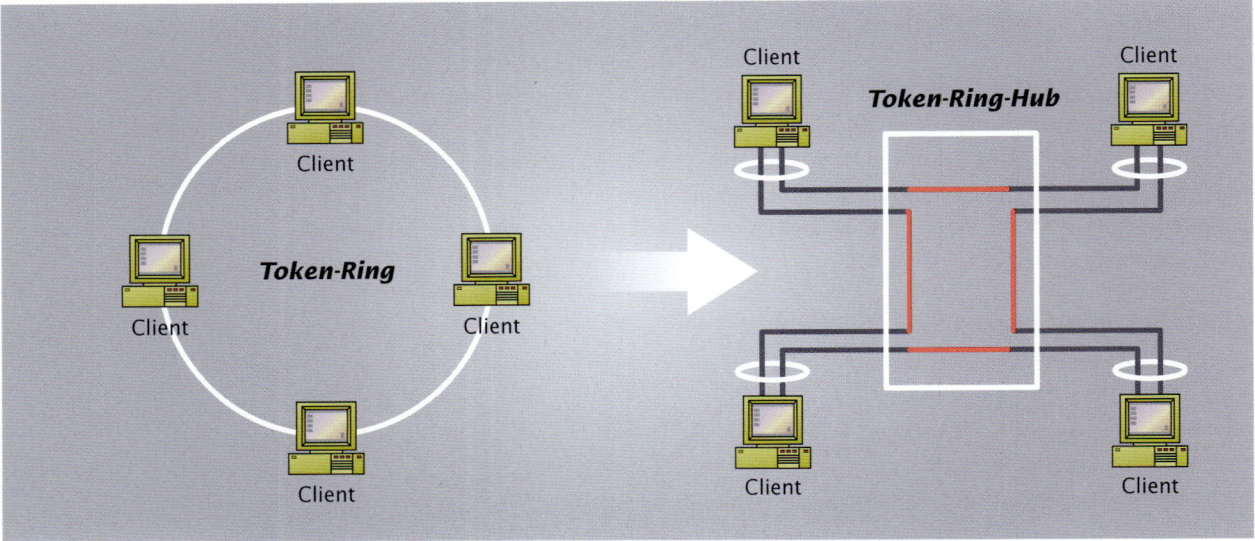

5.3-2
sternförmig
verbundenes Ringnetz

Vorteile:
• **hohe Ausfallsicherheit**
• **hohe Übertragungssicherheit**
• **garantierte Übertragungsband-**
  breite

Nachteile:
• **hohe Installationskosten**
• **hohe Komplexität**

5.4 Baumtopologie

Eine Baumtopologie ist die hierarchische, sternförmige Verbindung mehrerer Sterntopologien.

Aufbauend auf der Sternstruktur lassen sich größere Netze in Form einer Baumtopologie entwickeln. Durch die Verwendung von Hubs, Switches, Routern, Gateways usw. können Netze entstehen, die sehr flexibel in ihrer Struktur sind (siehe Abb. 5.4-1).

In der Praxis können durch die historische Entwicklung von Netzwerken in den Baumstrukturen durchaus auch Bus- und Ringtopologien enthalten sein. Durch die Zusammenführung unterschiedlicher Topologien und mehrerer Hierarchieebenen können Gesamtnetzwerke schnell eine große Komplexität erreichen. Baumtopologien sind typische Ergebnisse einer strukturierten Verkabelung (siehe Abschnitt 7.1: Strukturierte Verkabelung).

5.5 Vermaschte Topologie

In einer vermaschten Topologie ist ein angeschlossenes System über mehrere physikalische Verbindungen mit anderen Systemen verbunden.

Bestehen zwischen zwei Rechnern oder Netzen zwei oder mehr Verbindungen, so spricht man von einer vermaschten Topologie (siehe Abb. 5.5-1).

Im Extremfall ist jede Station mit jeder anderen verbunden. Es wird dann auch von einer vollständigen Vermaschung gesprochen. Mit dieser Struktur sind ein sehr hoher Aufwand an Verkabelung und Verwaltung und damit hohe Kosten verbunden.

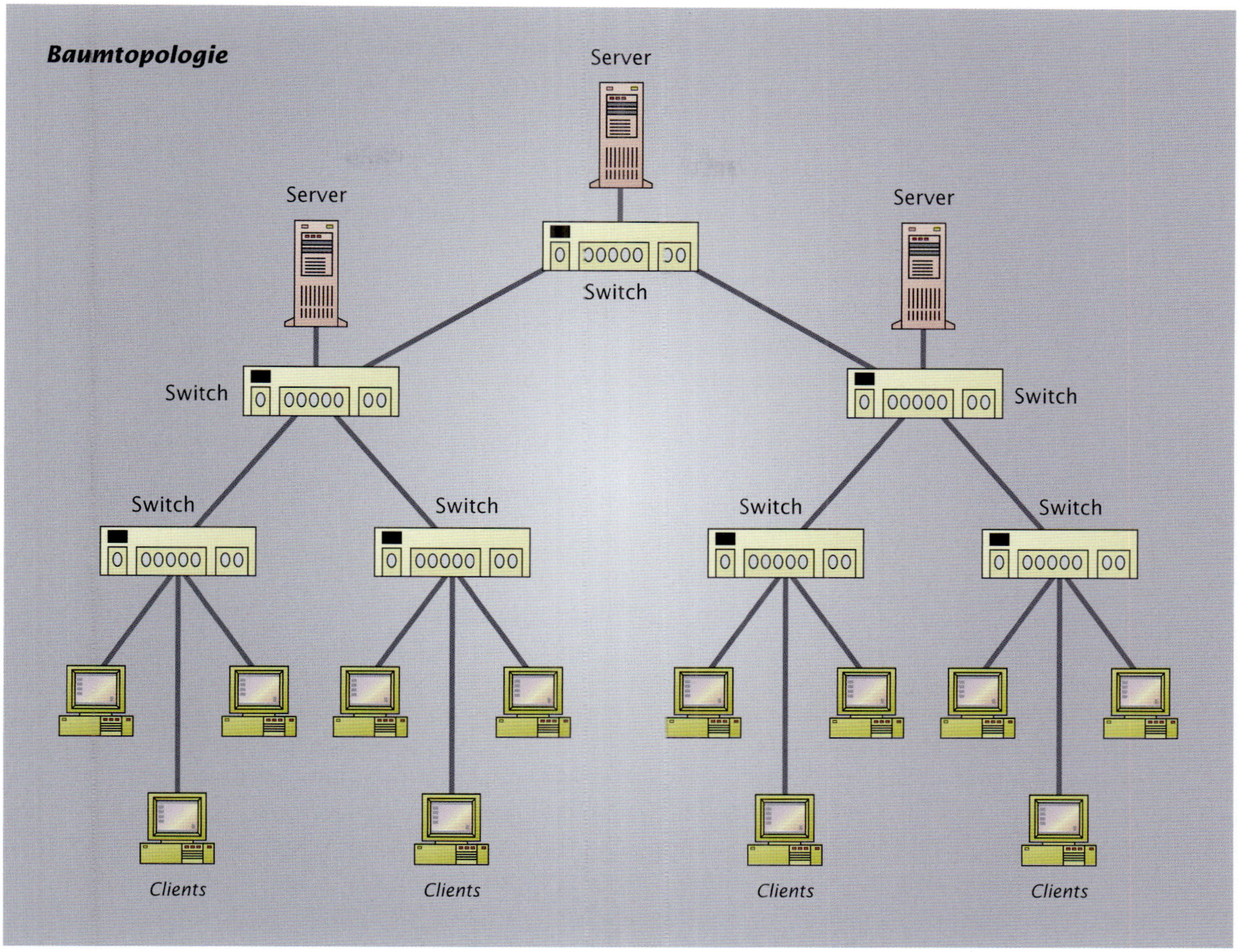

Baumtopologie

Server

Server

Switch

Server

Switch

Switch

Switch

Switch

Switch

Switch

Switch

Clients

Clients

Clients

Clients

Anwendung findet diese Form der Vernetzung dann, wenn eine sehr schnelle, direkte und ausfallsichere Kommunikation zwischen den einzelnen Stationen erforderlich ist. Dies ist zum Beispiel in der Steuerung und Überwachung von Produktionsprozessen der Fall. Ein weiteres Anwendungsbeispiel ist die Erzeugung eines Rechnerverbundes, welcher nach außen hin als ein einziger Zentralrechner in Erscheinung tritt (z. B. als Rechnercluster). Hierzu werden dann auch z. T. Großrechner mit eingebunden.

5.4-1
Baumtopologie

Vorteile:

- **hohe Ausfallsicherheit**
- **hohe Übertragungssicherheit**
- **hohe Übertragungsbandbreite**

Nachteile:

- **hohe Installationskosten**
- **hohe Komplexität**

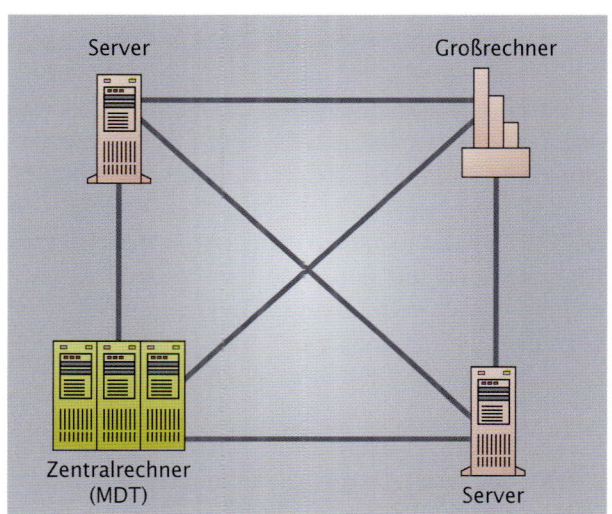

Server

Großrechner

Zentralrechner
(MDT)

Server

5.5-1
Vollständige
Vermaschung

5.6 Backbone-Netze

Die Betrachtung von Backbone[1]-Netzen ist eigentlich nicht zwingend unter dem Gesichtspunkt der Topologie einzuordnen, sondern eher unter ihrer Funktion. An dieser Stelle sind sie deshalb aufgeführt, weil sie als Rückgrat einzelne Netze leistungsfähig verbinden.

> *Backbone Netze verbinden einzelne Netze zu einem Gesamtnetz.*

Folgende Kriterien sind für die Auswahl und Beurteilung von Backbone Netzen wichtig:

- Hohe Ausfallsicherheit
- Hohe Übertragungsbandbreite
- Große Wartungsfreundlichkeit
- Leistungsfähige Anbindung von Netzen

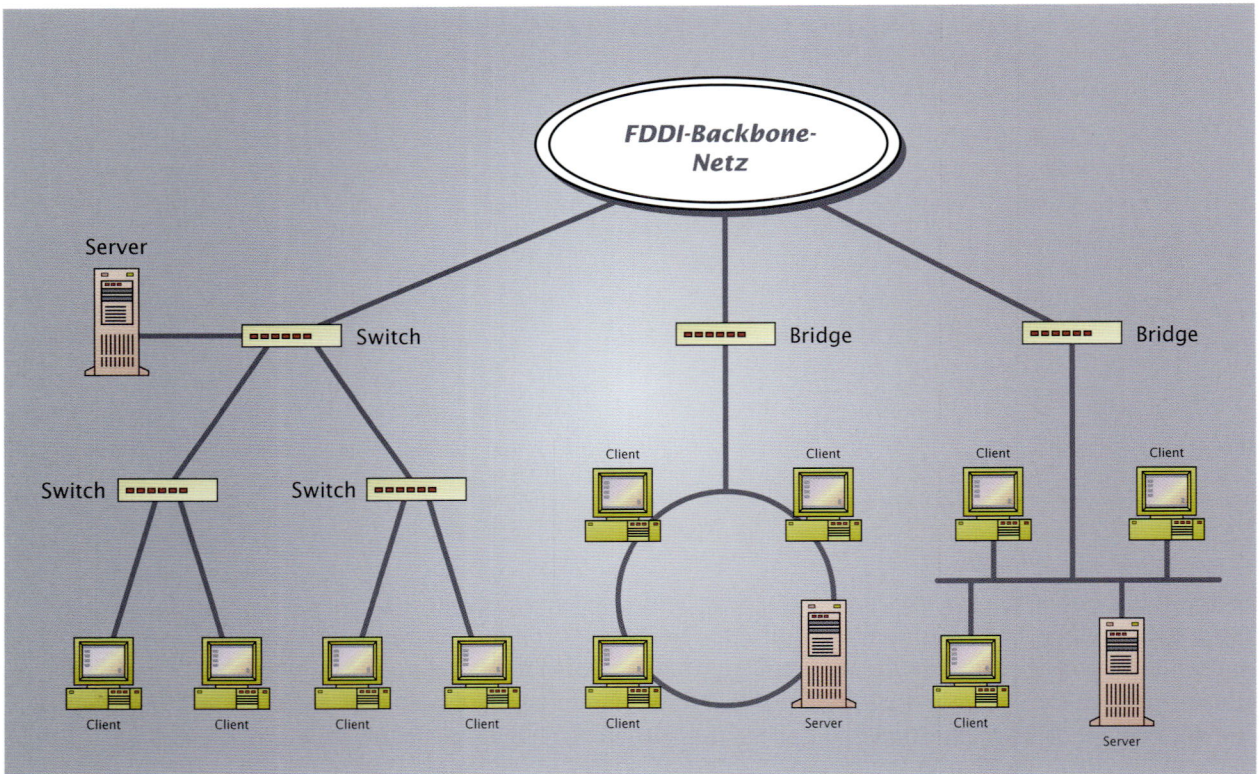

5.6-1 Komplexes Netzwerk

Ausgeführt werden Backbone Netze häufig als Lichtwellenleiter-Ringnetze. Der dazu verwendete Standard ist der FDDI-Standard[2]. Auf der Basis von Kupferleitungen (Twisted-Pair) werden aber auch ATM-Netze[3] genutzt.

5.7 Räumliche Ausdehnung von Netzwerken

Einhergehend mit der Topologie werden Netzwerke häufig auch unter dem Gesichtspunkt ihrer räumlichen Ausdehnung eingeordnet. Die Anzahl der im Netzwerk verbundenen Rechner spielt dabei eine untergeordnete Rolle. Eine präzise Abgrenzung ist hier nicht immer möglich.

- **CAN:** Ein Controller Area Network (CAN, früher auch Car Area Network) umfasst die Verbindung einzelner einfacher IT-Komponenten innerhalb eines sehr begrenzten Bereiches (wenige Meter).

[1] **Backbone:** engl. Rückgrat
[2] **FDDI:** Fibre Distributed Data Interface, engl. verteilte Daten-Schnittstelle für (Lichtwellen-)Fasern
[3] **ATM:** Asynchronous Transfer Mode, engl. Asynchroner Übertragungsmodus

- **FAN:** Die Vernetzung von Automatisierungskomponenten z. B. in der Produktionstechnik kann durch ein Field Area Network (FAN) organisiert werden (mehrere 100 Meter).
- **PAN:** Das Personal Area Network (PAN) umfasst die Vernetzung des häuslichen Bereiches (bis ca. 100 Meter).
- **LAN:** Unter einem Local Area Network (LAN) versteht man ein auf einen Raum, ein Gebäude oder ein Firmengelände begrenztes privates Netzwerk (bis mehrere 100 Meter).
- **MAN:** Metropolitan Area Networks (MAN) sind in der Struktur und Technik den LANs sehr ähnlich. Sie decken den Bereich mehrerer Firmengebäude oder einer Stadt ab (bis ca. 100 km). Diese Definition findet kaum noch Verwendung, da eine Abgrenzung zum WAN kaum möglich ist.
- **WAN:** Ein Wide Area Network (WAN) umfasst den Bereich eines Landes oder Kontinentes (bis mehrere 1000 km).
- **GAN:** Geht die geographische Ausdehnung über einen Kontinent hinaus und umfasst möglicherweise den gesamten Planeten, so spricht man von einem Global Area Network (GAN). Auch dieser Begriff wird in der Abgrenzung zum WAN kaum noch verwendet.

> 1. Untersuchen Sie das Netzwerk in Abb. 5.6.1.
>   - Welche Topologien sind vorhanden?
>   - Für welche räumlichen Ausdehnungen sind die dargestellten Topologien geeignet?
> 2. Erstellen Sie einen Übersichtsplan mit den Topologien, die in Ihrem Betrieb/Ihrer Schule eingesetzt werden.
> 3. Ermitteln Sie, welche Topologie das Telefonnetz Ihres Betriebes/Ihrer Schule besitzt.

Übertragungsmedien

In sehr engem Zusammenhang mit der geplanten Netzwerktopologie steht die Auswahl der benötigten Übertragungsmedien. Für die Firma Lütgens bedeutet dies, dass für die Vernetzung der Räumlichkeiten, der Stockwerke und der einzelnen Gebäude möglicherweise jeweils unterschiedliche Medien in der Planung berücksichtigt werden müssen.

Übertragungsmedien sind technische Einrichtungen zur möglichst schnellen, umfangreichen und sicheren Übertragung von Nachrichten.

Für den Austausch von Informationen zwischen den einzelnen Teilnehmern werden Übertragungseinrichtungen benötigt. Grundsätzlich ist jedes Material das Signale übertragen kann, als Übertragungsmedium nutzbar. In Form von modulierten[1] Schwingungen werden elektromagnetische oder akustische Signale verwendet. Eine grobe Unterteilung wird in leitergebundene und leiterungebundene Medien vorgenommen.

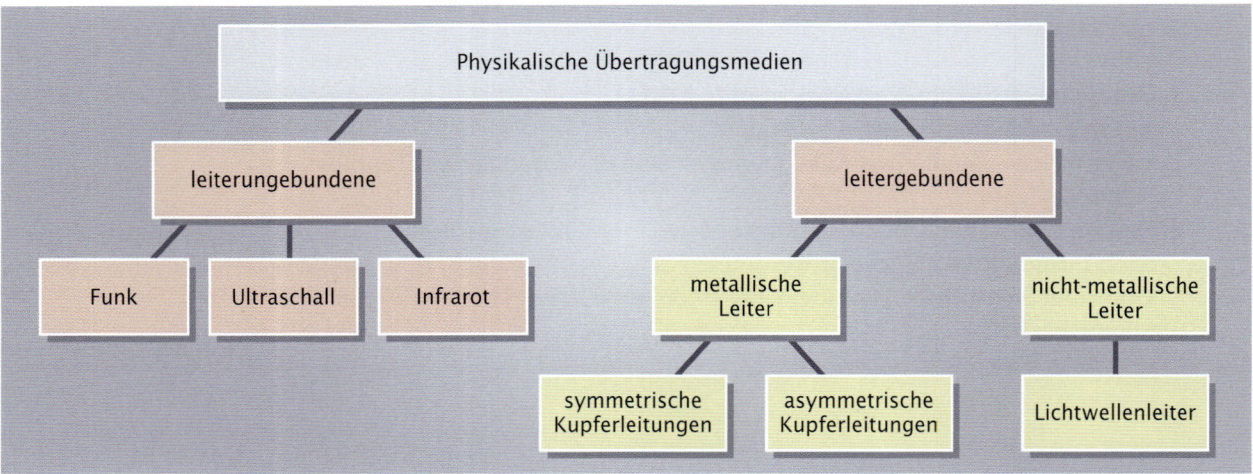

6-1 Einteilung von Übertragungsmedien

Die Entscheidung für ein Übertragungsmedium hängt vor allem von dem Einsatzgebiet ab. In lokalen Netzen (LAN) werden vorzugsweise leitergebundene Medien wie verdrillte Kabel (TP: twisted pair), Koaxialkabel (Koax) oder Lichtwellenleiter (LWL) eingesetzt. Aufgrund der Störanfälligkeit werden Koaxialkabel bei modernen Netzwerkinstallationen immer seltener verwendet. Bei schwierigen Installationsverhältnissen oder notwendiger Mobilität der Arbeitsplätze finden auch lokale Funknetze mit begrenzter Reichweite (Wireless LAN, Bluetooth) ihren Einsatz. In weit reichenden Netzen (MAN, WAN, GAN) werden Lichtwellenleiterverbindungen sowie Funkverbindungen über Richtfunk oder Satellitenfunk verwendet.

Übertragungsmedien werden physikalisch nach ihrem Übertragungsverhalten beurteilt. Wichtige Kenngrößen sind:
- **Dämpfung:** Die Dämpfung beschreibt die Abnahme eines Signalpegels bei einer Übertragung in dB (siehe Abschnitt 31.2: Kenngrößen einer Nachrichtenverbindung).
- **Übertragungsbandbreite:** Die Übertragungsbandbreite kennzeichnet den Frequenzbereich, in dem Signale mit einer festgelegten Amplitudendämpfung von 3 dB (entspricht einer Halbierung) übertragen werden können. Je nach Codierung

[1] **Modulation:** Beeinflussung, Anpassung einer Trägerfrequenz zur Signalübertragung

der Signale wird die zur Verfügung stehende Bandbreite ausgenutzt. Übliche binäre Codes können zwei Bits pro Periode (eine Schwingung pro Sekunde = 1 Hertz) übertragen.

- **Übertragungsgeschwindigkeit:** Die Übertragungsgeschwindigkeit gibt die Anzahl der übertragenen Bits pro Zeiteinheit an. Die Maßeinheit ist Bit pro Sekunde (bit/s) mit den möglichen Präfixen k (Kilo), M (Mega) oder G (Giga). In englischsprachigen Dokumentationen findet man die Angaben in bps (bits per second).
- **Reichweite:** Die Reichweite gibt an, innerhalb welcher Entfernung sich Daten sicher übertragen lassen.

Die folgende Tabelle stellt eine Übersicht über gebräuchliche Übertragungsmedien dar. Die Werte beziehen sich auf die Nutzung üblicher Kommunikationsstandards. So sind beispielsweise durch spezielle Übertragungsverfahren durchaus auch höhere Übertragungsraten zu erreichen. Diese gehen jedoch meist zu Lasten der überbrückbaren Entfernung. Ein besonderes Augenmerk ist auf die Funktechnologie zu legen. Hier etablieren sich für die verschiedenen Anwendungen und Dienste zurzeit mehrere Standards, die über sehr unterschiedliche Übertragungsbandbreiten und Übertragungsdistanzen verfügen.

Medium	Übertragungs-rate	Frequenz	Dämpfung	Entfernung
Koaxialkabel	10 Mbit/s	100 kHz–10 MHz	5–11 dB/100 m	185–500 m (frequenzabhängig)
Twisted Pair (CAT 3)	bis 10 Mbit/s	bis 16 MHz	2,6 dB/100 m bei 1 MHz 9,8 dB/100 m bei 10 MHz	bis zu mehreren 100 m (frequenzabhängig)
Twisted Pair (CAT 4)	bis 20 Mbit/s	bis 20 MHz	2,1 dB/100 m bei 1 MHz 7,2 dB/100 m bei 10 MHz 10,2 dB/100 m bei 20 MHz	bis zu mehreren 100 m (frequenzabhängig)
Twisted Pair (CAT 5)	bis 100 Mbit/s	bis 100 MHz	9,2 dB/100 m bei 20 MHz 22,0 dB/100 m bei 100 MHz	100 m
Twisted Pair (CAT 6)	bis 500 Mbit/s	bis 250 MHz	21,0 dB/100 m bei 100 MHz 23,0 dB/100 m bei 200 MHz	100 m
Twisted Pair (CAT 7)	bis 1 Gbit/s	bis 600 MHz	25,0 dB/100 m bei 200 MHz 33,0 dB/100 m bei 300 MHz 50,0 dB/100 m bei 600 MHz	100 m
Lichtwellenleiter (Stufenindexfaser)	bis 10 Gbit/s	-----	5–20 dB/km (bei 850 nm)	< 500 m
Lichtwellenleiter (Gradientenindexfaser)	bis 10 Gbit/s	-----	2–10 dB/km (bei 850 nm)	> 1 km
Lichtwellenleiter (Monomodefaser)	bis 10 Gbit/s	-----	2–5 dB/km (bei 850 nm)	> 100 km
Funk	bis 54 Mbit/s	2,4–2,5 GHz	je nach Umgebung	< 7 km
Niederspannungs-leitungen	mehrere Mbit/s	oberhalb 148,5 kHz	stark leitungsabhängig	z. Zt. bis ca. 2 km

Der gesamte Übertragungsweg bestehend aus Übertragungsmedium, Steckern und Buchsen wird als „Link[1]" bezeichnet.

Die nachrichtentechnischen Grundlagen zur Beschreibung des Übertragungsverhaltens von Kommunikationsmedien sind im Abschnitt „Basiswissen Nachrichtentechnik" dargestellt. Im Folgenden sollen einige Übertragungsmedien beispielhaft vorgestellt werden. Hierzu werden auch die spezifischen Anschlusstechniken dargestellt. Spezifikationen für Übertragungsmedien und ausgewählte Anschlussarten sind im Exkurs „Übertragungsmedien" nachzulesen.

Für die Verlegung von Leitungen in den Gebäuden der Firma Lütgens sowie auf dem Firmengelände sind die besonderen Anforderungen an das Leitungsmaterial zu berücksichtigen.

6.1 Leitergebundene Übertragungsmedien

Verschiedene Normungsgremien haben die verwendeten Leitungstypen in Kategorien unterteilt. Nach DIN 44312-5 und EN 50173 wird eine Unterteilung in sieben Kategorien vorgenommen:

Kateg.	Einsatz	Frequenz	Beispiel
CAT 1	Wird im Wesentlichen für die Sprachkommunikation eingesetzt und ist für eine Datenübertragung kaum geeignet	bis 100 kHz	Telefonleitung
CAT 2	Wird für ISDN und LANs eingesetzt	bis 1 MHz	Koaxialkabel, UTP-/STP-Kabel[2], neuere Telefonleitung
CAT 3	Wird für LANs eingesetzt	bis 16 MHz	Koaxialkabel, UTP-/STP-Kabel
CAT 4	Wird für LANs eingesetzt	bis 20 MHz	UTP-, STP-Kabel
CAT 5	Wird für LANs eingesetzt	bis 100 MHz	UTP-, STP-Kabel
CAT 6	Wird für LANs eingesetzt	bis 250 MHz	STP-, S/STP-Kabel
CAT 7	Wird für LANs eingesetzt	bis 600 MHz	S-STP-Kabel

Oft werden die Begriffe Bandbreite (z. B. in MHz) und Übertragungsrate (z. B. in Mbit/s) fälschlicherweise gleichwertig für die Beschreibung einer Übertragungsstrecke verwendet. Der Zusammenhang zwischen diesen Größen wird jedoch durch weitere Eigenschaften wie den verwendeten Leitungscode und die Reichweite hergestellt (siehe auch Kapitel 29: Grundlagen der elektrischen Übertragungstechnik). Je nach Verlegungsart und Einsatz haben Leitungen einen speziellen, auf die Anforderungen abgestimmten Aufbau. Um die Leitungsseele, dem eigentlichen Medium herum, befinden sich verschiedene Lagen an Isolier- und Schutzmänteln. Die Grafik 6.1-1 zeigt beispielhaft den Aufbau einer Leitung. Im Exkurs „Übertragungsmedien" sind die betreffenden Bezeichnungsnormen für Nachrichten- und Energieleitungen aufgeführt.

[1] **Link:** engl. Verbindung
[2] **UTP:** unshielded twisted pair; **STP:** shielded twisted pair; **S-STP:** screened shielded twisted pair

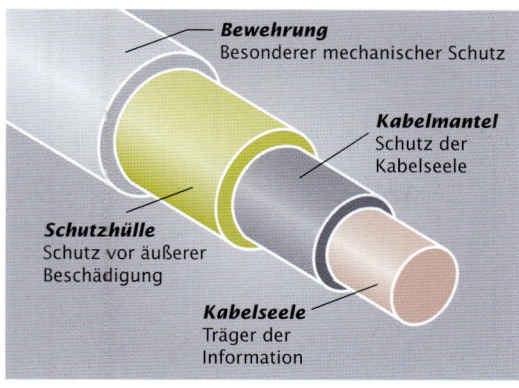

6.1-1 Allgemeiner
Aufbau eines Kabels

In der Elektrotechnik
wird zwischen Leitungen und
Kabeln unterschieden. So wer-
den mit dem Begriff „Kabel"
Leitungen bezeichnet, die im
Erdreich verlegt werden. In der
IT-Branche werden diese Be-
griffe jedoch gleichbedeutend
verwendet.

6.1.1 Koaxialkabel

Koaxialkabel gehören zu der Kategorie der asymmetrischen Leiter[1]. Sie bestehen aus einem Innenleiter, dem Dielektrikum (einer elektrischen Isolierschicht), einer äußeren metallischen Schirmung und einem Kunststoffaußenmantel. Sie ermöglichen eine Übertragungsgeschwindigkeit bis zu mehreren Gbit/s. In der Vergangenheit wurden einfache Netze (z. B. Cheapernet: 10 Mbit/s) kostengünstig mit Koaxialkabeln verbunden. Ihr Anschluss erfolgt über BNC-Verbinder[2]. Zur Vermeidung von Störungen sind die Leitungsenden mit Abschlusswiderständen versehen (siehe Abschnitt 10.1.1: IEEE 802.3 und Ethernet). Der Anschluss eines Rechners erfolgt über einen T-Stecker.

In der Netzwerktechnik werden einfache Koaxialkabel kaum noch eingesetzt. Ihr Einsatz liegt heute überwiegend im Bereich der Antennentechnik.

6.1.1-1
Koaxialleitung und
BNC-Stecker

Einen besonderen Typ stellen die Twinaxialleitungen dar. Hierbei handelt es sich um zwei Koaxialleitungen, die in einem gemeinsamen Dielektrikum geführt werden. Verwendet wird dieser Leitungstyp zum Beispiel bei der Ethernetvariante 1000Base-CX (siehe Abschnitt 10.1.3: Gigabit Ethernet). In der Funktion ähneln sie den symmetrischen Twisted-Pair-Kabeln.

6.1.1-2
Twinaxialleitung

6.1.2 Twisted-Pair-Kabel

Als Twisted-Pair-Kabel bezeichnet man alle gängigen Varianten symmetrischer Leiter, die mit einer bestimmten Häufigkeit gegeneinander verdrillt sind (Schlaglänge). Durch die Schläge lassen sich Störungen in der Übertragung vermindern. Zusätzlich zu dieser Maßnahme kann eine Schirmung der gesamten Leitung gegen Störeinflüsse von außen, aber auch gegen Abstrahlung nach außen erfolgen. Die einfachste Variante verdrillter Leitungen sind Telefonleitungen. Bei geschirmten Leitungen spricht man von Shielded-Twisted-Pair (STP), bei ungeschirmten Leitungen von Unshielded-Twisted-Pair (UTP). Besonders leistungsfähige Leitungsvarianten sind

[1] Bei asymmetrischen Leitern hat das Leitungspaar einen ungleichen Aufbau. Bei symmetrischen Leitungen sind Hin- und Rückleitung identisch aufgebaut.
[2] **BNC:** Bayonet Neill Concelmann, Bayonet-Navy-Connector, British-Naval-Connector, Baby-N-Connector

6

Screened-Shielded-Twisted-Pair-Kabel (S-STP), die eine weitere Abschirmung aufweisen und somit hohe Übertragungsfrequenzen ermöglichen (CAT6, CAT7). Die Grafik 6.1.2-1 zeigt den Aufbau dieser Leitungen. Typischerweise erfolgt der Anschluss über RJ-45-Stecker.

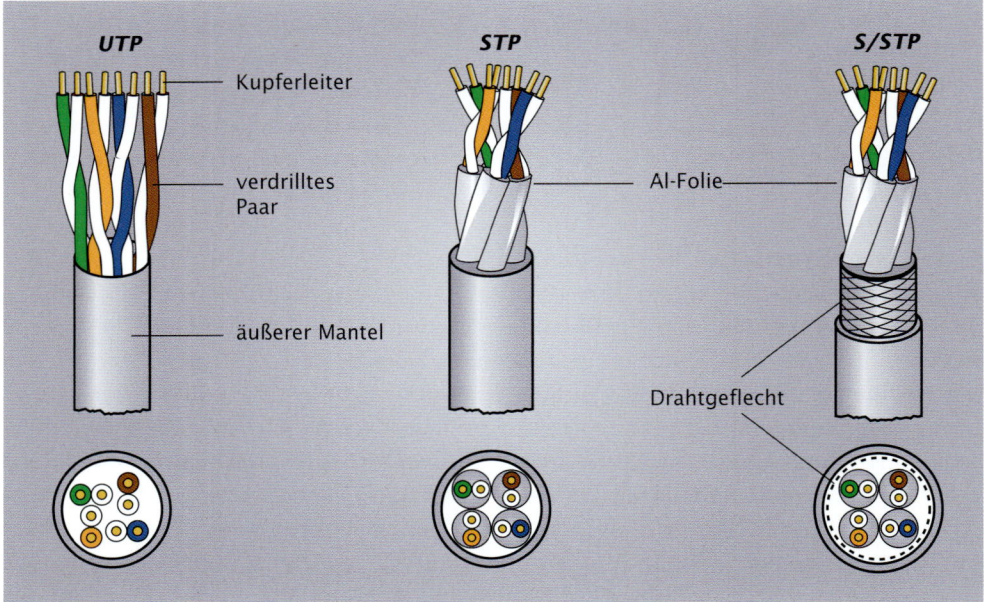

6.1.2-1
Twisted-Pair-Kabel

Beim Anschluss eines IT-Systems über RJ-45-Anschlüsse ist darauf zu achten, dass eine entsprechende Netzwerkverdrahtung auf der Gegenseite vorliegt. Diese ist an den Anschlussbezeichnungen zu erkennen. Es ist deshalb auch bei der Installation von Anschlussdosen und Verteilerfeldern zwingend darauf zu achten, dass alle Anschlüsse eindeutig gekennzeichnet werden.

Viele IT-Systeme verfügen über RJ-45-Anschlüsse. Mit diesen können sie an die entsprechenden Kommunikationsnetze angeschlossen werden. Dies können z. B. folgende Netze sein:

- Ethernet (10/100BaseTX-Verdrahtung)
- Ethernet (100BaseT4-Verdrahtung)
- Token Ring (Ring-Verdrahtung)
- ISDN (S_0-Bus)

6.1.2-2
RJ-45-Buchse
und -Stecker

Einige Anschlussvarianten für Twisted-Pair-Leitungen auf RJ-45-Anschlüsse sind im Exkurs „Übertragungsmedien" dargestellt.

6.1.3 Lichtwellenleiter

Für die Vernetzung der einzelnen Stockwerke im Hauptgebäude der Firma Lütgens wird von der Firma B@ltic Networks die Installation von Lichtwellenleitern vorgeschlagen. Im Beratungsgespräch äußern die Vertreter der Firma Lütgens jedoch die Befürchtung, dass diese Vorgehensweise die Kosten zu stark erhöhen würde.

Die Übertragung von Daten über Lichtwellenleiter (LWL) setzt sich immer mehr durch. Dabei wird moduliertes Licht über eine Glas- oder Kunststofffaser übertragen. Die Übertragungskapazität von Lichtwellenleitern kann mehrere Gbit/s betragen. Der Aufbau einer Glasfaser besteht aus einem zylindrischen Kern, einem ihn umgebenden Mantel und einer Beschichtung (Coating). Da bei Kern und Mantel hochreines Quarzglas mit unterschiedlichen Brechungsindizes Verwendung findet, wird das Licht im Leiter reflektiert und kann nicht austreten.

Lichtwellenleiter können lösbar oder nichtlösbar miteinander verbunden werden. Lösbare Verbindungen sind Steckverbindungen, die zum Teil in „Crimp-Technik" durch spezielles Verpressen und Polieren der Faserenden einfach hergestellt werden können. Typische Formen sind ST-, SC- und MT-RJ-Stecker.

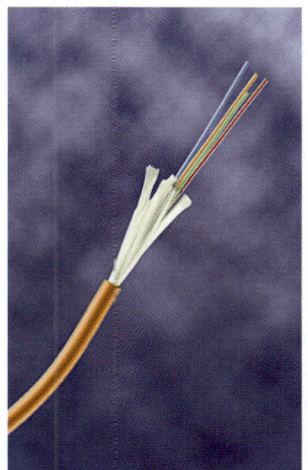

6.1.3-1
LWL-Innenleitung

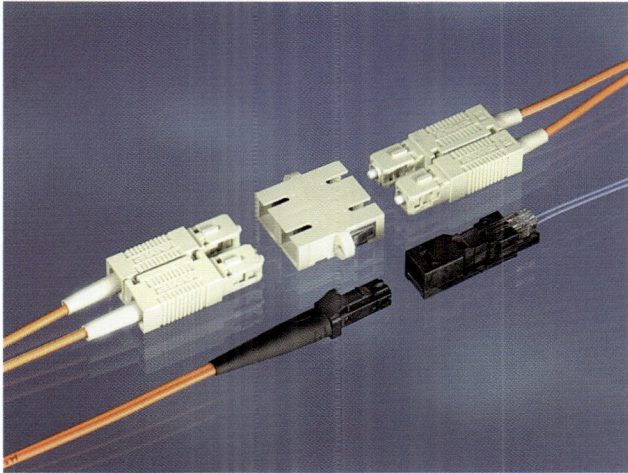

6.1.3-2
SC- und
MT-RJ-Stecker

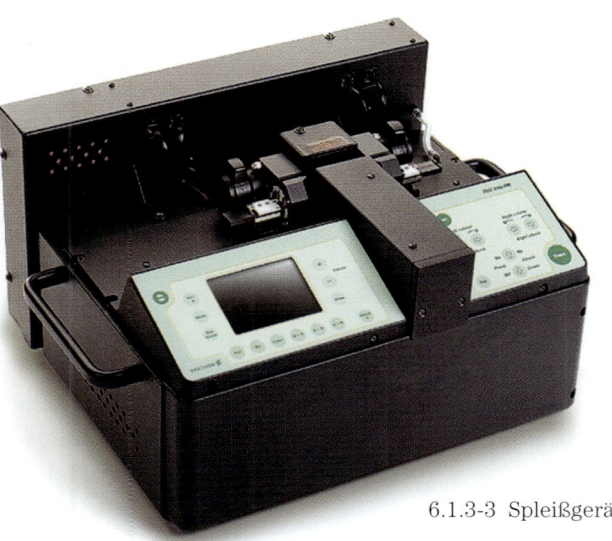

6.1.3-3 Spleißgerät

Nichtlösbare Verbindungen werden durch Spleißen hergestellt. Hier wird nach Fusionsspleiß („Verschweißen" der Faserenden) und Klebespleiß (Verkleben der Faserenden) unterschieden. Spleiße sind nur unter gerätetechnisch hohem Aufwand herzustellen und somit relativ teuer. Der Vorteil des Spleißens liegt in den erheblich geringeren Dämpfungswerten der Verbindungsstellen.

Bei der Entscheidung für die Verwendung von Lichtwellenleitern kann folgende Tabelle hilfreich sein.

Vorteile			Nachteile
Mechanische Vorteile	**Wirtschaftliche Vorteile**	**Übertragungstechnische Vorteile**	
• LWL sind dünn, leicht und flexibel • LWL sind zugfest aufgebaut und können problemlos verlegt werden	• „unbegrenzte" Materialverfügbarkeit • Einsparung an Abschirmung und weiteren Entstörungsmaßnahmen • gutes Preis-/Leistungsverhältnis, speziell bei größeren Übertragungsstrecken • hoher Investitionsschutz	• große Übertragungsbandbreite • kleine Signaldämpfung • hohe Störsicherheit (keine Beeinflussung durch elektromagnetische Störfelder, EMV[1]) • kein Übersprechen zwischen verschiedenen Adern • hohe Abhörsicherheit. Bei „Anzapfen" eines Kabels kann die Schwächung des Signals ermittelt werden • Blitzschutz: Lichtwellenleiter sind Isolatoren • Explosionsschutz: keine Funkenbildung bei Trennung oder Kabelbruch • geringe Alterung, chemische und thermische Stabilität	• hohe Montagekosten bzw. hoher Montageaufwand • bei kurzen Verbindungen höherer Kostenaufwand gegenüber Kupfer-Leitern • höhere Kosten für die anzuschließenden Komponenten

6.1.4 Niederspannungsleitungen

Eine Besonderheit stellt die Datenübertragung über die Leitungen der Energieversorgungsunternehmen (EVU) dar und wird unter dem Sammelbegriff „Power Line Communication" (PLC) geführt.

> *Niederspannungen sind Spannungen bis 1000 V!*

Mit der Öffnung des Telekommunikationsmarktes entstand der Bedarf an alternativen Anschlüssen für den Bereich der Datenkommunikation und Telefonie. Hausanschlüsse bestehen bis jetzt nur für Telefonanschlüsse und Energieversorgungsleitungen. Bereits seit langer Zeit wird das Stromnetz für Steuersignale der Energieversorgungsunternehmen genutzt. Dies betrifft z. B. das Ein- und Ausschalten von Geräten, die günstige Nachtstromtarife nutzen (Nachtspeicheröfen). Ein weiteres Frequenzband ist für Gebäudeleitsysteme reserviert. Oberhalb dieser Signalbereiche können auch Daten zwischen Computernetzen ausgetauscht werden. Zurzeit gibt es verschiedene Entwicklungsstufen, die jedoch noch keine Normung erfahren haben. Die erreichbaren Übertragungsgeschwindigkeiten liegen bei 10 Mbit/s. Die Reichweite beträgt bis zu 2 km. Für kleine Privat- und Büroanwendungen stehen Adapter zur Verfügung, mit deren Hilfe in Gebäuden über das Niederspannungsnetz eine Rechnerkommunikation möglich ist. Diese Adapter werden unter dem Oberbegriff „homeplug" angeboten. Da die Daten auf ungeschirmten Stromleitungen übertragen werden, können sich Funkstörungen auf die Umgebung ergeben. Diese erreichen schnell unzulässige Werte. Aus diesem Grund hat sich eine Anbindung von Haushalten und Unternehmen an Nachrichtennetze über die Energieversorgungsleitung noch nicht etablieren können. PLC wird deshalb überwiegend im Heimbereich oder in der Kraftfahrzeugtechnik eingesetzt.

6.1.4-1
PLC-Netzwerkadapter

[1] **EMV:** Elektromagnetische Verträglichkeit

1. Über welche leitergebundenen Medien sind die IT-Systeme Ihres Betriebe/ Ihrer Schule miteinander verbunden?
2. An welchen Geräten finden sie RJ-45-Anschlüsse?
3. Für welche Verbindungen werden diese RJ-45-Anschlüsse benötigt?

6.2 Leiterungebundene Übertragungsmedien

In der Informations- und Nachrichtentechnik erfolgt eine leiterungebundene Übertragung praktisch ausschließlich über die Aussendung elektromagnetischer Wellen. Schallübertragungen werden in der Nachrichtentechnik kaum genutzt. Je nach genutztem Frequenzband werden die elektromagnetischen Übertragungen eingeordnet in:

> *Bei leiterungebundenen Übertragungen werden optische Übertragungsarten und Funkübertragungsarten verwendet.*

Optische Übertragungen:
- Übertragungen durch sichtbares Licht (Licht: 380 nm–780 nm)
- Übertragungen durch nicht sichtbare Strahlung (infraroter Bereich: 780 nm–1 nm; ultravioletter Bereich 10 nm–380 nm)

Funk-Übertragungen:
- Langwellen-Funkübertragungen (30 kHz–300 kHz)
- Mittelwellen-Übertragungen (300 kHz–3 MHz)
- Kurzwellen-Übertragungen (3 MHz–30 MHz)
- Ultrakurzwellen-Übertragungen (30 MHz–3GHz)
- Mikrowellen-Übertragungen (3 GHz–30 GHz)

Vorteilhaft einsetzbar sind diese Übertragungsarten vor allem bei schwierigen geologischen und baulichen Verhältnissen sowie mobilen Systemen. Allerdings sind die zur Verfügung stehenden Frequenzbänder begrenzt. Grundlegender physikalischer Nachteil ist die hohe Störanfälligkeit durch:
- Niederschläge,
- elektromagnetische Umwelteinflüsse (z. B. Funkstationen),
- atmosphärische Störungen (z. B. Sonnenflecken) und
- geologische Abschattungen (z. B. Berge).

Innerhalb von Gebäuden kommen Funknetze überwiegend bei Verdrahtungsproblemen in denkmalgeschützten Räumlichkeiten sowie bei flexibel einzusetzenden Stationen zum Einsatz. Man bezeichnet diese Netze auch als „Wireless LAN" (siehe Abschnitt 25.1.2: Wireless LAN). Durch Wände und Decken kann es zu großen Reflexionen und Störungen der Signale kommen. Aus diesem Grund haben diese Netze nur eine sehr begrenzten Übertragungsbandbreite und Reichweite.

6.2-1
WLAN Access-Point

Für die Übermittlung von Daten über große Distanzen (ohne Nutzung von Satelliten bis 50 km) können Richtfunkstrecken genutzt werden. Eine weitere Richtfunkübertragung stellt die Kommunikation über Nachrichtensatelliten dar. Bei der Nutzung von Internetverbindungen über Nachrichtensatelliten ist zu berücksichtigen, dass nur der Empfang von Daten über die Satellitenverbindung möglich ist. Für die Anforderungen bzw. für das Senden von Daten muss ein herkömmlicher Anschluss (z. B. ISDN) als Rückkanal verwendet werden.

6.2-2
Richtfunkantenne

6.2-3
Satellitenantenne

Standard sind Funk- und Infrarotverbindungen bereits im Bereich der Peripheriegeräte wie Tastaturen und Mäuse (siehe auch Abschnitt 25.1.3: Bluetooth). Infrarotverbindungen mit Hilfe von Lasertransmittern werden eingesetzt, wenn Verbindungen benötigt werden, die relativ abhörsicher sind, keine Abstrahlung in die Umgebung haben und eine Reichweite überspannen, die mit einfachen Antennen nicht mehr realisiert werden kann.

6.2-4
Infrarotverbindung
zwischen PDA und
Handy

6.2-5
Lasertransmitter

Die unterschiedlichen Funkstandards werden im Kapitel 25 „Funknetze" beschrieben.

1. Überprüfen Sie Ihren Arbeitsplatz bezüglich der Anwendung von Funk- oder Infrarotverbindungen.
2. Überlegen Sie welche Vor- und Nachteile die verwendeten Verbindungen haben könnten.
3. Nennen Sie Geräte, die eine eingebaute Infrarot-Schnittstellen besitzen.

Für die konkrete Planung des Firmennetzwerkes der Firma Lütgens müssen in den Katalogen der Zulieferfirmen der Firma B@ltic Networks Funktionselemente und Baugruppen ausgewählt und miteinander verglichen werden.

Aus der Kenntnis der möglichen Netztopologien und der verschiedenen Übertragungsmedien heraus muss für die Realisierung einer Netzstruktur ein Verkabelungskonzept erarbeitet werden. Dabei ist der Einsatz standardisierter Elemente wichtig, da nur dadurch ein besonderer Investitionsschutz erreicht werden kann. Die verwendeten Kabeltypen, Verteiler und Anschlusseinheiten müssen unternehmensweit festgelegt werden. Die Einhaltung dieser Vorgaben ist sinnvoller Weise bei jeder Installation zu überwachen. Eine Änderung der Kabelsysteme sowie deren Betrieb und Wartung kann hohe Kosten verursachen. Auch eine mögliche Integration mehrerer Anwendungen wie Daten, Sprache und Video kann berücksichtigt werden, um zusätzliche Leitungsverlegungen zu sparen.

An die Verkabelungsstruktur sind deshalb insbesondere folgende Anforderungen zu stellen:

- Funktionalität: Funktionen und Leistungen müssen erfüllt werden
- Hoher Investitionsschutz: möglichst langfristige Nutzungsmöglichkeit der Struktur (10–15 Jahre)
- Installationsreserven: Ausbaufähigkeit der Struktur
- Anpassungsfähigkeit: die Struktur muss späteren Erfordernissen angepasst werden können
- Dienstneutralität: auch andere Dienste, wie z. B. Sprachübertragung, können genutzt werden
- Verwaltbarkeit: erleichterte Überwachung und Verwaltung

Die Entwicklung und Planung der Verkabelungsstruktur ist Bestandteil der Gesamtnetzwerkplanung, dem sogenannten LAN-Design.

7.1 Strukturierte Verkabelung

Ein typisches Verkabelungskonzept ist die „Strukturierte Verkabelung". Die Standardisierung erfolgt durch internationale, europäische und deutsche Gremien. Aus dem internationalen Systemstandard ISO/IEC 11801 sind die europäische Norm EN 50173 und die deutschen DIN-Versionen DIN 50173 bzw. DIN 44312-5 hervorgegangen. Diese Normen enthalten Vorschriften für den generellen Aufbau eines Verkabelungssystems. Darüber hinaus werden die einzusetzenden Kabeltypen und Steckersysteme sowie die Ende-zu-Ende-Verbindungen (Link-Klassen[1]) klassifiziert. Festgelegt werden dazu auch die Anforderungen bezüglich der Dämpfungseigenschaften und des Übersprechverhaltens (siehe Exkurs: „Übertragungsmedien").

> *Die strukturierte Verkabelung ist eine Verkabelungsinfrastruktur, die nach EN 50173 genormt ist.*

Da der Geltungsbereich der Norm sich auf große Gelände-Ausdehnungen von bis zu 3 km, eine Bürofläche bis zu 1 Million Quadratmetern und bis zu 50000 Endgeräte bezieht, werden lokale Netze in drei Bereiche gegliedert.

[1] **Link:** Als Link wird hier der vollständige Verbindungsweg bestehend aus Leitung und beiden Abschlussdosen (bzw. Verteilerfeld) bezeichnet.

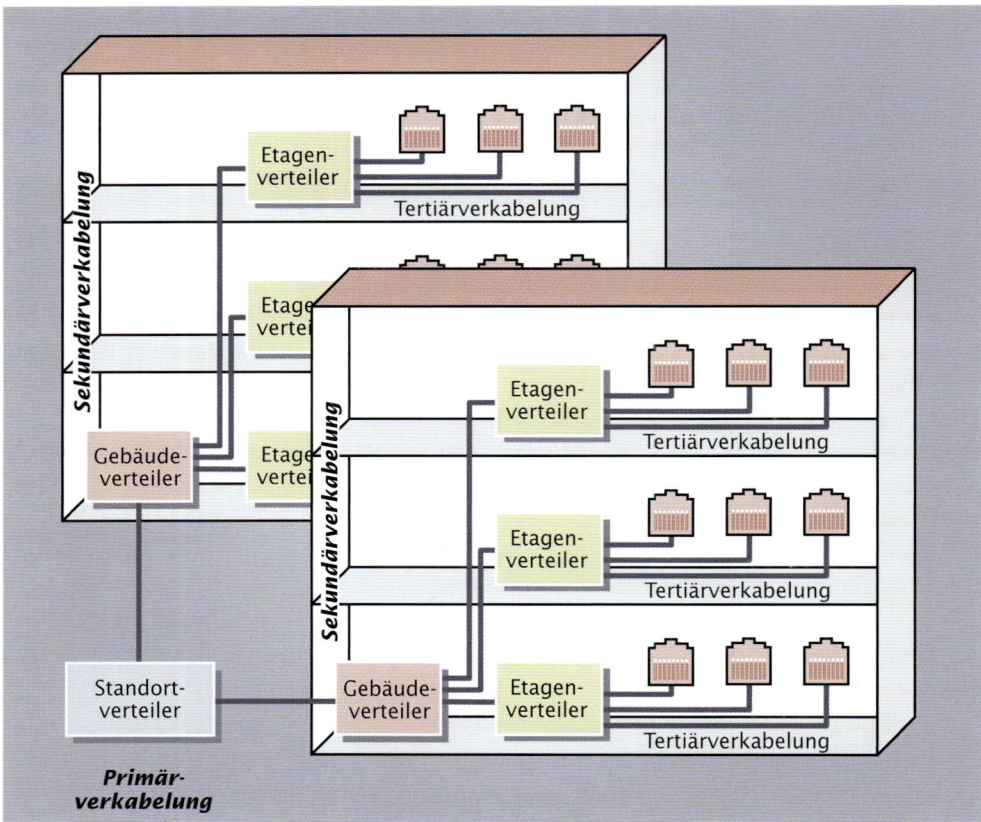

Tertiärverkabelung

Etagen-
verteiler

Tertiärverkabelung

Sekundärverkabelung

Etage-
verte

Gebäude-
verteiler

Etage-
verte

Etagen-
verteiler

Tertiärverkabelung

Sekundärverkabelung

Etagen-
verteiler

Tertiärverkabelung

Standort-
verteiler

Gebäude-
verteiler

Etagen-
verteiler

Tertiärverkabelung

***Primär-
verkabelung***

7.1-1 Strukturierte
Verkabelung nach
EN 50173

Primärbereich

Im Primärbereich werden zentrale Komponenten und einzelne Gebäude miteinander verbunden. Definiert ist der Bereich mit einer Entfernung von 1500 m zwischen Standort- und Gebäudeverteiler. Es ergibt sich somit eine maximale Ausdehnung von 3000 m. Solche Hauptnetze müssen eine besondere Leistungsfähigkeit und Ausfallsicherheit besitzen. Im Primärbereich wird überwiegend LWL-Technik eingesetzt. Die Primärnetze werden in Stern- oder Ringform realisiert und zur Erhöhung der Ausfallsicherheit zusätzlich in einer doppelten (redundanten) Topologie. Primärnetze können als Backbone-Netze für eine komplexe Unternehmensvernetzung betrachtet werden.

Sekundärbereich

Der Sekundärbereich umfasst als Gebäudevernetzung die Verbindung zwischen einem zentralen Verteiler oder Netz und den einzelnen Etagenverteilern. Überwiegend werden CAT6- und CAT7-Leitungen, wie z. B. S-STP-Kabel, verwendet. Begrenzt sind die Entfernungen auf maximal 500 m, bei Hochgeschwindigkeitsnetzen auf 100 m. Lichtwellenleiter stellen zunehmend auch die Verbindungen im Sekundärbereich her. Die Vorteile liegen vor allem im hohen Datendurchsatz, den geringen Dämpfungsgraden und der Vermeidung von Potenzialunterschieden.

Tertiärbereich

Die Verbindung der einzelnen Arbeitsstationen mit den Etagenverteilern kennzeichnet den Tertiärbereich. Der Tertiärbereich wird vorzugsweise in CAT6- und CAT7-Leitungen verdrahtet. Für besonders bandbreitenintensive Anwendungen werden auch Lichtwellenleiter verlegt. Diese Ausstattung wird als „Fibre to the Desk[2]"

[1] **Fibre to the desk:**
engl. (Lichtwellen-)
Faser bis auf den Tisch

bezeichnet. Räumlich begrenzt ist der Tertiärbereich auf ca. 90 m. Bei der Neuinstallation mit Twisted-Pair-Leitungen sind die verschiedenen Anschlussvarianten zu berücksichtigen. Es ist sinnvoll, eine komplette 8-adrige Verbindung des Links vorzunehmen. So können bei gängigen Ethernet-Standards (100BaseTx) zwei Geräte angeschlossen werden. Für andere Standards (100BaseT4) und schnellere Netze (1000BaseTx) werden 4 Aderpaare verwendet.

7.2 Anschlusstechnik

Neben den Netzwerkleitungen sind für die Herstellung eines Links noch die Anschlusselemente zu berücksichtigen. Dabei handelt es sich im engeren Sinne um:

- Anschlussdosen (UAE[1], IAE[2])
- Verteilerfelder (Patchpanel[3])

Die flexiblen Anschluss- und Verbindungsleitungen (Patchkabel) sind im Standard nicht spezifiziert.

Untergebracht werden die Verteilerfelder und aktiven Netzwerkkomponenten wie z. B. Switches in Verteilerschränken. Diese entsprechen den Industrienormen für 19"-Einschübe. Die Höhe dieser Schränke ist je nach Kundenwunsch zu realisieren. Angegeben wird ein allgemeines Rastermaß in Form von Höheneinheiten (HE). Diesem Höhenmaß oder einem Vielfachen davon entsprechen alle verwendeten Komponenten. Die Verwendung von Verteilerfeldern in den Schränken ermöglicht eine flexible Verbindung von Anschlussdosen und aktiven Komponenten. Die von den UAE-Dosen kommenden Leitungen sind dazu mechanisch fest in den Patchpanels aufgelegt. Gleiches gilt natürlich auch für Lichtwellenleiteranschlüsse und Spleißboxen. Die Verbindung vom Patchfeld beispielsweise zu einem Switch wird flexibel durch Patchkabel vorgenommen.

Der Anschluss der Endgeräte wird ebenfalls durch entsprechend lange Patchkabel hergestellt. Diese sollten aus mechanischen Gründen (evtl Stolpergefahr) und übertragungstechnischen Gründen (hohe Dämpfung) möglichst kurz gehalten werden und eine Länge von etwa 10 m nicht überschreiten.

7.2-1 Verdrahtung eines Patchfeldes

TIPP

Bei der Neuinstallation von Twisted-Pair-Leitungen sollte eine „Vollverdrahtung" in Form von 4 Aderpaaren vorgenommen werden.

TIPP

Durch die Verwendung farbiger Patchkabel wird die Übersichtlichkeit erhöht und Verbindungsfehler werden vermieden.

[1] **UAE:** Universal Anschluss-Einheit
[2] **IAE:** ISDN Anschluss-Einheit
[3] **Patch:** engl. Flicken **Panel:** engl. Konsole

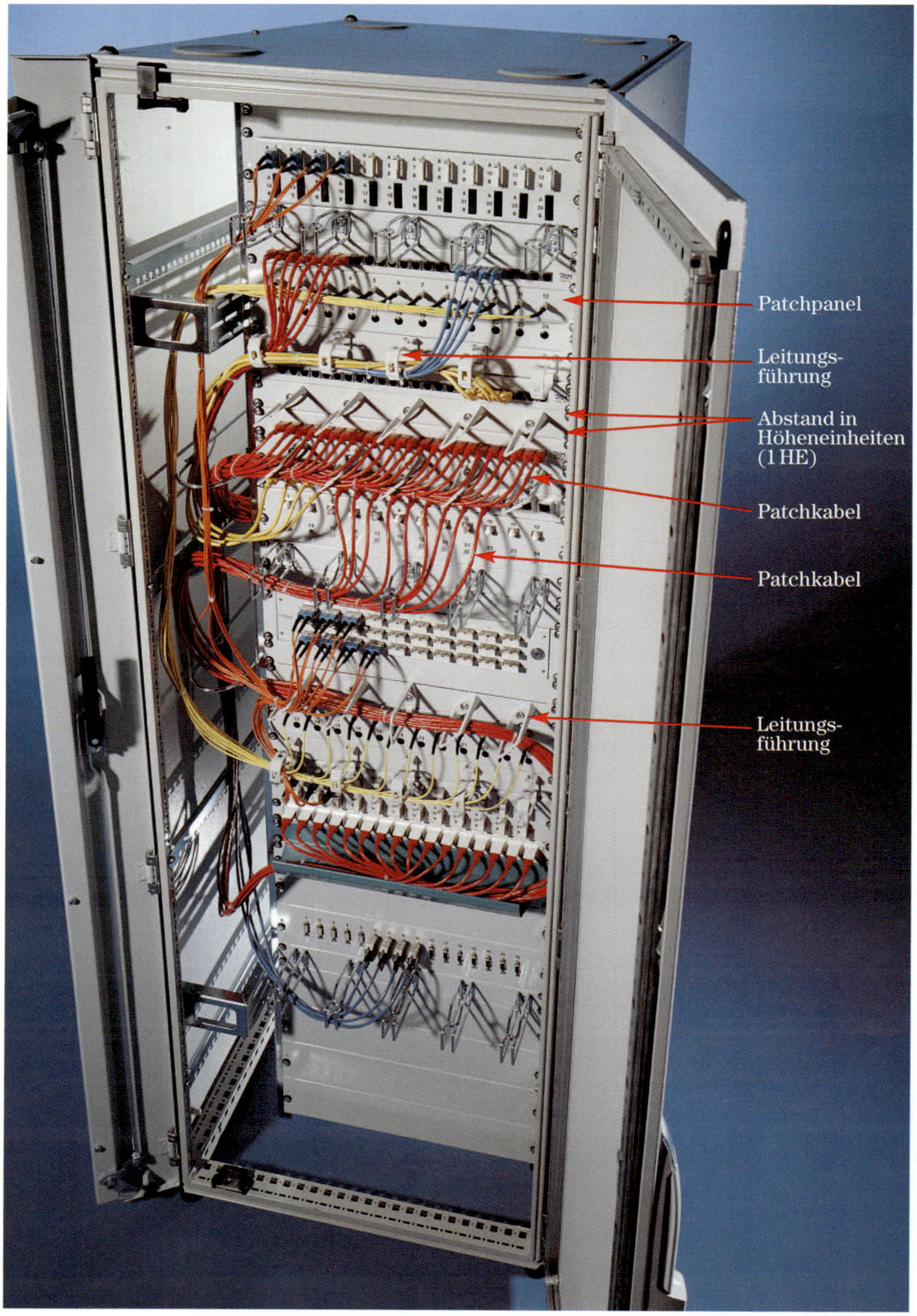

Patchpanel

Leitungs-
führung

Abstand in
Höheneinheiten
(1 HE)

Patchkabel

Patchkabel

Leitungs-
führung

7.2-2 Verteilerschrank mit Patchpanels

1. Ermitteln und dokumentieren Sie, welche Übertragungsmedien und welche Verkabelungskonzeption in Ihrem Betrieb/Ihrer Schule zur Anwendung kommen!
2. Analysieren Sie die Grafik 7.4-1. Ist dieses Konzept mit einer strukturierten Verkabelung zu realisieren? Zeigen Sie in Form einer Tabelle Vor- und Nachteile der gezeigten Konzeption auf.

7.3 Überprüfung der Netzwerkverkabelung

Für die Durchführung der Vernetzung bei der Firma Lütgens beauftragt die Firma B@ltic Networks ein auf Leitungsinstallationen spezialisiertes Subunternehmen. Dieses ist für die korrekte und funktionstüchtige Erstellung der Verkabelung verantwortlich.

Die messtechnische Überprüfung und die Protokollierung der Messergebnisse sind meist vertraglicher Bestandteil eines Vernetzungsauftrages. Mit der Dokumentation der Messergebnisse wird die Funktionstüchtigkeit der Übertragungsstrecken vom Errichter der Anlage gegenüber dem Auftraggeber belegt. Die ermittelten Messergebnisse müssen bezüglich der Einhaltung von Normen überprüft werden. Dazu werden sie mit den entsprechenden Grenzwerten der einschlägigen Normen verglichen. Folgende Normen können angewendet werden:

- TIA 56813
- ISO/IEC 11801
- DIN/EN 50173

Bei Netzwerken findet die Norm TIA 56813 Anwendung (siehe auch Exkurs: Übertragungsmedien)

Diese Normen klassifizieren Netzwerklinks z. B. in den Klassen CAT 1 bis CAT 7 bzw. Klassen A bis F. Je nach Definition des Links werden bei diesen Messungen die Verbindungsleitungen und Messleitungen mit eingeschlossen oder nicht. Die Verbindungen werden in „Permanent Link" und „Channel Link" unterteilt. Der Permanent Link umfasst nur die tatsächliche Übertragungsstrecke (ohne Mess- und Anschlussleitungen). Der Channel-Link umfasst die gesamte Übertragungsstrecke inklusive aller Anschluss- und Patchkabel. Die Anschlüsse am Messgerät dürfen nicht in die Messung eingehen (siehe Grafik 7.3-1).

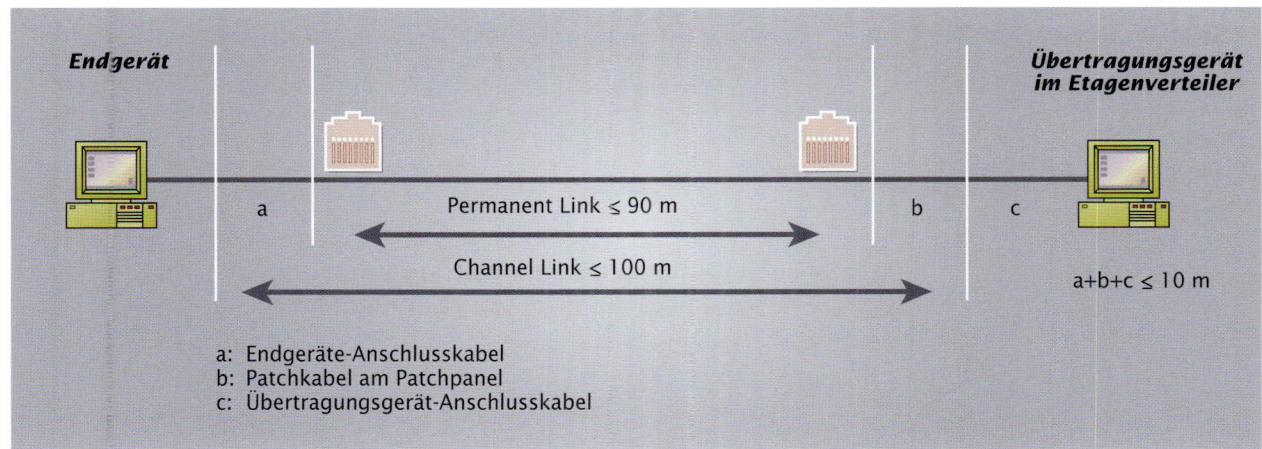

a: Endgeräte-Anschlusskabel
b: Patchkabel am Patchpanel
c: Übertragungsgerät-Anschlusskabel

7.3-1 Link Definitionen

Moderne Messgeräte führen die einzelnen Messungen nacheinander automatisch durch und protokollieren sie gleichzeitig. Eine Auswertung bezüglich der Einhaltung der Grenzwerte findet ebenfalls statt. Die Messung erfolgt mit Hilfe des eigentlichen Messgerätes und einem Adapter an der Gegenseite des Links (siehe Bild 7.3-2).

Die physikalischen Grundlagen für die zu messenden Größen werden im Abschnitt „Basiswissen Nachrichtentechnik" (siehe Kapitel 29) erläutert.

Der automatische Testablauf für die Überprüfung einer 4-paarigen Leitung umfasst für die Erfüllung der Norm folgende Prüfungen und Messungen:

Messwert bzw. Prüfung	Erläuterung
Verdrahtung	Überprüfung der Aderpaare auf Durchgang, Schluss und Vertauschung
Signallaufzeiten	Messung auf allen Adernpaaren darauf, ob gleiche Signallaufzeiten erreicht werden
Gleichstrom-Schleifenwiderstand	Widerstand der gesamten Leiterschleife
Dämpfung	Signaldämpfung für den entsprechenden Frequenzbereich
NEXT: Near End Cross Talk	Signaleinstreuung auf benachbarte Aderpaare am Anfang der Leitung
FEXT: Far End Cross Talk	Signaleinstreuung auf benachbarte Aderpaare am Ende der Leitung
ELFEXT: Equal Far End Cross Talk	Differenz von Dämpfung und FEXT. Störabstand zwischen gedämpftem Nutzsignal und dem Wert für das Fernnebensprechen. Dieser Wert wird errechnet.
ACR: Attenuation to Cross-talk Ratio	Differenz von Dämpfung und NEXT. Störabstand zwischen gedämpftem Nutzsignal und dem Wert für das Nahnebensprechen. Dieser Wert wird errechnet.
RL: Return Loss	Impedanzunterschiede im Verlauf der Leitung
PSNEXT: Power Sum NEXT	Berechnete Summe der NEXT-Werte der drei anderen Aderpaare
PSACR: Power Sum ACR	Berechnete Summe der ACR-Werte der drei anderen Aderpaare
PSELFEXT: Power Sum ELFEXT	Berechnete Summe der ELFEXT-Werte der drei anderen Aderpaare

Nutzen Sie, falls in Ihrem Unternehmen vorhanden, ein Messgerät für die Überprüfung eines längeren Patchkabels. Interpretieren Sie alle überprüften Werte.

7.4 Dokumentation einer Netzwerkverkabelung

Für die Erweiterung eines Teilnetzes bei der Firma Lütgens soll auch auf bestehende Strukturen zurückgegriffen werden. Dazu benötigen die Fachkräfte der Firma B@ltic Networks die Dokumentation des bestehenden Netzwerkes.

Die umfassende, vollständige und aktuelle Dokumentation eines Netzwerkes ist von sehr großer Bedeutung für die Erweiterung und Wartung.

Die Dokumentation eines Netzwerkes muss umfassend, vollständig und aktuell sein.

Für diese Dokumentation müssen folgende Bereiche vollständig gekennzeichnet und beschrieben werden:

- Netztopologie
- Leitungswege
- Netzanschlüsse
- Netzkomponenten
- Server
- Endgeräte
- Peripheriegeräte

Die Standorte von Verteilern, Anschlussdosen und Komponenten können in die Kopie des Gebäudeplanes eingetragen werden. Die Kennzeichnung von Kabeln erfolgt mit Hilfe geeigneter Systeme, wie zum Beispiel Kabelbindern mit Beschriftungsfahne an beiden Leitungsenden. Alle Anschlussdosen vor Ort und in den Patchfeldern sind ebenfalls zu beschriften. Alle Kennzeichnungen sind in die Dokumentation zu übernehmen.

Für die Erstellung schematischer Zeichnungen über alle Netzwerksegmente, Verteiler und Geräte können einschlägige Zeichenprogramme genutzt werden. Diese stellen spezielle Symbole für die Netzkomponenten zur Verfügung. Zu verwenden sind die von den Programmen vorgegebenen Symbolbibliotheken. Eine weitere Orientierung ist an den Symbolen der Telekommunikationstechnik möglich (siehe Exkurs: „Netzwerkdokumentation"). Eine einheitliche Normung der Symbole für Netzwerke existiert nicht. Für die gängigen Betriebssysteme gibt es Hilfsprogramme, welche das Netzwerk nach angeschlossenen Komponenten durchsuchen und auf dieser Basis automatisch Netzpläne erzeugen bzw. aktualisieren.

Die Abb. 7.4-1 zeigt beispielhaft die Vernetzung eines Unternehmens. Folgende Bedingungen werden erfüllt:
Es existieren zwei Gebäude. Im Hauptgebäude sind in jedem der drei Stockwerke Netzwerke vorhanden. Diese sind jeweils über einen Etagenverteiler an einen Switch angeschlossen. Über diesen Switch wird die Verbindung zum Gebäudenetz hergestellt. Alle Stockwerke sind im Gebäudeverteiler über einen weiteren Switch verbunden. Im Gebäudeverteiler stehen auch die notwendigen Unternehmensserver. Über eine Internetverbindung mittels VPN und entsprechende Router ist das Hauptgebäude mit dem Nebengebäude verbunden. Dieses umfasst zwei Stockwerke und ist in der Konzeption wie das Hauptgebäude aufgebaut. Im Nebengebäude sind weitere Server vorhanden. Die Adressierung und Bezeichnung der angeschlossenen Systeme wurde aus Gründen der Übersichtlichkeit durch Weglassen der ersten beiden Oktette vereinfacht. Die IP-Adressen stammen aus einem privaten Adressbereich. Die Subnetzmaske wird überall mit /24 angegeben (siehe auch Kapitel 11: Routing)

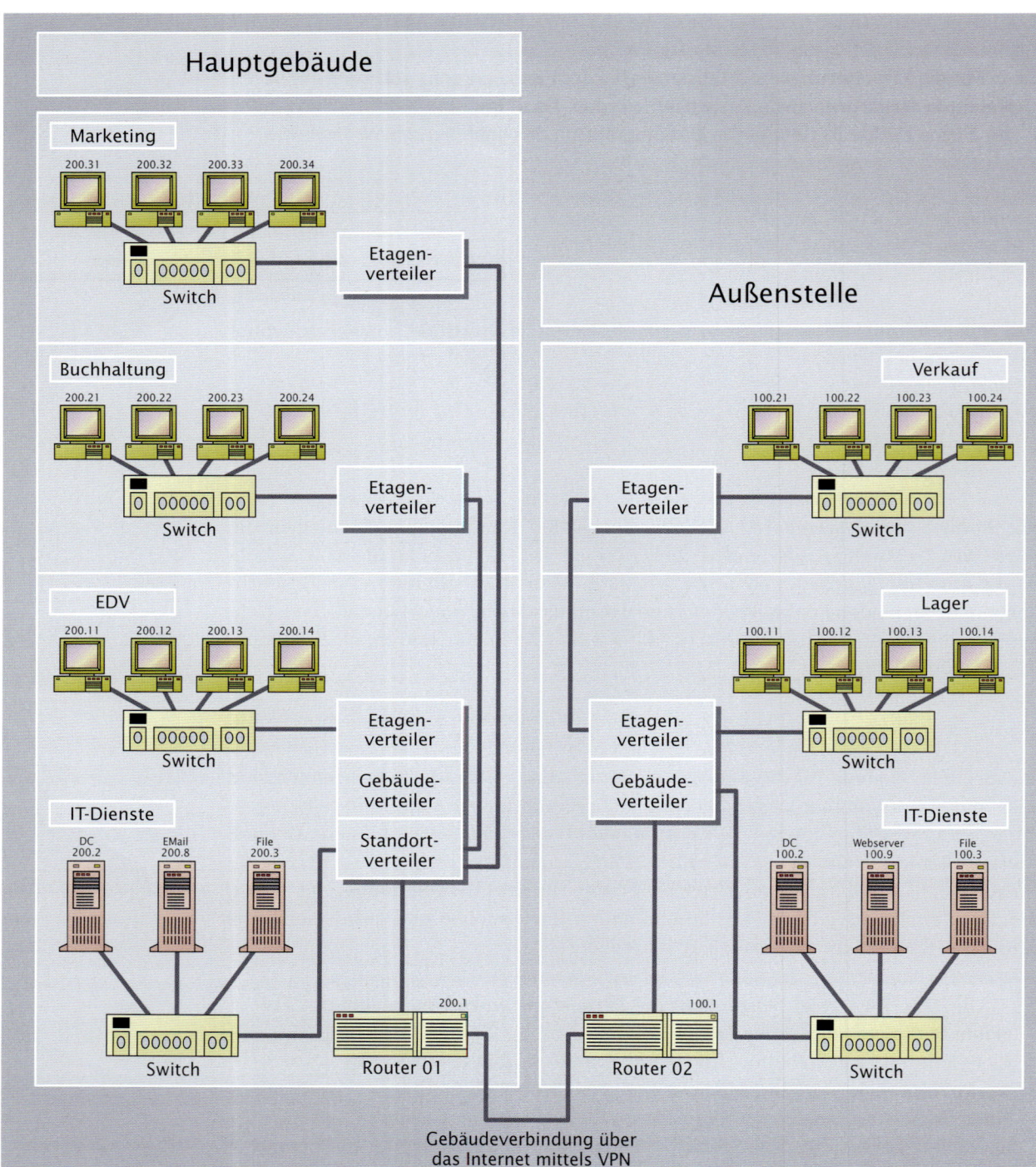

7.4-1 Beispiel für einen Netzwerkplan

Zeichnen Sie den Netzplan der Gebäude in einen Plan um, der die Struktur des Netzes veranschaulicht. Verwenden Sie für die Netzwerkkomponenten die Symbole der Firma Cisco.

Bezeichnungsschema
für Kabel und Leitungen der Telekommunikationstechnik

1. Kupferleitungen

Beispiel	J -	Y	(St)		Y	8	x 2	x 0,8		Bd	
Nr.	1	2	3	4	5	6	7	8	9	10	11

Erläuterung: Bei dem obigen Leitungsbeispiel handelt es sich um ein Installationskabel mit einer Isolierhülle aus PVC, in die ein statischer Schirm (z. B. Metallfolie oder Metallband) eingelegt wurde. Acht Aderpaare mit einem Leiterdurchmesser von 0,8 mm sind zu einem Bündel verseilt.

Nr.	Kurz-zeichen	Beschreibung	Nr.	Kurz-zeichen	Beschreibung
1		**Kabeltyp**	6	Wert	**Anzahl der Verseilelemente**
	A-	Außenkabel	7		**Verseilelement**
	FL-	Flachleitung		x1	Einzelader
	J-	Installationskabel		x2	Doppelader (Paar)
	Li-	Litzenleiter		x3	Dreier
	S-	Schaltkabel		x4	Vierer
2		**Isolierhülle**	8	Wert	**Leiterdurchmesser in mm**
	Y	Polyvinylchlorid (PVC)	9		**Verseilart**
	2Y	Polyethylen (PE)		DM	Dieselhorst-Martin-Vierer-Verseilung
	02Y	Zell-Polyethylen		Kx	Koaxialleitung
3		**Schirm**		P	Paarverseilung
	C	Kupferbeflechtung		PiMF	Paare in Metallfolie
	(K)	Schirm aus Cu-Band über PE-Mantel		St	Sternvierer mit besond. Eigenschaften
	(L)	Aluminiumband		St I	Sternvierer ohne Phantom-ausnutzung
	(mS)	Magnetischer Schirm aus Stahlband		St II	Sternvierer für Ortskabel
	(St)	Statischer Schirm		St III	Sternvierer, bei 800 Hz
4		**Mantel**		St IV	Sternvierer, bei 120 kHz
	E	Eingebettetes Kunststoff-band		St V	Sternvierer, bei 550 kHz
	FE	Kabel mit Flammenschutz < 20 Minuten		St VI	Sternvierer, bei 17 MHz
	G	Gummihülle	10		**Verseilanordnung**
	H	Halogenfreier Werkstoff		Bd	Bündelverseilung
	L	Glatter Aluminiummantel		Lg	Lagenverseilung
	(L)2Y	Al-Mantel mit PE-Material verschweißt		rd	Rund
	M	Bleimantel		se	Sektorförmig
5		**Schutzhülle**	11		**Bewehrung**
	Y(v)	PVC-Mantel (verstärkt)		A	Lage Al-Drähte für Induktionsschutz
	2Y	PE-Mantel		B	Stahlband für Induktionsschutz

2. Lichtwellenleiter

Beispiel	A –	D	F	(ZN)2Y		5	x 2	G	50/	125	0,9	F	1000
Nr.	1	2	3	4		5	6	7	8	9	10	11	12	13	14

Erläuterung: Bei dem obigen Beispiel handelt es sich um ein Außen-
kabel mit gefüllten Bündeladern und einer Füllung in der Kabelseele
(z. B. Petrolat). Der Außenmantel besteht aus Polyethylen mit nichtmetalli-
schen Zugentlastungselementen (z. B. Aramid). Eine Bewehrung ist nicht
vorhanden. Es werden 5 Bündel mit jeweils 2 Fasern geführt. Es handelt
sich um Gradientenfasern mit einem Kerndurchmesser von 50 μm und
einem Manteldurchmesser von 125 μm. Die Wellenlänge beträgt 1300 nm,
die Bandbreite 1 GHz/km.

Nr.	Kurz-zeichen	Beschreibung	Nr.	Kurz-zeichen	Beschreibung
1		**Kabeltyp**	5		**Bewehrung**
	A-	Außenkabel		B	Bewehrung
	J-	Innenkabel		BY	Bewehrung mit PVC-Schutzhülle
2		**Ader**		B2Y	Bewehrung mit PE-Schutzhülle
	V	Vollader	6	Wert	**Anzahl der Verseil-elemente**
	H	Hohlader, ungefüllt			
	W	Hohlader, gefüllt	7	x Wert	**Anzahl der Fasern oder Adern**
	B	Bündelader, ungefüllt			
	D	Bündelader, gefüllt	8		**Fasertyp**
3		**Füllung/Metallenes Element in der Kabelseele**		E	Einmodenfaser
	F	Füllung		G	Gradientenfaser
	X	Quellmaterial in der Kabel-seele für Längswasserdichtig-keit	9		**Kerndurchmesser in μm (bei Einmoden-fasern Felddurch-messer)**
	S	Metallisches Element in der Kabelseele	10	Wert	**Manteldurchmesser in μm**
4		**Außenmantel**	11	Wert	**Dämpfungskoeffizient in dB/km**
	H	Halogenfreier Mantel	12		**Wellenlänge**
	Y	PVC-Mantel		B	850 nm
	2Y	PE-Mantel		F	1300 nm
	(L)2Y	Schichtenmantel		H	1550 nm
	(ZN)2Y	PE-Mantel mit nichtmetalle-nen Zugentlastungselementen	13	Wert	**Bandbreite in MHz für 1 km, bei Ein-modenfasern Disper-sionsparameter in ps/(nm*km)**
	(L)(ZN)2Y	Schichtenmantel mit nicht-metallenen Zugentlastungs-elementen			
			14	LG	**Lagenverseilung**

Beispiele für typische Kabelspezifikationen

1. Koaxialkabel

Kabeltyp	RG 58 C/U MIL-C-17	RG 59 C/U MIL-C-17	RG 62 A/U MIL-C-17
Ø Innenleiter	0,9 mm	0,58 mm	0,66 mm
Ø Außenmantel	4,62 mm	6,15 mm	6,15 mm
Impedanz	50 +/– 2 Ohm	75 +/– 3 Ohm	93 +/– 5 Ohm
Kapazität	100 pF/m bei 1 kHz	67 pF/m bei 1 kHz	42,5 pF/m bei 1 kHz
Dämpfung	4,6 dB bei 10 MHz 10,2 dB bei 50 MHz 14,8 dB bei 100 MHz 22,3 dB bei 200 MHz 32,8 dB bei 400 MHz 55,8 dB bei 1000 MHz	7,9 dB bei 50 MHz 11,2 dB bei 100 MHz 14,1 dB bei 200 MHz 23,0 dB bei 400 MHz 39,4 dB bei 1000 MHz	6,2 dB bei 50 MHz 8,9 dB bei 100 MHz 12,5 dB bei 200 MHz 17,4 dB bei 400 MHz 28,5 dB bei 1000 MHz
Min. Biegeradius	15 mm	30 mm	30 mm
Gewicht	38,7 kg/km	57 kg/km	52 kg/km
Anwendung	z. B. Ethernet 10Base2	z. B. IBM 3255	z. B. IBM 5080

2. Twisted-Pair-Kabel

Kabeltyp	J-2Y(ST)Y 2x2x0,6 (UTP)	J-02YS(ST)CY 4x2x05 (S-FTP)	J-02HSCH PiMF 4x2x06 (S-STP)
Ø Außenmantel	6,0 mm	6,8 mm	8,1 mm
Min. Biegeradius	30 mm	8 × Kabeldurchmesser	8 × Kabeldurchmesser
Gewicht	30 kg/km	57 kg/km	80 kg/km
Impedanz	120 Ohm	100 Ohm	100 Ohm
Dämpfung	5,5 dB bei 4 MHz 11,0 dB bei 16 MHz	4,3 dB bei 4 MHz 8,2 dB bei 16 MHz 22,0 dB bei 100 MHz	3,8 dB bei 4 MHz 7,6 dB bei 16 MHz 19,0 dB bei 100 MHz 33,0 dB bei 300 MHz 50,0 dB bei 600 MHz
NEXT	35 dB bei 4 MHz > 35 dB bei 16 MHz	53 dB bei 4 MHz 44 dB bei 16 MHz 32 dB bei 100 MHz	80,0 dB bei 4 MHz 80,0 dB bei 16 MHz 71,1 dB bei 100 MHz 63,7 dB bei 300 MHz 60,0 dB bei 600 MHz
Anwendung	Datenübertragung bis etwa 16 MHz	Datenübertragung bis 100 MHz	Mehrdienstfähig bis 600 MHz

3. Lichtwellenleiter

Kabeltyp	Mehrmoden-LWL G050	G062	G100	Einmoden-LWL E010	Mehrmoden-LWL H200
Kerndurchmesser	50 µm	62,5 µm	100 µm	9 µm	200 µm
Manteldurchmesser	125 µm	125 µm	140 µm	125 µm	230 µm
Primärschutz-durchmesser	250 µm	250 µm	250 µm	250 µm	600 µm
Kernmaterial	Quarz	Quarz	Quarz	Quarz	Quarz
Mantelmaterial	Quarz	Quarz	Quarz	Quarz	Hartpolymer
Primärschutz-material	Acrylat	Acrylat	Acrylat	Acrylat	Tefzel
Dämpfung bei l = 850 nm bei l = 1300 nm	3,0 dB/km 1,0 dB/km	3,5 dB/km 1,0 dB/km	5,0 dB/km – – –	– – – 0,5 dB/km	6,0 dB/km – – –
Bandbreite bei l = 850 nm bei l = 1300 nm	400 MHz/km 600 MHz/km	200 MHz/km 600 MHz/km	100 MHz/km – – –	– – – – – –	17 MHz/km – – –
Dispersion bei l = 1300 nm	– – –	– – –	– – –	± 6 ps/ (km × nm)	– – –

Anschluss von Twisted-Pair-Leitungen

Steckgesichter und Pinnummern von RJ-45 Anschlüssen

Bei der Nummerierung und Belegung der Steckverbinder, werden die Steckgesichter jeweils von vorne betrachtet. Unter einem Steckgesicht versteht man die Silhouette eines Steckers.

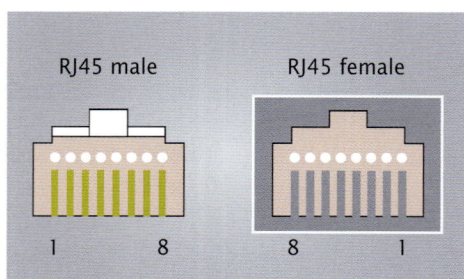

1. Belegung von RJ-45-Anschlüssen

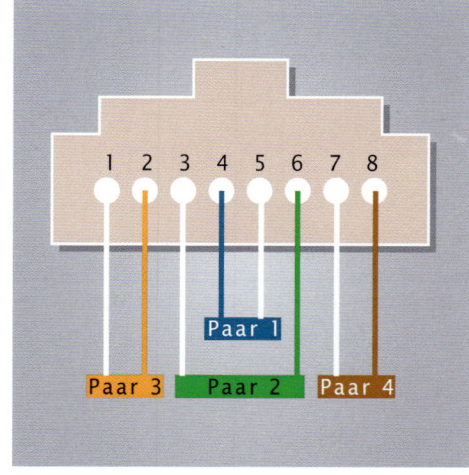

2. Zuordnung der Aderpaare zu den RJ-45-Anschlüssen bei Netzwerkanschlüssen

Pin Paar-Nummer	1	2 (3)	3 (2)	4	5 (1)	6 (2)	7	8 (4)
Farbe EIA/TIA 568 A[1]	grün	grün	orange	blau	blau	orange	braun	braun
Farbe EIA/TIA 568 B[1]	orange	orange	grün	blau	blau	grün	braun	braun
IEC	schwarz	grau	rot	blau	blau	orange	gelb	braun
DIN 47100	grau	rosa	grün	weiß	braun	gelb	blau	rot
IEEE 802.3 (10Base-T)[2]	TX+	TX-	RX+			RX-		
IEEE 802.3 (100Base-T4)[3]	TX D1	TX D1	RX D2	BD D3	BD D3	RX D2	BD D4	BD D4
IEEE 802.5 (Token Ring)[2]			RX+	TX+	TX-	RX-		
TP DDI + ATM[2]	TX+	TX-					RX+	RX-
ISDN S_0[4]			a2	a1	b1	b2		
ISDN U_{K0}				a	b			
Analog Telekom[5]			b	E	W	a		
Analog Siemens[5]			W	a	b	E		

Die Pinbezeichnungen der Tabelle entsprechen auch den Anschlussbezeichnungen gängiger UAE-Anschlussdosen.

Crosspatchkabel

Bei Crosspatchkabeln sind auf der einen Anschlussseite die Anschlüsse für die Sende- und Empfangspaare vertauscht. Die Grafiken zeigen beispielhaft die Belegung für ein 10/100Base-TX Crosspatchkabel und ein 1000 Base-T Crosspatchkabel.

[1] Die farbige Schrift auf weißem Grund bezeichnet die weiße Ader (eventuell mit farbigen Ringen) zu der dem Paar entsprechenden farbigen Ader. Die weiße Schrift auf farbigem Grund bezeichnet die farbige Ader des Aderpaares. Der Unterschied in Normung EIA/TIA 568 A und EIA/TIA B liegt nur in der „Vertauschung" des grünen und des orangen Aderpaares. In Europa wird überwiegend die Version B angewendet. Es ist bei der Installation lediglich darauf zu achten, dass beide Leitungsenden nach derselben Norm aufgelegt werden.

[2] TX+ = Sendeleitung, TX- = Bezugspunkt der Sendeleitung, RX+ = Empfangsleitung, RX- = Bezugspunkt der Empfangsleitung

[3] TX D1 Senden Paar D1, RX D2 Empfangen Paar D2, BD D3 Bidirektional Paar D3, BD D4 Bidirektional Paar D4

[4] a1b1 Sendeaderpaar des NTBA, a2b2 die Empfangsaderpaar des NTBA.

[5] a= a-Ader; b= b-Ader; E= Anschluss für Erdpotenzial; W= Anschluss eines Zweitweckers

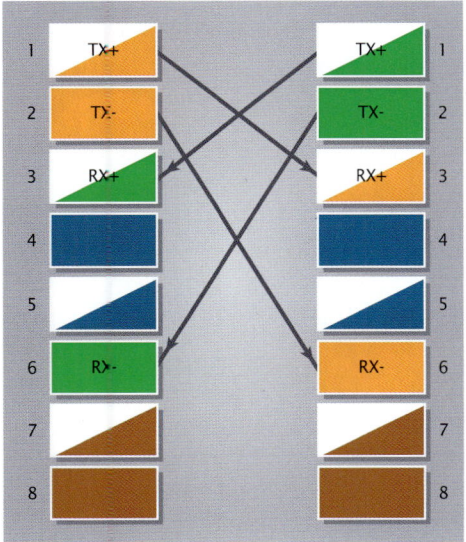

3. Belegung für ein 10/100 Base-TX Crosspatchkabel

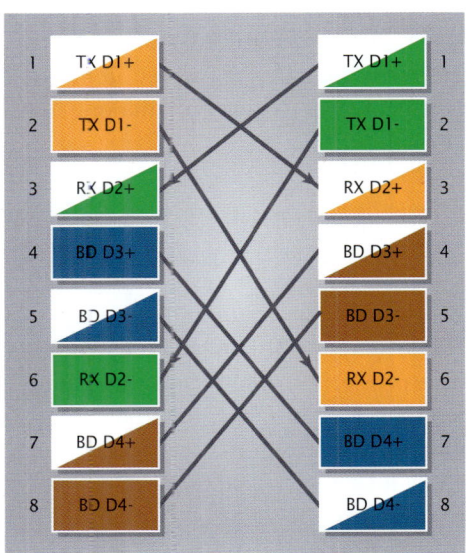

4. Belegung für ein 1000 Base-T Crosspatchkabel

8 Netzwerkkommunikation

Kommunikationsmodelle beschreiben alle Elemente einer Kommunikation. Dies betrifft den Ablauf einer Kommunikation und die Kommunikationsverbindungen.

8.1 Kommunikationsabläufe

Eine Kommunikation dient dem Austausch von Nachrichten, Informationen oder Daten zwischen

- Menschen,
- Menschen und Maschinen oder
- Maschinen.

Die Begriffe Nachrichten, Informationen und Daten sind zu unterscheiden:

> *Eine Nachricht (engl. message) ist eine Folge von Zeichen, die aufgrund von vereinbarten oder vorausgesetzten Abmachungen Wissen enthält.*

Nachrichten

Bei der Definition des Nachrichtenbegriffes ist es unerheblich, ob das in den Nachrichten enthaltene Wissen dem Empfänger bereits bekannt ist oder nicht. Die Aufgabe von Rechnernetzen ist lediglich, die Nachrichten zu übertragen, eine Interpretation der Nachrichten findet dort nicht statt.

> *Unter einer Information versteht man die Bedeutung, die durch eine Nachricht vermittelt wird.*

Informationen

Informationen sind subjektiv: Erst indem der Nachricht eine individuelle Bedeutung durch den Empfänger zugeordnet wird, entsteht eine Information. Hierbei gilt die Formel:

Information = Nachricht + Bedeutung

> *Daten sind Zeichen, die aufgrund von bekannten oder unterstellten Abmachungen dem Zweck der Verarbeitung dienen.*

Daten

Ebenso wie Nachrichten werden Daten nicht interpretiert. Bei Daten handelt es sich lediglich um Zeichen, die von einem Rechner verarbeitet werden können.

Beispiel (siehe Abb. 8.1-1):
Zur Übertragung der Uhrzeit über ein Rechnernetz werden drei verschiedene Aussagen verwendet:

- es ist 10:09 Uhr
- es ist 9 Minuten nach 10
- es ist 10.09 a. m.

Bei den obigen Angaben handelt es sich um Nachrichten, die nicht vom Rechnernetz interpretiert, sondern lediglich übertragen werden. Erst der (menschliche) Empfänger dieser Nachrichten interpretiert sie und stellt fest, dass es sich bei allen drei Nachrichten um dieselbe Information handelt (nämlich eine bestimmte Uhrzeit). Um die

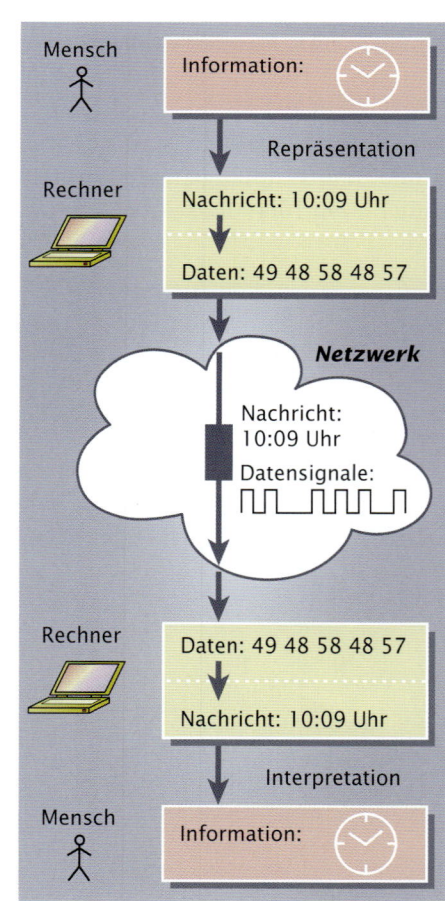

8.1-1 Informationen, Nachrichten, Daten

60

Nachrichten mittels Rechner verarbeiten zu können, werden sie dort z. B. als ASCII-Zeichen dargestellt. Diese ASCII-Zeichen sind dann die Daten.

Vom Sender wird eine Nachricht codiert und über ein Kommunikationsmedium versandt. Diese Nachricht enthält immer mehrere Anteile. In der technischen Kommunikation sind dies Steuerinformationen und Nutzdaten. Die komplexere menschliche Kommunikation enthält folgende Anteile:

Eine Kommunikation benötigt mindestens zwei Kommunikationspartner: einen Sender und einen Empfänger.

- die Sachinformation,
- die Beziehung zwischen Sender und Empfänger,
- den Appell und
- die Selbstoffenbarung.

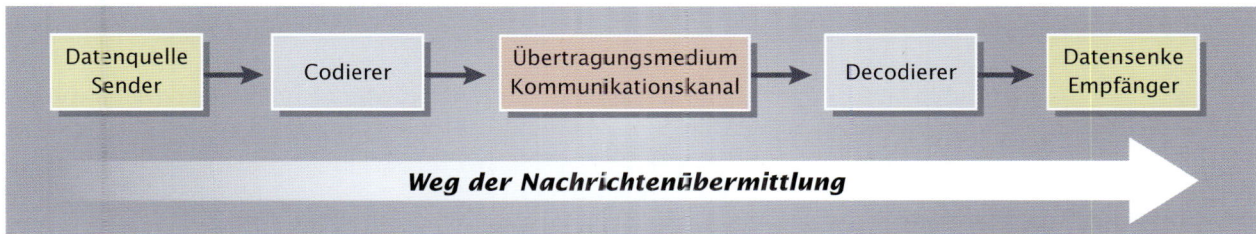

Weg der Nachrichtenübermittlung

8.1-2 Übertragung einer Nachricht

Auf der Empfängerseite wird die übermittelte Nachricht bezüglich aller Anteile decodiert und aufgenommen. Störungen der Kommunikation sind an allen Punkten der Kommunikation möglich. Ist bereits ein Element der Nachrichtenübertragung gestört, so ist keine geordnete und erfolgreiche Kommunikation mehr möglich.

In der Nachrichtentechnik wird der Sender auch als Datenquelle und der Empfänger als Datensenke bezeichnet.

Für die Beschreibung und Beurteilung des Austausches einer Nachricht sind allgemein folgende Aspekte von Bedeutung:
- Wer nimmt an dem Nachrichtenaustausch teil?
- Wie viele Teilnehmer hat dieser Austausch?
- Welche Wege nimmt die Nachricht?
- Wie wird die Nachricht codiert?
- Welche Trägermedien werden zur Übermittlung der Nachricht genutzt?

Eine Kommunikation über technische Systme wird nach folgenden Kriterien beurteilt.

Kriterium	Beschreibung
Anzahl der Kommunikationspartner	Viele oder wenige Kommunikationspartner
Häufigkeit von Kommunikationen	Hohes oder geringes Aufkommen von möglicherweise auch zeitgleichen Kommunikationsanforderungen
Entfernungen	Ortsbereich, Fernbereich oder internationale Verbindungen
Ausfallwahrscheinlichkeit	Hohe Verfügbarkeit der Leitungen, keine Ausfälle
Datenmenge	Übertragung des Datenvolumens in einer angemessener Zeit
Bitfehlerrate	Ungestörte Datenübertragung, keine Informationsverluste ▶▶

Kriterium	Beschreibung
Geräteausstattung	Einbeziehung bereits vorhandener Geräte
Art der Kommunikation	Sprach-, Text-, Bild-, Ton- oder Datenkommunikation
Komprimierungsverfahren	Reduktion der zu übertragenden Datenmenge z. B. durch Komprimierung
Kosten	Kosten für die zur Verfügung gestellten Übertragungsmedien
Qualität der Verbindung	Die Qualität einer Verbindung wird z. B. bestimmt durch die Dämpfung, Übertragungsrate, Bitfehlerrate, Ausfallsicherheit und Verfügbarkeit.
Sicherheit	Die Verbindung muss möglichst sicher gegenüber Störungen, aber auch gegenüber Abhören sein.

Durch eine Kommunikation können sehr unterschiedliche Inhalte und Dienste übertragen werden, wie z. B.
- Sprache,
- Text,
- Bild,
- Ton und
- Daten.

Diese können auch beliebig miteinander kombiniert werden.

8.2 Kommunikationsverbindungen

Für den Austausch von Informationen müssen die möglichen Verbindungsrichtungen berücksichtigt werden. Diese sind letztendlich abhängig von dem Leitungsmedium, der Netzwerktopologie und dem verwendeten Übertragungsprotokoll. Kommunikationsverbindungen werden unterschieden nach:
- der Art der Kommunikationsverbindung,
- den Richtungen der Kommunikationsverbindungen und
- der Verbindungsdauer.

Kommunikationsarten

Kommunikationsarten unterscheiden die Anzahl der beteiligten Kommunikationspartner. Sie stehen im engen Zusammenhang mit den Kommunikationsrichtungen.

Bezeichnung	Grafik	Verfahren	Beispiel
Punkt-zu-Punkt-Verbindung (engl. Point-to-Point)		Kommunikation mit einem Partner (engl. unicast)	Telefonie
Punkt-zu-Mehrpunkt-Verbindung (engl. Point-to-Multipoint)		Kommunikation mit allen angeschlossenen Partnern (engl. broadcast) Kommunikation mit einer ausgewählten Gruppe von Partnern (engl. multicast)	Rundfunk ►►

Bezeichnung	Grafik	Verfahren	Beispiel
Mehrpunkt-zu-Punkt-Verbindung (engl. Multipoint-to-Point)		Zyklisches Abfragen der Partner (engl. Polling)	Abrufen von verteilten Prozessdaten

Kommunikationsrichtungen

Kommunikationsrichtungen beschreiben die Sende- und Empfangsbeziehungen der beteiligten Kommunikationspartner.

Bezeichnung	Grafik	Beschreibung	Beispiel
Vollduplex		Es kann gleichzeitig gesendet und empfangen werden.	Telefonie
Halbduplex		Es ist immer nur die Informationsübertragung in eine Richtung zurzeit möglich.	Sprech-funk
Simplex		Es ist nur eine Übertragungsrichtung (Senden) möglich.	Rundfunk

Kommunikationsdauer

Kommunikationsverbindungen nach ihrem Zustandekommen und der Dauer der Verbindung beurteilt (siehe auch Kapitel 17.6: Verbindungsarten)

Art	Beschreibung
Standverbindungen	Standverbindungen sind fest geschaltete Verbindungen, die zwei Kommunikationspartner dauerhaft miteinander verbinden
Wählverbindungen	Wählverbindungen werden auf Initiative eines Kommunikationspartners aufgebaut und nach Abschluss der Kommunikation wieder abgebaut. Sie sind damit zeitlich auf die Dauer der Kommunikation begrenzt. Innerhalb der Wählverbindungen kann unterschieden werden, ob eine feste Leitungsverbindung hergestellt wurde (leitungsvermittelt) oder ob mit Hilfe eines speziellen Übertragungsprotokolls die Nachricht in einzelne Pakete unterteilt wurde und über verschiedene Leitungswege zugestellt wurde (paket- oder zellorientiert).

Beschreiben Sie ein Telefongespräch bezüglich der Kommunikationsarten und der Kommunikationsrichtungen.

9   Netzwerkprotokolle

Netzwerke dienen dem Austausch von Informationen zwischen IT-Systemen. Die Regeln der Kommunikation werden hierbei über Protokolle festgelegt. Ebenso wie Menschen, die zur Verständigung dieselbe Sprache und damit feste Regeln verwenden, müssen IT-Systeme dasselbe Protokoll für eine fehlerfreie Verständigung einsetzen.

> *Netzwerkprotokolle legen fest, wie Kommunikationsverbindungen aufgebaut werden und wie das Austauschen von Informationen organisiert wird.*

Wichtige Arten von Netzwerkprotokollen sind:
- Zugriffsprotokolle
- Übertragungsprotokolle.

9.1 Zugriffsprotokolle

> Mit der Auswahl des Übertragungsmediums und der Netzwerkkarten legt sich die Firma Lütgens fest, in welcher Form auf das Übertragungsmedium zugegriffen wird. Die Netzwerkkarten sind später unter dem jeweiligen Betriebssystem in den/die Server einzubinden.

In Rechnernetzen kommt es häufig vor, dass zwei oder sogar mehrere Rechner gleichzeitig ein Übertragungsmedium nutzen möchten. Diese Problematik lässt sich verdeutlichen, wenn man sich z. B. 10 Personen in einer Konferenzschaltung vorstellt, die über 10 Telefone miteinander verbunden sind und miteinander sprechen können: Es führt sehr schnell zu einem Stimmen-Wirrwarr, wenn zwei oder mehrere Personen gleichzeitig zu sprechen beginnen, d. h. gleichzeitig das Übertragungsmedium „Telefonleitung" verwenden. Würden sich diese Personen direkt gegenüber sitzen, könnte das Chaos z. B. durch Handzeichen oder Mimik vermieden werden. Bei der Kommunikation von Rechnern wird diese Aufgabe der Organisation des Zugriffs auf das Übertragungsmedium durch Zugriffsprotokolle festgelegt.

> *Zugriffsprotokolle legen das Verfahren fest, mit dem ein Teilnehmer ein Übertragungsmedium zur Verfügung gestellt bekommt.*

Genormt sind diese Protokolle auf der Schicht 2 des ISO/OSI-Referenzmodells.

Wichtige, mit Hilfe von Zugriffsprotokollen realisierte Verfahren sind
- Konkurrenzverfahren:
  Jede Station kann prinzipiell zu jeder Zeit auf das Übertragungsmedium zugreifen. Möchten mehrere Stationen das Übertragungsmedium verwenden, so „konkurrieren" sie um die Benutzung dieses Mediums. Hierbei kann dann die Station das Medium verwenden, die als Erste mit der Datenübertragung begonnen hat („Wer zuerst kommt mahlt zuerst").
- Nicht konkurrierende Verfahren:
  Jede Station erhält in festen Zeitabständen Zugriff auf das Übertragungsmedium („Einer nach dem anderen"). Ein Konkurrieren um das Medium entfällt.

9.1.1 Konkurrenzverfahren

Bei Konkurrenzverfahren können alle Teilnehmer gleichberechtigt über ein Medium kommunizieren. Jede Station kann also zu jeder Zeit den Versuch unternehmen, Daten zu übertragen. Senden jedoch mehrere Stationen gleichzeitig, so kommt es zu Kollisionen. Eine fehlerfreie Übermittlung der Daten ist dann nicht mehr möglich. (siehe Abb. 9.1.1-1: Kollision).

Eine Kollisionsdomäne[1] umfasst den kompletten Weg eines Übertragungsmediums einschließlich der angeschlossenen Endgeräte. Repeater und Hubs verlängern hierbei lediglich das Übertragungsmedium und gehören mit den dort angeschlossenen Endgeräten zur Kollisionsdomäne. Komponenten wie Bridges, Switches oder Router bilden dagegen Grenzen von Kollisionsdomänen.

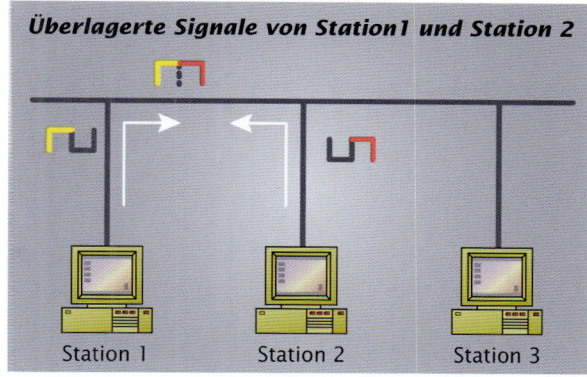

Überlagerte Signale von Station1 und Station 2

9.1.1-1 Kollision

> *Der Bereich eines Netzes, in dem Kollisionen stattfinden, wird als Kollisionsdomäne bezeichnet.*

Zur Vermeidung von Kollisionen existieren unterschiedliche Strategien. Zwei wichtige Zugriffsprotokolle für Konkurrenzverfahren mit solchen Strategien sind CSMA/CD und CSMA/CA:

CSMA/CD

Ein typisches Zugriffsprotokoll in lokalen Netzen ist CSMA/CD[2], das z.B. beim Ethernet Verwendung findet. Dokumentiert ist dieses Verfahren in der Norm ISO 8802-2.

Bevor eine Station Daten überträgt, hört sie zunächst das Übertragungsmedium ab („Carrier Sense[3]", CS). Ist das Übertragungsmedium bereits belegt, so wartet die Station bis es wieder frei wird. Wenn zwei Stationen das Übertragungsmedium als frei erkennen und beide daraufhin gleichzeitig zu senden beginnen, entsteht eine Kollision. Diese wird jedoch sofort erkannt, da auch während einer Datenübertragung ständig geprüft wird, ob die Daten auf dem Übertragungsmedium mit den tatsächlich gesendeten Daten übereinstimmen („Collision Detection[4]", CD). Im Falle einer Kollision wird die Datenübertragung von der sendenden Station sofort abgebrochen und ein spezielles Störungssignal gesendet („Jam-Signal[5]"). Dieses Signal informiert die anderen Geräte in der Kollisionsdomäne über das Auftreten der Kollision. Erst nach Ablauf einer Wartezeit und bei freiem Übertragungsmedium kann der Sender einen neuen Übermittlungsversuch starten. Damit es nicht zwangsläufig zu einer erneuten Kollision kommt, wird die Wartezeit mit einer Zufallszahl erzeugt. Diese richtet sich u. a. danach, wie oft bereits Kollisionen festgestellt wurden. Bei vielen bisherigen Kollisionen (hohe Netzlast) wird die Wartezeit ebenfalls hoch sein, bei wenigen Kollisionen (niedrige Netzlast) fällt die Wartezeit entsprechend geringer aus. Mit dieser Vorgehensweise wird gewährleistet, dass ein Netz bei einer hohen Netzlast nicht zusätzlich durch viele Sendeversuche belastet wird. Die Methode zur Erzeugung der Wartezeit wird als Backoff-Strategie bezeichnet. Den kompletten Ablauf des Zugriffes auf ein Übertragungsmedium zeigt Bild 9.1.1-2.

Der Name CSMA/CD (Carrier Sense Multiple Access/Collision Detection) setzt sich aus den in diesem Protokoll angewendeten Verfahren CS und CD zusammen. Die Bezeichnung MA[6] drückt aus, dass alle Teilnehmer gleichberechtigt Zugriff auf das Übertragungsmedium haben.

[1] Ein anderer Begriff für „Kollisionsdomäne" ist „Segment".
[2] **CSMA/CD:** Carrier Sense Multiple Access with Collision Detection
[3] **Carrier Sense:** engl. Träger „abhören"
[4] **Collision Detection:** engl. Kollision entdecken
[5] **Jam:** engl. Störung, Klemmung, Durcheinander
[6] **MA:** Multiple Access, engl. vielfacher Zugriff

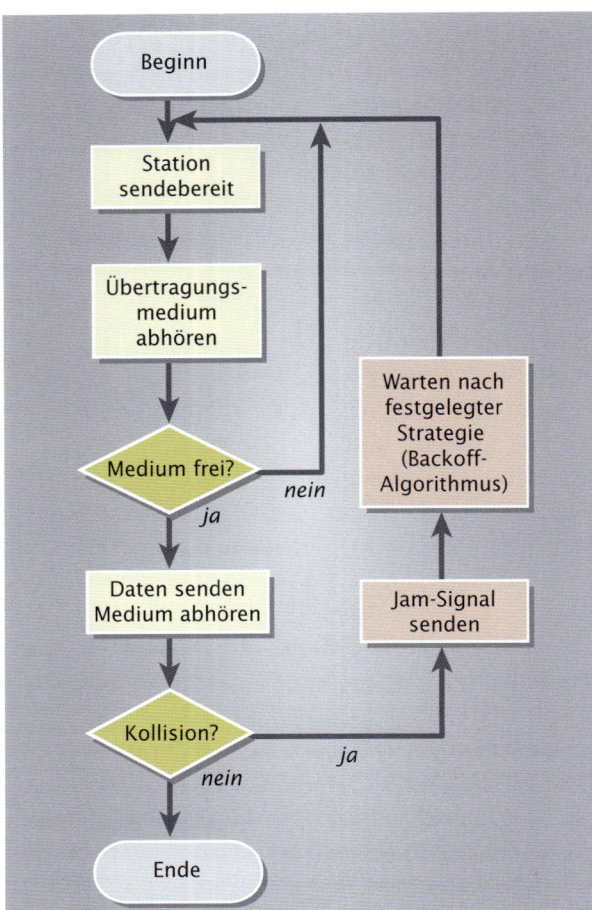

Vorteile:
- **gleichberechtigter Zugriff aller Stationen**
- **einfache Handhabung**
- **Kollisionserkennung**

Nachteile:
- **Erzeugung vieler Kollisionen bei hoher Anzahl sendewilliger Teilnehmer**
- **Empfang einer Nachricht nicht garantiert**
- **Zugriffszeit nicht garantiert**

9.1.1-2
CSMA/CD-
Zugriffsverfahren

Um eine Kommunikation gleichberechtigter Teilnehmer nach dem CSMA/CD-Verfahren kennen zu lernen, führen Sie folgenden Versuch durch: Erörtern Sie in einer kleinen Gruppe (max. 5 Teilnehmer) das Zugriffsverfahren CSMA/CD. Führen Sie dieses Gespräch in einem abgedunkelten Raum, mit geschlossenen Augen oder miteinander zugewendeten Rücken durch. Es darf keine „Synchronisation" durch Blickkontakte oder Gesten stattfinden! Achten Sie bei Ihrem Gespräch darauf, inwieweit Sie selbst Methoden des CSMA/CD anwenden.

CSMA/CA

Ein weiteres Zugriffsprotokoll zur Realisierung von Konkurrenzverfahren ist CSMA/CA[1]. Im Gegensatz zu CSMA/CD existieren zusätzliche Techniken zur Vermeidung von Kollisionen („Collision Avoidance[2]", CA). Hierbei schickt jede Station zunächst eine Warnung über das Übertragungsmedium, die besagt, dass demnächst gesendet wird. Die anderen Stationen warten dann solange, bis die Datenübermittlung erfolgt ist.

[1] **CSMA/CA:** Carrier **S**ense **M**ultiple **A**ccess with **C**ollision **A**voidance
[2] **Collision Avoidance:** engl. Kollisionsvermeidung

Vorteile:
- **reduzierte Anzahl an Kollisionen**
- **gleichberechtigter Zugriff aller Stationen**
- **einfache Handhabung**

Nachteile:
- **erhöhte Netzbelastung**
- **Empfang einer Nachricht nicht garantiert**
- **Zugriffszeit nicht garantiert**

9.1.2 Nicht konkurrierende Verfahren

Nicht konkurrierende Verfahren vergeben das Recht auf Verwendung des Übertragungsmediums nur zu ganz bestimmten Zeitpunkten. Dieses funktioniert ähnlich wie bei Indianderstämmen, bei denen es Sitte war, einen „Rednerstab" herumzureichen. Nur wer den Rednerstab in den Händen hielt durfte reden. Wenn der Redner fertig war, reichte er den Rednerstab an die nächste Person weiter.

Ein nicht konkurrierendes Verfahren bei Rechnernetzen ist z. B. die Methode „Token Passing". Der „indianische Rednerstab" wird dort durch ein Bitmuster, das sogenannte „Token[1]", realisiert. Das Token kreist ständig zwischen den einzelnen Stationen des Netzwerks und nur die Station, die in Besitz des Tokens ist, darf das Übertragungsmedium zum Senden nutzen.

> *Bei Rechnernetzen, die nicht konkurrierende Verfahren zur Steuerung des Übertragunsmediums wie z. B. Token Passing einsetzen, finden keine Kollisionen statt.*

Token Passing wird z. B. in Token-Ring-Netzen (siehe Abschnitt 10.2: Token Ring) und bei FDDI (siehe Abschnitt 10.3: FDDI) verwendet.

Vorteile:	Nachteile:
• gleichberechtigter Zugriff aller Stationen	• aufwendigere Organisation
• hohe Netzeffizienz	• aufwendigere Hardware
• garantierte Zugriffszeit	
• Fehlererkennung	

Um eine Kommunikation nach dem oben beschriebenen Token-Passing-Verfahren kennen zu lernen, führen Sie folgenden Versuch durch:
Lassen Sie als Token einen Bleistift in einer kleinen Gruppe (max. 5 Teilnehmer) im Kreis mit einer festgelegten Laufrichtung umlaufen. Nun soll ein Teilnehmer wortweise eine kurze Nachricht an einen zweiten Teilnehmer übermitteln. Dazu ist als Erstes der Token vom Sender zu entfernen (s. o.). Als Nächstes wird das erste Wort der Nachricht unter Bezeichnung von Absender und Empfänger an den folgenden Nebenmann weitergereicht. Der Empfänger hat das ankommende Wort auf einem Blatt Papier festzuhalten und anschließend die Quittierung des Wortes vorzunehmen. Hierzu sind das Wort sowie Absender, Empfänger und der Zusatz „korrekt empfangen" in der festgelegten Laufrichtung dem Nebenmann zu nennen. Der ursprüngliche Sender der Nachricht nimmt die Quittung entgegen und erzeugt ein neues Token (Bleistift). Das nächste Wort der Nachricht kann nun gesendet werden.

9.1.3 Vergleich: Konkurrenzverfahren – nicht konkurrierende Verfahren

Bei der Planung eines Netzwerks ist die Entscheidung für ein geeignetes Zugriffsverfahren zu treffen. Hier ist genau zu überprüfen, welche Anforderungen an das Netzwerk gestellt werden. Die folgenden Kriterien sollen bei der Entscheidung helfen:

Konkurrenzverfahren sollten eingesetzt werden, falls
• nur eine geringe Netzbelastung vorhanden ist (unterhalb 30 %)
• lediglich kurzzeitig ein höherer Netzverkehr auftritt und dieser von nur wenigen Stationen verursacht wird
• geringe Kosten entscheidend sind.

[1] **Token:** engl. Marke, Kennzeichen

Nicht konkurrierende Verfahren sollten eingesetzt werden, falls

- das Netz zeitkritische Daten überträgt (z.B. in der Automatisierungs- oder Prozesstechnik). Im Gegensatz zu Konkurrenzverfahren ist die Dauer der Übertragung bei nicht konkurrierenden Verfahren berechenbar (s.u.).
- eine hohe Netzbelastung vorhanden ist (oberhalb 30%). Da bei Netzen mit nicht konkurrierenden Verfahren keine Kollisionen auftreten, fällt die Leistung in diesen Netzen weniger stark ab, als bei Netzen mit Konkurrenzverfahren.
- bestimmte Stationen höhere Prioritäten als andere benötigen.

Da die Dauer der Übertragung bei nicht konkurrierenden Verfahren berechenbar ist, bezeichnet man sie auch als deterministische[1] Zugriffsverfahren. Konkurrenzverfahren werden dagegen auch nicht deterministische oder stochastische[2] Zugriffsverfahren genannt, da nicht sicher vorausgesagt werden kann, wann eine Station die Möglichkeit zur Übertragung erhält.

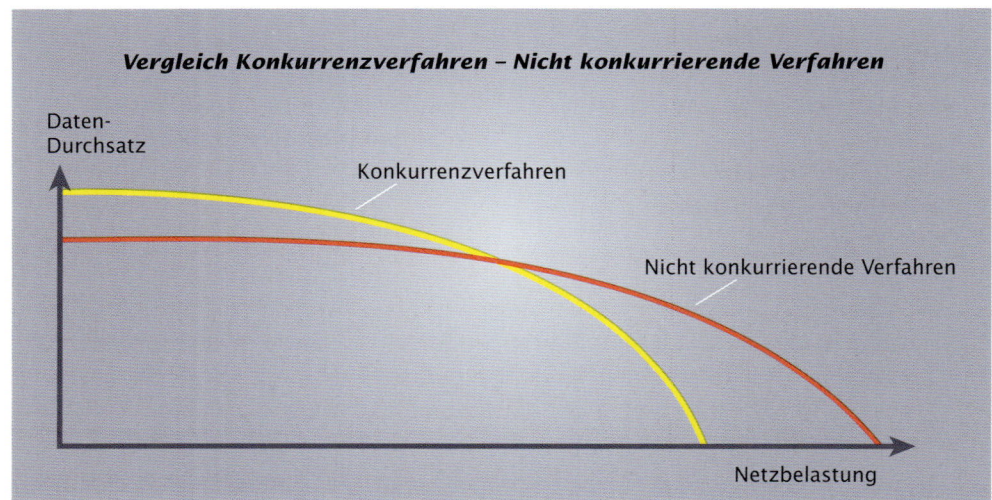

9.1.3-1
Vergleich
Konkurrenzverfahren –
Nicht konkurrierende
Verfahren

9.2 Übertragungsprotokolle

Nachdem erfolgreich die Netzwerkkarten in das jeweilige Betriebssystem eingebunden wurden, ist im Betriebssystem der einzelnen Rechner festzustellen, welche Übertragungsprotokolle verwendet werden sollen.

Die Übertragung von Daten zwischen vernetzten Stationen erfolgt auf Grundlage des ISO/OSI-Referenz- oder des TCP/IP-Modells (siehe Abschnitt 3.1: Referenzmodelle). Entsprechend der unterschiedlichen Aufgaben der einzelnen Schichten existieren unterschiedliche Übertragungsprotokolle. Zusammengehörige Protokolle werden hierbei häufig zu sogenannten Protokollfamilien oder Protokollstapeln (engl. Protocol Stacks) zusammengefasst. Beispiele derartiger Protokollfamilien sind TCP/IP (siehe Abschnitt 9.3: Die TCP/IP-Protokollfamilie) oder IPX/SPX.

Übertragungsprotokolle legen fest, wie die Übertragung einer Nachricht organisiert ist.

Für die Übertragung von Datenpaketen zwischen zwei vernetzten Stationen ist es notwendig, dass die einzelnen ISO/OSI-Schichten des Senders mit den jeweils gleichen Schichten auf der Empfängerseite kommunizieren (horizontale Kommunikation, siehe Abschnitt 3.1: Das ISO/OSI-Referenzmodell). So tauscht z.B. die Vermittlungsschicht einer vernetzten Station Daten mit der Vermittlungsschicht einer anderen Station im Netz aus. Die zwischen diesen gleichrangigen Schichten

[1] **deterministisch**: lat. (vor-)bestimmt
[2] **stochastisch**: gr. zufallsabhängig

ausgetauschten Daten bezeichnet man auch als Protokoll-Dateneinheiten (Protocol Data Unit, PDU).

Um Daten übertragen zu können, werden sie zunächst durch die Instanz der zugehörigen Schicht um Protokoll-Steuerinformationen (Protocol Control Information[1], PCI) ergänzt. Anschließend erfolgt die Übergabe des kompletten Protokollrahmens, d. h. die ursprünglichen Daten und PCI, an die darunter liegende Schicht. Diese Schicht behandelt den übergebenen Rahmen wie neue Nutzdaten und ergänzt den Rahmen somit ebenfalls um Protokoll-Steuerinformationen (siehe Abb. 9.2-1). Die Verarbeitung der Daten durch die einzelnen Schichten geschieht solange, bis die physikalische Übertragung auf der Schicht 1 des ISO/OSI-Referenzmodells erfolgt. Auf der Empfängerseite werden die Daten-

> **Das Einbetten von Daten in Rahmen bezeichnet man als Datenkapselung.**

pakete dann durch die jeweiligen Schichten solange entpackt, bis die ursprünglichen Daten wieder zur Verfügung stehen.

Die Daten der Schichten 1 bis 4 werden besonders bezeichnet:
Während man aufgrund der fehlenden Rahmenbildung der Schicht 1 dort lediglich von Bits spricht, so heißen die auf der Schicht 2 vorhandenen Rahmen „Frames[2]". Die Rahmen der Schicht 3 bezeichnet man als „Pakete", Schicht-4-Rahmen heißen „Segmente". Die Rahmen der Schichten 5 bis 7 haben keine spezielle Bezeichnung und werden daher häufig nur Daten genannt.

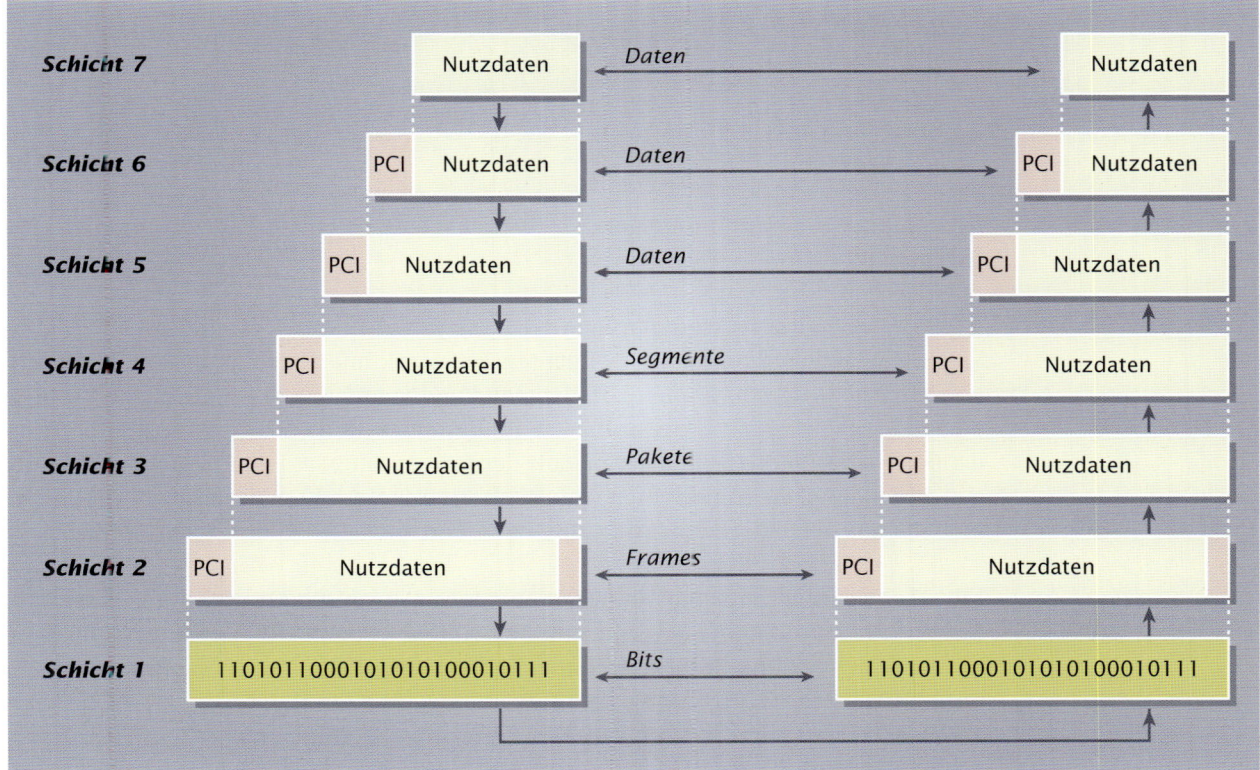

9.2-1 Übertragung von Nachrichten

9.3 TCP/IP-Protokollfamilie

In den letzten Jahren hat sich die TCP/IP-Protokollfamilie als wichtigster Standard etabliert und wird somit von den meisten netzwerkfähigen Stationen unterstützt.

[1] **PCI:** Protocol Control Information, engl. Protokoll-Steuerinformation
[2] **Frames:** engl. Rahmen

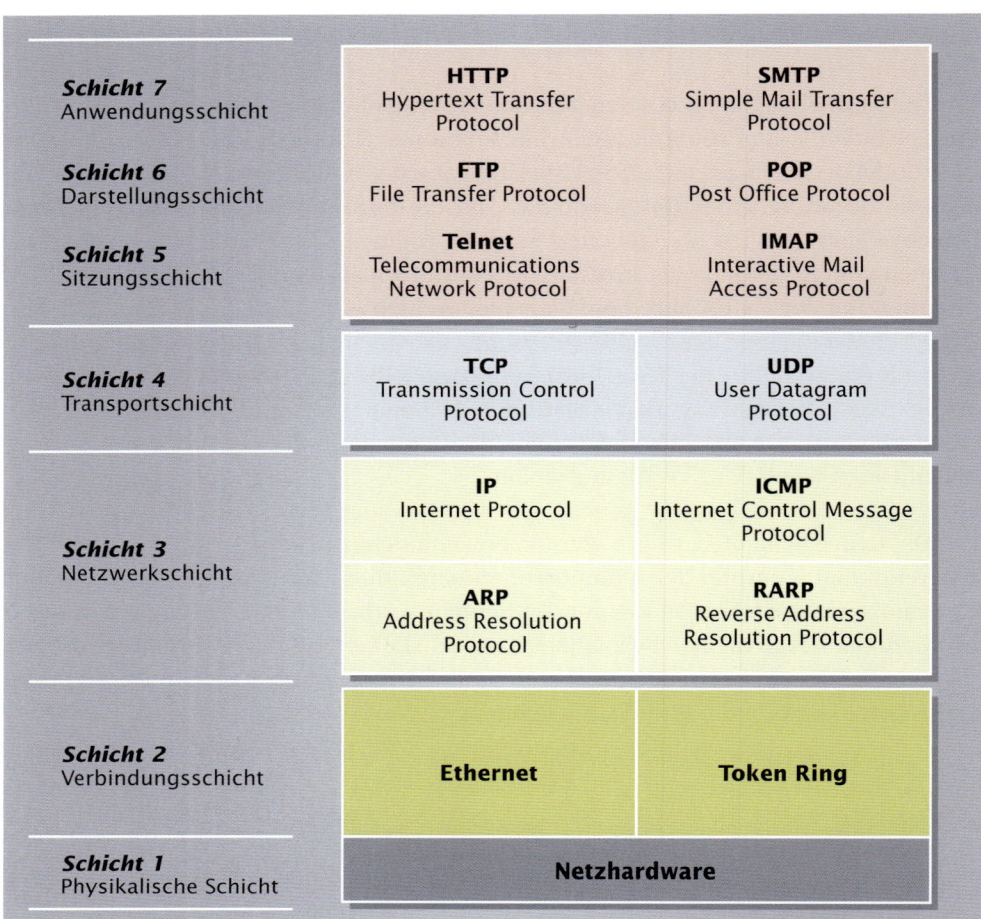

9.3-1
Ausschnitt aus
der TCP/IP-Protokoll-
familie

Exemplarisch werden im Folgenden einige Protokolle der TCP/IP-Protokollfamilie dargestellt.

9.3.1 Protokolle des Anwendungssystems

Viele Anwendungsprogramme beinhalten Netzwerkfunktionalitäten. So gibt es z. B. komfortable Programme zum E-Mailversand und -empfang oder für das Durchführen einer Videokonferenz. Die von diesen Programmen über das Netzwerk zu versendenden Nachrichten werden der Instanz der Anwendungsschicht übergeben. Von dort aus durchlaufen die Nachrichten dann alle weiteren Schichten des ISO/OSI-Referenzmodells und gelangen schließlich über das Übertragungsmedium zum Empfänger.

Für die Verarbeitung der Nachrichten eines Anwendungsprogramms stellt die TCP/IP-Protokollfamilie im Anwendungssystem (Schicht 5 bis 7) verschiedene Übertragungsprotokolle bereit. Somit können unterschiedliche Nachrichtentypen unterstützt werden. Protokolle des Anwendungssystems sind z. B.:

- Telnet (Telecommunications Network Protocol): Allgemeiner Zugriff auf vernetzte Stationen
- FTP (File Transfer Protocol): Datenaustausch zwischen vernetzten Stationen
- HTTP (Hypertext Transfer Protocol): Übertragung von Web-Seiten
- SMTP (Send Mail Transfer Protocol): Versenden von E-Mail
- POP (Post Office Protocol): Empfangen von E-Mail
- IMAP (Interactive Mail Access Protocol): Empfangen von E-Mail

Portnummern

Ein Rechner bietet innerhalb eines Netzwerkes häufig mehrere Dienste an, wie z. B. den Datenaustausch mit anderen Rechnern (FTP) und den Empfang von E-Mails (POP oder IMAP). Da der Rechner jedoch lediglich unter einer einzigen Adresse im Netz erreichbar ist, muss über eine zusätzliche Kennung deutlich gemacht werden, welcher dieser Dienste konkret angesprochen werden soll. Dieses erfolgt mit Hilfe von Portnummern, die jedem Dienst zugewiesen werden.

> *Mit Hilfe von Portnummern wird die Verbindung zu Diensten auf vernetzten Stationen hergestellt.*

Bei den Portnummern handelt es sich um 16-Bit-Werte, also Zahlen zwischen 0 und 65535, die von der IANA (**I**nternet **A**ssigned **N**umbers **A**uthority[1]) festgelegt sind. Der gesamte Portnummernbereich ist in drei Ebenen unterteilt:

- Well-Known-Ports (Portnummern 0 bis 1023):
  Diese Portnummern sind für systemnahe Dienste reserviert, d. h. Dienste, die aus Sicherheitsgründen nur vom Systemadministrator gestartet werden dürfen. So kann z. B. Telnet (Portnummer 23) mit der Möglichkeit des Zugriffs auf den eigenen Rechner über das Netz nur vom Systemadministrator freigegeben werden.
- Registered Ports (Portnummern 1024 bis 49151):
  Hiermit werden Dienste gekennzeichnet, die offiziell bei der IANA angemeldet wurden. Registered Ports sollten nicht für selbst entwickelte Anwendungen verwendet werden.
- Private Ports (Portnummern 49152 bis 65535):
  Private Ports können für beliebige Dienste, wie z. B. selbst entwickelte Applikationen, verwendet werden.

In der folgenden Tabelle sind beispielhaft einige Dienste und die zugehörigen Portnummern aufgeführt:

Dienst	Portnummer
FTP	20, 21[2]
HTTP	80
IMAP	143
POP3	110
SMTP	25
Telnet	23

Sowohl die den Dienst zur Verfügung stellende Station (Server) als auch die den Dienst in Anspruch nehmende Station (Client) verwenden zur Identifikation des Dienstes Portnummern. So wird z. B. für einen Server, der den Dienst Telnet (siehe unten) anbietet, die Portnummer 23 verwendet, während der Telnet-Client mit der Portnummer 1029 arbeitet (siehe Abb. 9.3.1-1). Die Client-Portnummern werden von der Systemsoftware aus dem Bereich der Registered- oder Private-Ports vergeben.

TIPP

Die Zuordnung der Dienste zu den Portnummern erfolgt unter Windows 2000/XP in der Datei `\windows\system32\drivers\etc\services` und unter Linux in der Datei `/etc/services`. Falls bestimmten Diensten andere Portnummern zugewiesen werden sollen, können die entsprechenden Änderungen dort mit Hilfe eines Editors vorgenommen werden.

9.3.1-1 Portnummern vernetzter Stationen bei Telnet

[1] **I**nternet **A**ssigned **N**umbers **A**uthority (IANA): engl. Internet-Behörde für die Zuweisung von Nummern.
[2] FTP stellt zwei Kommunikationskanäle zur Verfügung, denen jeweils eine eigene Portnummer zugewiesen wird.

Unter http://www.iana.com/numbers.html ist die offizielle Liste der von IANA festgelegten Portnummern verfügbar. Welche Portnummer hat der Dienst „DNS" (Domain Name Service), der im Internet eingesetzt wird, um die symbolischen Namen der Internetseiten in numerische Adressen umzusetzen?

Im Folgenden werden beispielhaft einige Übertragungsprotokolle des Anwendungssystems näher erläutert:

Telecommunications Network Protocol

Firma B@ltic Networks wartet und betreut die Server der Firma Lütgens. Um nicht bei jedem Problem der Server vor Ort anwesend zu sein, können die Rechner vom Standort der Firma B@ltic Networks aus ferngesteuert werden.

Das **Tel**ecommunications **Net**work Protocol[1] (Telnet, RFC 854, RFC 855) bietet die Möglichkeit, von einer lokalen Station aus, vernetzte Rechner im Textmodus fernzubedienen. Auf einem Client wird ein virtuelles Terminal emuliert, mit dem auf den entfernten Server zugegriffen werden kann. Telnet ist betriebssystemunabhängig, d. h. ein als Telnet-Client konfigurierter MS-Windows-Rechner kann z. B. auf den Telnet-Server eines Linux-Rechners zugreifen.

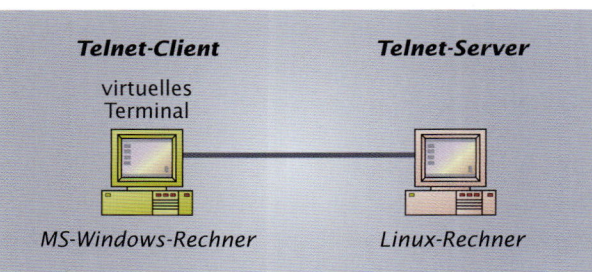

9.3.1-2 Telnet-Sitzung zwischen Rechnern mit unterschiedlichen Betriebssystemen

Innerhalb des Telnet-Protokolls sind sowohl Kommandos als auch die Art und Weise, wie diese übermittelt werden, fest definiert. So werden Anfragen z. B. mit dem Kommando „will" eingeleitet. Die Antworten der Gegenstelle beginnen dann mit „do" oder „don't", je nachdem, ob der Anfrage Folge geleistet wird oder nicht.

TIPP

Der Einsatz von Telnet birgt Sicherheitsrisiken: Gelangt eine unberechtigte Person in den Besitz der Zugangsdaten des Telnet-Servers, so hat sie über das Netzwerk Zugriff auf diesen Rechner.

Beispiel: Telnet-Echo-Funktion

Eine aktivierte Echo-Funktion bedeutet, dass alle vom Telnet-Client an den Telnet-Server gesendeten Benutzereingaben sofort wieder an den Client zurückgeschickt werden. Somit hat der Benutzer eine Kontrolle darüber, ob die Eingaben korrekt zum Server übertragen wurden.

Zur Aktivierung der Echo-Funktion sendet der Telnet-Client zunächst das Kommando

```
will echo
```

an den Server.

Wird der Server die Echo-Funktion aktivieren, so sendet er die positive Antwort

```
do echo
```

an den Client zurück. Ist der Server jedoch z. B. aus technischen Gründen nicht in der Lage, die Echo-Funktion zu aktivieren, so wird er die folgende Antwort senden:

```
don't echo
```

[1] **Tel**ecommunications **Net**work **P**rotocol (Telnet): engl. Telekommunikations-Netzwerk-Protokoll

Die Kommandos des Telnet-Protokolls werden nicht von den Benutzern der Telnet-Software eingegeben. Dieses übernimmt die Client- bzw. Server-Software automatisch. Befehle des Benutzers zur eigentlichen Fernsteuerung des Rechners werden somit von der Client- bzw. Server-Software an die Anwendungsschicht entsprechend des Telnet-Protokolls weitergegeben.

> Installieren Sie einen Telnet-Server und greifen Sie über ein Netzwerk mit Hilfe eines Telnet-Clients auf den Server zu. Protokollieren Sie die notwendigen Arbeitsschritte.

TIPP

Viele FTP-Server sind offen, d. h. für jeden zugänglich. In diesen Fällen ist es „guter Stil", als Benutzername „anonymous[2]" und als Kennwort die eigene E-Mail-Adresse anzugeben. Diese Art der Verbindung wird auch als „anonymous-FTP" bezeichnet.

File Transfer Protocol

> Firma B@ltic Networks präsentiert sich über eine Homepage im Internet. Die dazugehörigen Dateien der Webseiten befinden sich auf dem Server des Providers. Zur Aktualisierung der Homepage ist es notwendig, die Dateien vom Rechner der Firma B@ltic Networks über das Internet auf den Server des Providers zu kopieren.

Mit Hilfe des **F**ile **T**ransfer **P**rotocol[1] (FTP, RFC 959) ist es möglich, verschiedene Dateioperationen auf vernetzten Stationen vorzunehmen:

- Senden, Empfangen, Löschen und Umbenennen von Dateien
- Einrichten und Löschen von Verzeichnissen
- Wechsel des Verzeichnisses
- Dateiübertragung zwischen den vernetzten Stationen

[1] **F**ile **T**ransfer **P**rotocol (FTP): engl. Dateiübertragungsprotokoll
[2] **anonymous:** engl. anonym

Entsprechend der Aufgabe eines Übertragungsprotokolls, den Ablauf der Übertragung zu organisieren, liegt FTP folgendes Modell zugrunde (siehe Abb. 9.3.1-3):

Die Kommunikation zwischen Client und Server erfolgt über zwei Kanäle, dem Kommando- und dem Datenkanal. Diese Aufteilung hat den Vorteil, dass Client und Server während der Übertragung einer Datei weiterhin Kommandofolgen austauschen können.

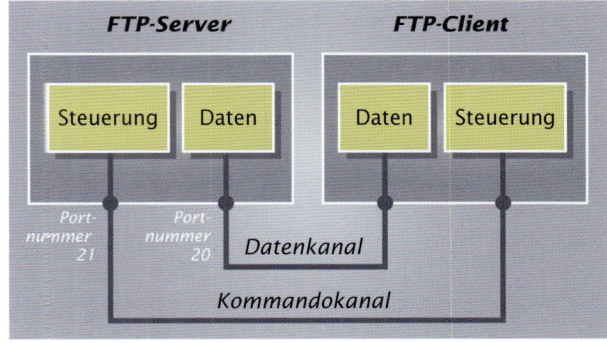

9.3.1-3 FTP-Modell

Eine FTP-Sitzung ist in sechs Phasen unterteilt:

Phase	Beschreibung
1: Verbindungsaufbau	Vom Client wird eine Anforderung an den Server gesendet. Dieser schickt daraufhin ggf. eine Anmeldeanforderung an den Client. Nach Eingabe des Benutzernamens und des Kennwortes durch den Benutzer am Client und deren anschließender Übermittlung zum Server, ist die Verbindung vollständig aufgebaut.
2: Anforderung der Datenübertragung	Über Kommandos fordert der Benutzer am Client die Übertragung von Daten zum bzw. vom Server an.
3: Datenübertragung	Übertragung der Daten zum bzw. vom Server.
4: Einleiten des Datenverbindungsabbaus	Nach der Übertragung der Dateien wird vom Server bzw. vom Client eine Bestätigung über den Erhalt der Daten gesendet. Die Gegenstelle sendet daraufhin ein Kommando zum Abbau der Datenverbindung. ▶▶

Phase	Beschreibung
5: Datenverbindungs-abbau	Nach dem Abbau der Datenverbindung können weitere Daten über neue Datenverbindungen übertragen werden.
6: Verbindungsabbau	Nach dem Abbau aller Datenverbindungen kann der Benutzer den Verbindungsabbau einleiten. Die Verbindung zwischen Client und Server wird dann getrennt.

FTP-Befehle:
Zur genauen Steuerung der gewünschten Dateioperationen sind im FTP verschiedene Befehle definiert, die vom Benutzer am FTP-Client eingegeben werden können und dann zum FTP-Server gesendet werden. Wichtige Befehle sind:

Befehl	Wirkung
ascii/ binary	Mit diesen Befehlen kann zwischen dem binären und dem ASCII-Übertragungsmodus gewechselt werden. Für die Übertragung von Textdateien ist der ASCII-Modus geeignet, für andere Dateien sollte der BINARY-Modus gewählt werden.
cd	Verzeichniswechsel auf der entfernten Station
delete	Löschen von Dateien auf der entfernten Station.
dir	Listet die Dateien und Verzeichnisse des momentanen Arbeitsordners der entfernten Station auf.
get	Kopieren einer Datei von der entfernten auf die eigene Station.
mkdir	Erstellen eines Verzeichnisses auf der entfernten Station.
open	Aufbau einer FTP-Verbindung zu einem FTP-Server.
put	Kopieren einer Datei von der eigenen auf die entfernte Station.
quit	Beenden der Verbindung.
rmdir	Löschen von Verzeichnissen auf der entfernten Station. Die Verzeichnisse müssen leer sein.
user	Zeigt die Anmeldeinformationen des aktuellen Benutzers an.

1. Installieren Sie auf einem vernetzten Rechner einen FTP-Server. Bei MS-Windows z. B. das Programm „FileZilla" und bei Linux das Programm „vsftpd". Auf dem lokalen Rechner wird ein auf Basis der Konsole arbeitender FTP-Client verwendet. Bei MS-Windows und Linux sind diese im Allgemeinen bereits installiert und heißen „ftp".
2. Richten Sie über den FTP-Client auf dem Server das Verzeichnis „Dateien" ein und kopieren Sie anschließend eine beliebige Datei vom Client in das neu erstellte Verzeichnis des Servers.
3. Beenden Sie die Verbindung.
4. Die Verwendung eines FTP-Clients auf Konsolenbasis kann sich unter Umständen als recht mühsam erweisen. Verwenden Sie daher nun einen grafisch orientierten FTP-Client (z. B. „SmartFTP" unter MS-Windows oder das Programm „FileZilla" in der Client-Version unter Linux).

Hypertext Transfer Protocol

> Zur endgültigen Überprüfung der aktualisierten Homepage möchte Firma B@ltic Networks die Webseiten direkt über das Internet betrachten.

Das **H**ypertext **T**ransfer **P**rotocol[1] (HTTP, RFC 2616, RFC 2617) wurde entwickelt, um sogenannte Hypertext-Dokumente schnell zwischen Rechnern übertragen zu können. Unter Hypertext-Dokumenten versteht man Dokumente, die Verknüpfungen (Links) zu anderen Dokumenten enthalten (siehe Kapitel 28: World Wide Web[2]).

Hypertext-Dokumente finden hauptsächlich im World Wide Web Anwendung.

Aufgrund der Verwendung von Hypertext-Dokumenten im World Wide Web, werden Hypertext-Dokumente auch Web-Dokumente oder Web-Seiten genannt.

> *Das **W**orld **W**ide **W**eb (WWW) stellt ein weltweites auf Hypertext-Dokumenten basierendes Informationssystem dar. Es ist Bestandteil des Internet.*

Die Übertragung der Dokumente im World Wide Web erfolgt mit Hilfe des HTTP. Hierdurch ist es möglich, Dokumente durch Anklicken von Links auf einfache Weise aufzurufen.

Die Übertragung von HTTP-Dokumenten erfolgt in vier Phasen:

Phase	Beschreibung
1: Verbindungsaufbau	Der Client baut eine Verbindung über die Portnummer 80 zum Server auf.
2: Anforderung des Dokuments	Über das Kommando „GET" fordert der Client den Server auf, das Dokument zu übertragen.
3: Datenübertragung	Der Server beantwortet die Anfrage, indem er das gewünschte Dokument an den Client sendet.
4: Verbindungsabbau	Nach der Übertragung des Dokuments erfolgt der Verbindungsabbau durch den Server.

TIPP

Ein weiteres Anwendungsgebiet von Hypertext-Dokumenten stellen elektronische Handbücher z. B. auf CD-ROM oder DVD dar. Auch hier kann der Leser auf einfache Weise Seiten aufrufen, indem Links angeklickt werden.

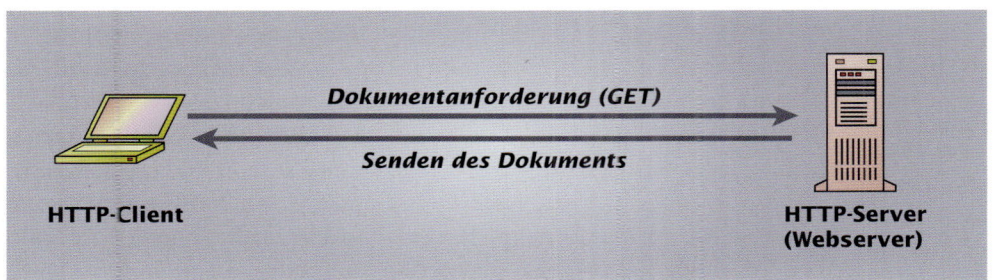

Dokumentanforderung (GET)

Senden des Dokuments

HTTP-Client

HTTP-Server (Webserver)

9.3.1-4 HTTP-Client und Webserver

Zum Aufbau eines Webservers wird eine spezielle Software benötigt, die HTTP unterstützt.

> *Die Station, die Webseiten für andere Stationen bereitstellt und verwaltet, wird als HTTP- oder auch Webserver bezeichnet.*

[1] **H**ypertext **T**ransfer **P**rotocol: engl. Hypertext Übertragungsprotokoll
[2] **W**orld **W**ide **W**eb: engl. weltweites Netz

Ein Webserver verwaltet häufig eine Vielzahl von Webseiten. Zur genauen Identifizierung dieser Dokumente wurde daher das URL[1]-Konzept entwickelt.

Aufbau eines URL:

```
Protokoll://Benutzer:Passwort@Rechnername:Portnummer/
Pfad/Dateiname?Argumente
```

Bedeutung der URL-Elemente:

Name	Beschreibung
Protokoll	Protokoll, mit dem auf das Dokument zugegriffen werden soll. Zulässige Werte sind `http`, `ftp`, `telnet`, `mailto`, `news` und `file`.
Benutzer und Passwort (optional)	Angabe des Benutzernamens und des Passwortes bei Servern, die eine Anmeldung benötigen.
Rechnername	Symbolischer Name oder die IP-Adresse (siehe Abschnitt 12.6.1: Domain Name System) des Webservers.
Portnummer (optional)	Portnummer des Servers. Wird die Portnummer nicht angegeben, so erfolgt die Verwendung der Standard-Portnummer für das jeweilige Protokoll.

Beispiele:

a) `http://www.handwerk-technik.de/index.html`

Diese URL identifiziert die Webseite „`index.html`" auf dem Webserver mit der Adresse „`handwerk-technik.de`", die mittels HTTP zum Benutzer übertragen wird.

b) `http://hein:maus05@www.balticnetworks.de:8000/waren/einkauf.html?aktion=switches%2`

Der Webserver mit der Adresse www.balticnetworks.de wird über die Portnummer 8000 (im Gegensatz zur Standard-Portnummer 80) angesprochen. Der Aufruf der Seite `einkauf.html` im Verzeichnis `waren` verlangt eine Zugangsberechtigung. Der Benutzername ist `hein`, das Passwort lautet `maus05`. Als Argument wird die Anweisung `aktion=switches%2` mit angefügt, die an ein spezielles Skript (z. B. einem E-Commerce-System) zur Auswertung weitergeleitet wird.

[1] Uniform Resource Locator (URL): engl. einheitlicher Quellen-Lokalisator, festgelegt in RFC 1630
[2] Hypertext Markup Language (HTML): engl. Hypertext Beschreibungssprache

Webseiten werden in der Formatsprache „**H**yper**t**ext **M**arkup **L**anguage[2]" (HTML) erstellt. HTML weist einen Webbrowser an, Webseiten nach bestimmten Vorgaben darzustellen. Darüber hinaus legt HTML die Positionen fest, an denen Objekte eingefügt werden, die vom Webserver an den Webbrowser übertragen werden sollen. Als HTTP-Clients werden fast ausschließlich Webbrowser verwendet.

Ein Webbrowser dient zur Interpretation von Webseiten. Multimediale Inhalte wie z. B. Texte, Grafiken, Audio- und Videoelemente werden entsprechend dargestellt.

Neben der Bereitstellung von Webseiten stellen moderne Webserver den angeschlossenen Clients häufig weitere Dienste zur Verfügung. So können z. B.

Datenbanken genutzt oder eigene Skripte auf dem Webserver ausgeführt werden. Die Anwendungen reichen hierbei von der Verwaltung einfacher Gästebücher bis zum Aufbau komplexer E-Commerce-Systeme.

Für die Realisierung werden zunehmend sogenannte XML [1]-Webdienste eingesetzt. Diese Dienste ermöglichen es Anwendungsprogrammen, mit dem Webserver zu kommunizieren und mit diesem Daten auszutauschen. Die Datenübertragung erfolgt hierbei durch das betriebssystemunabhängige Protokoll HTTP. Zum Einbetten der Daten in das HTTP verwendet man das Protokoll SOAP (Simple Object Based Protocol). Die Daten selbst werden schließlich mit Hilfe der weit verbreiteten XML (Extensible Markup Language) so strukturiert, dass sie mit standardisierten Verfahren verarbeitet werden können.

> Über Telnet ist es möglich, den HTTP-Befehl zur Anzeige einer Webseite direkt, d.h. ohne einen Webbrowser, abzuschicken. Lassen Sie sich auf diese Weise die Webseite des Forschungszentrums „L3S" ausgeben. Der HTTP-Server (Webserver) ist unter „`www.l3s.de`" erreichbar. Der Name der Webseite lautet „`index.html`".
>
> **Hinweise:**
> Herstellen der Verbindung zu einem Webserver mittels Telnet:
> `telnet` *Webserver-Adresse Portnummer*
>
> HTTP-Befehl zur Anforderung einer Webseite:
> `GET` */Name der Webseite* `HTTP/1.0`
>
> Sind die innerhalb des Telnet-Clients eingegebenen Zeichen nicht zu sehen, ist die Option „Lokales Echo" zu aktivieren!

Simple Mail Transport Protocol

> Aufgrund der geringen Kosten und der hohen Geschwindigkeit verwendet die Firma B@ltic Networks hauptsächlich E-Mail zur Kommunikation mit Geschäftspartnern.

Das **S**imple **M**ail **T**ransport **P**rotocol [2] (SMTP, RFC 2821) dient dem Versenden elektronischer Post (E-Mail) von einem Client zu einem Server. Die entgegengesetzte Richtung, d.h. Versand vom Server zum Client unterstützt SMTP nicht.

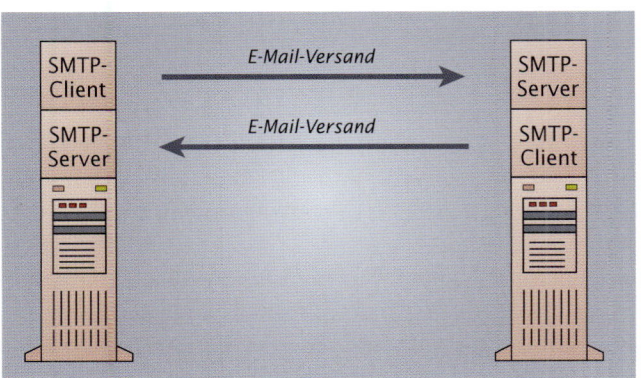

Daher muss bei alleiniger Verwendung von SMTP auf einem Rechner, der E-Mail versenden und empfangen soll, sowohl ein SMTP-Client als auch ein SMTP-Server installiert sein.

9.3.1-5 E-Mail-Versand mittels SMTP

[1] **XML:** Extensible Markup Language, engl. Erweiterbare Auszeichnungssprache

[2] **S**imple **M**ail **T**ransfer **P**rotokoll (SMTP): engl. einfaches Mail-Übertragungsprotokoll

Allgemeiner Ablauf beim Versand einer E-Mail:

SMTP-Client	Richtung	SMTP-Server
Aufbau einer Verbindung zum Server und dortige Nachfrage, ob der SMTP-Dienst verfügbar ist.	→	Bestätigung, dass SMTP verfügbar ist, ansonsten Ablehnung der Verbindung.
Identifizierung	← →	Identifizierung
Ankündigung des Mailversandes.	← →	Bestätigung der Bereitschaft zum Mailempfang.
Übermittlung der E-Mail-Adresse des Empfängers.	← →	Bestätigung, falls der Empfänger auf dem Server registriert ist.
Übertragung der Mail.	← →	Bestätigung über den Erhalt der Mail.
Beenden der Sitzung.	← →	Bestätigung des Sitzungsendes.

Mit Hilfe von Telnet ist es möglich, eine Mail manuell, d.h. unter Verwendung der SMTP-Befehle zu erstellen und zu versenden. Das folgende Beispiel zeigt einen Ablauf, bei dem eine E-Mail von sonja@luetgens.de erstellt und anschließend an vorstand@balticnetworks.de gesendet wird. Zur besseren Verdeutlichung sind die Benutzereingaben rot und die Antworten des Mailservers schwarz dargestellt:

```
telnet mail.luetgens.de 25
220 Running ESMTP

MAIL FROM:sonja@luetgens.de
250 OK

RCPT TO:vorstand@balticnetworks.de
250 OK

DATA
354 End data with " . " on a line by itself

Hallo Levke und Marje,
Viele Grüße
Sonja
.
250 Ok

QUIT
221 Bye
```

Die Anweisung telnet mail.luetgens.de 25 ruft den Telnet-Client auf, der dann eine Verbindung zu dem SMTP-Server mail.luetgens.de über Port 25 herstellt. Die Angabe der Absenderadresse sonja@luetgens.de erfolgt mit Hilfe des MAIL-Befehls. Die Empfängeradresse vorstand@balticnetworks.de wird anschließend über das RCPT-Kommando bekannt gegeben. Für die Eingabe des eigentlichen Mail-Textes ist die Anweisung DATA erforderlich. Ein Punkt als einziges Zeichen einer Zeile dient hierbei als Endekennung der Nachricht und bewirkt das Senden der Mail. Anschließend kann man sich mittels QUIT wieder vom SMTP-Server abmelden.

Wichtige SMTP-Befehle:

Befehl	Wirkung
MAIL	Angabe des Absenders
RCPT	Angabe des Empfängers
DATA	Senden der Nachricht
QUIT	Ende

Die Kommunikation mit dem SMTP-Server übernehmen im Allgemeinen komfortable Mailprogramme. So können auf einfache Weise E-Mails geschrieben und versendet werden.

> Beschaffen Sie sich den Namen des Mail-Servers Ihres Providers und versenden Sie anschließend eine E-Mail mittels SMTP und Telnet.

Post Office Protocol

Um SMTP anwenden zu können, ist es zwingend notwendig, dass der zugehörige SMTP-Server ständig im Netzwerk erreichbar ist. In den meisten Fällen ist es jedoch so, dass der eigene Rechner, über den man E-Mails empfangen möchte, nur zeitweise eingeschaltet ist. Aus diesem Grund verwenden Provider einen eigenen SMTP-Server, der dauerhaft im Netz erreichbar ist und auf dem die ankommenden E-Mails in entsprechenden Postfächern zwischengelagert werden. Diese Mails müssen dann lediglich abgeholt und auf den eigenen Rechner transportiert werden.

Das Abholen der E-Mails erfolgt häufig mit Hilfe des Post Office Protocol[1] (POP), das derzeit in der Version 3 eingesetzt wird (POP3, RFC 1939).
Es bietet dem Benutzer Befehle zum An- und Abmelden, Herunterladen und Löschen von E-Mails.

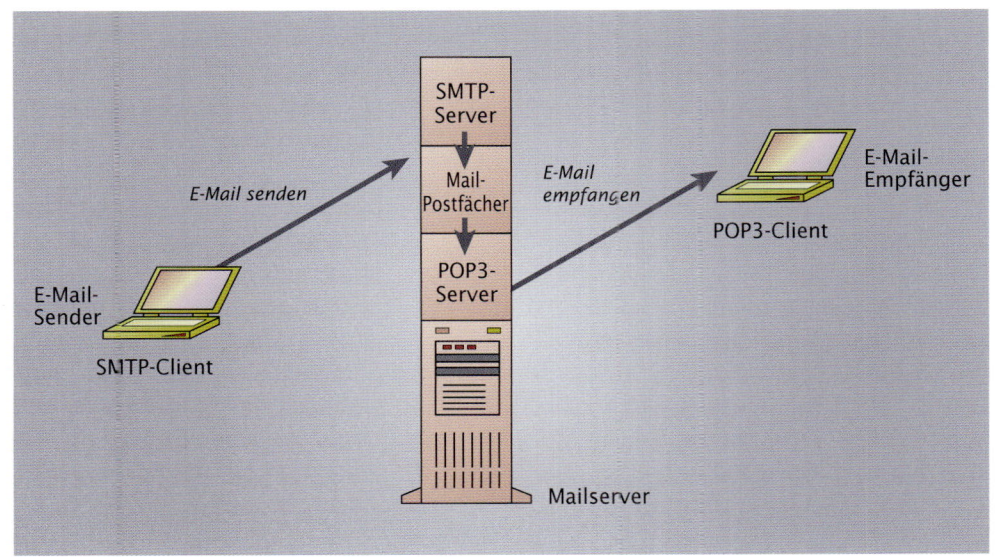

9.3.1-6
Einsatz von POP3
zum Abholen von
E-Mail

[1] Post Office Protocol (POP): engl. Postbüro-Protokoll

Allgemeiner Ablauf beim Abholen von E-Mails:

SMTP-Client	Richtung	SMTP-Server
Aufbau einer Verbindung zum Server und dortige Nachfrage, ob der POP3-Dienst verfügbar ist.	→	Bestätigung, dass POP3 verfügbar ist, ansonsten Ablehnung der Verbindung.
Identifizierung	→	Nach erfolgreicher Identifizierung des Benutzers werden die im Postfach vorhandenen Mails gesendet. Übermittelte Mails werden in Abhängigkeit der Benutzereinstellungen gelöscht.
Empfang der Mails, anschließend Signalisierung des Verbindungsendes.	←	Beendigung der Verbindung.

Auch bei POP3 ist der Einsatz von Telnet möglich, um die Befehle des Protokolls manuell einzusetzen. Das folgende Beispiel zeigt, wie das Postfach des Nutzers vorstand@balticnetworks.de ausgelesen werden kann:

```
telnet mail.balticnetworks.de 110
+OK mail.balticnetworks.de POP3 v2.1.9 server ready

User vorstand
+OK Name is a valid mailbox

PASS passwort
+OK Maildrop locked and ready

STAT
+OK 1 1179

RETR 1
+OK Message follows
Received: from  mail.luetgens.de ([132.176.114.21])
    by mail.balticnetworks.de
    for <vorstand@balticnetworks.de>; Thu, 04 Dec 2003
    15:53:03 +0100
Received: from rechner1 (rechner1 [132.176.131.26])
    by mail.luetgens.de
    for <vorstand@balticnetworks.de>; Tue, 4 Nov 2003
    15:52:56 +0100 (MET)

From: <sonja@luetgens.de>
To: <vorstand@balticnetworks.de>

Date: Tue, 4 Nov 2003 15:52:56 +0100

Hallo Levke und Marje,
Viele Grüße
Sonja

QUIT
+OK
```

Wichtige POP3-Befehle:

Befehl	Wirkung
PASS	Angabe des Passwortes
RETR	Empfang der Mail
STAT	Ausgabe des Postfach-Zustands (Anzahl und Größe der Mails)
USER	Angabe des Benutzernamens
QUIT	Beenden der Verbindung

Mittels Telnet wird zunächst eine Verbindung zu dem POP3-Server `mail.baltic-networks.de` über Port 110 hergestellt. POP3 verlangt die Angabe des Benutzernamens und eines Passwortes, um sicherzustellen, dass die Postfächer vom rechtmäßigen Besitzer ausgelesen werden (Befehle `USER` und `PASS`). Die `STAT`-Anweisung gibt den momentanen Zustand des Postfaches aus. So wird im obigen Beispiel angezeigt, dass sich eine Mail mit einer Gesamtgröße von 1179 Bytes im Postfach befindet. Diese Mail wird über den Befehl `RETR`, gefolgt von der Nummer der Mail (hier 1) angezeigt. Das Abmelden vom POP3-Server erfolgt schließlich mit dem Kommando `QUIT`.

POP3 hat sich zum Standard-Protokoll für das Abholen von Mails entwickelt. Fast jedes Mailprogramm bietet die Möglichkeit, dieses Protokoll zu verwenden.

> Lesen Sie Ihr POP3-Postfach beim Provider mittels Telnet aus. Beschaffen Sie sich hierzu zunächst den Namen des POP3-Servers Ihres Providers mit den entsprechenden Zugangsdaten.

Interactive Mail Access Protocol

Ein anspruchsvolleres Protokoll zum Abholen von Mails als POP3 ist das neuere **I**nteractive **M**ail **A**ccess **P**rotocol[1] (IMAP, RFC 3501). Es wurde entwickelt, um Benutzer mit mehreren Rechnern zu unterstützen, die alle auf dasselbe Postfach des Mailservers zugreifen möchten. So ermöglicht IMAP z. B. das Vorsortieren auf dem Mailserver. Nur die E-Mail, die man wirklich auf einem bestimmten Rechner benötigt, wird dann abgeholt.

Der Zugriff auf das Postfach des Mail-Servers erfolgt typischerweise auf zwei Arten:

Online:
Der IMAP-Mail-Client stellt zunächst eine Verbindung zum Server her. Anschließend weist er den Server an, die gewünschten Operationen wie z. B. das Auflisten oder Löschen von Mails durchzuführen. Die eigentlichen Mails bleiben jedoch auf dem Server und werden nicht heruntergeladen. Von jedem beliebigen Client aus besteht Zugriff auf das Postfach.

Offline:
Der IMAP-Client stellt auch hier zunächst eine Verbindung zum Server her. Anschließend werden jedoch die zu bearbeitenden Mails auf den Client kopiert. Dann

[1] Interactive **M**ail **A**ccess **P**rotocol (IMAP): engl. interaktives Mail-Zugriffsprotokoll

erfolgt die Trennung der Verbindung. Auf dem Client können nun lokal die gewünschten Mail-Operationen wie z. B. das Lesen, Beantworten oder Löschen von Mails durchgeführt werden. Bei der nächsten Verbindung synchronisiert sich der Mail-Client mit dem Server, um die vorgenommenen Änderungen auf den Server zu übertragen.

Aktuell ist die Version 4 von IMAP (IMAP4). Standardmäßig wird die Portnummer 143 verwendet.

Das folgende Beispiel zeigt, wie das Postfach des Nutzers `vorstand@balticnetworks.de` mittels IMAP im Online-Modus ausgelesen werden kann:

```
telnet mail.balticnetworks.de 143
* OK mail.balticnetworks.de IMAP4 v2.1.9 server ready

A001 LOGIN vorstand passwort
A001 OK User logged in

A002 SELECT mailbox
* 5 EXISTS
* 1 RECENT
A002 OK [READ-WRITE] Completed

A003 FETCH 5 body.peek[header]
* 5 FETCH (BODY.PEEK[HEADER]
Received: from mail.luetgens.de ([132.176.114.21])
    by  mail.balticnetworks.de
    for <vorstand@balticnetworks.de>; Thu, 04 Dec 2003
    15:53:03 +0100
Received: from rechner 1 (rechner1 [132.176.131.26])
    by mail.luetgens.de
    for <vorstand@balticnetworks.de>; Tue, 4 Nov 2003
    15:52:56 +0100 (MET)

From: <sonja@luetgens.de>
To: <vorstand@balticnetworks.de>
Subjekt: Ein Gruß
)
A003 OK Completed

A004 FETCH 5 body[text]
* 5 FETCH (BODY[TEXT])
Hallo Levke und Marje,
Viele Grüße
Sonja
)
A004 OK Completed

A005 LOGOUT
* BYE LOGOUT received
A005 OK Completed
```

Nach dem Herstellen der Telnet-Verbindung über den IMAP-Port 143 meldet sich der betriebsbereite IMAP-Server. Jeder Anweisung des Clients ist eine Anweisungsnummer voranzustellen. So erhält hier z. B. die Anweisung zur Authentifizierung des

Benutzers die Nummer A001. Zur besseren Zuordnung antwortet der Server jeweils mit der vorangestellten zugehörigen Anweisungsnummer.

Die Auswahl der gewünschten Mailbox erfolgt in der Anweisung A002. Der Server antwortet hier damit, dass sich in dem Postfach 5 Mails befinden, wobei seit der letzten Postfachabfrage eine Mail neu hinzugekommen ist. Um sich anzusehen, um was für eine Mail es sich handelt, ohne dabei die komplette Mail auf den Client laden zu müssen, wird mit der Fetch-Anweisung A003 zunächst nur der Mail-Header ausgegeben Möchte man sich anschließend auch den eigentlichen Mail-Inhalt ansehen, so erfolgt das entsprechend der Anweisung A004.

Wichtige IMAP-Befehle:

Befehl	Wirkung
LOGIN	Authentifizierung des Benutzers
SELECT	Auswahl des gewünschten Postfaches
FETCH	Anzeige der gewünschten Daten einer Mail
LOGOUT	Beenden der Verbindung

9.3.2 Protokolle des Transportsystems

Bei der Übertragung von Nachrichten werden die Informationen des Anwendungssystems weitergeleitet an das Transportsystem. Dort erfolgt dann die Organisation des eigentlichen Verbindungsaufbaus, der Verbindungsfreigabe und des Verbindungsabbaus.

Innerhalb der TCP/IP-Protokollfamilie existieren die beiden Protokolle UDP und TCP als mögliche Vertreter der Transportschicht. UDP ist verbindungslos während TCP im Gegensatz dazu eine verbindungsorientierte Kommunikation darstellt.

Beispiel: Telefon

Bei der Verwendung eines Telefons erfolgt zunächst ein Verbindungsaufbau: Durch das Wählen einer Nummer stellt das Telekommunikationsunternehmen einen festen Kommunikationskanal zur Verfügung. Anschließend können die

> *Eine verbindungsorientierte Kommunikation ist durch das Vorhandensein eines Kommunikationskanals gekennzeichnet. Es wird überprüft, ob die Datenpakete unbeschädigt und in der richtigen Reihenfolge beim Empfänger eintreffen. Eine verbindungsorientierte Kommunikation wird häufig auch als leitungsvermittelte Kommunikation bezeichnet.*

Nachrichten sicher über diesen Kanal übertragen werden. Am Ende der Übertragung erfolgt der Verbindungsabbau.

Beispiel: Post

Hier wird kein spezieller Kommunikationskanal bereitgestellt. Der Briefempfänger wird nicht extra benachrichtigt, sondern der Brief wird einfach abgeschickt und der Empfänger erfährt erst davon,

> *Bei einer verbindungslosen Kommunikation existiert kein Kommunikationskanal zwischen Sender und Empfänger. Der Sender sendet seine Nachrichten ohne sicher zu sein, ob der Empfänger überhaupt existiert bzw. die Datenpakte ordnungsgemäß dort ankommen. Eine verbindungslose Kommunikation wird häufig auch als paketvermittelte Kommunikation bezeichnet.*

wenn der Brief bei ihm ankommt. Ebenso kann der Absender nicht sicher sein, ob der Brief wirklich beim Empfänger angekommen ist.

Transport Control Protocol

Die Hauptaufgabe des **T**ransport **C**ontrol **P**rotocol[1] (TCP, RFC 793, RFC 1122, RFC 1323) besteht in der Bereitstellung eines zuverlässigen Transportes von Daten durch das Netzwerk. Zuverlässige Übertragung bedeutet, dass die von einem Rechner verschickten Datenpakete entweder beim Empfänger eintreffen oder der Sender anderenfalls eine Fehlermeldung erhält. Ein Paket wird so lange immer wieder gesendet, bis der Empfänger den Empfang quittiert hat.

> *TCP unterstützt die Funktionen der Transportschicht und stellt vor der Datenübertragung eine gesicherte Verbindung zwischen den beteiligten Stationen her.*

TCP ist verbindungsorientiert, d. h., es muss gewährleistet sein, dass die Datenpakete in genau derselben Reihenfolge beim Empfänger eintreffen, wie sie vom Sender verschickt wurden. Dies geschieht bei TCP über Sequenznummern. Jedes gesendete Paket erhält hierbei eine Nummer, die in Abhängigkeit der Reihenfolge des Sendens vergeben wird. Auf der Empfängerseite werden die Pakete dann entsprechend ihrer Nummern wieder zusammengesetzt. Fehlt zwischendurch ein Datenpaket, wartet TCP solange, bis entweder das Paket eingetroffen ist oder eine maximale Wartezeit erreicht wird. Das Ablaufen dieser Wartezeit führt dann zur Übermittlung einer Fehlermeldung an den Sender. Diese Vorgehensweise dient bei TCP der Realisierung einer Flusskontrolle.

> *Unter Flusskontrolle versteht man einen Mechanismus zur Steuerung des Nachrichtenflusses. Damit wird gewährleistet, dass ein Sender mit hoher Verarbeitungsgeschwindigkeit nicht mehr Daten übermittelt, als ein langsamerer Empfänger verarbeiten kann.*

TCP-Paketformat

Die Dateneinheiten, die zwischen dem Sender und dem Empfänger ausgetauscht werden, heißen Segmente. Ein TCP-Segment besteht aus einem Protokollkopf (TCP-Header, Länge zwischen 20 und 60 Byte) und den Nutzdaten. Die maximale Segmentgröße von 65 535 Byte wird durch zwei Faktoren begrenzt:

1. Das Segment darf nur so groß sein, dass es noch von dem Protokoll der darunterliegenden Schicht (IP) aufgenommen werden kann.
2. Das Segment muss in die „**M**aximum **T**ransfer **U**nit[2]" (MTU, RFC 791) des jeweiligen Netzes passen.

> *Die Maximum Transfer Unit (MTU) gibt die maximale Paketgröße an (in Oktett), die über ein Netzwerk übertragen werden kann, ohne dass das Paket in kleinere Pakete aufgeteilt werden muss.*

Die MTU wird von der dem Netz zugrunde gelegten Technologie bestimmt. Bei Verwendung von Ethernet beträgt die MTU z. B. 1500 Oktett, bei ATM 4500 Oktett (siehe Kapitel 23: Asynchronous Transfer Modus).

Werden innerhalb des TCP-Headers keine Optionen übertragen, so beträgt dessen Länge 20 Byte. Der IP-Header besitzt ebenfalls eine Länge von 20 Byte, so dass bei Verwendung von Ethernet mit einer MTU von 1500 Oktett noch 1500 – 20 – 20 = 1460 Byte für die Nutzdaten eines TCP/IP-Pakets zur Verfügung stehen.

---

[1] **T**ransport **C**ontrol Protocol: engl. Übertragungs-Steuerungs-Protokoll

[2] **M**axiumum **T**ransfer Unit: engl. Maximale Übertragungseinheit

9.3.2-1
TCP-Segment

Bezeichnung	Erläuterung
Source Port	Portnummer des sendenden Hosts
Destination Port	Portnummer der empfangenden Hosts
Sequencee Number	Byte Nummer, mit der innerhalb einer Gesamtübertragung bei dieser Sequnz fortgesetzt wird
Acknowledgment Number	Byte Nummer, die der sendende Host als Nächstes erwartet
Offset	Headerlänge des TCP-Segments
Reserved	Für Erweiterungen reserviert
Flags	Code Bits zur Beschreibung des Segmentes
Window	Beschreibung der Größe des Datenpuffers
Checksum	Prüfsumme für das gesamte TCP-Segment
Urgent Pointer	Dringlichkeitsanzeige zur Behandlung von Prioritäten
Options	Falls vorhanden, Austausch von Informationen zwischen den Endpunkten, z. B. die Verhandlungen über die Segmentgröße
Padding	Füllbits
Data	Nutzdaten (engl. auch „Payload")

Datenübertragung:

TCP-Verbindungen sind vollduplex-fähig, d. h., über eine Verbindung kann gleichzeitig gesendet und empfangen werden. Um sich die Vorgehensweise bei der TCP-Datenübertragung zu verdeutlichen wird im Folgenden ein Beispiel erläutert, bei dem zwei Stationen Daten untereinander über TCP austauschen möchten. Eingetragen ist jeweils ein Ausschnitt aus dem TCP-Header (Portnummer des Senders, Portnummer des Empfängers, Sequenznummer, Bestätigungsnummer):

Nummer	Station 1				Richtung	Station 2			
1	Source 1028	Dest. 23	Seq. 20	Ack. 400					
2						Source 23	Dest. 1028	Seq. 400	Ack. 21
3	Source 1028	Dest. 23	Seq. 21	Ack. 401					
4						Source 23	Dest. 1028	Seq. 401	Ack. 22
5	Source 1028	Dest. 23	Seq. 22	Ack. 402					
6						Source 23	Dest. 1028	Seq. 402	Ack. 23

9.3.2-2
Datenübertragung
mit TCP

Die blau markierten Felder des TCP-Headers betreffen Segmente, die von Station 1 zu Station 2 übertragen werden. Orange markierte Felder sind für Segmente verantwortlich, die von Station 2 zu Station 1 gelangen. Beide Datenströme sind aufgrund der Vollduplex-Fähigkeit von TCP völlig unabhängig voneinander.

1. Station 1 (Portnummer 1028) sendet an Station 2 (Portnummer 23) ein Segment mit der Sequenznummer 20. Gleichzeitig fordert Station 1 von Station 2 das Segment mit der Nummer 400 an.

2. Station 2 hat das Segment mit der Sequenznummer 20 ordnungsgemäß erhalten und bestätigt dieses der Station 1, indem sie das nächste Segment (Sequenznummer 21) anfordert. Gleichzeitig sendet sie das Segment mit der Sequenznummer 400 an Station 1.

3. Station 1 hat das Segment mit der Sequenznummer 400 ordnungsgemäß erhalten und bestätigt dieses der Station 2, indem sie das nächste Segment (Sequenznummer 401) anfordert. Gleichzeitig sendet sie das Segment mit der Sequenznummer 21 an Station 2.

Die Schritte 4 bis 6 erfolgen analog zu den Schritten 1 bis 3.

Im Folgenden sollen Sie TCP-Vorgänge mit Hilfe der Diagnosesoftware „Wireshark[1]" untersuchen.
1. Starten Sie die Diagnosesoftware und nehmen Sie die notwendigen Einstellungen zur Aufzeichnung der mit dem Internet verbundenen Netzwerkschnittstelle vor.
2. Beginnen Sie die Aufzeichnung und rufen Sie anschließend eine Internetseite mit einem Webbrowser auf.
3. Stoppen Sie die Aufzeichnung und analysieren Sie dann die stattgefundene Datenübertragung. Welche Inhalte hatten die einzelnen Segmente? Welche Sequenznummern wurden verwendet? Welche Segmente enthielten Bestätigungen?

[1] http://www.wireshark.org

User Datagram Protocol

Da das User Datagram Protocol[1] (UDP, RFC 768) ein verbindungsloses Protokoll ist, gewährleistet es nicht das ordnungsgemäße Erreichen der Datenpakete beim Empfänger. Es übernimmt auch keine Garantie für die korrekte Reihenfolge der Pakete. So kann es z. B. vorkommen, dass zwei nacheinander versendete Datenpakete in Abhängigkeit des momentanen Verkehrsaufkommens unterschiedliche Wege im Internet verwenden. Das zweite Datenpaket könnte somit vor dem ersten beim Empfänger eintreffen. Da UDP hier im Gegensatz zu TCP keinerlei Schutzmechanismen vorsieht, bezeichnet man UDP auch als unsicheres Protokoll.

> *Das User-Datagram-Protokoll (UDP) unterstützt den verbindungslosen Datenaustausch zwischen Rechnern.*

Aufgrund der fehlenden Flusskontrolle bei UDP, sind in dem Protokoll-Header auch keine Felder für Sequenznummern und Quittierungen enthalten. Außerdem ist eine UDP-Verbindung grundsätzlich simplex, d. h. eine Datenübertragung ist nur in Richtung vom Sender zum Empfänger möglich.

Die maximale Länge eines UDP-Datagramms beträgt 65 535 Byte.

> *Ein Datagramm ist ein Datenpaket, das sich durch einen geringen Protokoll-Header auszeichnet und im Wesentlichen die Empfangs- und die Absender-Portadresse sowie die Nutzdaten enthält.*

Der UDP-Header besitzt eine Länge von 8 Byte. Ebenso wie beim TCP ist die Größe des gesamten UDP-Datagramms jedoch abhängig vom Protokoll der niedrigeren Schicht und der MTU des Netzes.

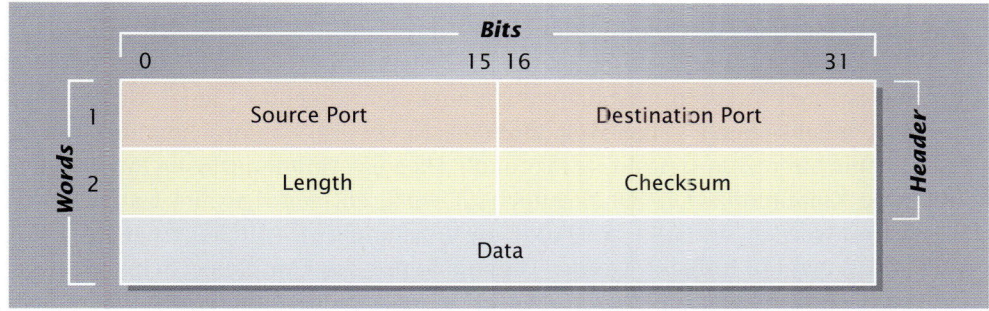

9.3.2-3
UDP-Datagramm

Bezeichnung	Erläuterung
Source Port	Portnummer der sendenden Station
Destination Port	Portnummer der empfangenden Station
Length	Länge des kompletten Datagramms
Checksum	Prüfsumme für das komplette Datagramm
Data	Nutzdaten

[1] User Datagram Protocol (UDP): engl. Benutzer-Datagramm-Protokoll

Merkmale TCP und UDP

TCP	UDP
verbindungsorientiert	verbindungslos
zuverlässig	unzuverlässig
unterteilt die zu übertragenden Nachrichten in einzelne Segmente	unterteilt die zu übertragenden Nachrichten in Datagramme
setzt die Segmente beim Empfänger wieder in der richtigen Reihenfolge zusammen	überprüft beim Zusammensetzen der Datagramme beim Empfänger nicht die korrekte Reihenfolge
sendet alle nicht empfangenen Daten erneut	verwendet keine Flusskontrolle
langer Header (20 bis 60 Byte)	kurzer Header (8 Byte)

> *Die Aufgabe des Internet-Protokolls (IP) besteht darin, Datagramme bzw. Segmente auch über mehrere Netze hinweg zu einem Empfänger zu transportieren.*

Internet Protocol

Während TCP und UDP der Schicht 4 des ISO/OSI-Referenzmodells angehören, arbeitet das Internet Protocol (IP) als untergeordnetes Protokoll auf der Vermittlungsschicht.

Bridges und Switches treffen Entscheidungen bezüglich der Weiterleitung von Daten anhand von MAC-Adressen. Router verwenden für diesen Zweck ein spezielles Adressierungsschema der Schicht 3. Die hierbei benutzten Adressen werden als IP-Adressen bezeichnet (siehe Kapitel 11: Routing).

Für die Übertragung von Nachrichten mittels IP werden diese zunächst zerlegt und dann in einzelnen Paketen unabhängig voneinander versendet. Jedes Datenpaket durchläuft dabei seinen eigenen Weg durch das Netzwerk. Entsprechend handelt es sich bei IP um ein verbindungsloses Protokoll. Da bei verbindungslosen Protokollen kein fester Kommunikationskanal aufgebaut wird, entlang dem die Datenpakete transportiert werden, enthält jedes Paket die vollständige IP-Quellen- und die Zieladresse. Die korrekte Reihenfolge der Datenpakete beim Empfänger wird nicht sichergestellt. Es ist sogar möglich, dass einzelne Pakete verloren gehen. Hier muss das verwendete Protokoll der Schicht 4 (z. B. TCP) eingreifen und für den sicheren Datentransfer sorgen.

Das Internetprotokoll wird momentan in zwei Versionen eingesetzt: In der Version 4 (IPv4) und in der Nachfolgeversion 6 (IPv6). IPv4 ist derzeit noch am weitesten verbreitet, wobei der Einsatz der Version 6 jedoch stark zunimmt.

Eine Version 5 des Internetprotokolls hat es offiziell nicht gegeben. Es gab allerdings ein Protokoll zur Übertragung von Daten in Echtzeit (Internet Stream Protocol ST2, definiert in RFC 1819), das die Nummer IPv5 erhalten hat. Es ist jedoch nicht über das Experimentierstadium hinaus gekommen, da die Entwicklung aus Kosten-Nutzen-Gründen zugunsten von IPv6 ein-gestellt wurde.

IPv4:

Am weitesten verbreitet ist die Version 4 des Internetprotokolls (IPv4, RFC 791). Durch dessen 32-Bit-Adressen können theoretisch mehr als 4 Milliarden Rechnersysteme adressiert werden. Die rasche Verbreitung von Internetzugängen führte jedoch zu Engpässen bei der Adressierung, Das war ein Grund für die Entwicklung des neuen Internetprotokolls IPv6.
Die Länge des IPv4-Headers beträgt in Abhängigkeit der verwendeten Optionen zwischen 20 und 60 Byte. Die IPv4-Nutzdaten sind maximal 65 515 Byte lang und werden zusätzlich von der MTU des Netzes begrenzt.

IPv6:

Im Jahr 1995 begann man mit der Weiterentwicklung von IPv4. Als Ergebnis dieser Arbeiten entstand IPv6 (RFC 2460) (siehe Abschnitt 11.4). Ein wesentlicher Grund für die neue Protokollversion war die immer knapper werdende Anzahl an IPv4-Adressen. Man geht davon aus[1], dass die letzten verfügbaren Adressen bis Ende 2011 vergeben sind.

Im Gegensatz zu den 32-Bit-langen Adressen bei IPv4 besitzen IPv6-Adressen eine Länge von 128 Bit. Damit stehen 2^{128} Adressen (ca. 340,28 Sextillionen[2]) zur Verfügung. Entsprechend könnten in jedem Quadratmillimeter der Erde inkl. Ozeanen ca. 600 Billiarden[3] IP-Adressen vergeben werden! Durch die nun ausreichende Anzahl von IP-Adressen kann nicht nur jeder herkömmlichen Rechner eine eigene IP-Adresse erhalten, sondern es ist auch möglich, anderen Geräten mit Netzzugang wie z. B. Mobiltelefonen, Internetradios oder MP3-Playern jeweils eine eigene IP-Adresse zuzuweisen.

IPv6 bietet gegenüber IPv4 neben dem vergrößerten Adressraum noch weitere Vorteile, wie z. B.
* Autokonfiguration:
  Mittels Autokonfiguration kann ein Rechner seiner Netzwerkschnittstelle selbstständig eine IP-Adresse zuweisen.
* Umnummerierung:
  Die in IPv6 integrierte Umnummerierung ermöglicht ein Verschieben kompletter IP-Adressbereiche, ohne die Endgeräte neu konfigurieren zu müssen.
* Vereinfachung des IP-Headers:
  – Im Gegensatz zum IPv4-Header besitzt der IPv6-Header eine feste Länge (40 Byte), so dass das IPv6-Header-Length-Feld entfallen kann. Optionale Informationen werden beim IPv6 zwischen dem Header und der Nutzlast als weitere Header (Extension Header[4]) eingetragen. Der Vorteil dieser zusätzlichen Header liegt darin, dass Router nicht mehr alle Optionen kontrollieren müssen und die Datenpakete somit schneller weiterleiten können. Erst wenn den Routern Informationen fehlen, greifen sie auf den nächsten Header zu. Die Größe der Nutzdaten bei IPv6 beträgt max. 65 535 Byte.
  – Bei IPv6 entfällt eine Prüfung des Datenpaketes anhand einer Prüfsumme, so dass im Header keine Prüfsumme mehr angegeben wird. Eine ausreichende Prüfung der Datenpakete ist jedoch durch höhere Ebenen gewährleistet. Die nicht mehr durchzuführende Prüfung bewirkt eine Steigerung des Datendurchsatzes.

[1] Stand 2010, http://www.potaroo.net/tools/ipv4/index.html
[2] 1 Sextillion = 10^{36}
[3] 1 Billiarde = 10^{15}
[4] **Extension Header:** engl. Erweiterungskopf

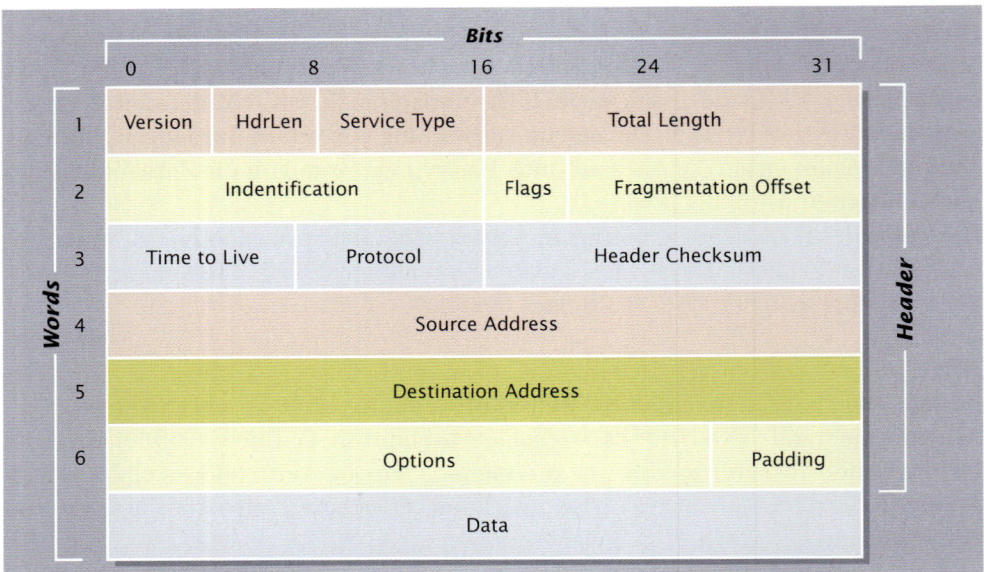

9.3.2-4
IPv4-Datenpaket

Bezeichnung	Erläuterung
Version	Versionsnummer des IP-Protokolls (hier Version 4)
Header Length	Headerlänge in 32-Bit-Worten
Service Type	Steuerung und Kontrolle der Übertragung
Total Length	Länge des gesamten IP-Datagramms (Header und Daten)
Identification	Identifikationsnummer des Datagramms
Flags	Steuerung der Fragmentierung
Fragmentation Offset	Informationen zur Einhaltung der richtigen Reihenfolge der Datagramme
Time to Live	Maximale Lebensdauer eines Datagramms bei seinem Weg durch das Internet
Protocol	Protokoll, welches für die Codierung der Daten des Datagramms verwendet wurde
Header Checksum	Prüfsumme für die Header-Daten
Source Address	32 Bit lange Absenderadresse
Destination Address	32 Bit lange Empfängeradresse
Options	Ermöglicht bestimmte Steuerungsfunktionen
Padding	Füllbits
Data	Nutzdaten

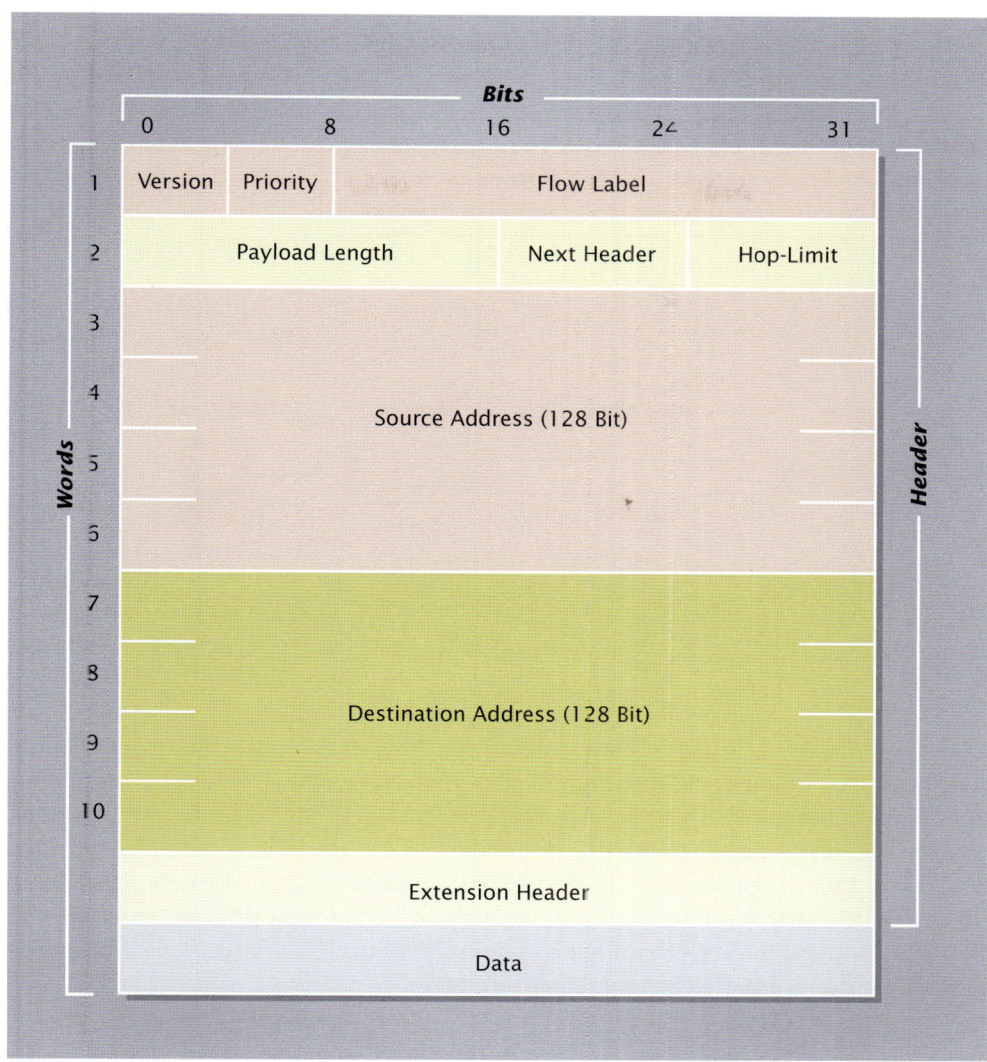

9.3.2-5
IPv6-Datenpaket

Bezeichnung	Erläuterung
Version	Versionsnummer des IP-Protokolls (hier Version 6)
Priority	Priorität gegenüber anderen Paketen
Flow Label	Markierung für spezielle Behandlung des Paketes
Payload Length	Anzahl der Bytes, die dem Header folgen
Next Header	Verweis auf den nächsten Extension Header
Hop-Limit	Zähler für das Weiterreichen der Pakete. Bei Zählerstand „0" wird das Paket nicht mehr weiter behandelt.
Source Address	128 Bit lange Absenderadresse
Destination Address	128 Bit lange Empfängeradresse
Data	Nutzdaten

Da es eine gewisse Zeit dauert, bis alle Rechnersysteme von IPv4 auf IPv6 umgestellt sind, muss sichergestellt sein, dass in dieser Übergangsphase beide Versionen gleichzeitig verwendet werden können. Zu diesem Zweck wurde das Tunneling[1]-Verfahren entwickelt.

> *Das Tunneling-Verfahren dient zur Integration von IPv6 in bestehende IPv4-Netze. Hierbei werden IPv6-Datenpakete in IPv4-Datenpakete verpackt, anschließend mittels IPv4 übertragen und dann wieder entpackt.*

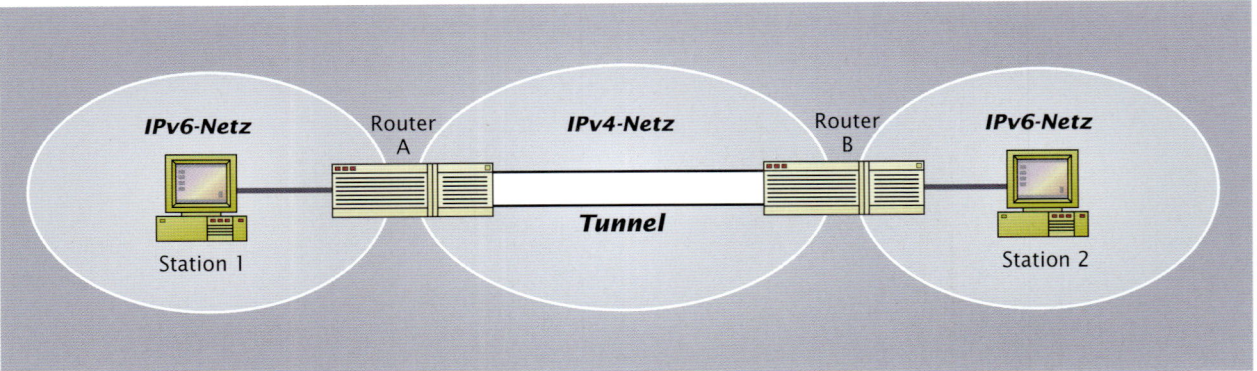

9.3.2-6 Tunneling-Verfahren

Die Abbildung 9.3.2-6 zeigt die Anwendung des Tunneling-Verfahrens. Dort kommunizieren zwei Rechner aus verschiedenen IPv6-Netzen über ein herkömmliches IPv4-Netz miteinander. Dazu sendet die IPv6-Station 1 ihr IP-Datenpaket zunächst an den Router A. Dieser packt das IPv6-Paket in ein IPv4-Datenpaket (siehe Abb. 9.3.2-7) und sendet es dann an den Router B am Ende des IPv4-Netzwerks. Dort wird das IPv6-Paket wieder ausgepackt und an den Zielrechner im IPv6-Netzwerk gesendet. Die Router an den Verbindungspunkten zwischen IPv4- und IPv6-Netzwerken müssen beide Protokoll-Versionen unterstützen.

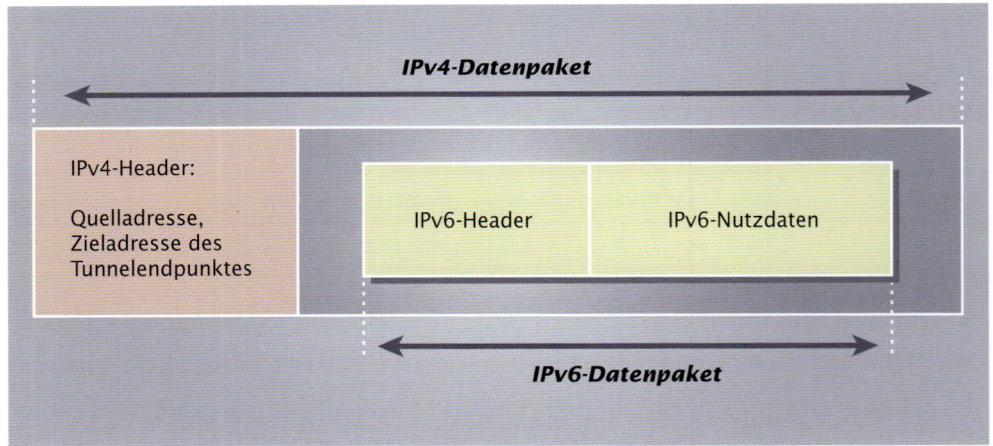

9.3.2-7
IPv4-Datenpaket mit
verpacktem IPv6-Inhalt

Internet Control Message Protocol

Während die Protokolle TCP und IP im Wesentlichen der Übertragung von Nutzdaten dienen, wurde das auf der Schicht 3 arbeitende **I**nternet **C**ontrol **M**essage **P**rotocol[2] (ICMP) entwickelt, um Störungen des Netzwerkverkehrs aufzuspüren. Wenn etwas Unerwartetes passiert, werden spezielle ICMP-Meldungen erzeugt und dann in IP-Datenpaketen zum Empfänger übertragen.

[1] **Tunneling:**
engl. „Tunneln"
[2] **I**nternet **C**ontrol
Message **P**rotocol
(ICMP): engl. Internet-
Steuerungs-Mitteilungs-
protokoll

Das ICMP gehört zum Internet Protocol und ist somit entgegen der Namensgebung kein eigenes Protokoll. Entsprechend existieren momentan zwei ICMP-Varianten: eine für IPv4 mit der Bezeichnung ICMP (RFC 792) und eine für IPv6 (RFC 4443) mit der Bezeichnung ICMPv6.

Wichtige ICMP-Meldungen:

ICMP-Meldung	Beschreibung
Destination unreachable (Ziel nicht erreichbar)	Die Zielstation ist nicht erreichbar und das Datenpaket kann nicht dorthin gesendet werden.
Time to live exceeded (Lebensdauer abgelaufen)	Die maximale Lebensdauer des Datenpakets ist bei seinem Weg durch das Netzwerk abgelaufen (Time to Live – Zähler im IP-Header = 0). Diese Meldung ist ein Symptom dafür, dass sich Datenpakete in Endlosschleifen befinden oder eine sehr hohe Netzbelastung vorhanden ist.
Parameter problem (Parameterproblem)	Im IP-Header befindet sich ein falscher Wert. Gemeldet wird ein Fehler in der IP-Software der Sendestation oder eines Routers.
Redirect (Umleitung)	Diese Meldung wird von einem Router erzeugt, wenn er feststellt, dass ein Datenpaket mit hoher Wahrscheinlichkeit falsch geroutet wurde. Die Meldung ist ein Hinweis für die Sendestation.
Echo request (Echo-Anforderung)	Anforderung an eine Station, sich zu melden. Hiermit kann festgestellt werden, ob eine Station am Netzwerk angeschlossen und betriebsbereit ist.
Echo reply (Echo-Antwort)	Ist die Antwort der Station bzgl. eines „Echo request".
Timestamp request (Anforderung einer Zeitangabe)	Ähnlich wie „Echo request". Zusätzlich wird von der sich meldenden Station die Ankunftszeit dieser Meldung und die Zeit, an zu die Antwort gesendet wird, notiert.
Timestamp reply (Antwort der Zeitangabe)	Diese Anforderung dient dem Messen der Geschwindigkeit von Netzwerken. Ist die Antwort der Station bzgl. eines „Timestamp reply".

Abb. 9.3.2-8 zeigt ein Beispiel für den Einsatz von ICMP. Hier möchte Station A Daten an Station C senden, die jedoch nicht im Netzwerk vorhanden ist. Der Router erhält nun das Datenpaket und kann es aufgrund der fehlenden Station nicht weiterleiten und sendet eine ICMP-Meldung.

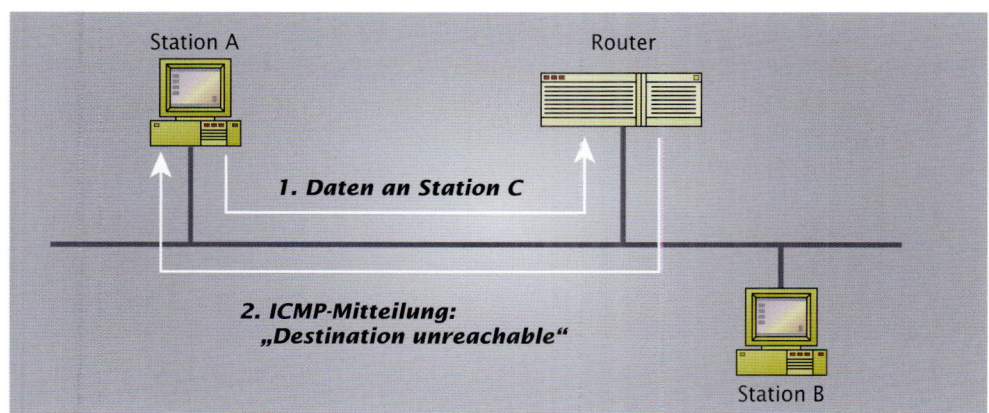

9.3.2-8
Erzeugung einer
ICMP-Mitteilung

Netzwerkdiagnoseprogramme

Im Folgenden werden drei wichtige standardmäßig bei Windows, Unix- und Linux-Systemen mitgelieferte Diagnoseprogramme für Netzwerke vorgestellt. Zusätzlich empfiehlt sich der Einsatz von Programmen zur Beobachtung der über das Netzwerk übertragenen Datenpakete.

Ein Beispiel für ein solches "Monitoring-Tool[1]" ist z. B. das Softwareprodukt „Wireshark“.

1. ping[2]:

Um festzustellen, ob ein bestimmter Rechner im Netz erreichbar ist, kann ein ICMP-Echo-Request von einem Benutzer mit Hilfe des Programms ping über die Kommandozeile erzeugt werden.

Der Aufruf erfolgt über
ping *Zieladresse*

Abb. 9.3.2-9 zeigt die Anwendung von ping. Dort wird überprüft, ob der Rechner „www.handwerk-technik.de“ im Netz erreichbar ist. Die Antworten dieses Rechners zeigen dessen Betriebsbereitschaft: Er besitzt die IPv4-Adresse 217.13.78.89, die einzelnen übertragenen Datenpakete haben eine Länge von jeweils 32 Byte, die Übertragungszeit der Pakete betrug jeweils 5 ms und der Zähler für das IP-Header-Feld TTL (Time to live) enthält den Wert 245.

```
C:\>ping www.handwerk-technik.de

Ping www.handwerk-technik.de [217.13.78.89] mit 32 Bytes Daten:

Antwort von 217.13.78.89: Bytes=32 Zeit=5ms TTL=245
Antwort von 217.13.78.89: Bytes=32 Zeit=5ms TTL=245
Antwort von 217.13.78.89: Bytes=32 Zeit=5ms TTL=245
Antwort von 217.13.78.89: Bytes=32 Zeit=5ms TTL=245

Ping-Statistik für 217.13.78.89:
    Pakete: Gesendet = 4, Empfangen = 4, Verloren = 0 (0% Verlust),
Ca. Zeitangaben in Millisek.:
    Minimum = 5ms, Maximum = 5ms, Mittelwert = 5ms

C:\>_
```

9.3.2-9 ping-Befehl

Die Ausgabe von ping bei einem nicht vorhandenen Rechner zeigt Abb. 9.3.2-10. Der Rechner mit der IP-Adresse 131.75.87.1 meldet sich nicht. Alle gesendeten Pakete gingen verloren.

```
C:\>ping 131.75.87.1

Ping wird ausgeführt für 131.75.87.1 mit 32 Bytes Daten:

Zeitüberschreitung der Anforderung.
Zeitüberschreitung der Anforderung.
Zeitüberschreitung der Anforderung.
Zeitüberschreitung der Anforderung.

Ping-Statistik für 131.75.87.1:
    Pakete: Gesendet = 4, Empfangen = 0, Verloren = 4 (100% Verlust),

C:\>_
```

9.3.2-10 Ausgabe von ping bei nicht vorhandener Zielstation

[1] **Monitoring-Tools:** engl. Überwachungswerkzeuge

[2] Die Bezeichnung „ping“ stammt aus dem Militär. Im zweiten Weltkrieg wurden mittels Sonar U-Boote aufgespürt. Das hierbei ausgestrahlte Schallsignal hörte sich im erfassten U-Boot wie ein Klopfgeräusch an, was dort als „ping“ bezeichnet wurde.

2. tracert (Windows) und traceroute (Unix/Linux):
Die Programme tracert[1] und traceroute dienen dem Erkunden von Routen
zu einer Zielstation. Dazu senden sie ICMP-Echo-Requests mit verschiedenen TTL-Werten (TTL = Time to Live, Feld im IP-Header) an die Zielstation.
Jeder Router verringert den TTL-Wert im IP-Header um 1, bevor er ein Datenpaket weiterleitet. Mit Hilfe von TTL lässt sich somit die Anzahl der passier-
ten Router ermitteln. Erreicht der TTL-Zähler eines Datenpakets den Wert 0,
teilt der betreffende Router der Quellstation mit, dass die Lebensdauer des
Pakets abgelaufen ist (ICMP-Meldung „Time to live exceeded").
tracert bzw. traceroute stellen die Route zur Zielstation fest, indem sie
zunächst ein Echo-Datenpaket mit einem TTL-Wert von 1 senden. Der erste
Router auf dem Weg zur Zielstation antwortet dann, dass die Lebensdauer
des Datenpakets abgelaufen ist und meldet sich zusätzlich mit seinem
Namen. Dann senden tracert bzw. traceroute ein zweites Echo-Daten-
pakets mit dem TTL-Wert 2. Nun meldet sich der zweite Router auf dem
Weg zur Zielstation und nennt ebenfalls seinen Namen. Dieser Vorgang
wird solange mit aufsteigenden TTL-Werten wiederholt, bis die Zielstation
erreicht ist oder der max. mögliche TTL-Wert (255) erreicht wurde.

Der Aufruf erfolgt über die Kommandozeile mit

tracert *Zielstation*   (Windows)
traceroute *Zielstation*   (Unix/Linux)

**Abb. 9.3.2-11 zeigt die Verwendung von traceroute. Jedem Router werden
drei Echo-Requests gesendet. Die jeweilige Übertragungszeit der Datenpakets wird zusätzlich zur Routerbezeichnung angezeigt.**

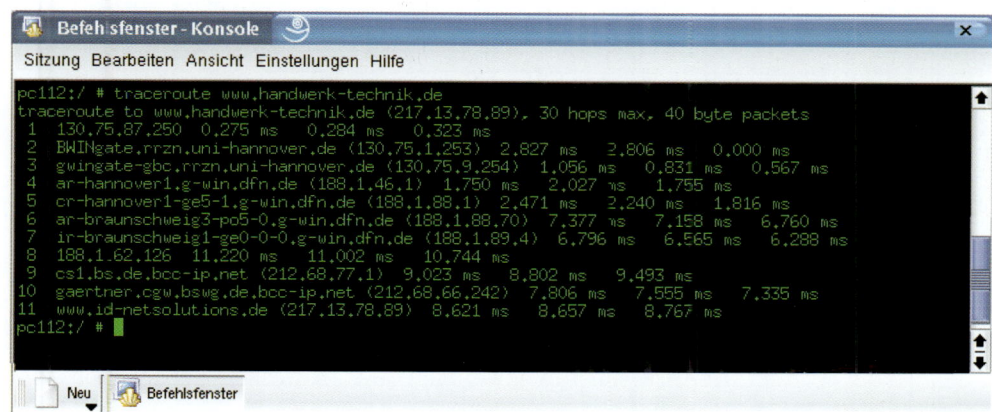

9.3.2-11
Ermittlung einer Route
zu einem Zielrechner
mittels traceroute

3. ipconfig (Windows) und ifconfig (Unix/Linux):
Diese Programme dienen der Anzeige und Konfiguration von Netzwerkschnittstellen.

Der Aufruf erfolgt über die Kommandozeile mit

ipconfig   (Windows)
ifconfig   (Unix/Linux)

[1] tracert = Abkürzung
von **trace route:**
engl. Route verfolgen

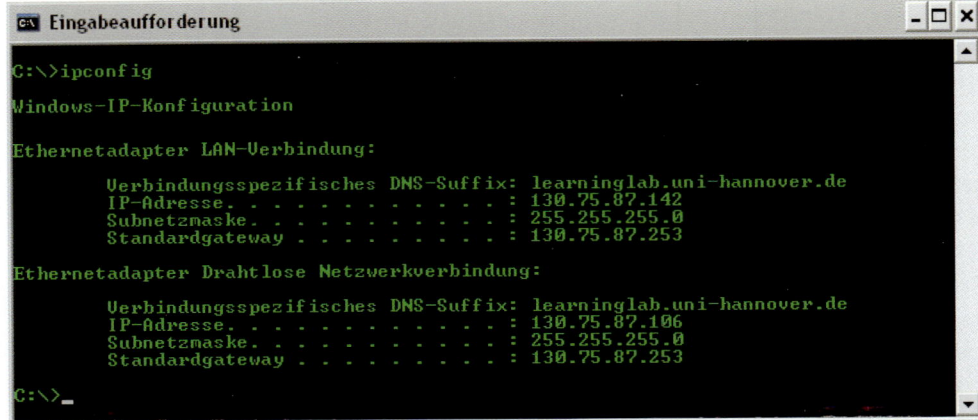

9.3.2-12
Anzeige der Netzwerk-
schnittstellen eines
Rechners unter
Windows mittels
ipconfig

4. arp:
Zum Auslesen und Ändern der ARP-Tabelle bei IPv4 (siehe unten) ist das
Programm arp verfügbar.
Abb. 9.3.2-13 zeigt die Ausgabe einer ARP-Tabelle unter MS-Windows.
Die IP-Adresse der betrachteten Schnittstelle (Nummer 5 des Systems) lau-
tet 130.75.87.142. Es sind drei ARP-Einträge vorhanden. Die Typ-Angabe
„dynamisch" bedeutet, dass die Einträge automatisch mit Hilfe von ARP
vorgenommen wurden. Es ist jedoch auch möglich, eigene (statische) Ein-
träge vorzunehmen oder Einträge manuell zu löschen.

9.3.2-13
Ausgabe der
ARP-Tabelle

Address Resolution Protocol

Auf der Schicht 2 werden zur Adressierung der einzelnen Systeme MAC-Adressen ver-
wendet (siehe Abschnitt 4.3.2: Netzwerkkarte). Da deren Aufbau nicht für die Weg-
findung der Schicht 3 geeignet ist, erfolgt auf der Vermittlungsschicht der Einsatz von
IP-Adressen. Das hat jedoch zur Folge, dass ein Hilfsprotokoll notwendig ist, um den
IP-Adressen die jeweiligen MAC-Adressen zuzuordnen. Bei
Verwendung von IPv4 übernimmt diese Aufgabe das **A**ddress
Resolution **P**rotocol[1] (ARP, RFC 826) der Schicht 3. Innerhalb
von IPv6-Netzen wird diese Aufgabe dagegen vom Neighbor
Discovery Protocol (NDP) übernommen.

> *ARP ermöglicht einem Rechner,*
> *die zu einer IP-Adresse zugehörige*
> *MAC-Adresse zu ermitteln.*

Abb. 9.3.2-14 zeigt ein Beispiel für die Anwendung von ARP. Dort möchte Station 1
mit der IP-Adresse 192.168.0.24 eine Nachricht an Station 2 mit der IP-Adresse
192.168.0.25 senden. Für die Zustellung des Datenpakets ist zusätzlich die zur IP-
Zieladresse zugehörige MAC-Adresse notwendig. Um diese Adresse zu erhalten, sendet ARP ein Broadcast an alle Rechner des Netzes. Dieser Broadcast enthält die
Frage: „Welche Station besitzt die IP-Adresse 192.168.0.25?" Jeder Rechner des Netzwerks vergleicht diese Adresse daraufhin mit seiner eigenen IP-Adresse. Station 2
besitzt die Adresse und antwortet daraufhin mit der MAC-Adresse.

1 **A**ddress **R**esolution
Protocol (ARP): engl.
Adressen-Auflösungs-
protokoll

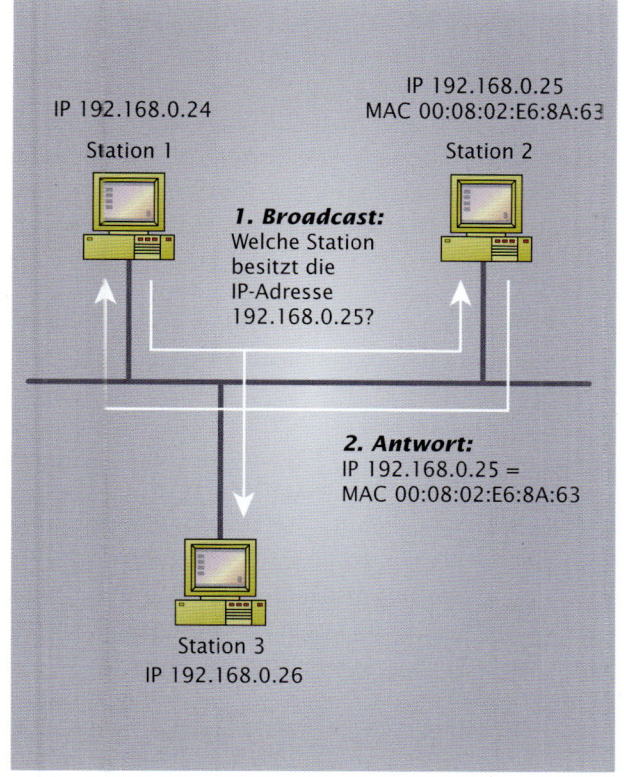

Wurde eine MAC-Adresse mit Hilfe von ARP ermittelt, so wird diese für einen eventuellen zukünftigen Datentransfer in einer Tabelle (ARP-Tabelle) gespeichert. Entsprechend muss ARP nur dann von dem zugehörigen Broadcast verwendet werden, wenn kein Eintrag in der Tabelle vorhanden ist.

9.3.2-14 Ermittlung einer MAC-Adresse mittels ARP   9.3.2-15 ARP-Ablauf

1. Lassen Sie sich die ARP-Tabelle eines Rechners in einem IPv4-Netz anzeigen.
2. Ermitteln Sie die MAC-Adressen anderer Rechner des Netzwerks. Führen sie dazu das „ping"-Programm bzgl. der gewünschten Rechner aus, so dass die ARP-Tabelle automatisch aktualisiert wird. Lesen Sie anschließend die MAC-Adressen aus.
3. Fügen Sie manuell einen Eintrag in der ARP-Tabelle hinzu.
4. Löschen Sie manuell einen Eintrag der Tabelle.

Neighbor Discovery Protocol

Ein wesentliches Ziel von IPv6 ist die Vereinfachung der Konfiguration zugehöriger Netzwerkkomponenten. Das innerhalb von IPv6 eingesetzte **N**eighbor **D**iscovery **P**rotocol[1] (NDP) unterstützt dieses Vorhaben mit der Bereitstellung folgender Funktionalitäten:

- Auffinden von Routern:
  Um Nachrichten auch an Stationen außerhalb des eigenen Subnetzes versenden zu können, ist die Angabe eines Routers notwendig, der diesen Versand übernimmt. Diese Angabe muss bei jeder Konfiguration von Netzwerkschnittstellen an einem Rechner erfolgen. Damit hier jedoch nicht jede Schnittstelle an jedem Rech-

1 **N**eighbor **D**iscovery **P**rotocol: engl. Nachbar-Auffindungsprotokoll

ner manuell konfiguriert werden muss, macht NDP die am lokalen Subnetz angeschlossenen Router ausfindig und bestimmt ihre IPv6-Adressen.

- Erkennen der Netzadresse:
  Alle Rechner mit derselben Netzadresse befinden sich im selben Subnetz, d.h. ein Rechner kann aufgrund der Netzadresse entscheiden, ob sich der Zielrechner im eigenen Subnetz befindet oder nicht. Die Rechner, die sich nicht im selben Subnetz befinden, können nur über einen Router erreicht werden. IPv6 erkennt hierbei automatisch die Netzadresse.

- Parameter-Ermittlung:
  Bei IPv4 sind einige Parameter wie z.B. die maximale Paketgröße (Maximum Transmission Unit, MTU) bei der Konfiguration der Netzwerkschnittstelle anzugeben. Rechner mit IPv6 und NDP können dagegen automatisch konfiguriert werden.

- Automatische Adresskonfiguration:
  Bei IPv6 und NDP wird ein Verfahren zur automatischen Konfiguration von IPv6-Adressen bei Netzwerkschnittstellen verwendet, das ohne einen speziellen Konfigurationsserver auskommt.

- Ermittlung von Schicht-2-Adressen (Adressauflösung):
  Wie bei IPv4 muss ein Host bei Auslieferung eines IP-Paketes im selben Subnetz die zugehörige Schicht-2-Adresse des Zielhosts ermitteln. Bei IPv4 übernimmt diese Funktion ARP, bei IPv6 ist hierfür NDP zuständig. Bei IPv6 ist die Schicht-2-Adresse zwar auch in der IPv6-Adresse enthalten, wenn die Schicht-2-Adresse jedoch aus der IPv6-Adresse entnommen würde, so hätte man keine Sicherheit, dass diese Schicht-2-Adresse noch aktuell ist. Wurde z.B. in der Zwischenzeit die Netzwerkkarte ausgetauscht, so stimmt die Schicht-2-Adresse nicht mehr.

- Feststellung von unerreichbaren Endgeräten:
  Mittels NDP kann festgestellt werden, ob ein im gleichen Subnetz installiertes Endgerät noch erreichbar ist oder nicht.

- Feststellung von Adresskonflikten:
  NDP ermöglicht die Feststellung von Adresskonflikten im eigenen Subnetz.

Reverse Address Resolution Protocol

Während ARP die zu einer IP-Adresse zugehörige MAC-Adresse ermittelt, ist es gelegentlich notwendig, die zu einer MAC-Adresse zugehörige IP-Adresse zu finden. Dieses Problem taucht z.B. dann auf, wenn ein Netzwerkrechner, d.h. ein Rechner ohne lokale Festplatte (siehe Abschnitt 4.1.2: Client), gebootet werden soll. Dieser Netzwerkrechner erhält sein Betriebssystem im Normalfall von einem entfernten Server. Er kennt hierbei zwar seine eigene MAC-Adresse, die zugehörige IP-Adresse ist ihm jedoch unbekannt. Für eine IP-Verbindung mit dem Server ist die Angabe der Quelladresse (IP-Adresse des Netzwerkrechners) und die Angabe der Zieladresse (IP-Adresse des Servers) aber zwingend notwendig.

> *Das Reverse Address Resolution Protocol[1] (RARP, RFC 903) ermöglicht einem Rechner, die zu einer MAC-Adresse zugehörige IP-Adresse zu ermitteln.*

---

[1] **R**everse **A**ddress **R**esolution **P**rotocol (RARP): engl. umgekehrtes Adressen-Auflösungsprotokoll

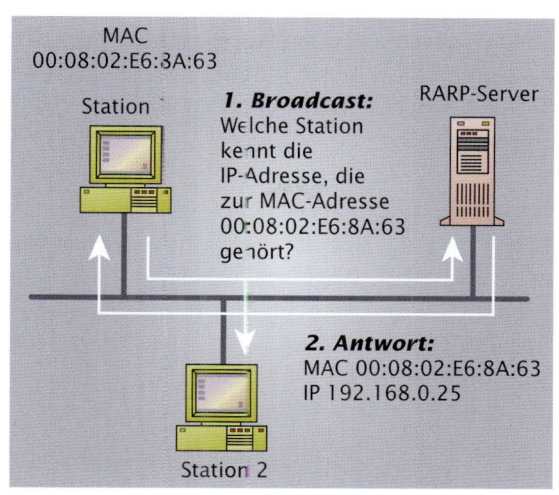

Wenn eine Station, wie z. B. ein
Netzwerkrechner, die eigene IP-
Adresse ermitteln möchte, sendet
sie ein Broadcast an alle Rechner
des Netzes. Hiermit werden die
erreichbaren Stationen gefragt, ob
sie die zu der MAC-Adresse zugehörige IP-Adresse kennen. Ein
sich im Netz befindender RARP-
Server empfängt den Broadcast, entnimmt die gesuchte IP-
Adresse einer eigenen Tabelle und
sendet die Adresse anschließend
zurück (siehe Abb. 9.3.2-16).

9.3.2-16
Ermittlung einer
IP-Adresse
mittels RARP

Point-to-Point Protocol

Das auf der Schicht 2 arbeitende **P**oint-to-**P**oint **P**rotocol[1] (PPP, RFC 1661) dient der
Realisierung von Punkt-zu-Punkt-Verbindungen. Ein typisches Anwendungsbeispiel
stellt die Anbindung eines Rechners an das Internet über eine Telefonleitung dar.
Dazu werden der Router eines Internet-Providers mit Hilfe eines Modems angewählt
und die Datenpakete zwischen Rechner und Router übertragen. Im Normalfall erfolgt die Anbindung eines Rechners an ein Netzwerk direkt über ein Netzwerkkabel.
Die entsprechenden Zugriffs- und Übertragungsprotokolle, wie z. B. CSMA/CD und
IP, können so direkt eingesetzt werden. Bei der Verwendung serieller Telefonleitungen müssen die Datenpakete für die dortige Über-
tragung entsprechend angepasst werden. Diese
Aufgabe übernimmt PPP.
PPP setzt sich zunehmend gegenüber dem ebenfalls zur Realisierung von Punkt-zu-Punkt-Verbindungen eingesetzten Protokoll SLIP (Serial Line

> *PPP dient der Realisierung von Punkt-zu-
> Punkt-Verbindungen. Es unterstützt den Trans-
> port von Protokollen der Schichten 3 bis 7 über
> serielle analoge oder digitale Telefonleitungen.*

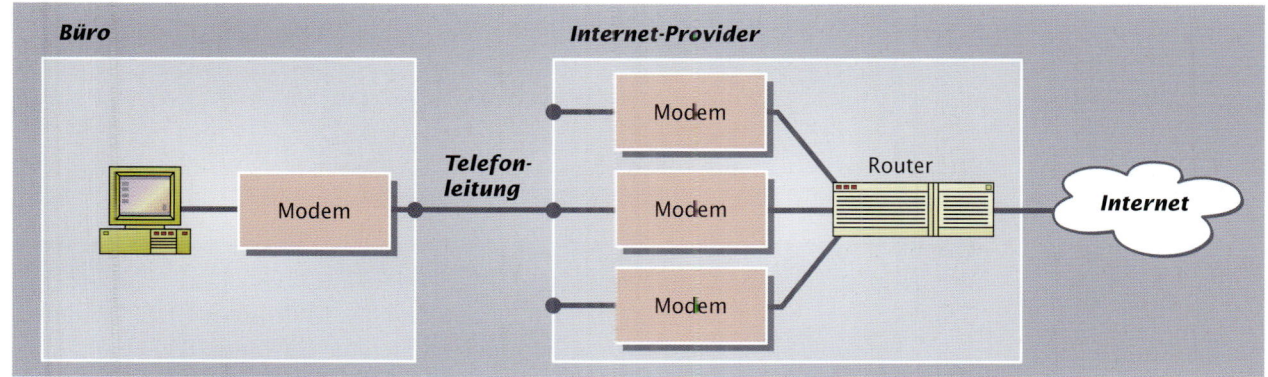

9.3.2-17 Anbindung eines Rechners an das Internet über eine Telefonleitung

IP[2], RFC 1055) durch. SLIP ist ein sehr einfaches Protokoll. Dessen Mechanismus beruht darauf, dass IP-Pakete vor der Übertragung zwischen bestimmten Zeichen platziert werden. Am Anfang steht in der Regel das Zeichen „ESC" (Escape, dezimaler
Wert 219), am Ende das Zeichen „END" (Ende, dezimaler Wert 192). PPP verwendet
dagegen eine komplexere Rahmenstruktur, so dass neben der TCP/IP-Protokollfami-
lie auch eine Vielzahl weiterer Protokolle wie z. B. IPX/SPX unterstützt werden.
Außerdem ermöglicht PPP die von der Schicht 2 geforderte Fehlererkennung.

[1] **P**oint-to-**P**oint **P**rotocol
(PPP): engl. Punkt-zu-
Punkt-Protokoll
[2] **S**erial **L**ine **I**nternet **P**rotocol (SLIP): engl. Se-
rielles Leitungs-Internet-
protokoll

9.4 Weitere Übertragungsprotokolle

Im Folgenden werden einige Übertragungsprotokolle dargestellt, die zwar nicht der TCP/IP-Protokollfamilie angehören, jedoch trotzdem häufig in Netzwerken vorzufinden sind.

TIPP

Achtung: NetBEUI nicht mit NetBIOS verwechseln! NetBIOS ist eine Softwareschnittstelle, NetBEUI jedoch ein Protokoll, das die über diese Schnittstelle angebotenen Dienste verwendet.

NetBIOS Extended User Interface

Das Protokoll „**NetB**IOS **E**xtended **U**ser **I**nterface[1]" (NetBEUI) wurde Mitte der achtziger Jahre von IBM vorgestellt und bildet die Grundlage vieler Netzwerke. Es arbeitet auf den Schichten 2, 4 und 5. Dienste der Vermittlungsschicht werden nicht unterstützt. Der Name NetBEUI weist daraufhin, dass das Protokoll die Softwareschnittstelle NetBIOS (**Net**ware **B**asic **I**nput **O**utput **S**ystem[2]) verwendet. NetBIOS stellt verschiedene Dienste zur Verfügung wie

- Namensvergabe:
  MAC-Adressen können unter symbolischen Namen angesprochen werden.
- Datagrammzustellung:
  Versenden und Empfangen von Datagrammen.
- Herstellung von Verbindungen:
  Auf- und Abbau von Verbindungen zwischen Client und Server.

Da NetBEUI für die Adressierung von Endgeräten lediglich die MAC-Adresse bzw. deren symbolische Namen heranzieht, ist es im Gegensatz zu IP mit dessen Schicht-3-Adressierungsschema nicht routingfähig. Der Einsatz von NetBEUI ist somit auf kleine Netze beschränkt. NetBEUI ist dafür einfach konfigurierbar, schnell in der Ausführung und benötigt nur wenig Systemspeicher.

High Level Data Link Control

Das auf der Schicht 2 arbeitende Protokoll „**H**igh Level **D**ata **L**ink **C**ontrol[3]" (HDLC, ISO 6256) ist weit verbreitet und wird z. B. bei ISDN (siehe Kapitel 20) oder PPP (siehe Abschnitt 9.3.2) angewendet.

HDLC kann für Punkt-zu-Punkt- oder Punkt-zu-Mehrpunkt-Verbindungen eingesetzt werden und unterstützt eine Fehler- und Flusskontrolle.

← 8 Bit →	← 8 Bit →	← 8 Bit →	← variabel →	←———16 Bit———→	← 8 Bit →
Flag	Address	Control	Data	Frame Check Sequence	Flag

9.4-1 Aufbau eines HDLC-Rahmens

HDLC-Feld	Beschreibung
Flag	Kennung für den Beginn und das Ende eines HDLC-Frames. Das Flag enthält grundsätzlich die Bitfolge „01111110".
Address	Zieladresse
Control	enthält Informationen zur Steuerung der Datenübertragung wie z. B. Framenummern oder Bestätigungen.
Data	Datenfeld. Die max. Länge des Datenfeldes beträgt bis 132 Byte.
Frame Check Sequence (FCS)	Prüfsumme zur Erkennung von Übertragungsfehlern

[1] **NetB**IOS **E**xtended **U**ser **I**nterface (NetBEUI): engl. erweiterte NetBIOS Benutzerschnittstelle
[2] **Net**ware **B**asic **I**nput **O**utput **S**ystem (NetBIOS): engl. Netzwerk-Haupt-Ein- und Ausgabesystem
[3] **H**igh Level **D**ata **L**ink **C**ontrol (HDLC): engl. Steuerung der Datenverbindung auf hoher Ebene

Abb. 9.4-2 zeigt ein Anwendungsbeispiel von HDLC. Dort erfolgt der Zugang zum Internet über ISDN, indem der Router des Internet-Providers angewählt wird und dieser die Datenpakete weiter über das Internet leitet. ISDN verwendet auf der Schicht 2 grundsätzlich HDLC. Das für die Realisierung der Punkt-zu-Punkt-Verbindung zwischen Rechner und Router notwendige Protokoll PPP setzt entsprechend auf HDLC auf.

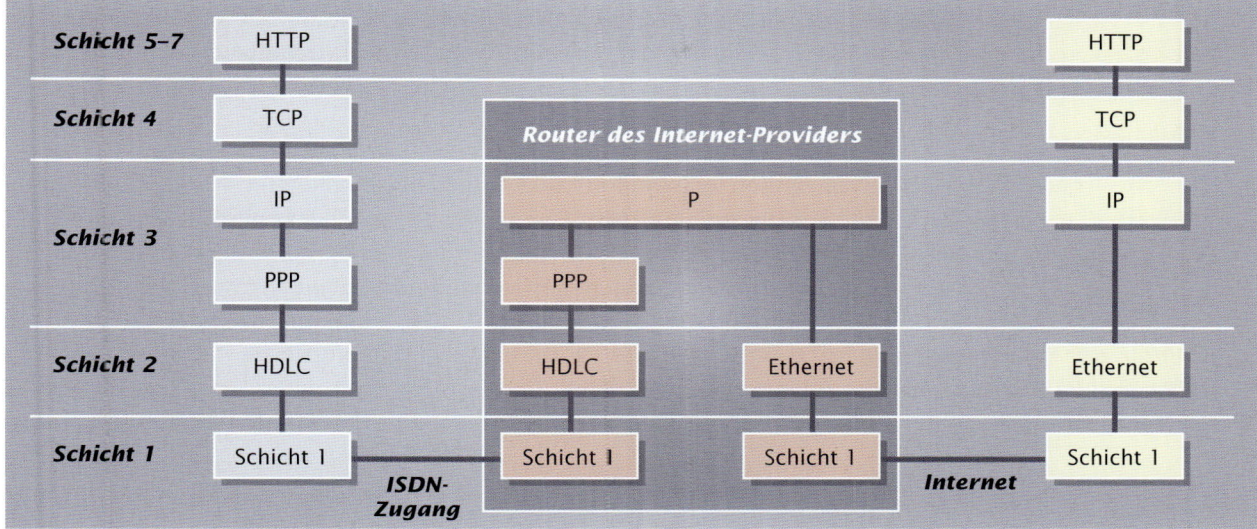

9.4-2
Internet-Zugang über
ISDN

Internetwork Packet Exchange/Sequenced Packet Exchange

Mit der Einführung des Netzwerkbetriebssystems NetWare von der Firma Novell in den achtziger Jahren hat auch deren Protokollfamilie „Internetwork Packet Exchange[1]/Sequenced Packet Exchange[2]" (IPX/SPX) Einzug in viele Netzwerke gehalten.

Abb. 9.4-3 zeigt die Zuordnung der IPX/SPX-Protokollfamilie zum ISO/OSI-Referenzmodell. Ähnlich wie IP arbeitet IPX auf der Netzwerkschicht. Es verwendet im Gegensatz zu IP jedoch 12-Byte-Adressen. SPX stellt das Transportprotokoll dar und ist vergleichbar mit TCP. Ebenfalls auf der Transportschicht befindet sich das Protokoll NCP (Network Core Protocol[3]). Neben dem Transport von Daten unterstützt es noch weitere Dienste wie z. B. die Übermittlung von Aufgaben an einen NetWare-Server. SAP (Service Advertising Protocol[4]) ist ein Protokoll der Anwendungsebene und dient der Bekanntmachung von Diensten im Netzwerk Weitere NetWare-Applikationen setzen auf SPX oder NCP auf.

[1] Internetwork Packet Exchange (IPX): engl. Paketaustausch zwischen Netzwerken
[2] Sequenced Packet Exchange (SPX): engl. sequentieller Paketaustausch
[3] Network Core Protocol (NCP): engl. Netzwerkkern-Protokoll
[4] Service Advertising Protocol (SAP): engl. Dienstankündigungs-Protokoll

Anwendungsschicht Darstellungsschicht Sitzungsschicht	SAP		Netware-Applications	
Transportschicht	SPX		NCP	
Netzwerkschicht	IPX			
Verbindungsschicht Physikalische Schicht	Ethernet	Token Ring	FDDI	...

9.4-3
Zuordnung von
IPX/SPX zum ISO/OSI-
Referenzmodell

IPX/SPX wurde in den letzten Jahren immer stärker von der TCP/IP-Protokollfamilie verdrängt. Selbst neuere Versionen des Netzwerkbetriebssystems NetWare verwenden standardmäßig TCP/IP und benötigen IPX/SPX nicht mehr zwingend.

10   Netzwerkspezifikationen

> Die Firma B@ltic Networks erhält den Auftrag, bei der Firma Lütgens eine Erweiterung des bereits vorhandenen Netzwerks vorzunehmen. Vor Ort stellen die Mitarbeiter jedoch fest, dass das Netz bereits sehr alt ist und sich lediglich aus speziellen, firmenspezifischen Leitungen, Steckverbindungen und Netzwerkkarten zusammensetzt. Die Firma, die die Komponenten dieses Netzes damals hergestellt hatte, gibt es leider nicht mehr. Eine Erweiterung des Netzes ist somit nicht mehr möglich und das Netz muss vollkommen neu aufgebaut werden.

In der Vergangenheit entstanden viele firmenspezifische Netzwerkarchitekturen. Jeder dieser Ansätze erfüllte zwar seinen Zweck, jedoch war man als Anwender auf einen Hersteller beschränkt. Um herstellerunabhängig zu werden und damit die Netzwerkkomponenten verschiedener Hersteller in einem Netzwerk integrieren zu können, waren offene Systeme gefordert.

> *Unter offenen Systemen versteht man Systeme, die nach herstellerunabhängigen Spezifikationen aufgebaut sind und sich somit durch Systeme unterschiedlicher Hersteller ersetzen lassen.*

Bei offenen Kommunikationssystemen ist der Aufbau innerhalb des eigentlichen Systems weniger von Bedeutung. Wichtiger ist die genaue Festlegung der Schnittstellen und Übertragungsformate. Denn genau an diesen Schnittstellen werden die Komponenten unterschiedlicher Hersteller unter Anwendung der

> *Unter einer Norm (engl. Standard) versteht man eine rechtlich anerkannte und durch ein Normungsverfahren verabschiedete Regel zur Lösung eines Sachverhalts. Eine Norm ist allgemein gültig und wird stets veröffentlicht.*

Übertragungsformate miteinander verbunden. Festlegungen dieser Art sind in Form von Normen und Standards im gesamten Bereich der Netzwerktechnik zu finden.

Im deutschen Sprachgebrauch wird anstatt des Begriffs „Norm" häufig fälschlicherweise die Bezeichnung „Standard" verwendet. Dieser Begriff ist jedoch folgendermaßen definiert:

> *Unter einem Standard versteht man Festlegungen, die von herstellerunabhängigen Organisationen getroffen werden. Diese Organisationen sind keine offiziellen Normungsgremien.*

TIPP

Im englischen Sprachgebrauch wird das Wort „Standard" sowohl im Sinne von „Norm" als auch im Sinne der deutschen Bedeutung von „Standard" verwendet.

Der Begriff „Standard" findet sich jedoch auch in den Bezeichnungen „Industrie-Standard" und „herstellerspezifischer Standard", die wiederum unterschiedliche Bedeutung haben:

- Unter einem „Industrie-Standard" versteht man ein Regelwerk, das sich im Laufe der Zeit als technisch nützlich erwiesen hat, herstellerunabhängig ist und sehr häufig angewendet wird. Dieses Regelwerk wurde von keiner Normungsorganisation verabschiedet.
- Ein „herstellerspezifischer Standard" liegt dann vor, wenn sich bestimmte firmenspezifische Regeln eines Herstellers im Laufe der Zeit als nützlich erwiesen haben und somit von vielen Anwendern genutzt werden. Der herstellerspezifische Standard besitzt eine geringere Verbindlichkeit als der Industrie-Standard.

Am schwächsten ausgeprägt sind „Empfehlungen". Sie sind nur Vorschläge für die Lösung eines Sachverhalts. Anwender und Hersteller sind nicht verpflichtet, sich nach den Empfehlungen zu richten.

Mit der Festlegung nationaler und internationaler technischer Normen und Standards sind unterschiedliche Organisationen betraut. Wichtige Organisationen sind:

- Deutsches Institut für Normung (DIN):
  Für den Entwurf von Normen auf nationaler Ebene ist in Deutschland das DIN mit Sitz in Berlin zuständig. Ein wichtiges Organ des DIN ist die deutsche elektrotechnische Kommission (DKE). Diese Kommission bearbeitet Normen aus dem Bereich der Elektrotechnik und der Informationstechnik. In der DIN 66325-4 wird z.B. die Anwendung des Token-Passing-Zugriffsverfahrens in Bussystemen festgelegt.

- American National Standards Institute[1] (ANSI):
  Amerikanische Normen werden vom ANSI entwickelt und veröffentlicht. Ein Beispiel für ANSI ist die Norm X3T9 (FDDI, siehe Abschnitt 10.3). Sitz des ANSI ist Washington, USA.

- Comité Européen de Normalisation[2] (CEN):
  Das CEN ist der „Dachverband" nationaler europäischer Standardisierungsgremien und setzt sich aus jeweils einer Organisation pro Mitgliedsland zusammen. Mitglieder sind daher z.B. das DIN, das BSI (British Standards Institution[3]) oder die AFNOR (Association Française de Normalisation[4]). Die Aufgabe des CEN besteht in der Festlegung europäischer Normen.
  Eine wichtige Arbeitsgruppe des CEN ist das CENELEC (Comité Européen de Normalisation Electrotechnique[5]), das Normen aus dem Bereich der Elektrotechnik bearbeitet. Die Norm EN 50173 wurde z.B. vom CENELEC entwickelt und behandelt den Bereich der Netzwerkverkabelung. Der Sitz von CEN und CENELEC befindet sich in Brüssel, Belgien.

- International Organization for Standardization[6] (ISO[7]):
  Die ISO ist der Dachverband nationaler Standardisierungsgremien auf internationaler Ebene. Mitglieder sind daher z.B. das ANSI, DIN oder BSI. Die Aufgabe der ISO besteht in der Festlegung internationaler Normen.
  Für die Bearbeitung von Normen aus dem Bereich der Elektrotechnik und der Informationstechnik ist die Arbeitsgruppe IEC (International Electrotechnical Commission[8]) der ISO zuständig. Der Sitz von ISO und IEC ist in Genf, Schweiz. Wichtige Beispiele für ISO-Normen sind das OSI-Referenzmodell (ISO 7498, siehe Kapitel 3: Referenzmodelle) und Spezifikationen zu lokalen Ethernet-Netzwerke (ISO 8802-3, siehe Abschnitt 10.1: IEEE 802).

- Institute of Electrical and Electronics Engineers[9] (IEEE[10]):
  Das IEEE ist ein Zusammenschluss amerikanischer Ingenieure und Techniker zur Entwicklung von Standards im Bereich der Datenkommunikation. Besonders bekannt sind die Standardisierungen zu den Local Area Networks (LANs), die unter der Bezeichnung IEEE 802 veröffentlicht wurden. Häufig werden die IEEE-Standards ohne große Änderungen durch die ISO als Normen übernommen. Hauptsitz des IEEE ist New Jersey, USA.

- International Telecommunication Union[11] (ITU)
  Im Bereich des Fernmeldewesens ist die ITU angesiedelt. Die ITU ist eine Unterorganisation der UNO mit Sitz in Genf und entwickelt Standards, die von nationalen Netzbetreibern meist sofort als Vorschriften übernommen werden. Die eigentlichen Normungen erfolgen jedoch durch die ISO. Ein Beispiel für einen ITU-Standard ist X.25 (paketvermitteltes Netzwerk, Datex-P-Dienst der Deutschen Telekom AG).

---

[1] American National Standards Institute: engl. Amerikanisches, nationales Institut für Normung

[2] Comité Européen de Normalisation: franz. Europäisches Komitee für Normung

[3] British Standards Institution: engl. Britisches Standardisierungsinstitut

[4] Association Française de Normalisation: franz. Französischer Verband für Normung

[5] Comité Européen de Normalisation Electrotechnique: franz. Europäisches Komitee für Normungen der Elektrotechnik

[6] International Organization for Standardization: engl. Internationale Organisation für Normung

[7] Als Abkürzung für „International Organization for Standardization" würde man eigentlich „IOS" und nicht „ISO" erwarten. ISO ist jedoch keine Abkürzung, sondern geht auf das altgriechische Wort „isos" = „gleich" zurück. Damit soll das Streben nach Angleichung und Vereinheitlichung angedeutet werden.

[8] International Electrotechnical Commission: engl. Internationale Kommission der Elektrotechnik

[9] Institute of Electrical and Electronics Engineers: engl. Institut der Elektroingenieure

[10] IEEE gesprochen: I Triple E

[11] International Telecommunication Union: engl. Internationaler Verbund der Telekommunikation

- **E**lectronics **I**ndustries **A**ssociation[1] (EIA)

  Die EIA ist ein amerikanischer Dachverband für Hersteller elektronischer Systeme. Die Aufgabe des Verbandes besteht darin, Standards für Schnittstellen zwischen Rechnern und Datenkommunikationsanlagen zu entwickeln. Ein bekannter EIA-Standard ist z.B. RS-232-C zur Kommunikation über serielle Schnittstellen. Sitz des EIA ist Arlington, USA.

- **T**elecommunications **I**ndustry **A**ssociation[2] (TIA)

  Die TIA ist eine amerikanische Organisation zur Entwicklung von Standards im Bereich der Telekommunikation. Gemeinsam mit EIA hat TIA bereits viele Standards für die elektrischen Eigenschaften der Datenübertragung festgelegt. Ein Beispiel hierfür ist die Spezifikation EIA/TIA-568B, die die Eigenschaften und Anwendungsbereiche der verschiedenen UTP-Kabel beschreibt. Wie die EIA befindet sich der Sitz des TIA in Arlington, USA.

- **I**nternet **A**rchitecture **B**oard[3] (IAB)

  Das IAB ist eine amerikanische Interessensgruppe zur Erarbeitung von Richtlinien für das Internet. Spezifikationen, Vorschläge und Ideen werden in Form von sogenannten „**R**equests **f**or **C**omments" (RFCs) veröffentlicht. Hierbei handelt es sich um Papiere, die zur Diskussion anregen sollen. Die in den RFCs definierten Richtlinien haben einen hohen Stellenwert und werden als „Quasinorm" angesehen.

  Das IAB hat keinen festen Standort.

[1] **Electronics Industries Association:** engl. Verband der Elektronikindustrie
[2] **Telecommunications Industry Association:** engl. Verband der Telekommunikationsindustrie
[3] **Internet Architecture Board:** engl. Internet-Architektur-Gremium

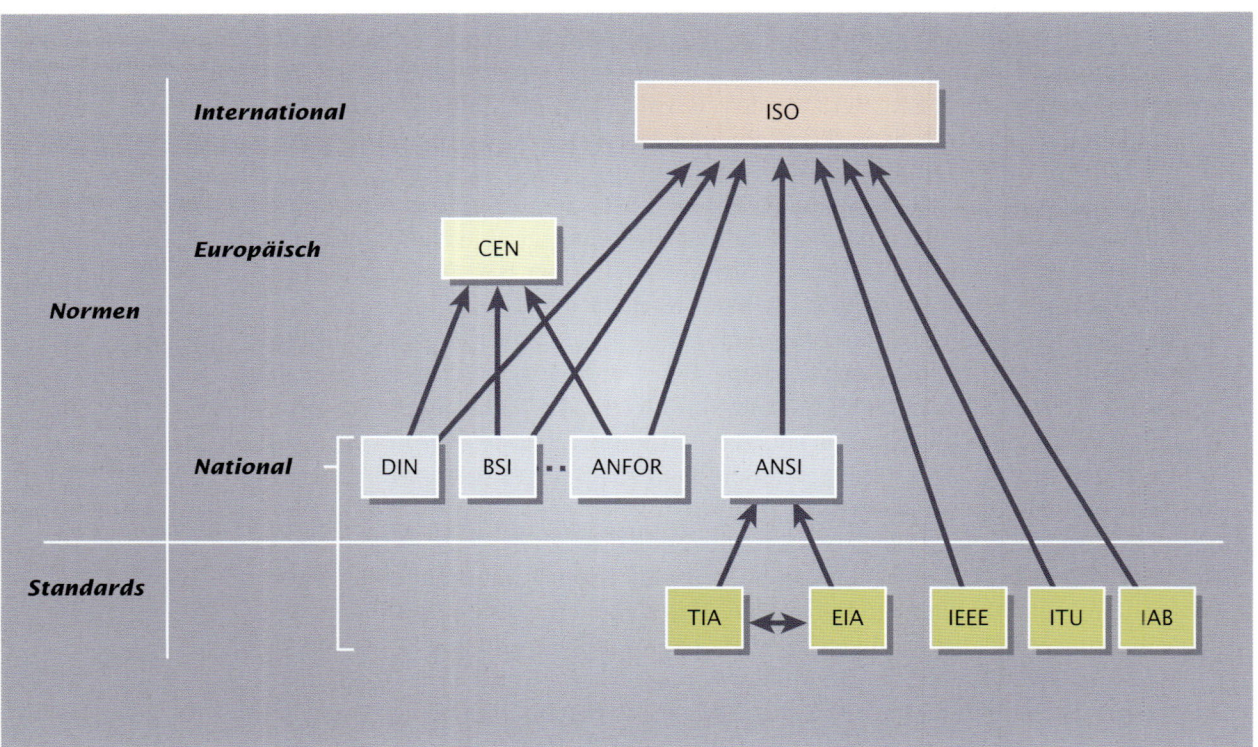

10-1 Wichtige Normungs- und Standardisierungsorganisationen

1. Suchen Sie im Internet nach jeweils zwei Spezifikationen, die von den oben beschriebenen Organisationen verabschiedet wurden. Beschreiben Sie kurz deren Anwendungsbereiche.
2. Aus welchen Mitgliedsländern setzt sich momentan das CEN zusammen?

Im Folgenden werden beispielhaft einige wichtige Netzwerkspezifikationen vorgestellt:

- IEEE 802.3/Ethernet
- Token Ring
- FDDI
- Feldbussysteme

10.1 IEEE 802

Standards für LANs und MANs werden durch die Fachgruppe 802 des IEEE festgelegt. Im Februar 1990 wurden diese Standards von der ISO auch international genormt (ISO 8802). Die dort verfassten Definitionen betreffen im Wesentlichen die Schichten 1 und 2 des ISO/OSI-Referenzmodells. Die Sicherungsschicht wird dabei in zwei zusätzliche Schichten unterteilt:

- **M**edia-**A**ccess-**C**ontrol-Schicht (MAC-Schicht):
  Die MAC-Schicht ist abhängig von der verwendeten Hardware und stellt die Verbindung zur Schicht 1 her. Hierbei wird der Zugriff auf das Übertragungsmedium gesteuert. Treiber von Netzwerkkarten sind auf dieser Schicht angesiedelt.
- **L**ogical-**L**ink-**C**ontrol-Schicht[1] (LLC-Schicht):
  Unabhängig von der jeweils verwendeten Hardware dient die LLC-Schicht einer sicheren Datenübertragung. Den höheren Schichten werden hierbei drei unterschiedliche Dienste angeboten:
  - unquittierte, verbindungslose Übertragung
  - quittierte, verbindungslose Übertragung
  - verbindungsorientierte Übertragung

  Am weitaus häufigsten kommt die unquittierte, verbindungslose Übertragung in einem LAN zum Einsatz. Kaum verwendet wird dagegen die verbindungsorientierte Übertragung.

  Das in der LLC-Schicht eingesetzte LLC-Protokoll basiert auf dem HDLC-Verfahren (siehe Abschnitt 9.4: Weitere Übertragungsprotokolle).

> *Mit der Unterteilung der Sicherungsschicht in zwei Teilschichten ist es möglich, dass ein Teil der Sicherungsschicht, die LLC-Schicht, unabhängig von vorhandenen Technologien arbeiten kann.*

Abb. 10.1-1 zeigt die Integration der MAC- und LLC-Teilschicht in das ISO/OSI-Referenzmodell sowie deren Zuordnung zu einigen IEEE-802-Standards.

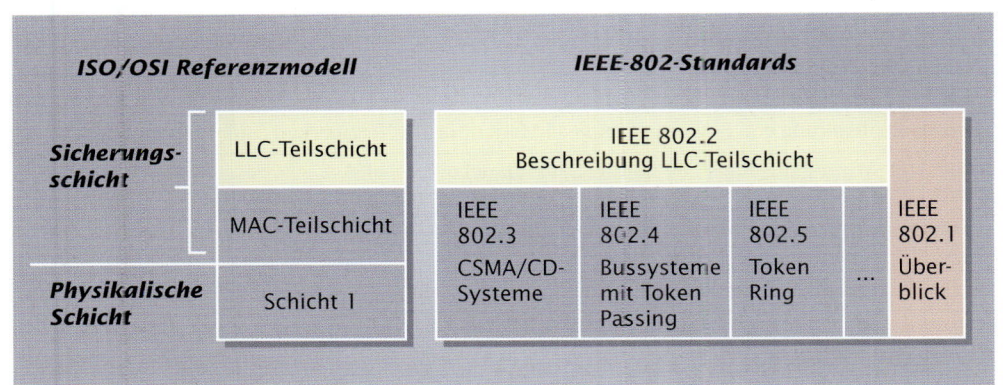

10.1-1
Zuordnung des
IEEE-802-Standards
zum ISO/OSI-Referenzmodell

Damit ein von der Schicht 3 zur Schicht 2 übertragenes IP-Paket sein Ziel auf einem anderen Rechner erreichen kann, fügt die LLC-Schicht diesem Paket Steuerungsinformationen hinzu. Das somit neu verpackte IP-Paket wird dann zur MAC-Teilschicht weitergeleitet. Entsprechend der im Netz verwendeten Technologie wie

[1] **L**ogical **L**ink **C**ontrol (LLC): engl. Steuerung für logische Verbindungen

z. B. Token Ring oder FDDI wird das Paket dann weiter mit Daten versehen. Anschließend erfolgt der durch die MAC-Teilschicht gesteuerte und ebenfalls von der verwendeten Technologie abhängige Zugriff auf das Übertragungsmedium.

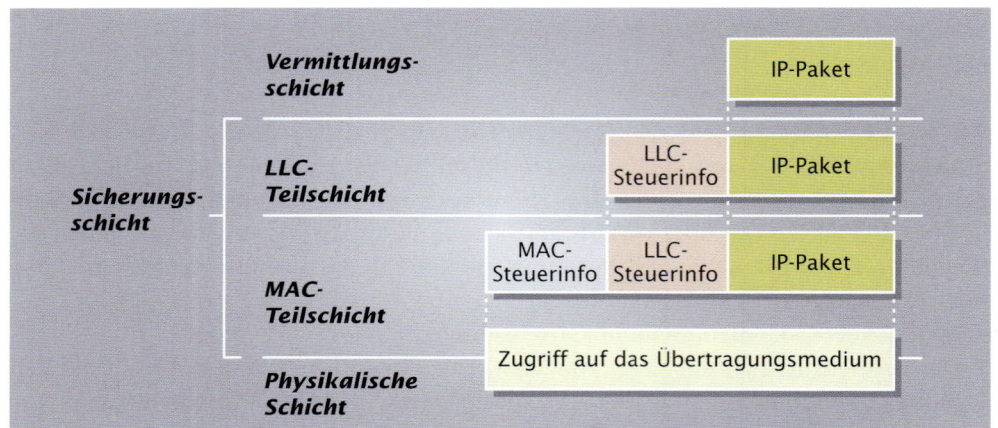

10.1-2
Datenübertragung
mit LLC- und
MAC-Teilschicht

IEEE-Nummer	Beschreibung
802.1	Allgemeine Darstellung des 802-Standards
802.2	Schicht-2-LLC-Aufbau
802.3	CSMA/CD-Systeme
802.3ab	Gigabit Ethernet (Twisted Pair)
802.3ae	10 Gigabit Ethernet
802.3af	Stromversorgung über Ethernet
802.3ak	10 Gigabit Ethernet über Twinax
802.3u	Fast Ethernet
802.3z	Gigabit Ethernet (Lichtwellenleiter, Twinax)
802.4	Bus-Systeme unter Verwendung von Token Passing
802.5	Token Ring
802.6	Metropolitan Area Network (MAN) (nicht mehr gültig)
802.7	Breitbandtechnologie: Eigenschaften und empfohlene Systeme
802.8	Lichtwellenleiter-Technologie: Eigenschaften und empfohlene Systeme (Standard nicht verabschiedet)
802.9	Sprachübertragung über Datennetze (nicht mehr gültig)
802.10	Verfahren zur Realisierung von Sicherheit und Geheimhaltung in Netzwerken (nicht mehr gültig)
802.11	Drahtlose LANs (Wireless LANs, siehe Kapitel 25: Funknetze)
802.12	100 Mbit/s-LAN
802.13	wird nicht verwendet
802.14	Kabelfernsehen (Standard nicht verabschiedet)
802.15	Drahtlose Kommunikation innerhalb kurzer Entfernungen (Wireless Personal Area Network, Bluetooth, siehe Kapitel 25: Funknetze)
802.16	Drahtloser Zugang zu Breitbandnetzen (Broadband Wireless Access, BWA)
802.17	Übertragungsprotokoll für Ringstrukturen mit hohen Übertragungsraten (Resillent Packet Ring, RPR)
802.18	Koordinierung der weltweit zur Verfügung stehenden Funkfrequenzen (Radio Regularoty Technical Advisory Group, RRTAG)

Auswahl einiger IEEE-802-Standards

10.1.1 IEEE 802.3 und Ethernet

In der Spezifikation IEEE 802.3 werden Systeme definiert, die das Zugriffsverfahren CSMA/CD (siehe Abschnitt 9.1.1: Konkurrenzverfahren) verwenden. Deren eigentlicher Ursprung ist das „ALOHA[1]"-System, das 1970 in Hawaii entwickelt wurde, um mehrere über die Hawaiianischen Inseln verstreute Rechner mittels Funk zu vernetzen. Die Firma XEROX entwickelte daraufhin 1976 ein System auf der Basis von ALOHA, das nicht Funk, sondern Leitungen zur Vernetzung verwendete. Auch wurde dort bereits ein vollständiges CSMA/CD-Zugriffsverfahren implementiert. Der Name dieses Systems war „Ethernet[2]".

> **Als Ethernet wird umgangssprachlich ein Netz bezeichnet, das das Zugriffsverfahren CSMA/CD verwendet.**

Das XEROX-Ethernet war für 2,94 Mbit/s, bis zu 100 Rechnern und einer max. Koaxial-Leitungslänge von 1 km ausgelegt. Da dieses Netzwerk sehr erfolgreich war, erweiterten die Firmen DEC, Intel und XEROX[3] die Übertragungsgeschwindigkeit auf 10 Mbit/s und veröffentlichten es 1980 unter der Bezeichnung „Ethernet V1[4]". Anschließend über-

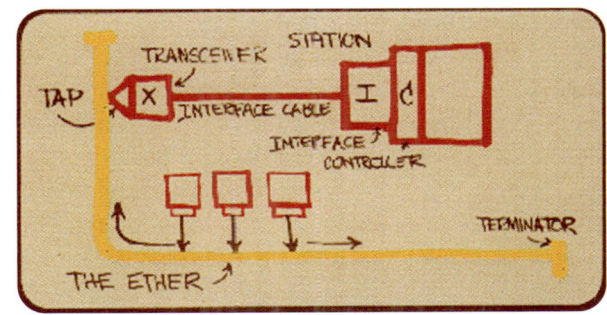

10.1.1-2 Original-Zeichnung des ersten Ethernets von dessen Entwickler Dr. Robert Metcalfe der Firma Xerox (1976)

10.1.1-1
Dr. Robert Metcalfe, der Entwickler des Ethernets

Jahr	Ereignis
1970	Entwicklung des „ALOHA"-Systems.
1976	Ethernet wird erstmals der Öffentlichkeit vorgestellt.
1980	Die Firmen DEC, Intel und XEROX entwickeln das 10-Mbit/s-Ethernet „Ethernet V1".
1981	Der IEEE-802.3-Standard wird veröffentlicht.
1982	DEC, Intel und XEROX stellen „Ethernet V2" vor.
1986	Veröffentlichung des 10Base2-Standards durch das IEEE.
1990	Internationale Normung des IEEE-802.3-Standards durch die ISO.
1991	Veröffentlichung des 10BaseT-Standards
1992	Veröffentlichung des 10BaseF-Standards
1995	Das IEEE veröffentlicht den Fast-Ethernet-Standard IEEE 802.3u.
1998	Veröffentlichung des Gigabit-Ethernet-Standards IEEE 802.3z (Lichtwellenleiter, Twinax)
1999	Veröffentlichung des Gigabit-Ethernet-Standards IEEE 802.3ab (Twisted Pair)
2002	Veröffentlichung des 10-Gigabit-Ethernet-Standards IEEE 802.3ae (Lichtwellenleiter). Beginn der Arbeiten am 10-Gigabit-Ethernet (Twisted Pair) Beginn der Arbeiten am 100-Gigabit-Ethernet
2004	Veröffentlichung des 10-Gigabit-Ethernet-Standards IEEE 802.3ak (Twinax)

Wichtige Meilensteile in der Geschichte des Ethernet

[1] **Aloha:** hawaiianisch Willkommen

[2] **Ether:** engl. Äther. Im 19. Jahrhundert nahm man an, dass für die Übertragung von Licht oder magnetischer Ausstrahlung im Raum ein besonderes Medium vorhanden sein muss. Dieses Medium nannte man Äther. Erst später konnte nachgewiesen werden, dass es keinen Äther gibt. Der Name hat sich jedoch erhalten. Dr. Robert Metcalfe der Firma Xerox nannte die von ihm entwickelte Netzwerktechnologie „Ethernet" (Äther-Netzwerk), um den Bezug zum Funknetz ALOHA zu verdeutlichen.

[3] **DEC, Intel** und **XEROX:** abgekürzt „DIX"-Gruppe

[4] In der Literatur findet man auch häufig die Bezeichnungen „Ethernet I" oder „DIX I".

gaben sie diese Spezifikation dem IEEE zur Standardisierung. Das IEEE veröffentlichte dann 1981 den Standard als eine überarbeitete Version des Ethernet V1. Doch auch die Firmen DEC, Intel und XEROX entwickelten ihr Ethernet V1 weiter und veröffentlichten 1982 die Spezifikation „Ethernet V2[1]". Die Versionen IEEE 802.3 und Ethernet V2 unterscheiden sich in einigen Bereichen wie z. B. dem in der MAC-Teilschicht verwendeten Rahmenaufbau. Dieses hat zur Folge, dass beide Versionen inkompatibel zueinander sind. Es ist jedoch möglich, beide Typen parallel in einem Netz zu verwenden.

> Moderne Netzwerkkarten unterstützen sowohl Ethernet V2 als auch IEEE 802.3 und erkennen im Allgemeinen automatisch das jeweilige Rahmenformat.

Rahmenaufbau:

Die MAC-Teilschicht arbeitet mit Datenblöcken, die als MAC-Frames bezeichnet werden. Abb. 10.1.1-3 zeigt die beiden möglichen Varianten solcher Frames: Das innerhalb vom Ethernet V2 verwendete Format namens Ethernet-Frame[2] und die beim IEEE 802.3 verwendete Form mit der Bezeichnung IEEE-802.3-Frame. Trotz der Standardisierung von IEEE 802.3 ist der Ethernet-Frame weitaus häufiger in Netzen anzutreffen. So verwendet z. B. TCP/IP den Ethernet-Frame. Ein Beispiel für den Einsatz des IEEE-802.3-Frames ist NetBEUI.

> *Ein Ethernet-Frame und ein IEEE-802.3-Frame unterscheiden sich in ihrem Aufbau!*

10.1.1-3 Ethernet- und IEEE-802.3-Frame

[1] In der Literatur findet man auch häufig die Bezeichnungen „Ethernet II" oder „DIX II".
[2] Genauer: Ethernet-V2-Frame

Feldbezeichnung	Erläuterung
Präambel	Vorspann zur Synchronisation von Sender und Empfänger
Frame Delimiter (IEEE 802.3)	Rahmenbegrenzung: Kennzeichnet den Beginn des eigentlichen Datenpakets (festes Bitmuster 10101011)
Destination Address	Zieladresse (MAC-Adresse des Empfängers)
Source Address	Quelladresse (MAC-Adresse des Senders)
Type (Ethernet)	Identifikation des Schicht-3-Protokolls
Length (IEEE 802.3)	Anzahl der Bytes des Datenfeldes
SSAP (Source Service Access Point, IEEE 802.3)	Dienst-Zugriffspunkt der Quelle: Angabe des von der Schicht 3 des Senders verwendeten Protokolls
DSAP (Destination Service Access Point, IEEE 802.3)	Dienst-Zugriffspunkt des Ziels: Angabe des Schicht-3-Protokolls, das beim Empfänger angesprochen werden soll
Control (IEEE 802.3)	Steuerungsfeld für den Verbindungsdienst LLC
OUI (Organizationally Unique Identifier, IEEE 802.3)	Hersteller-Kennung der Netzwerkkarte, wird jedoch nicht verwendet (Feld enthält nur Nullen)
Protocol Identifier (PID, IEEE)	Identifikation des Schicht-3-Protokolls, identisch mit dem Type-Feld bei Ethernet-Frames
Data	Datenfeld
FCS (Frame Check Sequence)	Rahmenprüfsumme, dient der Überprüfung des Frames auf evtl. Beschädigung

zu 10.1.1-3 Ethernet- und IEEE-802.3-Frame

Rot: LLC-Header; Blau: SNAP

Empfang eines Ethernet-Frames:

Sowohl bei Ethernet- als auch bei IEEE-802.3-Netzen handelt es sich um Broadcast-Netze. Jede Station kann somit alle Frames lesen, unabhängig davon, ob diese Daten für sie bestimmt sind oder nicht. Beim Empfang eines Ethernet-Frames wird zunächst ein Taktgeber auf der Netzwerkkarte mit Hilfe der Bitwechsel der Präambel synchronisiert. Wird das sich am Ende der Präambel befindende Bitmuster 11 erkannt, beginnt das eigentliche Einlesen des Datenpakets. Dabei wird zunächst die Empfänger-MAC-Adresse mit der auf der Netzwerkkarte gespeicherten MAC-Adresse verglichen. Bei Übereinstimmung ist das Datenpaket für den eigenen Rechner bestimmt und der Vorgang kann fortgesetzt werden. Um nun zu entscheiden, welches Protokoll der Schicht 3 angesprochen werden soll, wird das „Type"-Feld des Ethernet-Frames ausgelesen. Dort ist ein Wert eingetragen, der das zu verwendende Schicht-3-Protokoll repräsentiert. So steht z. B. stellvertretend für IP die Zahl 2048_{dez} (siehe Tabelle). Anschließend können die im Datenfeld vorhandenen Daten der Schicht 3 und des dort angesprochenen Protokolls übergeben werden.

Wert des Type-Feldes (dez.)	Schicht-3-Protokoll
2048	IP
2054	ARP
32821	RARP
33079	IPX
33100	SNMP

10.1.1-4 Auswahl einiger Schicht-3-Protokolle und deren Werte im Type-Feld des Ethernet-Frames

Empfang eines IEEE-802.3-Frames:

Der Empfang eines IEEE-802.3-Frames erfolgt ähnlich zu dem des Ethernet-Frames. Bei IEEE 802.3 wurde jedoch das „Type"-Feld durch ein „Length"-Feld ersetzt. Dort ist die Anzahl der im Datenfeld vorhandenen Bytes eingetragen. Somit kann durch Auslesen dieses Feldes sofort die komplette Länge des Frames bestimmt werden. Das hat den Vorteil, dass die für die Verarbeitung des Frames zuständige Software vereinfacht werden kann. Um nun bestimmen zu können, welches Protokoll der Schicht 3 angesprochen werden soll, kann nicht mehr auf ein „Type"-Feld zurückgegriffen werden. Stattdessen wurde für diese Aufgabe zunächst der im Frame vorhandene LLC-Header eingesetzt. Im dortigen Feld „DSAP" (Destination Service Access Point) hatte man die sogenannte LLC-Adresse des Zielrechners eingetragen, die ebenfalls einen Wert in Abhängigkeit des anzusprechenden Schicht-3-Protokolls enthielt (z. B. 6_{dez} für IP).

10.1.1-5 Allgemeiner Ablauf beim Empfang von Ethernet- und IEEE-802.3-Frames

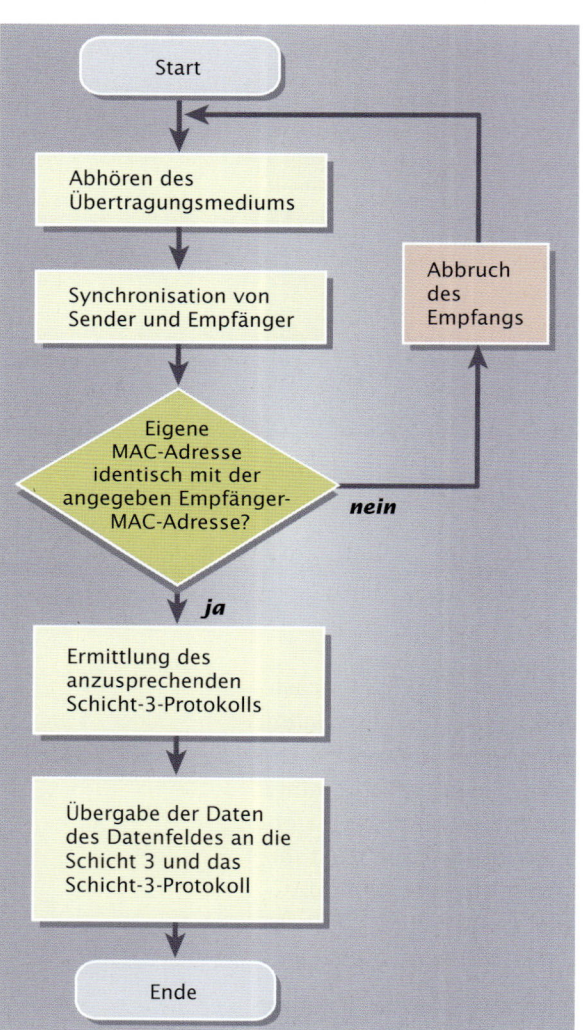

Nach dem Auslesen des DSAP-Feldes konnten die Daten des Datenfeldes der Schicht 3 und dem dort angesprochenen Protokoll übergeben werden.

Ein großes Problem bei der Verwendung der LLC-Adressfelder DSAP und SSAP (Source Service Access Point) bestand in deren Längen-Beschränkung auf ein Byte. Dieses ließ maximal 256 mögliche Adressierungen zu und ist für heutige Ansprüche nicht mehr ausreichend. Der IEEE-802.3-Frame wurde daher noch einmal durch zusätzliche Felder erweitert. Mit deren Hilfe wird das sogenannte „Subnetwork Access Protocol[1]" (SNAP) realisiert. Damit ist es möglich, dieselben 2-Byte-großen Nummern für Schicht-3-Protokolle zu verwenden, die auch bei Ethernet V2 zum Einsatz kommen. Der Eintrag der Protokollnummern erfolgt hierbei in dem Feld „PID" (Protocol Identifier). Um anzuzeigen, dass anstatt der LLC-Adressen nun die SNAP-Erweiterung verwendet wird, ist in den Feldern DSAP und SSAP jeweils die Kennung AA_{hex} einzutragen. Das PID-Feld wird anschließend ausgelesen und die Daten des Datenfeldes werden an die Schicht 3 und das zugehörige Protokoll übergeben.

Bevor die einzelnen Bits über ein Übertragungsmedium übertragen werden können, müssen die Bits so aufbereitet werden, dass sie sich möglichst gut für die Übertragung eignen. Bei Ethernet- und IEEE-802.3-Netzen werden die Bits daher codiert. Bei der Verwendung von Twisted-Pair- und Koaxialleitungen wird hierbei die Manchesterkodierung vorgenommen, bei Lichtwellenleitern kommt die 4B/5B-Codierung zum Einsatz (siehe Abschnitt 29.3: Codes).

Funktionen der Netzwerkkarte (siehe Abschnitt 4.3.2: Netzwerkkarte):

Für das Senden und Empfangen von Ethernet- oder IEEE-802.3-Frames übernehmen Netzwerkkarten in Zusammenarbeit mit ihrer jeweiligen Treibersoftware vielfältige Aufgaben der Schicht 2:

[1] **Sub**net **A**ccess **P**rotocol (SNAP): engl. Zugriffsprotokoll für Unternetze

- Signalerzeugung:

  Aus den einzelnen Bits eines Frames werden die für das Übertragungsmedium notwendigen Signale erzeugt.

- Frame-Erstellung:
  Die Netzwerkkarte stellt die einzelnen vom Übertragungsmedium stammenden Bits zu Frames für den weiteren Transport zusammen.
- Media Access Control (MAC):
  Es wird ein definierter Zugriff auf gemeinsam genutzte Übertragungsmedien ermöglicht.
- Identifikation:
  Zur eigenen Identifikation stellt die Netzwerkkarte eine eindeutige MAC-Adresse zur Verfügung.
- Logical Link Control (LLC):
  Die Netzwerkkarte ermöglicht die Kommunikation mit den höheren Schichten.

IEEE-802.3-Varianten:

Die Spezifikation IEEE 802.3 beschreibt vier Varianten des Netzaufbaus:

- 10Base5
- 10Base2
- 10Base-T
- 10Base-F

Die einzelnen Ausführungen unterscheiden sich im Wesentlichen durch die verwendete Leitung und die Art des Anschlusses der einzelnen Stationen.

10Base5:

Die Zahl 10 gibt die Übertragungsgeschwindigkeit an (10 Mbit/s). Base[1] steht für Basisband, d.h., nur eine Station kann das Übertragungsmedium je Zeiteinheit verwenden. Im Gegensatz dazu gibt es auch Breitband-Anwendungen (Broad[2]). Hier können mehrere Stationen gleichzeitig das Übertragungsmedium nutzen. Ein Beispiel hierfür ist das Kabelfernsehen, bei dem mehrere Programme zur selben Zeit über eine Leitung übertragen werden. Die Zahl 5 am Ende der Bezeichnung 10Base5 gibt an, dass die max. Segmentlänge[3] $5 \times 100\,\mathrm{m} = 500\,\mathrm{m}$ beträgt.

10Base5 wird oftmals auch als „Thicknet[4]-Ethernet" bezeichnet, da es im Vergleich zu anderen Systemen ein Koaxialkabel mit größerem Außendurchmesser (10 mm) verwendet. Dieses Koaxialkabel vom Typ RG8 ist meistens gelb und kann Daten mit einer max. Geschwindigkeit von 10 Mbit/s übertragen. Für moderne Netze mit höheren Übertragungsraten ist es nicht geeignet und sollte daher auch nicht mehr in Neuinstallationen eingesetzt werden.

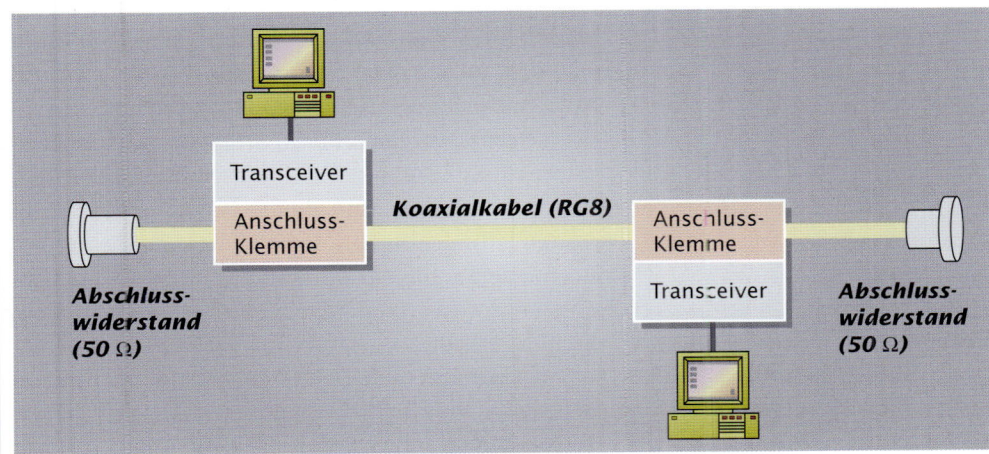

10.1.1-6 10Base5

[1] **Base:** engl. Basis
[2] **Broad:** engl. breit
[3] Als Segment wird das sich zwischen zwei Koppelelementen wie z. B. Repeater, Bridges oder Switches befindende LAN bezeichnet. Die Segmentlänge gibt entsprechend die Leitungslänge innerhalb des Segments an.
[4] **Thicknet:** engl. Dickes Netzwerk

10Base2:

Im Gegensatz zu 10Base5 verwendet 10Base2 ein Koaxialkabel mit geringerem Durchmesser (4,5 mm). Da es aus diesem Grund kostengünstiger als das 10Base5-Kabel RG8 ist, bezeichnet man es häufig auch als „Cheapernet[1]". Der geringere Kabeldurchmesser führt jedoch auch dazu, dass die max. Segmentlänge von 2 × 100 m = 200 m geringer als bei 10Base5 ausfällt.

Die Installation eines 10Base2-Netzes gestaltet sich recht einfach und kostengünstig. Das Koaxialkabel ist flexibel bei der Verlegung, anstatt Anschluss-Klemmen werden BNC-Stecker verwendet und der Transceiver[2] ist auf der Netzwerkkarte integriert. 10Base2-Systeme konnten sich somit schnell gegenüber 10Base5-Systemen durchsetzen. Aufgrund der geringen Übertragungsgeschwindigkeit von 10 Mbit/s und der Anfälligkeit der mechanischen Verbindungen kommen 10Base2-Systeme bei Neuinstallationen jedoch nicht mehr zum Einsatz.

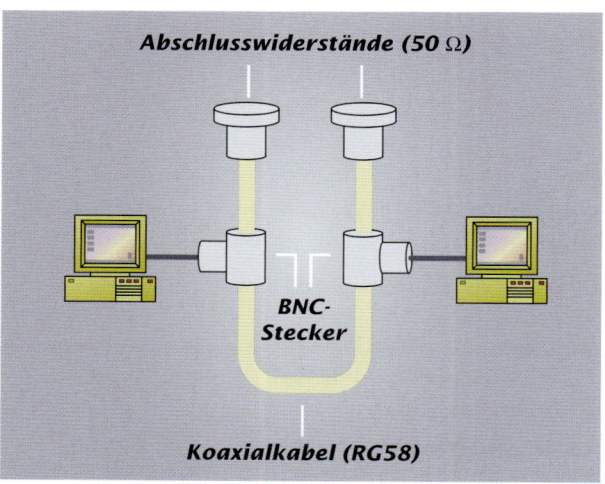

10.1.1-7 10Base2

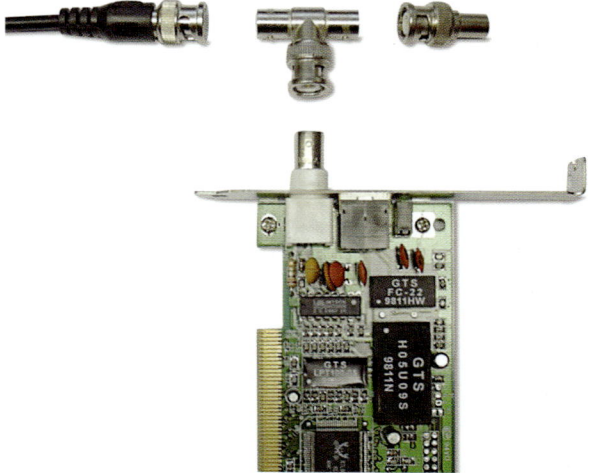

10.1.1-8 10Base2-Vernetzung

10Base-T:

Ein großes Problem bei 10Base5- und 10Base2-Systemen besteht darin, dass das gesamte Netz bei einem Defekt der Koaxialleitung nicht mehr funktioniert. Aus diesem Grund wird bei 10Base-T-Systemen eine Stern-Topologie verwendet, bei der die Stationen mit einem zentralen Hub oder Switch verbunden sind. Eine defekte Leitung wirkt sich nun nur noch auf die direkt betroffene Station aus, das restliche Netzwerk funktioniert weiterhin. Das „T" in der Bezeichnung 10Base-T weist darauf hin, dass Twisted-Pair-Leitungen (CAT 3) verwendet werden. 10Base-T-Systeme sind heute noch anzutreffen, werden jedoch allmählich durch Netzwerke mit höheren Übertragungsraten ersetzt.

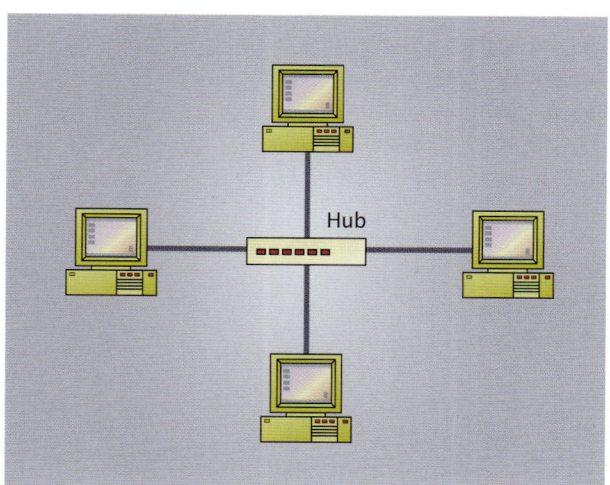

10.1.1-9 10Base-T

[1] **Cheapernet:** engl. günstiges Netzwerk
[2] **Transceiver:** engl. bestehend aus Transmitter (Sender) und Receiver (Empfänger)
[3] **Fibre Optics:** engl. Lichtwellenleiter

10Base-F[3]

Bei 10Base-F-Systemen werden Lichtwellenleiter zur Vernetzung eingesetzt. Da man bei modernen Netzwerken unter Einsatz von Lichtwellenleitern Übertragungsgeschwindigkeiten bis zu 10 Gbit/s erreichen kann, werden die langsamen 10Base-F-Systeme nicht mehr neu installiert.

10.1.2 Fast Ethernet[1]

Die in der Spezifikation IEEE 802.3 festgelegte Übertragungsgeschwindigkeit ist für viele Anwendungen heute nicht mehr ausreichend. 1995 verabschiedete IEEE daher als Erweiterung den Standard 802.3u, der eine Übertragungsgeschwindigkeit von 100 Mbit/s erlaubt. Die in IEEE 802.3u enthaltenen Spezifikationen werden daher auch als „Fast Ethernet" bezeichnet.

In IEEE 802.3u sind drei Varianten des Fast Ethernets festgelegt:
- 100Base-T4
- 100Base-TX
- 100Base-FX

100Base-T4:

Bei dem eher selten vorkommenden 100Base-T4-System erfolgt die Vernetzung ebenso wie bei 10Base-T über Twisted-Pair-Leitungen in Sterntopologie. Die höhere Übertragungsrate wird u. a. dadurch erreicht, dass bei 100Base-T4 alle vier Adernpaare[2] einer Twisted-Pair-Leitung genutzt werden. Bei 10Base-T sind es dagegen nur zwei Adernpaare.

Ebenso wie 10Base-T verwendet 100Base-T4 Twisted-Pair-Leitungen des Typs CAT 3. Bei der Umrüstung eines Netzes von 10Base-T auf 100Base-T4 ist es daher nicht notwendig, die Leitungen auszutauschen. Die Übertragung findet bei 100Base-T4 jeweils nur in eine Richtung statt, Vollduplex-Betrieb ist somit nicht möglich.

100Base-TX[3]:

Sehr häufig werden heutzutage Netze als 100Base-TX-Systeme realisiert. Hierbei sind Twisted-Pair-Leitungen zu verwenden, die mindestens der Kategorie 5 (CAT 5) angehören. Um die Leitungen jedoch auch zukünftig unter Verwendung höherer Übertragungsraten nutzen zu können, ist es empfehlenswert die Typen CAT 6 oder besser noch CAT 7 einzusetzen.

100Base-TX arbeitet im Vollduplexbetrieb und benötigt ebenso wie 10Base-T zwei der vier Adernpaare einer Twisted-Pair-Leitung. Zwei Adernpaare stehen daher zur freien Verfügung und können z. B. für ISDN (siehe Kapitel 20: Dienste integrierendes Netz) verwendet werden.

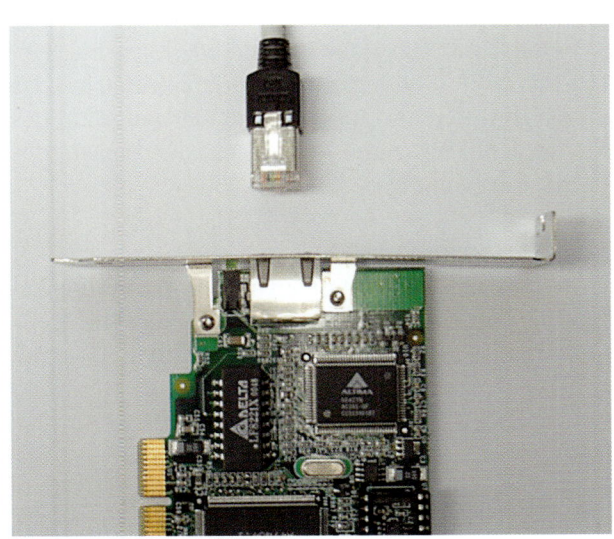

10.1.2-1 100Base-TX-Vernetzung

100Base-FX:

Die direkte Erweiterung von 10Base-F stellt 100Base-FX dar. Über Lichtwellenleiter werden hierbei 100 Mbit/s übertragen.

TIPP

Die Auswahl der Leitungen sollte stets zukunftsorientiert erfolgen! Da ein späteres Austauschen von Leitungen aufwändig und kostenintensiv ist, sollten schon bei der Erstinstallation des Netzwerks Leitungen verwendet werden, die möglichst hohe Übertragungsraten unterstützen (siehe Abschnitt 7.1: „Strukturierte Verkabelung").

[1] **Fast Ethernet:** engl. Schnelles Ethernet
[2] Die Bezeichnung T4 weist darauf hin, dass 4 Adernpaare der Twisted-Pair-Leitung verwendet werden.
[3] Die Bezeichnung 100Base-TX (X = extended, engl. erweitert) soll andeuten, dass es sich um eine Erweiterung von 10Base-T handelt.

10.1.3 Gigabit[1] Ethernet

Eine Weiterentwicklung des Fast Ethernet ist das Gigabit Ethernet. Hier werden Übertragungsraten bis 1 Gbit/s unterstützt. Die entsprechenden Standardisierungen sind in IEEE 802.3z und IEEE 802.3ab festgelegt. Vorhandene Fast-Ethernet-Infrastrukturen können bei Gigabit Ethernet beibehalten werden. Das gilt sowohl für die Verkabelung als auch für die im Netzwerk verwendeten Protokolle.

Mögliche Varianten des Gigabit Ethernet sind:
- 1000Base-T
- 1000Base-LX
- 1000Base-SX
- 1000Base-CX

1000Base-T (IEEE 802.3ab):
1000Base-T ist die direkte Erweiterung zu 100Base-T. Es verwendet ebenso Twisted-Pair-Leitungen der Kategorie 5. Um die hohe Übertragungsrate von 1 Gbit/s erreichen zu können, werden alle vier Adernpaare verwendet. Die maximale Leitungslänge beträgt 100 m.

10.1.3-1
1000Base-T-
Netzwerkkarte

1000Base-LX/1000Base-SX (IEEE 802.3z):
1000Base-LX[2] verwendet Lichtwellenleiter, die mit einer langen Wellenlänge arbeiten (1270 nm bis 1355 nm). Bei 1000Base-SX[3] wird dagegen mit der kürzeren Wellenlänge von 850 nm gearbeitet. Es kommen sowohl Multimode- als auch Monomodefasern zum Einsatz, wobei sich die max. Segmentlängen entsprechend unterscheiden. Bei 1000Base-LX und 1000Base-SX handelt es sich um Punkt-zu-Punkt-Verbindungen im Vollduplex-Betrieb. Da somit nur noch zwei Stationen ihre Daten austauschen und hier aufgrund des Vollduplex-Betriebs keine Kollisionen mehr auftreten können, ist der Einsatz des Zugriffsverfahrens CSMA/CD nicht mehr notwendig.

10.1.3-2
1000Base-SX-
Einschubmodul
für Switches

1000Base-CX[4] (IEEE 802.3z):
Die Spezifikation 1000Base-CX wurde für kurze Verbindungen über Kupferkabel von max. 25 m Länge definiert. Einsatzgebiete sind z. B. die Kopplung von Servern, Hubs oder Switches. Als Kupferleitung kommt Twinax (siehe Abschnitt 6.1.1: Koaxialkabel) zum Einsatz.

[1] 1 Giga = 1×10^9
[2] Der Buchstabe L steht für „Long Wavelength", engl. lange Wellenlänge
[3] Der Buchstabe S steht für „Short Wavelength", engl. kurze Wellenlänge
[4] Der Buchstabe C steht für „Coax", engl. Koaxialkabel

10.1.4 10-Gigabit-Ethernet

10-Gigabit-Ethernet erweitert die Übertragungsrate von 1 Gbit/s bei Gigabit Ethernet auf 10 Gbit/s. 10-Gigabit-Ethernet unterstützt ausschließlich Punkt-zu-Punkt-Verbindungen im Vollduplex-Betrieb. Das CSMA/CD-Verfahren wird also nicht mehr angewendet. Damit handelt es sich bei 10-Gigabit-Ethernet nicht mehr um das klassische Ethernet, auch wenn dieses Wort noch in der Bezeichnung enthalten ist.

Das 10-Gigabit-Ethernet verwendet kein CSMA/CD!

Varianten des 10-Gigabit-Ethernet sind:

- 10GBase-S
- 10GBase-L
- 10GBase-E
- 10GBase-CX
- 10GBase-T

10GBase-S/10GBase-L/10GBase-E[1] (IEEE 802.3ae)

Diese Spezifikationen legen die Übertragung mit Hilfe von Lichtwellenleitern fest. Die verwendete Wellenlänge bei 10GBase-S beträgt 850 nm, bei 10GBase-L 1310 nm und bei 10GBase-E 1550 nm.

10GBase-CX (IEEE 802.3ak)

In 10GBase-CX wird eine Technologie für die Übertragung über 8 Twinax-Leitungen auf max. 15 m Entfernung definiert. Typische Anwendungen sind kaskadierbare Switches oder Server-Farmen.

10GBase-T (IEEE 802.3an)

Die Entwicklung eines Standards zur Realisierung von 10 Gigabit-Netzen über Twisted-Pair-Leitungen ist momentan noch in der Entwicklung und wird voraussichtlich 2006 abgeschlossen sein. Geplant sind max. Segmentlängen von 100 m. Über die erforderliche Kategorie (5e, 6 oder 7) der Leitungen herrscht noch keine Einigung.

> Untersuchen Sie, ob in Ihrer Schule bzw. in ihrem Betrieb Ethernet zum Einsatz kommt. Um welche Standards handelt es sich ggf.?

10.1.5 Autonegotiation[2]

Aufgrund der langen Zeit, in der Ethernet bereits verfügbar ist, war eine ständige Weiterentwicklung der jeweiligen Netzwerkkomponenten möglich. So können moderne Netzwerkkarten beispielsweise nicht mehr nur mit einer Übertragungsrate von 10 Mbit/s, sondern auch mit 100 Mbit/s oder 1000 Mbit/s arbeiten.

Bei einer Erweiterung bestehender Netzwerke ergibt sich hierbei häufig das Problem, dass nicht genau bekannt ist, über welche Funktionalität die Gegenstelle verfügt. Arbeitet die Netzwerkkarte, mit der Verbindung aufgenommen werden soll, mit 100 Mbit/s oder sogar mit 1000 Mbit/s? Kann ein Vollduplexbetrieb erfolgen oder ist der Betrieb lediglich im Halbduplexmodus möglich?

Zur Vereinfachung dieser Problematik verfügen moderne Netzwerkkomponenten über die Funktion „Autonegotiation".

Der Autonegotiation-Vorgang findet beim Verbindungsaufbau statt und dauert nur wenige Millisekunden. Hierbei werden die maximale Übertragungsrate sowie der Übertragungsmodus (Halbduplex, Vollduplex) zwischen den beteiligten Netzwerkkomponenten vereinbart und konfiguriert. Der Nutzer des Netzwerks braucht keine separaten Einstellungen vorzunehmen. Komponenten mit Autonegotiation-Funktion sind z.B. Netzwerkkarten, Hubs oder Switches. Autonegotiation ist Bestandteil des Standards IEEE 802.3u.

[1] Der Buchstabe E steht für „Extra Long Wavelength", engl. extra lange Wellenlänge
[2] **Negotiation:** engl. Verhandlung

> *Unter Autonegotiation versteht man die automatische Erkennung der Funktionalität der Gegenseite sowie das anschließende automatische Konfigurieren der zugehörigen Netzwerkkomponenten.*

Spezifikation	Name	Übertragungs-rate	Leitung	max. Segment-länge	Topologie
IEEE 802.3	10Base2	10 Mbit/s	Koaxialkabel RG-8	200 m	Bus
	10Base5	10 Mbit/s	Koaxialkabel RG-58	500 m	Bus
	10Base-T	10 Mbit/s	Twisted-Pair (Cat 3, zwei Adernpaare)	100 m	logisch Bus, physikalisch Stern
	10Base-F	10 Mbit/s	LWL, Multimode, Wellenlänge 850 nm, Kerndurchmesser 50 mm oder 62,5 mm (zwei Leitungen pro Verbindung)	2000 m	Bus physikalisch Stern
IEEE 802.3u	100Base-T4	100 Mbit/s	Twisted-Pair (Cat 3, vier Adernpaare)	100 m	logisch Bus, physikalisch Stern
	100Base-TX	100 Mbit/s	Twisted-Pair (Cat 5, zwei Adernpaare)	100 m	logisch Bus, physikalisch Stern
	100Base-FX	100 Mbit/s	LWL, Multimode, Wellenlänge 850 nm, Kerndurchmesser 50 mm oder 62,5 mm	400 m–2000 m	Stern
IEEE 802.3z	1000Base-LX	1 Gbit/s	• LWL Multimode, Wellenlänge 1310 nm, Kerndurchmeser 50 mm oder 62,5 mm • LWL Monomode, Wellenlänge 1310 nm, Kerndurchmesser 8,3 mm	550 m 3000 m	Stern
	1000Base-SX	1 Gbit/s	Multimode, Wellenlänge 850 nm • Kerndurchmesser 50 mm • Kerndurchmesser 62,5 mm	 500 m–550 m 220 m–275 m	Stern
	1000Base-CX	1 Gbit/s	Twinax	25 m	Stern
IEEE 802.3ab	1000Base-T	1 Gbit/s	Twisted-Pair (Cat 5, vier Adernpaare)	100 m	Stern
IEEE 802.3ae	10GBase-S	10 Gbit/s	LWL, Multimode, Wellenlänge 850 nm: • Kerndurchmesser 50 mm • Kerndurchmesser 62,5 mm	 300 m 33 m	Stern
	10GBase-L	10 Gbit/s	LWL, Monomode, Wellenlänge 1310 nm, Kerndurchmesser 10 mm	10 km	Stern
	10GBase-E	10 Gbit/s	LWL, Monomode, Wellenlänge 1550 nm, Kerndurchmesser 10 mm	30 km	Stern
IEEE 802.3ak	10GBase-CX	10 Gbit/s	Twinax (8 Adernpaare)	15 m	Stern
IEEE 802.3an	10GBase-T	10 Gbit/s	Twisted-Pair	100 m	Stern

Übersicht IEEE-802.3-Standards

10.2 Token Ring

Bei Token Ring handelt es sich um eine von der Firma IBM im Jahr 1985 entwickelte LAN-Variante, die mit IEEE 802.5 standardisiert wurde. Der Name „Token Ring" ist darauf zurückzuführen, dass das Netz auf der Ringtopologie basiert und als Zugriffsverfahren Token Passing zum Einsatz kommt (siehe Abschnitt 9.1.2: Nicht konkurrierende Verfahren). Die ursprüngliche Übertragungsrate beträgt 4 Mbit/s. Eine später entwickelte schnellere Variante arbeitet mit 16 Mbit/s. Die höhere Geschwindigkeit wird dadurch erreicht, dass im Ring mehrere Token gleichzeitig unterwegs sind. Diese Vorgehensweise bezeichnet man auch als „Early-Token-Release-Verfahren[1]".

[1] **Early Token Release:** engl. frühzeitige Zeichenfreigabe

> *Ein Token-Ring-Netz basiert auf der logischen Ringtopologie und verwendet als Zugriffsverfahren Token Passing.*

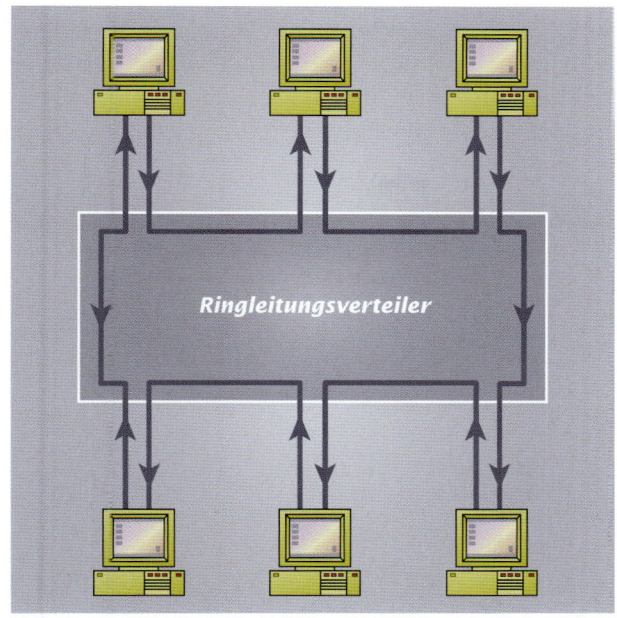

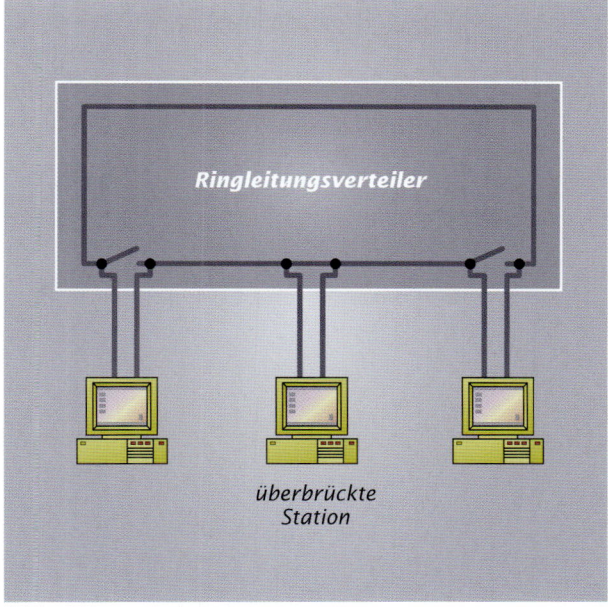

10.2-1 Physikalische Sterntopologie mittels Ringleitungsverteiler

10.2-2 Überbrückung inaktiver Stationen

Die Vernetzung der einzelnen Stationen erfolgt zwar in logischer Ringtopologie, die physikalische Topologie wird jedoch meist als Stern realisiert (siehe Abschnitt 5.3: Ringtopologie). Hierbei werden die einzelnen Stationen an sogenannte Ringleitungsverteiler[1] angeschlossen. An einen Ringleitungsverteiler können max. 8 Stationen angeschlossen werden. Bei einer höheren Anzahl zu vernetzender Stationen sind mehrere Ringleitungsverteiler in den Ring einzubinden. Ein Token Ring kann höchstens 33 Ringleitungsverteiler besitzen und es sind maximal 264 Stationen vernetzbar.
Der Ringleitungsverteiler erkennt automatisch, ob eine Station angeschlossen ist oder nicht. Ist die Station inaktiv, weil sie z. B. ausgeschaltet ist oder eine Störung vorliegt, wird diese Station einfach überbrückt. Die anderen Stationen des Rings können somit ungehindert weiterarbeiten (siehe Abb. 10.2-2).

Aus Sicherheitsgründen ist die Ringleitung doppelt ausgeführt: Neben der eigentlichen Ringleitung (Hauptleitung) existiert noch eine Ersatzleitung. Tritt z. B. eine Unterbrechung der Hauptleitung auf, so werden die Daten über die Ersatzleitung geleitet. Hierzu werden Haupt- und Ersatzleitung durch den Ringleitungsverteiler im Fehlerfall miteinander verbunden.

Als Datenleitungen zwischen Station und Ringleitungsverteiler bzw. zwischen zwei Ringleitungsverteilern werden Twisted-Pair-Kabel mit zwei verdrillten Aderpaaren verwendet. Die Verbindungsleitung zwischen Station und Ringleitungsverteiler wird hierbei auch als Lobe-Kabel[2] bezeichnet. Generell sollte das Lobe-Kabel bei 4-Mbit/s-Installationen nicht länger als 100 m sein, bei 16-Mbit/s-Installa-

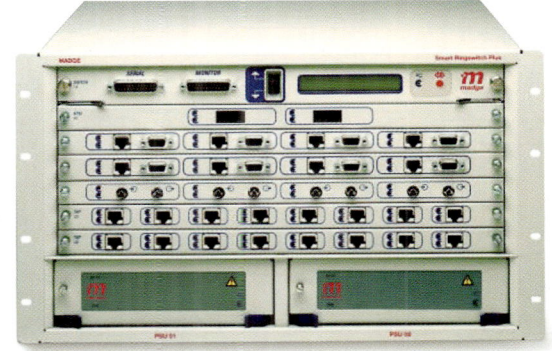

10.2-3 Ringleitungsverteiler

[1] Andere Bezeichnung für Ringleitungsverteiler: MAU, Multistation Access Unit, engl.: Zugriffseinheit für viele Stationen
[2] **Lobe:** engl. Ausbuchtung

tionen beträgt die max. Länge 50 m. Die max. Entfernung zwischen zwei Ringleitungsverteilern sollte 200 m nicht überschreiten. Token-Ring-Netze arbeiten mit der Manchester-Differenzcodierung, um die einzelnen Bits geeignet über das Übertragungsmedium transportieren zu können (siehe Abschnitt 29.3: Codes).

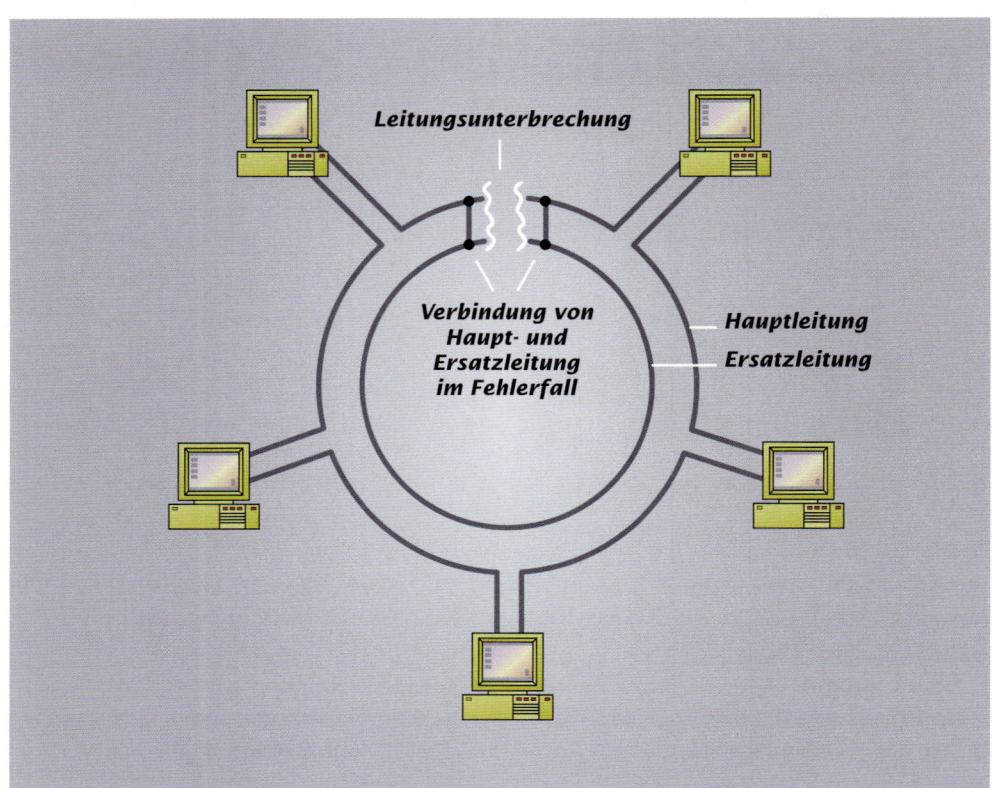

10.2-4
Haupt- und
Ersatzleitung

10.3 FDDI

Das FDDI (Fiber Distributed Data Interface[1]) ist eine Netzwerkarchitektur für lokale Netzwerke mit einer Übertragungsgeschwindigkeit von 100 Mbit/s. Standardisiert ist FDDI in der ANSI-Norm X3T9.5 und in der ISO 9314. Als Übertragungsmedium werden Lichtwellenleiter verwendet. FDDI wird häufig als Backbone-Netz zur Verbindung von LANs eingesetzt.

Ebenso wie bei Token Ring basiert FDDI auf der logischen Ringtopologie und der physikalischen Sterntopologie. Auch der Ring ist bei FDDI aus Sicherheitsgründen doppelt ausgelegt. Das Zugriffsverfahren entspricht einem verbesserten Token Passing. Hier wurde die Länge der verwendeten Datagramme verkleinert, um die höhere Übertragungsgeschwindigkeit zu erreichen.

Außerdem können sich mehrere Token gleichzeitig im Netz befinden.

> *FDDI-Netze basieren auf der logischen Ringtopologie und verwenden als Übertragungsmedium Lichtwellenleiter.*

Bei dem Anschluss von Stationen an den Ring sind mehrere Varianten möglich (siehe Abb. 10.3-3):

- Klasse A:
  Die Stationen besitzen vier Anschlüsse für die Lichtwellenleiter, d. h. jeweils einen Ein- und Ausgang für den Haupt- und Ersatzring. Stationen der Klasse A können unmittelbar in den Ring geschaltet werden.

[1] **Fiber Distributed Data Interface:** engl. verteilte Datenschnittstelle für Lichtwellenleiter

10.3-1
FDDI-Netzwerkkarte

10.3-2
FDDI-Ringverteiler

- Klasse B:
  Diese Stationen besitzen mit zwei Anschlüssen nur einen Eingang und einen Aus-
  gang. Stationen der Klasse B müssen über einen Ringleitungsverteiler in das Netz
  eingebunden werden.
- Klasse C:
  Die Elemente dieser Klasse sind keine Stationen, sondern Ringleitungsverteiler.

Elemente der Klassen A und C haben eine kombinierte Hard- und Software-Kompo-
nente integriert, die automatisch Leitungsfehler zwischen den Stationen erkennt
und im Fehlerfall die Ersatzringleitung verwendet.

Die max. Ringlänge beträgt bei FDDI 100 km, wobei höchstens 1000 Stationen an den
Ring angeschlossen werden dürfen. Für den Anschluss von Stationen an den Ring
können auch Twisted-Pair-Leitungen verwendet werden, falls eine Kabellänge von
100 m nicht überschritten wird. Hierbei müssen der Ringleitungsverteiler und die
Netzwerkkarte der Station über entsprechende Twisted-Pair-Anschlüsse verfügen.

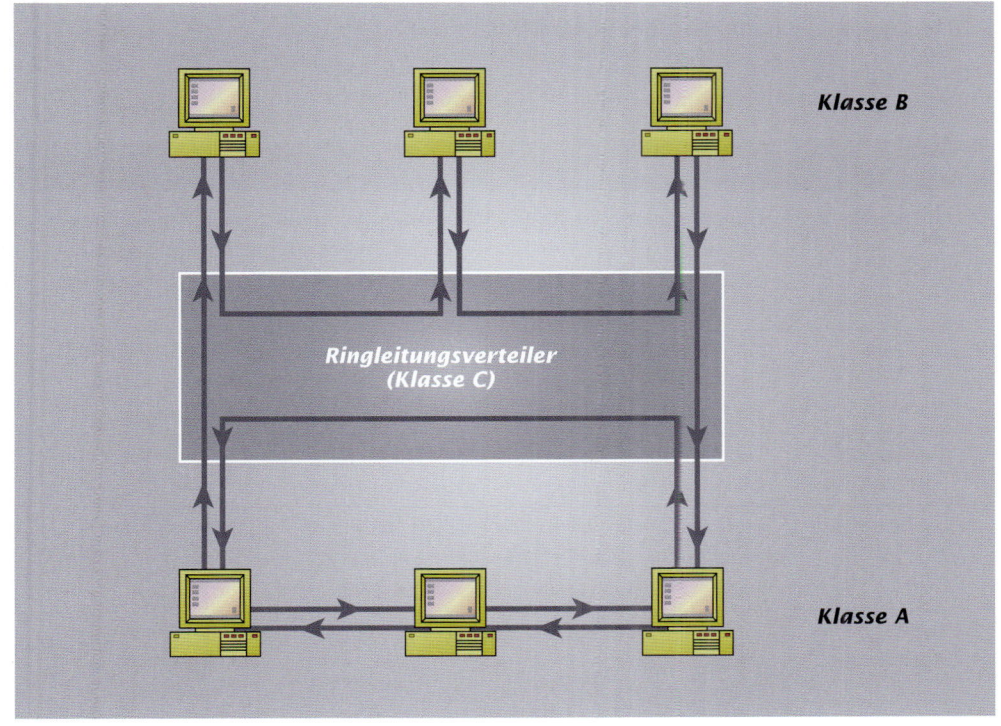

10.3-3
Anschluss von Elemen-
ten unterschiedlicher
Klassen

> *Feldbussysteme dienen der Vernetzung von Geräten aus dem Bereich der Automatisierungstechnik. Die Daten werden seriell über eine Verbindungsleitung zwischen den Geräten übertragen.*

10.4 Feldbussysteme

Aus Gründen einer vereinfachten Installation und Wartbarkeit werden komplexe Anlagen in der Industrie wie z. B. automatisierte Fertigungsstraßen für Kraftfahrzeuge heutzutage nicht mehr über eine einzige Steuerung realisiert. Vielmehr ist man dazu übergegangen, die Steuerung auf mehrere Automatisierungssysteme zu verteilen. Diese werden dann wieder von übergeordneten Rechnern koordiniert. Beispielsweise sind die für den Anschluss von Sensoren[1] und Aktoren[2] vorhandenen Ein- und Ausgänge ebenfalls dezentral angeordnet. Sie befinden sich direkt an den jeweiligen Anlagenteilen wie z. B. dem zu steuernden Motor und sind über einen sogenannten Feldbus miteinander verbunden.

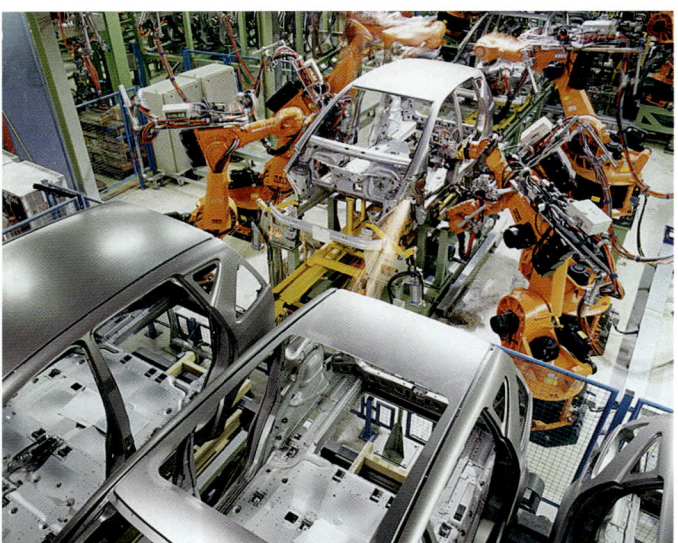

10.4-1
Roboter einer
Fertigungsstraße für
Kraftfahrzeuge

10.4.1 Hierarchieebenen in der Automatisierungstechnik

Um die komplexen Informationsströme in den Griff zu bekommen, werden innerhalb des zu automatisierenden Bereiches unterschiedliche Hierarchieebenen gebildet. Der Informationsaustausch erfolgt hierbei sowohl innerhalb der einzelnen Hierarchieebenen als auch zwischen diesen Ebenen.

Folgende Hierarchieebenen werden unterschieden (siehe Abb. 10.4.1-1):

Ebene	Beschreibung
Planungsebene	Durchführung der Auftragsplanung, Festlegung von Richtlinien und Strategien für die Fertigung. Es dominieren große Datenmengen mit unkritischen Reaktionszeiten. Die Datenübertragung erfolgt meist über große Entfernungen.
Leitebene	Koordinierung der einzelnen Bereiche der zu automatisierenden Anlage. In dieser Ebene befinden sich Prozessleitrechner sowie Rechner zur Projektierung, Diagnose, Bedienung und Protokollierung.
Zellenebene	Verbindung kleinerer Bereiche (Zellen) der Anlage, die jeweils von Automatisierungsgeräten gesteuert werden.
Feldebene	In dieser Ebene befinden sich jeweils die einzelnen Automatisierungsgeräte. Bei der Ankopplung an die höheren Ebenen dominieren große Datenmengen mit kritischen Reaktionszeiten.
Aktor-/ Sensorebene	In dieser Ebene erfolgt die Verbindung des technischen Prozesses mit dem Automatisierungsgerät. Diese Ebene ist Bestandteil der Feldebene.

[1] **Sensor:** Fühler
[2] **Aktor** (oft auch Aktuator): Bauelement, das elektrische Signale in mechanische Arbeit umwandelt. Bsp.: Stellmotoren

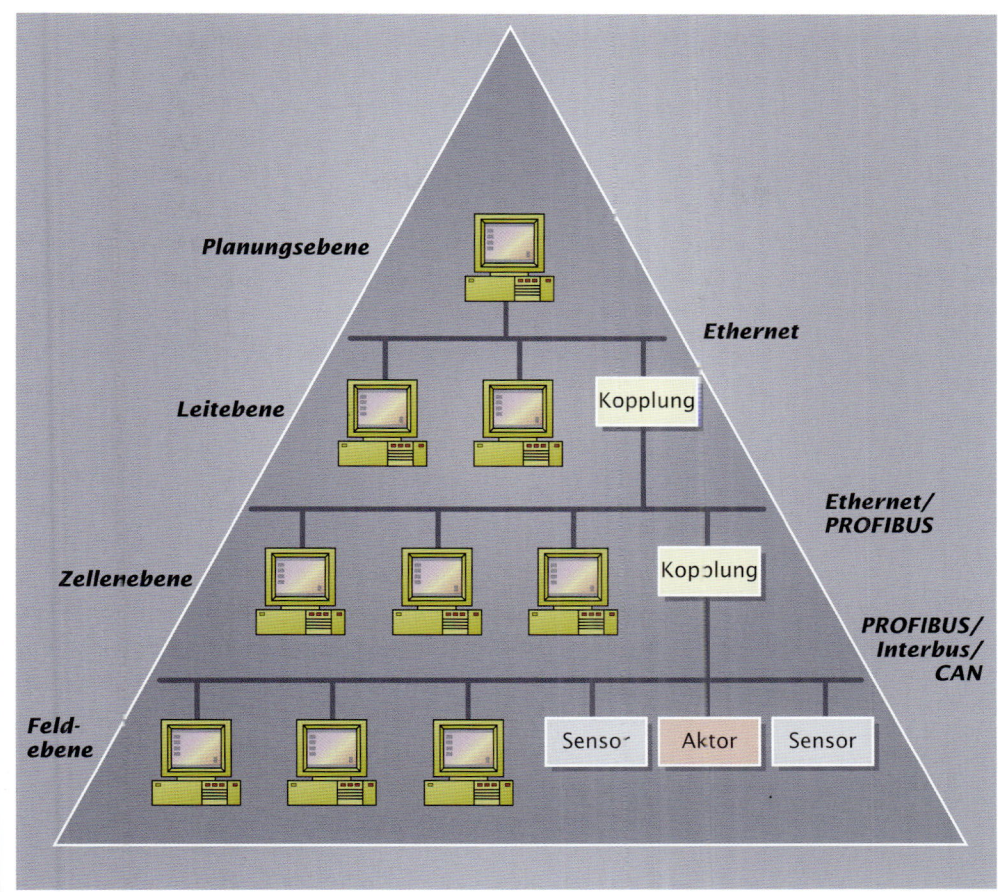

10.4.1-1
Hierarchieebenen
in der Automatisie-
rungstechnik

Innerhalb der einzelnen Hierarchieebenen existiert eine Vielzahl von Bussystemen mit konkurrierenden Standards. Besonders im Bereich der Feldebene haben sich mehrere Bussysteme durchgesetzt. Wichtige Vertreter sind:

- Interbus
- PROFIBUS
- CAN-Bus

Zunehmend werden auch Varianten des Ethernet in der Automatisierungstechnik eingesetzt (z. B. Industrial-Ethernet).

10.4.2 Interbus

Der Interbus wurde 1985 von der Firma Phoenix Contact mit dem Ziel entwickelt, die aufwändige Parallelverkabelung bei dem Anschluss der Peripherie an die Automatisierungsgeräte zu vermeiden. Entstanden ist ein serielles Bussystem, das einfach zu handhaben ist und eine hohe Übertragungssicherheit bietet.

Neben der Ankopplung von Sensoren und Aktoren an ein Automatisierungsgerät wird der Interbus häufig auch zur Vernetzung von Automatisierungsgeräten untereinander eingesetzt.

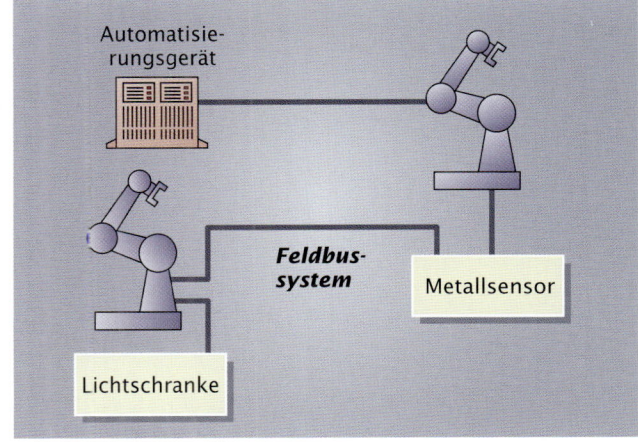

10.4.2-1 Ankopplung von Sensoren und Aktoren an ein Automatisierungsgerät über ein serielles Feldbussystem

Beim Interbus sind Steuerung und Teilnehmer in Ringtopologie miteinander vernetzt. Es sind max. 512 Teilnehmer (Sensoren, Aktoren oder Automatisierungsgeräte) zulässig. Die Ringtopologie kann auf drei unterschiedliche Arten realisiert werden:

- Fernbus
- Installationsfernbus
- Lokalbus

Die unterschiedlichen Bussysteme können über spezielle Buskoppler miteinander kombiniert werden.

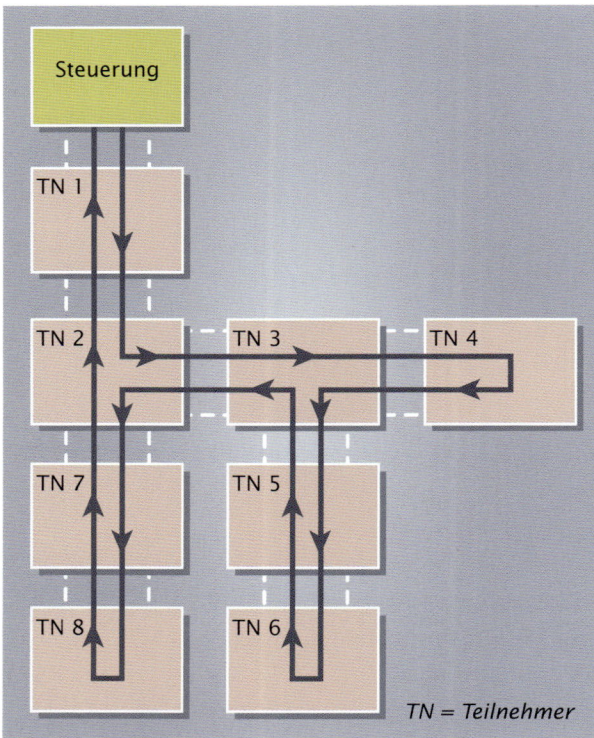

10.4.2-2 Fernbus

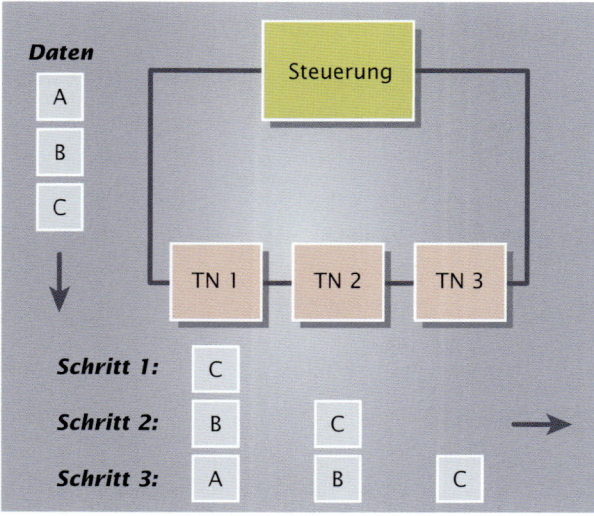

10.4.2-3 Datentransport beim Interbus

[1] **hybrid:** lat. gemischt

Fernbus:

Ein Fernbus (siehe Abb. 10.4.2-2) wird verwendet, wenn die einzelnen Teilnehmer räumlich weit voneinander entfernt sind. Als Übertragungsmedien kommen typischerweise Kupferleitungen oder Lichtwellenleiter zum Einsatz. Hin- und Rückleiter des Ringsystems sind in einem Kabel untergebracht.
Bei der Verwendung von Kupferleitungen ist für die Hin- und Rückleitung jeweils ein verdrilltes Adernpaar in dem Kabel vorhanden. Zusätzlich gibt es eine weitere Ader für den Potentialausgleich zwischen den Komponenten. Die max. Entfernung zwischen zwei Komponenten beträgt 400 m. Bei der Verwendung von Lichtwellenleitern wird für die Hin- und Rückleitung jeweils eine Faser benötigt. In Abhängigkeit des Lichtwellenleiter-Typs beträgt der Abstand zwischen zwei Komponenten max. 3000 m.

Installationsfernbus:

Soll die Spannungsversorgung der Teilnehmer zusammen mit der Datenübertragung über ein gemeinsames Kabel erfolgen, bietet sich der Einsatz des Installationsfernbusses an. Die Vernetzung der einzelnen Teilnehmer erfolgt hier mittels eines speziellen Hybridkabels[1], das aus drei Stromversorgungsleitungen und 3 verdrillten Adernpaaren besteht. Der max. Abstand zwischen zwei Komponenten liegt bei 50 m.

Lokalbus:

Der Lokalbus wird für Teilnehmer verwendet, die direkt nebeneinander angeordnet sind. Die Vernetzung erfolgt über ein zweiadriges Kabel, über das gleichzeitig die Datenkommunikation und die Stromversorgung vorgenommen werden. Der max. Abstand zweier Komponenten voneinander beträgt 20 m.
Der Interbus kommt ohne die Verwendung von Adressen für die einzelnen Teilnehmer aus. Stattdessen bewegen sich die Daten wie bei einem Schieberegister schrittweise durch die einzelnen Teilnehmer hindurch (siehe Abb. 10.4.2-3)

Sind die Daten beim Teilnehmer angelangt, werden sie dort ausgelesen und eventuell durch Antworten der Teilnehmer ersetzt. Diese Antworten werden dann ebenfalls schrittweise zurück zur Steuerung transportiert.

> *Der Interbus arbeitet wie ein örtlich verteiltes Schieberegister. Somit sind das Empfangen und das Senden von Daten in einem Zyklus möglich.*

Eignet sich Ethernet als Ersatz für Feldbussysteme? Nennen Sie Vor- und Nachteile.

10.4.3 PROFIBUS

Der PROFIBUS (**Pro**cess **Fi**eld **Bus**[1]) wurde 1987 von der Industrie in Zusammenarbeit mit Hochschulen entwickelt. Ziel war es, ein Bussystem zu entwickeln, das die Vernetzung von Automatisierungsgeräten der Feldebene bis hin zu Prozesssteuerungen in der Zellenenbene ermöglicht. Die Vernetzung der einzelnen Komponenten erfolgt in physikalischer Bustopologie und logischer Ringtopologie.

Beim Profibus wird unterschieden zwischen aktiven Teilnehmern (Master[2]) und passiven Teilnehmern (Slaves[3]). Während Master Steuerungsfunktionen übernehmen können, ist das bei den Slaves nicht der Fall. Typische Master sind z. B. Automatisierungsgeräte, während Sensoren und Aktoren normalerweise Slaves darstellen.

Für den Buszugriff kommen beim PROFIBUS sowohl Token-Passing als auch ein spezielles Master/Slave-Verfahren zum Einsatz. Beim Master/Slave-Verfahren besitzt nur ein Master das Recht auf die Bestimmung des Buszugriffs. Slaves dürfen nur auf die Befehle der Master antworten. Kombiniert wird dieses beim PROFIBUS mit Token-Passing: Das Zugriffsrecht wird über das „Token" zugewiesen. Nur der Master, der das Token momentan besitzt, kann auf den Bus zugreifen und mit den anderen aktiven und passiven Teilnehmern kommunizieren (siehe Abb. 10.4.3-1). Aufgrund der Kombination dieser beiden unterschiedlichen Zugriffsverfahren spricht man beim PROFIBUS auch von einem hybriden Zugriffsverfahren.

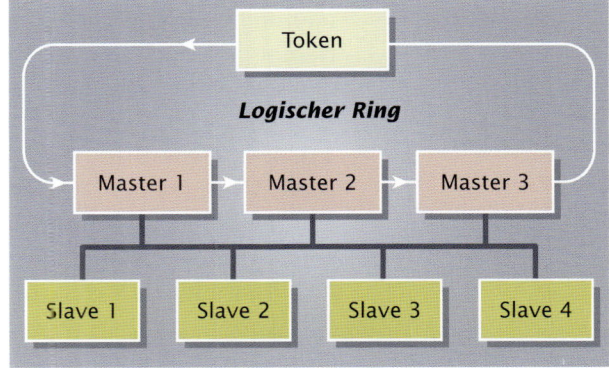

10.4 3-1 Hybrides Zugriffsverfahren beim PROFIBUS

Der PROFIBUS unterscheidet drei Varianten:
- PROFIBUS-FMS
- PROFIBUS-DP
- PROFIBUS-PA

PROFIBUS-FMS:

Der PROFIBUS-FMS (FMS = Fieldbus Message Specification[4]) eignet sich besonders für komplexe Kommunikationsaufgaben wie z. B. dem Datenaustausch zwischen den „intelligenten" Automatisierungsgeräten. Es sind Übertragungsraten bis 500 kbit/s möglich. Der max. Abstand zwischen zwei Teilnehmern beträgt 1200 m. Insgesamt dürfen höchstens 124 Teilnehmer angeschlossen werden. Als Übertragungsmedien werden entweder zweiadrige verdrillte Kupferleitungen oder Lichtwellenleiter verwendet.

Das Bussystem ist in der Lage, aufgrund von Störungen ausgefallene Teilnehmer zu erkennen und zu markieren. Hierzu verwaltet ein Master eine Liste für die fehlerhaften Teilnehmer. Fällt ein Teilnehmer aus, so wird er in die Liste eingetragen, ist der Fehler wieder behoben, wird der Eintrag aus der Liste entfernt.

[1] **Process Field Bus:** engl. Prozess-Feldbus
[2] **Master:** engl. Meister
[3] **Slave:** engl. Sklave
[4] **Fieldbus Message Specification:** engl. Spezifikation von Mitteilungen über den Feldbus

PROFIBUS-DP:

Auf der Feldebene ist in vielen Fällen ein schneller Datenaustausch zwischen Sensoren/Aktoren und der Steuerung erforderlich. Die Größe der zu übertragenden Informationen ist dagegen eher gering. So sind z. B. die zu übertragenden Daten eines Sensors, der Metallgegenstände erkennt, meist auf „ja/nein"-Informationen beschränkt. Der PROFIBUS-DP (DP = dezentrale Peripherie) wird diesen Anforderungen gerecht, indem das Übertragungsprotokoll im Gegensatz zum PROFIBUS-FMS vereinfacht ist und dadurch höhere Übertragungsgeschwindigkeiten bis 12 Mbit/s ermöglicht. Es sind max. 124 Teilnehmer an dem Bus betreibbar, wobei der Abstand zwischen zwei Teilnehmern höchstens 1200 m betragen darf. Die verwendeten Übertragungsmedien entsprechen denen des PROFIBUS-FMS.

PROFIBUS-PA:

Der PROFIBUS-PA (PA = Process Automation) wurde speziell für die Prozessautomatisierung in der Verfahrenstechnik entwickelt. Die Verfahrenstechnik befasst sich mit der Veränderung von Stoffen wie z. B. beim Recycling von Werkstoffen oder bei der Herstellung von Benzin oder Diesel. Hier werden Sensoren und Aktoren häufig in explosionsgefährdeten Bereichen eingesetzt. Daher sind an den Feldbus hier besondere Anforderungen zu stellen:

- Die Stromversorgung der Teilnehmer muss über den Feldbus erfolgen. Hierdurch entfallen entsprechende zusätzliche sicherheitsgefährdende Installationen.
- Die Teilnehmer müssen im laufenden Betrieb auswechselbar sein.

Der PROFIBUS-PA verwendet das PROFIBUS-DP-Protokoll zur Datenübertragung. Als Übertragungsmedium wird eine zweiadrige verdrillte Kupferleitung eingesetzt. Lichtwellenleiter sind aufgrund der zu realisierenden Stromversorgung der Teilnehmer nicht geeignet. Die Anzahl der an dem Bus betreibbaren Teilnehmer (max. 10) richtet sich nach der notwendigen Spannungsversorgung und der Stromaufnahme der Teilnehmer. Die max. Länge eines PROFIBUS-PA-Segments beträgt 1900 m.

10.4.4 CAN-Bus

[1] **Controler Area Network** (früher: Car Area Network): engl. aus einem Bereich von Steuerungen bestehendes Netzwerk

Das CAN-Bussystem (CAN = Controler Area Network[1]) wurde Anfang der 80er Jahre von der Firma Bosch für den Einsatz in Kraftfahrzeugen entwickelt. Das Einsatzgebiet dieses Systems hat sich mittlerweile jedoch stark erweitert und so ist der CAN-Bus auch im Feldbereich der Automatisierung weit verbreitet.

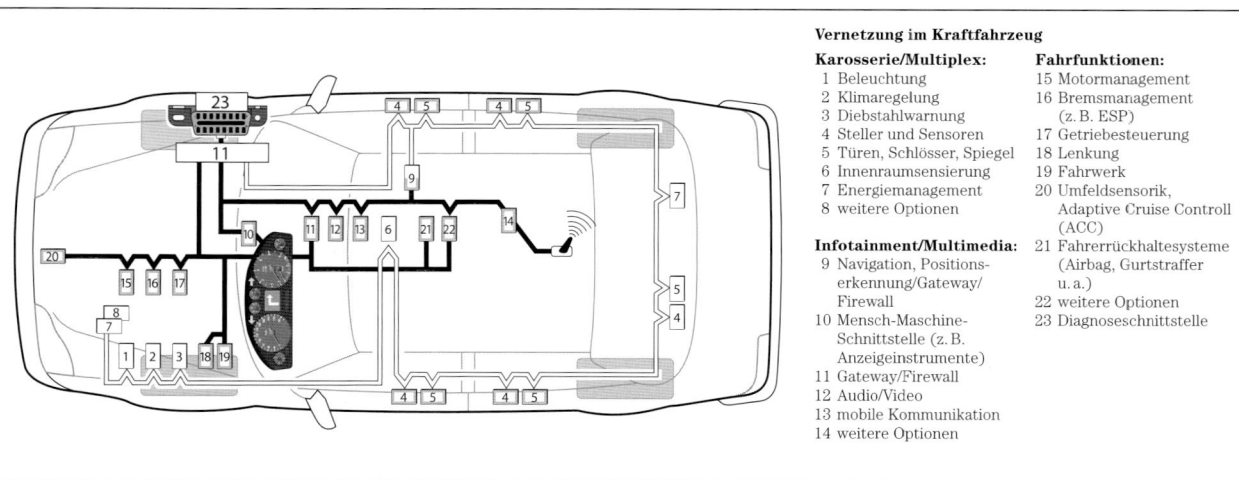

10.4.4-1 Ein vernetztes Kraftfahrzeug (Quelle: Bosch)

Die einzelnen Teilnehmer des CAN-Bussystems werden in Bustopologie vernetzt, das Zugriffsverfahren ist CSMA/CD in Verbindung mit einer sogenannten bitweisen Arbitrierung[1]. Die Arbitrierung bestimmt hierbei, welcher sendewillige Teilnehmer den Bus verwenden darf. Hierzu erhält jede Nachricht eine bestimmte Priorität. Je niedriger die Prioritätsnummer ist, desto wichtiger ist die Nachricht. Die höchste Priorität wird durch die Nummer 0 vergeben. Die einzelnen Bits werden auf dem CAN-Bus über zwei mögliche Zustände definiert: „dominant[2]" (= 0) und „rezessiv[3]" (= 1). Ein dominantes Bit überschreibt grundsätzlich ein von einem anderen Teilnehmer gleichzeitig gesendetes rezessives Bit. Beginnen mehrere Teilnehmer gleichzeitig mit einer Übertragung, entscheidet das erste dominante Bit auf der Leitung über die Priorität der Nachricht, denn Dominanz hat immer Vorrang. Erkennt ein Teilnehmer, der ein rezessives Bit auf den Bus geschrieben hat, dass der Bus jedoch einen dominanten Pegel aufweist, wird der eigene Übertragungsvorgang abgebrochen und ein erneuter Versuch zu einem späteren Zeitpunkt durchgeführt. Die wichtigere Nachricht bleibt somit fehlerfrei auf dem Bus erhalten (siehe Abb. 10.4.4-1).

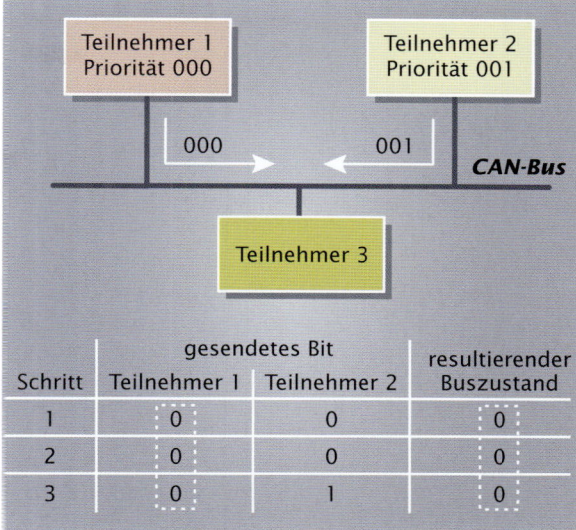

| Schritt | gesendetes Bit | | resultierender Buszustand |
	Teilnehmer 1	Teilnehmer 2	
1	0	0	0
2	0	0	0
3	0	1	0

10.4.4-1 Bitweise Arbitrierung beim CAN-Bus

Eines der Hauptmerkmale des CAN-Bussystems besteht darin, dass nicht die Teilnehmer mit Adressen versehen werden, sondern die zu übertragenden Nachrichten eindeutige Kennungen wie z. B. „Drehzahl" oder „Druck" erhalten. Jeder Teilnehmer „hört" den Bus ab, jedoch verarbeitet nur derjenige Teilnehmer solche Nachrichten, mit Kennungen, die auch wirklich für ihn relevant sind. So wird die Nachricht „Drehzahl" sicherlich nicht von der an den Bus angeschlossenen Zentralverriegelung eines Kraftfahrzeugs ausgewertet, sondern nur von der Motorsteuerung.

> **Beim CAN-Bussystem erhalten die Nachrichten zur Adressierung netzweit geltende Kennungen. Die angeschlossenen Teilnehmer besitzen keine Adressen.**

Die max. Übertragungsrate beim CAN-Bussystem beträgt 1 Mbit/s. Die Anzahl der am Bus betreibbaren Teilnehmer ist ebenso wie die max. Länge (< 5000 m) der Busleitungen durch die Leistungsfähigkeit der jeweils angeschlossenen Bauelemente begrenzt.

Der CAN-Bus besitzt wichtige Eigenschaften, die auch den großen Erfolg dieses Systems mitbegründen:

- hohe Sicherheit gegen elektromagnetische Störungen
- Echtzeitfähigkeit für schnelle Vorgänge, wie z. B. Zündung, ABS[4]
- Unterstützung von mehreren Steuergeräten (Multi-Master-Fähigkeit)
- hohe Zuverlässigkeit
- günstiger Preis

> Vergleichen Sie die Feldbussysteme Interbus, PROFIBUS und CAN-Bus und nennen Sie jeweils Vor- und Nachteile.

[1] **Arbiter:** lat. Schiedsrichter
[2] **dominant:** lat. beherrschend
[3] **rezessiv:** lat. nicht in Erscheinung tretend (Gegenteil von dominant)
[4] **ABS** = Anti-Blockier-System

Im komplexen Netzwerk der Firma Lütgens soll organisiert werden, welche Rechnersysteme miteinander kommunizieren sollen. Dies gilt für die Kommunikation der Computer innerhalb eines lokalen Netzwerkes und für die Kommunikation über die Netzwerkgrenzen hinaus. Dafür sind von der Firma B@ltic Networks entsprechende Systeme einzuplanen und zu konfigurieren.

Beim Routing[1] werden für die einzelnen Kommunikationsanforderungen Wege ermittelt und zugewiesen.

Die Wegfindung, Wegauswahl und Wegzuweisung wird durch Routingverfahren ausgeführt.

Die Durchführung dieser Aufgaben wird von Routern übernommen (siehe Abschnitt: 4.3.7: Router). Routingprotokolle beschreiben die jeweils zugrunde liegenden Verfahren.

11.1 Adressbildung

Die Ermittlung von Kommunikationswegen basiert auf eindeutigen Adressinformationen routingfähiger Übertragungsprotokolle. Nicht alle Übertragungsprotokolle definieren Mechanismen für das Routing; sie sind dann nicht routingfähig (z. B. NetBEUI). Zu den routingfähigen Protokollfamilien gehören z. B. IPX/SPX und TCP/IP. Da TCP/IP in der Intranet- und Internet-Kommunikation eingesetzt wird und so zu der am weitesten verbreiteten Protokollfamilie gehört, soll es für dieses Kapitel als Anwendungsbeispiel dienen.

Das Internet-Protokoll (IP) beschreibt unter anderem die Adressierung von Netzwerksystemen. Das aktuelle Protokoll ist die Version 6 (IPv6). In lokalen Netzen wird jedoch üblicherweise auf den Grundlagen der Version 4 adressiert (IPv4). Die Unterschiede in den Protokollen werden im Abschnitt 9.3.2 „Protokolle des Transportsystems" dargestellt. IP-Adressen der Version 4 haben eine Länge von 32 Bit. Da

IP-Adressen kennzeichnen ein Rechnersystem und seine Zugehörigkeit zu einem Netzwerk eindeutig.

dieses Bitmuster relativ umständlich für Konfigurationen zu verwenden ist, wird es meist in 4 Oktette aufgeteilt, die wiederum als Dezimalzahlen oder Hexadezimalzahlen codiert sind.

Eine IP-Adresse könnte folgendermaßen dargestellt werden:
Binäre Darstellung: 11000000.10101000.01101111.01100100
Dezimale Darstellung: 192.168.111.100
Hexadezimale Darstellung: C0.A8.6F.64

Werden IP-Adressen mehrfach verwendet, so kommt es zu Kommunikationsproblemen innerhalb des Netzwerkes, da eine Nachricht nicht mehr eindeutig einem Adressaten zugeordnet wird.

In der Adressinformation der IP-Adresse sind sowohl die Bezeichnung des Adressaten als auch seine Zugehörigkeit zu einem bestimmten Netzwerk festgelegt. Auf der Basis einer Filtermaske werden Netzzugehörigkeit und Rechneradresse voneinander getrennt. Diese Maske wird als Subnetzmaske bezeichnet. Durch die Bildung von Subnetzen wird eine Gliederung eines Gesamtnetzes in Teilnetze ermöglicht. Je nach

[1] **Route:** franz. Weg, Straße
Routing: engl. (mit franz. Wortstamm) Wegfindung

Anzahl der Rechnersysteme erreicht man damit eine bessere Gliederung der logischen Netzstruktur. Außerdem lässt sich der zur Verfügung stehende IP-Adressbereich effizienter ausnutzen. Durch die Verwendung von Subnetzen wird so eine bessere Wartung und Administration der Netze gewährleistet. Zusätzlich wird dadurch in größeren Netzen eine Reduzierung des Netzwerkverkehrs im Gesamtnetz erzielt, da nicht alle Pakete von den Routern durch das gesamte Netzwerk geleitet werden.

> *Die Subnetzmaske trennt Netzadresse und Rechneradresse. Subnetzmasken werden für die Einteilung der IP-Adressbereiche in Unternetze verwendet.*

Eine Subnetzmaske könnte folgendermaßen aussehen: 255.255.255.0

Subnetzmasken können jedoch auch als „network prefix[1]" an die IP-Adresse angehängt werden. Für den obigen Beispielfall würde die IP-Adresse (inkl. Subnetzmaske) dann wie folgt aussehen: 192.168.111.100/24. Mit dem Prefix werden die Anzahl der Bits angegeben, die für eine Netzwerkauswertung verwendet werden. Bei der Adressierung nach Netzklassen (siehe Abschnitt 11.1.2: Netzklassen) können die Subnetzmasken nur Längen von 8, 16 oder 24 Bit haben.

11.1.1 Adressauflösung

Durch die Verknüpfung von IP-Adresse und Subnetzmaske werden aus der IP-Adresse die Netzadresse und die Adresse des Rechners (Host-Adresse) gewonnen. Dies geschieht durch die UND-Verknüpfung der beiden Bitmuster. Mit dem Begriff Host wird allgemein jedes in einem Netzwerk angeschlossene IT-System bezeichnet, das über eine eigene IP-Adresse verfügt. Besondere Elemente, die dem Transport von Nachrichtenpaketen dienen, werden darüber hinaus als Intermediate-Systeme bezeichnet.

Um das Zusammenspiel von IP-Adresse und Subnetzmaske nachzuvollziehen, müssen sie in binärer Form betrachtet werden. Werden diese Bitmuster logisch UND-verknüpft, so gewinnt man aus der IP-Adresse zwei Adressteile. Der Teil bis zur ersten Null der Subnetzmaske ist als Netzadresse zu interpretieren. Der dann folgende Anteil an der Subnetzmaske ist als Hostadresse zu verstehen. Die Tabelle zeigt die Verknüpfung der IP-Adresse 192.168.111.100 mit der Subnetzmaske 255.255.255.000.

	Dezimal Darstellung	1. Oktett	2. Oktett	3. Oktett	4. Oktett
IP-Adresse	192.168.111.100	11000000	10101000	01101111	01100100
Subnetzmaske	255.255.255.000	11111111	11111111	11111111	00000000
UND-Verknüpfung	192.168.111.000	11000000	10101000	01101111	00000000
		Netzadresse			Hostadresse

Als Ergebnis der UND-Verknüpfung erhält man die Netzadresse 192.168.111.0. Der verbleibende Anteil bezeichnet die Hostadresse 0.0.0.100. Daraus wiederum ergibt sich, dass nur Rechner mit den IP-Adressen 192.168.111.XXX miteinander in Kontakt treten können. Es folgt daraus, dass die kleinste IP-Adresse eines möglichen Adressraumes immer die Netzadresse angibt (hier 192.168.111.000). Dies ist bei der Vergabe von IP-Adressen zwingend zu berücksichtigen. Ebenfalls zu beachten ist, dass die höchstmögliche IP-Adresse (hier: 192.168.111.255) immer als Broadcast-Adresse

[1] **Prefix:** engl. Präfix, Vorsilbe

> *Die niedrigste innerhalb eines Netzes zur Verfügung stehende IP-Adresse ist die Netzadresse.*
> *Die höchste innerhalb eines Netzes zur Verfügung stehende IP-Adresse ist die Broadcast-Adresse.*
> *Beide sind somit bereits vergeben und stehen für die Adressierung von Hosts nicht mehr zur Verfügung.*

genutzt wird. Bei einer Broadcast-Nachricht werden alle in einem Netz adressierten Rechner angesprochen. Die Zusammengehörigkeit von Rechnern bezüglich der Broadcast-Adressen wird als Broadcast-Domäne bezeichnet.

11.1.2 Netzklassen

Für die Einteilung des Gesamtadressraumes in Subnetze sind durch das IP-Protokoll insgesamt 5 Netze vorgegeben und reserviert. Diese werden in die Klassen A bis E aufgeteilt. Je nach Netzklasse stehen unterschiedliche Adressräume für die Adressierung von Netzen und Hosts zur Verfügung. Die folgende Tabelle zeigt die Einteilung der Netzklassen.

	1. Oktett	2. Oktett	3. Oktett	4. Oktett
Bit-Nr.	0 … … … … 7	8 … … … … 15	16 … … … … 23	24 … … … … 31
Klasse A	0 n n n n n n n	h h h h h h h h	h h h h h h h h	h h h h h h h h
	Netzadresse	Hostadresse	Hostadresse	Hostadresse
	7 Bit nutzbar	24 Bit nutzbar		
Klasse B	1 0 n n n n n n	n n n n n n n n	h h h h h h h h	h h h h h h h h
	Netzadresse	Netzadresse	Hostadresse	Hostadresse
	14 Bit nutzbar		16 Bit nutzbar	
Klasse C	1 1 0 n n n n n	n n n n n n n n	n n n n n n n n	h h h h h h h h
	Netzadresse	Netzadresse	Netzadresse	Hostadresse
	21 Bit nutzbar			8 Bit nutzbar
Klasse D	1 1 1 0 m m m m	m m m m m m m m	m m m m m m m m	m m m m m m m m
	Multicast-Adresse	Multicast-Adresse	Multicast-Adresse	Multicast-Adresse
	28 Bit nutzbar			
Klasse E	1 1 1 1 r r r r	r r r r r r r r	r r r r r r r r	r r r r r r r r
	reserviert	reserviert	reserviert	reserviert
	27 Bit nutzbar			

Zu identifizieren sind diese Netze anhand der blau gekennzeichneten Bits. Die Adressen der Klasse D werden für die besondere Adressierung mit Multicast-Adressen genutzt. Dabei können mehrere Rechner gleichzeitig eine Nachricht empfangen. Die Adressen der Klasse E sind für experimentelle Zwecke reserviert.

Aus der obigen Einteilung der Netze lassen sich die theoretisch nutzbaren Adressräume entwickeln.

Klasse	IP-Adressraum	Maximale Anzahl von Netzen[1]	Maximale Anzahl von Rechnern pro Netz
A	0.0.0.0 – 127.255.255.255	126	16 777 214
B	128.0.0.0 – 191.255.255.255	16 382	65 534
C	192.0.0.0 – 223.255.255.255	2 097 150	254
D	224.0.0.0 – 239.255.255.255	Multicast	
E	240.0.0.0 – 255.255.255.255	Reserviert	

1. Aus welcher Netzklasse stammt die IP-Adresse 162.167.110.112?
2. Erläutern Sie, ob die IP-Adresse 192.168.123.255 nutzbar ist.
3. Welche Fehler enthält die IP-Adresse 242.224.266.200?

11.1.3 Klassenlose Netze

In der Firma Lütgens existieren mehrere kleine Netzwerke. Ihr Umfang beträgt häufig nicht mehr als 20 Rechner. Diese Rechner sollen weiterhin jeweils in eigenen Adressräumen zusammengefasst werden.

Häufig wird für die Adressierung von Netzen auf IP-Adressen eines Klasse-C-Netzwerkes zurückgegriffen. Innerhalb eines Intranets sind dies praktisch immer Adressen aus den für diese Zwecke reservierten freien Adressbereichen (siehe Abschnitt 11.2: Adressvergabe). Es stehen pro Netzwerk maximal 254 IP-Adressen für die Adressierung von Hosts zur Verfügung. Dieser Betrag berechnet sich aus 256 möglichen Adressen aus dem ersten Oktett abzüglich der Netzadresse und der Broadcastadresse. Bei der Nutzung von beispielsweise 20 Rechnern bleiben also 234 Adressen ungenutzt. Sollen jedoch im anderen Fall über 254 Rechner adressiert werden, so müsste ein Klasse B Netzwerk verwendet werden. Hier sind dann bis zu 65534 Rechner adressierbar. An diesen beiden Beispielen wird deutlich, dass die Einteilung der Netze in Klassen nur eine sehr grobe Zuordnung bezüglich der Anzahl von Rechnern zu Netzwerken zulässt.

Zur Optimierung der Adressvergabe wird deshalb zunehmend eine klassenlose Adressierung der Netze verwendet, was man als CIDR (Classless Inter Domain Routing) bezeichnet.

> *Zur effizienteren Ausnutzung von IP-Adressräumen wird die klassenlose Adressbildung angewandt.*

Bei dieser Art der Adressbildung wird die Konvention der Netzklassenzuordnung aufgehoben. Damit steht für die Bildung der Subnetzmaske eine „beliebige Länge" von Bits zu Verfügung, d. h. dass die Subnetzmaske eine Anzahl von 1er Bits zwischen 0 und 32 annehmen kann.

Dieser Vorgang kann auch als Aufteilung eines Netzes bzw. Verschmelzung zweier Netze betrachtet werden.

[1] Da in den einzelnen Klassen Adressen für besondere Verwendungszwecke reserviert werden, kommt es zu einer Abweichung zwischen dem theoretisch möglichen Wert und der Anzahl der tatsächlich zur Verfügung stehenden Netz- und Hostadressen.

> *Die Aufteilung eines Netzes in Subnetze wird als Subnetting bezeichnet.*
> *Die Verschmelzung mehrerer Netze zu einem Netz wird als Supernetting bezeichnet.*

Im Folgenden wird der Vorgang des Aufteilens eines Netzwerkes in Subnetze beispielhaft erläutert:

Das Netz mit der IP-Adresse 192.168.123.0 soll in vier Teilnetze zerlegt werden. Dazu werden zwei Bits des 4. Oktetts für die Subnetzmaske verwendet. Mit diesen zwei Bits lassen sich vier mögliche Subnetze adressieren.

	Dezimal-Darstellung	1. Oktett	2. Oktett	3. Oktett	4. Oktett
IP-Adresse	192.168.123.000	11000000	10101000	01111011	00 000000
Subnetzmaske	255.255.255.192	11111111	11111111	11111111	11000000
UND-Verknüpfung	192.168.123.000	11000000	10101000	01111011	00 000000
		Netzadresse			Host-adressen

Es ergibt sich dann folgende Adressverteilung:

Erste IP-Adresse	Letzte IP-Adresse	Kommentar
192.168.123.0		Netzadresse des Gesamtnetzes und Netzadresse des ersten Subnetzes
192.168.123.1	192.168.123.63	Adressbereich nicht nutzbar
162.168.123.64		Netzadresse des zweiten Subnetzes
162.168.123.65	192.168.123.126	62 adressierbare Hosts im zweiten Subnetz
192.168.123.127		Broadcast-Adresse im zweiten Subnetz
192.168.123.128		Netzadresse des dritten Subnetzes
192.168.123.129	192.168.123.190	62 adressierbare Hosts im dritten Subnetz
192.168.123.191		Broadcast-Adresse des dritten Subnetzes
192.168.123.192	192.168.123.254	Adressbereich nicht nutzbar
192.168.123.255		Broadcast-Adresse des vierten Subnetzes und des Gesamtnetzes

Diese Tabelle muss anschließend dahingehend interpretiert werden, welche IP-Adressen gemäß den Konventionen genutzt werden können.
- Der IP-Adressbereich des gesamten ersten Netzes ist nicht nutzbar, da hier die Netzadresse des Hauptnetzes (192.168.123.0) enthalten ist.
- Der IP-Adressbereich des gesamten vierten Netzes ist nicht nutzbar, da hier die Broadcast-Adresse des Hauptnetzes (192.168.123.255) enthalten ist.
- Im zweiten und dritten Subnetz sind jeweils die ersten (Subnetzadressen) und letzten (Broadcast-Adressen) nicht nutzbar.

Somit sind von den ursprünglich verfügbaren 254 IP-Adressen des Netzes 192.168.123.0 nur noch 124 (2×62) Adressen für die Adressierung von Hosts verfügbar.

> Folgende „Faustformeln" sind für die Berechnung der Anzahl der Subnetze und der theoretisch möglichen IP-Adressen geeignet. Die Zahlenwerte stammen aus dem obigen Beispiel.
>
> Anzahl der IP-Adressen je Subnetz = 256 – 4. Oktett der Subnetzmaske = 256 – 192 = 64
>
> Anzahl der Subnetze = 256 / Anzahl der Adressen je Subnetz = 256 / 64 = 4

Der Vorgang der Verschmelzung zweier Netze ist im Prinzip nach dem obigen Schema durchzuführen. Es ist nur die Subnetzmaske (z. B. 255.255.254.0) entsprechend anzupassen und ein anderes Netz (z. B. 192.168.0.0) auszuwählen. In der Praxis hat vorwiegend die Verschmelzung von ehemaligen Klasse-C-Netzwerken Bedeutung. In der Praxis lassen sich häufig auch das erste und letzte Netz nutzen. Dazu müssen jedoch die verwendeten Protokolle sicherstellen, dass auch die Subnetzmaske mit übermittelt wird. Nur so ist eine Zuordnung der Subnetze möglich.

1. Begründen Sie die oben angegebenen Faustformeln.
2. Stellen Sie beispielhaft die Verschmelzung zweier Klasse-C-Netze dar.

11.2 Adressvergabe

Die Computer in einem Subnetz der Firma Lütgens sind mit IP-Adressen zu versehen.

Im vorhergehenden Abschnitt sind die Adressräume für die Vergabe von IP-Adressen dargestellt worden. Soll eine Adressvergabe nach Netzklassen erfolgen, so stehen im Prinzip die oben aufgeführten Adressräume zur Verfügung. Sie werden weltweit einmalig durch autorisierte Stellen vergeben. Weltweit wird dies durch das ICANN[1] organisiert. In der Bundesrepublik Deutschland erfüllt diese Aufgabe die DeNIC GmbH. Anbieter von Netzwerkdiensten, sogenannte Provider, kaufen Adresskontingente von den regionalen Registrierungsstellen (NIC[2]) und verkaufen diese dann an Endkunden. Im Abschnitt 12.6.1: „Domain Name System" wird die Verbindung von IP-Adressen und Domänen-Namen erläutert.

Die Vergabe von IP-Adressen in einem lokalen Netzwerk kann nicht beliebig erfolgen.

Für die Vergabe in lokalen Netzen sind deshalb besondere Adressbereiche reserviert. Es muss von dem Einrichter sichergestellt werden, dass Anforderungen dieser IP-Adressen nicht in das Internet gelangen. Weiterhin sind die Adressreservierungen für die Netzadresse und die Broadcast-Adresse (siehe oben) zu beachten.

Die folgenden Adressen bzw. Bereiche sind ebenfalls reserviert:

0.0.0.0: Eigentlich die erste Netzadresse. Diese Adresse wird für das Routing benötigt und ist reserviert für die Standardroute eines Routers. Über diese Adresse werden alle Nachrichtenpakete geleitet, deren Empfängeradressen dem Router unbekannt sind.

127.0.0.0: Diese und die folgende Adresse sind als „loop back[3]" dem Endgerät bzw. Netz zugeordnet. Über diese Adressen wird ein Rückkopplungstest durchgeführt. Die IP-Adresse 127.0.0.1 wird von lokalen Endgeräten genutzt.

[1] **ICANN:** International Conference on Artificial Neural Networks; engl. Internationale Konferenz für künstliche neuronale Netze
[2] **NIC:** Network Information Center, engl. Netzwerk-Informations-Zentrum, in Deutschland DeNIC (De für Deutschland)
[3] **Loop Back:** engl. Rückschluss-Schleife

> Für die freie Vergabe von IP-Adressen innerhalb eines lokalen Netzwerkes stehen also folgende Adressbereiche zur Verfügung:

Netz-klasse	Anzahl der Netze	Netzadressen	Subnetz-maske	IP-Adressbereich
Klasse A	1	10.0.0.0	255.0.0.0	10.0.0.1 – 10.255.255.254
Klasse B	16	172.16.0.0 – 172.31.0.0	255.255.0.0	172.16.0.1 – 172.31.255.254
Klasse C	256	192.168.0.0 – 192.168.255.0	255.255.255.0	192.168.0.1 - 192.168.255.254

> Überlegen Sie, welche Adressräume bzw. Netzklassen für die Vernetzung Ihres Betriebes / Ihrer Schule verwendet werden können. Begründen Sie Ihre Auswahl.

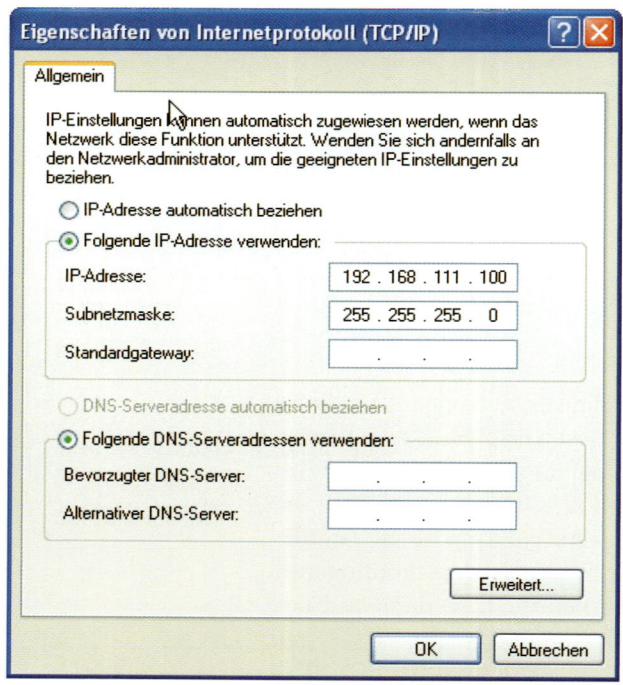

11.2.1-1 IP-Adresseintrag

> *Die temporär vergebene IP-Adresse wird als Lease[4] bezeichnet.*

11.2.1 Statische IP-Adressen

IP-Adressen können bei der Einrichtung und Konfiguration eines Netzes dem jeweiligen Betriebssystem des Hosts übergeben werden. Sie werden dazu in den entsprechenden Menüs eingetragen.

In nebenstehendem Beispiel sind sowohl die Adresse 192.168.111.100 als auch die Subnetzmaske 255.255.255.0 dem Rechner fest zugeordnet worden. Die IP-Adresse ist damit statisch, d. h., das System wird zukünftig immer diese IP-Adresse und Subnetzmaske verwenden. Eine Kommunikation ist in diesem Fall nur mit Rechnern aus dem Adressraum 192.168.111.XXX möglich.

11.2.2 DHCP-Dienst

Anstatt eine statische IP-Adresse zu nutzen, kann der Rechner auch automatisch eine IP-Adresse von einem Server beziehen. Der Server muss den DHCP-Dienst[1] anbieten. Am Client ist einzustellen, ob er bei der Anmeldung nach einem vorhandenen DHCP-Server suchen soll oder ob er direkt von einem vorgegebenem DHCP-Server eine IP-Adresse beziehen soll. Weiterhin kann der DHCP-Client auch Informationen bezüglich anderer Netzwerkdienste abfordern. Das betrifft z. B. die Dienste WINS[2] und DNS[3], aber auch Proxy-Einstellungen können übermittelt werden.

Auf dem DHCP-Server sind umfangreichere Einstellungen vorzunehmen. Diese betreffen vor allem den zu verwaltenden Adresspool und die Dauer der Adressvergabe.
- IP-Adresspool: Mit der Einrichtung eines IP-Adresspools wird der Bereich festgelegt, aus dem der DHCP-Server IP-Adressen an die Clients vergeben soll. Dies geschieht durch die Angabe von Anfangs- und Endadresse des IP-Adressbereiches und der Subnetzmaske.

[1] **DHCP: D**ynamic **H**ost **C**onfiguration **P**rotocol, engl. Protokoll zur dynamischen Konfiguration von Hosts
[2] **WINS: W**indows **I**nternet **N**ame **S**ervice, engl. Internet-Namen Auflösungsdienst unter Windows
[3] **DNS: D**omain **N**ame **S**ervice, engl. Domänen Namen Dienst
[4] **Lease:** engl. Pacht, Miete

- Ausschlussbereiche: Sollen bestimmte IP-Adressbereiche aus dem Adresspool nicht vergeben werden, so können sie innerhalb des IP-Adresspools reserviert werden. Dies ist vor allem dann sinnvoll, wenn innerhalb des IP-Adresspools Server mit festgelegten Aufgabenstellungen oder Routern arbeiten.
- Dauer: Es kann verwaltet werden, über welchen Zeitraum eine IP-Adresse an einen Client vergeben wird. Nach Ablauf der Zeit wird dem Client eine neue IP-Adresse zugewiesen.

Die Adressvergabe erfolgt, indem der Client beim Server nach einer IP-Adresse anfragt. Der Server bietet daraufhin eine IP-Adresse an. Wird diese vom Client tatsächlich angenommen, erfolgt eine Registrierung auf dem Server.

Die dynamische Vergabe von IP-Adressen ist zum Beispiel bei Funknetzen vorteilhaft, da sich die Teilnehmer überwiegend nur für begrenzte Zeiträume im Netz befinden.

Vorteile:	**Nachteile:**
• einfache Administration • leichte Erweiterbarkeit	• schwerere Nachvollziehbarkeit von Zugängen (kann als Sicherheitskriterium im Internet auch ein Vorteil sein, da die Identität verschleiert wird)

11.3 Funktionsweise eines Routers

Innerhalb eines Intranets und im Internet sind viele Netze miteinander verknüpft. Sollen Rechner des einen Netzes mit Rechnern eines anderen Netzes kommunizieren, muss ein spezielles System diese Netze miteinander verbinden. Dieses System muss in beiden Netzen vorhanden sein (dual homed) und wird Router genannt.

> *Ein Router gehört adressmäßig zu mehreren Netzen und kann einen Paketaustausch zwischen diesen Netzen organisieren.*

Da ein Router für diese Arbeit Adressen routingfähiger Übertragungsprotokolle benutzt, arbeitet er auf den Schichten 1 bis 3 des ISO/OSI-Referenzmodells (siehe Abschnitt 4.3.7: Router).

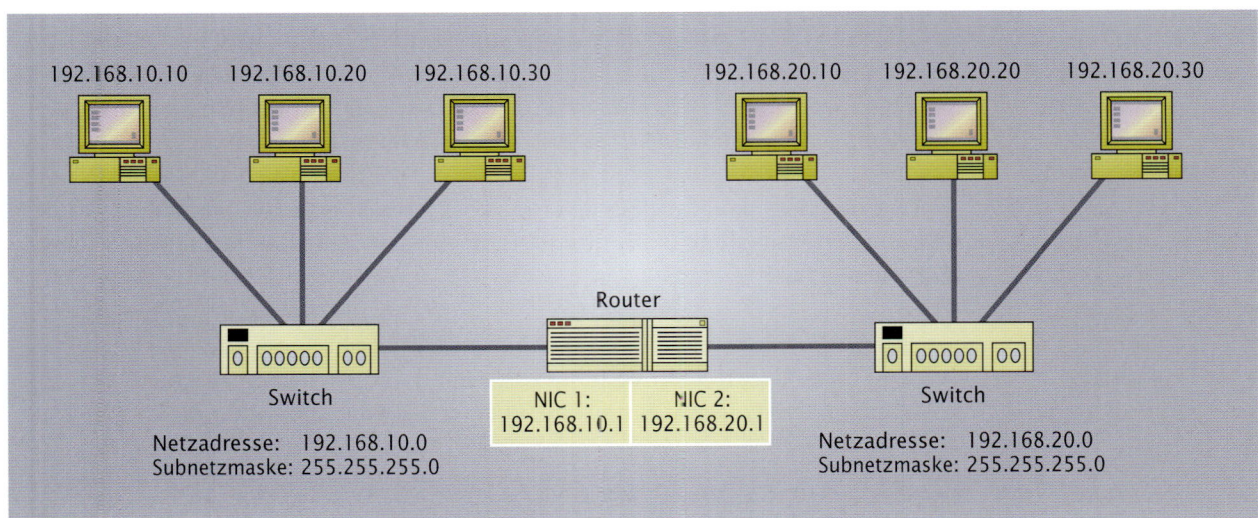

11.3-1 Verbindung zweier Netze über einen Router

In der Grafik 11.3-1 verbindet der Router die Subnetze 192.168.10.0 und 192.168.20.0. Alle in den Subnetzen befindlichen Rechner können mit allen Rechnern des anderen Netzes in Kontakt treten. Der Router verfügt in diesem Fall über zwei Netzwerkadapter, die per IP-Adresse jeweils einem Netz zugeordnet sind.

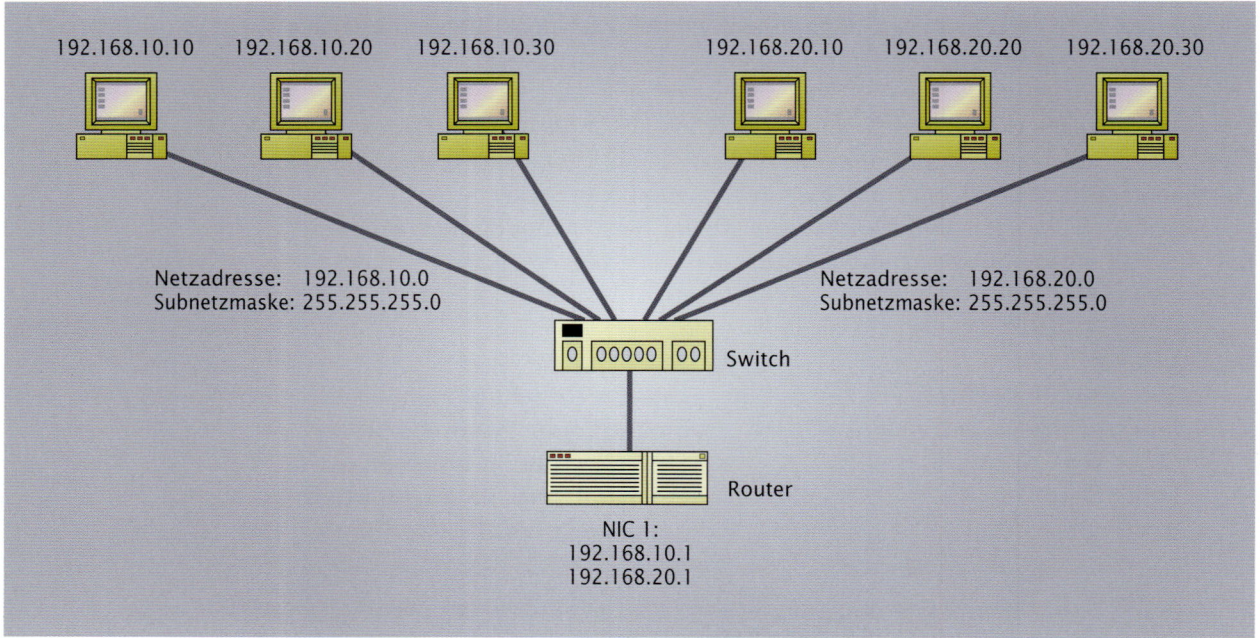

11.3-2 Organisatorische Verbindung zweier Netze über einen Router

Durch die Grafik 11.3-2 wird deutlich, dass die Arbeit eines Routers nicht zwangsläufig an eine bestimmte physikalische Vorgabe gebunden ist. Im speziellen Fall wurden einer Netzwerkkarte zwei IP-Adressen zugewiesen. Die Funktionsweise ist ansonsten mit der in Grafik 11.3-1 dargestellten Arbeitsform identisch. Angewendet wird dieses Verfahren zum Beispiel:
• zur Filterung von Paketen in einer Firewall
• zur Erweiterung eines Netzes.

TIPP

Für die Arbeit des Routers ist es zwingend notwendig, dass die Funktion „IP-Forwarding[1]" im Betriebssystem aktiviert wurde. Bei der Konfiguration eines Netzwerkes wird dies normalerweise automatisch vom Betriebssystem übernommen.

Für die Durchführung der Arbeit werden im Router Adresstabellen hinterlegt, die beschreiben, welche Netze oder Hosts miteinander kommunizieren können bzw. dürfen. Diese Tabellen werden Routingtabellen genannt. Erzeugt werden diese Tabellen entweder durch die manuelle Eingabe in die Tabellen oder durch Algorithmen, die auf speziellen Routingprotokollen basieren.

IP-Forwarding ist eine Funktion des Betriebssystems. Ist das Forwarding aktiviert, lässt das Betriebssystem es zu, dass eine IP-Adresse in ein anderes Netz weitergereicht werden darf.

1. Nennen Sie mögliche Vor- und Nachteile der in den Grafiken 11.3-1 und 11.3-2 dargestellten Verbindungsformen.
2. Wägen Sie diese Vor- und Nachteile gegeneinander ab.

[1] **Forwarding:** engl. weiterreichen

11.3.1 Statisches Routing

Beim statischen Routing werden manuell alle benötigten Routen in die Routing-tabellen der Router eingetragen. Auf diese Weise wird festgelegt, welche Netze orga-nisatorisch miteinander verbunden sind und welche Wege Nachrichtenpakete neh-men können. Das statische Routen ermöglicht eine sehr passgenaue Vorgabe der Kontaktmöglichkeiten zwischen angeschlossenen Hosts. Bei größeren Netzen bzw. bei der Verwendung mehrerer Router kann dieses Verfahren zu Problemen führen, da in den einzelnen Routern sehr viele Einträge vorgenommen werden müssen. Dar-über hinaus ist bei Ausfall eines Routers trotz dem Vorhandensein alternativer Wege keine Möglichkeit zur Kommunikation mehr gegeben, da diese Wege nicht dyna-misch erkannt und genutzt werden.

Beispielhaft soll die mögliche Routingtabelle für die Verwendung nach Grafik 11.3-1 aufgestellt und erläutert werden. Die Tabelle stellt die Routinginformationen des ersten Hosts (192.168.10.10/24) dar. Diese Konfiguration ist auch Bestandteil des ver-tiefenden Exkurses „Routing".

Verwendung	Netzwerkadresse	Subnetzmaske	Gateway-Adresse	Schnittstelle	Anzahl
Default Route	0.0.0.0	0.0.0.0	192.168.10.1	192.168.10.10	1
Loopback Network	127.0.0.0	255.0.0.0	127.0.0.1	127.0.0.1	1
Directly attached Network	192.168.10.0	255.255.255.0	192.168.10.10	192.168.10.10	1
Local Host	192.168.10.10	255.255.255.255	127.0.0.1	127.0.0.1	1
Network Broadcast	192.168.10.255	255.255.255.255	192.168.10.10	192.168.10.10	1
Multicast Address	224.0.0.0	224.0.0.0	192.168.10.10	192.168.10.10	1
Limited Broadcast	255.255.255.255	255.255.255.255	192.168.10.10	192.168.10.10	1

Die einzelnen Spalten der Tabelle haben folgende Bedeutungen:
• Die Netzwerkadresse bezeichnet das Ziel eines IP-Datenpaketes. Dies können Hosts, Netze oder Subnetze sein.
• Die Subnetzmaske ordnet das Netzwerk einer Klasse zu. Im Zusammenhang mit der Netzwerkadresse ergibt sich eine Adressierung von Host und Netzwerk.
• An die Gatewayadresse werden die Datenpakete geschickt. Hierbei kann es sich um lokale Netzwerkadapter oder auch externe Gateways handeln, die direkt erreichbar sind.
• In der Spalte Schnittstelle sind die konkreten IP-Adressen lokaler Netzwerk-adapter aufgeführt.
• Der letzte Eintrag gibt die Anzahl der folgenden Router oder Vermittlungsstatio-nen bis zum Ziel an. Diese werden auch als Sprünge (Hops) bezeichnet.

Die einzelnen Zeilen können folgendermaßen „gelesen" werden:
„Alle IP-Pakete mit dem Ziel (Spalte Netzwerkadresse UND Spalte Subnetz-Maske) gehen über die physikalische oder logische Schnittstelle. Evtl. werden sie dann über eine spezielle Adresse weitergereicht (Spalte Gateway)." Für die Zeile „Directly attached Network" bedeutet das: „Alle IP-Pakete deren Adressaten zum Netz

192.168.10.0/24 gehören (192.168.10.xxx) werden an die Schnittstelle 192.168.10.10 (Netzwerkkarte) gereicht."

Für das oben dargestellte Beispiel haben die einzelnen Einträge folgende Funktion:

- Default Route:
  Die „Default Route" ist die Standardroute, die für alle Netzadressen genutzt wird, die nicht in der Routingtabelle aufzulösen sind. In einigen Betriebssystemen wird diese Route auch als Standardgateway bezeichnet. Im obigen Fall werden über die Schnittstelle 192.168.10.10 alle Anforderungen mit unbekannten IP-Adressen an das Gateway mit der Adresse 192.168.10.1 weitergeleitet. Die Adressierung 0.0.0.0 wird genutzt, wenn die IP-Adresse des Ziels nicht bekannt ist.

- Loopback Network:
  Das Netzwerk 127.0.0.0 ist ausschließlich für den Funktionstest reserviert. Der englische Begriff „loopback" bezeichnet einen Rückschluss. Mit dieser Netzwerkadresse wird die logische Funktion des Protokollstapels geprüft. Eine physikalische Verbindung ist somit nicht notwendig. Die „Local Host" Adresse steht im Zusammenhang mit dem Loopback Netzwerk.

- Directly attached Network:
  Hier wird das direkt an die Netzwerkkarte (192.168.10.10) angeschlossene Netzwerk (192.168.10.0) adressiert. Alle IP-Pakete an Teilnehmer des Netzwerkes 192.168.10.0 werden über die Schnittstelle 192.168.10.10 versandt.

- Local Host:
  Über den Local Host (eigener, lokaler Host) werden IP-Pakete, die z. B. zu Testzwecken an die eigene Netzwerkkarte (192.168.10.10) übermittelt werden, der IP-Adresse 127.0.0.1 zugewiesen. Diese ist nur virtuell vorhanden. Im Zusammenhang mit dem Loopback Netzwerk werden IP-Pakete die an die Netzwerkkarte gehen, dann über den Rückschluss des Netzes 127.0.0.0 zurückgemeldet. Eine physikalische Übermittlung findet nicht statt. So ist ein Funktionstest des Protokollstapels möglich.

- Network Broadcast:
  IP-Pakete, die an alle Teilnehmer des Netzwerkes 192.168.10.0 versandt werden sollen (Broadcast), werden über die Schnittstelle 192.168.10.10 übermittelt. Die Netzwerkadresse jedes Hosts muss bekannt sein. Aus diesem Grund wird dieser Eintrag auch als Directed Broadcast Address (gerichtete Broadcast-Adresse) bezeichnet.

- Multicast Address:
  Sollen nur Gruppen von Rechnern angesprochen werden (Multicast), so ist dafür die Netzadresse 224.0.0.0 reserviert. Es werden dann Kopien der IP-Pakete über die Schnittstelle 192.168.10.10 an alle Mitglieder der Multicast-Gruppe übermittelt.

- Limited Broadcast:
  Die Limited Broadcast Address (begrenzte Broadcast-Adresse) wird genutzt, wenn allen Hosts eine Nachricht übermittelt werden soll, deren Zieladressen aber noch nicht bekannt sind. Dies ist zum Beispiel beim Systemstart der Fall. Die über die Limited Broadcast Address versendeten IP-Pakete werden nur innerhalb des physikalischen Netzes weitergeleitet.

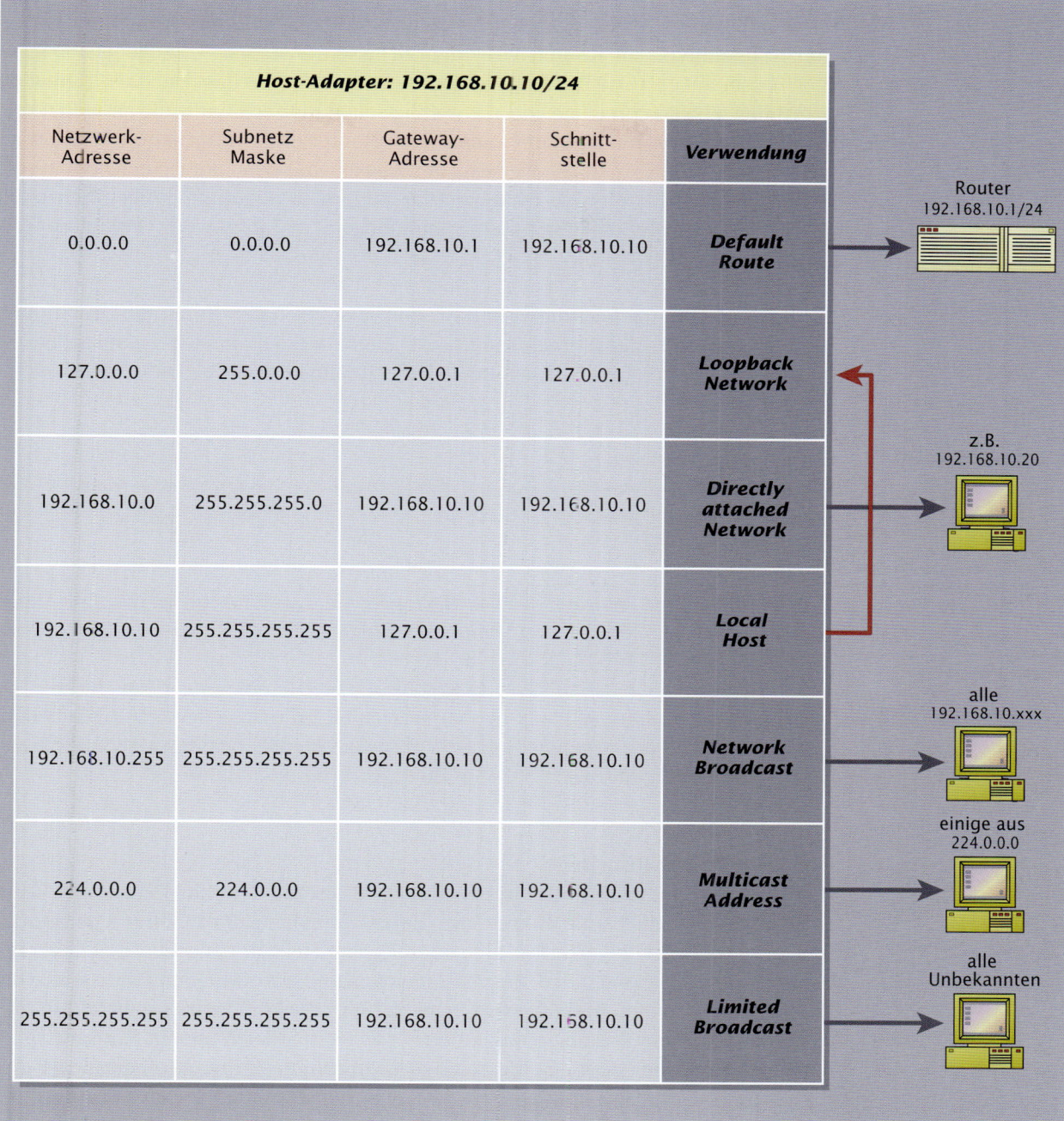

Host-Adapter: 192.168.10.10/24				
Netzwerk-Adresse	Subnetz Maske	Gateway-Adresse	Schnitt-stelle	Verwendung
0.0.0.0	0.0.0.0	192.168.10.1	192.168.10.10	Default Route
127.0.0.0	255.0.0.0	127.0.0.1	127.0.0.1	Loopback Network
192.168.10.0	255.255.255.0	192.168.10.10	192.168.10.10	Directly attached Network
192.168.10.10	255.255.255.255	127.0.0.1	127.0.0.1	Local Host
192.168.10.255	255.255.255.255	192.168.10.10	192.168.10.10	Network Broadcast
224.0.0.0	224.0.0.0	192.168.10.10	192.168.10.10	Multicast Address
255.255.255.255	255.255.255.255	192.168.10.10	192.168.10.10	Limited Broadcast

11.3.1-1 Einfaches Routing

Unter bestimmten Voraussetzungen kann es notwendig sein, einzelne Hostadressen in den Routingtabellen zu verwalten. Dies betrifft Fälle, in denen ein Host zwar physikalisch in einem bestimmten Netz angeschlossen wurde, organisatorisch aber zu einem anderen Netz gehört. Im Exkurs „Routing" wird ein komplexes Beispiel erläutert.

11.3.2 Dynamisches Routing

Für komplexere Netze sowie bei Netzen, die häufigen Änderungen unterworfen sind, ist es sinnvoll, die Routen berechnen zu lassen, anstatt sie vorzugeben. So kann auch besser auf gestörte Leitungsverbindungen reagiert werden. Um diese Aufgaben zu erfüllen, müssen zum einen die angeschlossenen Router ständig die aktuellen Verbindungen überprüfen und zum anderen die Router diese Informationen untereinander austauschen. Auf diese Weise ist der Weg eines Datenpaketes nicht genau vorherbestimmt und kann sich dynamisch verändern. Das hat zur Folge, dass beim Austausch von Datenpaketen unterschiedliche Hin- und Rückwege verwendet werden können.

Für die Berechnung der Routen und für den Austausch von Routinginformationen werden spezielle Algorithmen eingesetzt. Diese werden in den entsprechenden Routingprotokollen beschrieben. In die Berechnung können folgende Kriterien eingehen:
- Länge des Weges
- Kosten der Verbindung
- Bandbreite
- Auslastung
- Wegverzögerung.

Die Metrik ist eine Maßzahl für die Bewertung einer Netzwerkverbindung.

Die Bewertungen der Kriterien werden als Metriken bezeichnet.

Auch dynamisch routende Systeme arbeiten auf den Schichten 1 bis 3 des ISO/OSI-Referenzmodells. Der Austausch und die Verarbeitung von Informationen erfolgt jedoch auf höheren Schichten.

Die Ergebnisse der Berechnungen der Routen führen dann zu einer Anpassung der Routing-Tabellen. Auf der Basis der Metriken lassen sich zwei klassische Routing Verfahren ableiten.

Distance Vector Routing

Das Distance Vector Routing[1] basiert auf dem Distance Vector Algorithmus. Hier werden grundsätzlich alle Router des Netzes unabhängig von ihrer Position im Gesamtnetz als gleichwertig und gleichberechtigt betrachtet. Sie tauschen in kurzen Zeitabständen untereinander Informationen aus, die ihre aktuellen Pfade sowie die Kosten eines Kommunikationsweges betreffen. Diese Kosten basieren auf der Annahme, dass ein Zusammenhang besteht zwischen der relativen Entfernung zu einem Ziel und den Kosten. Die relative Entfernung wird angegeben in der Anzahl der Zwischenstationen bzw. der Sprünge, die eine Nachricht über Zwischenstationen durchführen muss.

Die Anzahl der Sprünge werden als Hops[2] angegeben.

Damit es nicht zu möglichen Schleifenbildungen in einer komplexen Struktur kommt, ist von vornherein die Anzahl der zulässigen Hops auf 16 begrenzt. Das Protokoll ist relativ einfach zu implementieren, benötigt jedoch eine gewisse Netzkapazität für den Austausch der Informationen. Typische Vertreter wie das klassische RIP (Routing Information Protocol) und das firmenspezifische IGRP (Interior Gateway Routing Protocol) der Firma CISCO basieren auf Implementierungen des Distance Vector Algorithmus.

[1] **Distance Vector Routing:** engl. Routing nach der Richtung und Entfernung der Stationen
[2] **Hops:** engl. Sprünge

Link State Routing

Das Link State Routing[1] basiert auf dem Link State Algorithmus. Auch beim Link State Routing werden zwischen den Routern Informationen ausgetauscht. Die Informationen enthalten Angaben darüber, ob angeschlossene Verbindungswege betriebsbereit sind und wie die bisher erkannte Struktur des Netzes aussieht. Dieser Informationsaustausch geschieht jedoch in erheblich längeren Zeitintervallen. Werden zwischen den Zeitintervallen von einem Router Änderungen z. B. bezüglich des Status benachbarter Router erkannt, so werden diese umgehend an alle Router gemeldet. Aus allen verfügbaren Informationen generiert jeder Router ein komplettes Netzabbild. Für die Berechnung des Netzabbildes müssen die Router über eine höhere lokale Rechenleistung verfügen. Dafür ist das Nachrichtenaufkommen im Netz geringer, was wiederum die Bandbreite des Netzes weniger stark belastet. Typische Vertreter sind das OSPF-Protokoll (Open Shortest Path First) und das Intermediate-System-to-Intermediate-System-Protokoll (IS-IS).

Diese Autonomen Systeme tauschen dann wiederum an ihren Verbindungsstellen Routinginformationen aus. Aus dieser Einteilung heraus werden Routingprotokolle nicht primär nach dem verwendeten Algorithmus eingeteilt, sondern nach ihrem Einsatz in Autonomen Systemen oder zwischen Autonomen Systemen.

> *Stehen Netze unter einer gemeinsamen Verwaltung mit einer einheitlichen Routingstrategie, bezeichnet man sie als Autonome Systeme (AS).*

- Routingprotokolle, die zu den Interior Gateway Protocols (IGP) gehören, werden in Autonomen Systemen verwendet.
- Routingprotokolle, die zu den Exterior Gateway Protocols (EGP) gehören, werden zur Kommunikation zwischen Autonomen Systemen verwendet.

> *Router, die zwischen Autonomen Systemen routen, werden als Core-Router[2] bezeichnet.*

Die folgende Grafik ordnet die gängigsten Routingprotokolle ein:

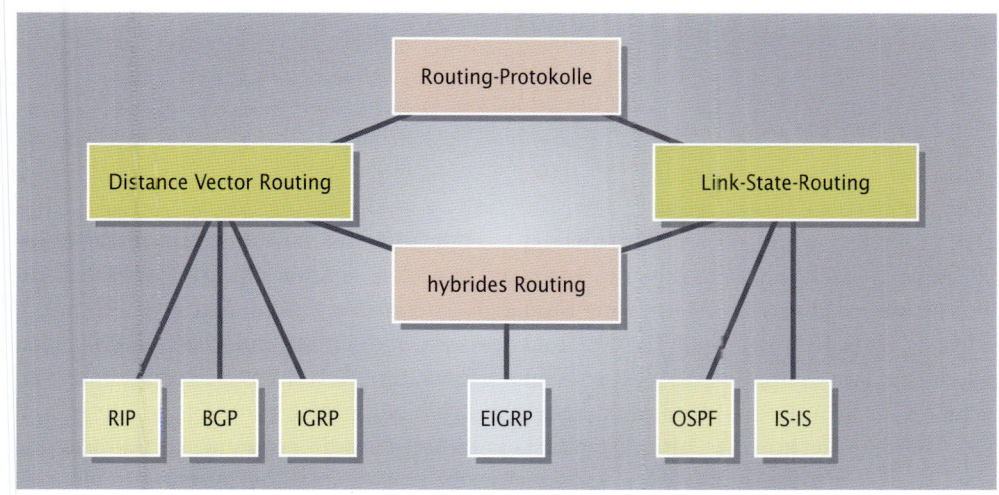

11.3.2-1
Einordnung von
Routingprotokollen

Beispielhaft sollen im Folgenden drei typische Routing-Protokolle vorgestellt werden:

Routing Information Protocol

Das Routing Information Protocol (RIP[3]) ist eng mit der Entwicklung von UNIX und damit der Protokollfamilie TCP/IP verbunden. Es ist eines der ältesten dynamischen Routingprotokolle. Da eine Vielzahl von Internet-Servern auf der Basis von UNIX oder einem Derivat arbeiten, ist RIP auch heute noch weit verbreitet. RIP gehört zu

[1] **Link State Routing:** engl. Routing nach dem Status der Verbindung
[2] **Core:** engl. Kern
[3] **RIP:** Routing Information Protocol, engl. Routing Informations Protokoll

den Distance Vector Protokollen. Bei der Nutzung von RIP werden die Routerinformationen regelmäßig alle 30 Sekunden mit Hilfe eines sogenannten RIP-Broadcast allen erreichbaren Routern mitgeteilt. Die übermittelten Informationen betreffen diejenigen Netzwerke,

- auf die der sendende Router zugreifen kann
- und welches der jeweils kürzeste Weg für ein Datenpaket ist.

Die Nachrichten werden über den UDP-Port 520 und das UDP-Protokoll versandt. RIP-Datagramme haben eine Paketgröße von 520 Bytes. Sind die Informationen umfangreicher, so wird die Nachricht in einzelne aufeinander folgende UDP-Datagramme zerlegt. Wird innerhalb von 180 Sekunden keine Information von einem Router empfangen, so wird der Eintrag über diese Gegenstelle als nicht mehr erreichbar betrachtet. Darin liegt eine der Schwachstellen des Protokolls. Ein nicht erreichbarer Router wird frühestens nach 180 Sekunden erkannt. Innerhalb dieser Zeit wird dieser Weg jedoch weiterhin genutzt, was zu einem erhöhten Kommunikationsaufkommen führt. In den Informationen wird auch angegeben, welche Ziele der sendende Router erreichen kann und wie viele Hops die Nachricht zum Ziel benötigt. Die Auswahl der Route basiert im Wesentlichen auf den Informationen über die Anzahl der Hops zum Zielhost. Da diese Anzahl durch das UDP-Protokoll auf 16 Hops begrenzt ist, werden Ziele, die weiter entfernt sind, nicht erreicht. Gängige eingesetzte Version ist RIP2, die auf RIP1 aufbaut.

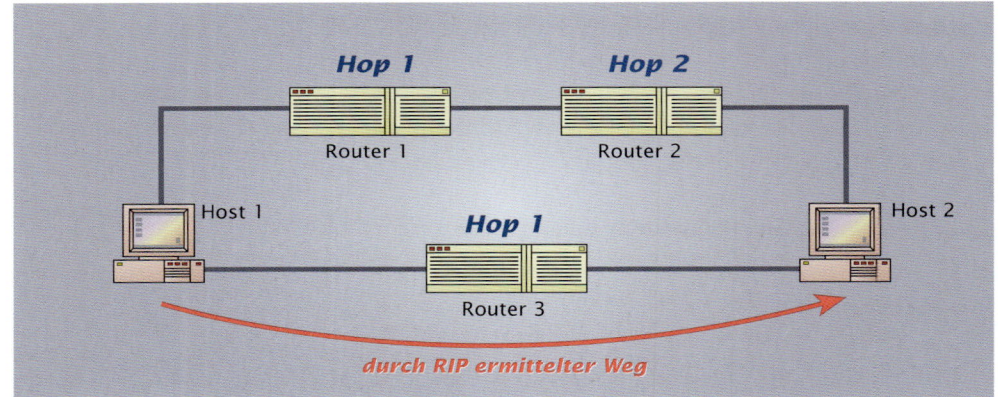

11.3.2-2
Funktionsweise
von RIP

OSPF-Protokoll

Das OSPF-Protokoll (Open Shortest Path First[1]) basiert auf dem Link-State-Algorithmus. Router, die nach diesem Verfahren arbeiten, senden an ihre Nachbarn Angebote aus, die den Namen und eine Kenngröße für die Verbindungskosten enthalten. Diese Angebote werden als Link-State-Advertise (LSA) bezeichnet. Jedes LSA wird wiederum vom empfangenden Router an alle benachbarten Router weitergeleitet. So erhält jeder Router eine Übersicht über die Struktur des Netzes und über die einzelnen Verbindungskosten. Auf dieser Basis kann er dann die optimale Verbindung für die Übertragung einer Nachricht berechnen. OSPF ist deshalb besonders für den Einsatz innerhalb von Autonomen Systemen geeignet, da immer die Topologieinformationen vorhanden sind. OSPF-organisierte Netze sind in Bereiche (Areas) aufgeteilt. Alle Router einer Area haben die gleichen Topologieinformationen gespeichert. Über spezielle Router (Area Border Router) werden die einzelnen Areas miteinander in einer Art Backbone verbunden. Besteht ein OSPF-Netz nur aus einer Area, ist diese zugleich auch als Backbone zu betrachten. Der Verbund von Areas ist ein Autonomes System, das mit anderen Autonomen Systemen über „AS Boundary Router" unter Verwendung eines Exterior Gateway Protocols eine Verbindung organisiert.

[1] **OSPF: O**pen **S**hortest **P**ath **F**irst, engl. „öffne den kürzesten Pfad zuerst"

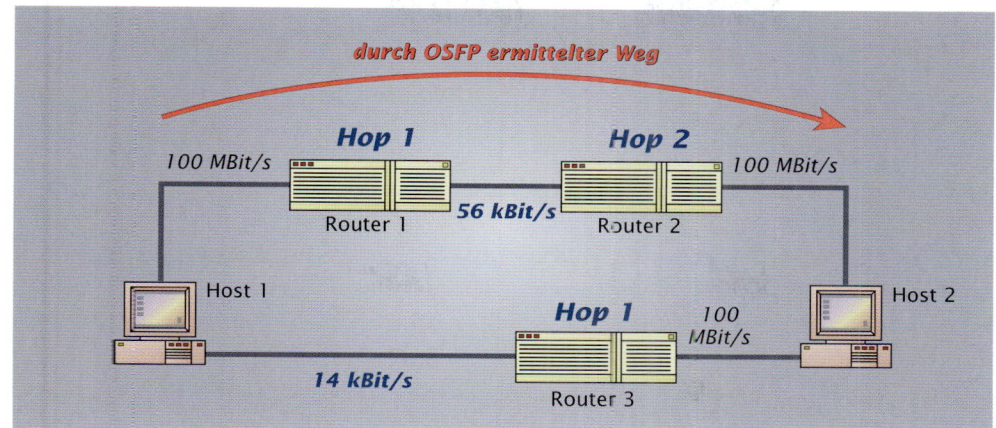

durch OSFP ermittelter Weg

Hop 1   Hop 2
100 MBit/s   100 MBit/s
Router 1   56 kBit/s   Router 2
Host 1
Hop 1   100 MBit/s
14 kBit/s   Router 3   Host 2

11.3.2-3
Funktionsweise
von OSPF

Border Gateway Protocol

Das Border Gateway Protocol (BGP) gehört zu den Exterior Gateway Protokollen. Es beschreibt, wie Router untereinander die Verfügbarkeit von Verbindungswegen zwischen zwei Netzen austauschen. Somit stellt es die Verbindung zwischen Autonomen Systemen her. BGP kann mit OSPF zusammenarbeiten. Dazu werden periodisch die benachbarten Router kontaktiert und es wird überprüft, ob sie noch vorhanden sind. Die übermittelten Entfernungen beziehen sich dabei stets auf das sendende System. Bei einem ersten Kontakt werden jeweils die kompletten Routing-Tabellen übertragen. Die folgenden Kommunikationen zwischen den Routern werden lediglich für die Aktualisierung der Tabellen genutzt. Für diese Update-Nachrichten wird TCP verwendet, was eine sichere Übertragung dieser Informationen garantiert. Der unberechtigte Zugriff auf einen Router wird durch eine Authentisierung vermieden. BGP-Router speichern alle möglichen Wege zu angeschlossenen Netzen in ihren Routingtabellen. Für die Übertragung von Update-Nachrichten werden jedoch nur die besten Wege genutzt.

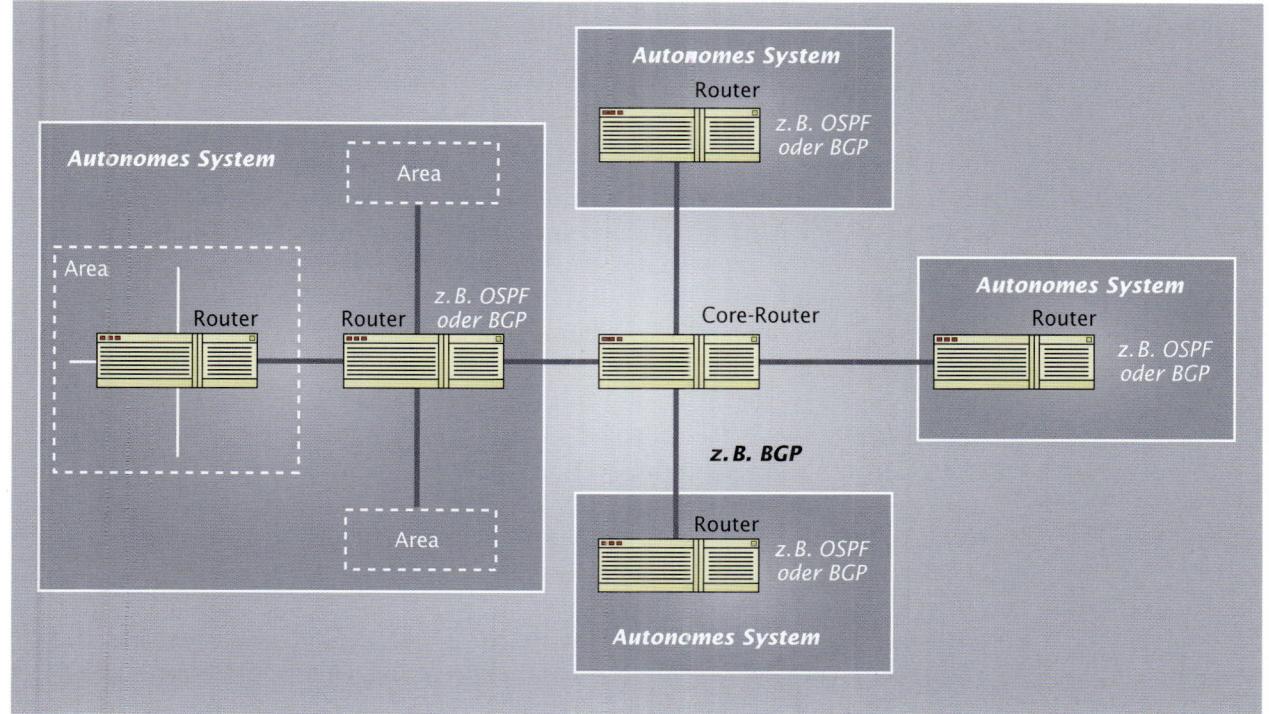

11.3.2-4 Dynamisches Routen zwischen Autonomen Systemen

1. Recherchieren Sie weitere Routing-Protokolle z. B. im Poster des Anhangs.
2. Informieren Sie sich darüber, welche Routingprotokolle im Internetverkehr genutzt werden.

11.3.3 Zusätzliche Routerfunktionen

In der Firma Lütgens soll ein Router die Verbindung zu mehreren Internet-Providern herstellen. Neben den reinen Routingfunktionen, wie sie bisher dargestellt wurden, werben die Router-Anbieter mit weiteren Funktionen.

Router für WAN-Verbindungen bieten häufig über die Routerfunktionen hinaus weitere Funktionen an, wie die Sicherstellung und effiziente Nutzung von Weitverkehrsverbindungen wie zum Beispiel Wählverbindungen. Darüber hinaus werden oft auch Sicherheitsdienste wie die Einrichtung einer Firewall angeboten (siehe Kapitel 14: „Sicherheit in Netzwerken" und Exkurs „Konfiguration einer Firewall"). Folgende Funktionen können insbesondere von Bedeutung sein:

Dial on Demand[1]
Gibt es zwischen den Kommunikationsendgeräten keine Nachrichtenübertragung, so wird nur eine logische Verbindung gehalten. Es fallen dann keine Leitungskosten an. Bei erneutem Kommunikationsbedarf wird die physikalische Verbindung wieder hergestellt.

Bandwidth on Demand[2]
Der Router schaltet je nach Bandbreitenbedarf weitere WAN-Verbindungswege hinzu bzw. ab.

Dial Backup[3]
Fällt eine Kommunikationsverbindung aus, so schaltet der Router automatisch eine Ersatzverbindung.

Kanalbündelung
Bei ISDN-Leitungen ist der Router in der Lage, automatisch mehrere ISDN-Kanäle zu bündeln, um einen logischen Kanal mit höherer Bandbreite zur Verfügung zu stellen.

Load Balancing[4]
Bei hohem Lastaufkommen kann der Router die Kommunikationen auf mehrere Leitungen verteilen.

Spoofing[5]
Einem Host wird bei unterbrochener Wählverbindung vom Router vorgetäuscht, dass diese Verbindung immer noch aktiv ist. Dies ist sinnvoll, wenn eine Wählverbindung unterbrochen wurde um Kosten zu reduzieren, der Host aber periodisch abprüft, ob diese Verbindung existiert.

Analysieren Sie die Funktionen, die ein DSL-Router für die gemeinsame Nutzung eines DSL-Anschlusses durch mehrere Teilnehmer zur Verfügung stellt.

[1] **Dial on Demand:** engl. Wählen bei Bedarf
[3] **Bandwidth on Demand:** engl. Bandbreite nach Bedarf
[3] **Dial Backup:** engl. Wählen einer Alternative bei Ausfall
[4] **Load Balancing:** engl. Lastverteilung
[5] **Spoof:** engl. Humbug, Schwindel

11.4 IPv6-Besonderheiten

Die prinzipielle Vorgehensweise beim Routing unter Anwendung von IPv6 entspricht dem des Routings unter IPv4. Auch bei IPv6 werden Routingtabellen angelegt, die die Wege von zu versendenden Datenpaketen kennzeichnen. Große Unterschiede gibt es jedoch bzgl. der Struktur von IPv6-Adressen gegenüber IPv4-Adressen, so dass diese im Folgenden näher beschrieben werden.

11.4.1 Adressbildung

Im Gegensatz zu den 32-Bit-langen Adressen bei IPv4 besitzen IPv6-Adressen eine Länge von 128 Bit. Zur Darstellung von IPv6-Adressen verwendet man die hexadezimale Schreibweise. Dabei werden die 128 Bit in 8 Blöcken von jeweils 16 Bit unterteilt. Als Trennzeichen dieser Blöcke dienen jeweils Doppelpunkte.

Beispiel einer IPv6-Adresse:
FE80:0000:0000:0000:0301:0625:ABCD:4B5B

Um die Schreibweise zu vereinfachen, dürfen Blöcke, die vollständig aus Nullen bestehen durch eine Null abgekürzt werden. Ebenso darf man führende Nullen in den Blöcken weglassen. Damit lässt sich die obige IP-Adresse vereinfachen zu:
FE80:0:0:0:301:625:ABCD:4B5B

Eine weitere Vereinfachung der Schreibweise besteht darin, Blöcke, die vollständig aus Nullen bestehen und hintereinander auftreten, wegzulassen und stattdessen zwei Doppelpunkte zu schreiben. Dieses ist jedoch maximal einmal pro Adresse zugelassen. Damit ergibt sich obige IP-Adresse zu:
FE80::301:625:ABCD:4B5B

Die Angabe von Doppelpunkten in IP-Adressen ist bei der Angabe von URLs innerhalb von Webbrowsern nicht zulässig, da ein Doppelpunkt die Angabe von Ports kennzeichnet.

Beispiel einer zulässigen URL bei Verwendung von IPv4:
http://10.73.12.1:80

Bei Verwendung von IPv6-Adressen müssen diese aufgrund der enthaltenen Doppelpunkte daher in eckige Klammern gesetzt werden.

Beispiel einer zulässigen URL bei Verwendung von IPv6:
http://[FE80::301:625:ABCD:4B5B]

Die Schreibweise bei der Darstellung von Netzen erfolgt bei IPv4 entweder unter Angabe der IP-Adresse und der zugehörigen Subnetzmaske oder unter Anwendung der Präfix-Schreibweise (siehe Abschnitt 11.1.1: Adressauflösung). IPv6 verwendet dagegen ausschließlich die Präfix-Schreibweise.

Beispiel:
Die IPv6-Adresse 2001:1bd2:425a::/48 beschreibt eine Adresse, bei der die ersten 48 Bit (Angabe „/48") das zugehörige Netz kennzeichnen und die restlichen Bits zur

Adressierung der im Netz angeschlossenen Endgeräte zur Verfügung stehen. Entsprechend steht der folgende Adressbereich zur Verfügung:

2001:1bd2:425a:0000:0000:0000:0000:0000 bis
2001:1bd2:425a:ffff:ffff:ffff:ffff:ffff

IPv6-Adressangabe	IPv6-Adressbereich
2000::/3	001y yyyy yyyy yyyy ... yyyy yyyy (binäre Schreibweise)
2000::/4	2:xxxx:xxxx:xxxx:xxxx:xxxx:xxxx:xxxx
2000::/16	2000:xxxx:xxxx:xxxx:xxxx:xxxx:xxxx:xxxx
::/128	0000:0000:0000:0000:0000:0000:0000:0000
::/96	0000:0000:0000:0000:0000:0000:xxxx:xxxx
::FFFF/96	0000:0000:0000:0000:0000:FFFF:xxxx:xxxx

Tabelle 11.4.1-1: Beispiele zur Bildung von IPv6-Adressbereichen mittels Präfix-Schreibweise (y ist entweder 0 oder 1, x ist beliebige hexadezimale Zahl)

IPv6 besitzt drei Adressierungsarten:

- Unicasting:
  Diese Adressierungsart dient zur Einrichtung von Punkt-zu-Punkt-Verbindungen, d. h. eine Nachricht wird von einem Sender an nur einen Empfänger verschickt. Es gibt mehrere Unicast-Adresstypen (siehe Tabelle 11.4.2-1).
- Multicasting:
  Multicasting wird verwendet, wenn eine Nachricht gleichzeitig an mehrere Empfänger versendet werden soll. Bei IPv4 gibt es stattdessen die Möglichkeit des Nachrichtenversandes mittels Broadcasting, bei dem grundsätzlich alle Endgeräte eines Netzsegments die Nachricht erhalten. Multicasting besitzt gegenüber Broadcasting jedoch den Vorteil, dass Endgeräte, die an bestimmten Informationen über das Netz nicht interessiert sind, diese auch nicht erhalten und somit auch nicht Zeit für deren Verarbeitung und Auswertung zur Verfügung stellen müssen.
- Anycasting:
  Im Gegensatz zu Multicasting, bei dem alle Endgeräte einer bestimmten Gruppe eine Nachricht erhalten, erfolgt die Auslieferung einer Nachricht bei Anycasting an ein bestimmtes Endgerät dieser Gruppe (z. B. das schnellste Endgerät). Dieses Endgerät kann dann ggf. die weitere Verteilung der Nachricht an die anderen Mitglieder der Gruppe übernehmen.

Das Einstellen der jeweiligen Adressierungsart erfolgt durch Verwendung bestimmter Adressen. Entsprechend der IPv6-Adressierungsarten existieren u. a. Unicast-, Multicast- und Anycast-Adressen.

Die Richtlinie RFC 3177 schreibt die Vergabe der folgenden drei Adressbereiche vor (Angabe der Präfixlänge):

- /48:
  Für mittlere und große Unternehmen.
- /64:
  Wenn genau ein Subnetz benötigt wird, z. B. in einem kleinen Unternehmen oder für ein Netzwerk in einem Fahrzeug.
- /128:
  Wenn genau eine Endgeräteadresse benötigt wird.

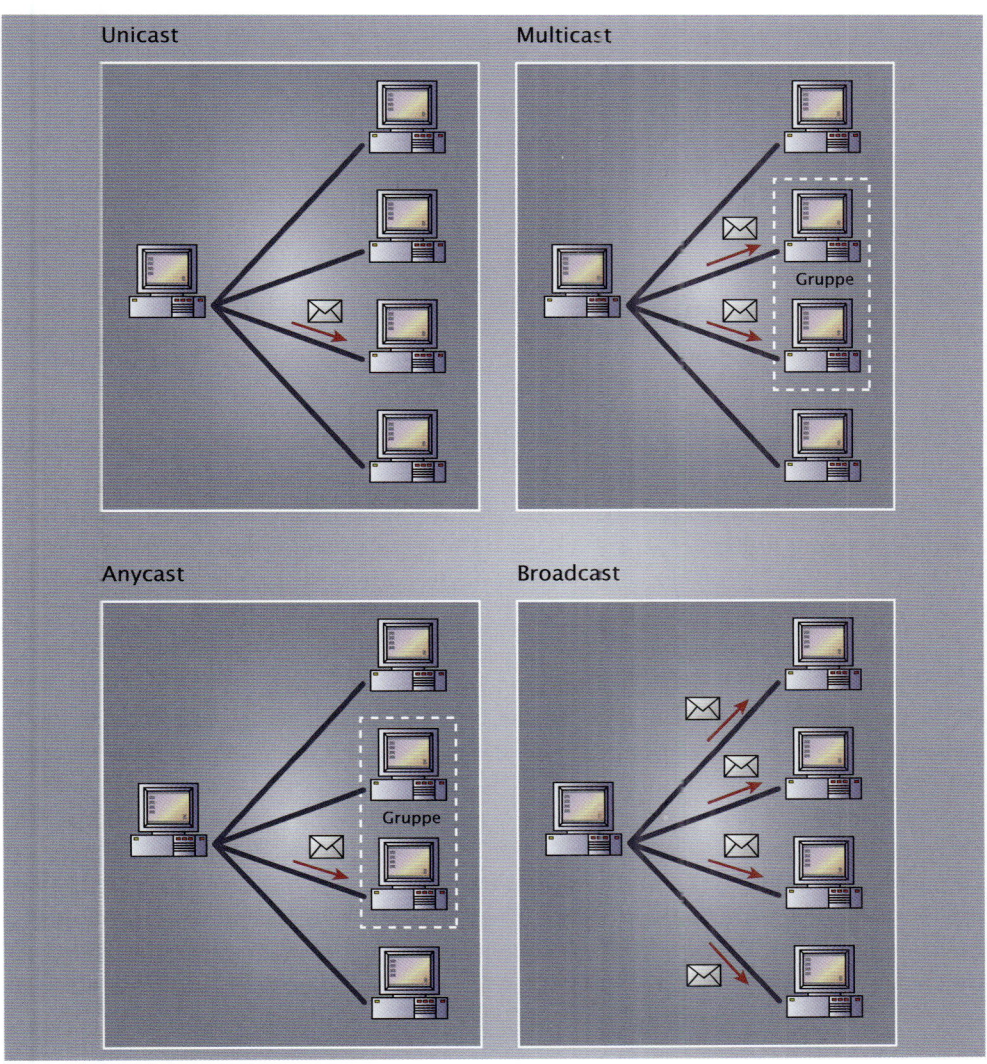

11.4.1-1
IPv6-Adressierungs-
arten

11.4.2 IPv6-Adressräume

Während bei IPv4 eine Unterteilung in verschiedene Netzklassen wie A, B und C
möglich ist, gibt es eine derartige statische Trennung von Netz- und Hostkennung bei
IPv6 nicht. IPv6 nutzt dagegen flexible Adresstypen, die über einen Adresspräfix angegeben werden (siehe Tabelle 11.4.2-1).

Adresstyp	Adresspräfix	Adressraum
Anzeige, dass noch keine Adresse existiert	0:0:0:0:0:0:0:0	::/128
Loopback	0:0:0:0:0:0:0:1	::1/128
Global-Unicast-Adressen	001 (binär)	200::/3
Link-Local-Unicast-Adressen	1111 1110 10 (binär)	FE80::/10
Unique-Local-Unicast-Adressen	1111 110 (binär)	FD00::/7
Multicast-Adressen	1111 1111 (binär)	FF00::/8

Tabelle 11.4.2-1:
Wichtige IPv6-Adress-
typen

Aufbau Global-Unicast-Adressen:

Global-Unicast-Adressen dienen der weltweit eindeutigen Identifizierung von Netzwerkschnittstellen im IPv6-Netz. Ihren Aufbau zeigt Bild 11.2.

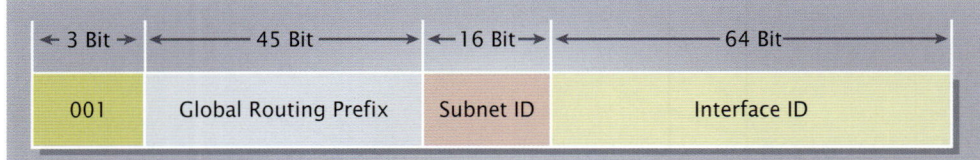

11.4.2-1
Aufbau von Global-Unicast-Adressen

Felder einer Global-Unicast-Adresse:

Bezeichnung	Erläuterung
001	Kennung für Global-Unicast-Nachricht
Global Routing Prefix	Angabe der Route zum eigenen Netz (wird vom Provider vergeben)
Subnet ID	Steht für die Einrichtung eigener Subnetze zur Verfügung. Mit den vorhandenen 16 Bit können somit 65536 eigene Subnetze gebildet werden.
Interface ID	Kennung der Endgeräte-Netzwerkschnittstelle

Mittels Global-Unicast-Adressen lassen sich drei Topologie-Ebenen definieren: Der Global Routing Prefix ist für die Ebene der Provider zuständig und kennzeichnet das Netz des jeweiligen Providers. Die Subnet ID arbeitet auf einer niedrigeren Ebene und definiert die jeweiligen Subnetze in den Unternehmen. Die niedrigste Ebene wird schließlich durch die Endgeräte gebildet, die jeweils mittels Interface ID adressiert werden (siehe Bild 11.3).

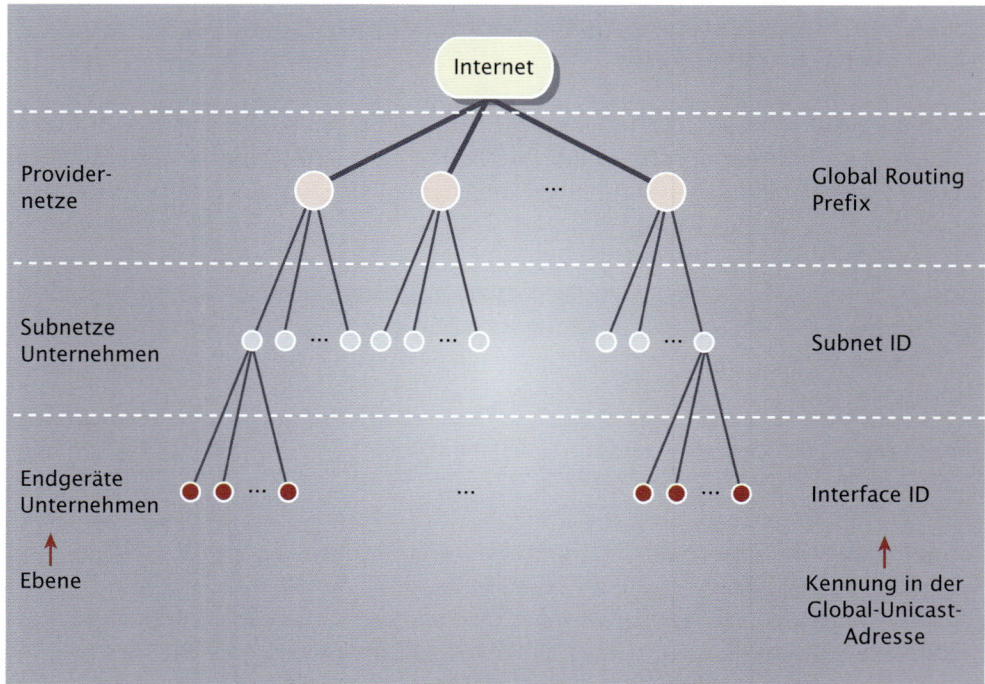

11.4.2-2
Topologieebenen bei Global-Unicast-Adressen

Aufbau Local-Unicast-Adressen:

Local-Unicast-Adressen dienen nicht der weltweit eindeutigen Identifizierung, sondern wurden für den Einsatz in Subnetzen konzipiert. Entsprechend können sie wiederverwendet werden.

Tabelle 11.4.2-1 zeigt, dass es mehrere Unicast-Adresstypen gibt:
- Globale Unicast-Adresse (Global-Unicast-Adresse)
  Diese IPv6-Adressen besitzen weltweite Gültigkeit und sind mit den öffentlichen IPv4-Adressen vergleichbar. Entsprechend sind sie im gesamten IPv6-Netz eindeutig.
- Lokale Unicast-Adresse (Local-Unicast-Adresse):
  Diese Adressen besitzen eine örtlich eingeschränkte Gültigkeit. Zu den lokalen Unicast-Adressen gehören
    - Link-Local-Unicast-Adressen (LLU-Adressen):
      LLU-Adressen sind nur in einem isolierten Subnetz verwendbar und werden nicht von Routern weitergeleitet. Somit können sie auch nicht in das Internet gelangen.
    - Unique-Local-Unicast-Adressen (ULA):
      ULAs dienen der Kommunikation innerhalb von IPv6-Subnetzen und besitzen einen weltweit eindeutigen Präfix. Somit besteht nicht die Gefahr einer Adresskollision, falls ein ULA-Nachrichtenversand versehentlich außerhalb des Subnetzes geroutet wird.

Link-Local-Adresse:

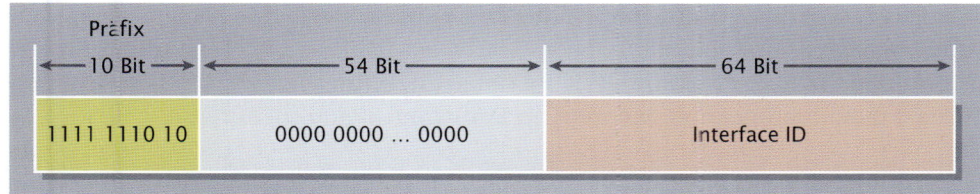

FE80::/10

Unique-Local-Adresse:

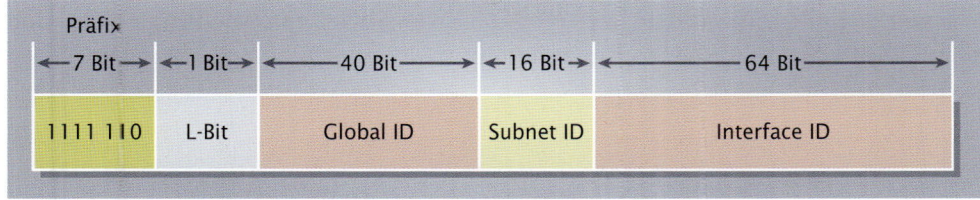

FC00::/7

11.4.2-3
Aufbau von Local-Unicast-Adressen

Felder einer Link-Local-Unicast-Adresse:

Bezeichnung	Erläuterung
Präfix	Kennung für Link-Local-Unicast-Nachricht
Nullfeld	Dieses Feld ist standardmäßig mit 54 Nullen ausgefüllt.
Interface ID	Kennung der Endgeräte-Netzwerkschnittstelle

Felder einer Unique-Local-Unicast-Adresse:

Bezeichnung	Erläuterung
Präfix	Kennung für Link-Local-Unicast-Nachricht
L-Bit	Dieses Bit kann auf 0 oder 1 gesetzt werden. Definiert ist momentan jedoch nur der Wert 0. Mit einem Wert von 1 wird zukünftig wahrscheinlich eindeutige global zugewiesenen ULA gekennzeichnet.
Global ID	Die Global ID wird per Zufallsgenerator erzeugt. Auf diese Weise ist die Wahrscheinlichkeit sehr hoch, dass diese ID kein zweites Mal existiert. Bei zukünftigen global vergebenen ULAs (L-Bit = 1) wird die Global ID weltweit absolut eindeutig sein.
Subnet ID	Steht für die Einrichtung eigener Subnetze zur Verfügung. Mit den vorhandenen 16 Bit können somit 65536 eigene Subnetze gebildet werden.
Interface ID	Kennung der Endgeräte-Netzwerkschnittstelle

Kennung der Endgeräte-Netzwerkschnittstelle bei Unicast-Adressen:
Unicast-Adressen enthalten jeweils ein Feld „Interface ID", das zur Kennung der Netzwerkschnittstelle des Ziel-Endgerätes dient. Während bei IPv4 unter Anwendung des Protokolls „ARP" zunächst die MAC-Adresse der Netzwerkschnittstelle ermittelt werden musste, entfällt dieser Schritt bei IPv6, da die MAC-Adresse in die IPv6-Adresse integriert wird. Das 64 Bit lange Feld „Interface ID" der IPv6-Unicast-Adresse dient hierbei unter anderem der Aufnahme der MAC-Adresse.

MAC-Adressen sind Schicht-2-Adressen, die eine Länge von 48 Bit besitzen und eine Netzwerkschnittstelle eindeutig kennzeichnen (siehe Abschnitt 4.3.2: Netzwerkkarten). Eine neue Art von MAC-Adressen sind die sogenannten EUI-64-Adressen (EUI = „Extended Unique Identifier "[1]), die von der IEEE vergeben werden und eine Länge von 64 Bit aufweisen. Sie bestehen aus einer 24-Bit-Kennung, die den Hersteller der Netzwerkschnittstelle identifiziert (Organizationally Unique Identifier, OUI), und einer 40-Bit-Kennung, die vom Hersteller der Netzwerkschnittstelle selbst vergeben

[1] **Extended Unique Identifier:** engl. Erweiterte eindeutige Kennung

MAC-Adresse:

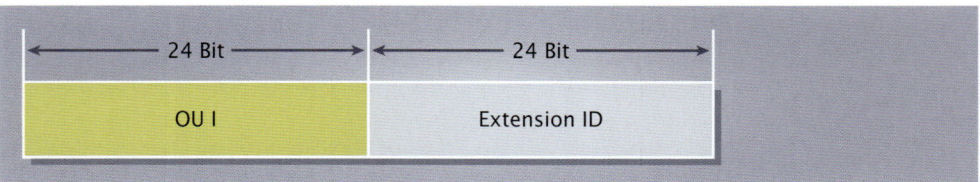

EU I-64-Adresse:

11.4.2-4
Aufbau von Schicht-2-Adressen

wird. Die Vergabe des OUIs erfolgt durch das IEEE (Institute of Electrical and Electronics Engineers).

Die Endgerätekennung bei Unicast-Adressen kann nun auf drei unterschiedliche Arten gebildet werden:

- Werden Unicast-Adressen verwendet, die die Präfixe 001 bis 111 verwenden, so ist in der Endgerätekennung die Schicht-2-Adresse der Netzwerkschnittstelle einzubeziehen. Das Bilden der Kennung wird hierbei vom IEEE-EUI-64-Standard abgeleitet.
- Zwecks Wahrung der Anonymität wird die Endgerätekennung zufällig generiert. Die Kennung ändert sich in bestimmten Zeitabständen automatisch.
- Zuweisung der Endgerätekennung mittels DHCP (bei IPv6: DHCPv6).
- Manuelle Konfiguration.

Aufbau Multicast-Adressen:

Der Multicasting-Betrieb bei IPv6 funktioniert entsprechend des Multicasting-Betriebs bei IPv4. IPv6-Endgeräte können Multicast-Nachrichten bzgl. beliebiger Multicast-Adressen empfangen.

Multicast-Adresse:

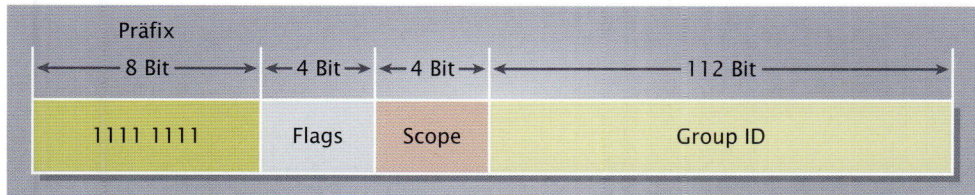

11.4.2-5 Aufbau von Multicast-Adressen

Felder einer Multicast-Adresse:

Bezeichnung	Erläuterung
Präfix	Kennung für Multicast-Nachricht.
Flags	Dienen der näheren Beschreibung der Multicast-Adresse, so lässt sich z. B. darstellen, dass es sich um eine von der IANA zugewiesene Multicast-Adresse handelt.
Scope	Kennzeichnen den Gültigkeitsbereich der Multicast-Adresse. So kann hier z. B. eingestellt werden, dass die zu dieser Nachricht gehörenden Datenpakete niemals von Routern weitergeleitet werden.
Group ID	Kennzeichnet die Gruppe von Endgeräten, die die Multicast-Nachricht erhalten sollen.

Aufbau von Anycast-Adressen:

Anycast-Adressen stammen aus demselben Adressraum wie Unicast-Adressen. Sie sind daher nicht von Unicast-Adressen zu unterscheiden. Einem Router muss daher separat mitgeteilt werden, dass es sich bei der Adresse seiner Netzwerkschnittstelle ggf. um eine Anycast-Adresse handelt.

11.5 Virtuelle LANs (VLANs)

Der bei der Firma B@ltic Networks angestellte Andreas Spieker arbeitet in der Abteilung Einkauf, die sich im Firmengebäude in der dritten Etage befindet. Da er nun in den Betriebsrat gewählt wurde, erhält er ein eigenes Büro im Erdgeschoss. Herr Spieker ist jedoch noch zu großen Anteilen für die Abteilung Einkauf tätig und soll aus diesem Grund auch weiterhin dem dortigen Subnetz zugewiesen sein. Eine Neuverkabelung seines Büros mit der dritten Etage scheidet aus Kostengründen jedoch aus.

Zur Reduzierung einer hohen Netzlast in einem LAN wird das betreffende LAN häufig in Subnetze und damit in unterschiedliche Broadcast-Domänen unterteilt. Auf diese Weise werden Broadcasts nur noch an die Rechner der jeweiligen Domäne und nicht an mehr an die Rechner des gesamten Netzes geleitet. Typischerweise verwendet man für diese Art der Segmentierung Switches und Router (siehe Abb. 11.4-1, siehe Abschnitt 11.1).

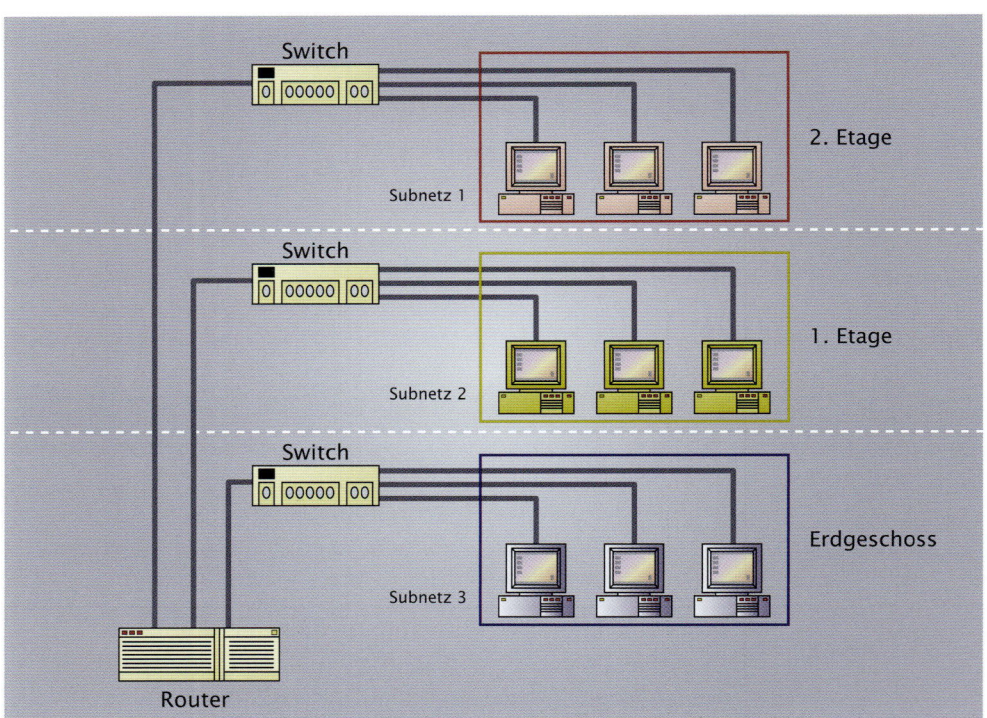

11.5-1: Traditionelle LAN-Subnetzbildung

Ein großer Nachteil dieser Lösung besteht jedoch in der starken Ortsabhängigkeit bei der Bildung der Subnetze. So kann ein Rechner im Erdgeschoss nur mühsam nachträglich in ein Subnetz integriert werden, das sich im 10. Stockwerk befindet, da dieses eine neue Verkabelung bedeuten würde. Zur Lösung dieser Problematik bietet sich der Einsatz sogenannter virtueller LANs (VLANs) an.

> *Ein virtuelles LAN (VLAN) ist ein logisches Subnetz in einem LAN, das nicht ortsgebunden ist.*

Die Ortsunabhängigkeit in einem VLAN wird durch die Kopplung von Router und Switch erreicht, die sich jeweils in einem Gehäuse befinden. Derartige Geräte bezeichnet man als Layer-3-Switch (siehe Abb. 11.5-2).

Während ein herkömmlicher Switch lediglich über Schicht-2-Funktionalitäten verfügt und Datenpakete somit nur anhand ihrer MAC-Adressen weiterleiten kann, besitzt ein Layer-3-Switch die Möglichkeit, die Datenpakete auch in Abhängigkeit von Schicht-3-Informationen wie z. B. einer IP-Adresse weiterzuleiten. Die eigentliche Ortsunabhängigkeit bei der Bildung der VLANs wird hier dadurch erreicht, dass Layer-3-Switches miteinander kommunizieren können. Entsprechend tauschen sie sich darüber aus, welcher Rechner welchem Subnetz zuzuordnen ist. Hierbei spielt es keine Rolle, an welchem konkreten Layer-3-Switch der Rechner angeschlossen ist. So können Subnetze gebildet werden, die sich z. B. über unterschiedliche Stockwerke erstrecken (siehe Abb. 11.5-4).

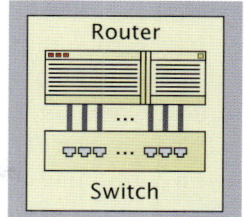

11.5-2: Prinzipieller Aufbau eines Layer-3-Switches

Ein Layer-3-Switch ist ein Switch, der zusätzlich einen Router beinhaltet.

11.5-3: Layer-3-Switch

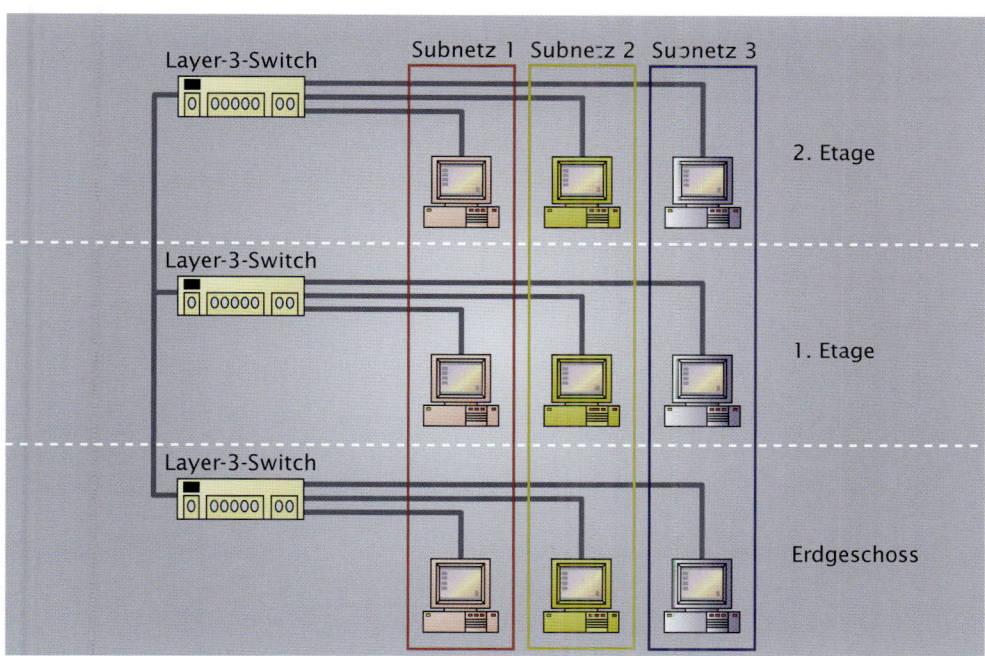

11.5-4: Subnetzbildung mittels VLAN

Zusammenfassend lassen sich folgende Gründe für die Verwendung von VLANs angeben:
• Reduzierung der Netzlast durch Verkleinerung von Broadcast-Domänen.
• Flexible Verwaltung von Endgeräten und Subnetzen, indem Endgeräte durch einfaches Konfigurieren des Layer-3-Switches bestimmten Subnetzen zugeordnet werden können. Subnetze können so unabhängig von der örtlichen Lage der ihnen zugehörigen Rechner gebildet werden.
• Erhöhung der Sicherheit gegenüber reinen Schicht-2-Netzen, da die in den Layer-3-Switches integrierten Router in der Lage sind, Broadcasts zu filtern.

Ein Layer-3-Switch kann so konfiguriert werden, dass die Zuordnung von Rechnern zu Subnetzen auf zwei unterschiedliche Arten erfolgt. Man spricht dann entweder von statischen oder dynamischen VLANs:

- Statisches VLAN:
  Hier werden die Ports des Layer-3-Switches bestimmten Subnetzen zugeordnet. Unabhängig davon, welcher Rechner am jeweiligen Port angeschlossen ist, gehört dieser Rechner automatisch zum betreffenden Subnetz.
- Dynamisches VLAN:
  Die Zuordnung eines Rechners zu einem Subnetz erfolgt anhand der MAC-Adresse des Rechners. Gegenüber des statischen VLANs erweist sich diese Konfigurationsart als sehr flexibel, da der Rechner eines Benutzers automatisch einem bestimmten Subnetz zugeordnet wird, sobald der Rechner mit einem beliebigen Port des Layer-3-Switchers verbunden wird. Der physikalische Ort des Rechners spielt hierbei keine Rolle.

Kopplung von Layer-3-Switches:

Die Kopplung von Layer-3-Switches ermöglicht die Übertragung der einzelnen VLAN-Datenpakete zwischen dieses Switches. Um hierbei nicht für jedes eingerichtete VLAN eine eigene Leitung zu benötigen, werden die einzelnen VLAN-Kanäle gebündelt über eine Leitung übertragen.

> *Unter Trunking[1] versteht man die gebündelte Übertragung von VLAN-Datenpaketen über eine Leitung zwischen Layer-3-Switches.*

Bei der gebündelten Übertragung werden die einzelnen Ethernet- bzw. IEEE-802.3-Datenpakete zunächst mit einer VLAN-Markierung versehen, so dass diese eindeutig einem bestimmten VLAN zugeordnet werden können. Nach der Übertragung werden die einzelnen Pakete dann entsprechend ihrer Markierung wieder dem jeweiligen VLAN zugewiesen, wobei die Markierung zuvor wieder entfernt wird (siehe Abb. 11.5-5).

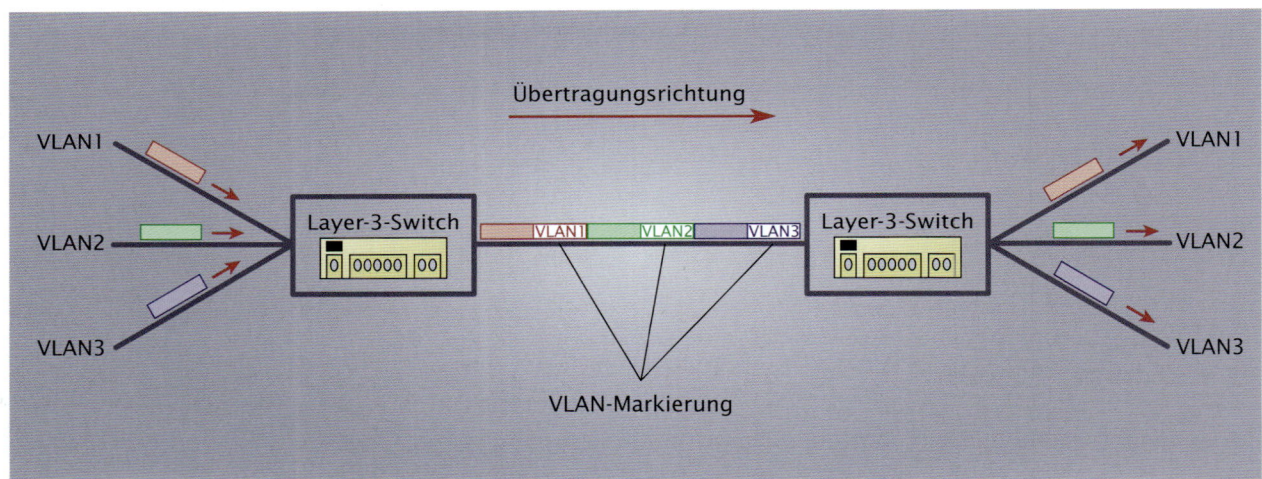

11.5-5: Trunking-Prinzip

Protokolle, die beim Trunking eingesetzt werden, sind z. B.:
- IEEE 802.1Q
- ISL
- 802.10
- LANE

Abb. 11.5-6 zeigt exemplarisch den Aufbau eines IEEE 802.1Q-VLAN-Frames, d. h. eines Frames, der zwischen zwei Layer-3-Switches bei Anwendung dieses Protokolls übertragen wird. Der ursprüngliche Ethernet- bzw. IEEE-802.3-Frame (siehe Ab-

[1] Trunk Line: engl. Verbindungsleitung

schnitt 10.1.1) wird hierbei durch den Layer-3-Switch um 4 Byte erweitert, so dass dort die VLAN-Daten eingetragen werden können. Neben einigen Steuerungsinformationen besteht dieser Eintrag im Wesentlichen aus der VLAN-Identifikation, die die Nummer enthält, zu deren VLAN das jeweilige Datenpaket gehört.

Das Markieren des Ethernet-Frames mit der zugehörigen VLAN-Kennung bezeichnet man auch als Frame-Tagging[1].

Präambel	MAC Zieladresse	MAC Quelladresse	Länge/Typ	LLC-Header/ SNAP Daten	FCS	IEEE-802.3/ Ethernet-Frame
8 Byte	6 Byte	6 Byte	2 Byte	46–1500 Byte	4 Byte	

Präambel	MAC Zieladresse	MAC Quelladresse	VLAN-Tag	Länge/Typ	LLC-Header/ SNAP Daten	FCS	IEEE-802.1Q- Frame
8 Byte	6 Byte	6 Byte	4 Byte	2 Byte	46–1500 Byte	4 Byte	

Tag Protocol ID	User Priority	Canonical Format Indicator	VLAN ID	VLAN-Tag
2 Byte	3 Bit	1 Bit	1 Bit	

11.5-6: IEEE-802.1Q-Frame-Bildung

1. Worin besteht der Unterschied zwischen einem herkömmlichen Switch und einem Layer-3-Switch?
2. Im obigen Text werden die Vorteile von VLANs gegenüber traditionellen Subnetzen erläutert. Welche Nachteile besitzen sie?
3. Konfigurieren und testen Sie drei VLANs, die an einem Layer-3-Switch angeschlossen sind.
4. Erweitern Sie das Netzwerk aus Aufgabe 3, indem Sie an dem vorhandenen Layer-3-Switch einen weiteren Layer-3-Switch anschließen. An dem neuen Switch sollen dieselben VLANs eingerichtet werden, wie am bereits vorhandenen Switch. Testen Sie das Netzwerk.

[1] to tag: engl. markieren

Exkurs: Routing

1. Problemstellung

Für das Verständnis des Routings soll an einem Beispiel die Bildung von statischen Routen in einem Netzwerk vertieft werden. Basis dafür ist das Grundwissen aus dem Kapitel 11: Routing.

Insgesamt werden drei Subnetze miteinander verbunden (siehe Grafik 1). Im Gebäude A befinden sich zwei Netze (Netz 1 und Netz 2). Sie sind durch den Router A miteinander verbunden. Dieser Router stellt über eine Standleitung auch die Verbindung zum Gebäude B her (Netz 4). Dort organisiert der Router B die Netzwerkverbindungen. An Router B befinden sich die Systeme des Netzes 3. Grundsätzlich ist nur der Zugriff der Clients auf die Server von Bedeutung. Für Administrationszwecke können nur Clients des Netzes 2 genutzt werden. Als Besonderheit ist ein Client-System (Host 7) zu betrachten, welches zwar physikalisch an den Switch des Netzes 3 angeschlossen ist, aber nur auf den Server (Host 1) des Netzes 1 zugreifen darf.

Folgende organisatorischen Rahmenbedingungen wurden für die Vergabe von IP-Adressen festgelegt:

- Die Netzadressen werden im Adressraum 192.168.XX.0 vergeben (192.168.10.0 bis 192.168.30.0, also „zweistellig").
- Die Netzadresse des verbindenden Backbone-Netzes hat die IP-Adresse 192.168.1.0 (also „einstellig").
- Die Server der Netze sind „zweistellig" zu adressieren (z. B. 192.168.10.10 bis 192.168.10.99).
- Die Clients der Netze sind „dreistellig" zu adressieren (z. B. 192.168.10.100 bis 192.168.10.254).

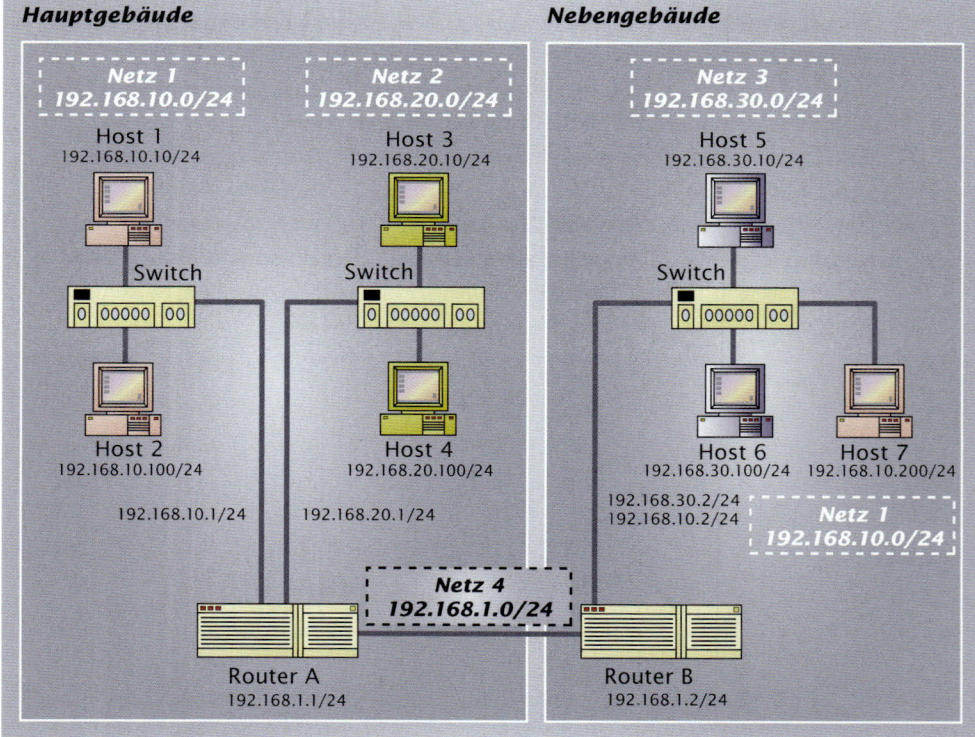

1 Gesamtnetzplan

Für die Organisation der Kommunikation sind für alle im Netzwerk befindlichen Systeme die entsprechenden Routingtabellen zu entwickeln.

2. Erster Ansatz

Für eine strukturierte Vorgehensweise ist es sinnvoll, die einzelnen Routingtabellen jeweils aus der Position des einzelnen Hosts zu betrachten. Dies entspricht auch der Vorgehensweise in der Praxis, da überwiegend Geräte zu Systemen hinzugefügt werden. Oder mit anderen Worten: für den Zugang zum Intranet/Internet interessiert nicht die Kenntnis des Gesamtsystems sondern nur der Zugang zum nächsten Übertragungssystem (Router). Ausgenommen aus den Betrachtungen ist das gesondert zu behandelnde System im Nebengebäude (Host 7). Diese Verbindung wird erst zum Abschluss betrachtet.

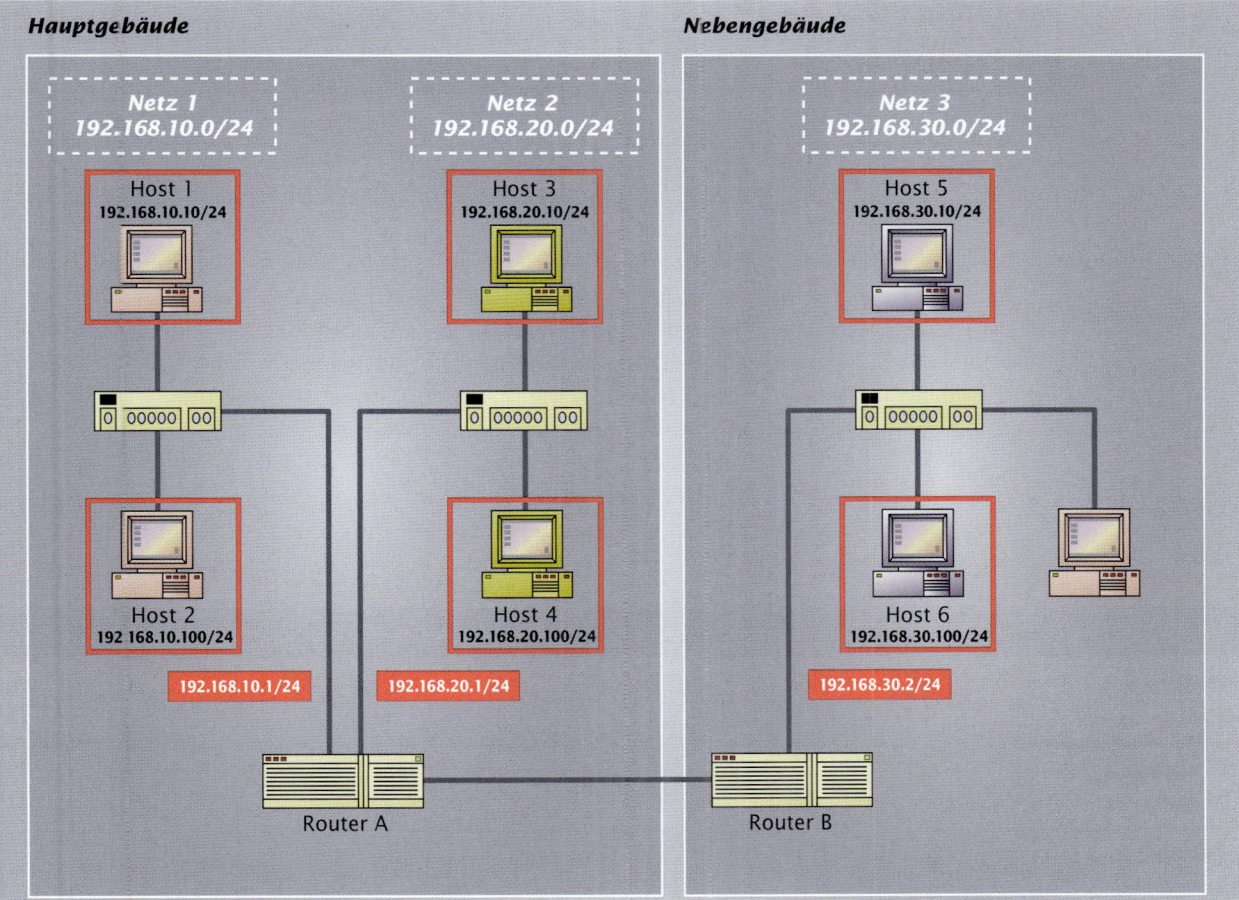

2 Konfiguration der Hosts

Für die einzelnen Hosts (Client und Server) sind in den Betriebssystemen folgende Informationen einzutragen:

- IP-Adresse
- Subnetzmaske
- Standardroute

Der Begriff Standardroute bezeichnet eine Adresse, an die alle im Netz nicht adressierbaren Pakete weitergeleitet werden. Dieser Begriff wird leider von den Betriebssystemherstellern nicht konsequent angewendet, sondern man findet auch die

Bezeichnungen Default (-Route, -Gateway) und Gateway. Aus der Sicht eines Host bedeutet dies, dass die eigene Hostadresse und die dazugehörige Subnetzmaske eingetragen werden müssen. Über diese Kombination ist automatisch die Netzadresse festgelegt. Für <u>alle</u> nicht im Subnetz bekannten IP-Adressen soll <u>ein</u> System (Router) die Anforderungen weiterleiten.

Für die einzelnen Hosts ergeben sich deshalb folgende Einstellungen:

Host Nr.	IP-Adresse	Subnetzmaske	Standardroute
Host 1	192.168.10.10	255.255.255.0	192.168.10.1
Host 2	192.168.10.100	255.255.255.0	192.168.10.1
Host 3	192.168.20.10	255.255.255.0	192.168.20.1
Host 4	192.168.20.100	255.255.255.0	192.168.20.1
Host 5	192.168.30.10	255.255.255.0	192.168.30.2
Host 6	192.168.30.100	255.255.255.0	192.168.30.2

Das Betriebssystem erzeugt aus diesen Einträgen eine Routingtabelle. Dabei werden auch Standardeinträge erzeugt, die für die korrekte Kommunikation notwendig sind, wie z. B. die Loopback-Adresse der Netzwerkkarte. Die Standardeinträge wurden im Kapitel 11 „Routing" erläutert. Zu beachten ist der Server Host 1, der für die besonderen Anforderungen des Host-Routing nachkonfiguriert werden muss. Host 7 ist bezüglich der Standardroute besonders zu konfigurieren.

Der tatsächliche Aufbau der Routingtabelle kann zum Beispiel in Windows durch den Aufruf von „`route print`" angezeigt werden. Für den Host 3 ergibt sich folgende Routingtabelle:

Verwendung	Netzwerkadresse	Subnetzmaske	Gateway-Adresse	Schnittstelle	Anzahl
Default Route	0.0.0.0	0.0.0.0	192.168.20.1	192.168.20.10	1
Loopback Network	127.0.0.0	255.0.0.0	127.0.0.1	127.0.0.1	1
Directly attached Network	192.168.20.0	255.255.255.0	192.168.20.10	192.168.20.10	1
Local Host	192.168.20.10	255.255.255.255	127.0.0.1	127.0.0.1	1
Network Broadcast	192.168.20.255	255.255.255.255	192.168.20.10	192.168.20.10	1
Multicast Address	224.0.0.0	224.0.0.0	192.168.20.10	192.168.20.10	1
Limited Broadcast	255.255.255.255	255.255.255.255	192.168.20.10	192.168.20.10	1

Im jetzt erreichten Zustand sollten alle Hosts in ihren Subnetzen miteinander kommunizieren können. Das betrifft evtl. auch die im jeweilige Subnetz beheimatete Seite des angeschlossenen Routers. Eine Kommunikation über die Router hinaus ist nicht möglich, da diese noch nicht konfiguriert sind. Zu überprüfen ist dieser Zustand durch den Aufruf des „ping"-Befehls (siehe Kapitel 9: Netzwerkprotokolle). Mit Hilfe dieses Befehls wird der erfolgreiche Aufbau eines TCP/IP-Protokollstapels überprüft. Auf die Kommunikationsaufforderung hin quittiert die Gegenstelle diese Anforderung mit einer Rückmeldung. Als erstes sollte die eigene IP-Adresse angesprochen werden, um zu überprüfen, ob der eigene Rechner kommunikationsfähig ist (siehe Loopback).

Folgendermaßen könnte eine erfolgreiche Überprüfung der Kommunikation zwischen Host 1 und Router A aus der Sicht des Host 1 aussehen:

```
C:\ping 192.168.10.1
Ping wird ausgeführt für 192.168.10.1 mit 32 Bytes Daten:

Antwort von 192.168.10.1: Bytes=32 Zeit=5ms TTL=128
Antwort von 192.168.10.1: Bytes=32 Zeit=2ms TTL=128
Antwort von 192.168.10.1: Bytes=32 Zeit=2ms TTL=128
Antwort von 192.168.10.1: Bytes=32 Zeit=2ms TTL=128

Ping-Statistik für 192.168.10.1:
    Pakete: Gesendet = 4, Empfangen = 4, Verloren = 0
    (0 % Verlust),
Ca. Zeitangaben in Millisek.:
Minimum = 2, Maximum = 5, Mittelwert = 2
```

Im Fehlerfall kann z. B. folgendes Ergebnis für einen nicht angeschlossenen Rechner gemeldet werden:

```
C:\ping 192.168.10.1
Ping wird ausgeführt für 192.168.10.1 mit 32 Bytes Daten:

Zeitüberschreitung der Anforderung
Zeitüberschreitung der Anforderung
Zeitüberschreitung der Anforderung
Zeitüberschreitung der Anforderung

Ping-Statistik für 192.168.10.1:
    Pakete: Gesendet = 4, Empfangen = 0, Verloren = 4
    (100 % Verlust)
```

Die IP-Konfiguration eines Systems kann z. B. mit dem Windows-Befehl „ipconfig" (LINUX: ifconfig) überprüft werden (siehe Kapitel 9: Netzwerkprotokolle). Es werden dann die Adresskonfigurationen aller im Hostsystem befindlichen und aktiven Netzadapter angezeigt.

3. Zweiter Ansatz

Im zweiten Durchlauf können die Routingtabellen aus der Position der beiden Router entwickelt werden. Auch jetzt noch soll die besondere Situation des Hosts 7 unberücksichtigt bleiben.

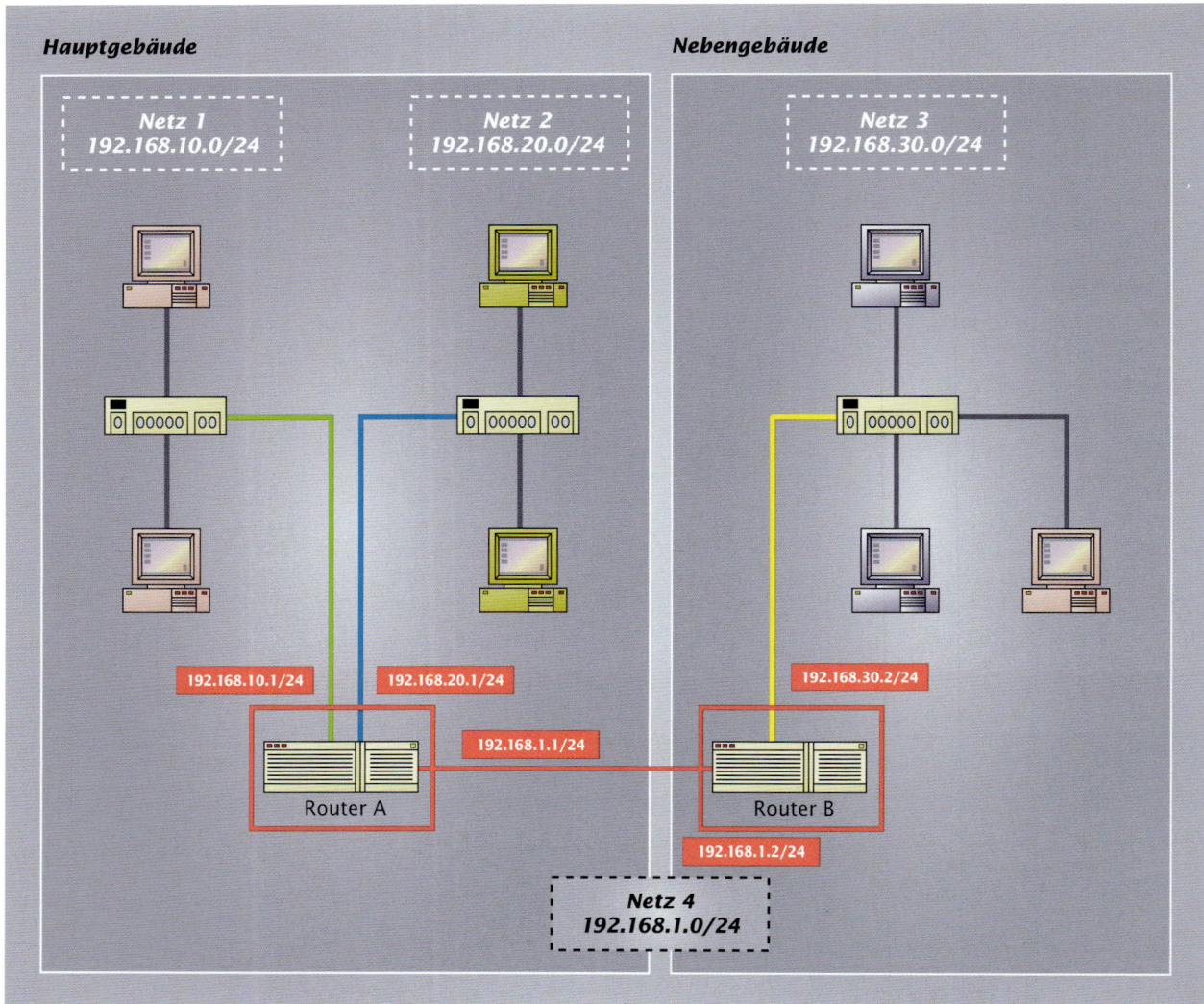

3 Konfiguration der Router

Für die Konfiguration der Router sind folgende Einträge zu berücksichtigen:
- IP-Adressen der Netzwerkschnittstellen
- IP-Adressen der angeschlossenen Netze
- IP-Adressen angeschlossener Router
- Standardrouten

Auch bei den Routern werden einige Standardeinträge wie Standardrouten und Loopback-Adressen erzeugt bzw. müssen eingegeben werden. Außerdem ist möglicherweise zu beachten, dass in einigen Betriebssystemen die Funktion „IP-Forwarding" aktiviert ist.

Für die Router ergeben sich folgende Routingtabellen (Beispiel Windows):

Ausschnitt aus der Routingtabelle des Routers A. Gekennzeichnet sind die Festlegungen für die Netze 1,2 und 4 sowie die Route in das Netz 3.

Netzwerkziel	Subnetzmaske	Gateway	Schnittstelle	Anzahl
127.0.0.0	255.0.0.0	127.0.0.1	127.0.0.1	1
192.168.1.0	255.255.255.0	192.168.1.1	192.168.1.1	1
192.168.1.1	255.255.255.255	127.0.0.1	127.0.0.1	1
192.168.1.255	255.255.255.255	192.168.1.1	192.168.1.1	1
192.168.10.0	255.255.255.0	192.168.10.1	192.168.10.1	1
192.168.10.1	255.255.255.255	127.0.0.1	127.0.0.1	1
192.168.10.255	255.255.255.255	192.168.10.1	192.168.10.1	1
192.168.20.0	255.255.255.0	192.168.20.1	192.168.20.1	1
192.168.20.1	255.255.255.255	127.0.0.1	127.0.0.1	1
192.168.20.255	255.255.255.255	192.168.20.1	192.168.20.1	1
192.168.30.0	255.255.255.0	192.168.1.2	192.168.1.1	1
224.0.0.0	224.0.0.0	192.168.1.1	192.168.1.1	1
224.0.0.0	224.0.0.0	192.168.10.1	192.168.10.1	1
224.0.0.0	224.0.0.0	192.168.20.1	192.168.20.1	1

Ausschnitt aus der Routingtabelle des Routers B. Gekennzeichnet sind die Festlegungen für die Netze 3 und 4 sowie die Route in die Netze 1 und 2.

Netzwerkziel	Subnetzmaske	Gateway	Schnittstelle	Anzahl
127.0.0.0	255.0.0.0	127.0.0.1	127.0.0.1	1
192.168.1.0	255.255.255.0	192.168.1.2	192.168.1.2	1
192.168.1.2	255.255.255.255	127.0.0.1	127.0.0.1	1
192.168.1.255	255.255.255.255	192.168.1.2	192.168.1.2	1
192.168.10.0	255.255.255.0	192.168.1.1	192.168.1.2	1
192.168.20.0	255.255.255.0	192.168.1.1	192.168.1.2	1
192.168.30.0	255.255.255.0	192.168.30.2	192.168.30.2	1
192.168.30.2	255.255.255.255	127.0.0.1	127.0.0.1	1
192.168.30.255	255.255.255.255	192.168.30.2	192.168.30.2	1
224.0.0.0	224.0.0.0	192.168.1.2	192.168.1.2	1
224.0.0.0	224.0.0.0	192.168.30.2	192.168.30.2	1
255.255.255.255	255.255.255.255	192.168.30.2	192.168.30.2	1

Auffällig ist, dass auf den Routern keine Default-Routen eingetragen wurden. Diese sind auch nicht notwendig, da keine weiteren Verbindungen mit „unbekannten" Netzadressen wie zum Beispiel Internetverbindungen vorgesehen sind.

1. Analysieren Sie alle Einträge der Routingtabellen der Router. Beschreiben Sie in kurzen Sätzen die jeweiligen Aufgaben der Einträge.
2. Vergleichen Sie die Routingtabellen der Router. Erläutern Sie Gemeinsamkeiten und Unterschiede.
3. Überprüfen Sie die Routingfunktionen auf dem aktuellen Stand der Router- und Hostkonfigurationen. Nutzen Sie dazu in der Kommandozeileneingabe den „ping"-Befehl und den „tracert"-Befehl (Windows).

4. Konfiguration des Host-Routings

Im letzten Durchlauf soll der Zugriff des Hosts 7 auf den Host 1 (Server) organisiert werden. Zu beachten ist, dass der Host 7 nicht auf andere Server und Hosts als auf den fest zugewiesenen Partner zugreifen darf. Dies vereinfacht zusätzlich die Entwicklung der Routingtabellen, da dann nur folgende beteiligte Systeme konfiguriert werden müssen:

- Router A
- Router B
- Host 1
- Host 7

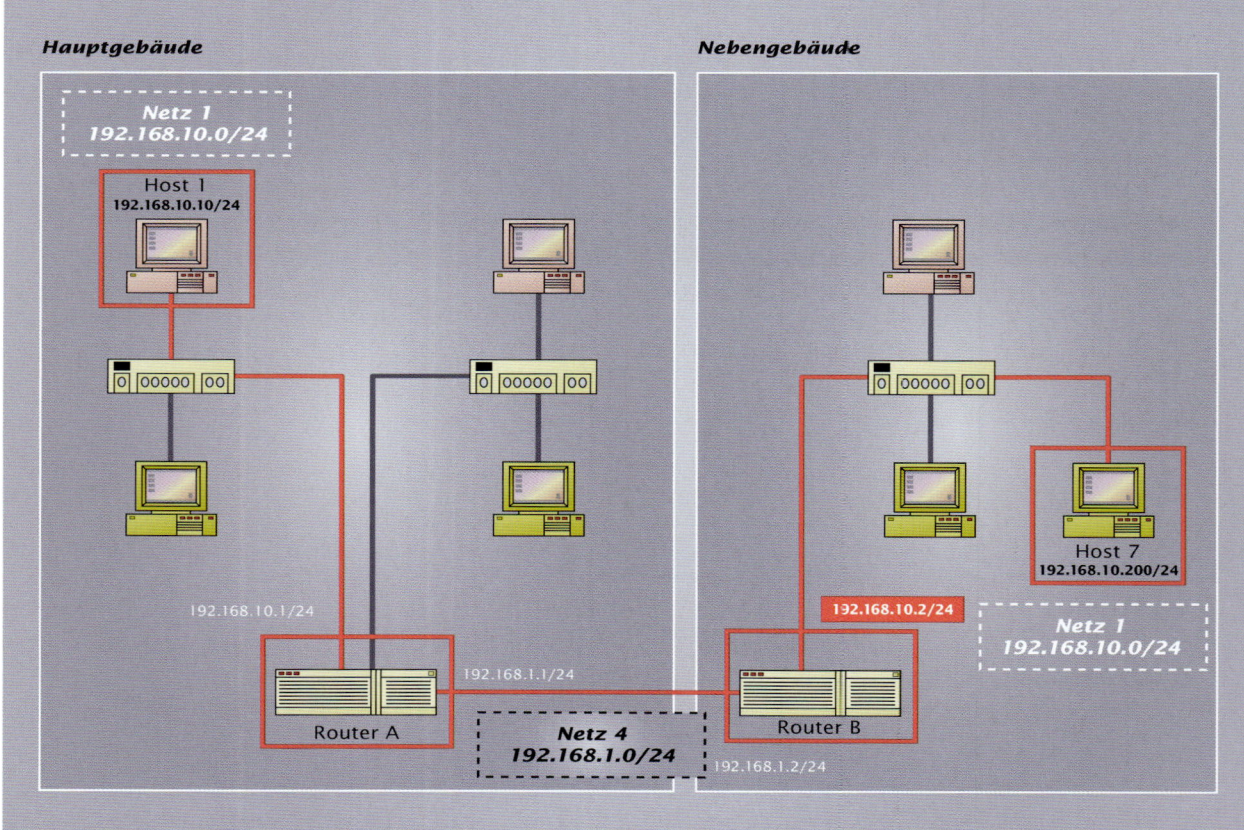

Für den Router A ist die Route zum Host 7 über den Router B der Routingtabelle hinzuzufügen.

Ergänzung der Routingtabelle des Routers A:

Netzwerkziel	Subnetzmaske	Gateway	Schnittstelle	Anzahl
...	...	...	..	...
...	...	...	..	...
192.168.10.0	255.255.255.0	192.168.10.1	192.168.10.1	1
192.168.10.1	255.255.255.255	127.0.0.1	127.0.0.1	1
192.168.10.200	255.255.255.255	192.168.1.2	192.168.1.1	1
192.168.10.255	255.255.255.255	192.168.10.1	192.168.10.1	1
...	...	...	...	...
...	...	...	...	...

Für Router B gilt Ähnliches. Zusätzlich zu dem Eintrag des Netzes 192.168.10.0 sind die Einträge für die spezielle Verbindung zwischen der (neuen) Schnittstelle 192.168.10.2 und dem Host 1 inklusive der Broadcast-Nachrichten zu berücksichtigen. Dies bedeutet auch, dass dem Netzwerkadapter auf der Seite zum Netz 3 zwei IP-Adressen zugewiesen wurden.

Ergänzung der Routingtabelle des Routers B:

Netzwerkziel	Subnetzmaske	Gateway	Schnittstelle	Anzahl
...	...	...	...	...
...	...	...	...	...
192.168.1.255	255.255.255.255	192.168.1.2	192.168.1.2	1
192.168.10.0	255.255.255.0	192.168.10.2	192.168.30.2	1
192.168.10.2	255.255.255.255	127.0.0.1	127.0.0.1	1
192.168.10.10	255.255.255.255	192.168.1.1	192.168.1.2	1
192.168.10.255	255.255.255.255	192.168.10.2	192.168.30.2	1
192.168.20.0	255.255.255.0	192.168.1.1	192.168.1.2	1
...	...	...	...	...
...	...	...	...	...

Untersuchen Sie die zusätzlichen Einstellungen. Vergleichen Sie dazu die Routingtabellen mit den vorherigen Tabellen (siehe oben).
Überprüfen Sie mit dem „ipconfig" (Windows) die Zuordnung der IP-Adressen zu den Netzwerkkarten der Router.

Der Host 7 erhält die folgende Routingtabelle. Zu beachten ist, dass keine Default-Route eingetragen ist. Ein Eintrag z. B. der Routerschnittstelle 192.168.30.2 wäre nicht zulässig, da sonst eine Kommunikation mit einem anderen Netz möglich wäre. Gekennzeichnet ist die Route zum Host 1 über den Router B.

Ausschnitt aus der Routingtabelle des Hosts 7:				
Netzwerkziel	Subnetzmaske	Gateway	Schnittstelle	Anzahl
127.0.0.0	255.0.0.0	127.0.0.1	127.0.0.1	1
192.168.1.1	255.255.255.255	192.168.10.2	192.168.10.200	1
192.168.10.0	255.255.255.0	192.168.10.200	192.168.10.200	1
192.168.10.10	255.255.255.255	192.168.10.2	192.168.10.200	1
192.168.10.200	255.255.255.255	127.0.0.1	127.0.0.1	1
192.168.10.255	255.255.255.255	192.168.10.200	192.168.10.200	1
224.0.0.0	224.0.0.0	192.168.10.200	192.168.10.200	1
255.255.255.255	255.255.255.255	192.168.10.200	192.168.10.200	1

Als letztes Gerät wird der Host 1 konfiguriert. Hier ist die Festlegung der Route zum Host 7 über den Router A von Bedeutung.

Ausschnitt aus der Routingtabelle des Hosts 1:				
Netzwerkziel	Subnetzmaske	Gateway-Adresse	Schnittstelle	Anzahl
0.0.0.0	0.0.0.0	192.168.10.1	192.168.10.10	1
127.0.0.0	255.0.0.0	127.0.0.1	127.0.0.1	1
192.168.10.0	255.255.255.0	192.168.10.10	192.168.10.10	1
192.168.10.10	255.255.255.255	127.0.0.1	127.0.0.1	1
192.168.10.200	255.255.255.255	192.168.10.1	192.168.10.10	1
192.168.10.255	255.255.255.255	192.168.10.10	192.168.10.10	1
224.0.0.0	224.0.0.0	192.168.10.10	192.168.10.10	1
255.255.255.255	255.255.255.255	192.168.10.10	192.168.10.10	1

5. Überprüfung des Routings

Nachdem alle Systeme konfiguriert worden sind, müssen alle Kommunikationswege überprüft werden. Dies geschieht zum Beispiel durch die Verwendung des „ping"-Befehls. Auf diese Weise sollten dann alle Rechner im Gesamtsystem unter den vorgegebenen Rahmenbedingungen erreichbar sein. Der tatsächliche Verlauf der Routen von einem Host zu einem Ziel kann jetzt mit dem Windows-Aufruf „tracert Zieladresse" (LINUX: „traceroute Zieladresse") überprüft werden. Sinnvollerweise sind auch die Wege zu prüfen, die eigentlich nicht zur Verfügung stehen sollen (Beispiel: Zugriff von Host 7 auf einen Host des Netzes 3).

1. Erstellen Sie für jeden Host eine Tabelle, in der aufgeführt ist, auf welche Hosts dieses System per „ping" zugreifen kann und von welchen Hosts auf das System zugegriffen werden kann.
2. Vergleichen Sie Ihre Ergebnisse mit der vorgegebenen Aufgabenstellung.
3. Ermitteln Sie die komplette Route von Ihrem Arbeitsplatzrechner zu einem Server im Netzwerk Ihres Betriebs / Ihrer Schule. Interpretieren Sie alle angezeigten Informationen.

4. Überlegen bzw. erproben Sie, welche Folgen auftreten, wenn Sie nacheinander auf Hosts 7 und auf Host 1 eine Firewall (z. B. im verwendeten Betriebssystem) aktivieren. Berücksichtigen Sie bei Ihren Überlegungen auch die Kommunikation mit den betreffenden Routern.

5. Welche Folgen ergeben sich, wenn der Arbeitsplatz „Host 7" in das Hauptgebäude „umzieht" und an den Switch des Netzes 1 angeschlossen werden soll?

6. Entwickeln Sie eine Strategie, wie z. B. Außendienstmitarbeiter zügig mit ihrem Notebook eine Verbindung in das Netz 1 herstellen können.

Betriebssysteme in Netzwerken

Nach dem Aufbau des physikalischen Netzes durch die Firma B@ltic Networks, ist für die Netzwerkrechner ein geeignetes Betriebssystem auszuwählen.

In einem Netzwerk kommt dem verwendeten Betriebssystem zentrale Bedeutung zu. Zur Bereitstellung der Netzwerkfunktionalität hat ein Betriebssystem besondere Funktionen zur Verfügung zu stellen. Dieses sind vor allem

- die Verwaltung mehrerer Benutzer (Multiuser),
- die gleichzeitige Verwaltung mehrerer Programme (Multitasking),
- die Vergabe von Zugriffsrechten auf Systemressourcen wie z. B. Hauptspeicher, Festplatte, Drucker,
- die Verwaltung von Kommunikationsverbindungen.

Bekannte Vertreter von Netzwerkbetriebssystemen sind
- Microsoft Windows Server
- Microsoft Windows 7
- UNIX (verschiedene Hersteller wie z. B. SUN, Hewlett Packard, SCO)
- LINUX (offener UNIX-Standard; verschiedene Distributionen, wie z. B. Debian, Ubuntu)

Der Einsatz dieser Betriebssysteme hängt ab von den unterschiedlichen Hardware-Plattformen sowie den geforderten Diensten. Im Folgenden werden insbesondere die zur Bereitstellung der Netzwerkfunktionalität erforderlichen Elemente von Betriebssystemen näher beschrieben[1].

12.1 Funktionen von Betriebssystemen in Netzwerken

Die Firma B@ltic Networks GmbH berät die Firma Lütgens über verschiedene Betriebssysteme. Wichtige Kriterien für die Wahl des Betriebssystems sind die Leistungsfähigkeit in verschiedenen Diensten und damit die Verwendbarkeit für die gestellten Anforderungen.

Grundsätzlich bieten alle Netzwerkbetriebssysteme Kommunikationsdienste der einzelnen Ebenen des ISO/OSI-Referenzmodells an. Sie unterscheiden sich dabei z. B. in der Benutzerverwaltung oder den verfügbaren Diensten.

Wichtige Dienste, die von einem Betriebssystem innerhalb eines Netzwerks bereitgestellt werden, sind:
- Dateidienste
- Druckdienste
- Kommunikationsdienste
- Webdienste
- Backupdienste

[1] Allgemeine Grundlagen zu Betriebssystemen finden sich z. B. im Buch Take-IT

Dateidienste:

Eine typische Netzwerkanwendung besteht in der zentralen Verwaltung von Dateien. Die verwendeten Systeme werden als Datei- oder Fileserver bezeichnet. Da es sehr schnell zu großen Datenmengen kommen kann, müssen Dateiserver besonders leistungsfähig ausgestattet werden. Das gilt vor allem für die Speicherkapazitäten und Zugriffszeiten der verwendeten Festplatten.

Die Dienstprogramme eines Dateiservers haben insbesondere folgende Aufgaben zu erfüllen:

- Anlegen und Löschen von Verzeichnissen
- Speichern, Löschen und Herunterladen von Dateien
- Vergabe von Zugriffsrechten auf die Datenbestände
- Organisation des „gleichzeitigen" Zugriffs auf Daten durch mehrere Benutzer

Druckdienste:

Um teure und leistungsfähige Drucker von mehreren Arbeitsplätzen aus nutzen zu können, werden Druckserver (Printserver) verwendet. Diese verwalten die angeschlossenen Drucker und führen ihnen die auflaufenden Druckaufträge zu. Dazu werden die Aufträge in eine Warteschlange, den sogenannten Print-Spooler[1], eingeordnet und nacheinander an den Drucker weitergegeben. Druckserver sind auch als eigenständige, kompakte Module erhältlich. Eingesetzt werden sie z. B. in kleinen Netzen, in denen lediglich Druckdienste bereitzustellen sind.

12.1-1 Druckserver-Modul

Leistungsfähige Drucker sind häufig bereits mit einer Netzwerkschnittstelle ausgestattet und können so direkt in das Netzwerk integriert werden.

Kommunikationsdienste:

Eine bedeutende Rolle für die moderne Kommunikation spielen Kommunikationsserver. Sie stellen Dienste und Funktionen zur Verfügung, die eine Verbindung zwischen einem lokalen Netzwerk und externen Netzen und Diensten ermöglicht.

Das sind vor allem:
- Faxdienste
- Internetdienste

Webdienste:

Eine spezielle Form der Kommunikationsserver sind die sogenannten Webserver. Sie stellen die Internetdienste, z. B. Word Wide Web (WWW), E-Mail und FTP (File Transfer Protocol), zur Verfügung. Da diese möglichst ständig verfügbar sein sollten, werden besondere Anforderungen an die Zuverlässigkeit dieser Systeme gestellt.

Backup-Dienste:

Eine Vielzahl von Störungen kann die Arbeit im Netzwerk unterbrechen und den erarbeiteten Datenbestand gefährden. Eine regelmäßige Datensicherung ist daher zwingend notwendig. Spezielle Backup-Server übernehmen diese Aufgabe:

TIPP

Die Dienste müssen nicht notwendigerweise über **einen** Server zur Verfügung gestellt werden. Um z. B. die Ausfallsicherheit und Leistungsfähigkeit der Dienste in einem Netzwerk zu erhöhen, erfolgt häufig eine Verteilung der Dienste auf einzelne Server. Diese werden dann nach dem angebotenen Dienst bezeichnet (z. B. Dateiserver, Druckserver oder Kommunikationsserver).

[1] **Spool:** engl. Rolle, Spule

- Einplanung von Zeitpunkt und Umfang der Datensicherung (Job Scheduling)
- Erstellung von Fehlerprotokollen
- Durchführung einer Datenkompression
- Durchführung der eigentlichen Datensicherung (z. B. Bandsicherungen)

> Analysieren Sie die in Ihrem Betrieb/Ihrer Schule verwendeten Netzwerk-server. Welche besonderen Dienste bieten diese jeweils an?

12.2 Lizenzmodelle für Betriebssysteme

> Bei einer Umstellung des Netzwerks der Firma Lütgens muss die B@ltic Networks GmbH die entsprechenden Softwarelizenzen anbieten. Abhängig vom Softwarehersteller, vom Funktionsumfang und der Anzahl der ange-schlossenen Clients sind zum Teil sehr unterschiedliche Lizenzmodelle zu berücksichtigen.

12.2.1 Urheberrechte

Mit der Entwicklung eines Buches, Musikstückes oder einer Software sind ein erheblicher materieller und zeitlicher Aufwand sowie ein hohes Maß an geistiger Kreativität verbunden. Da die oben genannten Produkte relativ leicht kopiert wer-den können, ist die Nutzung, Vervielfältigung und Weitergabe an besondere rechtli-che Rahmenbedingungen gebunden. In Deutschland wird dieser Rahmen durch das Urheberrechtsgesetz (UrhG) festgelegt. Ein internationaler Schutz wird durch die WIPO (World Intellectual Property Organization) angestrebt. Deren Verträge haben inzwischen eine Vielzahl von Nationen unterzeichnet.

Nach dem Urheberrechtsgesetz hat der Inhaber der Rechte insbesondere die im Folgenden beschriebenen Rechte. Diese kann er ganz oder teilweise Anderen zuge-stehen.

Alle Rechte vorbehalten.
Jegliche Verwendung des Druckwerkes bedarf – soweit das Urheberrechtsgesetz nicht ausdrücklich Ausnahmen zulässt – der vorherigen schriftlichen Einwilligung des Verlages.

Verlag Handwerk und Technik GmbH,
Landmannbogen 135, 22339 Hamburg;
Postfach 63 05 00, 22331 Hamburg – 2011

E-Mail: info@handwerk-technik.de
Internet: www.handwerk-technik.de

2

12.2.1-1
Hinweis auf das
Urheberrecht

Vervielfältigungsrecht

Das vollständige oder teilweise Vervielfältigen eines Produktes, unabhängig von der Art der Vervielfältigung, ist das ausschließliche Recht des Urheberrechtsinhabers.

Nur mit seiner Zustimmung darf eine Kopie des Produktes angefertigt werden. Die Erstellung einer Sicherungskopie bedarf nicht der besonderen vertraglichen Zustimmung. Dieses Recht auf Privatkopie wird jedoch durch ein Verbot der Umgehung von Kopierschutzsystemen stark eingeschränkt. Verfügt ein Audio- oder ein Filmdatenträger über ein Kopierschutzsystem, so ist auch das Anlegen einer Sicherungskopie unzulässig. Dieses Kopierverbot gilt ausdrücklich nicht für Computerprogramme. Das Anlegen einer Sicherungskopie von geschützter Software ist erlaubt. Verboten ist dagegen die Herstellung und Verbreitung von Kopierprogrammen, die einen Kopierschutz umgehen können.

Bearbeitungsrecht
Nur der Inhaber des Urheberrechtes hat das Recht, das Produkt zu bearbeiten und zu verändern. Fehlerberichtigungen eines Lizenznehmers im Rahmen der bestimmungsgemäßen Nutzung bedürfen nicht der besonderen vertraglichen Zustimmung. Das betrifft vor allem das Verändern von Softwarepaketen durch vom Hersteller zur Verfügung gestellte Korrektursoftware (Servicepacks, Patches).

Verbreitungsrecht
Nur der Inhaber des Urheberrechtes darf ein Produkt als Original oder Kopie verbreiten. In der Praxis wird die Verbreitung der Kopien durch sogenannte Distributoren vorgenommen.

Durch folgende Verstöße werden vor allem in der Computerbranche Softwareunternehmen in großem Umfang geschädigt:
* unerlaubtes Kopieren von Software,
* unerlaubte Weitergabe von Kopien,
* mehrfache Nutzung einer Lizenz durch gleichzeitiges
  Arbeiten auf mehreren Computern.

Verletzungen der Urheberrechte können rechtliche Konsequenzen nach sich ziehen. Dies sind vor allem:
* Schadensersatz,
* Unterlassung,
* Vernichtung oder Überlassung von Kopien,
* Vernichtung oder Überlassung von Gerätschaften,
* Geldstrafe,
* Freiheitsstrafe.

12.2.2 Lizenzmodelle
Mit dem Erwerb einer Lizenz wird ein rechtsgültiger Vertrag zwischen dem Hersteller und dem Käufer eines Softwareproduktes geschlossen. Dieser berechtigt in der Regel nur zur Nutzung der Software. Selbst das Kopieren der Software ist nur mit Einschränkungen gestattet. Die gleichzeitige Nutzung ist zudem auf ein System oder einen Anwender beschränkt. Das bedeutet für Betriebssysteme, dass nur ein Server mit der entsprechenden Lizenz installiert werden darf. Jeder weitere Server bedarf einer eigenen Lizenz. Lizenzen im Netzwerk haben aufgrund der Nutzungsmöglichkeiten des Programmes von einer Vielzahl von Plätzen besondere Einschränkungen. Folgende Bedingungen können in einer Lizenzvereinbarung festgelegt werden:
* die Anzahl der Benutzer, die eine Software gleichzeitig nutzen dürfen,
* die Anzahl der Installationen auf IT-Systemen,
* der Zeitraum, in dem eine Software genutzt werden darf.

Darüber hinaus kann auch eine gruppenbezogene Lizenzvergabe erfolgen. Diese können bezogen sein auf:

- einzelne Orte (z. B. Klassenraumlizenzen),
- einzelne Arbeitsgruppen,
- bestimmte Unternehmensbereiche (z. B. Schullizenzen),
- Master-Lizenzen ohne Einschränkung.

Eine Besonderheit stellen die sogenannten OEM[1]-Lizenzen dar. Dabei handelt es sich um Lizenzen, die nur in Verbindung mit der erworbenen Hardware gültig sind. Diese Paketbildung nennt sich auch „bundle". Eine Trennung von Hardware und OEM-Lizenz (unbundling) ist nach deutschem Recht umstritten[2]. Eine OEM-Version ist in der Regel nicht „update-fähig". Sie besteht aus einem Lizenzvertrag, aus Datenträgern und einem einfachen Handbuch. Zunehmend wird die Software auf dem Computer vorinstalliert und ist bei Systemfehlern nur über eine Recovery-CD zu retten.

Lizenzmodell für Microsoft Server 2008[3]:

Das Betriebssystem Windows Server 2008 ist in fünf Editionen erhältlich, die sich hinsichtlich ihrer Lizenzmodelle unterscheiden. Genaue Informationen sind hier den jeweiligen Produktbeschreibungen der Firma Microsoft zu entnehmen. Grundsätzlich unterscheidet Microsoft jedoch zwischen

- **Serverlizenzen**
- **Prozessorlizenzen**
- **Client-Zugriffslizenzen (CAL)**
- **External-Connector-Lizenzen**

Serverlizenzen:
Für jeden Server ist eine eigene Serverlizenz notwendig. Diese Lizenz berechtigt dazu, das Betriebssystem auf einem physischen Rechner und/oder innerhalb einer virtuellen Maschine auszuführen. Wird das Betriebssystem allerdings gleichzeitig auf dem physische Rechner und der virtuelle Maschine ausgeführt, darf das Betriebssystem auf dem physikalischen Rechner nur verwendet werden, um Hardware-Virtualisierungsdienste bereitzustellen sowie Hardware-Virtualisierungssoftware und Software zum Verwalten und Warten von Betriebssystem-Umgebungen auf dem Server auszuführen.

Prozessorlizenzen:
Für jeden physischen Prozessor im Server ist eine Prozessorlizenz notwendig.

Client-Zugriffslizenz (CAL, Client Access License):
Die Client-Zugriffslizenz erlaubt, von einem Client aus auf den Server zuzugreifen und dessen Dienste zu nutzen. Eine CAL ist hierbei eine reine Nutzungslizenz, jedoch keine Software. Bei den CALs wird unterschieden zwischen

- **Windows Server 2008 Geräte-CAL:**
  Diese Lizenz erlaubt einem Gerät auf den Server zuzugreifen. Das Gerät kann von einem beliebigen Nutzer verwendet werden. Geräte sind z. B. ein PC, Handheld oder Telefon.

[1] **OEM:** Original Equipment Manufacturer, engl. Original-Ausrüstungshersteller
[2] Zur Zeit ist das „**unbundling**" Gegenstand verschiedener gerichtlicher Verfahren
[3] Stand 2010

Anwendungsbeispiel:
Call-Center, bei dem im Schichtbetrieb verschiedene Personen von einem Client aus auf den Server zugreifen. Anstatt jeden Benutzer mit einer Lizenz für den Serverzugriff auszustatten, wird lediglich der Client mittels Geräte-CAL lizensiert.

- Windows Server 2008 Nutzer-CAL:
Diese Lizenz erlaubt einem Nutzer von einem beliebigen Client aus auf den Server zuzugreifen.
Anwendungsbeispiel:
Eine Firma, bei der wenige Mitarbeiter von sehr vielen verschiedenen Clients aus auf den Server zugreifen (z. B. unterschiedliche Arbeitsplätze, PC zu Hause, Wireless PDA, usw.). Anstatt jeden einzelnen Client für den Serverzugriff zu lizensieren, bietet es sich hier an, die Mitarbeiter mit einer Nutzer-CAL auszustatten. Zusätzlich zur Client-Zugriffslizenz ist in jedem Fall die Lizenz der jeweiligen Client-Software (z. B. MS-Outlook) notwendig, die auf den Server zugreift.

External-Connector-Lizenz:
Diese Lizenz berechtigt eine beliebige Anzahl externer Nutzer zum Zugriff auf den Server. Ein externer Nutzer ist jede Person, die nicht zum folgenden Personenkreis gehört:
- Angestellte des Lizenznehmers,
- zeitweises Vertretungspersonal oder unabhängige Vertragspartner, die sich gemäß einem Auftrag im Unternehmen des Lizenznehmers befinden,
- Kunden, denen der Lizenznehmer mit der Serversoftware kostenpflichtige Dienste bereitstellt (z. B. Webhosting[1]).
Beispiele für externe Nutzer sind z. B. Geschäftspartner oder Kunden.
Anwendungsbeispiel:
Eine Firma möchte ihren Kunden den Zugriff auf den Server gestatten, um dort eine Software zu testen. Die genaue Anzahl der Kunden, die auf den Server zugreifen möchte, ist jedoch nur schwer zu ermitteln. Über eine External-Connector-Lizenz wird daher einer unbegrenzten Anzahl von Kunden der Serverzugriff ermöglicht.

GPL-Lizenzmodell:
Eine Besonderheit stellt die General Public License[2] (GPL) dar. Nach diesem Lizenzmodell ist eine Vielzahl offener Programme lizensiert. Bekannte Vertreter sind z. B. der Kern des Betriebssystems Linux oder die Programmiersprache Perl. Die GPL gewährt jedem die folgenden Freiheiten für eine nach diesem Modell lizensierte Software:
- Nutzung der Software für jeden Zweck (privat oder kommerziell).
- Kostenlose Verteilung der Software oder Verteilung gegen eine Gebühr. Der Quelltext muss mitverteilt werden oder dem Empfänger zum Selbstkostenpreis zur Verfügung gestellt werden. Lizenzgebühren sind nicht erlaubt.
- Änderung der Software nach eigenen Bedürfnissen.
- Kostenlose Verteilung veränderter Versionen der Software. Der geänderte Quelltext muss dem Empfänger zur Verfügung gestellt werden.

[1] **Hosting** (host, engl. Gastgeber) bezeichnet allgemein die Bereitstellung von Diensten. Beim Webhosting wird Speicherplatz für Webseiten zur Verfügung gestellt.
[2] **General Public License:** engl. Allgemeine öffentliche Lizenz

12.2.3 Software-Metering[1]

In einem Unternehmen ist häufig eine hohe Anzahl unterschiedlichster Software-produkte auf den einzelnen Arbeitsplatzrechnern installiert. Hinzu kommt die wachsende Anzahl an mobilen Geräten, z. B. Notebooks und Smartphones. Auch Heimarbeitsplätze sind häufig noch in die Rechnernetze von Unternehmen inte-griert. Diese komplexen Strukturen erschweren es, einen genauen Überblick über die eingesetzten Softwareprodukte und die damit verbundenen Lizenzen zu erhal-ten.

> *Unter Software Metering versteht man die Erfassung der auf einem oder mehreren Rechnern installierten Programme und die Erfassung des Einsatzes dieser Programme.*

Software Metering erfasst Daten über die Nutzung von Programmen, wie z. B. die Bezeichnung der ver-wendeten Programme, die Programmnutzer sowie die Zeiten der Programmnutzung auf den jeweiligen Rechnern.

Software Metering bezieht sich auf unterschiedliche Bereiche:

- Überwachung von Softwarelizenzen:
  Es wird sichergestellt, dass nur die erlaubte Anzahl von Softwarelizenzen aktiv ist. Gleichzeitig erfolgt eine Überprüfung, ob genug Lizenzen vorhanden sind. Eine ständige Überwachung aller Programme, die auf den Rechnern des Unternehmens ausgeführt werden, ermöglicht das Entdecken nicht lizensierter Software.

- Zuweisung von Softwarelizenzen:
  Bei einer begrenzten Anzahl von Lizenzen kann die Nutzung dieses Programms so aufgeteilt werden, dass nur so viele Programmkopien aktiv sind, wie Lizenzen vor-handen sind. Lizenzen können z. B. bei weltweit agierenden Unternehmen auf-grund der Zeitverschiebung zwischen den Arbeiten auf den einzelnen Kontinenten jeweils entsprechend zugewiesen werden. So sind zum Teil erhebliche Kosten-einsparungen bei der Nutzung von Software möglich.

- Lizensierung von Software:
  Mittels Software Metering zeichnet eine lizensierte Software automatisch auf, wie oft und wie lange eine oder mehrere Funktionen innerhalb der Software verwen-det werden. Der Programmnutzer bezahlt dann in Abhängigkeit der jeweiligen Programmnutzung.

Gute Software-Metering-Werkzeuge sollten zumindest folgende Merkmale aufwei-sen:
- Unterstützung verschiedener Betriebssysteme und Netzprotokolle,
- automatische Berichterstattung in vordefinierten Intervallen,
- niedriger Ressourcenverbrauch bei Servern, Clients und in Netzwerken,
- Benachrichtigung, falls ein Grenzwert überschritten wird (z. B. 90 % der Lizenzen verbraucht sind oder keine Software mehr zur Verfügung steht).

Abb. 12.2.3-1 zeigt den Aufbau einer typischen Software-Metering (SM)-Umgebung. Sie besteht aus
- Software-Metering-Server zur Steuerung des Software Meterings,
- Software-Metering-Clients, die überwacht werden sollen und auf denen eine spe-zielle Client-Software für das Software-Metering aktiv ist,
- Software-Metering-Datenbank, in der Regeln verwaltet werden, die bestimmen, was und in welcher Form überwacht werden soll.

[1] **Metering:** engl. das Messen

Den Ablauf einer Lizenzüberprüfung mittels Software Metering zeigt Abb. 12.2.3-2. Nachdem auf einem Client-Rechner ein Programm gestartet wurde, sendet die auf diesem Rechner aktive SM-Client-Software Informationen bzgl. des aufgerufenen Programms an den Software-Metering-Server. Dieser schaut in der Datenbank nach, ob für den Client-Rechner und das dortige Programm eine Regel vorhanden ist. Existiert diese Regel, erfolgt die Überwachung, andernfalls nicht. Im Falle einer vorhandenen Regel definiert diese, welche Daten bzgl. des gestarteten Programmes überhaupt überwacht werden sollen. Bei einer Lizenzüberwachung wird zumindest das Starten des Programms protokolliert. Anschließend überprüft der SM-Server, ob eine Lizenz für das Programm vorhanden ist. Bei einer gültigen Lizenz wird diese dem Lizenzpool entnommen und ein entsprechender Eintrag im Protokoll vorgenommen. Bei fehlender Lizenz erhält der Client-Rechner eine Mitteilung bzgl. der fehlenden Lizenz. Die dort installierte SM-Software stoppt daraufhin das nicht lizensierte Programm. Auch dieser Vorgang wird vom SM-Server protokolliert. Das Protokoll gibt somit genaue Auskunft über die im überwachten Netz aufgerufenen Programme und das Vorhandensein entsprechender Lizenzen.

Vorteile des Einsatzes von Software-Metering:
- Feststellung fehlender Software-Lizenzen,
- Einsparung von Kosten, indem Lizenzen nur dann einer Software zugewiesen werden, wenn diese tatsächlich im Einsatz ist,
- Einsparung von Kosten, indem nur die Funktionen einer Software bezahlt werden, die man tatsächlich benutzt. Das Software Metering protokolliert hierbei die verwendeten Funktionen einer Software.

Nachteile des Einsatzes von Software-Metering:
- Mögliche Kontrolle der Arbeitstätigkeit von Personen, die am Client-Rechner arbeiten,
- zusätzliche Kosten durch die notwendige Hard- und Software für das Software-Metering,
- zusätzliche Netzlast aufgrund des Versandes von Software-Metering-Daten,
- Ressourcen-Verbrauch auf den Client-Rechnern durch die SM-Software.

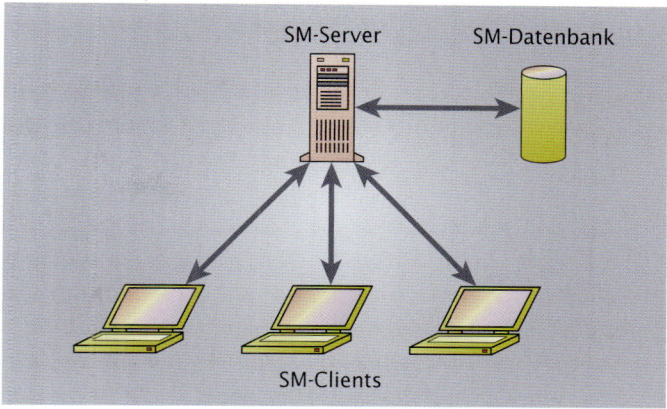

12.2.3-1 Software-Metering-Umgebung

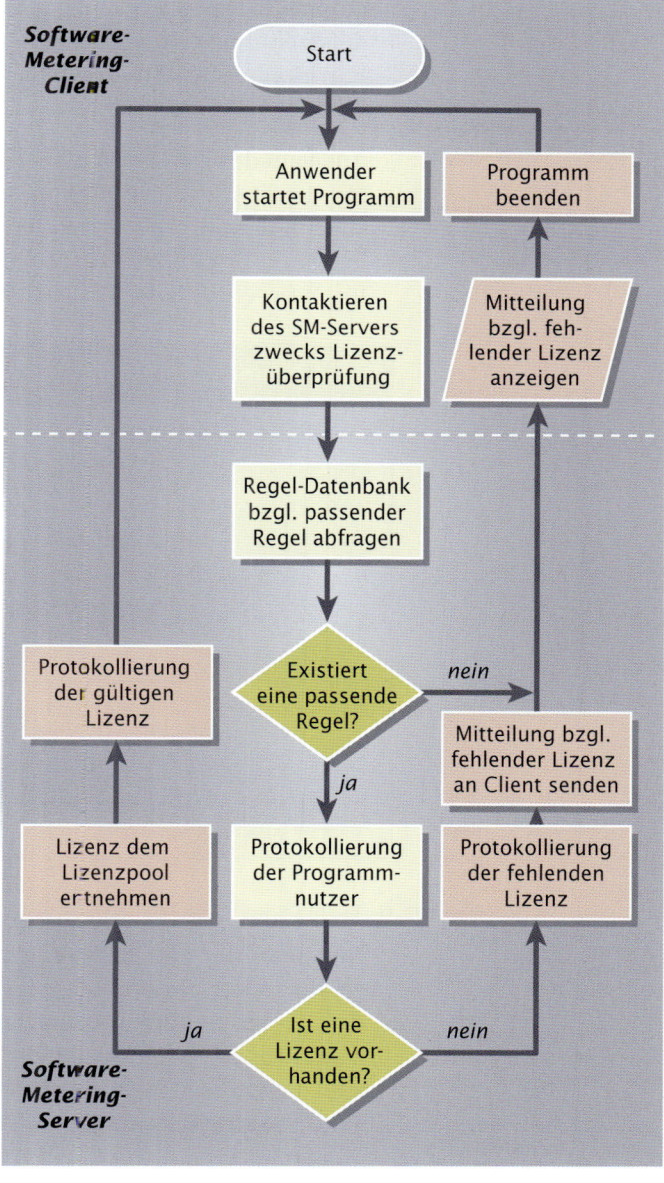

12.2.3-2 Ablauf einer Lizenzgebühr mittels Software-Metering

12.3 Installation von Betriebssystemen

Für die Bereitstellung von Diensten über das Netzwerk der Firma Lütgens ist auf einem IT-System die Betriebssystemsoftware zu installieren und zu konfigurieren.

> **Vor** der Installation des Betriebssystems sollten alle notwendigen Informationen über die Einrichtung von Hard- und Software des Systems schriftlich festgehalten werden. Außerdem sollten alle benötigten Treiber für die Hardwarekomponenten auf einem Datenträger verfügbar sein.

Eine grundlegende „einfache" Installation des Betriebssystems könnte folgendermaßen aussehen:

1. Partitionierung der Festplatte
   Die vorhandene Gesamtkapazität der Festplatte wird in mehrere Partitionen unterteilt. Das erfolgt zum einen aufgrund sicherheitsrelevanter Aspekte, wie z. B. der Trennung von Betriebssystem und Nutzerdaten, zum anderen kann durch die Partitionierung sehr großer Festplattenkapazitäten oftmals die Zugriffszeit auf die Daten erhöht werden.

2. Auswahl des Dateisystems
   Mit der Festlegung auf ein bestimmtes Dateisystem werden Entscheidungen bezüglich des adressierbaren Plattenspeichers, der Effizienz des Datenzugriffs und des Zugriffsschutzes auf die Daten getroffen. Nach der Auswahl ist der Bereich zu formatieren. Tabelle 12.3-1 zeigt wichtige Vertreter von Dateisystemen.

Bezeichnung	FAT32	NTFS	HFS Plus	EXT4	Reiser4
Betriebssystem	Windows 7 Windows Server 2003/2008	Windows 7 Windows Server 2003/2008	MacOS (Apple Macintosh)	Linux	Linux
Max. Dateigröße	4 Gbyte	16 Tbyte	8 Ebyte[1]	16 Tbyte	1 Ebyte
Organisation der Verzeichnisse	unsortiert	Baumstruktur	Baumstruktur	Baumstruktur	Baumstruktur
Journaling[2]	nein	ja	ja	ja	ja

Tabelle 12.3-1 Auswahl wichtiger Dateisysteme

3. Auswahl des Netzwerktyps, Servertyps, Netzwerkelementes
   Nachdem der zur Verfügung stehende Festplattenspeicher konfiguriert wurde, erfolgt in der Regel das Kopieren des Betriebssystems auf die Festplatte. Um die Anzahl der zu kopierenden Daten zu begrenzen, werden über Menüabfragen die zukünftigen Betriebsarten ermittelt. Beim Betriebssystem Windows Server 2008 sind das z. B. Abfragen über den logischen Aufbau des Netzwerks (siehe Abschnitt 12.6.3: Active Directory).

[1] **Ebyte** = Exabyte = 10^{18} Byte
[2] Die **Journaling**-Funktion protokolliert alle Änderungen innerhalb des Dateisystems und ermöglicht so eine automatische Fehlerkorrektur und Datenwiederherstellung nach einem Betriebssystemabsturz.

4. Eingabe von Lizenzinformationen

Bei kommerziellen Betriebssystemen sind häufig Lizenzdaten einzugeben, vor allem die Serien- bzw. Lizenznummer (Key-Code) der Software. Zusätzlich müssen oftmals auch Kundendaten angegeben werden, beispielsweise Name, Adresse und Kommunikationsverbindungen (E-Mail, Telefon, Fax), die dann in entsprechenden Systemdateien hinterlegt werden. Ist das Betriebssystem nicht von vornherein für eine bestimmte Anzahl von Clients freigegeben, so wird häufig auch nach dem zu verwendenden Lizenzmodell gefragt (siehe Abschnitt 12.2.2: Lizenzmodelle).

5. Hardwareeinbindung

Praktisch alle modernen Netzwerkbetriebssysteme ermitteln eigenständig die im System verfügbaren Hardwarekomponenten und versuchen, sie für den Betrieb zu konfigurieren. Für den Netzwerkbetrieb sind hierbei besonders die verwendeten Netzwerkkarten sowie die verwendeten Kommunikationsverbindungen wie Modems und ISDN-Karten von Bedeutung.

6. Auswahl und Installation von Softwarepaketen und Diensten

Wurde die Hardware fehlerfrei erkannt und in das Betriebssystem eingebunden, sind die erforderlichen Netzwerk- und Serverdienste auszuwählen. Das betrifft vor allem die in Abschnitt 12.1 erläuterten Funktionen und zugehörigen Netzwerkprotokolle und -dienste.

7. Konfiguration

In einem weiteren Schritt sind alle Systemteile entsprechend den Anforderungen zu konfigurieren. Hier sind vor allem folgende abschließende Festlegungen zu treffen:
- Vergabe von Namen, z. B. für Server, Standorte und logische Netzwerkstrukturen
- Vergabe von IP-Adressen
- Vergabe von Port-Adressen
- Eintragung von Routing-Tabellen

8. Test

Als Abschluss empfiehlt sich ein Test aller Funktionen. Damit diese auch relevante Aussagen ergeben, ist vorher sorgfältig die Testumgebung zu planen.

TIPP

Es empfiehlt sich, das System in mehreren Durchläufen zu installieren und zu konfigurieren. Ausgehend von einer einfachen und stabilen Grundkonfiguration können dann die notwendigen Treiber, Dienste und Pakete nachinstalliert werden. Diese Vorgehensweise hilft, den Überblick zu behalten und im Fehlerfall schneller die Ursache ermitteln zu können.

12.4 Inbetriebnahme von Netzwerken

Nach erfolgreicher Installation des Betriebssystems erfolgt die Aufstellung und Einbindung des Systems in das LAN der Firma Lütgens.

Um ein Netzwerk und seine angeschlossenen Komponenten in Betrieb zu nehmen, geht man schrittweise vor. Nach dem Aufbau und Anschluss aller Rechner und deren Peripheriegeräte, wie z. B. Drucker, werden die einzelnen Geräte in Betrieb genommen. Wegen der Vielfalt und Unterschiedlichkeit der Geräte bezüglich Funktion und Handhabung sollte dabei sorgfältig nach den Anweisungen der mitgelieferten Handbücher und Bedienungsanleitungen vorgegangen werden.
Der nächste Schritt besteht darin, die Kommunikationsverbindungen der einzelnen Clients einzurichten und zu überprüfen. Dazu werden diese mit geeigneten Netzwerk-Tools und Prüfgeräten getestet. In Anlehnung an das ISO/OSI-Referenzmodell sollte mit der untersten Schicht begonnen werden, um grundlegende Fehler schnell zu erkennen.

Im nächsten Schritt werden die notwendigen Netzwerkeinstellungen überprüft und gegebenenfalls angepasst. Das betrifft z. B. folgende Funktionen:

- die korrekte Weiterleitung von Druckaufträgen an die entsprechenden Netzwerkdrucker,
- den Zugriff auf Datensicherungseinheiten,
- die korrekte Verbindung einzelner Subnetze über die Routing-Tabellen,
- den Zugriff auf Kommunikationsverbindungen (z. B. Modem, ISDN).

Im letzten Schritt werden gemäß den Vorgaben des Auftraggebers die Verzeichnisse für die einzelnen Benutzer sowie deren Benutzerkonten und Zugriffsrechte eingerichtet.

12.5 Netzwerkadministration

Ist die Aufstellung und Einbindung aller Komponenten in das LAN der Firma Lütgens erfolgreich geschehen, müssen die Systemadministratoren die Benutzer und deren Zugriffsrechte einrichten und verwalten. Teile des Netzes sind abhängig von den auftretenden Netzlasten zu überwachen und zu konfigurieren.

Damit ein Netzwerk seine Funktionsfähigkeit stabil beibehält, sind fortlaufend Verwaltungs-, Wartungs- und Monitoringaufgaben wahrzunehmen. Nachlässigkeiten können zu erheblichen Ausfällen und damit Schäden führen. Für die Durchführung dieser Aufgaben sind Administratoren (Systemverwalter) zuständig.

Die Aufgabe der Systemadministration besteht darin, ein Netzwerk oder Teile eines Netzwerkes einzurichten, zu konfigurieren und zu überwachen.

Administratoren haben eine Vielzahl von Aufgaben zu erfüllen. Die folgende Tabelle zeigt die wichtigsten Aufgaben:

Aufgabe	Beschreibung
Ressourcen-Management	Konfiguration und Wartung der Netzwerkressoucen.
Konfigurationsmanagement	Planung, Durchführung, Wartung und Dokumentation der Konfigurationen und deren Veränderungen.
Benutzer-Management	Einrichtung und Verwaltung von Benutzern und Benutzergruppen. Zuweisung der Zugriffsrechte auf die Netzwerkressourcen.
Leistungsmanagement	Überwachung und Aufzeichnung der Netzwerkvorgänge und Systemleistungen.
Wartungsmanagement	Wartung aller Systemkomponenten, um Ausfall, Fehlfunktionen und Datenverluste zu vermeiden. Entwicklung und Einsatz von Konzepten für den Datenschutz und die Datensicherheit.

Tabelle 12.5-1 Aufgaben der Administration

Für die Organisation der Arbeit in einem Netzwerk sind die Zugriffsmöglichkeiten auf die Systemressourcen, z. B. auf Drucker und Dateien, zu verwalten. Die Zuordnung erfolgt auf einzelne Personen oder auf Gruppen.

Benutzerverwaltung:

Jeder Benutzer eines Netzwerkes erhält vom Systemverwalter (Administrator) ein Konto zugewiesen. In diesem Konto können unter anderem folgende Dinge festgelegt werden:

- Benutzername
- Gruppenname
- Gruppenzugehörigkeit
- Kennworte

- Benutzerprofile
- Zugangszeiten
- Anmeldeskripte
- Basisverzeichnisse

Bezeichnung und Umfang der Kontoinhalte sind stark vom verwendeten Betriebssystem abhängig. Einen besonderen Benutzertyp stellt der Administrator dar. Dieser kann in verschiedenen Abstufungen übergeordnete Rechte für Teilgruppen bis hin zum Gesamtsystem besitzen.

Benutzer lassen sich für eine einfachere Verwaltung in Gruppen zusammenfassen.

Rechtevergabe:

Der Zugriff auf Ressourcen wie Dateien, Verzeichnisse und Drucker ist abgestuft für die einzelnen Benutzer und Benutzergruppen zu organisieren. Abhängig von der jeweiligen Ressource sowie dem verwendeten Betriebs- und Dateisystem können hierbei entsprechende Zugriffsberechtigungen vergeben werden.

Speziell für den Netzwerkbetrieb existieren neben den eigentlichen Dateisystemen, z. B. NTFS oder EXT4 (siehe Tabelle 12.3-1), sogenannte verteilte Dateisysteme (engl. Distributed File System). Sie ermöglichen den Zugriff auf Dateien und Verzeichnissen über das Netzwerk. Im Gegensatz zur Verwendung von FTP (siehe Abschnitt 9 3.1: Protokolle des Anwendungssystems) verhalten sich die Dateien und Verzeichnisse hierbei so, als wenn sie sich auf der lokalen Festplatte befinden würden. Zwei wichtige Vertreter von Netzwerkdateisystemen sind NFS und SMB:

- Network File System:

  Das Network File System (NFS, RFC 1094/RFC 1813) ist ein von der Firma SUN Microsystems entwickeltes UNIX-Protokoll, das mittlerweile auch für Microsoft Windows Server verfügbar ist. Es arbeitet auf der Anwendungsschicht des ISO/OSI-Referenzmodells. NFS verwendet das Client-Server-Prinzip. Verzeichnisse und Dateien werden über den NFS-Server bereitgestellt und mit Zugriffsrechten versehen. Workstations, die als NFS-Clients konfiguriert sind, können dann über das Netzwerk auf diese Daten zugreifen.

- Server Message Block[1]:

  Der Server Message Block (SMB) ist ein von der Firma IBM entwickeltes Protokoll und wird standardmäßig in Microsoft-Betriebssystemen eingesetzt. Neben Verzeichnissen und Dateien können mittels SMB auch Drucker und weitere Ressourcen über das Netzwerk verfügbar gemacht werden. SMB basiert ebenso wie NFS auf einer Client-Server-Architektur. Die beiden Protokolle sind jedoch nicht zueinander kompatibel. Eine freie Implementierung von SMB existiert unter der Bezeichnung „Samba" für Unix-basierte Systeme. Linux-Workstations können so z. B. mit Microsoft-Windows-Rechnern kommunizieren (siehe Abb. 12.5-1).

[1] **Server Message Block:** engl. Server Mitteilungsblock

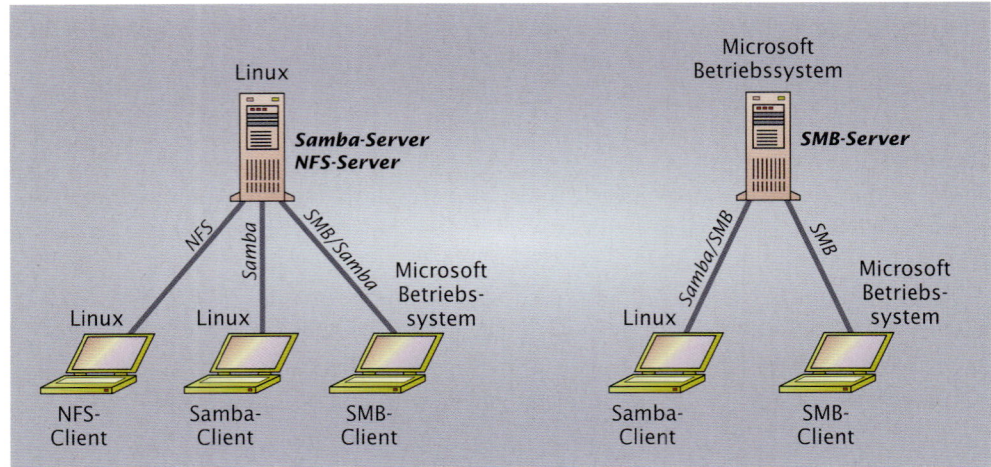

Zugriffsberechtigungen beim Microsoft Windows Server 2003/2008

Microsoft Windows unterscheidet bei der Steuerung des Zugriffs auf Objekte zwischen

- **Freigaben**
- **NTFS-Berechtigungen**
- **Active-Directory-Berechtigungen.**

Freigaben:
Um auf Ordner oder Drucker über ein Netzwerk zugreifen zu können, müssen diese zunächst freigegeben werden. Windows stellt hierfür die Berechtigungen „Vollzugriff", „Ändern", „Lesen" und „Verweigern" zur Verfügung. Freigabeberechtigungen beziehen sich grundsätzlich auf Ordner und nicht auf einzelne Dateien. Aus diesem Grund besitzen jeweils alle Dateien eines freigegebenen Ordners die gleiche Berechtigung. Diese Einschränkung kann durch die Verwendung zusätzlicher NTFS-Berechtigungen ausgeglichen werden (s. u.).

NTFS-Berechtigungen:
Bei Verwendung des NTFS-Dateisystems können NTFS-Berechtigungen für Dateien, Ordner und Druckerwarteschlangen definiert werden. Im Gegensatz zu Freigaben schränken diese Berechtigungen nicht nur die Zugriffe ein, die über das Netzwerk erfolgen, sondern berücksichtigen auch lokale Zugriffe.
Aufgrund der technischen Unterschiede zwischen Dateien, Ordnern und Druckerwarteschlangen, unterscheiden sich auch die zugehörigen Berechtigungsarten. Die Tabelle 12.5-1 zeigt beispielhaft die für Dateien geltenden NTFS-Berechtigungen.

Active-Directory-Berechtigungen:
Active-Directory ist ein sogenannter Verzeichnisdienst, der zur Verwaltung von Informationen des Netzwerks eingesetzt werden kann (siehe Abschnitt 12.6.3). Für jedes Objekt, wie z. B. für eine Datei oder einen Drucker, existiert im Verzeichnis eine Liste mit Zugriffsberechtigungen. Dort wird vermerkt, welcher Benutzer auf das Objekt oder seine Attribute zugreifen und welche Aktionen der jeweilige Benutzer dann ausführen darf.

Berechtigung	Beschreibung
Lesen	Erlaubt, die Datei zu lesen sowie ihre Attribute, den Besitz und die Berechtigungen anzeigen zu lassen.
Schreiben	Erlaubt, die Datei zu überschreiben, Dateiattribute zu ändern und den Besitz und die Berechtigungen der Datei anzuzeigen.
Lesen & Ausführen	Erlaubt, Anwendungen auszuführen und die Aktionen auszuführen, die durch die Berechtigung „Lesen" erlaubt sind.
Ändern	Erlaubt, eine Datei zu ändern, zu löschen sowie die Aktionen durchzuführen, die durch die Berechtigungen „Schreiben" und „Lesen & Ausführen" erlaubt sind.
Vollzugriff	Erlaubt, Berechtigungen zu ändern, Besitzrechte zu übernehmen, Dateien zu löschen sowie die Aktionen auszuführen, die durch alle anderen Berechtigungen gewährt werden.

Tabelle 12.5-1
NTFS-Berechtigungen
für Dateien

12.6 Verzeichnisdienste

Für das Netzwerk der Firma Lütgens soll zwecks vereinfachter Administration eine zentrale Benutzer- und Ressourcenverwaltung eingerichtet werden. Informationen z. B. über Nutzer oder den nächstgelegenen Drucker sind so schnell verfügbar.

Heutige Netzwerke werden immer komplexer und damit unübersichtlicher. Für eine vereinfachte Administration dieser Netzwerke ist es daher erforderlich, möglichst schnell aktuelle Informationen über dessen Ressourcen und Benutzer abrufen oder neue Daten eintragen zu können. Für die Bewältigung dieser Aufgabe werden spezielle Verzeichnisdienste eingesetzt, die mittlerweile fester Bestandteil moderner Betriebssysteme sind.

Unter einem Verzeichnis versteht man eine Liste von Informationen über Objekte. Die Auflistung erfolgt hierbei nach bestimmten Kriterien, so dass die Informationen schneller

Ein Verzeichnisdienst (Directory Service) dient der Verwaltung von Informationen zu einem Netzwerk. Die Informationen können hierbei innerhalb eines Verzeichnisses erstellt, gesucht, miteinander verglichen und gelöscht werden.

gefunden werden können. Ein Telefonbuch stellt z. B ein typisches Verzeichnis dar. Die dort aufgelisteten Namen sind nach Orten und innerhalb der Orte alphabetisch sortiert. Für die Netzwerkadministration werden diese Verzeichnisse mittels spezieller Datenbanken realisiert, in denen die Informationen abgelegt sind. Solche Verzeichnisse enthalten dann z. B. Daten über die im Netzwerk vorhandenen Drucker oder die Benutzerkonten.

Der Einsatz von Verzeichnisdiensten bietet neben der reinen Informationsauskunft einen weiteren wesentlichen Vorteil: In Netzwerken werden häufig gleiche Informationen von unterschiedlichen Programmen benötigt. Hierbei kommt es oftmals vor, dass z. B. der Name eines bestimmten Netzwerkbenutzers sowohl in dem Verzeichnis einer Adressverwaltung als auch in einem für die Benutzer-Authentifizierung zuständigen Verzeichnis ablegt wird. Zur Vermeidung derartiger Redundanzen[1] bietet sich der Einsatz eines zentralen Verzeichnisdienstes an. Dort werden alle Informationen verwaltet, die für die im Netzwerk ausgeführten Programme von Bedeutung sind. Jedes dieser Programme kann dann den Verzeichnisdienst für Auskünfte in Anspruch nehmen (siehe Abb. 12.6-1).

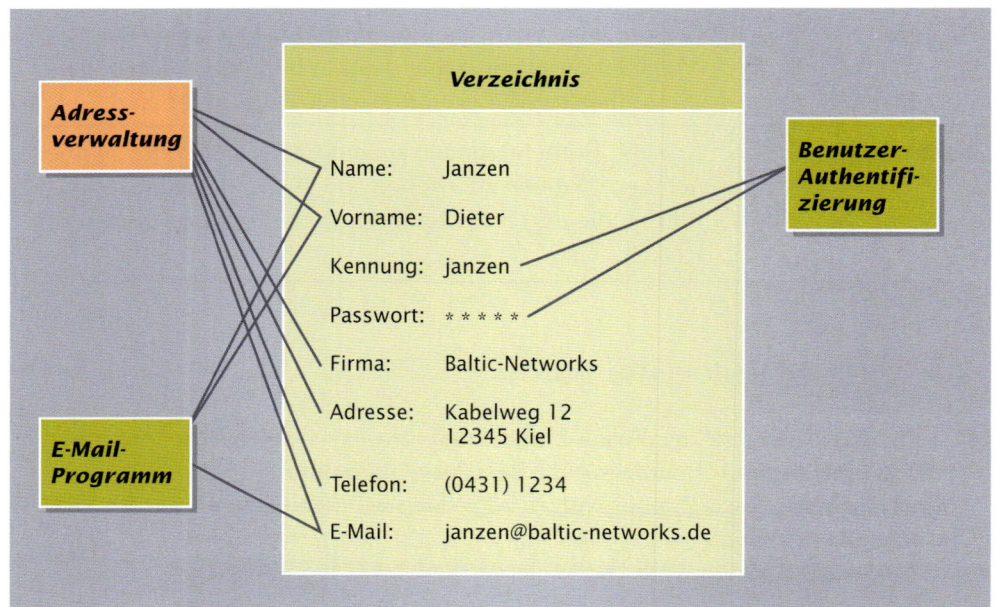

12.6-1 Nutzung eines Verzeichnisses durch unterschiedliche Programme

Verzeichnisdiensten liegt eine Client-Server-Architektur zugrunde. Eine Informationsanfrage wird hierbei von einer Client-Applikation wie z. B. einem Browser an den Server gesendet. Der Server greift dann auf das eigentliche Verzeichnis zu und liest die angeforderten Informationen aus. Anschließend werden die Informationen zurück an den Client gesendet (siehe Abb. 12.6-2).

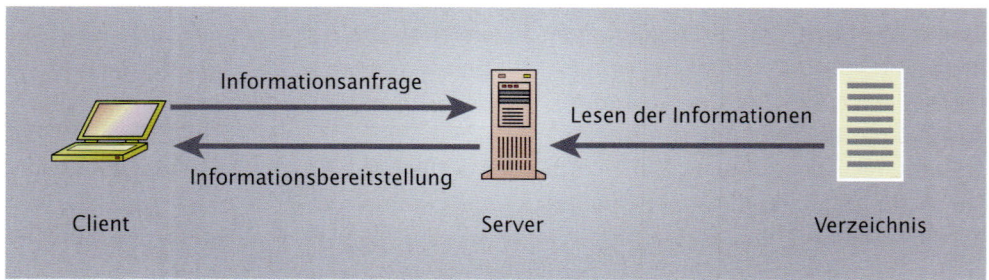

12.6-2 Informationsabfrage mittels Verzeichnisdienst

Verzeichnisdienste lassen sich in drei Kategorien unterteilen:
- Namensdienste:
  Diese Dienste geben Auskunft darüber, welche Rechneradressen sich hinter einem Rechnernamen im Netzwerk (oder umgekehrt) verbergen.

[1] **Redundanz:** lat. Überfluss

- Adressbuch-Dienste:
  Ähnlich wie in einem Adressbuch wird Auskunft gegeben über Adressen, Telefonnummern, E-Mail-Adressen, usw. von Nutzern eines Netzwerks.
- Erweiterte Verzeichnisdienste:
  Hier können zusätzliche Dienste in Anspruch genommen werden, die nicht von Namens- oder Adressbuch-Diensten unterstützt werden. Beispiele sind die Benutzer-Authentifizierung oder das Abrufen von Informationen über die Verfügbarkeit von Netzwerkressourcen wie z. B. Rechner oder Drucker.

Wichtige Vertreter von Verzeichnisdiensten sind
- Domain Name System[1] (DNS)
- Verzeichnisdienste mit Unterstützung des Lightweight Directory Access Protocols[2] (LDAP)
- Active Directory[3]

12.6.1 Domain Name System

Das Domain Name System (DNS, RFC 1034/1035) ist ein spezieller Verzeichnisdienst, der zur Benennung von Objekten, beispielsweise von Rechnern oder Mailboxen, in vernetzten Systemen eingesetzt wird. Für das Internet stellt DNS einen der wichtigsten Dienste dar. Dort erfolgt die Adressierung der Rechner über die sich aus einzelnen Zahlen zusammensetzenden IP-Adressen (z. B. 214.79.49.12, siehe Abschnitt 11.1: Adressbildung). Da sich Menschen jedoch besser Namen als Zahlen merken können, werden den IP-Adressen symbolische Namen wie „www.baltic-networks.de" zugeordnet. Die IP-Adressen sowie deren zugehörige Namen werden hierbei in Verzeichnissen abgelegt und mittels DNS verwaltet.

Folgende Schritte sind für eine Rechneradressierung mittels DNS notwendig (siehe Abb. 12.6.1-1):

> *Ein Domain Name System (DNS) ist ein Verzeichnisdienst, der symbolische Namen für vernetzte Objekte, wie z. B. Rechner oder Mailboxen, in Adressen auflöst.*

1. Eingabe des symbolischen Rechnernamens in einem DNS-Client, z. B. einem Webbrowser.
2. Übermittlung des Rechnernamens an den Verzeichnisdienst DNS. Die Adressierung des DNS-Servers erfolgt im Internet mit dessen IP-Adresse, die den Systemen, die DNS nutzen möchten, bekannt sein muss.
3. Ermittlung der dem Rechnernamen zugehörigen IP-Adresse durch das DNS.
4. Antwort des DNS mit der ermittelten IP-Adresse an den Webbrowser.
5. Adressierung des gewünschten Rechners mittels IP-Adresse.

Die Ermittlung der zu einem symbolischen Namen gehörenden IP-Adresse wird als „Forward-Lookup" bezeichnet. DNS-Server bearbeiten jedoch in einigen Fällen auch den umgekehrten Fall: Anhand einer IP-Adresse wird der zugehörige symbolische Name ermittelt. Diesen Vorgang nennt man „Reverse-Lookup". Ein Anwendungsbeispiel für das Reverse-Lookup ist das Abweisen von Spam-Mails[4]. Spam-Versender verwenden häufig gefälschte E-Mail-Adressen, um ihre Spuren zu verwischen. Zur Abwehr von Spam-Mails wird daher überprüft, ob die Mailadresse bzw. der zu dieser Adresse gehörende Mailserver des Absenders wirklich derjenige ist, als welcher er sich ausgibt. Dazu versucht der DNS-Server mittels Reverse-Lookup den zur IP-Adresse des Mailservers gehörigen symbolischen Namen zu ermitteln. Ist das nicht möglich oder stimmt der ermittelte Name nicht mit dem Namen des Mailservers der E-Mail überein, werden die Mails nicht akzeptiert.

[1] **Domain Name System:** engl. Domänen-Namenssystem
[2] **Lightweight Directory Access Protocol:** engl. Leichtgewichtiges Verzeichnis-Zugriffsprotokoll
[3] **Active Directory:** engl. Aktives Verzeichnis
[4] **Spam-Mails** sind unerwünschte Werbemails.

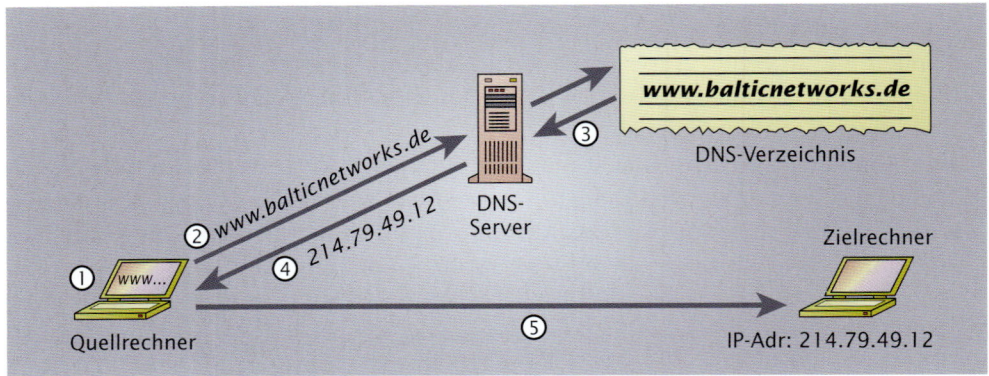

12.6.1-1 Rechneradressierung mittels DNS

Das DNS setzt sich aus drei Komponenten zusammen:

- Domänennamensraum
- Nameserver
- Resolver

Domänennamensraum[1]:

Der Domänennamensraum bestimmt, wie die symbolischen Namen (Domänen, engl. Domains) für die Netzwerkobjekte aussehen dürfen. Hierbei unterliegt die Namensvergabe einer hierarchischen Grundstruktur (siehe Abb. 12.6.1-2). Die oberste Ebene dieser Baumstruktur besteht aus einem Punkt und wird als Root (engl. Wurzel) bezeichnet. Die nachfolgende Ebene beinhaltet die sogenannten Top-Level-Domains (TLD). Für das Internet werden die TLDs fest vorgegeben. Die hierfür zuständige Organisation ist die in den USA ansässige „Internet Corporation For Assigned Names And Numbers[2]" (ICANN[3]) bzw. dessen Unterabteilung „Internet Assigned Numbers Authority[4] " (IANA). Tabelle 12.6.1-1 zeigt eine Auswahl wichtiger TLDs.

Für jede TLD existiert eine eigene Organisation, die die Vergabe von weiteren Domains innerhalb dieser TLD verwaltet. Für die TLD „de" ist dieses die in Frankfurt am Main ansässige Gesellschaft „DENIC". Eine weitere Unterteilung in Subdomains obliegt dem jeweiligen Inhaber der Domain. Die unterste Ebene gibt immer den zugehörigen lokalen Rechnernamen an.

Der vollständige symbolische Name eines Rechners setzt sich aus den einzelnen Domänenbezeichnungen zusammen. Ausgehend von der untersten Ebene, also der lokalen Bezeichnung des betreffenden Rechners, durchwandert man die hierarchische Grundstruktur bis hin zur TLD. Den Root-Punkt kann man zusätzlich an den Namen anhängen, im Allgemeinen gibt man ihn jedoch nicht mit an. Alle durchlaufenden Namen werden hierbei aufgelistet und durch Punkte voneinander getrennt (siehe Abb. 12.6.1-2). Der vollständige symbolische Name wird auch als „Fully Qualified Domain Name[5]", FQDN) bezeichnet. Der FQDN darf max. 255 Zeichen lang sein (siehe Abb. 12.6.1-3).

[1] **Domänennamens-raum:** engl. Domain Name Space
[2] **Assigned Names And Numbers:** engl. Zugewiesene Namen und Zahlen
[3] **ICANN**, Wortspiel: „Ich kann"
[4] **Internet Assigned Numbers Authority:** engl. Behörde für die Zuweisung von Internetnummern
[5] **Fully Qualified Domain Name:** engl. Voll qualifizierter Domain-Name

> Rechner des Internet, die als Webserver arbeiteten, werden im Allgemeinen mit „www" bezeichnet (z. B. www.balticnetworks.de). Die Bezeichnung ist jedoch keine technische Notwendigkeit. Ebenso könnte man die Rechner mit der Bezeichnung „webseiten" versehen, so dass sich hieraus als FQDN „webseiten. balticnetworks.de" ergeben würde.

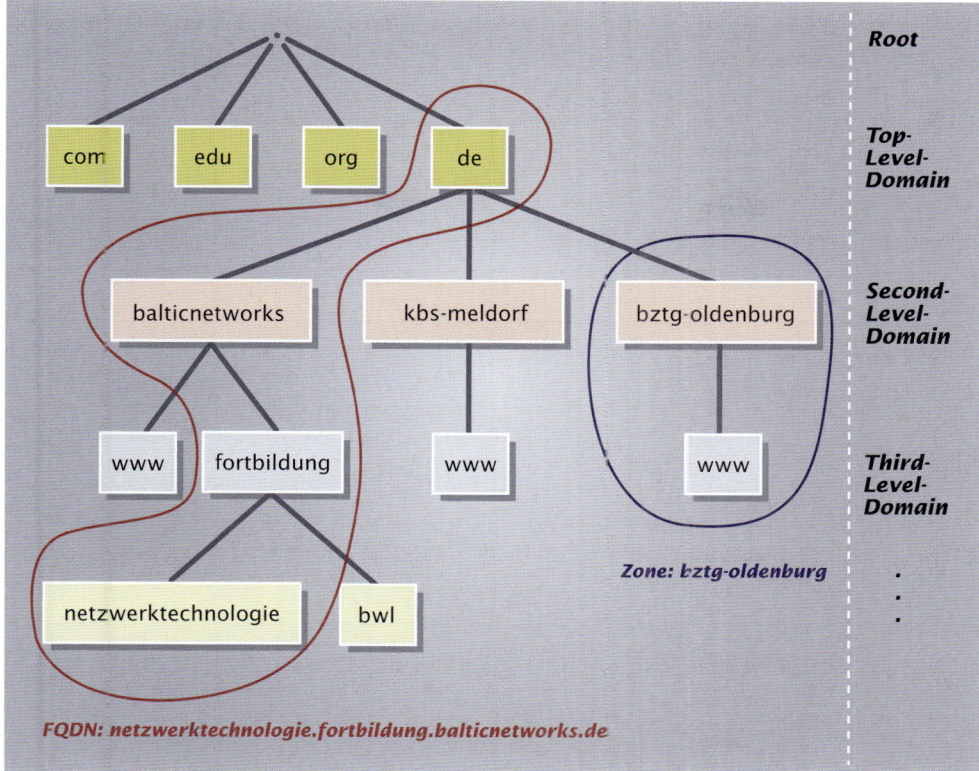

12.6.1-2 Ausschnitt aus dem Domänennamensraum des Internet

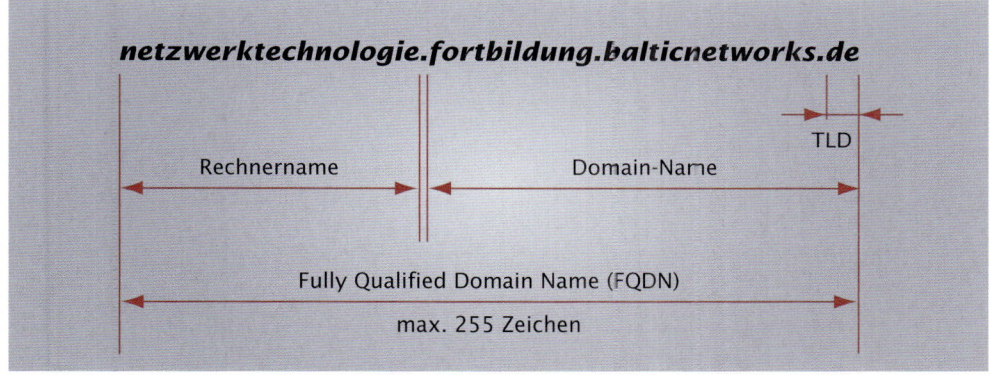

12.6.1-3
FQDN-Beispiel

TLD	Beschreibung
Allgemeine Top Level Domains (engl. Generic TLDs, gTLDs):	
aero	Lufttransportindustrie
arpa	Für ARPANET[1]-Mitglieder, wird im Normalfall nicht mehr verwendet.
biz	Unternehmen (Business)
com	Ursprünglich nur für kommerzielle Betreiber, kann mittlerweile jedoch von jedem genutzt werden.
coop	Kooperationen, Genossenschaften
edu	Bildungseinrichtungen der USA ▶▶

[1] Aus dem **ARPANET** entstand das Internet, siehe Kapitel 28

TLD	Beschreibung
gov	Regierung der USA
info	Informationsdienste
int	International tätige Institutionen
mil	Militär der USA
museum	Museen
name	Für Personen, die den eigenen Namen als Domain verwenden möchten.
net	Ursprünglich für Organisationen, die sich hauptsächlich mit dem Internet beschäftigen. Mittlerweile auch für andere Organisationen zugänglich.
org	Nichtkommerzielle Organisationen und Projekte
pro	Für Berufsgruppen, wie z. B. Informatiker oder Ärzte
Auswahl Länderkürzel nach ISO 3166 (Country Code TLDs, ccTLDs):	
au	Australien
de	Deutschland
eu	Europa
fr	Frankreich
it	Italien
nl	Niederlande
es	Spanien
us	USA
uk	United Kingdom

Tabelle 12.6.1-1
Wichtige Top-Level-
Domains

Nameserver:

Unter einem Nameserver versteht man das Programm, das den DNS-Verzeichnisdienst bereitstellt. Um die Netzlast gering zu halten, wird der Domänennamensraum in Teilräume unterteilt, die dann jeweils von eigenen Nameservern verwaltet werden. Die einzelnen Teilräume bezeichnet man auch als „Zonen" (siehe Abb. 12.6.1-2).

> *Eine DNS-Zone enthält vollständige Informationen über einen Teil des Domänennamensraumes. Für die Zone ist ein Nameserver zuständig, der auf alle Anfragen zur Namensauflösung für diese Zone antworten kann.*

Um auch Informationen über den eigenen Namensraum hinaus zu erhalten, werden innerhalb des Internet sogenannte Root-Nameserver eingesetzt. Es existieren insgesamt 13 Root-Nameserver, die auf der ganzen Welt verteilt sind. Die Root-Server haben Kenntnis darüber, welche Nameserver im Internet für die jeweiligen Top-Level-Domains zuständig sind. Bei einer DNS-Anfrage eines Rechners wird zunächst einer der Root-Server kontaktiert, wenn die Domain nicht im eigenen Verzeichnis enthalten ist. Der Root-Server antwortet dann mit einer Liste zuständiger Nameserver.

Einer dieser Nameserver wird anschließend nach der Subdomain befragt. Das wird solange fortgesetzt, bis derjenige Nameserver gefunden ist, in dessen Verzeichnis der symbolische Name des gesuchten Rechners enthalten ist (siehe Abb. 12.6.1-4).

Man unterscheidet zwischen sogenannten autoritativen und nicht autoritativen Nameservern: Können Nameserver die DNS-Anfragen direkt aus ihrem eigenen Verzeichnis beantworten, so handelt es sich um autoritative Nameserver. Müssen jedoch zunächst andere Nameserver befragt werden, stammen die Informationen also nicht aus dem eigenen Verzeichnis, so bezeichnet man diese Nameserver als nicht autoritativ.

Aufgrund der Wichtigkeit des DNS-Dienstes werden häufig zwei Nameserver für einen Namensraum eingesetzt. Diese als primäre und sekundäre Nameserver bezeichneten Rechner enthalten dieselben DNS-Informationen. Bei einem Ausfall des primären Nameservers übernimmt dann der sekundäre Nameserver die DNS-Funktion. Der Abgleich der DNS-Daten[1] zwischen primärem und sekundärem Nameserver erfolgt automatisch.

Um DNS-Anfragen möglichst schnell beantworten zu können, speichern Nameserver bereits bearbeitete Anfragen im lokalen RAM ab. Dieser Vorgang wird als Caching bezeichnet und eignet sich gerade deshalb für DNS so gut, weil nur selten Änderungen in der Namensgebung vorkommen. Die Daten im Cache verfallen hierbei nach einer fest vorgegebenen Zeit mit der Bezeichnung TTL (Time to live). Änderungen in der Namensgebung werden erst nach Ablauf der TTL-Zeit erkannt.

Resolver[2]:

Resolver sind Betriebssystemkomponenten, welche die Kommunikation zwischen den Netzwerkapplikationen, die den DNS-Verzeichnisdienst in Anspruch nehmen (z. B. Webbrowser), und dem Nameserver übernehmen.

[1] Dieser Vorgang wird auch als Replikation bezeichnet.
[2] **resolve:** engl. auflösen

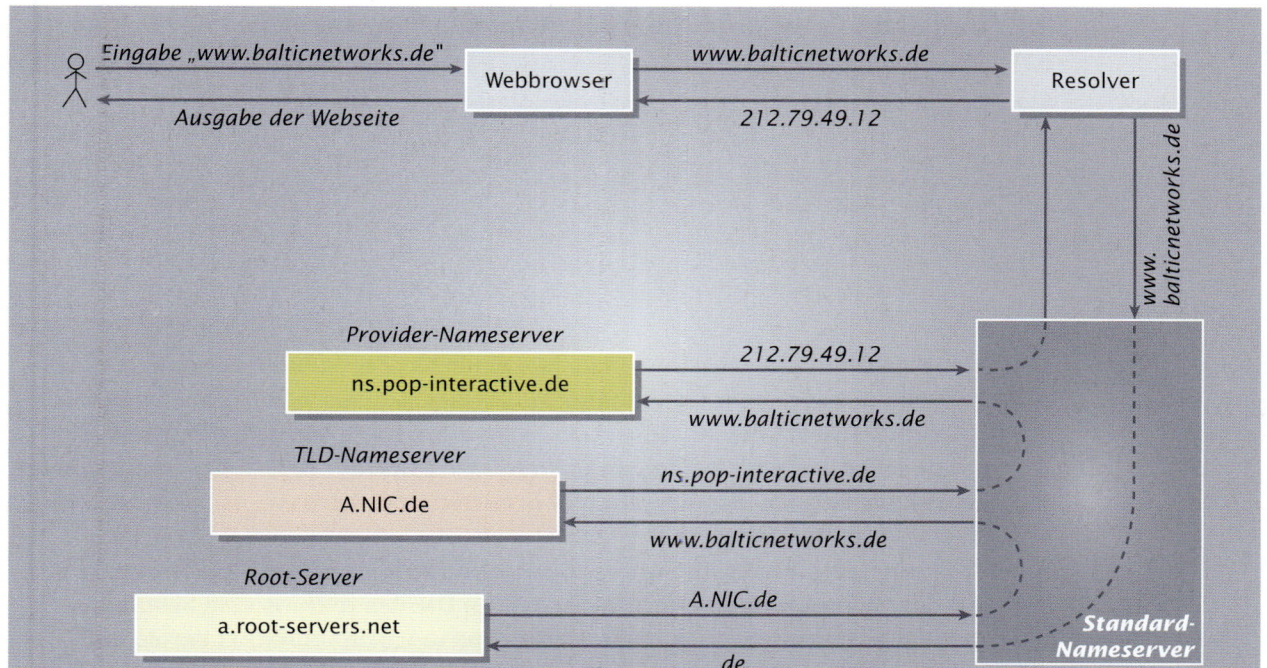

12.6.1-4 Namensauflösung im Internet

Das DNS-Software-Tool „nslookup"

Um die Funktionsfähigkeit von Nameservern zu überprüfen und ggf. Fehler aufzuspüren, bietet sich das standardmäßig bei Unix-Betriebssystemen und Windows 7/Server 2008 vorhandende Tool „nslookup" an. Dieses Werkzeug erlaubt die direkte Abfrage von Nameservern.

Der Aufruf des Tools erfolgt auf der Kommandozeilenebene. Als Antwort werden daraufhin der Name und die IP-Adresse des Nameservers ausgegeben, der im System eingetragen ist und standardmäßig verwendet wird. Anschließend können spezielle „nslookup"-Befehle eingegeben werden.

```
C:\> nslookup

Standardserver: dns1.uni-hannover.de
Address: 130.75.1.32
>_
```

a) Angabe des zu überprüfenden Nameservers

Soll nicht der Standard-Nameserver, sondern ein anderer Nameserver getestet werden, so ist das nslookup-Kommando „server" gefolgt von der IP-Adresse oder dem symbolischen Namen des betreffenden Nameservers zu verwenden. Dieser wird dann zum neuen Standard-Nameserver.

```
> server www.handwerk-technik.de

Standardserver: www.handwerk-technik.de
Address: 217.31.82.21
```

b) Ermittlung der IP-Adresse einer Domain

Um herauszufinden, ob die zu einer Domain gehörende IP-Adresse korrekt vom Nameserver ermittelt wird, ist lediglich der Domainname einzugeben.

```
> www.handwerk-technik.de

Server: dns1.uni-hannover.de
Address: 130.75.1.32

Nicht-autorisierte Antwort:
Name: www.handwerk-technik.de
Address: 217.31.82.21
```

Im obigen Beispiel wird von nslookup zunächst der Standard-Nameserver des Systems ausgegeben. Die Angabe „Nicht-autorisierte Antwort" bedeutet, dass die Antwort des Nameservers nicht-autoritativ ist, d. h. der Nameserver zuvor einen anderen Nameserver im Internet befragt hat. In der letzten Zeile erfolgt schließlich die Ausgabe der ermittelten IP-Adresse.

c) Ermittlung eines für einen Domainnamen zuständigen Nameservers

Um den Nameserver zu ermitteln, in dessen DNS-Verzeichnis eine bestimmte Domain eingetragen ist, muss innerhalb von nslookup zunächst der Befehl „set q = NS" eingegeben werden. Anschließend folgt die Eingabe der betreffenden Domain.

```
> set q = NS
> www.handwerk-technik.de

Server: dns1.uni-hannover.de
Address: 130.75.1.32

handwerk-technik.de
    primary name server = ns.gaertner.de
    responsible mail addr = hostmaster.gaertner.de
    serial  = 2009070903
    refresh = 86400  (1 day)
    retry   = 7200 (2 hours)
    expire  = 604800 (7 days)
    default TTL = 86400 (1 day)
```

Das obige Beispiel weist den primären Nameserver „ns.gaertner.de" aus.
Des weiteren sind Informationen z. B. über die Mailadresse eines Verant-
wortlichen (hostmaster@gaertner.de, der Punkt wird durch „@" ersetzt)
oder die TTL-Zeit aufgeführt.

d) Manuelle Durchführung einer DNS-Anfrage

Um die einzelnen Schritte einer Namensauflösung für Testzwecke manuell
durchzuführen, sind die beteiligten Nameserver zu ermitteln und jeweils bzgl.
der Domain zu befragen. Unten stehend wird die Namensauflösung für die
Domain „www.handwerk-technik.de" nachvollzogen (siehe auch Abb. 12.6.1-4):
Befindet sich die Domain nicht im DNS-Verzeichnis des Standard-Nameservers,
so wird zunächst ein DNS-Rootserver befragt. Die Adressen bzw. Namen[1] der
Rootserver sind jeweils auf den einzelnen Nameservern hinterlegt. Im Beispiel
wird exemplarisch der Rootserver a.root-servers.net ausgewählt und als
neuer Standard-Nameserver festgelegt. Dieser Server wird nun befragt, wel-
che(r) Nameserver für Domains mit der Endung „de" zuständig sind/ist. Bei
der Eingabe ist zu beachten, dass hinter der Bezeichnung „de" ein Punkt eingegeben wird, der diesen Namen als Top-Level-Domain kennzeichnet. Der Root-
server antwortet schließlich mit einer Liste verantwortlicher Nameserver inkl.
zugehöriger IP-Adressen.

```
C:\> nslookup

Standardserver: dns1.uni-hannover.de
Address: 130.75.1.32

> server a.root-servers.net
Standardserver: a.root-servers.net
Addresses: 2001:503:ba3e::2:30
           198.41.0.4

> de.
Server: a.root-servers.net
Addresses: 2001:503:ba3e::2:30
           198.41.0.4

Name: de
Served by:
- l.de.net
```

[1] Die Namen der Root-
server lauten
a.root-servers.net,
b.root-servers.net bis
m.root-servers.net

```
          77.67.63.105
          2001:668:1f:11::105
          De
- s.de.net
          195.243.137.26
          de
- z.nic.de
          194.246.96.1
          de
- a.nic.de
          194.0.0.53
          2001:678:2::53
          de
- f.nic.de
          81.91.164.5
          2001:608:6:6::10
          de
```

Innerhalb der Domain „de" ist nun festzustellen, welche(r) Nameserver für die Subdomain „handwerk-technik" zuständig ist. Hierzu wird ein vom Rootserver genannter Nameserver befragt, im Beispiel der Server „a.nic.de", der als neuer Standard-Nameserver festgelegt wird. Dessen Antwort besteht in der Auflistung des primären und sekundären Nameservers der Domain „handwerk-technik.de".

```
> server a.nic.de
Standardserver: a.nic.de
Addresses: 2001:678:2::53
     194.0.0.53

> handwerk-technik.de

Server: a.nic.de
Addresses: 2001:678:2::53
     194.0.0.53

Name: handwerk-technik.de
Served by
- ns.gaertner.de
     217.13.65.2
     handwerk-technik.de
- ns2.pop-hannover.net
     62.48.67.66
     handwerk-technik.de
```

Der letzte Schritt zur Auflösung der Domain „handwerk-technik.de". besteht nun darin, direkt den herausgefundenen primären Nameserver zu befragen. Dazu wird dieser Nameserver als Standard-Nameserver festgelegt und die Domain angegeben. Die Antwort besteht schließlich in der Angabe der gewünschten IP-Adresse. Dort entfällt die Angabe „nicht-autorisierte Antwort", da direkt der zuständige Nameserver befragt wurde, in dessen DNS-Verzeichnis sich die Domain befindet. Entsprechend hat der Server autoritativ gearbeitet.

```
> server ns.gaertner.de

Standardserver: ns.gaertner.de
Address: 217.13.65.2

> www.handwerk-technik.de

Server: ns.gaertner.de
Address: 217.13.65.2

Name: www.handwerk-technik.de
Address: 217.31.82.21
```

Verwenden Sie für die folgenden Aufgaben das DNS-Tool „nslookup". Diese Software ist bereits Bestandteil von Microsoft Windows 7 / Server 2008 und der meisten Unix/Linux-Distributionen.

1. Welche Domain und welche IP-Adresse besitzen der primäre und der sekundäre Nameserver, die die Webadresse Ihres Betriebes bzw. Ihrer Schule verwalten?

2. Verwenden Sie den ermittelten primären Nameserver als Standard-Nameserver. Führen Sie dann hiervon ausgehend manuell die Auflösung der Domain „www.bagev.de" in eine IP-Adresse durch.

12.6.2 Lightweight Directory Access Protocol

Das Lightweight Directory Access Protocol (LDAP, RFC 2251) ist ein Protokoll zur Kommunikation zwischen Clients und Server eines Verzeichnisdienstes. Da die Client- und Serversoftware häufig von unterschiedlichen Firmen erstellt wird, ist ein standardisiertes Kommunikationsprotokoll hier von hoher Bedeutung. Aus diesem Grund definiert das LDAP den Ablauf und den Inhalt von Mitteilungen zwischen LDAP-Clients und LDAP-Server. Die Art und Weise, wie die Daten innerhalb des eigentlichen Verzeichnisses abgelegt werden, hängt jedoch vom jeweiligen LDAP-Server ab.

LDAP hat sich als Standardprotokoll für Verzeichnisdienste durchgesetzt. So basieren z. B. die Verzeichnisdienste „Active Directory" (siehe Kapitel 12.6.3) der Firma Microsoft und „Novell Directory Service" (NDS) der Firma Novell auf LDAP.

LDAP ist ein TCP/IP-basiertes Kommunikationsprotokoll für Verzeichnisdienste.

Am Beispiel der Administration von Netzwerkbenutzern wird im Folgenden dargestellt, wie der Kommunikationsablauf zwischen LDAP-Client und LDAP-Server erfolgt. Die Software zur Benutzer-Verwaltung fungiert als LDAP-Client. Sie enthält lediglich eine Oberfläche, in der die Benutzerdaten eingegeben, gesucht, geändert oder gelöscht werden. Die eigentliche Speicherung der Benutzerkonten erfolgt jedoch in einem Verzeichnis auf einem entfernten Rechner über die dortige LDAP-Server-Software.

Folgende Schritte sind bei der Kommunikation zwischen dem LDAP-Client und LDAP-Server notwendig:

- Aufbau einer Verbindung vom LDAP-Client zum entfernten LDAP-Server. Die Adressierung des Servers erfolgt über dessen IP-Adresse und über die Portnummer, unter der der Verzeichnisdienst auf dem entfernten Rechner erreichbar ist.
- Authentifizierung des Clients beim LDAP-Server.
- Der Client sendet die gewünschten Operationen an den Server (z. B. Passwortänderung für den Nutzer „Max Müller").
- Der Server führt die Operationen innerhalb des Verzeichnisses durch (z. B. Überschreiben des alten Passwortes von Max Müller)
- Beenden der Verbindung durch den Client.

Zur Beschreibung von Informationen innerhalb eines Verzeichnisses verwendet LDAP eine hierarchische Strukturierung. Da Organisationen und Unternehmen in vielen Fällen ebenfalls hierarchisch strukturiert sind, lassen sich deren Netzwerke auf diese Weise gut mit Hilfe von LDAP abbilden.

TIPP

Die mittels LDAP abgebildete Struktur des Netzwerks muss den Belangen des Unternehmens, der Administratoren und der Benutzer gerecht werden. Vor der Implementierung des Verzeichnisdienstes sind daher die Firmenstruktur und die Geschäftsbereiche im Hinblick auf logische Zusammenhänge hin zu untersuchen.

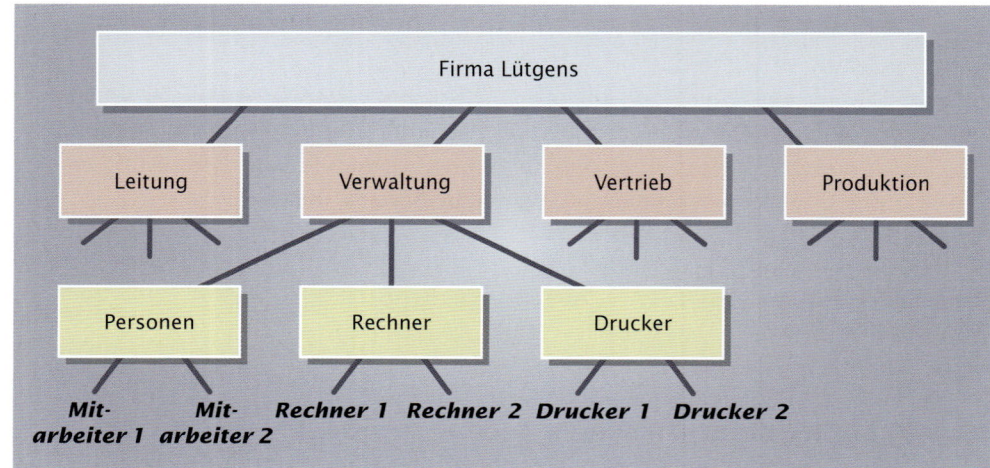

12.6.2-1
Hierarchische Abbildung eines Firmennetzwerks

LDAP-Verzeichnisse[1] bestehen aus Einträgen, die sogenannte Objekte repräsentieren. Objekte sind z. B. Netzwerkressourcen oder Benutzerkonten. Ein Objekt besitzt grundsätzlich einen Namen und einen Satz von Attributen. Jedes Attribut ist zusätzlich mit einem Typ versehen, welcher das Attribut näher beschreibt. Außerdem können einem Attribut Werte zugewiesen werden. Abb. 12.6.2-2 zeigt als Beispiel ein Objekt, das eine Person repräsentiert.

12.6.2-2
Benutzer – Objekt

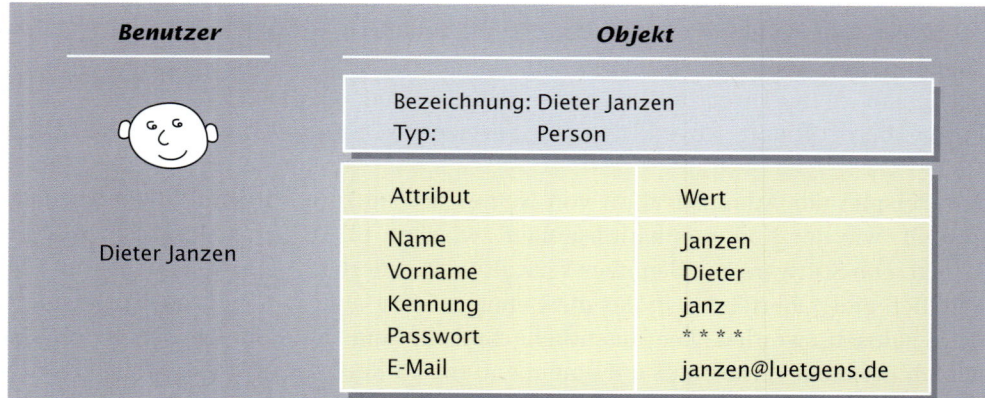

[1] **LDAP**-Verzeichnisse werden auch als „Directory Information Base" (engl. Verzeichnis-Informationsbasis) bezeichnet.

Ein hierarchisches LDAP-Verzeichnis mit Objekten zeigt Abb. 12.6.2-3. Da solche Strukturen einem auf den Kopf gestellten Baum ähneln, spricht man hier auch von einem Verzeichnisbaum (Directory Information Tree[1], DIT). Auf jeder Ebene dieses Baumes werden für die einzelnen Objekte eindeutige Namen vergeben. Diese Objektnamen werden als „Relative Distinguished Names"[2] (RDN) bezeichnet. Um die Objekte auch im gesamten Verzeichnisbaum eindeutig identifizieren zu können, wird der sogenannte „Distinguished Name" (DN) verwendet. Dieser setzt sich jeweils aus allen RDNs zusammen, die im hierarchischen LDAP-Verzeichnisbaum von der Wurzel (engl. root) bis hin zum betreffenden Objekt auftreten.

Jedes Objekt ist einer oder mehreren Objektklassen zugeordnet. Eine Objektklasse legt fest, welche Attribute jeweils zulässig sind. Hierbei unterscheidet man zusätzlich, für welche Attribute unbedingt Werte einzutragen sind und welchen Attributen wahlweise Werte zugewiesen werden dürfen. In den Tabellen 12.6.2-1 und 12.6.2-2 ist eine Auswahl an standardmäßigen LDAP-Attributen und -Objektklassen aufgeführt. Es besteht jedoch auch die Möglichkeit, eigene Objektklassen und Attribute zu definieren. So kann man z. B. eine Objektklasse „Monitor" festlegen, die die Attribute „Größe" und „Auflösung" beinhaltet.

[1] **Directory Information Tree:** engl. Verzeichnis-Informationsbaum
[2] **Relative Distinguished Name:** engl. Relativer eindeutiger Name

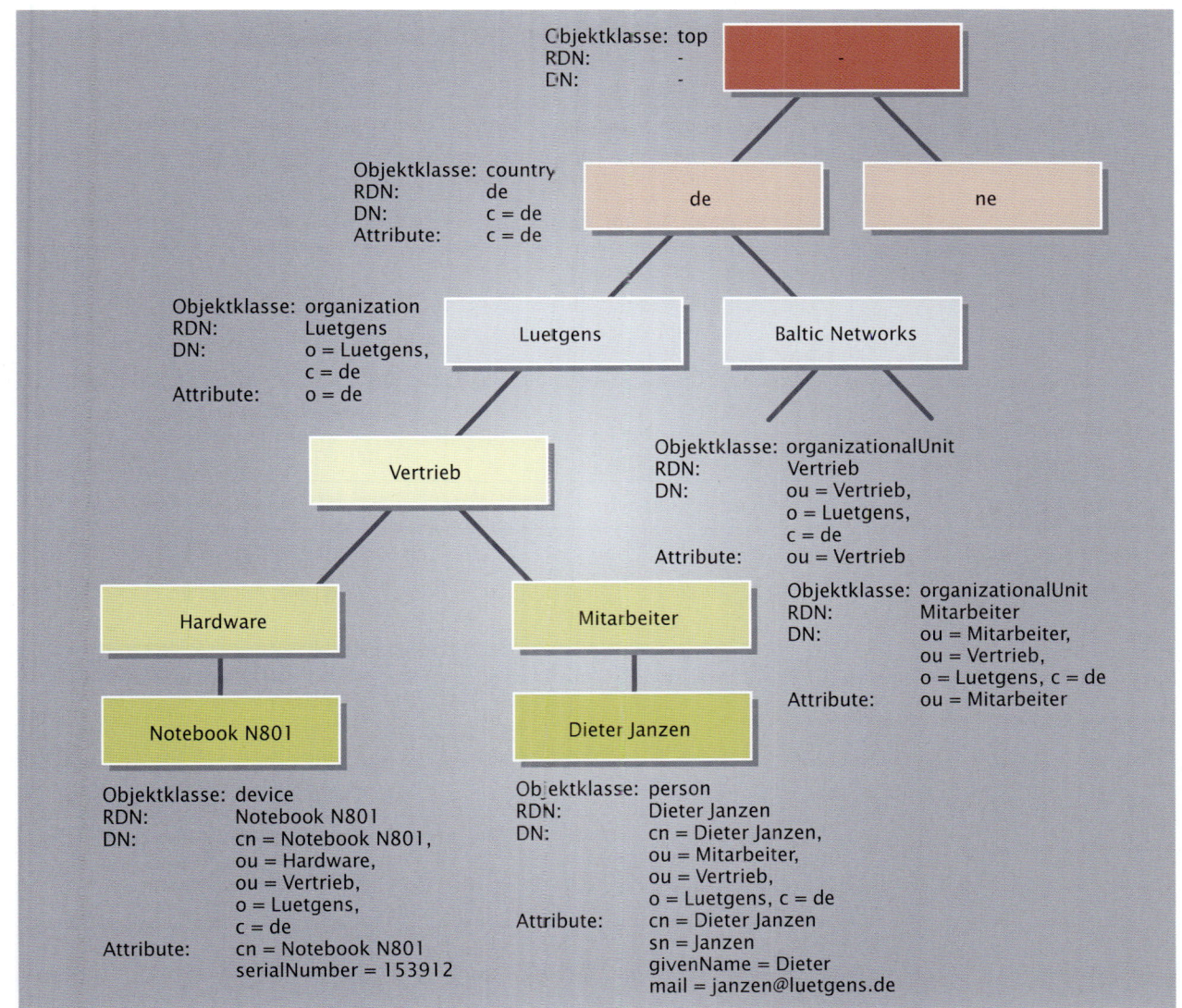

12.6.2-3 Hierarchischer LDAP-Verzeichnisbaum

Attribut	Beschreibung	Beispiel
c	Country (engl. Land)	Deutschland
cn	Common Name (engl. gebräuchlicher Name)	Laserdrucker
description	Beschreibung des Objekts	Drucker für den Vertrieb
facsimileTelephoneNumber	Fax-Nummer	0431/4321
givenName	Vorname	Dieter
l	Locality (engl. Ort, Gegend)	Ostküste
mail	E-Mail	vertrieb@luetgens.de
o	Organization (engl. Organisation)	Lütgens
ou	Organizational Unit (engl. Einheit der Organisation)	Vertrieb
owner	Besitzer eines Gerätes	Knut Lütgens
postalCode	Postleitzahl	12345
postalAddress	Postalische Adresse	Kiel
serialNumber	Seriennummer eines Gerätes	2346284
sn	Surname (engl. Nachname)	Janzen
st	State (engl. Staat): Angabe eines Staates, Bundeslandes oder sonstigen Provinz	Schleswig-Holstein
street	Straße	Kabelweg
telephoneNumber	Telefonnummer	0431/1234
userPassword	Nutzer-Passwort	*****

Tabelle 12.6.2-1 Wichtige LDAP-Attribute

Objekt-klasse	Beschreibung	Enthaltene Attribute (Auszug)	
		Angabe notwendig	Angabe wahlweise
country	Land	c	description
device	Gerät	cn	serialNumber owner description
locality	Ort	-	street st l ▶▶

Objektklasse	Beschreibung	Enthaltene Attribute (Auszug)	
		Angabe notwendig	**Angabe wahlweise**
organization	Organisation	o	street postalCode postalAddress telephoneNumber facsimileTelephoneNumber
organizationalUnit	Organisationseinheit, wie z. B. eine Abteilung	ou	street postalCode postalAddress telephoneNumber facsimileTelephoneNumber
person	Person	cn sn	givenName userPassword telephoneNumber mail
top	Wird grundsätzlich der Wurzel des Verzeichnisbaumes zugewiesen.	-	-

Tabelle 12.6.2-2
Wichtige LDAP-Objektklassen

Für die LDAP-Clients stellt ein LDAP-Server Befehle zur Verfügung, die den Zugriff auf das Verzeichnis erlauben. Wichtige Befehle hierbei sind:

LDAP-Befehl	Beschreibung
Search	Suchen: Ermöglicht es dem Client, nach Objekten zu suchen, deren Attribute einem bestimmten Suchkriterium entsprechen.
Compare	Vergleichen: Veranlasst einen Server, die Übereinstimmung eines Attributwertes mit einem Vergleichswert zu überprüfen.
Add	Hinzufügen: Fügt Einträge in das Verzeichnis ein. Parameter sind die Position im Verzeichnisbaum (DN) sowie die Attribute und Attributwerte der Objekte.
Delete	Löschen: Löscht einen Eintrag im Verzeichnis.
Modify	Ändern: Erlaubt es, Attribute bestehender Einträge zu ändern, zu löschen oder neue Attribute hinzuzufügen.
Abandon	Abbrechen: Abbrechen der Suchanfrage, die gerade vom Server durchgeführt wird.

Tabelle 12.6.2-3
Wichtige
LDAP-Befehle

Viele LDAP-Clients bieten komfortable grafische Benutzeroberflächen für den Zugriff auf LDAP-Verzeichnisse. So sind für den Endanwender beispielsweise bei Nutzung einer grafisch orientierten Software zur Adressverwaltung meist keine speziellen LDAP-Kenntnisse notwendig.

Zur vereinfachten Einrichtung von LDAP-Verzeichnissen ist eine Vielzahl entsprechender Tools verfügbar. Diese ermöglichen die Darstellung und Modifikation des Verzeichnisbaumes sowie der zugehörigen Attribute.

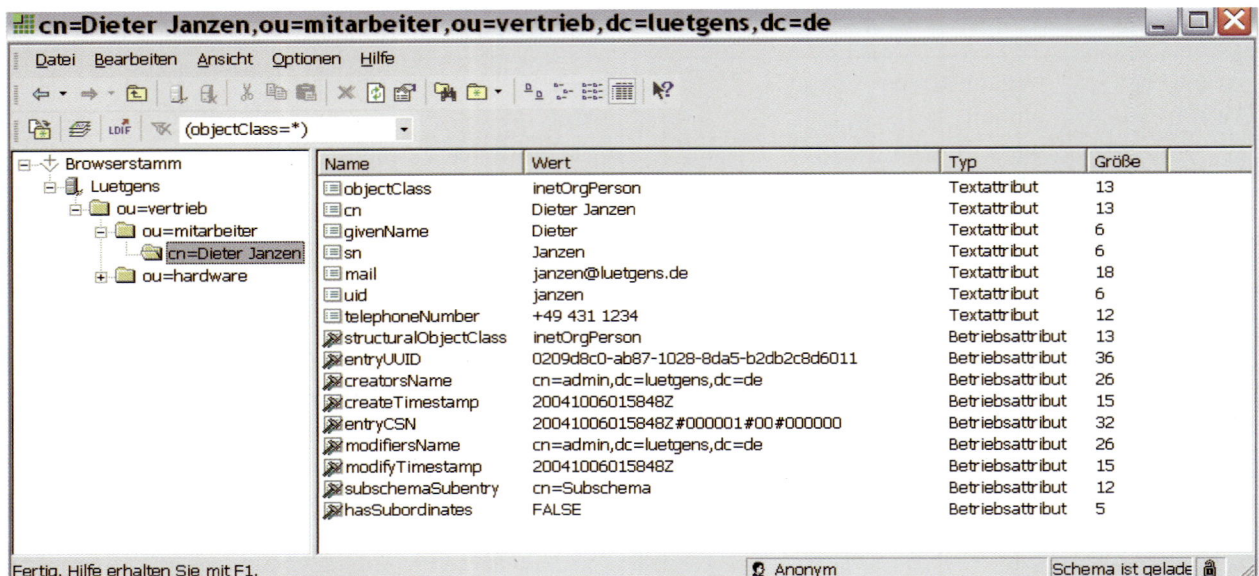

12.6.2-4
Verwaltung eines
LDAP-Verzeichnis-
baumes mit Hilfe
eines Software-Tools

1. Lassen Sie sich das öffentlich zugängliche LDAP-Verzeichnis des Servers mit der Adresse „http://www.openldap.com" mit einem beliebigen LDAP-Browser anzeigen.
2. Installieren Sie einen eigenen LDAP-Server. Hierzu enthalten die meisten Linux-Distributionen bereits das Softwarepaket „OpenLDAP". Legen Sie anschließend ein LDAP-Verzeichnis zur Verwaltung von Adressen an. Verwenden Sie für das Editieren der Verzeichniseinträge einen beliebigen LDAP-Editor".

12.6.3 Active Directory

Der Verzeichnisdienst „Active Directory" der Firma Microsoft ist fester Bestandteil der Betriebssysteme Windows Server 2003 und Windows Server 2008. Er verwendet LDAP als Kommunikationsprotokoll und wird eingesetzt zur zentralen Verwaltung von Benutzerkonten und nutzbaren Ressourcen z. B. von Client-Rechnern, Druckern oder Scannern.

Der Beschreibung eines Netzwerks mittels Active Directory dienen folgende Komponenten:
- Objekte
- Organisationseinheiten
- Domänen
- Strukturen
- Gesamtstrukturen

Objekte:

Objekte sind die kleinsten Einheiten innerhalb der Netzwerkstruktur und repräsentieren

- Netzwerkressourcen wie z. B. Drucker, Festplatten, Mail-Dienste oder Datenbanken.
- Elemente zur Netzwerk-Verwaltung wie z. B. Benutzerkonten oder Druckerwarteschlangen.

Ein Objekt besitzt entsprechend der LDAP-Konventionen grundsätzlich einen Namen und einen Satz von Attributen.

Organisationseinheiten:

Zur Gruppierung von Objekten werden Organisationseinheiten (Organizational Units, OU) eingesetzt. Firmenabteilungen können so über diese Strukturierungsform abgebildet werden (siehe Abb. 12.6.3-1). Eine Organisationseinheit ist die kleinste Einheit,

- deren Verwaltung vom Administrator an andere Personen delegiert werden kann. So z. B. könnte ein Mitarbeiter beauftragt werden, die Benutzerverwaltung für Nutzer in dessen OU zu übernehmen. Für andere OUs besitzt er jedoch keine Rechte.
- für die eine einheitliche Sicherheitsregelung gilt.

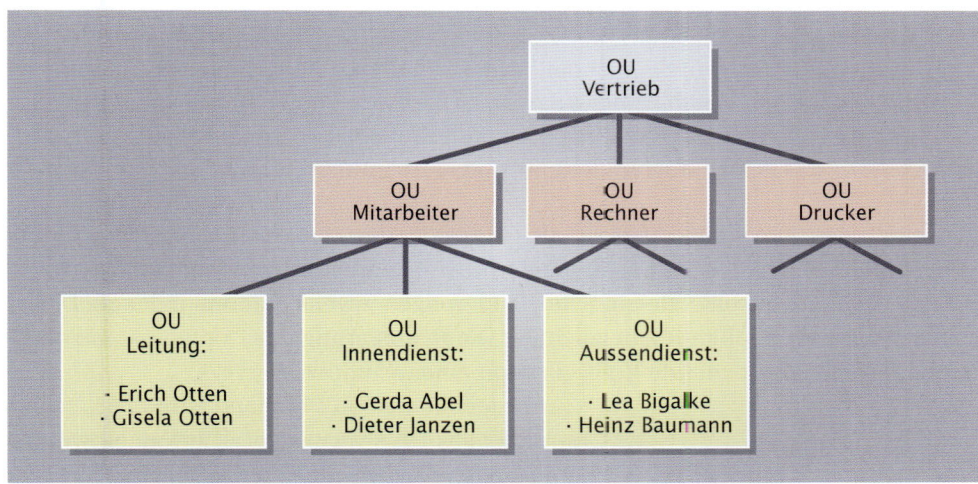

12.6.3-1
Hierarchische Anordnung von
Organisationseinheiten

Domänen:

Organisationseinheiten und Objekte werden mit Hilfe von Domänen gruppiert. Es muss mindestens eine Domäne im Netzwerk vorhanden sein, der die Organisationseinheiten und Objekte angehören.

Domänen sind die kleinste eigenständige Verwaltungseinheit im Netzwerk. Sie sind nach außen abgeschlossen, d.h. ein Zugriff von außen auf Objekte der Domäne ist nur über

> *Domänen bilden die Gruppierung von Objekten und Organisationseinheiten. Eine Domäne enthält mindestens einen Server oder weitere Domänen.*

eine Anmeldung möglich. Im Verzeichnis einer Domäne werden die Informationen zu den Objekten gespeichert, die Bestandteil der Domäne sind. Jede Domäne kann außerdem mit eigenen Sicherheitsrichtlinien versehen werden.

TIPP

Zur Ausführung des Active Directory muss DNS im Netz verfügbar sein!

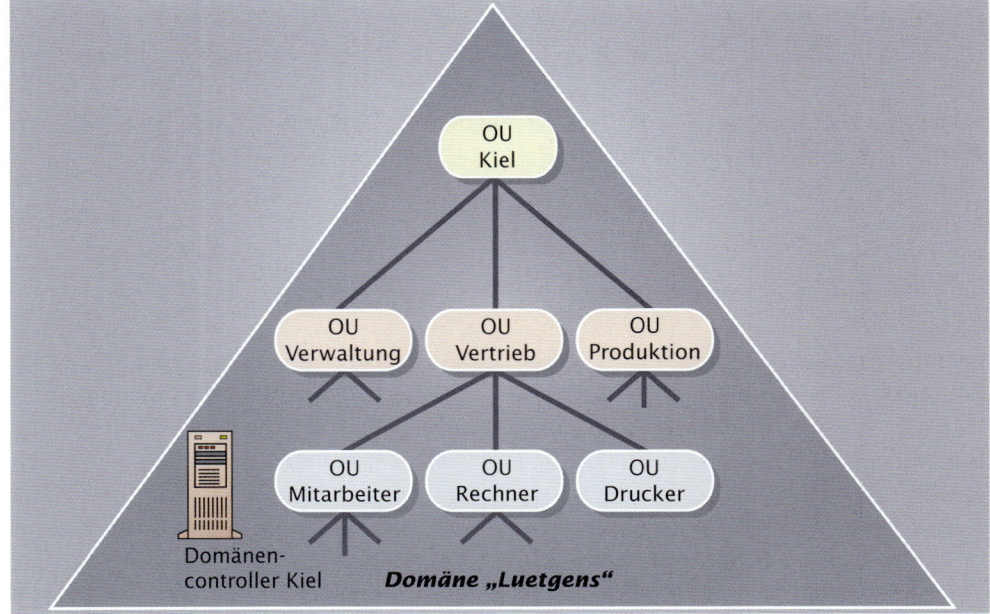

12.6.3-2
Domäne

Eine Domäne des Active Directories muss mindestens durch einen Server repräsentiert werden, der die Daten der Domäne verwaltet. Diese Server werden als Domänencontroller bezeichnet und besitzen folgende Funktionen:

Als Domänencontroller wird der Rechner bezeichnet, der die Daten der Domäne verwaltet.

- Speicherung des Active-Directory-Verzeichnisses
- Suche nach Objekten innerhalb des Verzeichnisses
- Benutzeranmeldung und -authentifizierung

Bei einer hohen Objektanzahl innerhalb einer Domäne kann es sinnvoll sein, mehrere Domänencontroller zwecks Erhöhung der Ausführungsgeschwindigkeit einzusetzen. Diese Domänencontroller gleichen ihre Änderungen jeweils untereinander ab. Dieser Vorgang wird als Replikation bezeichnet. Die Realisierung des Domänencontrollers erfolgt durch entsprechende Konfiguration eines Windows Servers.

Zur Bezeichnung von Domänen wird die Namensstruktur des DNS verwendet. Die Namen werden somit entsprechend der hierarchischen Struktur des Netzwerks zusammengesetzt (siehe Abb. 12.6.3-3).

Jede Domäne enthält mindesten einen Server, der als sogenannter globaler Katalogserver arbeitet. Um Suchanfragen für Objekte möglichst schnell beantworten zu können, werden in dem Katalog die wichtigsten Objekte der eigenen und ggf. der übrigen Domänen gespeichert. Anfragen von Clients werden zunächst von einem globalen Katalogserver der eigenen Domäne bearbeitet. Da der globale Katalog nur einen Teil des Active Directory-Verzeichnisses enthält, können Anfragen dann schneller beantwortet werden. Auch die globalen Katalogserver werden mittels Windows Server realisiert.

12.6.3-3 DNS-Domänenbezeichnungen

Strukturen:

Ebenso wie Organisationseinheiten lassen sich Domänen hierarchisch anordnen. Diese Abbildungen werden als Struktur oder auch Domänenbaum[1] bezeichnet. Große Unternehmen, die mehrere Zweigstellen besitzen oder auf mehreren Gebieten geschäftlich tätig sind, lassen sich häufig nach diesem Schema organisieren.

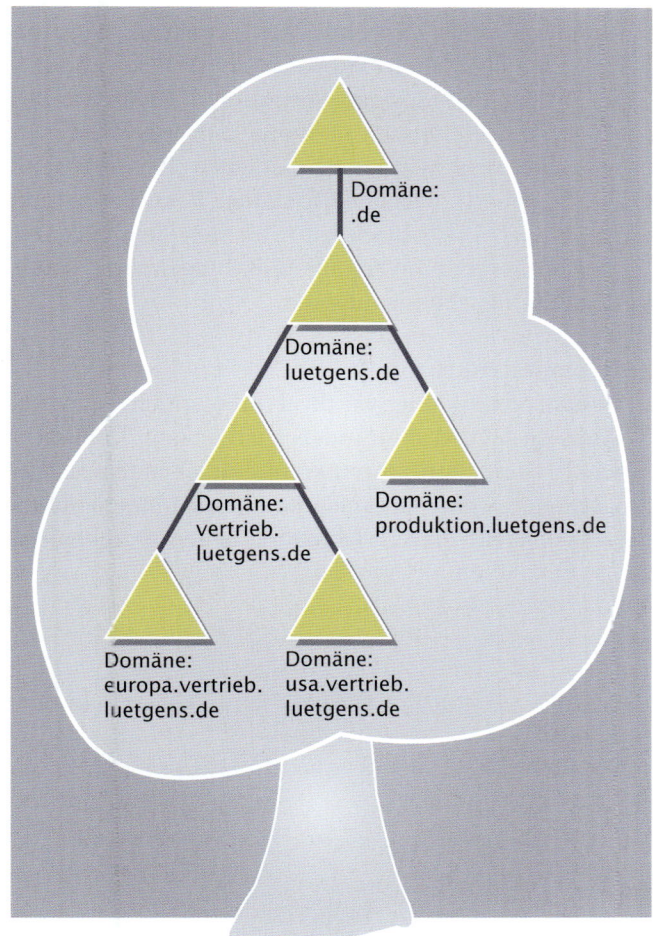

12.6.3-4
Domänenbaum

Es stellt sich häufig die Frage, ob besser Organisationseinheiten oder Strukturen zur Abbildung komplexer Unternehmensstrukturen herangezogen werden sollen. Sowohl durch Einrichtung mehrerer Domänen in Form einer Struktur (Domänenbaum) als auch durch die Verwendung mehrerer Organisationseinheiten lassen sich viele Objekte abbilden. Eine große Menge an Domänen führt hierbei zu hohen Replikationen und damit zu einer hohen Netzlast. Im Gegensatz dazu ergeben wenige Domänen und viele Organisationseinheiten recht komplexe Namen der zugehörigen Objekte und führen damit zu Unübersichtlichkeit. Hier muss individuell entschieden werden, welche Variante zu bevorzugen ist.

[1] Häufig findet sich auch die Bezeichnung „Tree" (Baum).

Wenn ein in Domäne X registrierter Nutzer auf eine Domäne Y zugreifen möchte, so muss er sich im Normalfall zunächst bei Domäne Y anmelden. Falls allerdings eine sogenannte Vertrauensstellung zwischen diesen beiden Domänen besteht, wird der Benutzer sofort akzeptiert.

> *Eine Vertrauensstellung (engl. Trust) beschreibt die Beziehung zwischen zwei Domänen. Die vertrauende Domäne lässt Benutzerzugriffe aus der vertrauten Domäne zu.*

Der Microsoft Windows Server 2003/2008 erstellt standardmäßig bidirektionale transitive[1] Vertrauensstellungen. Bidirektional bedeutet, dass die Domänen sich gegenseitig vertrauen. Transitiv heißt, dass eine Vertrauensstellung auch automatisch weitergereicht werden kann, wenn Trusts bereits durchgehend zwischen Domänen bestehen (siehe Abb. 12.6.3-5). Dadurch reduziert sich die Anzahl der zu definierenden Vertrauensstellungen und damit der Administrationsaufwand.

Gesamtstrukturen:

Bei der Verbindung von Strukturen spricht man von einer Gesamtstruktur oder auch einem Domänenwald[2]. Gesamtstrukturen kommen beispielsweise in Betracht, wenn Organisationen zusammengeführt werden und deren Domänennamen beibehalten werden sollen.

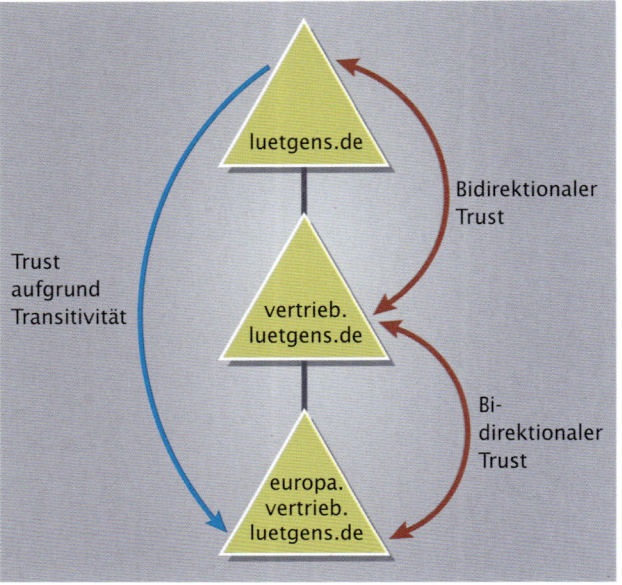

12.6.3-5 Bidirektionale transitive Vertrauensstellungen

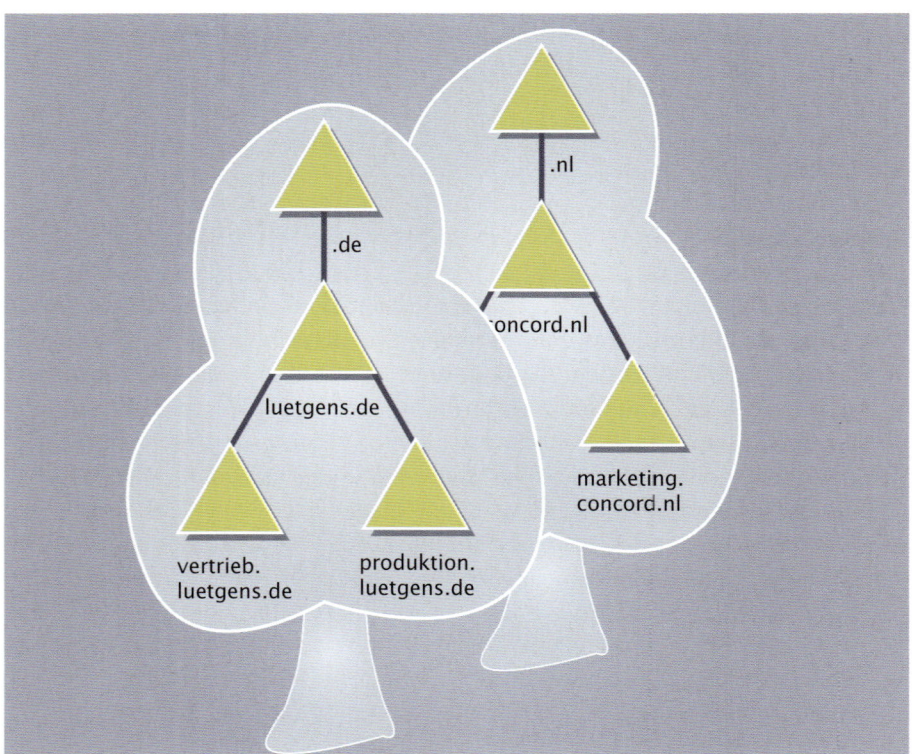

[1] **transitiv:** lat. hinübergehen
[2] Die englische Bezeichnung lautet „Forest" (Wald).

12.6.3-6 Domänenwald

Standorte:

Objekte, Organisationseinheiten, Domänen, usw. beschreiben den logischen Aufbau des Active Directories. Für die physikalische Umsetzung ist jedoch auch die vorhandene Netzwerkstruktur und -qualität zu berücksichtigen. So ist es z. B. wichtig, die im Netzwerk vorhandenen Bandbreiten bei der Planung zu berücksichtigen. Ansonsten führen Replikationen zwischen Domänencontrollern bei langsamen Verbindungen zu einer hohen Netzlast. Im Active Directory wurden daher sogenannte Standorte definiert. Datenübertragungswege können damit entsprechend ihrer Geschwindigkeit und Zuverlässigkeit klassifiziert werden. Schnelle Netzverbindungen werden zu einem Standort zusammengefasst. Langsame Verbindungen werden dagegen genutzt, um die Datenübertragung zwischen den einzelnen Standorten zu ermöglichen. Domänencontroller, die schnelle Netzwerkverbindungen besitzen, lassen sich damit über einen Standort zusammenfügen und verursachen so keine wesentlichen Netzbelastungen.

Zwischen Standort und Domäne besteht keinerlei Beziehung. So kann eine Firma mit nur einer Domäne an mehreren Standorten präsent sein. Ebenso ist es möglich, dass eine Firma mehrere Domänen an einem Standort betreibt.

TIPP

Ein Standort entspricht häufig dem Ort eines LANs, da innerhalb eines LANs die Datenübertragung meist schnell, preiswert und zuverlässig ist.

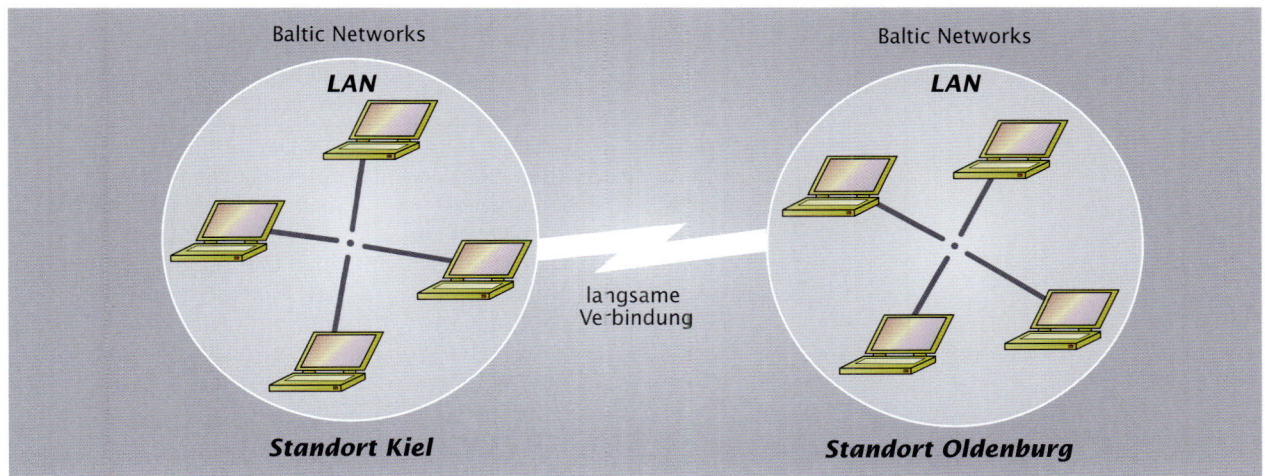

12.6.3-7 Standorte

Hinweise zur Planung eines Netzwerks auf Basis von Active Directory

Eine Active-Directory-Gesamtstruktur besteht aus einer oder mehreren Domänen, die über Vertrauensstellungen miteinander verbunden sind und gemeinsam einen globalen Katalog verwenden. Da Veränderungen an bestehenden Gesamtstrukturen einen hohen Verwaltungsaufwand bedeuten, sollten bereits bei der Planung genaue Überlegungen bzgl. des Aufbaus und der Erweiterungsmöglichkeiten angestellt werden.

Folgende Fragestellungen sind u. a. bei der Planung zu berücksichtigen:
- Wie viele Domänen sind erforderlich?
  Es sollte genau erfasst werden, ob eine oder mehrere Domänen in der Gesamtstruktur erforderlich sind. Gegenüber der Verwaltung einer Domäne ist der Aufwand für die Verwaltung mehrerer Domänen um ein Vielfaches höher. Ein überzeugender Grund für mehrere Domänen ist z. B. gegeben, wenn einzelne Firmenabteilungen völlig unterschiedliche Sicherheitsrichtlinien verfolgen oder vollständige administrative Eigenständigkeiten gewünscht werden.
- Werden die Domänen entlang geografischer Grenzen, gemäß Unternehmensfunktionen, z. B. Abteilungen, oder gemäß eines gemischten Ansatzes erstellt?

- In welcher Weise werden Organisationseinheiten strukturiert?
  Um die Übersichtlichkeit der Organisationseinheiten zu gewährleisten, hat es sich bewährt, nicht mehr als 5 Verschachtelungstiefen zu verwenden. Abb. 12.6.3-8 zeigt ein Beispiel für die Anordnung von Organisationseinheiten innerhalb einer Domäne.

Domänenentwurf	Vorteile	Nachteile
Geografisch	• Meist nur wenig zukünftige Änderungen an der Domänen-Grundstruktur notwendig, da sich Standorte nur selten ändern.	• Keine Berücksichtigung der Unternehmensstruktur.
Gemäß der Unternehmensstrukturen	• Gute Eignung für Firmen mit mehreren Niederlassungen. • Gute Abbildung der Unternehmensstruktur.	• Hoher Verwaltungsaufwand bei häufigen Umstrukturierungen innerhalb des Unternehmens. In diesem Fall hilft oftmals auch das Verwenden von Organisationseinheiten (z. B. für Fertigung, Vertrieb) innerhalb eines geografischen Domänenentwurfs, anstatt die Benutzung von Domänen.
Gemischt	• Werden Geschäftsbereiche, die voraussichtlich nicht oder nur selten umstrukturiert werden, jeweils in einzelnen Domänen verwaltet und erfolgt die Verwaltung der restlichen EDV-Ressourcen in geografisch organisierten Domänen, so sind nur selten zukünftige Änderungen an der Gesamtstruktur zu erwarten.	• Die Darstellung der Domänen-Gesamtstruktur ist oftmals unübersichtlicher, da sowohl geografische als auch unternehmensfunktionale Einheiten enthalten sind.

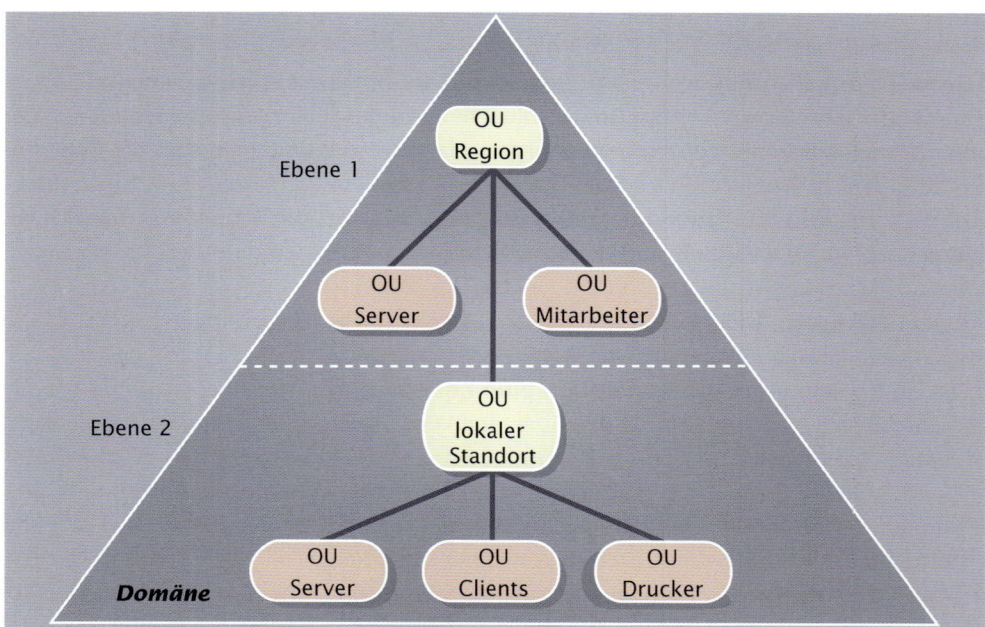

12.6.3-8
Planungsbeispiel für
Organisationseinheiten
(OUs)

1. Problemstellung

Für die Firma Lütgens ist ein in deren Netzwerk verfügbarer LDAP-Verzeichnisdienst zu installieren und zu konfigurieren. Über diesen Verzeichnisdienst sollen folgende Daten abrufbar sein:

- Namen, Vornamen, Telefonnummern, Faxnummern und E-Mail-Adressen der Mitarbeiter. Die Adressdaten sollen auch über LDAP-fähige Clients wie Microsoft-Outlook oder Mozilla-Thunderbird verwendet werden können.
- Bezeichnungen der Firmenabteilungen und der zugehörigen Mitarbeiter sowie der in den einzelnen Abteilungen genutzten Hard- und Software.

Die Installation des Verzeichnisdienstes erfolgt auf einem Linux-Server.

Abb. 1 zeigt den hierarchischen Aufbau der Firma Lütgens mit den zugehörigen Mitarbeitern, Abteilungen sowie der jeweils verwendeten Hard- und Software.

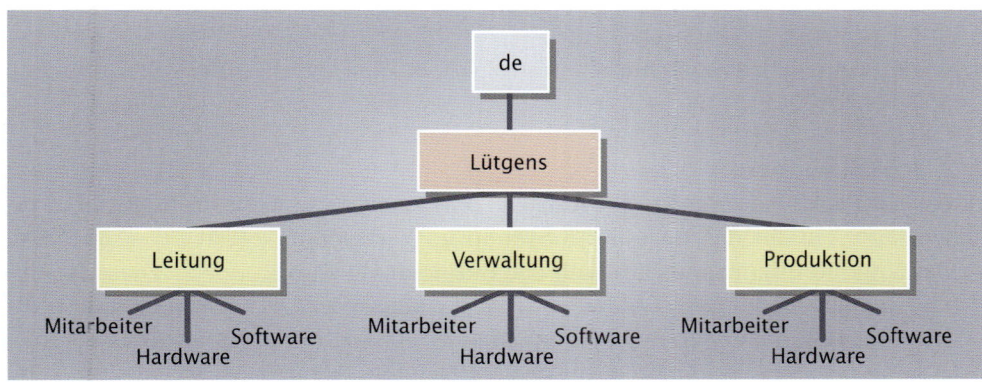

1
Hierarchische
Strukturierung
der Firma
Lütgens

2. Durchführung

Die Installation und Konfiguration des LDAP-Verzeichnisdienstes umfasst folgende Schritte:

a) Installation einer Datenbank
b) Installation eines LDAP-Verzeichnisdienst-Servers
c) Konfiguration des Servers und der Datenbank
d) Eintragen von Objekten in die Datenbank mit Hilfe des Verzeichnisdienstes

Ein vollständige LDAP-Server ist die kostenlose Open-Source-Software „OpenLDAP"[1]. Sie ist für viele Betriebssysteme wie z. B. Unix, Linux oder Windows erhältlich. OpenLDAP ist ebenfalls Bestandteil vieler Linux-Distributionen, wie z. B. SuSE oder Mandrake, so dass sich die Installationen dort sehr einfach vornehmen lassen.

„OpenLDAP" besteht im Wesentlichen aus zwei Programmen:

- `slapd`:
  Ein LDAP-Server, der die Objektinformationen in einer Datenbank verwaltet.
- `slurpd`:
  Dieses Programm ermöglicht bei Verwendung mehrerer LDAP-Server einen Abgleich der Daten. Hiervon wird jedoch innerhalb dieses Exkurses kein Gebrauch gemacht.

[1] http://www.openldap.org

2.1 Installation

OpenLDAP enthält bereits eine vollständige Datenbank, so dass die Installation einer separaten Datenbank in diesem Fall nicht notwendig ist.

Die Installation von OpenLDAP ist entsprechend der zugehörigen Dokumentation[1] vorzunehmen. Beispielhaft wird im Folgenden eine Linux-Installation mittels der SuSE 9.1-Distribution skizziert. Hierzu sind folgende Software-Pakete der Distribution zu installieren:

- `openldap2`:
  Der eigentliche OpenLDAP-Server
- `openldap2-client`:
  Verschiedene LDAP-Clients
- `nss_ldap`:
  Bibliotheken zur Verwaltung von Netzwerkdaten, z. B. von Netzwerknutzern, Gruppen, Passwörtern, verwendeten Protokollen.
- `pam_ldap`:
  Bibliotheken zur Durchführung einer Netzwerk-Benutzerauthentifizierung, bei der die zugehörigen Passwörter mittels LDAP verwaltet werden.
- `yast2_ldap_client`:
  Erweiterungen des SuSE-Administrationstools „Yast" zur Benutzerverwaltung mittels LDAP.

2.2 Konfiguration

Bevor der LDAP-Server gestartet werden kann, muss er zunächst konfiguriert werden. Hierzu enthält das installierte System im Verzeichnis `/etc/openldap` eine vollständige Konfigurationsdatei mit der Bezeichnung `slapd.conf`. Diese ist entsprechend der OpenLDAP-Dokumentation anzupassen. Das gilt insbesondere für den für die Datenbankanbindung zuständigen Teil der Konfigurationsdatei. Abb. 2 zeigt hierzu einen beispielhaften Eintrag. Zeilen mit führendem "#" stellen dort Kommentarzeilen dar.

In der ersten Zeile wird das Datenbankformat festgelegt (hier `bdb`[2]). Alternativ lassen sich mit der Anweisung „`database`" auch externe SQL-Datenbanken anbinden. Die Anweisung „`suffix`" bestimmt, für welchen Teil des LDAP-Verzeichnisbaumes der Server zuständig ist. „`rootdn`" legt fest, wer Administratorzugriff auf das LDAP-Verzeichnis besitzt. Die Angabe des Passwortes für den Administrator erfolgt mit Hilfe der Anweisung „`rootpw`". Das Verzeichnis, in dem die Datenbankdateien abgelegt werden, bestimmt schließlich die Anweisung „`directory`".

[1] Die Dokumentation befindet sich auf der Buch-CD oder ist unter http://www.openldap.org/doc abrufbar.

[2] bdb = **B**erkeley **D**atabase
Die möglichen Datenbank-Formate werden in der OpenLDAP-Dokumentation beschrieben.

```
database bdb
suffix "c=de"
rootdn "cn=admin,c=de"

# Cleartext passwords, especially for the rootdn, should
# be avoided. See slappasswd(8) and slapd.conf(5) for details.
# Use of strong authentication encouraged.

rootpw geheim

# The database directory MUST exist prior to running slapd AND
# should only be accessible by the slapd/tools. Mode 700 recom-
      mended.

directory /var/lib/ldap
```

Ausschnitt aus der OpenLDAP-Konfigurationsdatei `slapd.conf`

Nach der Konfiguration des LDAP-Servers wird der Server gestartet. Das erfolgt durch die Anweisung

```
rcldap start
```

Ein Stoppen des Servers erfolgt entsprechend mit

```
rcldap stop
```

Der momentane Zustand des LDAP-Servers kann über die Anweisung

```
rcldap status
```

erfragt werden.

2.3 Eintragen von Objekten in das Verzeichnis

Bevor konkrete Objekte in das LDAP-Verzeichnis eingetragen werden, ist zunächst die Grundstruktur der Verzeichniseinträge festzulegen. Dieser Schritt verlangt sehr viel Sorgfalt, da nachträgliche Änderungen mit bereits eingetragenen Objekten einen hohen Arbeits- und damit Kostenaufwand verursachen.

Wie die hierarchisch organisierte Verzeichnisstruktur aufgebaut wird, ist vom Administrator jeweils individuell zu entscheiden. Für die Beschreibung von Unternehmen haben sich jedoch zwei oftmals angewendete Strukturen bewährt. Sie werden unterschieden in eine eher geografisch oder eine eher technisch orientierte Sichtweise der Darstellung des Unternehmens. Abb. 1 entspricht dem geografischen Aufbau, indem dort eine Unterteilung in einzelne, räumlich getrennte Abteilungen erfolgt. Abb. 3 stellt hingegen die technische Sichtweise dar, indem dort eine Unterteilung in die vorhandenen Ressourcen vorgenommen wird. Der Vorteil einer geografischen Sichtweise liegt darin, dass sich die Nutzer meist besser innerhalb dieser Struktur zurechtfinden, da ihnen derartige Strukturen aus ihrem Alltag vertraut sind. Ein technisch orientierter Aufbau der Struktur des Verzeichnisdienstes besitzt dagegen den Vorteil einer einfacheren Verwaltung der darin enthaltenen Objekte.

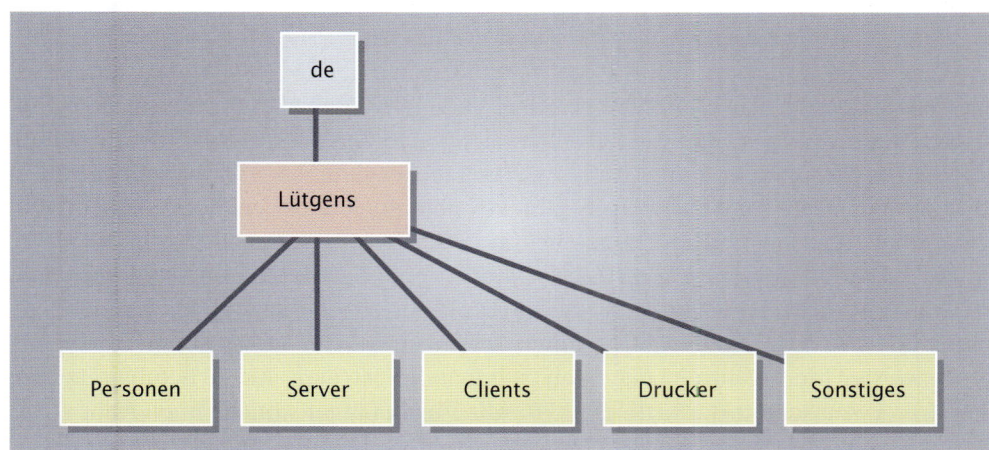

3 Technisch orientierte Darstellung eines Unternehmens

Nach der Entscheidung für den allgemeinen Aufbau der LDAP-Verzeichnisstruktur ist festzulegen, welche Objektklassen und Attribute zur Beschreibung der Objekte verwendet werden sollen. Standardmäßige Attribute und Objektklassen (siehe Tabelle 12.6.2-1 und 12.6.2-2) sind in der RFC 2256 definiert. Dort ist auch beschrieben, wie zusätzlich eigene Attribute und Objektklassen definiert werden können. Abb. 4

zeigt einen Ausschnitt des nach der geografischen Sichtweise festgelegten Verzeichnisbaumes und der dort verwendeten Objektklassen und Attribute.

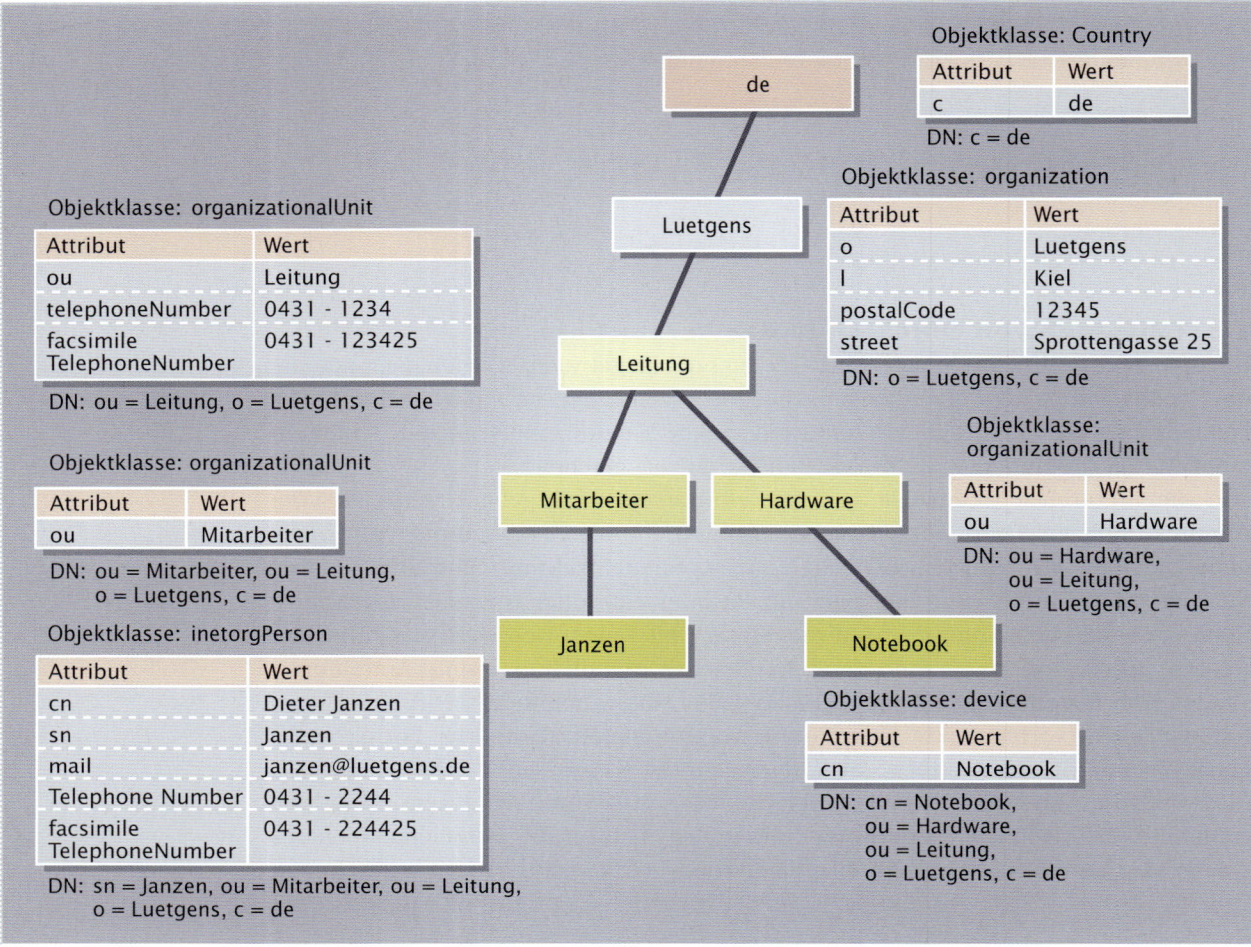

4 Ausschnitt aus den verwendeten Objektklassen und Attributen

Der nächste Schritt im Aufbau des LDAP-Verzeichnisdienstes besteht in dem Eintragen der jeweiligen Objekte in das Verzeichnis. In der OpenLDAP-Software befindet sich dazu das Programm „ldapadd“. Um hierbei nicht jedes Objekt einzeln übertragen zu müssen, sondern mehrere Objekte gebündelt dem Verzeichnis hinzufügen zu können, werden die Daten zunächst im LDAP-Data-Interchange-Format[1] (LDIF) in einer Datei gespeichert. Eine LDIF-Datei ist eine Textdatei, in der die einzelnen Objekte mit deren Distinguished Names (DN), Attributen und Objektklassen eingetragen sind. Abb. 5 zeigt den allgemeinen Aufbau einer LDIF-Datei. Die einzelnen Objekte werden hierbei durch Leerzeilen voneinander getrennt. Abb. 6 beinhaltet einen konkreten Ausschnitt der LDIF-Datei für die Firma Lütgens (siehe auch Abb. 4).

[1] **Data-Interchange-Format:** engl. Daten-Austauschformat

Die LDIF-Datei ist nach Fertigstellung mit der Namenserweiterung „ldif" abzuspeichern (z. B. `luetgens.ldif`) und wird anschließend durch den Aufruf des Programms „`ldapadd`" an den LDAP-Server übergeben:

```
ldapadd -x -D DN des Administrators -W -f datei.ldif
```

Die Option `-x` gibt an, dass auf die Verwendung des Authentifizierungsverfahrens SASL (Simple Authentification and Security Layer[1]) verzichtet wird. Mit `-D` wird der Distinguished Name (DN) des LDAP-Administrators angegeben, der das Recht besitzt, Objekte in das Verzeichnis einzutragen. Dieser DN wurde mittels der Konfigurationsdatei `slapd.conf` eingerichtet (siehe Abb. 2). Mittels `-W` umgeht man die Eingabe des Administratorpasswortes auf der Kommandozeile im Klartext, indem stattdessen eine separate Passwortabfrage erfolgt. Das betreffende Passwort wurde ebenfalls in der Konfigurationsdatei `slapd.conf` festgelegt. Die letzte Option `-f` ist schließlich für die Übergabe der LDIF-Datei zuständig.

Ein konkreter Aufruf des `ldapadd`-Befehls mit den Daten der in Abb. 2 dargestellten Konfigurationsdatei slapd.conf sowie einer LDIF-Datei mit der Bezeichnung luetgens.ldif sieht wie folgt aus:

```
ldapadd -x -D cn=admin,c=de -W -f luetgens.ldif
```

Für das Suchen und Auslesen von Daten aus dem LDAP-Verzeichnis stellt OpenLDAP das Programm `ldapsearch` zur Verfügung. Es dient dem Administrator zum Testen des Verzeichnisses, ist für den Endnutzer aufgrund der komplexen Syntax jedoch eher ungeeignet.

Das Kommando zum Anzeigen sämtlicher Daten des Beispiel-LDAP-Verzeichnisses lautet:

```
ldapsearch -x -b c=de "(objectClass=*)"
```

Die Option `-x` ist identisch zu dem gleichnamigen, innerhalb von `ldapadd` verwendeten Parameter. Mittels `-b` wird die sogenannte Suchbasis, d. h. der Baumbereich innerhalb des LDAP-Verzeichnisses angegeben, in dem gesucht werden soll. Mit `"(objectClass=*)"` wird schließlich die eigentliche Suchoption festgelegt, die in diesem Fall alle im Verzeichnis enthaltenen Objekte ausliest. Um z. B. alle im LDAP-Verzeichnis eingetragenen Nutzer auszulesen, die den Nachnamen „Janzen" haben, ist dagegen die Suchoption `"(sn=Janzen)"` anzugeben.

Für das Ändern und Löschen von Objekten innerhalb des LDAP-Verzeichnisses stellt OpenLDAP die beiden Software-Werkzeuge `ldapmodify` und `ldapdelete` zur Verfügung. Detaillierte Hinweise zur Syntax beim Aufruf dieser Programme finden sich in den zugehörigen Hilfen.

```
dn: Distinguished Name
objectClass: Objektklasse
objectClass: Objektklasse
...
Typ des Attributs: Wert des Attributs
Typ des Attributs: Wert des Attributs
...

dn: Distinguished Name
objectClass: Objektklasse
objectClass: Objektklasse
...
Typ des Attributs: Wert des Attributs
Typ des Attributs: Wert des Attributs
...
```

Allgemeiner Aufbau einer LDIF-Datei

[1] **Simple Authentification and Security Layer:** engl. Einfache Authentifizierungs- und Sicherheitsschicht

2.4 Nutzung des LDAP-Verzeichnisdienstes

Die in Abschnitt 2.3 beschriebenen Werkzeuge zur Verwaltung von Objekten innerhalb des LDAP-Verzeichnisses wurden in erster Linie für Administratoren zur Einrichtung und zum Test des Verzeichnisdienstes entwickelt. Endnutzer ohne entsprechende Kenntnisse benötigen jedoch einfacher zu bedienende Werkzeuge, die
möglichst grafische Benutzeroberflächen aufweisen. So unterstützen z. B. die E-
Mail-Programme MS-Outlook und Mozilla-Thunderbird LDAP, indem die in diesen
Programmen enthaltenen Adressbücher einen direkten Zugriff auf LDAP-Server erlauben. Abb. 7 zeigt das Konfigurationsmenü für die LDAP-Schnittstelle bei Mozilla-
Thunderbird. Neben der IP-Adresse des LDAP-Servers ist bei der Konfiguration von
LDAP-Schnittstellen grundsätzlich auch der sogenannte Basis Distinguished Name
(Basis DN) anzugeben. Dieser gibt den Bereich in der Baumstruktur des LDAP-Ver-
zeichnisses an, in dem die Objekte gesucht werden sollen. Abb. 8 zeigt das Adressbuch von Mozilla-Thunderbird, bei dem über LDAP Adressen ermittelt werden können.

Sollen nicht nur Daten aus dem LDAP-Verzeichnis ausgelesen, sondern auch dort
eingetragen werden, sind spezielle LDAP-Tools notwendig. Ein Beispiel hierfür ist
das Freeware-Programm „LDAP Browser". Abb. 9 zeigt die Konfiguration des Browsers. Um Schreibrechte auf das LDAP-Verzeichnis zu erhalten, ist dort neben den
Daten des LDAP-Servers auch das Passwort des Administrators sowie dessen in der
Konfigurationsdatei `slapd.conf` definierter DN anzugeben. Die Darstellung der im
Verzeichnis vorhandenen Objekte mit Hilfe des LDAP-Browsers zeigt Abb. 10.

```
dn: c=de
objectclass: country
c: de

dn: o=Luetgens, c=de
objectclass: organization
o: Luetgens
l: Kiel
postalCode: 12345
streetAddress: Sprottengasse 25

dn: ou=Leitung, o=Luetgens, c=de
objectclass: organizationalUnit
ou: Leitung
telephoneNumber: 0431-1234
facsimileTelephoneNumber: 0431-123425
dn: ou=Verwaltung, o=Luetgens, c=de
objectclass: organizationalUnit
ou: Verwaltung
telephoneNumber: 0431-1122
facsimileTelephoneNumber: 0431-112225

dn: ou=Produktion, o=Luetgens, c=de
objectclass: organizationalUnit
ou: Produktion
telephoneNumber: 0431-3344
facsimileTelephoneNumber: 0431-334425

dn: ou=Vertrieb, o=Luetgens, c=de
objectclass: organizationalUnit
ou: Vertrieb
telephoneNumber: 0431-5566
facsimileTelephoneNumber: 0431-556625
```

```
dn: ou=Mitarbeiter, ou=Leitung, o=Luetgens, c=de
objectclass: organizationalUnit
ou: Mitarbeiter

dn: ou=Hardware, ou=Leitung, o=Luetgens, c=de
objectclass: organizationalUnit
ou: Hardware

dn: ou=Software, ou=Leitung, o=Luetgens, c=de
objectclass: organizationalUnit
ou: Software

dn: sn=Janzen, ou=Mitarbeiter, ou=Leitung, o=Luetgens, c=de
objectclass: inetorgPerson
cn: Dieter Janzen
sn: Janzen
mail: janzen@luetgens.de
telephoneNumber: 0431-2244
facsimileTelephoneNumber: 0431-224425

dn: cn=Notebook, ou=Hardware, ou=Leitung, o=Luetgens, c=de
objectclass: device
cn: Notebook
serialNumber: 153912
```

6
Ausschnitt aus der
LDIF-Datei für das
LDAP-Verzeichnis

7
Konfiguration der
LDAP-Schnittstelle
bei Mozilla-
Thunderbird

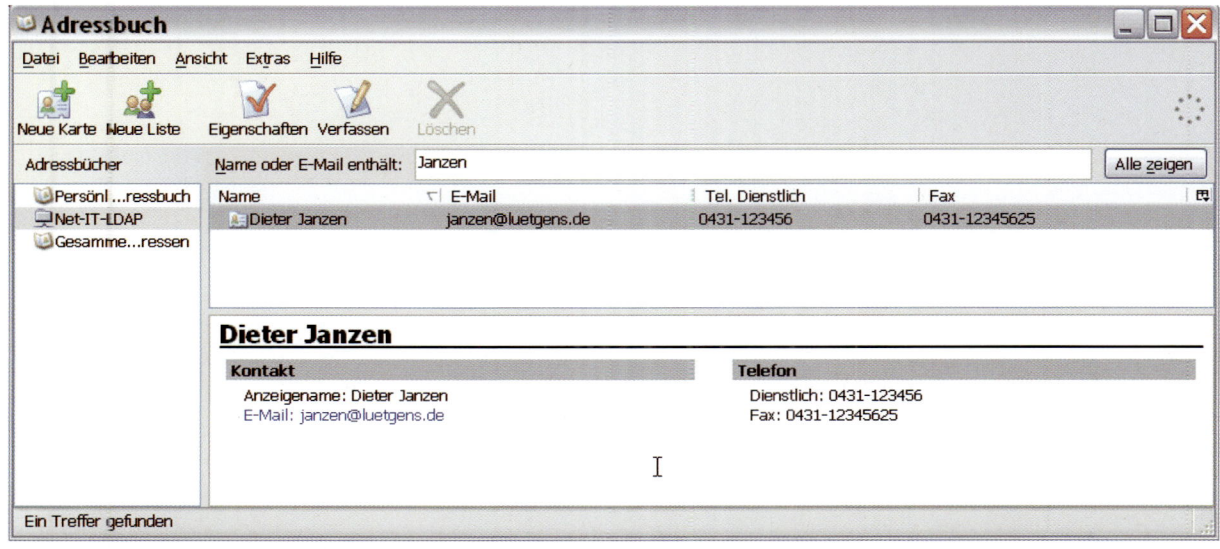

8 Suchen von Adressen über LDAP mit Mozilla-Thunderbird

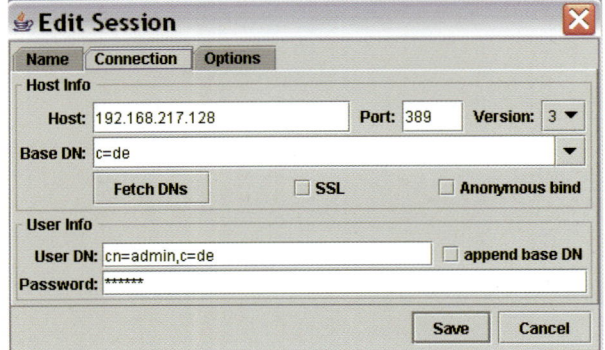

9
Konfiguration des
LDAP-Browsers

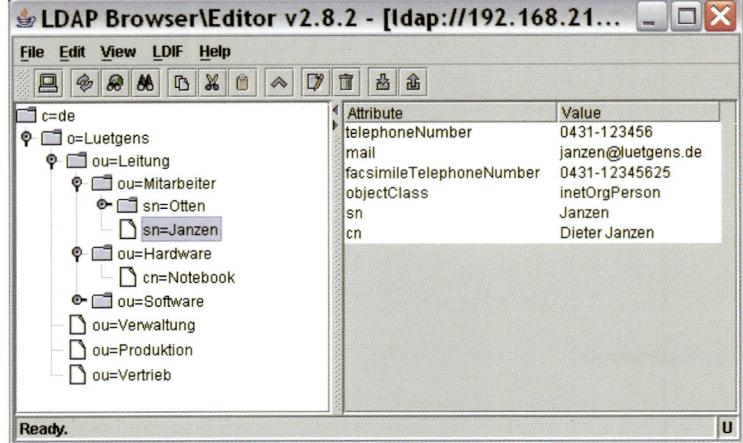

10
Anzeigen der LDAP-
Objekte mittels
LDAP-Browser

1. Installieren Sie den LDAP-Verzeichnisdienst auf Basis von OpenLDAP.
2. Implementieren Sie die komplette Verzeichnisstruktur der Firma Lütgens und tragen Sie entsprechende Objekte ein. Verwenden Sie hierbei sowohl die Software-Tools von OpenLDAP als auch den LDAP-Browser.
3. Für Endnutzer sollen die Adressen über die Adressbücher von MS-Outlook und Mozilla-Thunderbird abrufbar sein. Testen Sie dieses.
4. Realisieren Sie die komplette Benutzerauthentifizierung eines Linux-Systems mittels LDAP.

Um einen möglichst optimalen und fehlerfreien Betrieb des Netzwerkes der Firma Lütgens zu gewährleisten, sind Maßnahmen notwendig, die es erlauben, den Zustand des Netzes jederzeit einsehen zu können und die automatisch auf Fehler im Netzwerk hinweisen.

Zusätzlich zu den Administrationsaufgaben innerhalb eines Netzwerks sind weitere Betreuungs- und Wartungsarbeiten einzuplanen und durchzuführen. Hilfreich ist dabei der zentrale Einsatz von Softwarewerkzeugen.

Die folgende Tabelle gibt einen Überblick über die wichtigsten Aufgaben und Funktionen einer Netzwerkmanagement-Software. Diese Aufgaben überschneiden sich zum Teil mit den reinen Administrationsaufgaben eines Administrators.

Mit Hilfe einer Netzwerkmanagement-Software werden aktuelle Informationen über die eingesetzten Netzwerkkomponenten, Schaltlisten und Planungsunterlagen erstellt und verwaltet.

Aufgabe	Beschreibung
Netzsteuerung (Operational Management)	Erkennung von Kapazitätsengpässen und Schwachstellen.
Leistungsmanagement (Performance Management)	Verbesserung von Leistungsdaten durch Auswertung von Betriebsdaten.
Fehlermanagement (Fault Management)	Feststellen von Fehlern und Alarmierung im Fehler- und Störungsfall. Test, Diagnose und Dokumentation von Systemkomponenten.
Abrechnungsmanagement (Accounting Management)	Erfassung und Abrechnung der genutzten Netzwerkressourcen.
Sicherheitsmanagement (Security Management)	Festlegung sicherheitsrelevanter Kriterien. Führen und Auswerten von Log-Dateien. Verwaltung von Zugriffsrechten und Verschlüsselungsalgorithmen.
Benutzerverwaltung (User Administration)	Erzeugung und Verwaltung von Benutzern und Benutzergruppen. Vergabe und Verwaltung der Benutzerrechte.

Tabelle 13-1 Aufgaben und Funktionen einer Netzwerkmanagement-Software

Um Informationen über den aktuellen Zustand eines Netzwerks zu erhalten, ist eine Kommunikation der Netzwerkmanagement-Software mit den jeweiligen Netzwerkkomponenten, z. B. Switches oder Router, erforderlich. Hierzu sind geeignete Kommunikationsprotokolle notwendig. Zwei wichtige Protokolle sind hier beispielsweise:
- **S**imple **N**etwork **M**anagement **P**rotocol[1] (SNMP)
- **C**ommon **M**anagement **I**nformation **P**rotocol[2] (CMIP)

13.1 Simple Network Management Protocol
Um mittels Rechner Informationen über den momentanen Zustand eines Netzwerks zu erhalten, ist es notwendig, dass die beteiligten Netzwerkkomponenten wie z. B. Router oder Switches entsprechende Daten sammeln und an den Rechner zwecks

[1] **S**imple **N**etwork **M**anagement **P**rotocol: engl. Einfaches Netzwerk-Verwaltungsprotokoll
[2] **C**ommon **M**anagement **I**nformation **P**rotocol: engl. Gebräuchliches Verwaltungs-Informationsprotokoll

Auswertung weiterleiten. Für die Kommunikation mit den Netzwerkkomponenten wird das Simple Network Management Protocol (SNMP, RFC 1155-1157) eingesetzt. Hierbei handelt es sich um ein Protokoll der TCP/IP-Familie, das auf den anwendungsorientierten Schichten 5 bis 7 des ISO/OSI-Referenzmodells angesiedelt ist. Um keine unnötige Netzlast zu verursachen, verwendet SNMP das verbindungslose UDP als Transportprotokoll. Auch wenn das Protokoll entsprechend seines Namens recht einfach strukturiert ist, so besitzt es dennoch eine hohe Leistungsfähigkeit und hat sich inzwischen als Standardprotokoll für die Netzwerkverwaltung durchgesetzt.

Ein mittels SNMP verwaltetes Netzwerk besteht aus den Komponenten

- verwaltete Geräte,
- Agenten,
- Netzwerk-Verwaltungssysteme (Network Management Systems, NMS).

Bei den verwalteten Geräten handelt es sich um zu überwachende Netzwerkkomponenten wie Router, Switches oder Workstations. Auf diesen Geräten befindet sich jeweils eine Software zur Netzwerkverwaltung, die als Agent bezeichnet wird. Der Agent sammelt relevante Daten (Managed Objects) der zugehörigen Netzwerkkomponente und hinterlegt sie in einer Datenbank namens Management Information Base (MIB, RFC 1158). Mittels SNMP werden die Daten dann den NMSs zur Verfügung gestellt. Ein NMS ist im Normalfall eine Workstation mit der Netzwerkmanagement-Software und dient als zentrale Station der Netzwerkverwaltung.

Bei Bedarf fragt das NMS die Werte der MIBs von den Agenten ab. Die Notation der Daten in der MIB erfolgt nach den in der „Abstract Syntax Notation One" (ASN.1, ITU-T-Standard[1] X.680ff) festgelegten Regeln. Die MIB-Daten setzen sich hierbei aus Objekten zusammen, die die jeweiligen Netzwerkinformationen der verwalteten Netzwerkkomponente repräsentieren. Beispiele sind die Anzahl der weitergeleiteten Datenpakete eines Routers oder der momentane Füllstand einer Festplatte.

Um alle Objekte weltweit identifizieren zu können, werden deren Bezeichnungen (Object Identifier, OID), hierarchisch zusammengesetzt. OIDs werden entweder als

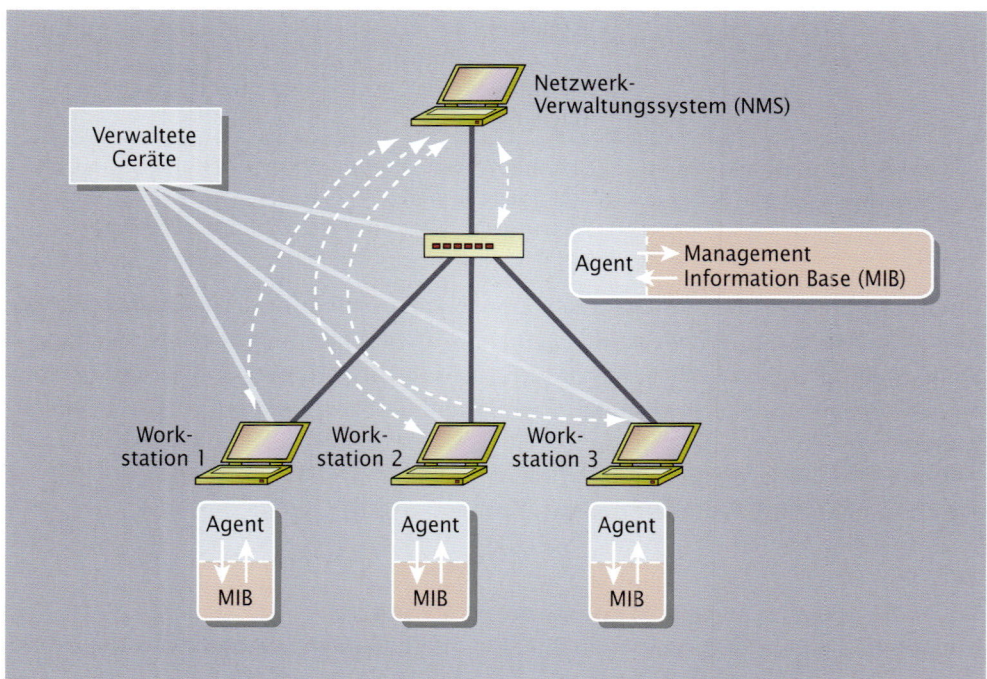

[1] **ITU-T:** International Telecommunication Union – Telecommunication Standardization Sector

13.1-1 Typisches per SNMP verwaltetes Netzwerk

alphanumerische Bezeichnungen oder als Ziffernfolgen angegeben. Die Hierarchie kann als Baum betrachtet werden, dessen Wurzel namenlos ist und dessen Ebenen unterschiedlichen Organisationen zugewiesen werden. Abb. 13.1-2 zeigt einen Ausschnitt des „MIB-Baumes".

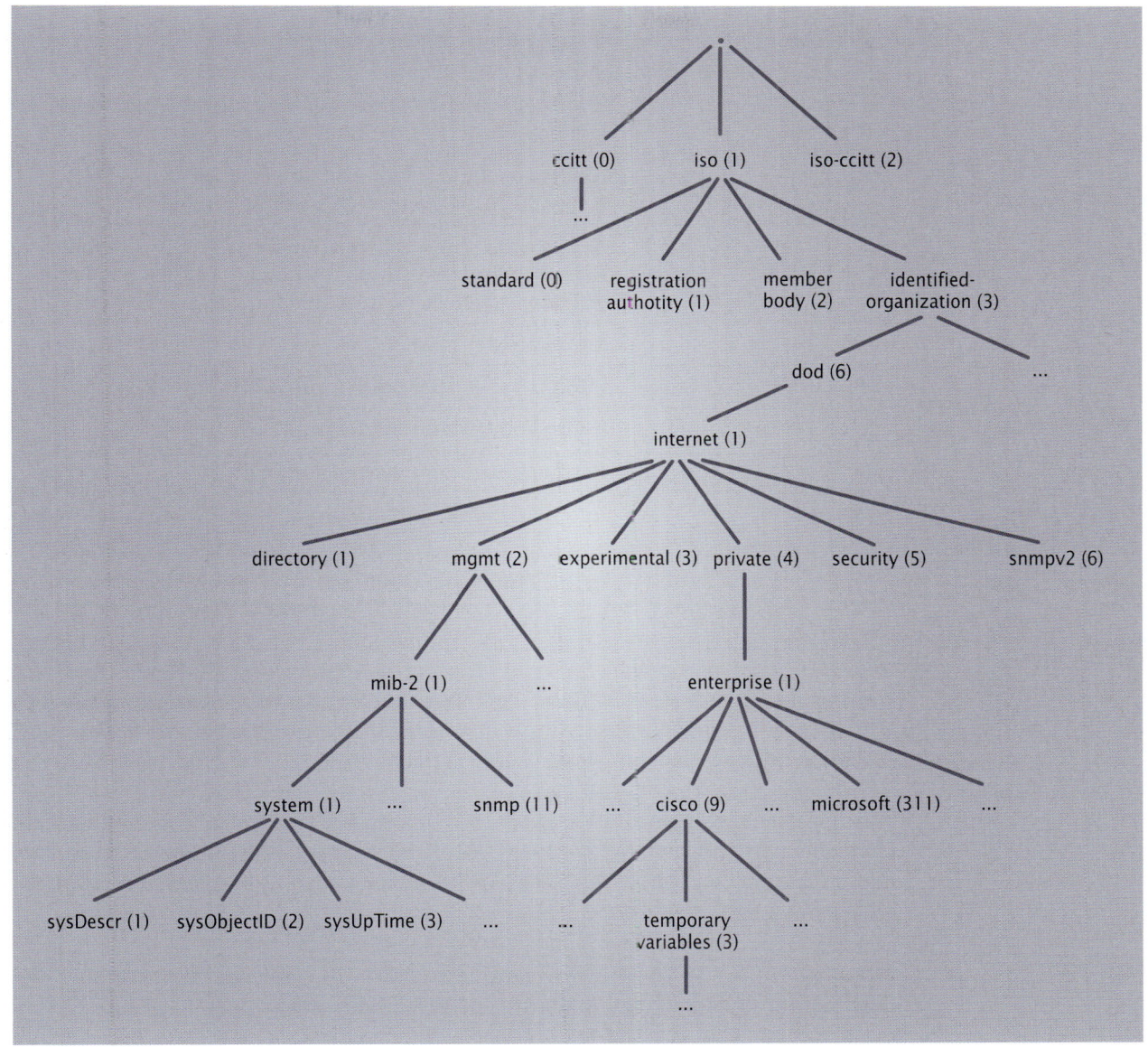

13.1-2 MIB-Baum

Beispiel:

Das innerhalb des MIB-Baumes verwaltete Objekt `sysUpTime` **gibt Auskunft über die Laufzeit des Agenten der Netzwerkkomponente. Es kann durch folgende Objektbezeichnungen identifiziert werden:**
- **iso.identified-organization.dod.internet.mgmt.mib-2.system.sysUpTime**
- **1.3.6.1.2.1.1.3**

Die Bezeichnungen der obersten Ebene des Baumes sind unterschiedlichen Standardisierungsorganisationen, z. B. der ISO oder dem CCITT, zugeordnet. Die untergeordneten Ebenen enthalten dagegen Bezeichnungen von zugehörigen Organisationen oder Herstellern von Netzwerkkomponenten. Da die einzelnen Netzwerkkomponenten oftmals sehr unterschiedliche produkt- und herstellerspezifische Einträge innerhalb des MIB-Baumes haben, wurde eine Standard-MIB mit der Bezeichnung „mib-2" definiert (siehe Abb. 13.1-2). Jede SNMP-fähige Netzwerkkomponente ist in der Lage, die dort festgelegten Objekte zu interpretieren.

Objektgruppe	Beschreibung
system	Allgemeine Informationen zur überwachten Netzwerkkomponente.
interfaces	Allgemeine Informationen über physikalische Schnittstellen der überwachten Netzwerkkomponente.
address translator	Nur zwecks Abwärtskompatibilität zu MIB-1 vorhanden. Enthält Informationen zur Abbildung von Netzwerkadressen auf physikalische Adressen für jede Schnittstelle.
ip	Informationen zum Betrieb von IP für Hosts und Router.
icmp	Informationen zum Betrieb von ICMP.
tcp	Informationen zum Betrieb von TCP.
udp	Informationen zum Betrieb von UDP.
egp	Informationen zum Betrieb von EGP.
transmission	Spezielle Informationen bzgl. der Übertragungsmedien für die einzelnen Schnittstellen.
snmp	SNMP-spezifische Informationen.

Tabelle 13.1-1
Objektgruppen
innerhalb der
Standard-MIB „mib-2"

Wie bei den IP-Adressen vergibt die IANA die Nummernbereiche innerhalb des MIB-Baumes. Beispielsweise wurde für die Firma Cisco der mit der Ziffernfolge „1.3.6.1.4.1.9" beginnende Zweig reserviert (siehe Abb. 13.1-2).

Für die Verkehrsanalyse im Netzwerk, z. B. über das Führen einer Langzeitstatistik über den vorhandenen Netzverkehr, wird eine spezielle MIB eingesetzt, die als Remote Monitoring[1] (RMON, RFC 1157) bezeichnet wird. Den Agenten der RMON-MIB nennt man auch Probe[2].

SNMP ist ein Frage-Antwort-Protokoll, d. h. der NMS stellt eine Anfrage an einen oder mehrere Agenten und erhält daraufhin die Antworten (siehe Abb. 13.1-3). Folgende Befehle sind im SNMP definiert:

Tabelle 13.1-2
SNMP-Befehle

Befehl	Beschreibung
GET	Abrufen eines Datensatzes aus der MIB eines Agenten.
GETNEXT	Abrufen des nächsten Datensatzes aus der MIB eines Agenten.
GETBULK	Abrufen mehrerer Datensätze aus der MIB eines Agenten.
SET	Eintragen eines Datensatzes in die MIB eines Agenten.
TRAP	Der Agent liefert unaufgefordert Daten bei Eintreten eines bestimmten Ereignisses an das NMS (z. B. im Fehlerfall).

[1] **Remote Monitoring:** engl. Fernbedienbares Abhören
[2] **Probe:** engl. Sonde

Die Abwicklung der Befehle GET, GETNEXT, GETBULK und SET erfolgt über den Port 161. Der Trap-Befehl wird dagegen vom Agenten an den Port 162 gesendet.

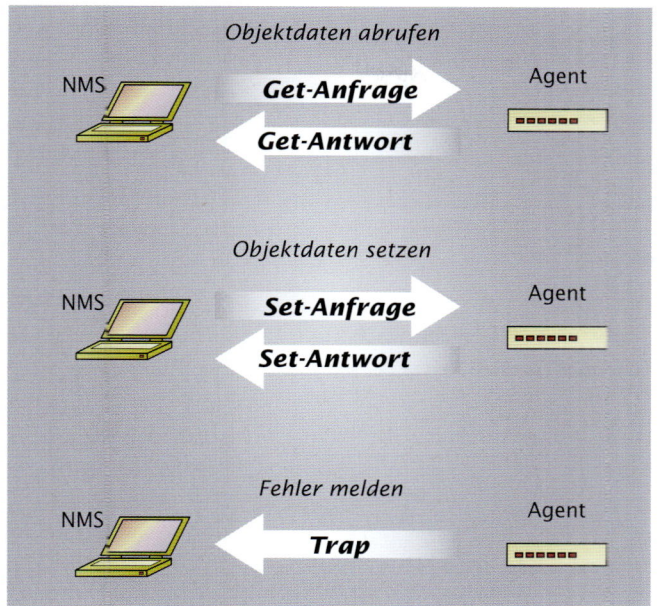

13.1-3
Wichtige SNMP-
Aufrufe

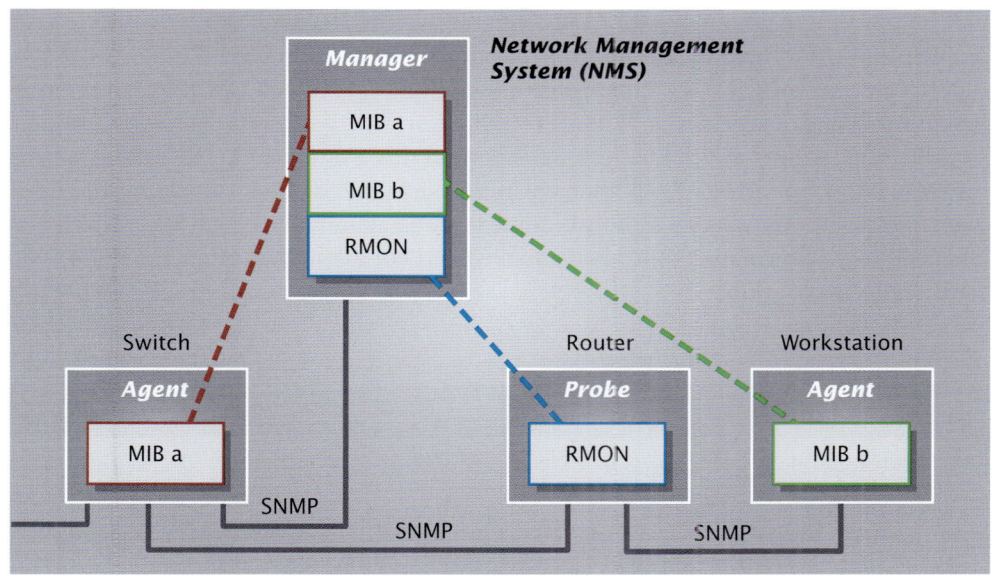

13.1-4
SNMP-Kommunikation

SNMP liegt aktuell in der Version 3 (RFC 3410-3418) vor und enthält gegenüber ursprünglicheren Varianten zahlreiche Verbesserungen, u. a.:

- Benutzerauthentifizierung
- Verschlüsselung
- Einsatz mehrerer NMS in einem Netz

Auch die MIB wurde mit der Version MIB II (RFC 3410-3418) aktualisiert. Die Verbesserung liegt hier im Wesentlichen in der Unterstützung zusätzlicher Netzwerkkomponenten.

SNMP hat sich als Standardprotokoll für das Netzwerkmanagement durchgesetzt, so dass eine Vielzahl von Netzwerkkomponenten und NMSs dieses Protokoll unterstützen.

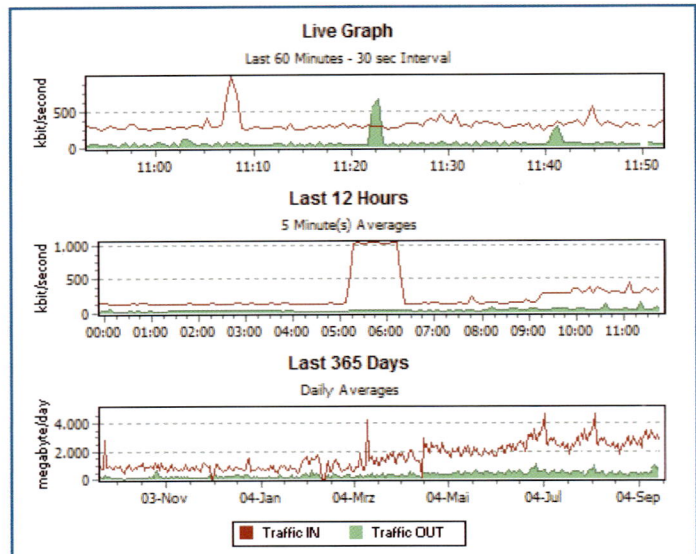

13.1-5
Grafische Auswertung
des Netzverkehrs
durch eine Manager-
Software

13.2 Common Management Information Protocol

Das Common Management Information Protocol (CMIP, RFC 1189) besitzt umfangreichere und komplexere Funktionen als SNMP. Auch beim CMIP werden Agenten
zentral von einem oder mehreren Managern verwaltet. Das Protokoll arbeitet jedoch
auf der Schicht 7 des ISO/OSI-Referenzmodells und baut damit auf einem vollständigen Protokollstapel auf. Entsprechend können gegenüber SNMP verbindungsorientierte und zuverlässige Netzverbindungen zur Verfügung gestellt werden.
Gleichzeitig ist dieses jedoch auch ein Nachteil des Systems, da die Netzbelastung
entsprechend höher ist. Zusätzlich gestaltet sich die Realisierung innerhalb der
Netzwerkkomponenten erheblich komplexer und damit teurer als bei SNMP. Der
Einsatz des CMIPs eignet sich aus diesem Grund vor allem in großen Netzen wie öffentlichen Netzwerken.

Vergleich von SNMP und CMIP:

SNMP	CMIP
verbindungslos	verbindungsorientiert
unzuverlässige Verbindung	zuverlässige Verbindung
einfache Implementierung	aufwändige Implementierung
wenige Funktionen	umfangreiche Funktionen
geringe Netzbelastung	hohe Netzbelastung
insbesondere für lokale Netze geeignet	insbesondere für öffentliche Netzwerke geeignet

Installieren Sie die kostenlose Netzwerkmanagement-Software „SNMPview"
der Firma „Better Networks" und konfigurieren Sie diese entsprechend Ihres
Netzes. Lassen Sie sich anschließend den aktuellen Zustand des Netzwerks mit
Hilfe dieser Software anzeigen.

> Der Datenbestand der Firma Lütgens ist außerordentlich umfangreich. Es gibt Kunden-, Lieferanten- und Personaldateien. Darüber hinaus existieren wichtige Projektdateien für die Entwicklung und Verbesserung von Produkten. Für die Existenz der Firma sind diese Daten von großer Bedeutung. Eine Gefährdung durch Diebstahl oder Manipulation der Daten muss deshalb minimiert werden.

Mit dem Übergang von einzelnen isolierten IT-Systemen zu vernetzten Einheiten, die eventuell sogar an das weltweit zugängliche Internet angeschlossen sind, ergibt sich eine Vielzahl von Sicherheitsproblemen. Im Folgenden werden diese – ausgehend von allgemeinen auch für isolierte Systeme gültigen Grundlagen des Datenschutzes und der Datensicherheit – dargestellt.

„Datenschutz" und „Datensicherheit" kennzeichnen grundsätzlich zwei unterschiedliche Bereiche:
- Datenschutz:
  Schutz des Bürgers vor missbräuchlicher Nutzung seiner Daten.
- Datensicherheit:
  Schutz der Daten vor Verlust oder Manipulation und Sicherstellung, dass diese verfügbar sind.

Ausgehend von verschiedenen Gefährdungspotenzialen sind entsprechende Datenschutz- und Datensicherungsmaßnahmen zu ergreifen.

14.1 Datenschutz

> Ein Außendienstmitarbeiter eines Versicherungsunternehmens tritt an die Ausbilder der Firma B@ltic Networks heran. Er bittet um die Überlassung einer Auflistung aller Auszubildenden des Unternehmens mit Geburtsdatum und Adresse. Der Ausbilder verweigert die Herausgabe mit dem Hinweis auf datenschutzrechtliche Bestimmungen.

Mit Hilfe gespeicherter Datenbestände können Personen in erheblichem Maße geschädigt oder zumindest belästigt werden. Beispiele hierfür sind die Verwendung von Kontendaten durch Unbefugte oder Belästigung durch unerwünschte Werbung. Gesetze und Vorschriften des gesetzlichen Datenschutzes schützen aus diesem Grund die Rechte des Einzelnen.

Vollständiger Datenschutz bedeutet Gewährleistung von Vertraulichkeit, Integrität, Verfügbarkeit, Authentizität, Revisionsfähigkeit und Transparenz von Daten.

> *Datenschutz dient dem Schutz des Bürgers vor der missbräuchlichen Verwendung seiner Daten und ist gesetzlich geregelt. Er dient nicht dem Schutz der Daten selbst.*

Mehrere Gesetze und Verordnungen gelten für den Datenschutz:

- das Grundgesetz (GG)
- das Bundesdatenschutzgesetz (BDSG)
- die jeweiligen Landesdatenschutzgesetze (LDSG)
- das Telekommunikationsgesetz (TKG)
- die Telekommunikations-Kundenschutzverordnung (TKV)
- das Informations- und Kommunikationsdienste-Gesetz (IuKDG)
- das Signaturgesetz (SigG)
- die Signaturverordnung (SigV)
- die Europäische Datenschutzrichtlinie

Die wichtigsten Maßnahmen des Datenschutzes werden im Bundesdatenschutzgesetz aufgeführt. Sie werden auch als die „Zehn Gebote des Datenschutzes" bezeichnet.

Tabelle 14.1-1
Die zehn Gebote
des Datenschutzes

Maßnahme	Inhalt	Umsetzung
Zugangs-kontrolle	Nur Berechtigten ist der Zugang zur EDV- Anlage erlaubt.	Die Anlage wird durch ein Zu-gangskontrollsystem („Closed Shop"-Betrieb) geschützt.
Daten-träger-kontrolle	Der Datenträger muss gegen Dieb-stahl geschützt werden.	• Datenträger müssen an einem sicheren Ort aufbewahrt wer-den. • Nur Berechtigte haben Zugang zum Datenträger.
Speicher-kontrolle	Eine Manipulation des Speicher-inhaltes muss verhindert werden.	• Es gibt einen Schutz durch eingeschränkte Zugriffsbe-rechtigungen. • Nur Berechtigte dürfen auf die Daten zugreifen. • Es findet eine Kontrolle durch Datenvergleich statt.
Benutzer-kontrolle	Nur Berechtigte dürfen die EDV benutzen.	Es wird ein Schutz durch eine Benutzeridentifizierung vorge-nommen[1].
Zugriffs-kontrolle	Nur Berechtigte dürfen auf Infor-mationen zugreifen.	Dateiberechtigungen und Benut-zerrechte werden eingerichtet.
Übermitt-lungs-kontrolle	Wer, wann, wohin, welche Daten übermittelt hat wird kontrolliert.	Alle Transaktionen werden pro-tokolliert.
Eingabe-kontrolle	Wer welche Daten eingibt wird kon-trolliert.	Wer welche Daten zu welchem Zeitpunkt eingegeben hat wird protokolliert.
Auftrags-kontrolle	Es wird kontrolliert, dass nur auftrags-gemäß Daten verarbeitet werden.	Wer welchen Auftrag erteilt wird protokolliert.
Transport-kontrolle	Es muss sichergestellt werden, dass bei der Übermittlung von Daten und dem Transport von Datenträgern keine Manipulation und Einsicht in die Daten möglich ist.	• Nur Berechtigte transportie-ren Datenträger und übermit-teln Daten. • Die Personen werden auf das Datengeheimnis verpflichtet.
Organisations-kontrolle	Die gesamte betriebliche Organisa-tion muss datenschutzgerecht sein.	Umsetzung der Datenschutz-richtlinien.

[1] **Identifizierung:** Der Benutzer wird als Per-son eindeutig erkannt (z. B. durch den Finger-abdruck).

Die Überwachung und Sicherstellung des Datenschutzes obliegt auf den verschiedenen Ebenen
- dem Bundesbeauftragten für Datenschutz,
- den Landesbeauftragten für Datenschutz und
- den betrieblichen Beauftragten für Datenschutz.

Aufgaben des Bundesdatenschutzbeauftragten:
- Beratung und Kontrolle von Bundesbehörden, anderen öffentlichen Stellen des Bundes, Telekommunikations- und Postunternehmen.
- Gibt Empfehlungen zur Verbesserung des Datenschutzes.
- Anfertigen von Tätigkeitsberichten, die den Deutschen Bundestag über die Schwerpunkte der aktuellen Arbeiten des Bundesdatenschutzbeauftragten informieren.

Aufgaben des Landesdatenschutzbeauftragten:
- Überwachung der öffentlichen Verwaltung des Landes auf korrekten Umgang mit personenbezogenen Daten.
- Nachgehen von Beschwerden von Bürgern, die begründet darlegen, dass eine Datenschutzvorschrift von einem Privatunternehmen verletzt wurde.
- Jährliche Vorlage eines Tätigkeitsberichts für den Landtag, in dem über die aktuellen Arbeiten des Landesdatenschutzbeauftragten informiert wird.

Aufgabe des betrieblichen Beauftragten für Datenschutz:
- Überwachung des Datenschutzes innerhalb des Betriebes.

14.2 Datensicherheit

Über den Datenschutz hinaus sind die betrieblichen Daten der Firma Lütgens gegenüber weiteren Gefährdungen zu schützen. Als Dienstleistungsunternehmen soll die Firma B@ltic Networks GmbH dazu ein Sicherheitskonzept erstellen.

Vollständige Datensicherheit heißt Gewährleistung von
- Integrität:
  Die Daten dürfen nicht von Unbefugten gelöscht oder manipuliert worden sein.
- Verfügbarkeit:
  Die Daten müssen über das IT-System verfügbar sein und dürfen nicht, aufgrund eines Ausfalls von Hard- oder Software, blockiert werden.

Leider gibt es gibt es keine vollständige Datensicherheit! Niemand kann garantieren, dass nicht doch ein Defekt der Hardware auftritt oder Daten von Personen mit unseriösen Absichten über unbekannte Kanäle manipuliert wurden. Ziel ist es jedoch, eine möglichst hohe Datensicherheit zu erreichen.

> *Datensicherheit dient dem Schutz der Daten vor Verlust und Manipulation.*

Die folgende Tabelle gibt einen Überblick über verschiedene Gefährdungspotenziale von Daten:

Gefährdung	Beispiel
Höhere Gewalt	• Feuer • Wasser • Blitz • Personalausfall
Organisatorische Mängel	• Unerlaubte Ausübung von Rechten • Keine klare Zuweisung von Verantwortlichkeiten
Menschliches Fehlverhalten	• Falsche Nutzung des IT-Systems • Falsche Administration des IT-Systems • Fahrlässiger Umgang mit dem IT-System (Zerstörung von Daten und Geräten) • Nichtbeachtung von IT-Sicherheitsmaßnahmen
Technisches Versagen	• Ausfall des IT-Systems • Spannungsschwankungen • Defekte Datenträger
Vorsätzliche Handlungen	• Diebstahl • Manipulation oder Zerstörung von Daten und Geräten • Einsatz von Viren und Trojanischen Pferden.

Tabelle 14.2-1 Gefährdungspotenziale von Daten

Um Gefährdungen zu minimieren, können in verschiedenen Bereichen Maßnahmen getroffen werden. Die folgende Tabelle gibt einen Überblick:

Maßnahmen	Beispiel
Infrastruktur	• Unterbringung von Geräten in abgeschlossenen Räumen • Verwendung einer unterbrechungsfreien Stromversorgung
Organisation	• Dokumentation des Netzwerkes • Datenträgerverwaltung • Strukturierte Datenhaltung
Personal	• Anwenderschulung • Administratorenschulung • Auswahl geeigneter, vertauenswürdiger Administratoren
Hardware	• Umfangreicher Test neuer Hardware • Schlossschalter • Zugangskontrolle
Software	• Umfangreicher Test neuer Software • Passwortschutz • Bildschirmsperre • Virentests
Kommunikation	• Führen von Protokoll- und Log-Dateien • Firewall
Vorsorge	• Regelmäßige Datensicherung • Sicherungskopien der eingesetzten Software • Überprüfung der Wiederherstellbarkeit der gesicherten Daten

Tabelle 14.2-2 Maßnahmen zur Minimierung der Gefährdung von Daten

1. Tragen Sie zusammen, wo überall Ihre personenbezogenen Daten im alltäglichen Leben verarbeitet werden. Welche Situationen bzw. Lebensbereiche sind betroffen?

2. Im Grundgesetz betreffen insbesondere die Artikel 1, 2, 5 und 10 den Datenschutz. Begründen Sie diese Aussage.

3. Worin liegt der Unterschied zwischen dem Bundesdatenschutzgesetz und den Landesdatenschutzgesetzen?

4. Welche Aufgaben hat das Telekommunikationsgesetz? Die Paragraphen 89 bis 93 befassen sich mit dem Datenschutz. Welche wesentlichen Elemente werden dort angesprochen?

5. Wozu dient die Europäische Datenschutzrichtlinie?

6. Wie heißt der Bundesdatenschutzbeauftragte? Wer ist der Landesdatenschutzbeauftragte des Landes Niedersachsen?

7. Gibt es in Ihrem Betrieb einen Datenschutzbeauftragten? Welche konkreten Tätigkeiten bzgl. Datenschutz werden von ihm ausgeführt?

Vor allem vernetzte IT-Systeme sind erhöhten Sicherheitsrisiken bzgl. des Abhörens, der Manipulation und des Verlustes von Daten ausgesetzt. Als Schutz dient hier u. a. der Einsatz von

- Maßnahmen gegen sogenannte „Programme mit schädigender Wirkung",
- Verschlüsselungen von E-Mails und deren Anhängen,
- digitalen Signaturen, um digitale Dokumente auf Echtheit überprüfen zu können,
- sogenannten „Firewall-Systemen" „Virtual Private Networks" und verschlüsselten Protokollen zur „Abschottung" von firmeninternen Netzen gegenüber externen Netzen wie z. B. dem Internet.

14.2.1 Programme mit schädigender Wirkung

Leider existieren nicht nur Programme, die in guter Absicht entwickelt wurden. Eine Vielzahl von Programmen dient lediglich dazu, Schäden auf Rechnersystemen anzurichten. Allein in der Bundesrepublik Deutschland wird der dadurch entstehende jährliche Schaden in dreistelliger Millionenhöhe eingeschätzt. Einen vollständigen Schutz gegen diese Programme gibt es nicht!

> *Programme mit schädigender Wirkung sind Programme, die vorsätzlich Schaden anrichten. Man bezeichnet sie auch ale Malware.[1]*

Die Schäden sind außerordentlich vielfältig:
- Veränderungen des Bildschirminhaltes
- Herabsetzung der Arbeitsgeschwindigkeit des IT-Systems
- Veränderung oder Zerstörung von Daten auf Festplatten oder Disketten
- Veränderung oder Zerstörung von BIOS-Informationen
- Belastung von Netzwerk-Übertragungskapazitäten

Programme mit schädigender Wirkung lassen sich in verschiedene Gruppen einteilen:
- Viren
- Würmer
- Trojanische Pferde
- schädigende E-Mails: Spam-Mails, Hoaxes, Phising-Mails

---

[1] **Malware:** Abkürzung für „**Mal**icious Soft**ware**, engl.: Böswillige Software

> Obwohl der Begriff „Viren" nur eine spezielle Gruppe der Programme mit schädigender Wirkung bezeichnet, wird er häufig als Oberbegriff für alle Programme mit schädigender Wirkung verwendet!

Viren:

Der Begriff „Computervirus" wurde im Jahr 1984 von dem amerikanischen Informatiker Fred Cohen geprägt:

> *Ein Computervirus ist ein Programm, das sich selbst fortpflanzen kann, indem es sich in andere Programme hineinkopiert.*

Ebenso wie ein biologisches Virus besitzt ein Computervirus die Eigenschaft des selbstständigen Fortpflanzens. Eine weitere Gemeinsamkeit besteht darin, dass jeweils Wirte zum „Überleben" notwendig sind.

Ein Computervirus setzt sich aus verschiedenen Teilen zusammen:

14.2.1-1
Dr. Fred Cohen

- Erkennungsteil:
  Hier wird geprüft, ob ein Programm bereits infiziert wurde. Ist das der Fall, kann auf eine erneute Infektion verzichtet und stattdessen ein anderes Programm infiziert werden. Auf diese Weise wird die Verbreitung des Virus beschleunigt.

- Bedingungsteil:
  Sowohl die Verbreitung eines Virus als auch dessen zu verursachende Schäden können an bestimmte Bedingungen geknüpft sein. Der „Michelangelo"-Virus überschreibt beispielsweise nur am 6. März jeden Jahres die Festplatte mit zufällig ausgewählten Zeichen. Der Bedingungsteil kann fehlen.

- Schadensteil:
  Im Schadensteil sind die eigentlichen zu verursachenden Schäden wie z. B. das Löschen von Dateien programmiert. Der Schadensteil ist nicht zwingend vorhanden, jedoch stellt die alleinige Inanspruchnahme von Speicherkapazität durch einen Virus auch bereits einen Schaden dar.

- Tarnungsteil:
  Das Tarnen eines Virus soll dessen Entdeckung im infizierten System erschweren. Auch dieses Element ist kein notwendiger Virenbestandteil.

- Reproduktionsteil:
  In diesem Programmteil wird die Fortpflanzung des Virus durchgeführt.

14.2.1-2
Aufbau eines
Computervirus

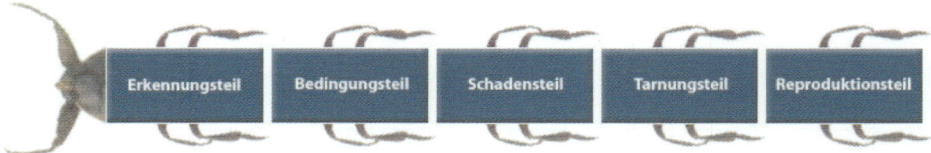

Computerviren treten in verschiedenen Formen auf:

Bootviren:

Bootviren befallen die Bootsektoren von Festplatten, Disketten und anderen bootfähigen, beschreibbaren Speichermedien. Der Inhalt eines Bootsektors wird nach dem Einschalten des Rechners für den Start des Betriebssystems geladen und ausgeführt. Bootviren werden somit bei jedem Neustart ausgeführt. Eine Verbreitung dieser Viren erfolgt über die Infektion der Bootsektoren von wechselbaren Speichermedien wie z. B. Disketten. Werden die infizierten Disketten weitergegeben und der neue Rechner mit dieser Diskette gestartet, so wird der Virus auf der Diskette ausgeführt und kann so z. B. die Festplatte des Rechners infizieren.

Dateiviren[1]:

Diese Virusart infiziert Programmdateien wie z. B. eine Textverarbeitung oder ein Tabellenkalkulationsprogramm. Startet der Anwender die befallene Datei, infiziert der Virus weitere Dateien und pflanzt sich so fort.

Makroviren:

Viele Anwendungen beispielsweise aus dem Bereich der Textverarbeitungs- oder Tabellenkalkulationsprogramme ermöglichen dem Benutzer das Erstellen kleiner Programme (Makros). Hiermit können eigene Anpassungen an das Programm vorgenommen werden, um sich so die Arbeit mit dem jeweiligen Dokument zu erleichtern. Makroviren sind ebenfalls solche Programme. Sie verfolgen jedoch zerstörerische Absichten und können komplexe Dateimanipulationen vornehmen. Zur Fortpflanzung sucht das Virus nach weiteren Dokumenten, die dann ebenfalls infiziert werden. Die Aktivierung erfolgt beim nächsten Aufruf des Dokumentes durch den Benutzer.

Würmer:

Im Gegensatz zu Viren, können sich Würmer über angeschlossene Netzwerke eigenständig ausbreiten.

> *Würmer sind Programme, die einen Rechner infizieren und sich dann eigenständig über angeschlossene Netzwerke weiter ausbreiten.*

Eines der bekanntesten Beispiele dieser Art ist der im Mai 2000 in den Umlauf gelangte „Loveletter"-Wurm. Das Öffnen des Anhangs einer als Liebesbrief getarnten E-Mail mit dem Betreff „I Love You" führte dazu, dass selbstständig weitere E-Mails verschickt, Dateien gelöscht und manipuliert sowie Dateien aus dem Internet heruntergeladen wurden. „Loveletter" legte innerhalb von nur drei Tagen mehr als eine halbe Million Rechner lahm. Der angerichtete Schaden betrug ungefähr 2 Milliarden US-Dollar.
Würmer stellen heutzutage mit einem Anteil von über 99 % die größte Gefahr der Programme mit schädigender Wirkung dar.

[1] **Dateiviren** werden oftmals auch als Fileviren (File engl.: Datei) bezeichnet.

Trojanische Pferde (Trojaner):

Ähnlich der Sage, bei der ein hölzernes Pferd zum Schein errichtet wurde, um die Stadt Troja zu erobern, geben die gleichnamigen Rechnerprogramme andere Funktionen vor, als sie eigentlich bieten. Getarnt als nützliche Anwendungsprogramme wie Passwortverwaltung oder Bildschirmschoner werden im Hintergrund schädliche Routinen ohne Wissen des Benutzers ausgeführt.

Oft werden sensible Benutzerdaten wie Passwörter für Online-Banking oder Kreditkartennummern ausspioniert und dann über das Internet an den Verbreiter dieses Programms gesendet. Zahlreiche Trojaner arbeiten auch als Fernsteuerungssoftware. Sie geben dem Programmautor über ein Netzwerk wie z. B. dem Internet die volle Kontrolle über den befallenen Rechner und können so entsprechend großen Schaden verursachen.

> *Trojanische Pferde (Trojaner) sind Programme, die sich als nützliche Programme tarnen, jedoch im Hintergrund schädigende Funktionen ausführen.*

Schädigende E-Mails:

Die Verwendung von E-Mail als Medium zur weltweiten Kommunikation hat sich in den letzten Jahren fest durchgesetzt. Leider wird dieses Medium jedoch auch zunehmend für schädigende Zwecke missbraucht. Man unterscheidet hier zwischen Spam-Mails, Hoaxes und Phishing-Mails.

Spam-Mails[1]:

Spam-Mails sind Werbemails, die über das Internet unaufgefordert an Millionen von E-Mail-Nutzern versendet werden. Die E-Mail-Adressen werden dazu von Händlern gesammelt oder durch spezielle Programme im Internet automatisch gesucht. Durch Spam-Mails entstehen jährlich Kosten in Millionenhöhe, die durch die Übertragung und Bearbeitung verursacht werden.

Auf Spam-Mails sollte niemals geantwortet werden. Häufig beinhalten diese Mails Links zum Abbestellen der Mails. Das Anklicken führt jedoch häufig nicht zum Stoppen des Versands, sondern der Absender prüft hiermit, ob die E-Mail-Adresse wirklich existiert. Dieses führt dann zum Versand weiterer Spam-Mails …

Zum Schutz vor Spam-Mails enthalten viele E-Mail-Programme bereits spezielle Filter, auch bieten viele Internet-Provider inzwischen Dienste zur Filterung von Spam-Mails an.

Hoaxes:

Hoaxes sind falsche Berichte über Viren, die als E-Mail verschickt werden. Der Leser der E-Mail soll hierbei überredet werden, die E-Mail an Freunde und Bekannte weiterzuleiten und eventuell noch zusätzliche Aktionen am eigenen Rechner durchzuführen. Genau wie bei einem Kettenbrief verbreiten sich Hoaxes sehr schnell. Sie richten zwar keinen direkten Schaden am Rechner an, verursachen jedoch durch den Ausfall von Arbeitszeit nicht zu unterschätzende Kosten. Hoaxes können ebenfalls eine Beeinträchtigung des Systems verursachen, indem massenhaft versendete E-Mails Kommunikationsverbindungen und Serverkapazitäten belasten.

> *Hoaxes sind vorsätzlich verfasste Falschmeldungen, die in Form von E-Mails vor nicht existierenden Viren warnen.*

[1] Der Begriff „Spam" ist ein Name für Dosenfleisch (1936) und setzt sich aus „**sp**iced h**am**" (gewürzter Schinken) zusammen. In einem Sketch einer englischen Comedyserie wurde dieser Begriff verwendet und berühmt, indem ein Kunde eines Restaurants nach einem Gericht ohne Spam fragt, die Kellnerin jedoch immer wieder die Karte mit Spam-Gerichten vorliest.
[2] **Hoax**: engl. Streich, Schabernack

```
Betreff: Virus „jdbgmr.exe"

Text der Mail:

Wir sind informiert worden, dass unser Computer von dem
Virus jdbgmr.exe infiziert worden ist, der sich per E-Mail
automatisch ausbreitet, da er sich im E-Mail-Adressbuch ver-
steckt. Er kann nicht mit einem Antivirusprogramm entdeckt
werden und bleibt 14 Tage inaktiv, bevor er das komplette
Computer-System beschädigt.

Er kann aber gelöscht werden, bevor er Ihre Daten beschädigt.

Bitte gehen Sie wie folgt vor:

- Klicken Sie auf „START"
- Klicken Sie „SUCHEN" und suchen Sie die Datei: jdbgmgr.exe
- Vergewissern Sie sich, dass in c:\ gesucht wird
- Klicken Sie auf „SUCHEN"
- Wenn Ihr PC den Virus gefunden hat (es hat ein kleines
  Bärensymbol),

  Bitte nicht öffnen!!!!!!!!!!!!!!!!!!!!!!!!!!!!!!!!!!!!!!!!

- Klicken Sie mit der rechten Maustaste auf das Bärensymbol
  und wählen Sie „LÖSCHEN" (der Virus wird in den Papierkorb
  verschoben)
- Klicken Sie mit der rechten Maustaste auf den Papierkorb
  und wählen Sie „Papierkorb leeren"

Wenn Sie den Virus auf Ihrem Rechner gefunden haben, schicken
Sie diese Mitteilung schnellstmöglich an alle Adressen in
Ihrem E-Mail-Adressbuch.
```

14.2.1-3
Der Hoax
„JDBGMR.EXE"

In Abb. 14.2.1-3 ist der Hoax „JDBGR.EXE" dargestellt. Er stellt eine besonders „gemeine" Hoax-Variante dar, indem die E-Mail neben der Virenfalschmeldung auch noch eine vermeintliche Anweisung zum Entfernen des Virus enthält. Bei der dort aufgeführten Datei „jdbgmr.exe" handelt es sich jedoch nicht um einen Virus, sondern um eine ordnungsgemäße Systemdatei des Microsoft-Windows-Betriebssystems. Das Löschen dieser Datei führt bei anschließender Verwendung des Programms „Microsoft Visual J++" zu Fehlverhalten

Phishing-Mails:
Der Begriff „Phishing" setzt sich aus den Worten „Password" und „fishing" zusammen (Passwort angeln). Mit Phishing-Mails fordern Betrüger als seriöse Banken oder Firmen getarnt den Empfänger der Mail auf, z. B. seine Zugangsdaten zum Online-Banking einzugeben oder andere Angaben über Passwörter zu machen. Phishing-Mails sind meist im HTML-Format verfasst und wirken sehr echt.
Angaben über geheime Zugangsdaten sollten niemals telefonisch oder per E-Mail

gemacht werden. Kreditinstitute fordern solche Daten niemals ein. Phishing-Mails sollten daher einfach ignoriert werden.

Programme mit schädigender Wirkung lassen sich ebenfalls nach der Art des angerichteten Schadens unterteilen. Die Grenzen zwischen den einzelnen Malware-Arten sind hierbei in vielen Fällen fließend:

Spyware[1]:
Spyware sind Programme, die ohne Wissen des Rechnernutzers Informationen sammeln und diese dann weiterleiten. Zu diesen Programmen zählen z. B. sogenannte „Keylogger[2]", die Maus- und/oder Tastatureingaben aufzeichnen. Auf diese Weise können vertrauliche Daten wie z. B. Benutzernamen oder Passwörter in Erfahrung gebracht werden.

Adware[3]:
Diese Programme blenden bei der Nutzung des Rechners Werbung ein.

Malware-Dialer:
Als „Dialer[4]" bezeichnet man Programme, die einen Rechner über ein angeschlossenes Modem und dem Telefonnetz mit dem Internet verbinden. Malware-Dialer sind Programme, die den Zugriff auf das Internet über die Telefonverbindung ohne Wissen und Einverständnis des Benutzers über teure Service-Nummern oder Einwählstellen im Ausland vornehmen.

Zombie-Malware:
Diese Schadsoftware manipuliert einen Rechner so, dass dieser durch unbefugte Dritte unbemerkt über ein Netz wie z. B. dem Internet fernsteuerbar ist. Zombie-Malware wird u.a. dazu benutzt, Spam-Mails zu verbreiten. Innerhalb des Internet existiert eine große Ansammlung derartig manipulierter Rechner, die häufig im Verbund agieren. Man spricht dann von sogenannten Bot-Netzen.

Backdoor-Malware:
Backdoor-Programme ermöglichen auf einem Rechnersystem einen unbefugten Zugang, der zusätzlich zu dem regulären Zugang besteht und die Sicherheitsmechanismen umgeht. Backdoor-Malware wird auch als Trapdoor[5] -Malware bezeichnet.

Root-Kit:
Root-Kits sind Schadprogramme, die die Kontrolle eines Rechners durch das Erlangen von Administrator-Rechten erobern. Die Bezeichnung „Root" stammt aus dem Unix-/Linux-Bereich und kennzeichnet dort den Benutzernamen des Administrators.

Auch die Art und Weise, wie in Rechnersysteme eingedrungen wird bzw. wie man an die hierzu notwendigen Informationen gelangt, kann unterschieden werden. Die Übergänge zwischen den Methoden sind ebenso wie bei den Malware-Arten fließend:

Probing[6]:
Hierunter fällt die Feststellung offener Verbindungskanäle durch sogenannte Portscanner. Ein Portscanner ist eine Software, die auf einem TCP/IP unterstützenden Rechner überprüft, welche Dienste über das Internetprotokoll angeboten werden.

[1] **to spy:** engl. spionieren
[2] **Keylogger:** key: engl. Schlüssel, to log: engl.: aufzeichnen
[3] **Adware:** ad: Abkürzung für advertisement: engl. Werbung
[4] **Dialer:** engl. Wähler
[5] **Trapdoor:** engl. Falltür
[6] **to probe:** engl. untersuchen

Ein weiteres Element des Probing ist das systematische Suchen nach offenen, d.h. nicht zugangsgeschützten Funknetzen. Diesen Vorgang bezeichnet man auch als „Wardriving", da das Suchen nach offenen Netzen häufig aus einem Fahrzeug heraus erfolgt und so ganze Straßenzüge schnell erfasst werden können. Die Buchstaben „War" des Begriffs „Wardriving" werden häufig als Abkürzung für „Wireless Access Revolution" gedeutet. Weitere Elemente des Probings sind das Herausfinden frei verfügbarer Speicherbereiche, um dort Malware zu installieren, sowie das Feststellen der Versionen verwendeter Software mit dem Ziel, vorhandene Schwachstellen auszunutzen.

Hacking[1]:
Als Hacking bezeichnet man das Ausnutzen entdeckter Schwachstellen eines Rechners durch Hacker (diese möchten lediglich die Öffentlichkeit auf diese Schwachstellen hinweisen), Cracker (diese möchten sich durch ihr Eindringen bereichern oder den Gegner schädigen) oder Script Kiddies (betreiben das Eindringen aus Spieltrieb oder Zeitvertreib).

Sniffing[2]:
Mitloggen des Netzverkehrs, um z. B. Passwörter, die über das Netz übertragen werden, auszuspionieren.

Keylogger:
Mitloggen der über die Tastatur vorgenommenen Eingaben, um z. B. Passwörter auszuspionieren.

Tracking[3]:
Erstellen von Benutzer-Profilen, indem z. B. von Rechnernutzern aufgerufene Webseiten ausgewertet werden.

Spoofing[4]:
Unter Spoofing versteht man Maßnahmen, die eigene Identität zu verschleiern und sich mittels anderer Identität unberechtigte Zugänge zu verschaffen.

Cache-Poisoning[5]:
Internetangriff, bei dem auf einem Nameserver Daten mit dem Ziel verändert werden, auf manipulierte Webseiten zu verweisen.

Die Gefahr einer Infektion von Rechnern lässt sich oft durch einige Maßnahmen deutlich reduzieren. In Abhängigkeit von der Zielgruppe „Endanwender" oder „Administratoren" unterscheiden sich diese Maßnahmen:

[1] **to hack into something:** engl. in etwas eindringen
[2] **Sniffing:** engl. schnüffelnd
[3] **to track something:** engl. etwas verfolgen
[4] **Spoofing:** engl. Verschleierung, Manipulation
[5] **Poisoning:** engl. Vergiftung

Endanwender:

Der Schutz des eigenen Rechners lässt sich nur dann dauerhaft erhöhen, wenn das Durchführen von Sicherheitsmaßnahmen zum festen Bestandteil im täglichen Umgang mit dem Rechner wird. Die folgende Tabelle gibt einen Überblick über anzuwendende Schutzmaßnahmen:

Maßnahme	Hinweise
Einsatz von Virenschutzprogrammen	• Stets aktuelle Versionen verwenden.
Beachtung von E-Mail-Dateianhängen	• Anhänge nur nach vorangegangener Virenprüfung und nur von vertrauenswürdigen Personen öffnen.
Prüfung von Anwendersoftware	• Nur aktuelle Versionen verwenden • Software nur von vertrauenswürdigen Anbietern beziehen.
Reduzierung der auf dem Rechner verfügbaren Dienste	• Nur wirklich benötigte Dienste auf einem Rechner installieren.
Verwendung von Kennwörtern	• Für Rechnerzugänge Kennwörter verwenden.
Hoaxes löschen	• Nicht weiterleiten, sondern sofort löschen.
Sich informieren	• Ständig über neue Sicherheitsbedrohungen informiert sein[1].

Tabelle 14.2.1-1
Maßnahmen zum
Schutz vor Viren
für Endanwender

Administratoren:

Administratoren von Rechnern und Netz-Infrastrukturen haben nicht nur für einen funktionierenden, sondern auch für einen sicheren Betrieb zu sorgen. Da der Endanwender aufgrund der Komplexität der Systeme häufig nicht selbst in der Lage ist, selbstständig für eine ausreichende Sicherheit seines Rechners zu sorgen, sollten Maßnahmen möglichst zentral koordiniert werden.

Tabelle 14.2.1-2
Maßnahmen zum
Schutz vor Viren
für Administratoren

Maßnahme	Beispiele
Zentrale Schutzmaßnahmen	• Installation von aktuellen Virenschutzprogrammen auf Mail-Servern und Gateways. • Rechner mit sensiblen Daten sollten ohne E-Mail- und Internetzugang betrieben werden. • Rechner mit ungeschützter Kommunikationsverbindung dürfen nicht mit dem Firmennetz verbunden sein. • Regelmäßige Datensicherung.
Vom Administrator beim Endanwender durchzuführende Schutzmaßnahmen	• E-Mail-Programme so einstellen, dass Anhänge nicht automatisch öffnen. • Schulung der Endanwender über aktuelle Sicherheitsbedrohungen.
Erstellung von Notfallplänen	• Benennung eines Ansprechpartners. • Zuständige Personen und deren Funktionen festlegen. • Bestimmung alternativer Kommunikationswege. • Vorbereitung und Test des Updates von Virenschutzprogrammen.

[1] Eine mögliche Informationsquelle ist z. B. das Bundesamt für Sicherheit in der Informationstechnik (BSI, http://www.bsi.de).

1. Informieren Sie sich mit Hilfe des Internets über jeweils zwei verschiedene Viren, Würmer, Trojaner und Hoaxes und beschreiben Sie deren spezifische Eigenschaften.
2. Würmer haben gegenüber anderen Programmen mit schädigender Wirkung einen sehr hohen Verbreitungsgrad. Begründen Sie diese Aussage.
3. Informieren Sie sich über das Sicherheitskonzept Ihrer Schule bzgl. des Schutzes vor Viren, Würmern und Trojanern.
4. Überprüfen Sie Ihren Rechner auf das Vorhandensein von Programmen mit schädigender Wirkung.

14.2.2 Verschlüsselung

Da das Versenden von E-Mails im Vergleich zum traditionellen Postweg um ein Vielfaches schneller ist, möchte die Firma Lütgens auch ihre sensiblen Daten mittels E-Mail übertragen.
Hierbei sind jedoch besondere Vorkehrungen zu treffen, so dass diese geheimen Daten nicht von Dritten abgehört oder sogar manipuliert werden können.

Verschlüsselungen kommen zum Einsatz, wenn vertrauliche Informationen übertragen werden müssen und die Gefahr des Abhörens oder sogar der Manipulation dieser Daten besteht. Das Ver- und Entschlüsseln von Daten fällt in den Bereich der „Kryptologie", der wiederum in die Bereiche Kryptografie und Kryptoanalyse unterteilt ist (siehe Abb. 14.2.2-1):

- Kryptologie (kryptos, griech. = geheim; logos, griech. = Lehre):
  Die Wissenschaft von der Ver- und Entschlüsselung.
- Kryptografie (graphein, griech. = schreiben):
  Die Wissenschaft von der Verschlüsselung.
- Kryptoanalyse (analyse, griech. = Auflösung):
  Die Wissenschaft von der Entschlüsselung.

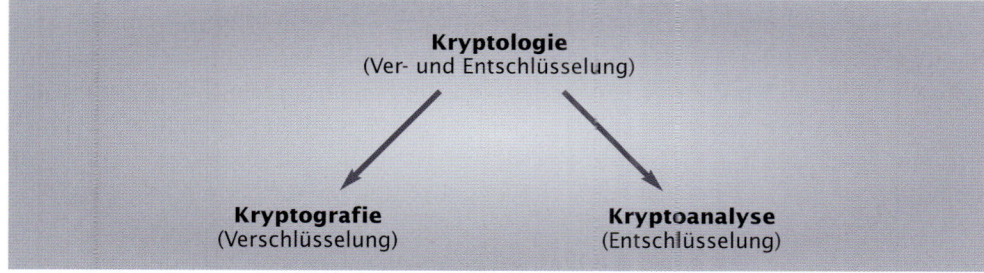

14.2.2-1 Begriffe der Ver- und Entschlüsselung

Bereits der römische Feldherr Julius Cäsar (100 bis 44 v. Chr.) verwendete zur Kommunikation mit seinen Generälen eine Methode, um vertrauliche Informationen sicherer übertragen zu können:
Jeder Buchstabe des Alphabets wird durch einen anderen ersetzt, indem immer der um einen bestimmten Abstand innerhalb des Alphabets versetzte Buchstabe anstatt des Originalbuchstabens verwendet wird.

14.2.2-2
Julius Cäsar
(100 bis 44 v. Chr.)

Abb. 14.2.2-3 zeigt ein Beispiel, bei dem ein Buchstabenversatz innerhalb des Alphabets um 3 Positionen besteht. Der Satz „DAS IST EIN GEHEIMTEXT" würde entsprechend dieses Beispiels zu „GDVLVWHLQJHKHLPWHAW" verschlüsselt werden. Leerzeichen bleiben bei der Verschlüsselung unberücksichtigt. Die Entschlüsselung erfolgt analog: Jeder Buchstabe wird durch den um drei Positionen weiter vorne liegenden Buchstaben ersetzt.

14.2.2-3 Buchstabenversatz um drei Positionen

Bei dem Verfahren von Cäsar wird für die Ver- und Entschlüsselung derselbe (geheime) Schlüssel verwendet und muss beiden Kommunikationspartnern bekannt sein. Der Schlüssel ist hierbei die Anzahl von Zeichen innerhalb des Alphabets, um die der Originaltext und der verschlüsselte Text zueinander versetzt sind.[1]

> *Verschlüsselungsverfahren, bei denen derselbe (geheime) Schlüssel für die Verschlüsselung und die Entschlüsselung verwendet wird, bezeichnet man als symmetrische Verschlüsselungsverfahren.*

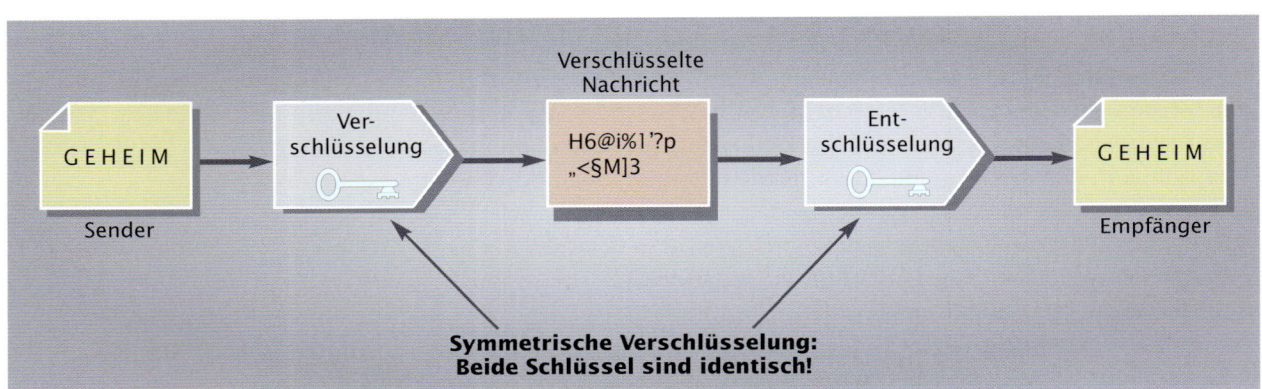

14.2.2-4 Symmetrische Verschlüsselung

Ein großer Nachteil der symmetrischen Verschlüsselung liegt in der Übertragung des geheimen Schlüssels zum Kommunikationspartner. Die Schlüsselübertragung selbst könnte „abgehört" werden, so dass die Geheimhaltung des Schlüssels in diesem Fall nicht gewährleistet ist. Aus diesem Grund wurden sogenannte asymmetrische Verschlüsselungsverfahren entwickelt, die diese Gefahr minimieren. Deren Funktionsweise soll zunächst anhand folgender Situation dargestellt werden:

Sie sind in Besitz eines umfangreichen Telefonbuches, z. B. das der Stadt Hannover, und überlegen nun, wie Sie mit Hilfe dieses Telefonbuches eine Kurznachricht bestehend aus den beiden Buchstaben „LB" verschlüsseln können. Hierzu suchen Sie sich zunächst einen Eintrag heraus, dessen Nachname mit „L" beginnt, z. B. Max Lehmann. Seine Telefonnummer lautet 45 28 91. Anschließend verwenden sie einen Eintrag, dessen Nachname mit einem „B" beginnt, z. B. Helene Brummelkamp. Ihre Telefonnummer lautet 35 63 12. Die verschlüsselte Nachricht lautet somit: 45 28 91 – 35 63 12.

[1] Im Beispiel oben ist der Schlüssel die Zahl 3.

226

Wie kann jedoch die Nachricht „45 28 91 – 35 63 12" wieder entschlüsselt werden? Hierzu benötigt man eine Spezialanfertigung des Hannoveraner Telefonbuches, bei dem die Einträge nicht nach Namen, sondern auf- oder absteigend nach Telefonnummern sortiert sind. Im Allgemeinen existieren jedoch keine derartigen Spezialausgaben der Telefonbücher (von entsprechenden CD-ROMs einmal abgesehen), so dass eine Entschlüsselung in dieser einfachen Form nicht möglich ist. Es bleibt einem dann nur die Möglichkeit, mit Hilfe des „normalen" Telefonbuches jeden Eintrag mühsam durchzusehen (bei einer Anzahl von ca. 350.000 Einträgen und einer Betrachtung von einer Sekunde pro Eintrag wäre man dann im extremsten Fall 4 Tage und Nächte beschäftigt). Eine Entschlüsselung ist demnach prinzipiell wohl möglich, jedoch in der Praxis eher unwahrscheinlich, da die Nachricht meistens schon längst nicht mehr von Bedeutung wäre, wenn sie endlich entschlüsselt ist.

Für die Ver- und Entschlüsselung der Nachricht „LB" wurden also zwei verschiedene Schlüssel verwendet:
- Schlüssel 1: Verschlüsselung
  Das „normale" Telefonbuch der Stadt Hannover.
- Schlüssel 2: Entschlüsselung
  Die Spezialausgabe des Telefonbuches.

Es gibt demnach keinen geheimen Schlüssel mehr, der – wie bei dem Verfahren von Cäsar – zunächst zwischen den kommunizierenden Teilnehmern bei einem persönlichen Treffen ausgetauscht werden muss. Stattdessen existiert ein öffentlicher Schlüssel (das normale Telefonbuch), den jeder besitzen darf und mit dessen Hilfe die Verschlüsselung von jedem vorgenommen werden kann. Die Entschlüsselung ist jedoch nur von derjenigen Person (in annehmbarer Zeit) leistbar, die im Besitz des zugehörigen zweiten Schlüssels, der Spezialausgabe des Telefonbuches, ist. Dieser Schlüssel muss streng geheim bleiben und darf nicht weitergegeben werden.

Im obigen Telefonbuch-Beispiel ist der Public-Key das Telefonbuch der Stadt Hannover, das von jedem eingesehen und verwendet werden kann und mit dessen Hilfe die Nachricht verschlüsselt wurde. Der Private-Key ist dagegen die Spezialausgabe des Hannoveraner Telefonbuches. Nur mit Hilfe dieses privaten Schlüssels lässt sich die Nachricht in kurzer Zeit entschlüsseln.

> *Asymmetrische Verschlüsselungsverfahren verwenden zwei Schlüssel: Den Public-Key[1] sowie den Private-Key[2]. Der Public-Key einer Person dient zur Verschlüsselung einer Nachricht und wird veröffentlicht. Damit kann jeder eine Nachricht für diese Person verschlüsseln. Die Entschlüsselung ist nur mit dem Private-Key möglich. Er ist geheim und bleibt im alleinigen Besitz des Empfängers der Nachricht.*

Eigenschaften asymmetrischer Verschlüsselungsverfahren:
- Es existieren zwei Schlüssel: Public-Key, Private-Key.
- Der Public-Key ist öffentlich zugänglich. Nachrichten werden ausschließlich mit dem Public-Key verschlüsselt.
- Die verschlüsselte Nachricht kann nur mit dem Private-Key entschlüsselt werden. Der Private Key muss unbedingt geheim bleiben.
- Beide Schlüssel bilden ein festes Paar: Der Private-Key ist das „Gegenstück" zum Public-Key.

[1] **Public-Key**: engl. Öffentlicher Schlüssel
[2] **Private-Key**: engl. Privater Schlüssel

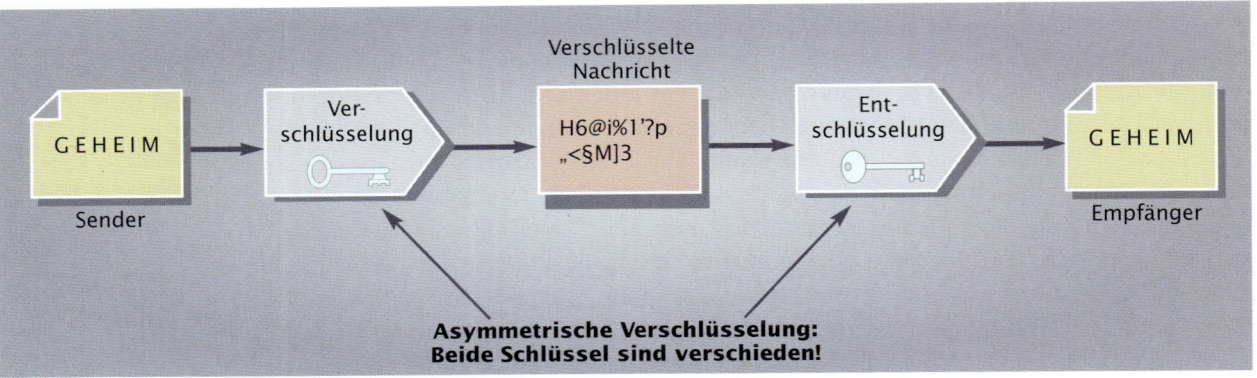

14.2.2-5 Asymmetrische Verschlüsselung

Asymmetrische Verschlüsselungsverfahren sind wesentlich langsamer als symmetrische Verfahren[1]. Sie haben jedoch den Vorteil, dass kein geheimer Schlüssel notwendig ist, der zwischen den kommunizierenden Partnern ausgetauscht werden muss, der ein erhöhtes Sicherheitsrisiko darstellen würde. Stattdessen gibt es für die Verschlüsselung einen öffentlichen, für jede Person zugänglichen Schlüssel sowie für die Entschlüsselung einen geheimen Schlüssel, der nicht weitergegeben werden muss. Es gibt nun die Möglichkeit, die hohe Geschwindigkeit des symmetrischen Verfahrens mit der hohen Sicherheit der asymmetrischen Verschlüsselung zu kombinieren. Dieses Verfahren heißt „hybride[2] Verschlüsselung":

Um eine hohe Geschwindigkeit bei der Verschlüsselung zu erzielen, wird die eigentliche Nachricht symmetrisch verschlüsselt. Bei herkömmlichen symmetrischen Verfahren ist hierbei der Schlüsselaustausch zwischen den kommunizierenden Partnern (z. B. bei einem persönlichen Treffen) unumgänglich. Abb. 14.2.2-6 zeigt, dass dieser Schritt bei hybriden Verschlüsselungsverfahren entfallen kann: Ein per Zufallsgenerator automatisch erzeugter Schlüssel wird einfach zusammen mit der Nachricht verschickt. Natürlich ist es hierbei nicht sinnvoll, den Schlüssel in der Originalform zu belassen, genauso wie es nicht sinnvoll ist, einen passenden Tresorschlüssel unbedarft neben dem zugehörigen Tresor aufzubewahren. Der Trick besteht nun darin, den Schlüssel auch zu verschlüsseln. Im Gegensatz zur Nachrichtenverschlüsselung erfolgt die Schlüssel-Verschlüsselung jedoch nicht symmetrisch, sondern asymmetrisch. Die Verschlüsselung des Schlüssels wird dann mit Hilfe eines Private-Keys und die Entschlüsselung über den Public-Key vorgenommen.

Natürlich stellt sich nun die Frage, warum dann nicht gleich das gesamte Dokument asymmetrisch ver- bzw. entschlüsselt wird. Hier ist jedoch zu beachten, dass die Länge des symmetrischen Schlüssels im Gegensatz zur Nachricht i. A. sehr kurz ist (z. B. 256 Bit). Dessen asymmetrische Verschlüsselung ist zwar langsam, aufgrund der geringen Länge jedoch nicht weiter von Bedeutung. Die Verschlüsselung des eigentlichen langen Nachrichtentextes kann mit Hilfe des schnellen symmetrischen Verfahrens vorgenommen werden.

---

[1] Faktor ca. 1000 bis 10.000
[2] **hybrid**: lat. gemischt

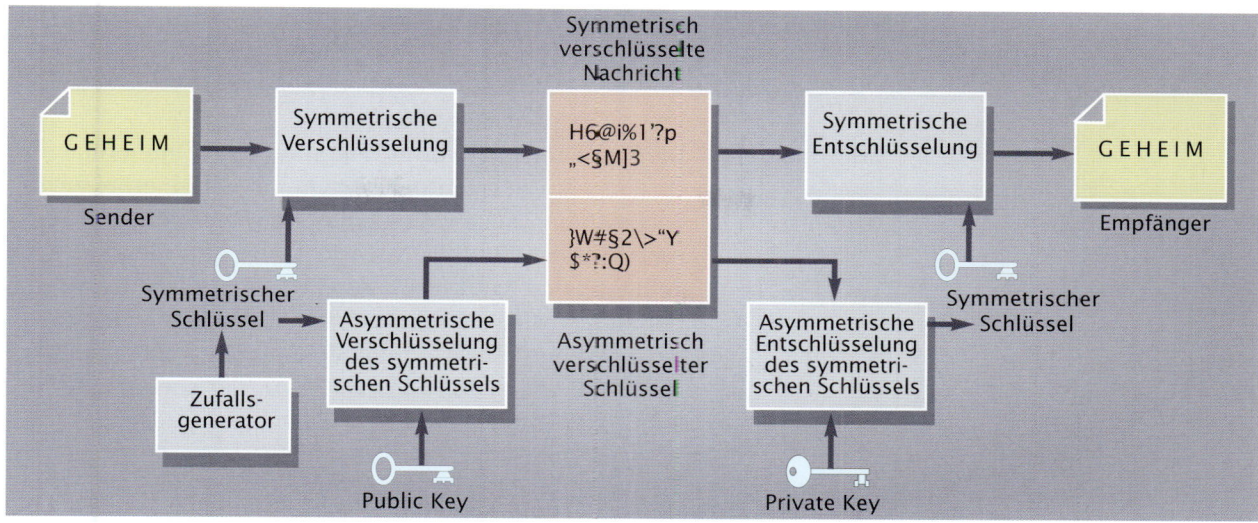

14.2.2-6 Hybride Verschlüsselung

> *Hybride Verschlüsselungsverfahren kombinieren die symmetrische mit der asymmetrischen Verschlüsselung. Hierbei wird*
> - *die Nachricht symmetrisch verschlüsselt.*
> - *der Schlüssel asymmetrisch verschlüsselt.*

Verschlüsselungs-verfahren	Verfahren, die die Verschlüsselung anwenden
Symmetrische Verschlüsselung	• Verfahren von Cäsar • DES (Data Encryption Standard): DES wurde zu Beginn der 70er Jahre von der Firma IBM entwickelt. Bei diesem Verfahren werden Zeichengruppen eines Textes vertauscht und durch andere Buchstaben ersetzt. DES kommt z. B. bei der Bezahlung mittels Geldkarten zum Einsatz. • IDEA (International Data Encryption Algorithm): IDEA wurde 1990 von Xueija Lai und James Massey entwickelt. Das Verfahren zerlegt den Quelltext in einzelne Datenblöcke. In jedem Verschlüsselungsschritt wird jeder Block durch ein anderes Bitmuster gleicher Länge ersetzt. Diese neuen Bitmuster bilden dann die zusammenhängende verschlüsselte Zeichenkette.
Asymmetrische Verschlüsselung	• RSA (Rivest, Shamir, Adleman[1]): Die beiden Schlüssel werden aus zwei sehr großen Primzahlen[2] p und q gewonnen. Zur Verschlüsselung mit dem Public-Key wird nur das Produkt p · q benötigt. Für die Entschlüsselung mit dem Private-Key müssen sowohl p als auch q bekannt sein. Das Verfahren gilt als sehr sicher, da bis heute kein effizienter Algorithmus bekannt ist, um aus dem Produkt von zwei Primzahlen (Public-Key) die zugehörigen Primzahlen (Private-Key) zu ermitteln. ▶▶

[1] Ron Rivest, Adi Shamir und Leonard Adleman sind die Erfinder des 1977 entwickelten RSA-Verfahrens.

[2] **Primzahlen** sind Zahlen, die nur durch 1 und sich selbst teilbar sind.

14.2.2-7
Philip Zimmermann,
Entwickler von PGP

Verschlüsselungs-verfahren	Verfahren, die die Verschlüsselung anwenden
Hybride Verschlüsselung	• Pretty Good Privacy (PGP): Die Software PGP wurde 1991 von Philip Zimmermann entwickelt. Die eigentliche Nachricht wird hierbei mit dem symmetrischen Verschlüsselungsverfahren IDEA verschlüsselt. Für jede Nachricht wird ein eigener IDEA-Schlüssel erzeugt. Der für den Empfänger bestimmte Public-Key wird mit dem asymmetrischen Verschlüsselungsverfahren RSA erzeugt und mit der verschlüsselten Nachricht versandt. PGP wird häufig zur Verschlüsselung von E-Mails verwendet.

Um sicherzustellen, dass ein aus dem privaten und dem öffentlichen Schlüssel bestehendes Schlüsselpaar auch wirklich zu der betreffenden Person gehört, wurden Zertifizierungsstellen (Trust[1] Center) eingerichtet. Sie haben die Aufgabe, die Schlüsselpaare zu erzeugen und die öffentlichen Schlüssel frei zugänglich bereitzustellen.

> *Der Schlüsselraum ist ein Maß für die Menge der Möglichkeiten, aus der ein Schlüssel ausgewählt werden kann.*

Schlüsselraum

Verschlüsselungsverfahren basieren auf geheimen Schlüsseln. Der Schlüssel selbst ist meist eine Zahl, die in der Regel binär dargestellt wird. Dabei bestimmt die Länge des Schlüssels, also die Anzahl der Bitstellen, den sogenannten Schlüsselraum.

Beispiel:
Der Schlüssel lautet (binär): 1001
Dann besitzt dieser Schlüssel eine Länge von 4 Bit, was einen Schlüsselraum von $2^4 = 16$ Möglichkeiten ergibt.

> Um eine hohe Sicherheit zu gewährleisten, sollte der Schlüsselraum möglichst groß gewählt werden. Mit einer Schlüssellänge von 40 Bit erhält man beispielsweise $2^{40} = 1,1 \times 10^{12}$ (etwa 1 Billion) Möglichkeiten. Für die Leistungsfähigkeit heutiger Rechner wäre diese Schlüssellänge jedoch völlig unzureichend. Mit leistungsstarken Prozessoren oder durch den parallelen Zusammenschluss vieler Rechner über das Internet lassen sich mehr als 10^{11} Schlüssel pro Sekunde testen. Um alle Möglichkeiten bei 40 Bit auszuprobieren, würde man dann lediglich 11 Sekunden benötigen.

Bei dem DES-Verschlüsselungsverfahren werden Schlüssel mit einer Schlüssellänge von 56 Bit verwendet. IDEA verwendet Schlüssellängen ab 128 Bit und bei dem RSA-Verfahren kommen häufig Schlüssellängen von 1024 Bit oder sogar 2048 Bit zum Einsatz.

[1] **trust**: engl. Vertrauen

1. Begründen Sie, warum der Public-Key beim asymmetrischen Verschlüsselungsverfahren nicht geheim gehalten werden muss.
2. Stellen Sie die Vor- und Nachteile der symmetrischen, asymmetrischen und hybriden Verschlüsselung gegenüber.
3. Heute verwendet man häufig eine Schlüssellänge von 1024 Bit. Wie lange bräuchte man mit einem leistungsstarken Rechnersystem, das 10^{11} Schlüssel pro Sekunde testen kann, um das System zu „knacken"?
4. Installieren Sie das Programm „CrypTool' (http://www.cryptool.de) und testen Sie mit diesem Programm anschließend das Ver- und Entschlüsseln von E-Mails.

14.2.3 Digitale Signatur

Firma Lütgens unterhält verschiedenste Kontakte zu Subunternehmen im Ausland. Um Zeit und Kosten bei der Abwicklung der Verträge mit diesen Subunternehmen zu sparen, möchte Firma Lütgens daher die Verträge mittels E-Mail abschließen. Hierbei ist jedoch zu gewährleisten, dass die Unterzeichnung der Verträge auch wirklich von den betreffenden Personen stammt.

Im täglichen Leben garantiert eine Unterschrift, dass ein Dokument mit dieser Unterschrift auch tatsächlich von der unterzeichneten Person stammt. Die Unterschrift übernimmt Garantie für alles, was auf demselben Papier wie die Unterschrift steht. Das Papier bindet hierbei die Unterschrift an den Text.
Ein Text darf nach der Unterzeichnung nicht mehr verändert werden. Hier hilft das Papier, da Änderungen meist sichtbare Spuren hinterlassen.

Eigenschaften einer Unterschrift:
- Eine Unterschrift ist eindeutig und überprüfbar, d. h., es lässt sich feststellen, ob eine Unterschrift von einer bestimmten Person stammt.
- Eine Unterschrift darf nicht fälschbar sein. Diese Anforderung ist bei herkömmlichen Unterschriften zwar nicht immer gewährleistet, jedoch können Experten in den meisten Fällen eine Fälschung nachweisen.

Bei digitalen Dokumenten genügt es nicht, den eigenen Namen unter das Dokument zu tippen oder die Unterschrift einzuscannen und dann im Dokument einzufügen. Es fehlt das Papier, das eine dauerhafte Verbindung zwischen dem Text und der Unterschrift herstellt. Aus diesem Grund könnten Dokumentinhalt und Unterschrift bei digitalen Dokumenten problemlos voneinander getrennt werden. Es wäre dann beispielsweise sehr einfach möglich, die Unterschrift unter ein anderes Dokument zu setzen.

Um digital vorliegende Dokumente zu unterzeichnen, kann das asymmtetrische Verschlüsselungsverfahren (siehe Abschnitt 14.2.2) angewandt werden:
Für eine Unterschrift soll nur eine ganz bestimmte Person (und niemand sonst!) verantwortlich sein, d. h., jede Person benötigt für die Signatur einen eigenen individuellen „Schlüssel", den nur sie kennt und der streng geheim gehalten werden muss. Hierfür wird der Private-Key verwendet. Andererseits muss von jedem überprüft werden können, ob die Unterschrift auch „echt" ist, d. h. wirklich von der betreffen-

den Person stammt. Hierzu entschlüsselt man das Dokument mit Hilfe des entsprechenden Public-Keys. Die Unterschrift ist dann echt, wenn bei der Entschlüsselung das ursprüngliche Dokument entsteht. Andernfalls würde dabei nur ein Durcheinander von Zeichen entstehen, das keinen Sinn ergibt.

Das asymmetrische Verschlüsselungsverfahren wird also sowohl bei der Ver- und Entschlüsselung als auch bei der Signatur von Dokumenten eingesetzt. Der Unterschied liegt lediglich in der umgekehrten Anwendung der Schlüssel:

- Bei der Verschlüsselung von Dokumenten wird der Public-Key verwendet, bei der Entschlüsselung der Private-Key.
- Bei der Signatur von Dokumenten kommt der Private-Key zum Einsatz, bei der Überprüfung auf Echtheit jedoch der Public-Key.

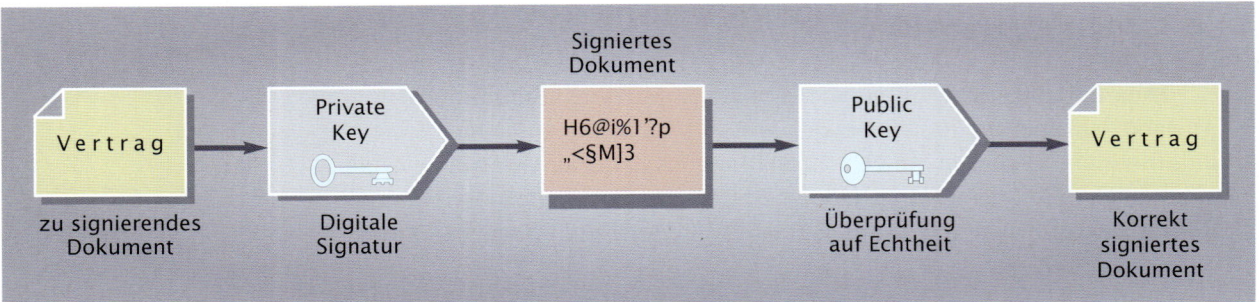

14.2.3-1 Ablauf der digitalen Signatur

Die digitale Signatur stellt sicher, dass das Dokument auch tatsächlich vom angegebenen Absender stammt, d. h. mit Hilfe der digitalen Signatur erfolgt die Authentifizierung des zum Dokument gehörenden Absenders. Möchte man jedoch auch die Integrität der Daten sicherstellen, also erkennen können, ob eine Nachricht auf dem Übertragungsweg manipuliert wurde, verwendet man zusätzlich den sogenannten Hashwert.[1]

> *Ein Hashwert ist eine durch eine mathematische Funktion errechnete Kurzfassung (Zahl oder kurze Zeichenfolge) von elektronischen Dokumenten.*

Zu jedem Dokument existiert nur ein Hashwert. Wird auch nur ein einziges Zeichen des Dokuments verändert, so ergibt sich ein völlig anderer Hashwert.

Beispiel:
Der Satz: „*Netzwerktechnologie ist ein spannendes Thema*" soll als eine Folge von Hashwerten dargestellt werden. Eine einfache mathematische Funktion zur Bildung von Hashwerten könnte hier sein, von jedem Wort des Satzes den ersten Buchstaben zu nehmen und jeweils dessen Position im Alphabet zu bestimmen:
Das erste Wort „*Netz*" beginnt mit „*N*". Dieser Buchstabe befindet sich an der 14. Stelle im Alphabet, so dass der erste Hashwert die Zahl 14 ist. Das zweite Wort „*ist*" beginnt mit „*i*". Dessen Position innerhalb des Alphabets ist die 9. Die Hashwerte des obigen Satzes lauten somit „14 9 5 19 20" und sind deutlich kürzer als der Original-Satz.

Leider sind Hashwerte nicht perfekt und eindeutig, denn es kann passieren, dass zwei unterschiedlichen Worten derselbe Hashwert zugeordnet wird. So besitzt im obigen Fall nicht nur das Wort „*Netz*" den Hashwert 14, sondern allen beliebigen mit dem Buchstaben „*N*" beginnenden Worten

[1] **to hash:** engl. zerhacken

würde dieser Hashwert zugeordnet werden. Derartige Doppelbelegungen von Hashwerten bezeichnet man als Kollisionen. Ein wichtiges Ziel beim Suchen geeigneter Hashfunktionen besteht darin, Kollisionen weitestgehend zu vermeiden.

14.2.3-2 Überprüfung der Datenintegrität

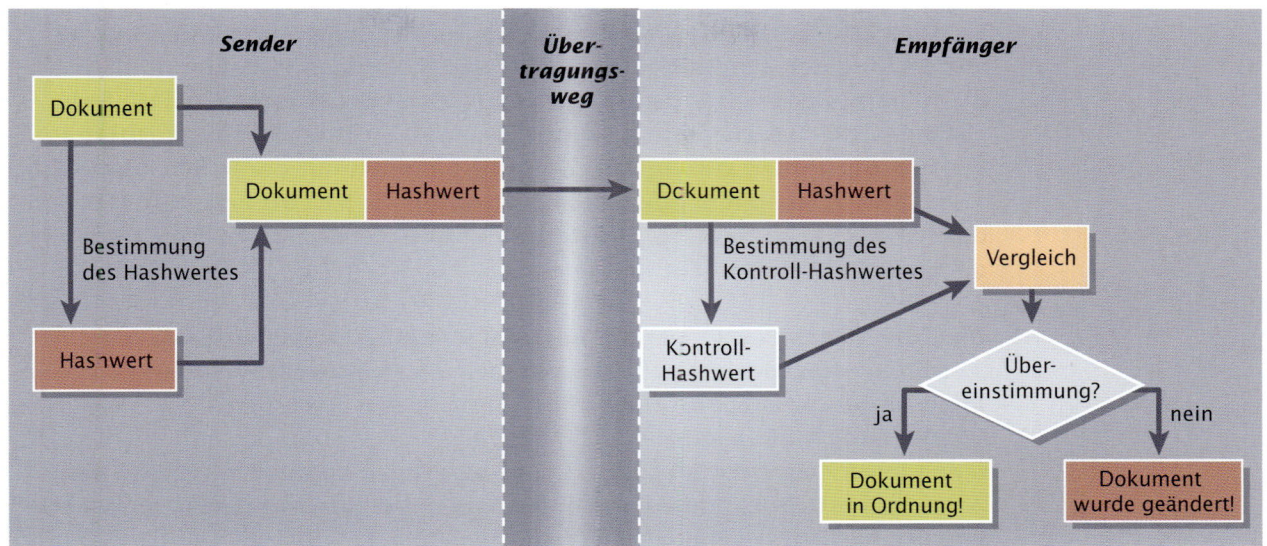

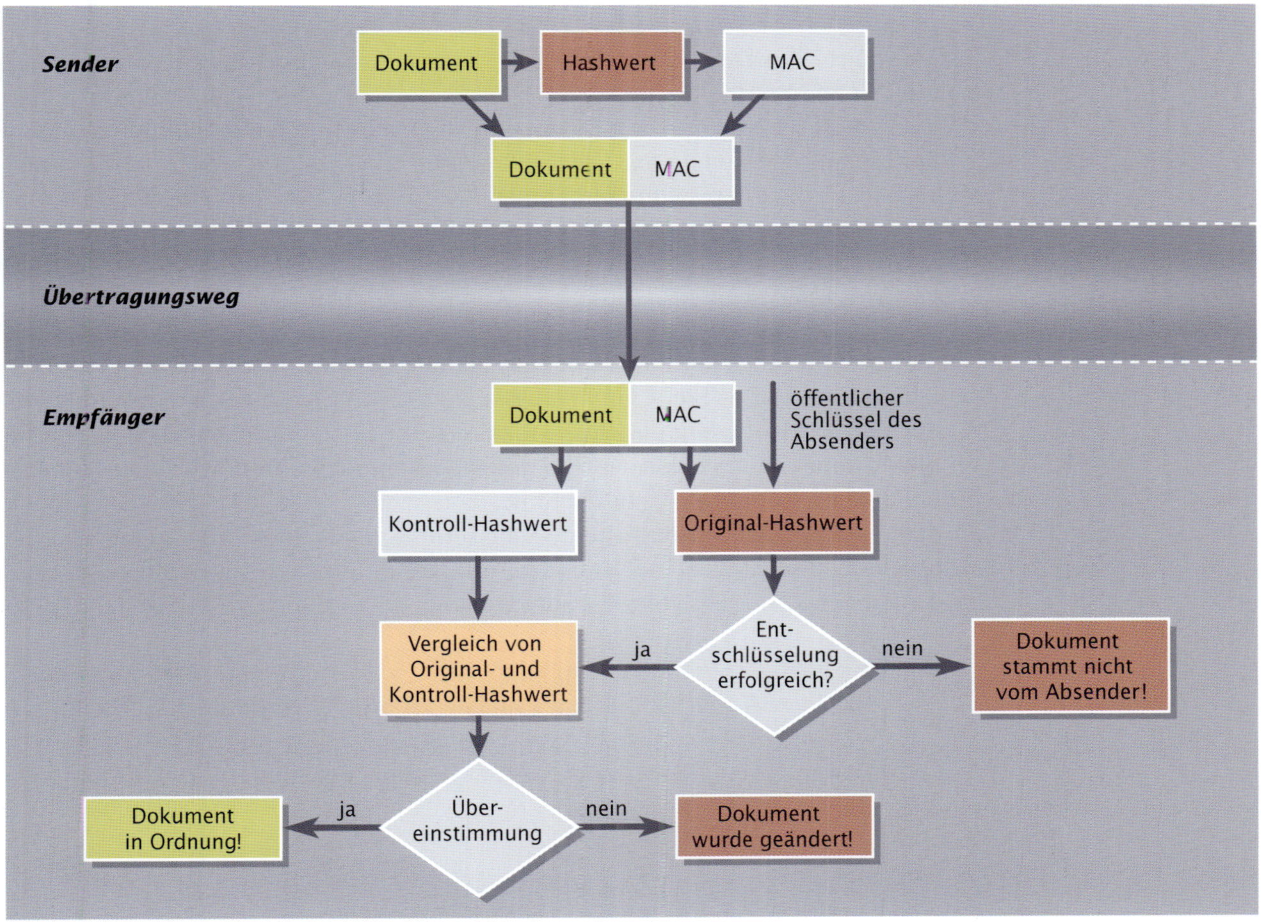

14.2.3-3 Digitale Signatur mit Gewährleistung der Datenintegrität

[1] **Message Digest:** engl. Mitteilungsauswahl
[2] Stand 2010

Weit verbreitete Algorithmen zur Bildung von Hashwerten sind „Message Digest[1] 4" (MD4) und dessen Nachfolger „Message Digest 5" (MD5). MD4 wurde von Ronald L. Rivest entwickelt und 1990 veröffentlicht. Dieser Algorithmus erzeugt einen Hashwert mit einer Länge von 128 Bit. Aufgrund einiger innerhalb von MD4 bekannt gewordener Kollisionen wurde 1991 MD5 veröffentlicht. Inzwischen wurden jedoch auch dort Kollisionen bei der Bildung der 128-Bit-Hashwerte entdeckt, so dass MD5 ebenfalls als nicht mehr sicher gilt. Nachfolger von MD5 ist die Gruppe der SHA-Algorithmen (SHA = Secure Hash Algorithm, engl. Sicherer Hash-Algorithmus). Diese Algorithmen sind unterteilt in die Familien mit der Bezeichnung SHA-1 und SHA-2, die mit Schlüssellängen von bis zu 512 Bit arbeiten. Der Standard SHA-3 ist in Planung. Die dort zu verwendenden Algorithmen sind jedoch zur Zeit[2] noch nicht festgelegt.

Die 128-Bit-Hashwerte werden bei MD4 und MD5 im Allgemeinen als eine 32-stellige Hexadezimalzahl ausgegeben. Der obige Satz _„Netzwerktechnologie ist ein spannendes Thema"_ besitzt z. B. den Hashwert 09b0a7044c18b85b181e9602334fdd93.
Eine kleine Änderung im Satz erzeugt bereits einen anderen Hashwert. Wird der erste Buchstabe des obigen Satzes beispielsweise klein geschrieben ergibt sich der völlig andere Hashwert abd053628959f0b5a6bc109841fb87d3.

Zur Gewährleistung der Integrität eines Dokumentes sind folgende Schritte notwendig (siehe Abb. 14.2.3-2):
- Der Absender berechnet den Hashwert des Dokuments und hängt ihn an das zu übertragende Dokument an.
- Nach dem Erhalt der Nachricht berechnet der Empfänger ebenfalls den Hashwert des Dokuments und vergleicht diesen mit dem Original-Hashwert. Sind beide Hashwerte identisch, ist sichergestellt, dass die Nachricht auf dem Übertragungsweg nicht geändert wurde.

Um neben dem Integritätstest auch eine digitale Signatur des Dokuments vornehmen zu können, ist es nicht notwendig, das gesamte Dokument zu verschlüsseln. Stattdessen wird lediglich der Hashwert des Dokuments mit dem privaten Schlüssel des Absenders verschlüsselt. Ein verschlüsselter Hashwert wird als „Message Authentication Code" (MAC) bezeichnet.
Ist dann die mit dem öffentlichen Schlüssel des Absenders vorgenommene Entschlüsselung des MACs beim Empfänger erfolgreich, so kann man sicher sein, dass das Dokument vom richtigen Absender stammt.

1. Mit dem Programm „CrypTool" (http://www.cryptool.de) können u.a. Hashwerte erzeugt werden. Welchen MD5-Hashwert und welchen SHA-1-Hashwert besitzt der Satz „Das Buch finde ich richtig klasse"?
2. Testen Sie die Signatur von E-Mails mit dem Programm „CrypTools".

14.2.4 Firewall-Systeme

Firma Lütgens möchte ihr lokales Netzwerk, das mit dem Internet verbunden ist, vor Bedrohungen aus dem Internet schützen. So sollen z. B. keine Programme mit schädigender Wirkung aus dem Internet eingeschleust werden dürfen und keine unbefugten Zugriffe über das Internet auf das lokale Netzwerk erfolgen können.

Aus der Anbindung eines Rechners oder lokalen Netzes an ein öffentliches Netz wie dem Internet ergeben sich vielfältige Bedrohungen. Hierzu gehören u. a.:

- Address Spoofing[1]:
  Unter einer gefälschten Identität wird eine Kommunikationsverbindung aufgebaut. Hierbei erzeugt der Angreifer IP-Pakete mit gefälschter IP-Absenderadresse.
- Denial-of-Service-Angriff[2]:
  Ziel ist es, einen bestimmten Server „lahmzulegen" und ihn so daran zu hindern, Antworten auf Anfragen zu erzeugen. Dies geschieht meist in der Form, dass die Ressourcen des Servers voll belegt werden und so für weitere Anfragen keine Ressourcen mehr zur Verfügung stehen.
- Abhören fremder Zugangsdaten während des Netzverkehrs.

Eine Schutzmaßnahme gegenüber diesen Bedrohungen ist die Verwendung von Firewall-Systemen[3], kurz Firewalls. Der Begriff der Firewall stammt aus dem Bereich des Feuerschutzes von Gebäuden. Dort haben Firewalls als Brandschutzmauern die Aufgabe, die Ausbreitung von Bränden von einem Gebäude auf das nächste zu verhindern.

Grundsätzlich unterscheidet man zwischen sogenannten Personal Firewalls (oder auch „Desktop-Firewalls") und externen Firewalls. Während Personal Firewalls auf dem zu schützenden System selbst installiert sind, befinden sich externe Firewalls auf separaten Rechnersystemen.

Personal Firewalls:

Eine Personal Firewall hat die Aufgabe, den Rechner, auf dem die Firewall arbeitet, vor unbefugten Zugriffen zu schützen und unerlaubte Rechner-Kommunikationen zu unterbinden.

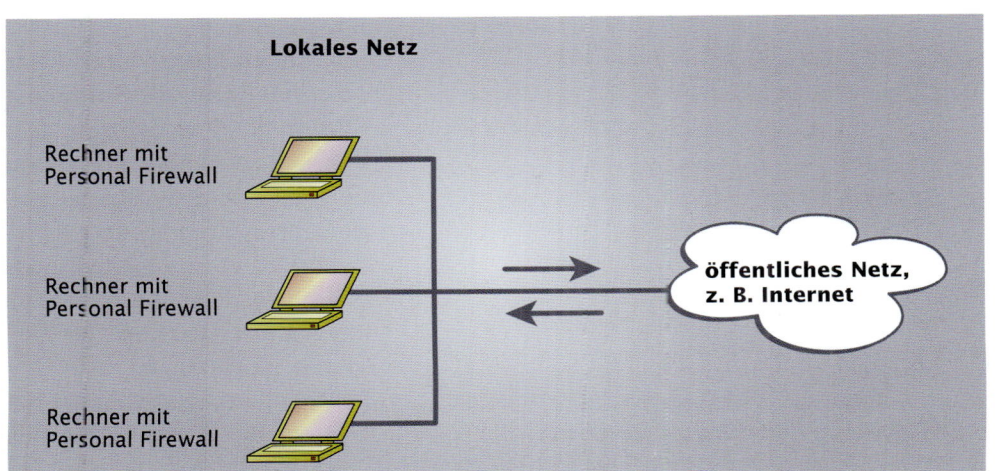

14.2.4-1 Schutz von Rechnern mittels Personal Firewall

[1] **Address Spoofing** wird häufig auch als IP Spoofing bezeichnet. (spoof: engl. beschwindeln)
[2] **Denial of Service:** engl. Diensteverweigerung
[3] **Firewall:** engl. Brandschutzmauer

235

Wesentliche Funktionen einer Personal Firewall:

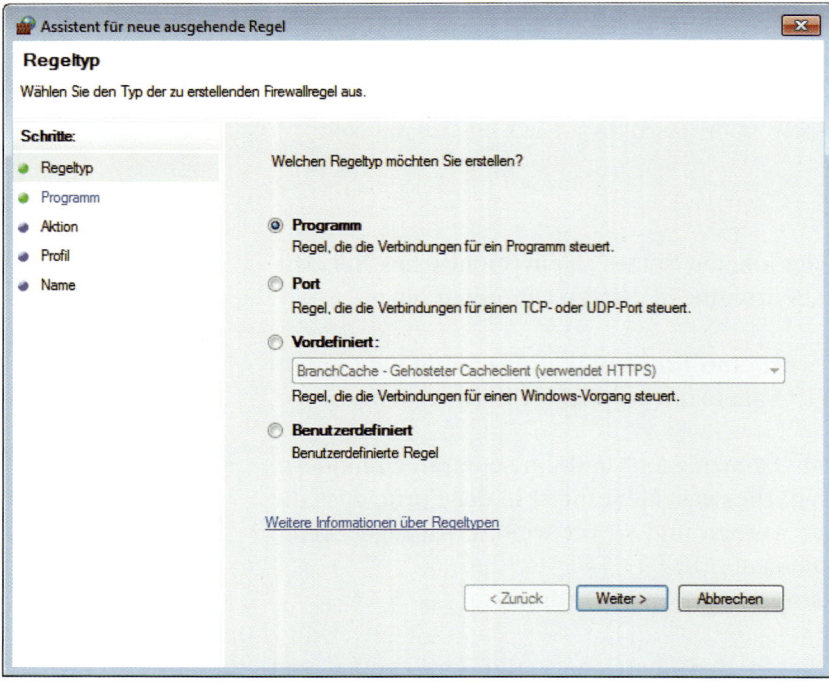

14.2.4-2 Erstellung von Regeln der Windows-7-Personal Firewall

- Filterung von ein- und ausgehenden Datenpaketen. So können diese nach vorgegebenen Regeln durchgelassen oder blockiert werden. Mögliche Filterkriterien sind IP-Quell- und Zieladressen sowie Quell- und Zielports (siehe auch Abschnitt „Paketfilter").

  Regeln zur Datenfilterung werden neben den vom Systemadministrator definierten Regeln auch durch die Benutzer des entsprechenden Rechners erstellt: Erkennt die Personal Firewall eine Datenverbindung, für die noch keine Regel existiert, so wird der Benutzer aufgefordert, diese Verbindung zuzulassen oder abzulehnen. Entsprechend wird dann eine Regel erzeugt und in die Personal Firewall eingetragen.

- Filterung von Daten, die von bestimmten Anwendungsprogrammen erzeugt werden oder für diese bestimmt sind.
- Einbruchserkennung und -abwehr. Derartige Systeme bezeichnet man auch als „Intrusion Detection System[1]" (IDS) oder „Intrusion Prevention System[2]" (IPS) (siehe Abschnitt ?.3.3: Automatische Erkennung von Angriffen). Eine Umsetzung kann z. B. so erfolgen, dass der Datenverkehr hinsichtlich eines bekannten Angriffsmusters untersucht wird. Bei Erkennung wird die Verbindung unterbrochen und der Benutzer über den Angriff informiert.

[1] **Intrusion Detection System:** engl. Einbruchs-Erkennungssytem
[2] **Intrusion Prevention System:** engl. Einbruchs-Abwehrssytem
[3] **Stealth:** engl. Heimlichkeit

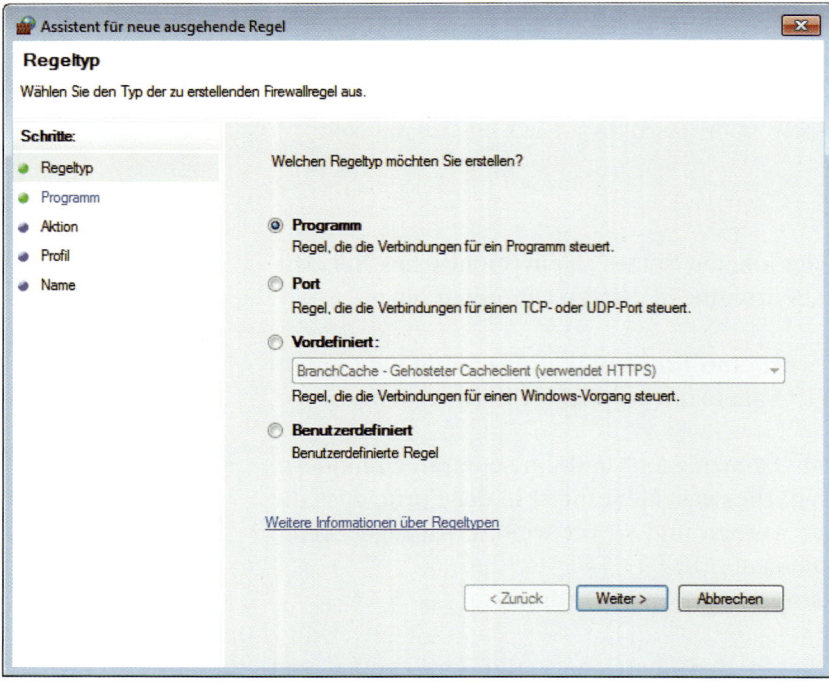

14.2.4-3 Hinweis einer Personal Firewall zur Überprüfung des Rechners auf Virenbefall

- Verstecken von Informationen über den zu schützenden Rechner. So werden z. B. über das Netzwerk eintreffende Anfragen bzgl. nicht genutzter Ports im sogenannten „Stealth-Modus[3]" nicht beantwortet. Ohne Personal Firewall würde das System damit antworten, dass die entsprechenden Ports zwar ungenutzt sind, der Rechner jedoch erreichbar ist. Das Nicht-Beantworten im Stealth-Modus erschwert dem Angreifer, sich ein genaues Bild über das Zielsystem zu erstellen.
- Protokollierung sämtlicher Aktivitäten der Personal Firewall.

Hinweise zur Konfiguration und zum Betrieb einer Personal Firewall:
- Nicht benötigte Ports sperren.
- Grundsätzlich die aktuellste Version der Personal Firewall verwenden.
- In regelmäßigen Abständen die von der Personal Firewall erstellten Protokolle einsehen und auswerten.

Vorteile einer Personal Firewall:

- **Zusätzlicher Schutz auf dem Rechner des Endnutzers.**
- **Durch die Beschäftigung mit der Personal Firewall und die von der Firewall erzeugten Meldungen wird der Rechnernutzer bzgl. des Aufrufens fremder Webseiten eventuell etwas vorsichtiger.**
- **Erkennen von Zugriffen auf versehentliche Dateifreigaben.**

Nachteile einer Personal Firewall:

- **Rechnernutzer wiegen sich fälschlicherweise in vollständiger Sicherheit, eine Personal Firewall bietet jedoch keinen vollständigen Schutz.**
- **Auf dem Rechner wird mit der Personal Firewall eine recht komplexe Software installiert, die vielfältige Einstellungen erlaubt. Aufgrund hiermit verbundener Fehlkonfigurationen funktionieren häufig andere ebenfalls auf diesem Rechner installierte Programme nicht mehr korrekt.**
- **Da die Personal Firewall ständig im Hintergrund des Rechners arbeiten muss, reduziert sich häufig merklich die Geschwindigkeit bei der Ausführung anderer Programme.**

Externe Firewalls:

Abb. 14.2.4-4 zeigt die Platzierung einer Firewall zum Schutz eines lokalen Netzes vor Bedrohungen aus einem öffentlichen Netz. Sie wird so zwischen beide Netze geschaltet, dass die Firewall die einzige Verbindung zwischen den Netzen darstellt und hierdurch ein kontrollierter Netzübergang entsteht.

> *Eine externe Firewall hat die Aufgabe, den Netzwerkzugriff zwischen zwei Netzen zu beschränken und so Datenpakete, die eine mögliche Bedrohung für ein Netz darstellen können, an der Weiterleitung zu hindern.*

> *Eine Firewall ist eine Software, die den Netzwerkzugriff beschränkt. Dabei wird die Weiterleitung von solchen Datenpaketen verhindert, die eine mögliche Bedrohung für die im Netz angeschlossenen Rechner bedeuten können.*

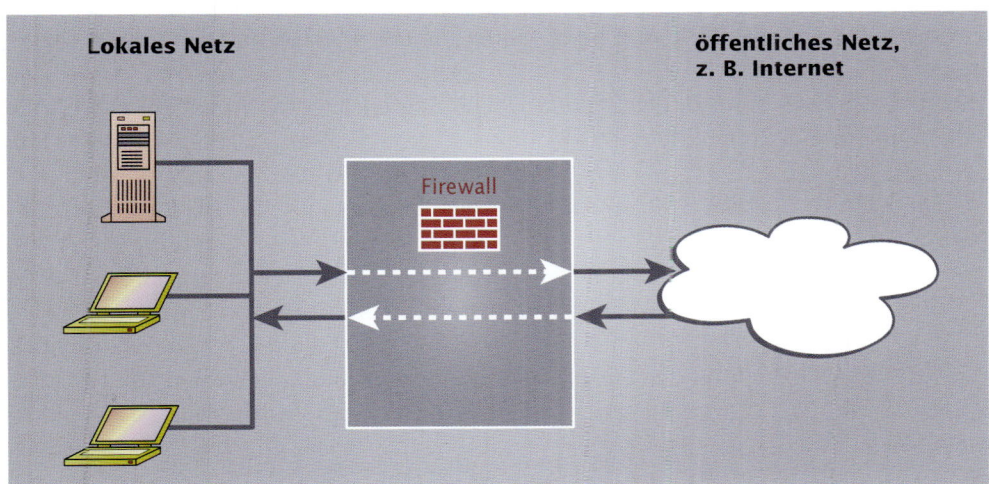

14.2.4-4 Schutz eines lokalen Netzes mittels Firewall

> Eine externe Firewall bietet keinen Schutz vor Angreifern, die sich innerhalb des zu schützenden Netzes befinden![1]

Die in Abschnitt 14.2 getroffene Aussage, dass es keine vollständige Sicherheit gibt, gilt insbesondere auch für Firewall-Systeme. Ziel für den Einsatz von Firewalls kann somit nur sein, die Hürden für Angreifer möglichst hoch zu setzen.

Aufgaben einer externen Firewall:
- Schutz vor unbefugten Netzzugriffen.
- Zugangskontrolle:
  Steuerung, welche Nutzer in welcher Form auf welche Netzressourcen zugreifen dürfen.
- Protokollierung der Netzwerkaktivitäten:
  Aufzeichnung des Netzverkehrs, um hieraus Rückschlüsse auf erfolgte Angriffe ziehen zu können.
- Alarmierung bei sicherheitsrelevanten Ereignissen:
  Werden sicherheitsrelevante Aktionen von hierzu nicht befugten Nutzern durchgeführt, so wird durch die Firewall ein Alarm ausgelöst.
- Verbergen der internen Netzstruktur:
  Um Angreifern mögliche Angriffspunkte des internen Netzwerks vorzuenthalten, verhindert die Firewall das Einsehen der Struktur dieses Netzwerks von außen.
- Gewährleistung der Vertraulichkeit von Daten:
  Sicherstellung, dass der interne Netzverkehr nicht abgehört werden kann.

Externe Firewalls werden in verschiedene Klassen eingeteilt:
- Paketfilter
- Proxy-Firewalls
- Applikationsfilter

Diese Klassen werden häufig kombiniert eingesetzt, so dass sich eine vielfältige Anzahl von Firewall-Architekturen ergibt.

Paketfilter:

Eine Paketfilter-Firewall verhält sich wie ein IP-Router, der alle ankommenden Pakete nach bestimmten Regeln filtert. Erlaubte Pakete werden mittels der konfigurierten Routen an den Empfänger weitergeleitet, unerlaubte Datenpakete dagegen werden gesperrt.
Paketfilter-Firewalls arbeiten auf den ISO/OSI-Schichten 3 und 4. Sie überprüfen alle ankommenden Datenpakete auf bestimmte Eigenschaften, die den einzelnen Feldern der jeweiligen Protokollheader entnommen werden. Hierbei werden nur die Header-Informationen der in den Schichten 3 und 4 verwendeten Protokolle ausgewertet. Höhere Schichten, insbesondere die in den Anwendungsprotokollen abgesetzten Kommandos und die in den Paketen enthaltenen Daten,

> *Paketfilter sind IP-Router mit der zusätzlichen Fähigkeit, Datenpakete entsprechend eines Regelwerks weiterzuleiten oder zu sperren.*

bleiben unberücksichtigt. Die folgende Tabelle zeigt häufig zur Filterung herangezogene Felder der Protokollheader (vgl. Abschnitt 9.3.2: Protokolle der Transportschicht):

[1] Eine gängige Faustregel besagt, dass 80 % aller Angriffe aus dem internen Netz stammen!

Protokoll	Feld	Beschreibung
IP	Source Address	IP-Quelladresse
	Destination Address	IP-Zieladresse
	Protocol	Verwendetes Transportprotokoll (z. B. TCP, UDP oder ICMP)
TCP	Flags	Steuerung des Verbindungsaufbaus und -abbaus sowie der Datenübertragung
	Source-Port	Quell-Portnummer
	Destination Port	Ziel-Portnummer
UDP	Source-Port	Quell-Portnummer
	Destination Port	Ziel-Portnummer
ICMP	Typ	Typ der versendeten ICMP-Nachricht
	Code	Nähere Informationen zur ICMP-Nachricht

Tabelle 14.2.4-1
Häufig für die Paket-
filterung verwendete
Protokollfelder

Die eigentliche Filterung der Datenpakete erfolgt anhand von Regeln, die vom Administrator aufgestellt und am Paketfilter konfiguriert werden. Mittels dieser Regeln entscheidet die Firewall darüber, wie mit den einzelnen Paketen umzugehen ist. So kann eine Regel das Passieren oder das Zurückweisen der Pakete durch die Firewall bewirken. Beispiele für solche Regeln sind:

- „Sperre alle Datenpakete mit der IP-Quelladresse 135.67.214.12."
- „Leite alle Datenpakete des Rechners 192.169.0.5 an den Rechner 135.67.214.12 weiter, verwerfe jedoch alle Pakete, die in umgekehrter Richtung die Firewall erreichen."
- „Sperre alle Datenpakete, die den Dienst SMTP verwenden."

Im Allgemeinen werden die aufgestellten Regeln für jedes Paket von oben nach unten abgearbeitet. Sobald eine Regel auf das zu untersuchende Datenpaket passt, wird die in der Regel definierte Aktion ausgeführt. Alle nachfolgenden Regeln werden dann nicht weiter berücksichtigt.

Bei der Paketfilterung wird unterschieden zwischen
- statischen Paketfiltern:
  Statische Paketfilter arbeiten zustandslos, d. h. die Filterregeln sind unabhängig von vorangegangenen bereits untersuchten Datenpaketen. Auf jedes Paket wird immer derselbe Satz von Filterregeln angewendet.

- dynamischen Paketfiltern:
  Dynamische Paketfilter[1] arbeiten zustandsabhängig: Wenn eine bestimmte Verbindung erlaubt wurde, wechselt der Paketfilter in einen Zustand, in dem automatisch auch die benötigte Rückrichtung für die Dauer der Verbindung freigeschaltet wird. Hierzu muss sich die Firewall jeden Verbindungsaufbau merken, um Folgepakete einer bestimmten Verbindung zuordnen zu können.

Einfache Paketfilter können unter Nutzung vorhandener Router realisiert werden. Viele kommerzielle Router besitzen bereits die Fähigkeit, Pakete nach vorgegebenen Regeln zu analysieren, so dass sie unmittelbar als Paketfilter eingesetzt werden

[1] Ein anderer Begriff für
**dynamische Paket-
filterung** lautet
"Stateful Inspection".

können. Aus diesem Grund wird dieser Router-Typ auch als Screening[1] Router bezeichnet.

Für den Aufbau komplexerer Router sind eigene Rechnersysteme zu installieren und zu konfigurieren oder ist auf spezielle bereits vorgefertigte Komponenten zurückzugreifen.

14.2.4-5 Router mit Paketfilter

TIPP

Da Router auf der Schicht 3 des ISO/OSI-Referenzmodells arbeiten, können sie lediglich den IP-Header untersuchen. Portadressen sind jedoch im Header der Schicht 4 eingebettet und können daher bei Screening Routern nicht ausgewertet und für die Paketfilterung verwendet werden.

Vorteile:	**Nachteile:**
■ hohe Arbeitsgeschwindigkeit ■ kostengünstig ■ leichte Konfiguration und Wartung	■ kein umfassender Schutz ■ nur einfache Protokollierungsmöglichkeiten ■ Eine einzelne Komponente ist für den Schutz des gesamten Netzwerks zuständig.

Proxy[2]-Firewalls:

Ein großes Problem bei der Kontrolle von Verbindungen zwischen dem internen und dem externen Netz besteht darin, dass einzelne Rechner des internen Netzes oftmals nicht ausreichend gegen Angriffe von außerhalb geschützt sind. So könnten unbedarfte Nutzer Programme für den Aufbau einer Internetverbindung verwenden, die einen unbefugten Zugriff über das Internet auf diesen Rechner zulassen. Aus diesem Grund werden häufig Proxy-Server eingesetzt.

Unter einem Proxy versteht man eine Software, die bestimmte Dienste stellvertretend für einen Rechner ausführt.

Der Proxy befindet sich zwischen den beiden Netzwerken und vermittelt zwischen Client und Server (siehe Abb. 14.2.4-6). Soll ein Zugriff auf das jeweilige andere Netz erfolgen, so kann das nicht direkt durch Client und Server vonstatten gehen. Stattdessen wird vom Proxy-Server ein entsprechender Dienst angeboten, den die beiden Rechner verwenden müssen. Auf diese Weise kann man sicherstellen, dass die eigentliche Netzverbindung nur über die sichere Software des Proxy-Servers erfolgt.

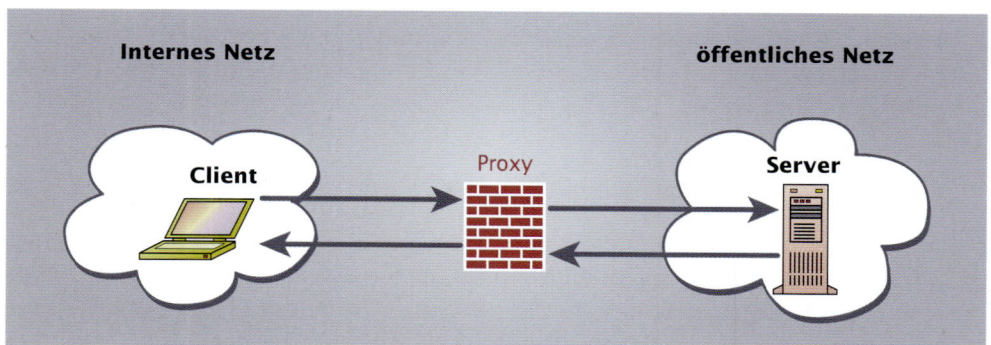

14.2.4-6 Proxy-Firewall

[1] **to sreen:** engl. abschirmen
[2] **Proxy:** engl. Stellvertreter

Eine Proxy-Firewall verhält sich gegenüber dem Client wie der im anderen Netz anzusprechende Server. Umgekehrt verhält sich die Proxy-Firewall gegenüber dem

Server wie der im anderen Netz anzusprechende Client. Die Firewall übernimmt damit eine Art Stellvertreterfunktion und vermittelt zwischen Client und Server. Hierbei kann sie die Zulässigkeit des beantragten Verbindungsaufbaus überprüfen. Dazu gehören insbesondere die Authentifizierung des aufrufenden Clients und die Protokollierung der durchgeführten Aktivitäten. Proxy-Firewalls arbeiten auf der Transportschicht des ISO/OSI-Referenzmodells. Sie werden daher häufig auch als Verbindungs-Gateways bezeichnet.

Neben der Funktion als Firewall dient ein Proxy-Server häufig auch der Zwischenspeicherung von Webseiten. Hierbei speichert der Proxy oft angeforderte Webseiten und kann diese dann ausgeben ohne vorher den eigentlichen Webserver kontaktiert zu haben. Anfragen können so schneller beantwortet und die Netzlast reduziert werden.

Abb. 14.2.4-7 zeigt ein Beispiel einer Proxy-Firewall, die die Dienste „Web" und „Print" unterstützt. Beim Abrufen von Internetseiten sendet der Client zunächst eine entsprechende Anfrage aus dem internen Netz an den Web-Service des Proxy. Nachdem dort die erforderlichen Zugriffskontrollen durchgeführt wurden, baut der Proxy die Verbindung zum gewünschten Webserver des Internets auf. Die von diesem Webserver gelieferten Webseiten passieren anschließend ebenfalls den Proxy und werden entsprechend überwacht. Eine ähnliche Vorgehensweise ergibt sich, wenn vom Internet aus der Printserver des internen Netzes verwendet werden soll. Hier sendet der Client zunächst seinen Druckauftrag an den Print-Service der Proxy-Firewall. Nach der Zugangskontrolle erfolgt dann die Weiterleitung des Auftrags an den eigentlichen Printserver des internen Netzes.

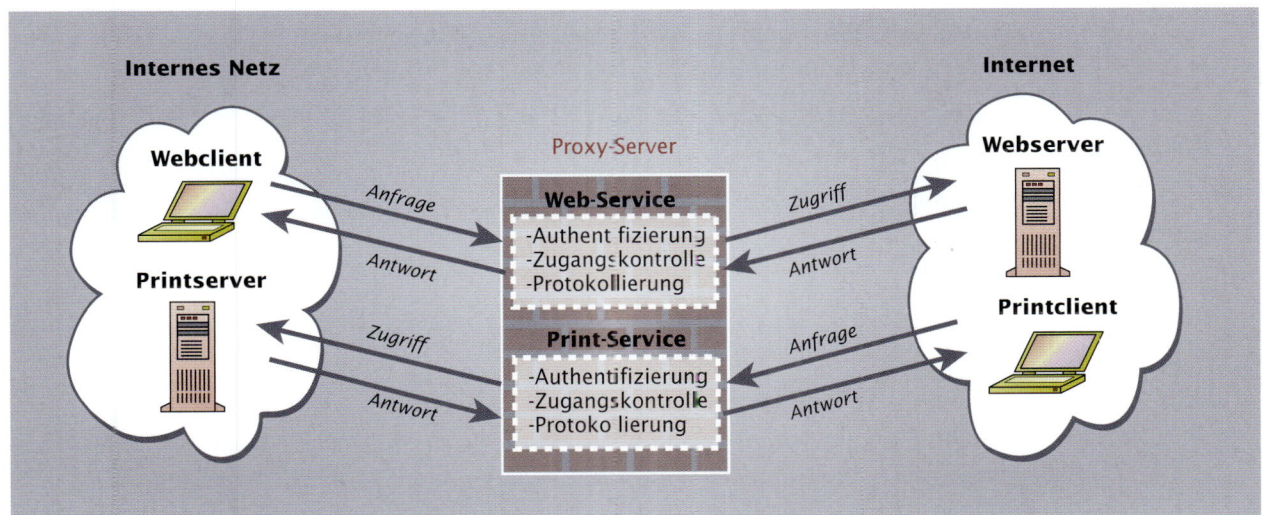

14.2.4-7 Proxy-Firewall mit Web- und Printdienst

Bevor die Daten aus dem internen Netz mittels Proxy weitergeleitet werden, ersetzt der Proxy die IP-Absendeadressen jeweils durch seine eigene. Die Rechner des externen Netzes kontaktieren dann direkt den Proxy und haben keine Kenntnis davon, dass sie eigentlich mit einem Rechner des internen Netzes in Verbindung stehen. Durch diese Verschleierung der Struktur des internen Netzes entsteht ebenfalls eine erhöhte Sicherheit.

> *Das Ersetzen der IP-Adresse eines Datenpakets durch eine andere IP-Adresse bezeichnet man als „Network Address Translation" (NAT).*

Ein weiterer Grund für die Anwendung von NAT (RFC 1631) ist der Einsatz privater IP-Adressen in einem lokalen Netzwerk. Damit eine Kommunikation mit den Rechnern des Internet möglich ist, müssen die privaten Adressen in öffentliche IP-Adressen umgesetzt werden. Die Adressumsetzung erfolgt hierbei z. B. durch Firewalls oder Router am Übergang zwischen LAN und Internet.

Werden nicht nur IP-Adressen, sondern auch Portnummern ersetzt, so bezeichnet man dieses als Masquerading (RFC 3022), Port Address Translation (PAT) oder Network Address Port Translation (NAPT).

Beispiel:
Das lokale Netz 192.168.0.0/24 einer Firma soll mit dem Internet verbunden werden. Der Internet-Service-Provider stellt der Firma hierzu die öffentliche IP-Adresse 217.0.116.125 zur Verfügung (siehe Abb. 14.2.4-8).

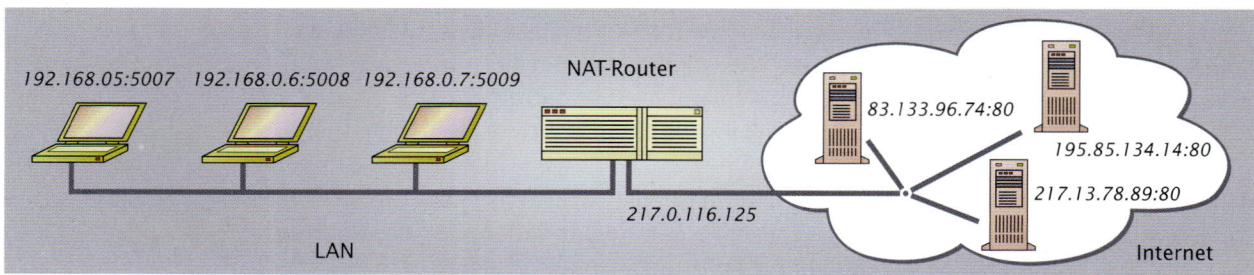

14.2.4-8
Anbindung eines LAN an das Internet mittels NAT

Bei Aufruf der Internet-Webserver durch die LAN-Clients werden die Quell-IP-Adressen der Clients mittels NAT durch die einzig verfügbare öffentliche IP-Adresse 217.0.116.125 ersetzt. Die zugehörigen Quell-Portnummern der Clients erhalten neue Werte beginnend mit der Nummer 61000 (siehe Tabelle 14.2.4-2).

Tabelle 14.2.4-2
NAT bei Aufrufen aus dem LAN in das Internet

LAN → Internet		
Quell-IP:Quell-Port	Ziel-IP:Ziel-Port	NAT: Quell-IP-neu:Quell-Port-neu
192.168.0.5:5007	217.13.78.89:80	217.0.116.125:61000
192.168.0.6:5008	83.133.96.74:80	217.0.116.125:61001
192.168.0.7:5009	195.85.134.14:80	217.0.116.125:61002

Die Datenpakete der Internet-Webserver werden zunächst an den NAT-Router gesendet. Dieser kann anhand der Portnummer der Ziel-IP-Adresse den eigentlichen Empfänger ermitteln und tauscht die Adresse und die Portnummer dann mit den zugehörigen in einer NAT-Tabelle gespeicherten LAN-Werten aus (siehe Tabelle 14.2.4-3).

Tabelle 14.2.4-3
NAT bei Aufrufen aus dem Internet in das LAN

Internet → LAN		
Quell-IP:Quell-Port	Ziel-IP:Ziel-Port	NAT: Ziel-IP-neu:Ziel-Port-neu
217.13.78.89:80	217.0.116.125:61000	192.168.0.5:5007
83.133.96.74:80	217.0.116.125:61001	192.168.0.6:5008
195.85.134.14:80	217.0.116.125:61002	192.168.0.7:5009

[1] **to masquerade**: engl. sich maskieren, verkleiden

Vor- und Nachteile einer Proxy-Firewall:

Vorteile:	Nachteile:
■ **Direkte TCP-Verbindungen zwischen Client und Server werden verhindert.**	■ **Aufgrund der Ansiedlung auf der Transportebene und nicht auf der Anwendungsebene des ISO/OSI-Referenzmodells, können nur allgemeine Vermittlungsdienste zur Verfügung gestellt werden. Besonderheiten einzelner Anwendungsprotokolle bleiben unberücksichtigt. So sind HTML-Verbindungen nur als Ganzes kontrollierbar. Eine unterschiedliche Behandlung der übermittelten Datenpakete in Abhängigkeit der konkreten Inhalte ist jedoch nicht möglich.**
■ **für viele Dienste einsetzbar wie z. B. für Mail-, Web- und Print-Dienste**	
■ **Verbergen der Netzstruktur durch IP-Adressumsetzung**	■ **Der Einsatz einer Proxy-Firewall erfordert in der Regel eine entsprechende Konfiguration der Software auf der Clientseite, da Aufrufe, die sich an einen bestimmten Server richten, auf den Proxy-Server umzuleiten sind.**

Applikationsfilter:

Applikationsfilter arbeiten auf der Anwendungsschicht des ISO/OSI-Referenzmodells. Sie stellen im Prinzip eine Proxy-Firewall dar. Im Gegensatz zu den reinen auf der Transportschicht arbeitenden Proxies besitzen sie jedoch die Fähigkeit, die Inhalte der einzelnen Datenpakete entpacken und bzgl. des Inhalts untersuchen zu können. Ein Applikationsfilter für den FTP-Dienst kann so z. B. erkennen, welche FTP-Befehle (siehe Abschnitt 9.3.1: Protokolle des Anwendungssystems) übertragen werden, und behandelt diese dann gemäß der festgelegten Sicherheitsstrategie unterschiedlich. Werden beispielsweise Schreibzugriffe auf einen FTP-Server untersagt, so muss der Applikationsfilter das FTP-Kommando „PUT" herausfiltern.

Abb. 14.2.4-9 zeigt einen Applikationsfilter, der die Dienste HTTP, FTP, SMTP und Telnet unterstützt. Er schottet das zu schützende LAN gegen das unsichere Internet ab. Alle Nachrichten vom oder in das LAN müssen den Filter über dessen Schnittstellen passieren. Die einzelnen anwendungsspezifischen Proxies kontrollieren dann die zugehörigen Zugriffe.

TIPP

Um die Sicherheit des Rechners, auf dem sich die Firewall befindet, vor Angriffen zu erhöhen, sollte dort nur die Software installiert sein, die unbedingt für das Funktionieren der Firewall benötigt wird! Die gleichzeitige Verwendung von Firewall-Rechnern als spezielle Server, z. B. Webserver, sollte vermieden werden. Ebenso sollten keine Benutzer-Accounts über diesen Rechner verwaltet werden.

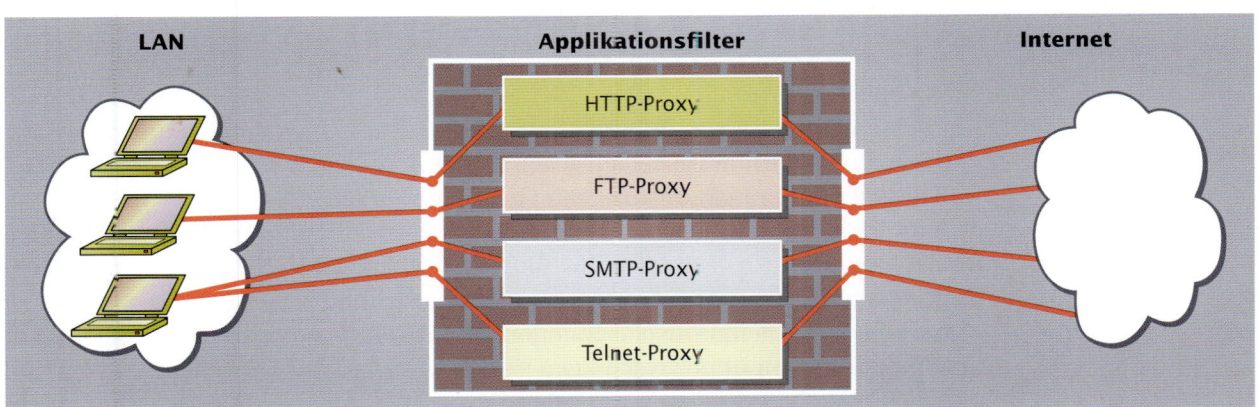

14.2.4-9 Applikationsfilter

Vorteile:

- **Durchführung von Kontrollen in Abhängigkeit der versendeten Nachrichten**
- **hohe Sicherheit**

Nachteile:

- **langsamer als Paketfilter**
- **einfache, auf der Transportschicht arbeitende Proxy-Firewalls**

Architekturen externer Firewalls:

Zur Erhöhung der Sicherheit des internen Netzes werden üblicherweise Kombinationen von Paket- und Applikationsfiltern verwendet. Hieraus ergibt sich eine Vielzahl von Möglichkeiten in der Anordnung von Firewalls. Typische Beispiele derartiger Firewall-Architekturen sind

- Dual-Homed-Firewall
- Screened-Host-Firewall
- Screened-Subnet-Firewall

Dual-Homed-Firewall[1]:

Die Dual-Homed-Firewall basiert auf einem Rechner mit zwei Netzwerkschnittstellen (Dual-Homed-Rechner), auf dem sich ein Applikationsfilter befindet (siehe Abb. 14.2.4-10).

Diese Firewall-Architektur bietet eine hohe Sicherheit, da es nicht möglich ist, mit dem Datenpaket eines Dienstes die Dual-Homed-Firewall zu durchqueren, falls der Dual-Homed-Rechner keinen Proxy für diesen Dienst enthält.

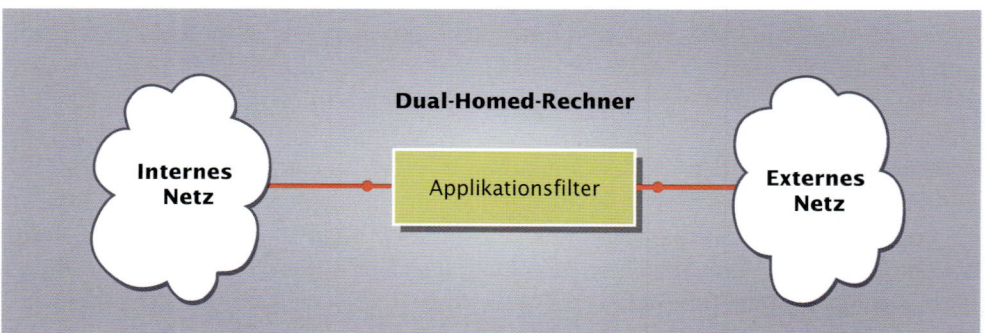

14.2.4-10 Dual-Homed-Firewall

Screened-Host-Firewall:

Die Screened-Host-Firewall enthält als Bastion-Host einen Applikationsfilter, der durch einen Paketfilter zusätzlich geschützt wird. Gegenüber der Dual-Homed-Firewall besitzt der Applikationsfilter nur einen Netzwerkanschluss und ist hierüber mit dem internen Netz verbunden. Der Paketfilter wird daher in Form eines Screening-Routers realisiert, so dass dieser den Datenverkehr aus dem externen in das interne Netz an den Applikationsfilter zur weiteren Bearbeitung weiterleitet. Der Router ist somit eine sicherheitskritische Komponente, deren Routingtabelle besonders vor unautorisierten Zugriffen zu schützen ist.

[1] **Dual Homed:** engl. Zweifach beheimatet

Im Gegensatz zur Dual-Homed-Firewall ist es bei der Screened-Host-Firewall möglich, dass der Paketfilter spezielle Datenpakete direkt an den Empfänger weiterleitet, also den Applikationsfilter umgeht. Das kann für vertrauenswürdige Dienste sinnvoll sein, für die keine Proxies innerhalb des Applikationsfilters existieren. Es birgt jedoch auch erhöhte Sicherheitsrisiken, so dass Sceened-Host-Firewalls nur dann eingesetzt werden sollten, wenn diese Flexibilität unbedingt notwendig ist.

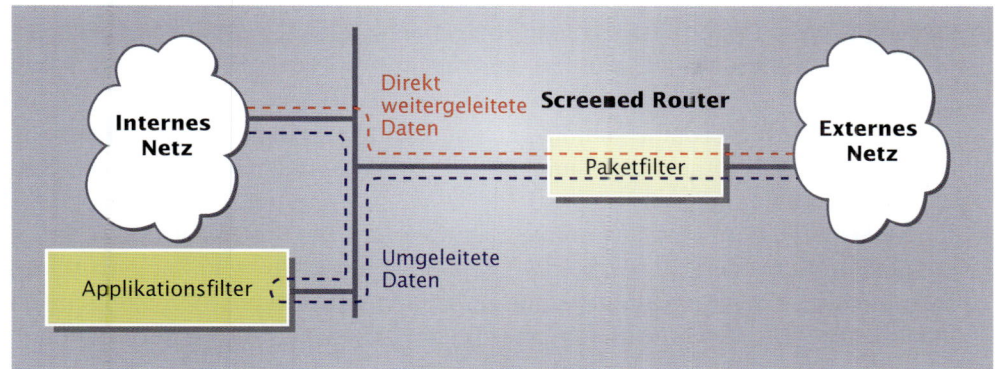

14.2.4-11
Screened-Host-
Firewall

Screened-Subnet-Firewall:

Um einen höheren Sicherheitsgrad zu erzielen, wird bei der Screened-Subnet-Firewall ein zusätzliches Netzsegment als Isolierung zwischen dem internen und dem externen Netz eingefügt. Dieses Subnetz bezeichnet man auch als „demilitarisierte Zone[1]" (DMZ). Zur Realisierung der DMZ ist dem Applikationsfilter je ein Screening Router vor- und nachgeschaltet.

Neben dem Applikationsfilter können innerhalb der DMZ noch Server enthalten sein wie z.B. ein Web-, Mail- oder FTP-Server. Durch die Einbettung dieser Server in die isolierte Zone wird erreicht, dass Angreifer, die es geschafft haben, einen dieser Server unter ihre Kontrolle zu bringen, trotzdem keinen direkten Zugriff auf das interne Netz haben. Sie müssen zunächst den Paketfilter überwinden.

Genau wie bei der Screened-Host-Firewall kann der Applikationsfilter gezielt umgangen werden, so dass die Datenpakete direkt den Servern in der DMZ zugestellt werden können. Aufgrund der DMZ ist es jedoch nicht möglich, die Datenpakete direkt zwischen dem internen und dem externen Netz auszutauschen.

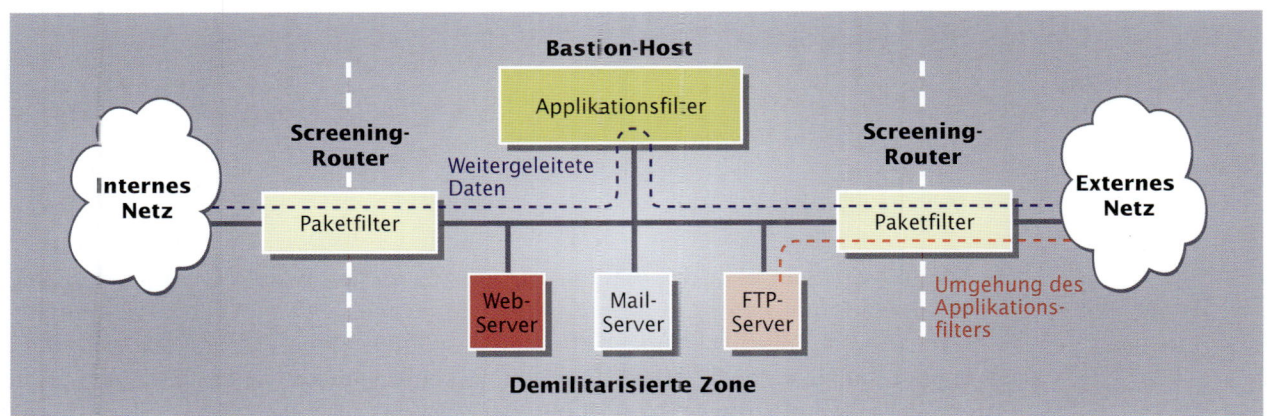

14.2.4-12 Screened-Subnet-Firewall

[1] Die Bezeichnung basiert auf dem sich zwischen Nord- und Südkorea befindenden „Niemandsland".

Grenzen von Firewalls:

Ein gut konfiguriertes Firewall-System trägt erheblich zur Steigerung der Sicherheit von Rechnernetzen bei. Eine Universallösung für alle Sicherheitsprobleme existiert damit jedoch nicht. Insbesondere sind folgende Hinweise für den Betrieb von Firewall-Systemen zu beachten:

- Das korrekte und widerspruchsfreie Konfigurieren von Firewall-Systemen ist komplex und schwierig! Zur Erstellung einer Sicherheitsstrategie für das zu schützende System sind präzise Kenntnisse über mögliche Bedrohungspotenziale, die Netzinfrastruktur sowie die von den Nutzern durchzuführenden Aktivitäten erforderlich.
- Eine Firewall erfordert eine ständige und sorgfältige Administration, damit mögliche Angriffe frühzeitig erkannt und entsprechende Schutzmaßnahmen eingeleitet werden können.
- Firewalls bieten nur einen begrenzten Schutz gegen die Einschleusung von Programmen mit schädigender Wirkung. Durch eine in die Firewall implementierte Stichwortsuche lässt sich nur der Code aufdecken, der bekannte Virenkennungen enthält. Mittels einfacher Codierungstechniken lassen sich solche Informationen jedoch bereits leicht verschleiern, so dass Programme mit schädigender Wirkung dann ungehindert die Firewall passieren können.
- Die Verwendung der Tunneltechnik (siehe Abschnitt 14.2.5: Virtual Private Networks) kann dazu missbraucht werden, die Filterregeln einer Firewall zu umgehen.

> 1. Gibt es in Ihrer Schule bzw. Ihrem Betrieb eine Firewall? Welcher Klasse und welcher Architektur ist die Firewall ggf. zuzuordnen?
> 2. Realisieren Sie mit einem Rechner einen Paketfilter. Dieser soll nur den Webdienst zulassen.

14.2.5 Virtual Private Networks[1]

> Firma Lütgens möchte ihr lokales Netzwerk, das mit dem Internet verbunden ist, vor Bedrohungen aus dem Internet schützen. So sollen z. B. keine Programme mit schädigender Wirkung aus dem Internet eingeschleust werden dürfen und keine unbefugten Zugriffe über das Internet auf das lokale Netzwerk erfolgen können.

Für den Zugriff auf entfernte Rechner bieten sich zwei Möglichkeiten an:
- Direkteinwahl über das Telefonnetz per DFÜ
- Zugang über das Internet

Die Direkteinwahl über das Telefonnetz ist sehr sicher, jedoch teuer. Der Zugang über das Internet ist dagegen preisgünstig, birgt aber ein erhebliches Sicherheitsrisiko. Um das Internet dennoch für eine geschützte Datenübertragung nutzen zu können, sind daher besondere Sicherheitsvorkehrungen notwendig. Hier bietet sich der Einsatz eines **V**irtual **P**rivate **N**etwork (VPN) an.

Zur Realisierung der geschützten Verbindung stellt das VPN eine logische Verbindung über das öffentliche Netz zur Verfügung. Da die Daten ähnlich wie bei einem Tunnel zum Zielrechner fließen, wird dieses Verfahren auch als „Tunneling" be-

[1] Virtual **P**rivate **N**etwork: engl. Virtuelles privates Netz

zeichnet. Hierbei bauen zunächst VPN-Gateways der beiden miteinander zu verbindenden privaten Netze eine TCP-Verbindung über das öffentliche Netz auf. Der eigentliche Netz-

> *Ein Virtual Private Network (VPN) ist eine Netzstruktur, die ein öffentliches Netzwerk wie das Internet zur Übertragung sensibler Daten nutzt. Da es sich um eine geschützte Verbindung handelt, verhält sich das VPN für die Anwender so, als ob ihnen das gesamte Netz zu ihrer alleinigen Verfügung steht.*

verkehr der privaten Netze wird dann als Nutzdaten über diese TCP-Verbindung transportiert (siehe Abb. 14.2.5-1). Für die Router des öffentlichen Netzes sind hierbei lediglich die IP-Adressen der VPN-Gateways sichtbar. Die IP-Adressen und die Informationen der privaten Netze erkennen sie nicht, da diese die Nutzinformationen der öffentlichen Verbindung darstellen. Im Gegensatz dazu kennen die Rechner der privaten Netze lediglich die IP-Adressen der VPN-Gateways. Die Netzwerkkomponenten, die sich zwischen den beiden Gateways befinden, kennen sie nicht.

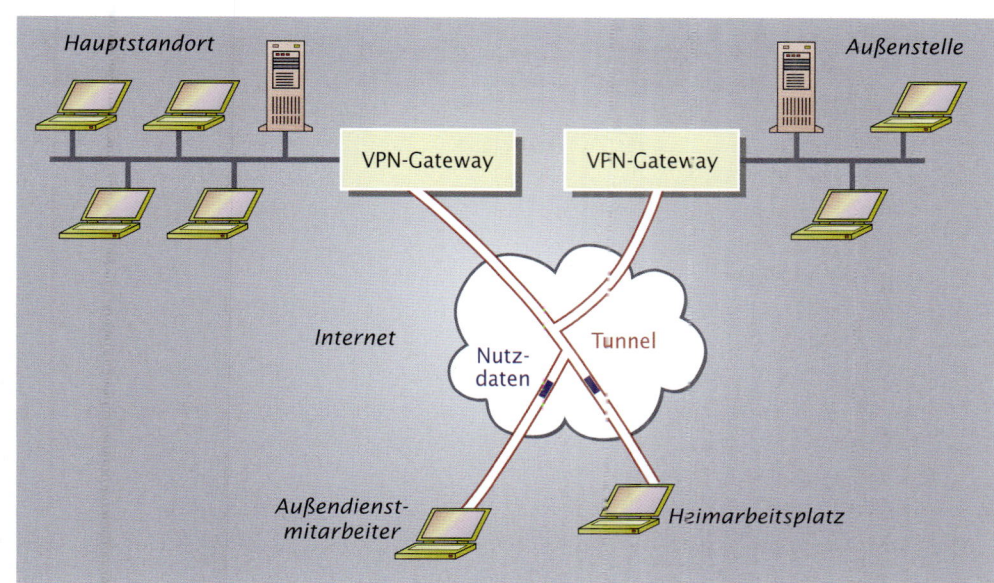

14.2.5-1
Virtual Private
Network

Die Realisierung eines Tunnels bedeutet nicht auch automatisch eine geschützte Verbindung. Hierzu sind besondere Vorkehrungen zu treffen:

- Authentifizierung:
  Damit keine feindlichen Rechner einen Tunnel zu einem VPN-Gateway aufbauen können, ist eine gegenseitige Authentifizierung der Gateways zueinander erforderlich.

14.2.5-2
IP-Tunneling

- Verschlüsselung:
  Um ein Abhören und ggf. Manipulieren der übertragenen Daten zu vermeiden, werden die Daten (meist) verschlüsselt.
- Firewall-Installation:
  Zur Erhöhung der Sicherheit lässt sich mit einfachen Mitteln eine Firewall zwischen VPN-Gateway und öffentlichem Netz installieren. Da nur die für den Aufbau des Tunnels notwendigen Ports freigeschaltet werden müssen, fallen die Filter-

regeln entsprechend einfach aus. Im Allgemeinen besitzt die Firewall jedoch keine Kontrolle über den Inhalt der versendeten Nachrichten, da die Nutzdaten der privaten Adressen doppelt verpackt sind: Zunächst befinden sie sich als Nutzdaten in den IP-Paketen des privaten Netzes, anschließend werden diese Pakete dann als Nutzdaten in die IP-Pakete des öffentlichen Netzes gepackt.

Zur Lösung dieses Problems kann eine zusätzliche Firewall zwischen dem privaten Netz und dem VPN-Gateway installiert werden. Da dort kein Tunnel vorhanden ist, können die regulären Firewallmechanismen angewendet werden.

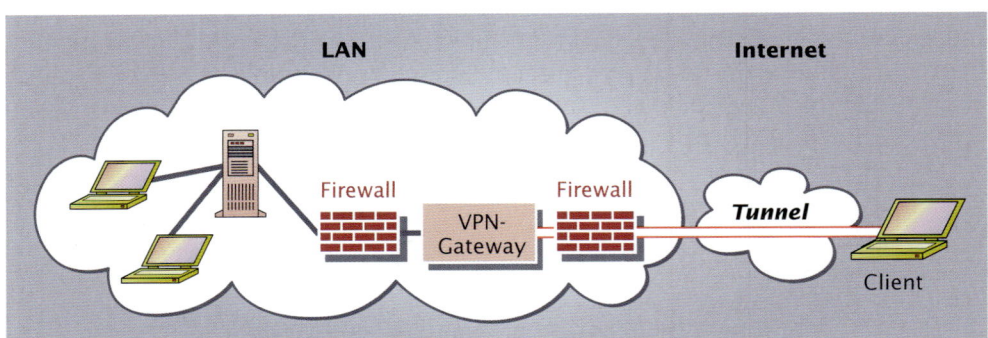

14.2.5-3 Mit Firewalls abgesichertes VPN

VPN-Konfigurationen:

Virtual Private Networks sind in unterschiedlichen Konfigurationen einsetzbar (siehe Abb. 14.2.5-4):

- Rechner-zu-Rechner (end to end):
  Die VPN-Verbindung wird ohne den Einsatz spezieller Gateways zwischen einzelnen Rechnern hergestellt. Die für den VPN-Betrieb notwendige Software befindet sich auf jedem dieser Rechner.

- Gateway-zu-Gateway (site to site):
  Hier werden komplette Netze über VPN-Gateways miteinander verbunden. Nur den Gateways sind die VPN-Protokolle bekannt. Für alle Rechner findet die Kommunikation völlig transparent statt, d.h. sie benötigen keine spezielle Software und bemerken die VPN-Verwendung nicht.

- Rechner-zu-Gateway (end to site):
  Bei dieser Konfiguration erhält ein einzelner Rechner mittels VPN-Zugang zu einem privaten Netz. Während das private Netz über einen VPN-Gateway an das öffentliche Netz gekoppelt ist, erfolgt die Anbindung des einzelnen Rechners direkt. Die für den VPN-Betrieb notwendige VPN-Software befindet sich daher auf diesem Rechner. Ein typisches Anwendungsbeispiel für diese Konfiguration ist ein Außendienstmitarbeiter, der über das Internet einen Zugang zum firmeninternen Netz erhält.

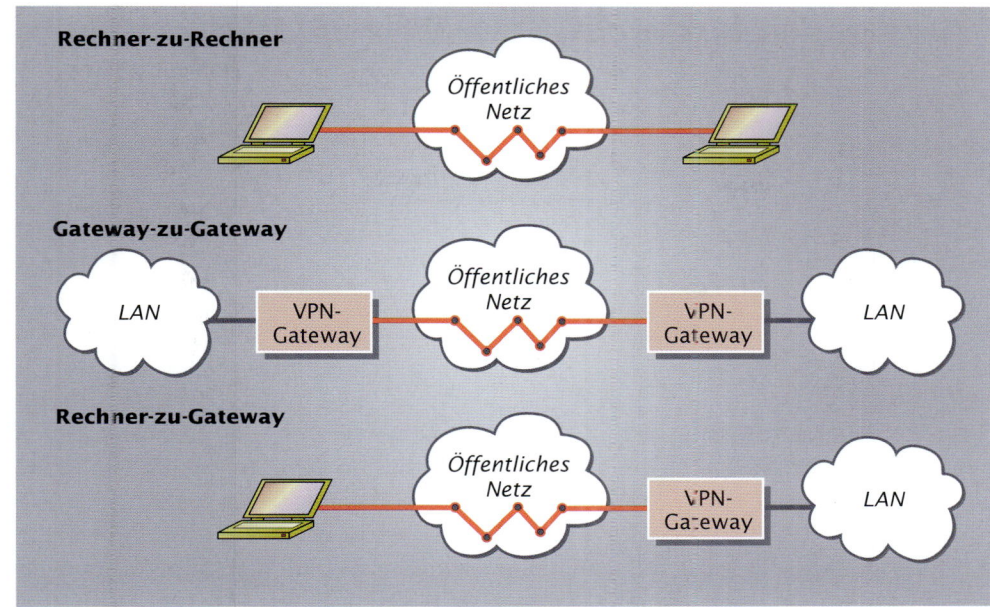

VPN-Protokolle:

Für die Realisierung einer VPN-Verbindung müssen die den Tunnel aufbauenden Systeme dasselbe Protokoll verwenden. Diese Protokolle können unterschiedlichen Schichten des ISO/OSI-Referenzmodells zugeordnet sein. Die folgende Tabelle zeigt einige verbreitete Protokolle und deren Zuordnung zu den Schichten des Referenzmodells:

Sicherungsschicht (Schicht 2)	Vermittlungsschicht (Schicht 3)	Anwendungsebene (Schicht 5–7)
• Point-to-Point Tunneling Protocol (PPTP) • Layer 2 Tunneling Protocol (L2TP) • Layer 2 Forwarding (L2F)	• IP-Security (IPsec)	• Secure Shell (SSH) • Secure Sockets Layer (SSL)

Tabelle 14.2.5-1
VPN-Protokolle

Point-to-Point Tunneling Protocol (PPTP):

PPTP (RFC 2637) wurde Ende der 90er Jahre von den Firmen Microsoft, 3Com, Ascend und USRobotics entwickelt und verwendet das auf der Schicht 2 arbeitende PPP (siehe Abschnitt 9.3.2: Protokolle des Transportsystems). Abb. 14.2.5-5 zeigt das Prinzip eines PPTP-Tunnels: Der Tunnel befindet sich zwischen zwei Komponenten, die als „PPTP-Access-Concentrator[1]" (PAC) und „PPTP-Network-Server" (PNS) bezeichnet werden. Der PAC verwaltet die Verbindungen und stellt diese zum PNS her. Er wird üblicherweise durch eine Software innerhalb des Clients oder innerhalb eines Zugangsrouters realisiert. Der PNS ist für das Routing und die Kontrolle der vom PAC empfangenen Daten zuständig.

Der Aufbau eines Tunnels wird grundsätzlich durch den PAC initiiert. Neben der eigentlichen Datenverbindung ist zwischen PAC und PNS zudem eine Verbindung zur Steuerung des Tunnels notwendig. Hierüber erfolgen der Tunnelauf- und Tunnelabbau.

[1] **PPTP Access Concentrator**: engl. PPTP-Zugriffskonzentrator

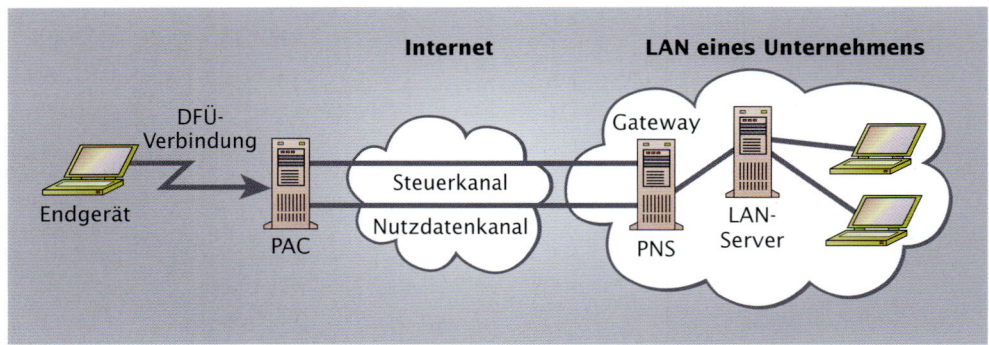

14.2.5-5 Prinzip eines PPTP-Tunnels zwischen Endgerät und Gateway eines Unternehmens

Schicht-2-Tunnelprotokolle wie das PPTP versehen Schicht-2-Frames mit einem Schicht-3-Header. Sie sind hinsichtlich der Schicht 3 multiprotokollfähig und können so neben IP- z. B. auch IPX- oder NetBIOS-Datenpakete übertragen. Abb. 14.2.5-6 zeigt, wie bei PPTP die Daten der Schicht 7 zunächst schrittweise in ein PPP-Frame der Schicht 2 gepackt werden. Anschließend geht es wieder schichtaufwärts und der PPP-Frame wird in einem Schicht-3-PPTP-Paket gekapselt. Dann erst erfolgt das Erzeugen der endgültigen Schicht-2-Frames und deren Übertragung über das Internet.

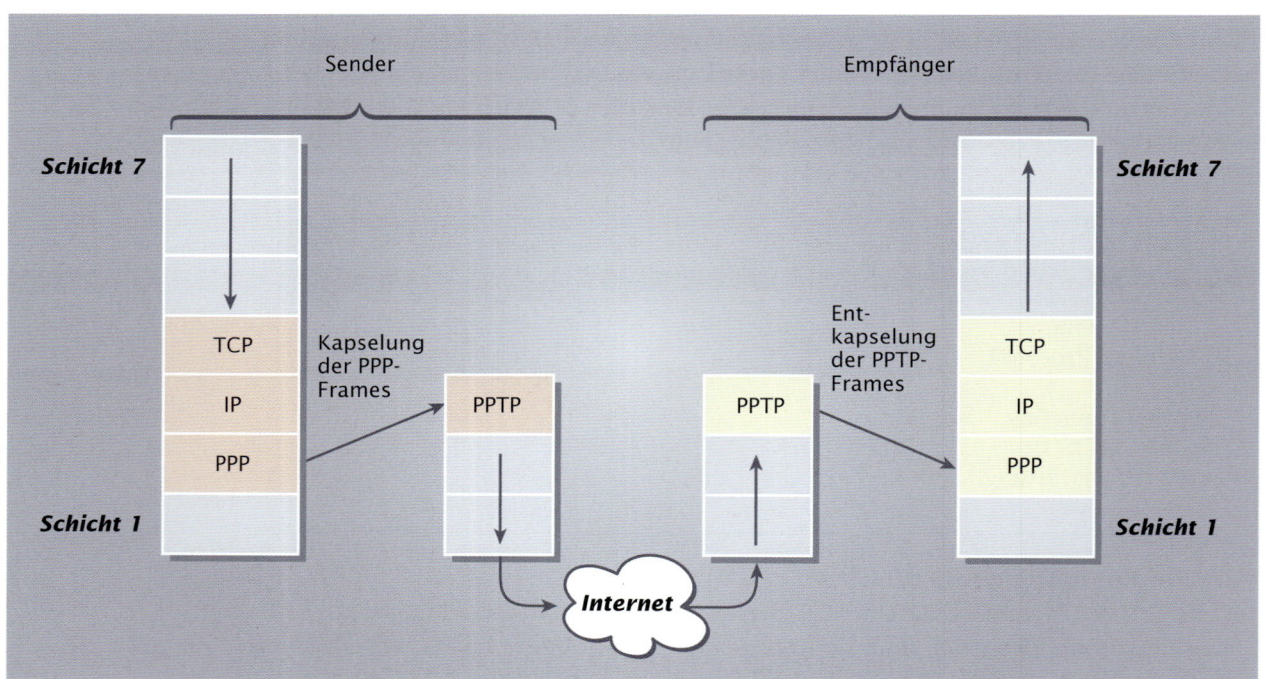

14.2.5-6
Datenübertragung
mittels PPTP

Dem PPTP liegt das „Generic-Route-Encapsulation-Verfahren[1]" (GRE, RFC 1701, RFC 1702) zugrunde, das von der Firma Cisco entwickelt wurde, um verschiedenste Protokolle in IP zu kapseln. GRE stellt einem Datenpaket einen speziellen GRE-Header voran, in dem Informationen über die verwendeten Tunnel- und Verschlüsselungsalgorithmen hinterlegt werden.

Innerhalb von PPTP wird ein PPP-Paket in ein GRE-Paket gekapselt. Dieses wiederum wird mit einem angepassten IP-Header versehen. In dem IP-Header befinden sich dann die Transportinformationen über den Tunnel, wie z. B. die IP-Adresse des Tunnelendpunkts. Ein PPTP-Header besteht somit aus einem GRE- und einem IP-Header (siehe Abb. 14.2.5-7).

[1] **Encapsulation:** engl. Einkapseln

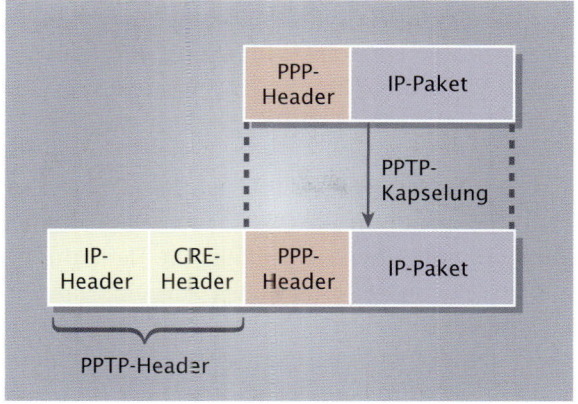

14.2.5-7 PPTP-Kapselung

Für eine gesicherte Datenübertragung innerhalb des Tunnels besitzt PPTP selbst keine Mechanismen. Diese Funktion wird daher vom PPP und dessen Unterprotokollen übernommen. So erfolgt die Benutzerauthentifizierung über eines der folgenden Protokolle:

- „**P**assword **A**uthentication **P**rotocol" (PAP):
  PAP ist ein einfaches Klartext-Authentifizierungsverfahren, d. h. Benutzername und Passwort werden unverschlüsselt übertragen. Dieses Verfahren gilt als nicht sicher, da ein Dritter ohne großen Aufwand Benutzernamen und Passwort abfangen und verwenden könnte, um selbst Zugriff auf die entsprechenden Ressourcen zu erhalten.

- „**C**hallenge **H**andshake **A**uthentication **P**rotocol" (CHAP):
  CHAP ist ein verschlüsseltes Authentifizierungsverfahren. Der Server, auf den zugegriffen werden soll (bei PPTP der PNS), sendet hierbei eine „Herausforderung" (engl. challenge) an den aufrufenden Rechner (bei PPTP der PAC). Die Herausforderung besteht aus einer Sitzungsnummer sowie einer zufälligen Wortkombination. Der aufrufende Rechner erzeugt aus diesen Angaben und dem Passwort dann einen Hashwert (siehe Abschnitt 14.2.3: Digitale Signatur). Der Hashwert wird anschließend zusammen mit dem Benutzernamen an den Server zurück gemeldet. Da der Server das Klartext-Passwort kennt, kann er ebenfalls den Hashwert bilden und diesen mit dem Hashwert der Rückmeldung vergleichen. Bei einer Übereinstimmung ist die Authentifizierung erfolgreich. Das Bilden des Hashwertes erfolgt mit dem „MD5-Hashing-Algorithmus".

- „**M**icrosoft **C**hallenge **H**andshake **A**uthentication **P**rotocol" (MS-CHAP):
  Die Firma Microsoft hat CHAP erweitert, indem sich bei MS-CHAP nicht nur der Client gegenüber dem Server authentifizieren muss, sondern auch der Server gegenüber dem Client. Zur Hashwertbildung wird anstatt von MD5 der ältere MD4-Hashing-Algorithmus verwendet.

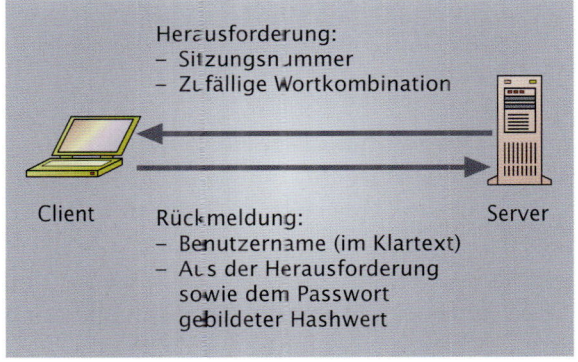

14.2.5-8 Benutzerauthentifizierung mittels CHAP

Die Gewährleistung der Vertraulichkeit findet ebenfalls auf der PPP-Ebene statt. Hierzu werden eine RSA- und eine DES-Verschlüsselung eingesetzt (siehe Abschnitt 14.2.2: Verschlüsselung). Firma Microsoft bezeichnet dieses Vorgehen als „Point-to-Point-Encryption[1]" (MPPE).

Layer 2 Forwarding[2] (L2F):

Das L2F-Verfahren (RFC 2341) wurde gemeinsam von den Firmen Cisco, Northern Telekom und Shiva entwickelt. Die Bedeutung von L2F ist in der letzten Zeit stark zugunsten von PPTP und L2PT zurückgegangen.

Genau wie PPTP ermöglicht L2F den Aufbau eines VPN über ein öffentliches Netz, indem ein Tunnel zwischen einem Client und einem VPN-Server eingerichtet wird. Für L2F ist eine Wählverbindung vom Endgerät bis zum Internet Service Provider (ISP) notwendig.

Da L2F im Gegensatz zu PPTP nicht nur an die Verwendung des IP gebunden ist, existiert bei L2F eine größere Protokollfreiheit als bei PPTP. So kann L2F z. B. zusammen mit ATM, HDLC oder FDDI verwendet werden. Des Weiteren unterstützt L2F im Gegensatz zu PPTP mehrere Verbindungen gleichzeitig. Das wird erreicht, indem in der aufgebauten Tunnelverbindung mehrere logische Kanäle geschaltet werden. Damit kann beispielsweise das LAN einer Unternehmensfiliale über nur eine Wählverbindung mit dem LAN des Firmenhauptsitzes verbunden werden. Abb. 14.2.5-9 zeigt als Beispiel zwei Clients, die über eine Wählverbindung mit dem ISP verbunden sind und gleichzeitig Zugang zu dem LAN ihres Unternehmens über einen L2F-Tunnel haben. Der eigentliche L2F-Tunnel wird hierbei nur zwischen dem ISP und VPN-Gateway des Unternehmens aufgebaut.

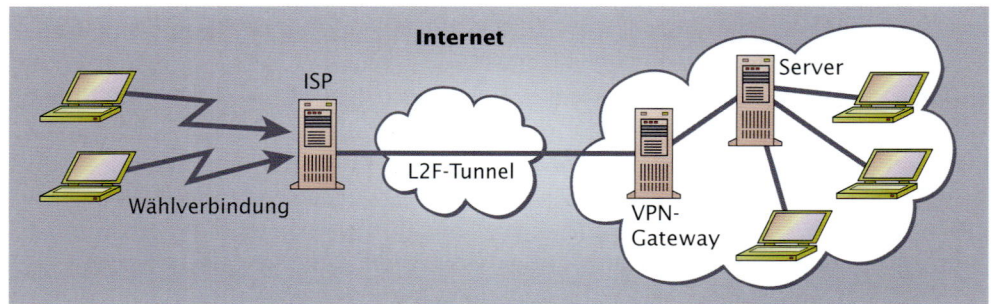

14.2.5-9
L2F-Tunnel

Zur Authentifizierung der Benutzer wird ebenso wie beim PPTP auf PPP zurückgegriffen. Die Authentifizierung erfolgt hierbei sowohl bei der Einwahl zum ISP als auch beim VPN-Gateway. L2F unterstützt keine Verschlüsselung der Daten. Nachteilig gegenüber anderen VPN-Protokollen ist auch die fehlende Flusskontrolle bei der Datenübertragung.

Layer 2 Tunneling Protocol (L2TP):

L2TP (RFC 2661) wurde maßgeblich von der Firma Cisco entwickelt und ist das derzeit am meisten verwendete VPN-Protokoll. L2TP vereint die Vorteile von PPTP und L2F. So basiert die Datenübertragung z. B. auf PPP, und es können mehrere Tunnel parallel verwendet werden. Die Benutzerauthentifizierung erfolgt mittels PAP/CHAP. L2TP bietet keine eigenen Verschlüsselungsmechanismen. Es ist jedoch möglich, die Verschlüsselung über andere Protokolle, wie z. B. IPsec (siehe unten), einzubinden, so dass dann ein umfassender Schutz gewährleistet ist.

Ähnlich wie bei PPTP werden bei L2TP zwei Arten von Nachrichten übertragen: Steuernachrichten und Datennachrichten. Im Gegensatz zu PPTP ist es bei L2TP

[1] **encryption:** engl. Verschlüsselung
[2] **Layer 2 Forwarding:** engl. Schicht-2-Weiterleitung

jedoch nicht notwendig, hierfür zwei Kanäle zur Verfügung zu stellen. Stattdessen werden beide Nachrichtenarten über eine Verbindung geführt.

L2TP beinhaltet eine Flusskontrolle bei der Datenübertragung, die den Netzverkehr gering hält und weitestgehend Kollisionen im Netzverkehr vermeidet.

Eine L2TP-Architektur gliedert sich in zwei Systeme: Den L2TP Access Concentrator (LAC) und den L2TP Network Server (LNS). Der LAC verwaltet die Verbindungen und stellt diese zum LNS her. Der LNS ist für das Routing und die Kontrolle der vom LAC empfangenen Pakete zuständig.

Für den Aufbau eines L2TP-Tunnels gibt es zwei Möglichkeiten (siehe Abb. 14.2.5-10):

- Zwischen einem Client und dem LAC wird eine PPP-Verbindung z. B. mittels DFÜ hergestellt. Der LAC wird in diesem Fall durch eine Software innerhalb eines Zugangsrouters realisiert. Der LAC tunnelt die PPP-Daten dann zum LNS, der die Daten entkapselt und zum Zielrechner innerhalb eines LAN sendet.
- Zur direkten Unterstützung von L2TP auf einem Client, wird der LAC als Software in den Client integriert. Die Daten werden dann ebenfalls mittels PPP zum LNS gesendet.

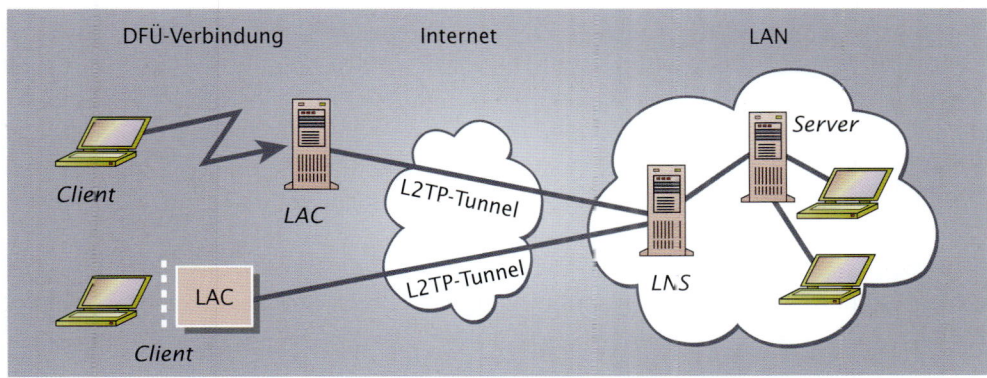

14.2.5-10
Möglichkeiten der Realisierung eines L2TP-Tunnels

IP-Security (IPsec):

IP-Security[1] (IPsec, RFC 2401-2412) ist eine Erweiterung des Internet-Protokolls und arbeitet daher auf der Schicht 3 des ISO/OSI-Referenzmodells. IPsec ist fester Bestandteil von IPv6. Für IPv4 ist es dagegen eine optionale Erweiterung. Folgende Sicherheitsdienste stellt IPsec zur Verfügung:

- Zugriffskontrolle:
  Festlegung der Rechner, die an der Verbindung teilnehmen dürfen.
- Authentifizierung:
  Überprüfung, ob ein IP-Paket tatsächlich vom angegebenen Absender stammt.
- Vertraulichkeit:
  Verhinderung des Mithörens durch Datenverschlüsselung.
- Gewährung von Integrität:
  Erkennen von unberechtigt veränderten IP-Paketen.
- Schutz vor Replay-Attacken:
  Angreifer können einen Rechner nicht durch Aufzeichnen eines Dialogs dazu verleiten, eine bestimmte Aktion zu wiederholen.

IPsec ist nicht ein einzelnes Protokoll, sondern stellt eine komplette Sicherheitsarchitektur dar. Folgende Elemente gehören zu IPsec:

- Protokoll „Authentication Header" (AH):
  Dieses Protokoll hat im Wesentlichen die Aufgaben, die Authentizität des

[1] **Security:** engl. Sicherheit
[2] **Replay:** engl. Wiederholung

Paketabsenders und die Datenintegrität zu gewährleisten sowie Replay-Attacken zu verhindern.

- Protokoll „Encapsulation Security Payload[1]" (ESP):
Das ESP-Protokoll ermöglicht zusätzlich zu den Diensten des AH-Protokolls eine vertrauliche Datenkommunikation.
- Sicherheitsdatenbanken:
Diese Datenbanken enthalten Richtlinien zur Behandlung der IP-Pakete.
- Schlüsselmanagement mit zugehörigen Protokollen zur Datenverschlüsselung und zum Austausch von Sicherheitsparametern zwischen den Kommunikationspartnern.

IPsec kann im Transport- oder im Tunnelmodus betrieben werden. Beim Transportmodus werden lediglich der Datenteil des Original-IP-Pakets sowie ein Teil des IP-Headers mit Schutzmaßnahmen wie Verschlüsselung oder digitaler Signatur versehen. Der IP-Header mit der IP-Adresse des Zielrechners bleibt hierbei erhalten. Da somit kein weiterer Platz für die IP-Adresse eines VPN-Gateways vorhanden ist, kann der Transportmodus nur für eine Rechner-zu-Rechner-VPN-Verbindung eingesetzt werden.

Mit Hilfe des Tunnelmodus kann ein Tunnel zwischen zwei VPN-Gateways aufgebaut werden, so dass sich diese Betriebsart für alle VPN-Konfigurationen eignet. Hierzu wird das gesamte IP-Paket, also auch der komplette IP-Header, mit Schutzmaßnahmen versehen. Zur Adressierung des VPN-Gateways wird ein neuer IP-Header erzeugt, der die IP-Adresse des Gateways enthält. Am Tunnelende wird das Original-IP-Paket dann vom VPN-Gateway entpackt und anschließend dem eigentlichen Zielrechner innerhalb des privaten Netzes zugestellt.

Der Tunnelmodus ist zwar für alle VPN-Konfigurationen einsetzbar, jedoch ist dort die Größe der Datenpakete gegenüber den im Transportmodus erzeugten Paketen höher.

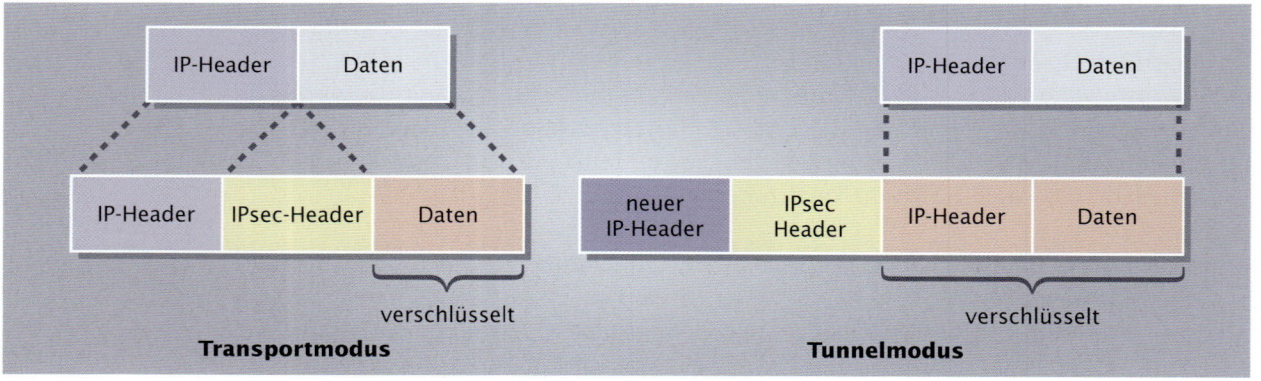

14.2.5-11
IPsec-Betriebsarten

Zur Realisierung der von IPsec angebotenen Sicherheitsdienste werden die Protokolle AH und ESP verwendet (siehe Abb. 14.2.5-12). Beide Protokolle können im Transport- oder Tunnelmodus betrieben werden.

Das AH-Protokoll wird verwendet, um die Integrität und Authentizität von IP-Paketen zu gewährleisten. Es existiert somit ein Schutz vor der unberechtigten Änderung von Daten während des Datentransports und es wird gewährleistet, dass die IP-Pakete auch tatsächlich von der angegebenen Quelle stammen. Zusätzlich unterstützt das AH-Protokoll den Schutz vor Replay-Attacken.

Das ESP-Protokoll gewährleistet zusätzlich zu den bereits vom AH-Protokoll angebotenen Diensten die Vertraulichkeit der übertragenen Daten, d. h. den Schutz vor

[1] **Encapsulation Security Payload:** engl. Verkapselte Sicherheits-Nutzlast

dem Abhören der Daten. Die vom ESP-Protokoll erzeugten IP-Pakete sind jedoch größer als die Datenpakete des AH-Protokolls.

AH-Protokoll im Transportmodus:
Im Transportmodus fügt das AH-Protokoll zwischen dem IP-Header und den Daten einen eigenen AH-Header ein. Hierin befinden sich die zur Abwicklung der gesicherten Übertragung notwendigen Informationen. So wird z. B. zur Gewährleistung der Authentizität und der Integrität des IP-Pakets ein MAC-Wert (Message Authentication Code, siehe Abschnitt 14.2.3: Digitale Signatur) aus Teilen des IP-Headers[1] sowie den vollständigen Nutzdaten gebildet und im AH-Header abgelegt.

AH-Protokoll im Tunnelmodus:
Zum Aufbau des Tunnels wird ein neues IP-Paket gebildet. Das ursprüngliche IP-Paket ist hierbei der Datenteil des neuen Pakets. Die IP-Adresse des VPN-Gateways, das das Tunnelende darstellt, wird in einen neuen IP-Header eingetragen. Ebenso wie im Transportmodus fügt das AH-Protokoll einen eigenen AH-Header zur Übertragung der protokolleigenen Informationen ein. Der Vorteil gegenüber dem Transportmodus besteht darin, dass nun neben dem Datenteil auch der komplette Header des Original-IP-Pakets geschützt werden kann. Nachteilig ist lediglich die größere Paketlänge.

ESP-Protokoll im Transport- und Tunnelmodus:
Im Gegensatz zum AH-Protokoll, gewährleistet das ESP-Protokoll die Vertraulichkeit der übertragenen Daten, indem diese verschlüsselt übertragen werden. ESP unterstützt verschiedene Verschlüsselungsalgorithmen wie z. B. DES oder CDMF[2].

[1] Einige Felder des **IP-Headers** ändern sich während des Transportweges und können somit nicht zur Bildung des MAC-Wertes verwendet werden. Die sich ändernden Felder sind: Type of Service (TOS), Flags, Fragment Offset, Time to Live (TTL), Header Checksum.
[2] **CDMF** = **C**ommercial **D**ata **M**asking **F**acility: engl. kommerzielle Daten-Verschleierungsmöglichkeit

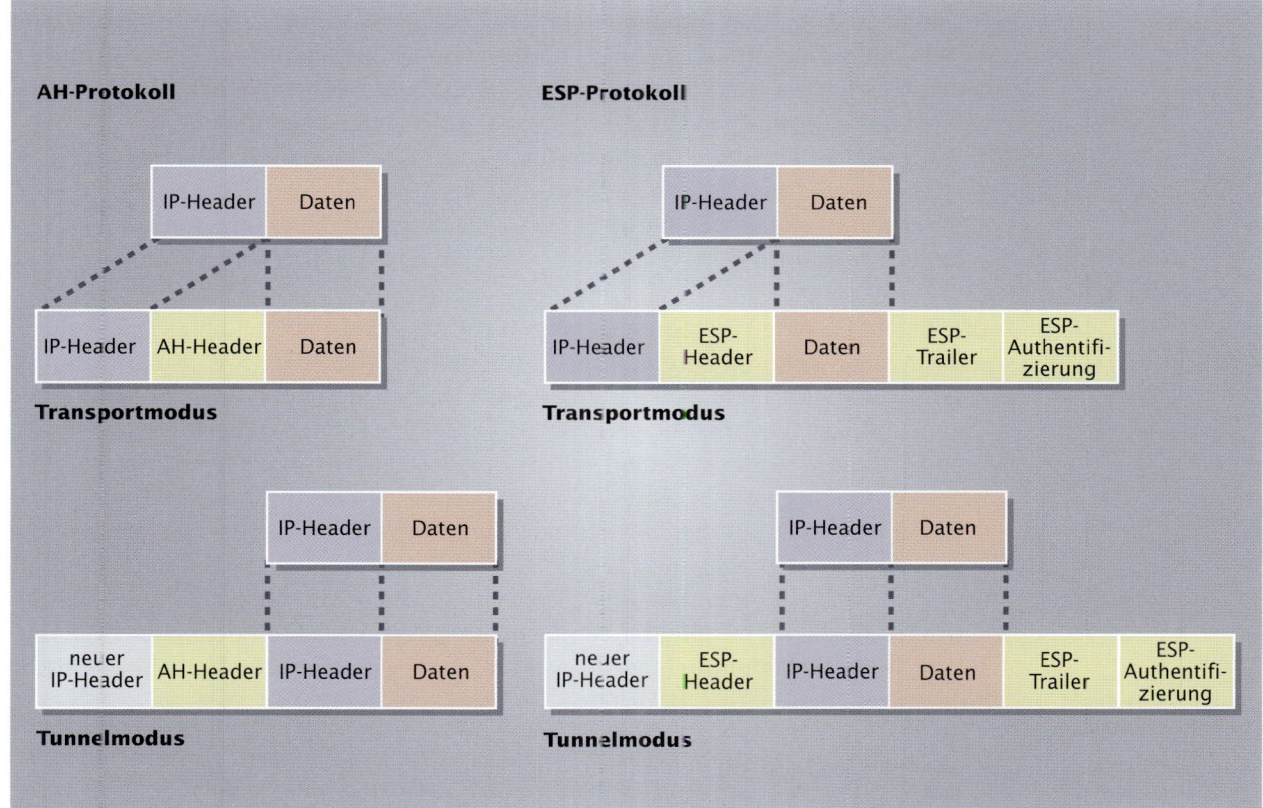

14.2.5-12 IP-Pakete des AH- und ESP-Protokolls

Neben einem ESP-Header fügt das ESP-Protokoll dem IP-Paket noch zwei weitere Blöcke mit der Bezeichnung ESP-Trailer[1] und ESP-Authentication hinzu. Der ESP-Header enthält u. a. einen Datenbankverweis auf die Stelle, die den verwendeten Verschlüsselungsalgorithmus angibt. Der ESP-Trailer dient der Anpassung des Datenfeldes an bestimmte Größen, die von dem jeweils verwendeten Verschlüsselungsalgorithmus abhängen. Der Block ESP-Authentication enthält schließlich den zur Gewährleistung der Authentizität und Integrität des IP-Pakets notwendigen MAC-Wert. Transport- und Tunnelmodus unterscheiden sich hier ebenso wie beim AH-Protokoll darin, dass der Transportmodus neben den Nutzdaten nur Teile des Original-IP-Headers schützt, während der Tunnelmodus eine sichere Übertragung des kompletten IP-Pakets erlaubt.

Zur Gewährleistung von geschützten Datenübertragungen beinhaltet IPsec ein vollständiges Sicherheitskonzept. Hierbei legt der Systemadministrator fest, wie die unterschiedlichen Verbindungen zu behandeln sind. So können IP-Pakete
- verworfen werden,
- ohne eine Behandlung durch IPsec weitergeleitet werden,
- durch IPsec behandelt werden.

Diese Informationen werden in einer speziellen Datenbank, der „Security Policy Database[2]" (SPD), abgelegt. Sollen die Pakete durch IPsec behandelt werden, so sind durch den Administrator weitere Details festzulegen. Hierzu gehören u. a.:
- Sicherheitsprotokoll (AH oder ESP)
- Betriebsart (Transport- oder Tunnelmodus)
- Verschlüsselungsverfahren

Diese Angaben sind Bestandteil einer „Security Association" (SA), die ein Satz von Regeln und Informationen ist und von IPsec für die Durchführung der geschützten Datenübertragung benötigt wird. Weitere nicht vom Administrator eintragbare Angaben innerhalb einer SA sind:
- Schlüssel zur Ver- und Entschlüsselung
- ein Index zur Identifizierung eines SAs. Dieser befindet sich zusätzlich im Header des verwendeten Sicherheitsprotokolls und wird daher innerhalb eines IP-Pakets transportiert.

Die Regeln für eine Verbindung müssen nicht für jede Übertragungsrichtung gleich sein. Deshalb gehören zu einer Verbindung mindestens zwei SAs: Eine für eingehende Datenpakete und eine für ausgehende Datenpakete. Alle SAs werden in einer Datenbank, der „Security Association Database" (SAD) gespeichert.
Eine SA muss jeweils von beiden Kommunikationspartnern unterstützt werden. Beim Verbindungsaufbau wird deshalb zwischen den Partnern eine SA ausgehandelt. Für mögliche Alternativen der einzelnen SA-Werte ist von den Systemadministratoren eine entsprechende Liste bereitzustellen. Das Aushandeln der SA erfolgt mit Hilfe des „Internet Security Association and Key Management Protocols" (ISAKMP). ISAKMP beschreibt jedoch nur die allgemeine Vorgehensweise. Die Umsetzung erfolgt dann mittels weiterer Protokolle wie dem Protokoll „Internet Key Exchange[3]" (IKE).

Security Shell (SSH):
Mit dem auf der Anwendungsschicht des ISO/OSI-Referenzmodells arbeitenden Protokoll SSH (RFC 4250-4256) lassen sich beliebige TCP/IP-Verbindungen tunneln. Es

[1] **trailer:** engl. Anhänger
[2] **Security Policy Database:** engl. Sicherheits-Richtlinien-Datenbank
[3] **Internet Key Exchange:** engl. Internet-Schlüssel-austausch

gewährleistet die Vertraulichkeit und die Integrität der zu übertragenden Daten und verlangt eine Authentifizierung der Kommunikationspartner. SSH wird hauptsächlich von Systemadministratoren als Ersatz für unsichere Protokolle wie z. B. Telnet oder FTP verwendet, bei denen Passwörter unverschlüsselt übertragen werden. SSH wurde 1995 von dem Finnen Tatu Ylönen entwickelt.
Für eine SSH-Verbindung ist es notwendig, dass auf dem Zielrechner ein SSH-Server und auf dem lokalen Rechner ein SSH-Client installiert ist.

Zur Erstellung eines sicheren Tunnels zwischen SSH-Client und SSH-Server kommen unterschiedliche kryptografische Verfahren zum Einsatz:

- asymmetrische Verschlüsselung zur Authentifizierung der Kommunikationspartner
- symmetrische Verschlüsselung zur Übertragung der eigentlichen Nutzdaten innerhalb des Tunnels, da dieses Verfahren eine höhere Datenüberragungsrate zulässt

> **TIPP**
>
> Als „SSH" wird häufig nicht nur das Protokoll, sondern auch die zugehörige Client-Software bezeichnet.

Der Verbindungsaufbau wird grundsätzlich vom Client initiiert. Anschließend tauschen SSH-Client und SSH-Server Informationen über die verwendete SSH-Protokollversion aus und erzeugen einen symmetrischen Schlüssel für die Datenverschlüsselung. Um die Echtheit des SSH-Servers überprüfen zu können, erzeugt der Server beim Start ein asymmetrisches Schlüsselpaar. Der private Schlüssel ist hierbei nicht von außen abrufbar. Der öffentliche Schlüssel kann dagegen von jedem Netzteilnehmer ausgelesen werden. Um sich bei einem Verbindungsaufbau auszuweisen, signiert der Server seine Nachrichten mit seinem privaten Schlüssel. Diese Signatur kann dann nur mit dem öffentlichen Schlüssel des Servers entschlüsselt werden. Andernfalls handelt es sich nicht um den gewünschten Zielrechner. Entscheidend ist hierbei, dass der SSH-Client keinen gefälschten öffentlichen Schlüssel erhält. Ggf. sind gesonderte Maßnahmen zum Transport des öffentlichen Schlüssels vorzunehmen wie z. B. eine persönliche Schlüsselübergabe.
Nach der erfolgreichen Identifizierung des SSH-Servers steht der Tunnel mit seiner verschlüsselten Datenübertragung zur Verfügung. Anschließend haben sich die Nutzer der Verbindung auszuweisen. Das kann entweder mittels asymmetrischem Schlüsselpaar oder durch ein Passwort erfolgen.
Das SSH-Protokoll erlaubt es, in dem sicheren Tunnel beliebig viele Kanäle für die Übertragung der Nutzdaten einzurichten. So können hierüber z. B.

- Logins auf entfernte Rechner erfolgen.
- Befehle auf dem entfernten Rechner ausgeführt werden.
- Anwendungsprotokolle der TCP/IP-Familie weitergeleitet werden.

Abb. 14.2.5-13 zeigt ein SSH-Einsatzbeispiel zur Übertragung geschützter E-Mails über das Internet. Im Normalfall erfolgt die Übertragung von E-Mails mittels POP3 und SMTP im Klartext, so dass deren Integrität und Vertraulichkeit nicht gewährleistet ist. Abhilfe schafft hier die Verwendung eines SSH-Tunnels, der die geschützte Übertragung der E-Mails gewährleistet. Hierzu sind auf dem Mail-Client ein SSH-Client und auf dem Mail-Server ein SSH-Server zu installieren. Für die Protokolle POP3 und SMTP wird jeweils eine eigene Port-Adresse am SSH-Client eingerichtet. Diese Ports „horchen" ständig, ob sie angesprochen werden und Daten über sie zu übertragen sind. Sie werden deshalb auch als „Listen Ports" bezeichnet. Die von den Protokollen POP3 und SMTP stammenden Protokolldaten werden dann verschlüsselt über das Internet zum SSH-Server (Port 22) übertragen. Der SSH-Server entschlüsselt schließlich die Daten und stellt sie dem POP3- bzw. dem SMTP-Server zu.

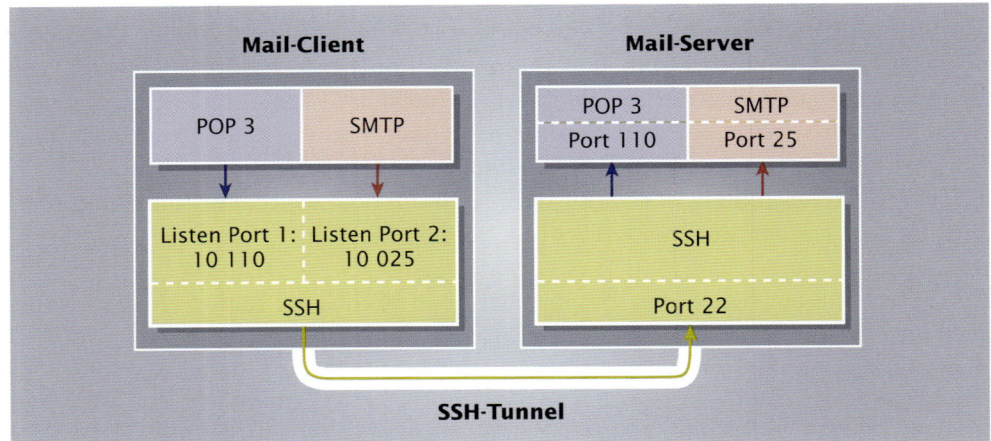

14.2.5-13
Durch SSH geschützte
E-Mail-Übertragung

Secure Sockets Layer[1] (SSL):

Das SSL-Protokoll unterstützt den Aufbau und den Betrieb verschlüsselter und authentifizierter Verbindungen. SSL wurde von der Firma Netscape entwickelt und diente ursprünglich nur der Sicherung der Kommunikation zwischen Web-Server und Web-Browser. Inzwischen lässt sich SSL jedoch auch zusammen mit anderen Protokollen wie POP3, SMTP oder Telnet betreiben. SSL ist innerhalb des ISO/OSI-Referenzmodells zwischen der Transportschicht und der Anwendungsschicht angesiedelt. Damit besteht die Möglichkeit, beliebige Protokolle der Anwendungsschicht zu verwenden.

Ebenso wie bei SSH kommen sowohl die symmetrische als auch die asymmetrische Verschlüsselung zum Einsatz:
- symmetrische Verschlüsselung der Daten
- asymmetrische Verschlüsselung der Authentifizierung von SSL-Client und SSL-Server

SSL setzt das Konzept der Zertifizierung ein, um die Authentizität von Client und Server zu garantieren. Hierbei muss von einer Zertifizierungsbehörde (Certification Authority, CA) mit einem Zertifikat bestätigt werden, dass ein bestimmter öffentlicher Schlüssel zu einem bestimmten Rechnersystem gehört. Ein Zertifikat beinhaltet sowohl den öffentlichen Schlüssel als auch eine Identifikationsnummer des Rechnersystems. Ein Zertifikat wird grundsätzlich mit dem privaten Schlüssel der CA signiert und ist damit fälschungssicher.

Möchte sich der SSL-Client von der Echtheit des Servers überzeugen, so fordert er das Zertifikat vom Server an. Da das Zertifikat mit dem privaten Schlüssel der CA signiert wurde, kann der Client das Zertifikat mit dem öffentlichen Schlüssel der CA entschlüsseln. Gelingt das jedoch nicht, so handelt es sich bei dem Zertifikat um eine Fälschung. Der entsprechende Rechner ist somit nicht der Rechner, für den er sich ausgibt.

Der SSL-Verbindungsaufbau wird grundsätzlich durch den Client initiiert. Da SSL verschiedene Kompressions- und Verschlüsselungsverfahren unterstützt, werden diese anschließend zwischen Client und Server ausgehandelt. Zur Authentifizierung des Servers fordert der Client dann das Zertifikat des Servers an. Optional kann auch der Server ein Zertifikat des Clients anfordern, um dessen Echtheit zu überprüfen. Dieses kann der Fall sein, wenn nur bestimmte Rechner einen SSL-Zugang zum Server erhalten sollen. Um bei der Übertragung der Nutzdaten die symmetrische Ver-

[1] **Secure Sockets Layer:** engl. Geschützte Sockelschicht

schlüsselung verwenden zu können, tauschen Client und Server im nächsten Schritt den zugehörigen Schlüssel aus. Der Schlüssel selbst ist hierbei wiederum asymmetrisch verschlüsselt, um nicht abgehört oder sogar manipuliert werden zu können. Anschließend erfolgt die Übertragung der eigentlichen Nutzdaten.

Das von der Firma Netscape entwickelte SSL wurde 1997 zur Weiterentwicklung und Standardisierung an die Internet Engineering Task Force (IETF) übergeben. Diese veröffentlichte 1999 daraus die Spezifikation „Transport Layer Security" (TLS, RFC 2246). Die Unterschiede zwischen der letzten SSL-Version 3.0 und der Version TLS 1.0 sind jedoch nur gering.

TIPP

Die meisten Web-Browser beinhalten bereits einen vollständigen SSL-Client. Eine SSL-Verbindung wird dann durch die Eingabe von „https://" anstatt „http://" als Protokollname initiiert.

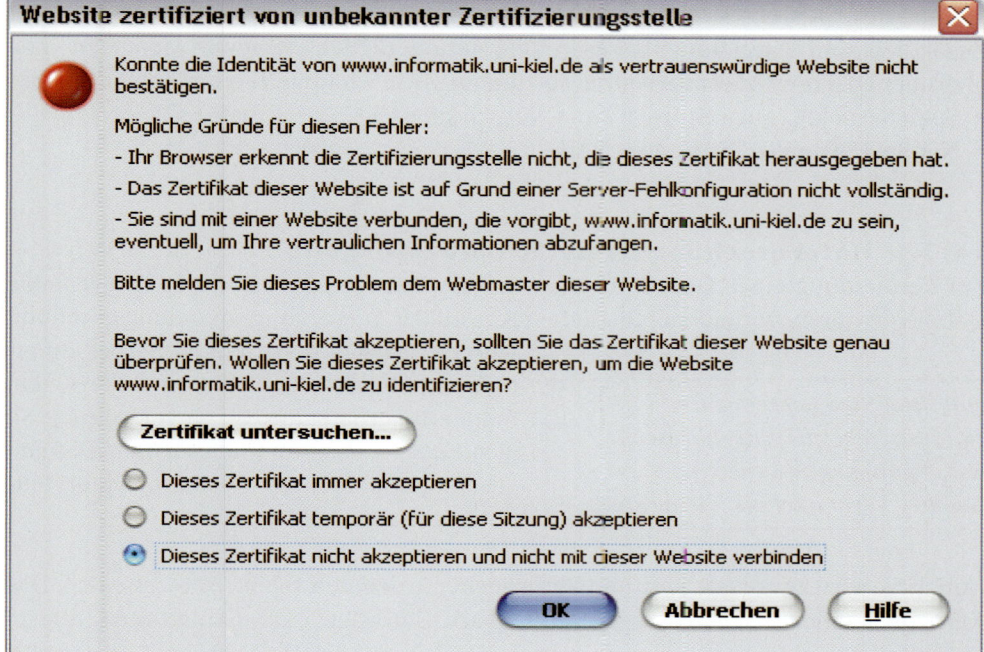

14.2.5-14
Meldung eines Web-Browsers bei nicht vertrauenswürdigem Zertifikat

1. Bauen Sie eine VPN-Verbindung zwischen einem Client und einem Server auf. Verwenden Sie hierzu ein VPN-Tunnelprotokoll Ihrer Wahl.
2. Statten Sie einen Webserver mit SSL-Funktionalität aus, so dass über einen Webbrowser mittels SSL und Zertifikat auf den Server zugegriffen werden kann. Frei verfügbare SSL-Software finden Sie z. B. unter der Adresse http://www.openssl.org.
   Hinweis:
   Viele Linuxdistributionen enthalten bereits vorkonfigurierte SSL-Module für den Apache-Webserver.

14.3 Datensicherheitskonzepte

Fast alle Geschäftsdaten der Firma Lütgens werden mittels EDV bearbeitet und sind von den Mitarbeitern über das Netzwerk zugänglich. Um bei einem Ausfall des IT-Systems nicht alle Daten zu verlieren, wird die Firma B@ltic Networks GmbH beauftragt, ein entsprechendes Datensicherheitskonzept zu entwickeln.

Technisches Versagen ist ein hohes Gefährdungspotenzial für Daten. So kann z. B. der Ausfall einer Festplatte oder sogar eines kompletten IT-Systems zu einem völligen Datenverlust führen. Eine wesentliche Aufgabe von Systemadministratoren ist es daher, Maßnahmen zur Minimierung dieser Gefahren zu ergreifen. Um den Verlust benutzerspezifischer Daten zu verhindern, sind innerhalb von Netzwerken insbesondere die Server zu schützen.

Wichtige Maßnahmen zur Minimierung der Gefahren des Datenverlustes aufgrund technischen Versagens sind der Einsatz von

- **U**nterbrechungsfreien **S**trom**v**ersorgungen (USV)
- Backup-Systemen
- RAID-Systemen

Zusätzlich sind Maßnahmen zu ergreifen, um die täglich steigende Menge zu speichernder Daten effizient verwalten zu können. Zwei wichtige Technologien sind hier

- Speichernetze (engl. **S**torage **A**rea **N**etworks, SAN)
- **N**etwork **A**ttached **S**torages (NAS)

14.3.1 Unterbrechungsfreie Stromversorgung

Zur Vermeidung eines Datenverlustes müssen insbesondere Rechner, die sensible Daten verwalten, vor einem plötzlichen Ausfall der Versorgungsspannung geschützt werden. Dieses betrifft z. B. Server innerhalb von Netzwerken. Sie sind bei einem Fehler innerhalb der Stromversorgung so abzusichern, dass zumindest offene Dateien geschlossen und die Rechner sicher herunterfahren werden können.

> *Eine unterbrechungsfreie Stromversorgung[1] (USV) ist ein Stromversorgungssystem mit Energiespeicher, das bei Ausfall der Versorgungsspannung eine Versorgung des angeschlossenen Verbrauchers sicherstellt.*

Eine USV wird zwischen Netz und Verbraucher geschaltet (siehe Abb. 14.3.1-1). Das Kernstück einer USV sind wiederaufladbare Batterien (Akkumulatoren), die im Fehlerfall für einen gewissen Zeitraum die Versorgung der Verbraucher gewährleisten.

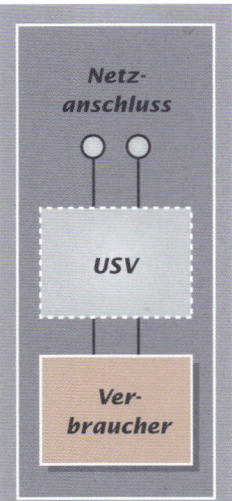

14.3.1-1 USV-Betrieb

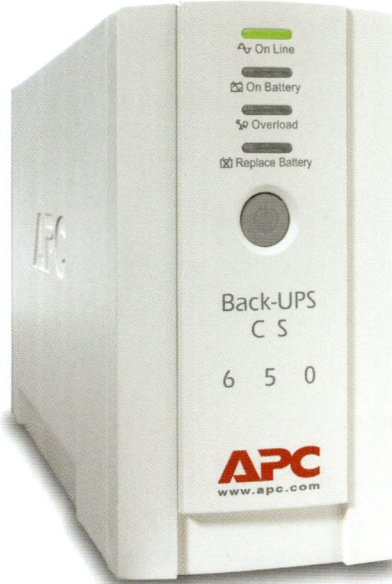

14.3.1-2 USV

[1] engl. Uninterruptable Power Supply, Uninterruptable Power Source (UPS)

Die folgende Tabelle gibt gemäß der Norm IEC 62040-3 einen Überblick über Arten von Netzstörungen, vor denen eine USV möglichst schützen sollte:

Bezeichnung der Störung	Dauer der Störung	Verlauf
Netzausfälle	mehr als 10 ms	
Spannungsschwankungen	weniger als 16 ms	
Spannungsspitzen	4 ms bis 16 ms	
Spannungsstöße	weniger als 4 ms	
Unterspannungen	fortlaufend	
Überspannungen	fortlaufend	
Blitzeinwirkungen	sporadisch	
Frequenzschwankungen	sporadisch	
Spannungsverzerrungen	periodisch	
Spannungsoberschwingungen	fortlaufend	

Tabelle 14.3.1-1:
Mögliche Netzstörungen

Gemäß der Norm IEC 62040-3 gibt es drei Kategorien, nach denen die Leistungsfähigkeit von USVs beurteilt wird:

- Kategorie 1:
  Abhängigkeit des Ausgangssignals der USV von dessen Eingangssignal, d. h. von der Netzspannung und Netzfrequenz.
- Kategorie 2:
  Verlauf der USV-Ausgangsspannung.
- Kategorie 3:
  Verhalten der USV bei unterschiedlichen Belastungen und bei Änderung der Betriebsarten.

Kategorie 1: Abhängigkeit des USV-Ausgangssignals vom Netz

USVs können recht unterschiedlich auf Veränderungen der Netzspannung und Netzfrequenz reagieren. Nach der Norm IEC 62040-3 wird innerhalb der Kategorie 1 zwischen drei USV-Arten unterschieden:

- VFD (**V**oltage and **F**requency **D**ependent from **M**ains **S**upply[1])
  USVs, deren Ausgangsspannung und Ausgangsfrequenz abhängig von Änderungen innerhalb der Energieversorgung d. h. vom Eingangssignal sind.

- VI (**V**oltage **I**ndependent from **M**ains **S**upply[2])
  USVs, bei denen lediglich deren Ausgangsspannung unabhängig von der Energieversorgung ist.

- VFI (**V**oltage and **F**requency **I**ndependent from **M**ains **S**upply[3])
  USVs, bei denen die Spannung und die Frequenz des USV-Ausgangs unabhängig von der Energieversorgung sind.

VFD-USV:
Die einfachste USV-Art bilden VFDs. Sie bieten lediglich Schutz gegen einen totalen Netzausfall. Schwankungen der Netzspannung oder der Netzfrequenz können nicht von ihnen ausgeglichen werden. Abb. 14.3.1-3 zeigt das Blockschaltbild einer USV vom Typ VFD. Im Normalbetrieb wird der angeschlossene Verbraucher wie z.B. ein Server vom Netz gespeist. Entsprechend wirken sich Spannungs- und Frequenzänderungen am Eingang auch direkt am Ausgang aus. Bei einem Netzausfall übernimmt ein Akkumulator die Energieversorgung des Verbrauchers. Die dadurch entstehenden Schaltzeiten liegen innerhalb weniger Millisekunden und reichen für die Aufrechterhaltung der meisten Rechnersysteme aus. Das Aufladen des Akkumulators erfolgt während des Normalbetriebs über einen Ladegleichrichter. Dieser wandelt die Netz-Wechselspannung in die für den Akkumulator erforderliche Gleichspannung um. Bei einem Netzausfall benötigt der Verbraucher jedoch Wechselspannung. Daher wird die Gleichspannung des Akkumulators in diesem Fall über einen Wechselrichter wieder in eine Wechselspannung umgewandelt. Eine häufig verwendete ältere Bezeichnung für eine VFD-USV ist „Offline-USV".

[1] **Voltage and Frequency Dependent from Mains Supply:** engl. spannungs- und frequenzabhängig von der Energieversorgung
[2] **Voltage Independent from Mains Supply:** engl. spannungsunabhängig von der Energieversorgung
[3] **Voltage and Frequency Independent from Mains Supply:** engl. spannungs- und frequenzunabhängig von der Energieversorgung

VI-USV:
Gegenüber den VFD-USVs bieten VI-USVs nicht nur einen Schutz gegen totalen Netzausfall, sondern auch gegenüber Schwankungen der Netzspannung. Dieses wird durch einen zwischen Netzeingang und Verbraucher geschalteten Spannungsregler erreicht (siehe Abb. 14.3.1-4). Eine häufig verwendete ältere Bezeichnung für eine VI-USV ist „Line-Interactive-USV".

VFI-USV:
Den maximalen Schutz in der Kategorie 1 bieten USVs vom Typ VFI (siehe Abb. 14.3.1-5). Sie kompensieren sowohl Schwankungen der Netzspannung als

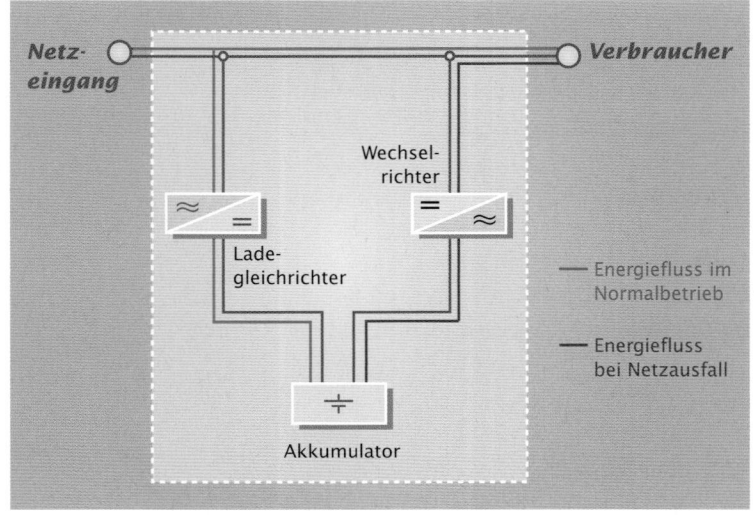

14.3.1-3 VFD-USV

auch der Netzfrequenz. Hierzu wird der Verbraucher bereits im Normalbetrieb ständig über den Akkumulator gespeist. Die fortlaufende zweimalige Wandlung der Eingangsspannung von Wechsel- in Gleichspannung (Gleichrichter) und dann wieder von der Gleich- in Wechselspannung bezeichnet man auch als „Dauerwandlerprinzip". Da bei einem Netzausfall nicht in eine andere Betriebsart der USV umgeschaltet werden muss, treten bei einer VFI im Vergleich zu VFDs und VIs keine Schaltzeiten auf.

Kategorie 2: Darstellung des Verlaufs der USV-Ausgangsspannung.
Ein Verbraucher ist im Normalfall für den Betrieb an einer sinusförmigen Netzspannung ausgelegt. Werden jedoch andersförmige Spannungen z. B. mit rechteckigem oder trapezförmigem Verlauf verwendet, ist der ordnungsgemäße Betrieb nicht bei allen Verbrauchern garantiert (siehe Abb. 14.3.1-6). USVs werden daher bzgl. der Qualität der von Ihnen erzeugten sinusförmigen Spannung beurteilt. Je besser die USV eine sinusförmige Ausgangsspannung erzeugen kann, desto höher ist die Qualität der USV. Man unterscheidet hier den Normal- und den Batteriebetrieb (d. h. Netzausfall). Innerhalb dieser beiden Betriebsarten wurden jeweils die folgenden drei Stufen gemäß der Norm IEC 62040-3 festgelegt:

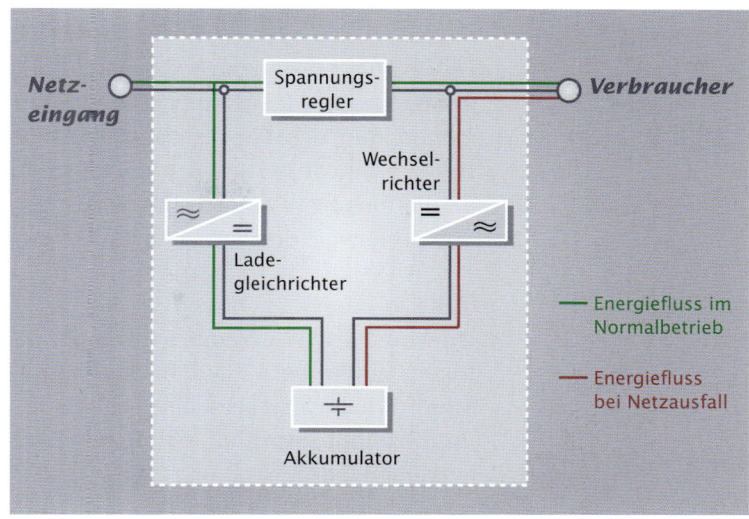

14.3.1-4 VI-USV

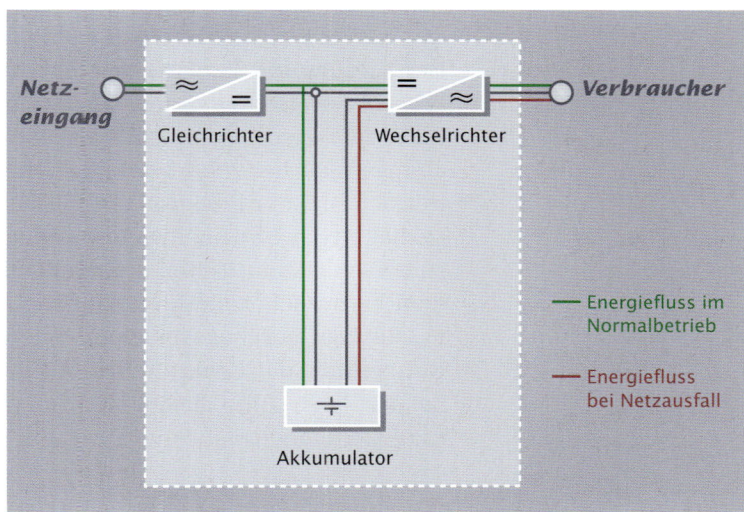

14.3.1-5 VFI-USV

Stufe 1:
Die von der USV erzeugte Ausgangsspannung ist sinusförmig. Die Verzerrung der Ausgangsspannung liegt gegenüber einem reinen sinusförmigen Signal unterhalb des Grenzwertes von 0,08 (Verzerrungsfaktor).

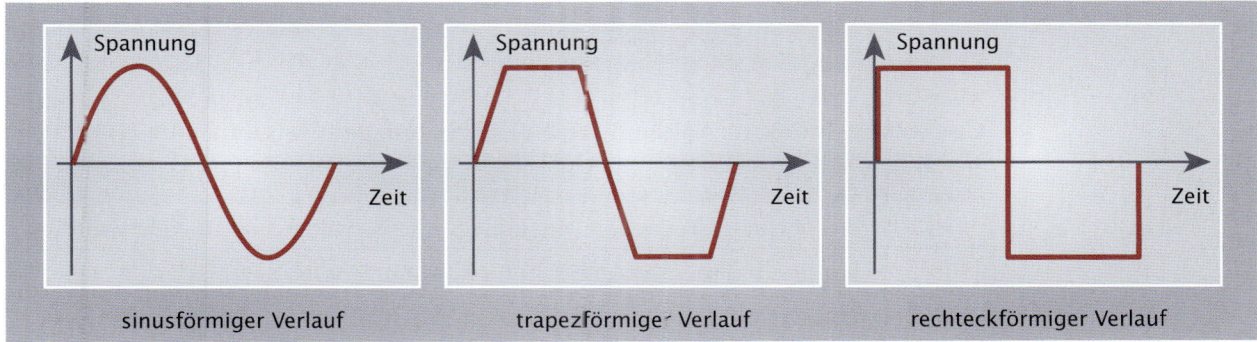

14.3.1-6 Verläufe von USV-Ausgangsspannungen

Stufe 2:

Die von der USV erzeugte Ausgangsspannung ist zwar noch sinusförmig, jedoch wird der Grenzwert des Verzerrungsfaktors von 0,08 nur bei sogenannten linearen Lasten eingehalten, d. h. bei Verbrauchern, deren Stromaufnahme ebenfalls sinusförmig ist. Bei nichtlinearen Lasten, also Verbrauchern, die eine nicht-sinusförmige Stromaufnahme besitzen, sind die Verzerrungen der USV-Ausgangsspannung so groß, dass der Grenzwert des Verzerrungsfaktors überschritten wird.

Stufe 3:

Die von der USV erzeugte Ausgangsspannung ist nicht sinusförmig.
Insbesondere bei VFD-USVs kann die Form der Ausgangsspannung rechteckförmig oder trapezförmig sein, also erheblich von der reinen Sinusform abweichen. Hier ist im Einzelfall zu prüfen, ob ein bestimmter Verbraucher mit diesen USVs überhaupt betrieben werden kann.

Kategorie 3: Verhalten der USV bei unterschiedlichen Belastungen und Änderungen der Betriebsarten.

In der Kategorie 3 werden folgende Betriebsfälle der USV untersucht:

- Betrachtung des Verlaufs der Ausgangsspannung der USV beim Umschalten zwischen zwei Betriebsarten, also Umschaltung z. B. vom Normalbetrieb in den Batteriebetrieb. Auf diese Weise ist erkennbar, ob eine USV wirklich unterbrechungsfrei arbeitet oder Schaltzeiten vorhanden sind.
- Betrachtung der Reaktion des USV-Ausgangs bzgl. Lastsprünge, d. h. es wird das Verhalten der USV bei Anschluss eines Verbrauchers (lineare Last) angegeben, der zu verschiedenen Zeiten unterschiedliche Leistungen aufnimmt. Eine USV sollte dem Verbraucher hierbei unabhängig von dessen Last eine möglichst stabile sinusförmige Ausgangsspannung liefern.
- Betrachtung der Reaktion des USV-Ausgangs bzgl. Lastsprünge bei nichtlinearen Lasten. Auch sollte die USV-Ausgangsspannung unabhängig von der Last des Verbrauchers möglichst verzerrungsfrei und stabil sein.

USV-Codierungen:

Um USVs hinsichtlich der drei IEC-Kategorien möglichst schnell beurteilen zu können, besitzen alle USVs einen aus drei Blöcken bestehenden Klassifizierungscode:

Der erste Block enthält Angaben zur IEC-Kategorie 1, Block 2 und Block 3 beschreiben das Verhalten der USV bzgl. Kategorie 2 und der Kategorie 3.

Folgende Codierungsmöglichkeiten gibt es:

Codierungsblock 1: Abhängigkeit des USV-Ausgangssignals vom Netz

Code	Beschreibung
VFI	**V**oltage and **F**requency **I**ndependent, USV-Anlage unabhängig vom Netz
VI	**V**oltage **I**ndependent, USV-Anlage abhängig vom Netz
VFD	**V**oltage and **F**requency **D**ependent, USV-Anlage ist abhängig von Netzspannung und -frequenz

Codierungsblock 2: Darstellung des Verlaufs der USV-Ausgangsspannung

Der Codierungsblock 2 besteht grundsätzlich aus zwei Buchstaben: Der erste Buchstabe enthält die Angabe zum Normalbetrieb, der zweite Buchstabe beschreibt den Batteriebetrieb.

Code	Beschreibung
S	sinusförmig
X	sinusförmig, jedoch noch nur bei linearen Lasten im Rahmen der Grenzwerte nach IEC 61000-2-2
Y	nicht sinusförmig

Beispiel: Die Codierung „SY" bedeutet z. B., dass die USV im Normalbetrieb eine sinusförmige Ausgangsspannung und im Batteriebetrieb eine nicht sinusförmige Ausgangsspannung liefert.

Codierungsblock 3: Verhalten der USV bei unterschiedlichen Belastungen und Änderungen der Betriebsarten

Der Codierungsblock 3 besteht aus drei Ziffern, die jeweils Angaben zu unterschiedlichen Betriebsfällen enthalten:

- Ziffer 1: Änderungen der Betriebsart
- Ziffer 2: Verhalten bei linearen Lastsprüngen
- Ziffer 3: Verhalten bei nichtlinearen Lastsprüngen

Code	Beschreibung
1	unterbrechungsfrei
2	Spannungsunterbrechung < 1 ms
3	Spannungsunterbrechung < 10 ms
4	Eigenschaften beim Hersteller anfragen

Beispiel: Die Codierung „111" gibt die bestmögliche Bewertung an: Die USV arbeitet in allen drei Betriebsfällen unterbrechungsfrei.

Beispiel für einen vollständigen USV-Klassifizierungscode: VFI-SS-222

- VFI:
  Die USV ist unabhängig von Spannungs- und Frequenzänderungen des Netzes.
- SS:
  Sowohl im Normal- als auch im Batteriebetrieb liefert die USV sinusförmige Ausgangsspannungen.
- 222:
  Sowohl beim Umschalten der Betriebsart (z. B. bei Netzausfall, indem vom Netz- in den Batteriebetrieb geschaltet wird) als auch bei Änderungen der Last treten kurzzeitige Spannungsunterbrechungen (weniger als 1 ms) auf.

USV-Dimensionierung:

Bei der Dimensionierung einer USV ist nach einem Netzausfall in der Regel von einer Überbrückungszeit von ca. 10 bis 15 Minuten auszugehen. Die Mehrzahl aller Stromausfälle ist im Allgemeinen innerhalb von 5 bis 10 Minuten behoben. Nach Ablauf dieser Zeitspanne bleiben somit noch ca. 5 Minuten, um die angeschlossenen IT-Systeme bei einer länger andauernden Störung herunterfahren zu können.

Damit die USV die angeschlossenen Verbraucher über einen fest definierten Zeitraum ausreichend versorgen kann, ist die Leistung zu berücksichtigen, die von diesen Verbrauchern umgesetzt wird. Hierbei sollte die USV so ausgelegt sein, dass eine Leistungsreserve von 15 % bis 25 % vorhanden ist. So sind eventuelle zukünftige Erweiterungen der IT-Systeme möglich, die an die USV angeschlossen werden sollen. Außerdem sind die in USVs enthaltenen Akkumulatoren Alterungsprozessen unterworfen, die im Laufe der Zeit zu einer Verminderung der Speicherkapazität führen. Eingeplante Leistungsreserven erfordern in diesem Fall nicht den sofortigen Austausch des Akkumulators.

USV-Management:

In den letzten Jahren hat die Einbindung von USVs in Netzwerk-Managementsysteme (siehe Kapitel 13: Netzwerkmanagement) zunehmend an Bedeutung gewonnen. Der Administrator kann die USV direkt mit Hilfe der Netzwerkmanagement-Software überwachen und so eventuelle Störungen feststellen. Konfigurationen der USV sind direkt vom Arbeitsplatz aus möglich.

> Ein auf den Vertrieb von USVs spezialisiertes Unternehmen unterbreitet Ihnen ein Angebot, das eine USV mit dem Klassifizierungscode „VFI-SS-111" und eine USV mit der Codierung „VFD-XY-223" zum gleichen Preis enthält. Für welche USV entscheiden Sie sich? Begründen Sie Ihre Entscheidung.

14.3.2 Backup-Systeme

Für die Sicherung von Daten können eine Vielzahl von Speichermedien genutzt werden. Sie unterscheiden sich vor allem in folgenden Punkten:
- Speicherkapazität
- Zugriffszeit
- Zugriffsart
- Anfälligkeit
- Preis

Magnetbänder:

Magnetbänder werden in Bandlaufwerken, den sogenannten Streamern, eingesetzt. Sie besitzen sehr hohe Speicherkapazitäten. Hierbei können zwei Optimierungsverfahren verwendet werden:

- Höhere Kapazität durch Kompression der Daten. Die Aufzeichnung und Rücksicherung der Daten benötigt jedoch relativ viel Zeit.
- Schnellerer Zugriff auf die Daten ohne Komprimierung. Dieses geht jedoch zu Lasten der maximalen Aufzeichnungskapazität.

14.3.2-1
Streamer

Magnetbänder werden vor allem bei der automatischen Sicherung sehr großer Datenbestände verwendet.

Optische Medien:

Mit der Verbreitung von CDs und DVDs werden auch optische Medien für eine Datensicherung eingesetzt. Die Speicherkapazität einer CD liegt bei 700 MB. Eine beschreibbare DVD kann zur Zeit Daten bis 8,5 GB aufnehmen.

14.3.3 RAID-Systeme

Um die Ausfallsicherheit, die Geschwindigkeit und die Speicherkapazität von Festplatten zu erhöhen, setzt man sogenannte RAID-Technologien ein (RAID: Redundant Array of Inexpensive Disks[1]).

> *Ein RAID-System dient zur Organisation zweier oder mehrerer Festplatten eines Rechners zu einem logischen Laufwerk, das*
> - *eine höhere Ausfallsicherheit und/oder*
> - *einen größeren Datendurchsatz und/oder*
> - *eine größere Speicherkapazität als eine einzige der Festplatten besitzt.*

Im Folgenden werden drei häufig angewendete Formen von RAID-Systemen erläutert:

RAID-Level 0:

Das auch als „Striping[2]" bezeichnete Verfahren des RAID-Levels 0 wird eingesetzt, um hohe Geschwindigkeiten beim Zugriff auf Festplatten zu erhalten. Die Daten werden hierbei in Blöcke aufgeteilt und auf den angeschlossenen Festplatten verteilt (siehe Abb. 14.3.3-1). Lese- und Schreibvorgänge können so in hoher Geschwindigkeit parallel auf den angeschlossenen Platten erfolgen. Der große Nachteil des RAID-Levels 0 ist die Gefahr des Datenverlustes. Fällt bereits eine Festplatte durch einen Defekt aus, führt dieses zu einem Totalausfall, da die ursprünglichen Daten nicht mehr rekonstruiert werden können.

RAID-Level 1:

Das Verfahren des RAID-Levels 1 wird auch als „Mirroring[3]" bezeichnet. Es wird eingesetzt, um eine hohe Datensicherheit zu erzielen. Hierbei werden die Daten der ersten Platte auf alle weiteren vorhandenen Platten geschrieben (siehe Abb. 14.3.3-2). Es existieren also mehrere identische Kopien der Originaldaten. Fällt eine der „gespiegelten" Platten durch einen Defekt aus, so können die anderen Platten weiterhin die Daten liefern. Ein Totalverlust erfolgt erst bei Ausfall aller angeschlossenen Festplatten. Der Nachteil des RAID-Level-1-Verfahrens besteht in der geringen Festplattenkapazität. Diese ist nur so groß wie die Kapazität, die die kleinste angeschlossene Festplatte besitzt.

RAID-Level 5:

Das Verfahren des RAID-Levels 5 wird am häufigsten angewendet. Es bietet gegenüber dem Einsatz einer einzelnen Festplatte sowohl gesteigerte Zugriffsraten als auch eine erhöhte Datensicherheit. Beim RAID-Level 5 werden Anwenderdaten und

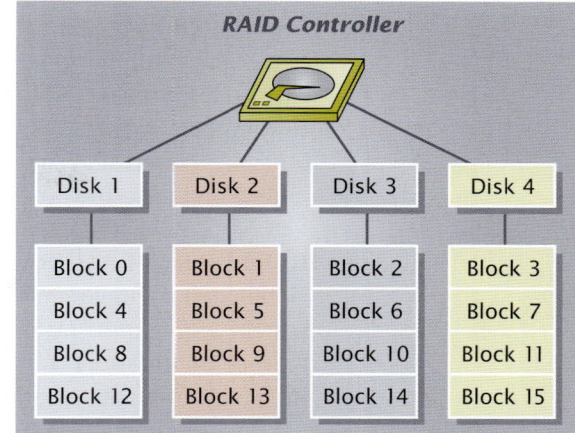

14.3.3-1 RAID-Level 0

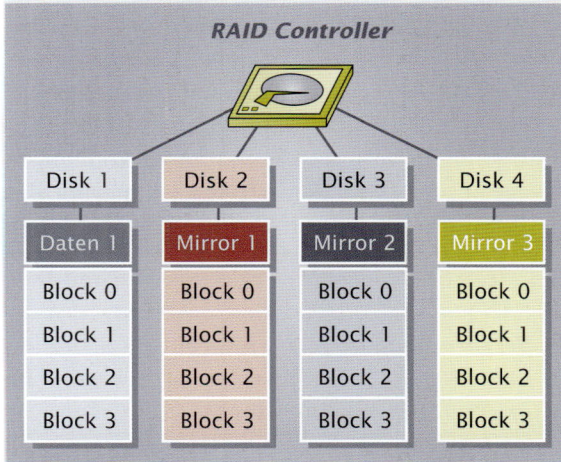

14.3.3-2 RAID-Level 1

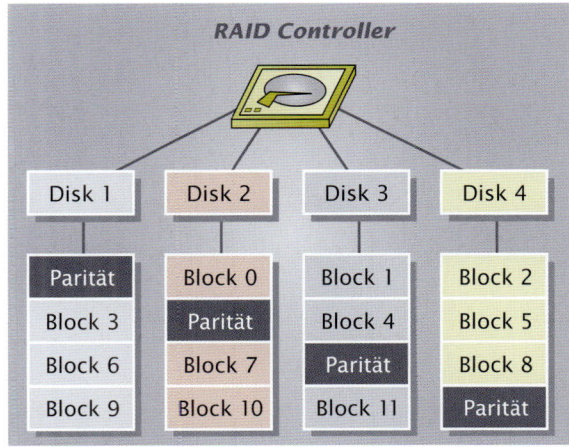

14.3.3-3 RAID-Level 5

[1] **Redundant Array of Inexpensive Disks:** engl. Redundanter Verbund kostengünstiger Festplatten

[2] **Striping:** engl. in Streifen aufteilen

[3] **Mirroring:** engl. spiegeln

sogenannte Paritätsinformationen gleichmäßig in Blöcken auf allen angeschlossenen Festplatten verteilt. Die Paritätsinformationen dienen der Rekonstruktion der Anwenderdaten bei einem eventuellen Verlust. Auf jeder Platte liegen hierbei die Paritätsinformationen des Blockbereiches einer anderen Festplatte. Beim RAID-Level 5 ist die Datensicherheit der angeschlossenen Festplatten beim Ausfall maximal einer Festplatte gewährleistet.

Kombinierte RAID-Systeme:
Neben den am meisten verbreiteten RAID-Leveln 0, 1 und 5 existieren mit den RAID-Leveln 2, 3, 6 und 7 noch weitere Systeme. Die einzelnen RAID-Systeme lassen sich hierbei miteinander kombinieren. So können z. B. mehrere Festplatten zu einem RAID-0-System zusammengefasst werden. Mehrere dieser RAID-0-Systeme können dann wiederum ein RAID-5-System bilden. Diese Kombination bezeichnet man dann z. B. als RAID-05-System. Ein Zusammenschluss von mehreren RAID-5-Systemen zu einem RAID-0-System wird dagegen als RAID-50-System bezeichnet.

14.3.4 Speichernetze

In einem Unternehmen verdoppelt sich die Menge der zu speichernden Daten durchschnittlich pro Jahr. Um derartige stark anwachsende Datenmengen auch zukünftig verwalten zu können, wurden eigene Speicherkonzepte notwendig. Ein wichtiger Vertreter ist hierbei das sogenannte Speichernetz (engl. Storage Area Network, SAN). In herkömmlichen Netzen sind Speichergeräte wie z. B. Festplatten oder Streamer direkt an einen Server angeschlossen. Man spricht hier auch von einer serverzentrierten IT-Architektur. Die Kopplung der Speichergeräte an den Server erfolgt dabei über ein Bussystem wie z. B. SCSI oder ATA. Andere Rechner können jedoch nur indirekt

> *Ein Speichernetzwerk (engl. Storage Area Network, SAN) ist ein Netzwerk zwischen Servern und den von Servern genutzten Speichergeräten. Das SAN ermöglicht allen angeschlossenen Servern einen direkten Zugriff auf die Speichergeräte.*

auf die Speichergeräte zugreifen, indem der Server vorher kontaktiert wird. Aus diesem Grund entkoppelt man Server und Speichergerät, d. h. die Bussystem-Verbindung wird entfernt und durch ein eigenes serielles Netz ersetzt, das parallel zum vorhandenen LAN installiert wird (speicherzentrierte IT-Architektur, siehe Abb. 14.3.4-1). Innerhalb dieses neuen seriellen Netzes kommunizieren die Speicherge-

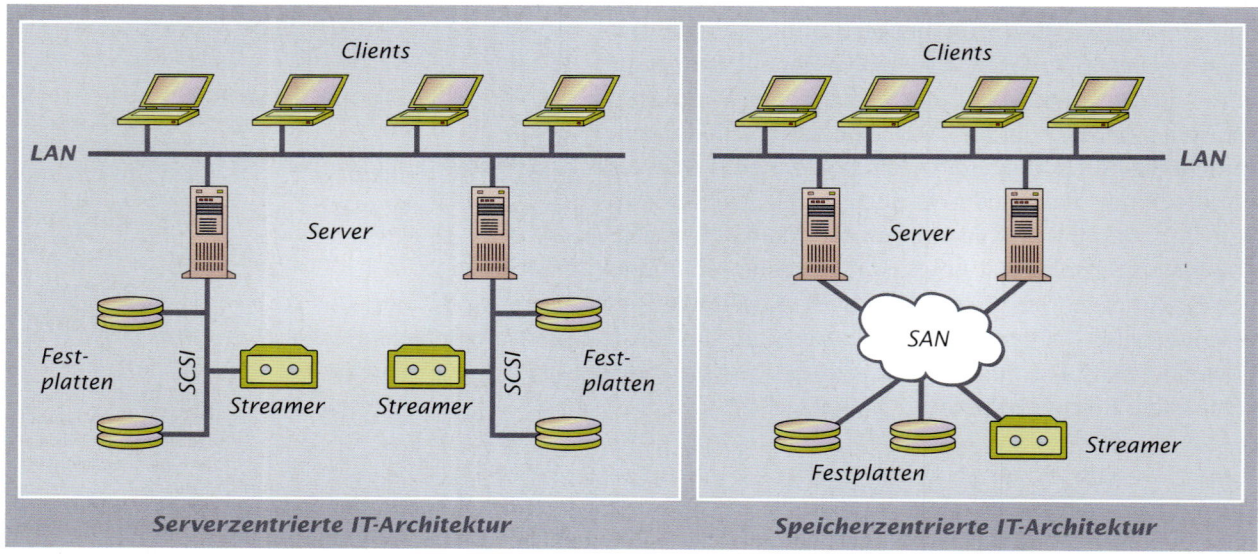

14.3.4-1 Serverzentrierte und speicherzentrierte IT-Architektur

räte zwar weiterhin über blockorientierte Protokolle wie z. B. SCSI miteinander, jedoch besitzt nun jeder Server einen direkten Zugriff auf die in dem seriellen Netz vorhandenen Speichergeräte.

SANs werden meist über Lichtwellenleiter gebildet und verwenden das Fibre-Channel-Protokoll (FCP, ANSI/INCITS[1] 416), auf das dann SCSI als übergeordnetes Protokoll aufsetzt. Die erreichten Bandbreiten liegen hier bei ca. 4 Gb/s. Server und Speichergeräte tauschen ihre Daten somit weiterhin über SCSI-Kommandos aus. Der Anschluss der Lichtwellenleiter an den Server erfolgt über Fibre-Channel-Hostbusadapter. Diese dienen als Medienkonverter und als Umsetzer von der parallelen SCSI-Übertragung in die serielle FCP-Übertragung. Im Idealfall ist nach der Installation des Fibre-Channel-Hostbusadapters nur die Installation eines Gerätetreibers notwendig, da das Betriebssystem automatisch die über den Fibre Channel angeschlossenen Speichergeräte als SCSI-Geräte erkennt und diese dann wie herkömmliche SCSI-Speichermedien ansprechen kann.

14.3.4-2 Fibre-Channel-Hostbusadapter

Neben FCP werden zunehmend auch neuere Protokolle in Speichernetzen eingesetzt. Beispiele hierfür sind die Protokolle ISCSI (Internet Small Computer System Interface over IP, RFC 3720) und FCIP (Fibre Channel over IP, RFC 1323 und 3821), die SCSI-Anweisungen in IP-Pakete verpacken und über das Ethernet versenden.

14.3.5 Network Attached Storage

Neben Speichernetzen haben im Bereich der Speicherverwaltung zunehmend sogenannte „Network Attached Storages[2]" (NAS) an Bedeutung gewonnen. NAS-Server sind vorkonfigurierte Dateiserver. Sie bestehen aus einem oder mehreren internen

> *Als Network Attached Storage (NAS) bezeichnet man eine oder mehrere Festplatten, die dem Dateiaustausch dienen und über das lokale Netzwerk oder einem WAN verfügbar sind.*

Servern mit einer oder mehreren Festplatten und einem für den Dateiaustausch optimiertem Betriebssystem. Rechner, die den NAS-Dienst zur Verfügung stellen, bezeichnet man als NAS-Server. Sie besitzen folgende Vorteile gegenüber einem Dateiserver:

- einfache Installation
- einfache Administration
- aufgrund der Optimierung hinsichtlich des Dateiaustausches besitzen NAS-Server häufig eine höhere Zugriffsgeschwindigkeit gegenüber den bei Dateiservern eingesetzten universellen Betriebssystemen.

14.3.5-1 NAS-Server

NAS-Server lassen sich in drei Kategorien einteilen:

- kleine NAS-Server (sogenannte NAS-Filer) für einen Einsatz z. B. in Abteilungen
- große NAS-Server für einen in Einsatz z. B. in großen Webportalen
- NAS-Gateways (sogenannte NAS-Heads), die über keine internen Festplatten verfügen, sondern an ein SAN angeschlossen sind und dort ihre Daten speichern.

SAN und NAS werden häufig falsch zugeordnet. Es handelt sich hierbei jedoch um zwei unterschiedliche Technologien. Speichernetze verbinden Server und Speichergeräte auf Blockebene miteinander. Zum Einsatz kommt hierbei das SCSI-Protokoll. NAS-Server arbeiten dagegen auf Dateiebene. Sie stellen ihren Nutzern die Daten über entsprechende Protokolle wie z. B. SMB, NFS oder HTTP zur Verfügung. Professionelle NAS-Server bieten aufgrund der oben aufgeführten Anforderungen einen hohen Funktionsumfang. Dazu gehört die Sicherung der Daten durch unterschiedliche RAID-Konfigurationen und die Austauschbarkeit von Platten im laufenden Betrieb (Hot-Swap). Darüber hinaus ist der Zugriff auf die Daten bzw. deren Schutz durch entsprechende Softwarelösungen zu administrieren.

[1] **INCITS** = **In**ternational **C**ommittee for **In**formation **T**echnology **Stan**dards
[2] **Network Attached Storage:** engl. an das Netz befestigte Speicherung

1. Gesetzliche Regelungen zur Verarbeitung personenbezogener Daten

Unter Datenschutz versteht man das Recht auf informationelle Selbstbestimmung und das Recht auf Vertraulichkeit und Integrität personenbezogener Daten und deren Verarbeitung. Es wird als sogenanntes Computergrundrecht bezeichnet und leitet sich aus dem Grundgesetz ab.

1.1 Das Grundgesetz (GG):

Das Grundgesetz basiert auf den gesellschaftlichen Werten und Normen: „Im Bewusstsein seiner Verantwortung vor Gott und den Menschen, von dem Willen beseelt, als gleichberechtigtes Glied in einem vereinten Europa dem Frieden der Welt zu dienen, hat sich das Deutsche Volk kraft seiner verfassungsgebenden Gewalt dieses Grundgesetz gegeben." (1. Satz der Präambel des Grundgesetzes):
Folgende Artikel des Grundgesetzes sind für die Anwendung des Datenschutzes von besonderer Bedeutung:

Artikel 1: „(1) Die Würde des Menschen ist unantastbar. Sie zu achten und zu schützen ist die Verpflichtung aller staatlichen Gewalt."

Artikel 2: „(1) Jeder hat das Recht auf die freie Entfaltung seiner Persönlichkeit, soweit er nicht die Rechte anderer verletzt und nicht gegen die verfassungsmäßige Ordnung oder das Sittengesetz verstößt."

Artikel 5: „(1) Jeder hat das Recht seine Meinung in Wort, Schrift und Bild frei zu äußern und zu verbreiten und sich aus allgemein zugänglichen Quellen ungehindert zu unterrichten."

Artikel 10: „(1) Das Briefgeheimnis sowie das Post- und Fernmeldegeheimnis sind unverletzlich."

1.2 Das Bundesdatenschutzgesetz (BDSG):

Das BDSG wurde am 20. Dezember 1990 veröffentlicht. Das Gesetz richtet sich immer auf personenbezogene Daten. Das BDSG gilt für öffentliche Stellen des Bundes und der Länder und für nicht-öffentliche Stellen.

§ 3: „(1) Personenbezogene Daten sind alle Einzelangaben über persönliche oder sachliche Verhältnisse einer bestimmten oder bestimmbaren natürlichen Person (Betroffener)."

§ 5: „Den bei der Datenverarbeitung beschäftigten Personen ist untersagt, personenbezogene Daten unbefugt zu verarbeiten oder zu nutzen (Datengeheimnis). Diese Personen sind, soweit sie bei nicht-öffentlichen Stellen beschäftigt werden, bei der Aufnahme ihrer Tätigkeit auf das Datengeheimnis zu verpflichten. Das Datengeheimnis besteht auch nach Beendigung ihrer Tätigkeit fort."

§ 9: „Öffentliche und nicht-öffentliche Stellen, die selbst oder im Auftrag personenbezogene Daten verarbeiten, haben die technischen und organisatorischen Maßnahmen zu treffen, die erforderlich sind, um die Ausführung der Vorschriften dieses Gesetzes, insbesondere die in der Anlage zu diesem Gesetz genannten Anforderungen, zu gewährleisten."

In der Anlage zum § 9 werden zehn Maßnahmen benannt (siehe Kapitel 14).

§ 21: „Jedermann kann sich an den Bundesbeauftragten für Datenschutz wenden, …"

§ 22: „Der Deutsche Bundestag wählt auf Vorschlag der Bundesregierung den Bundesbeauftragten für den Datenschutz …"

1.3 Landesdatenschutzgesetze

In den Landesdatenschutzgesetzen sind die länderspezifischen Gesetze für die Verarbeitung personenbezogener Daten festgelegt. Als Beispiele sollen hier Auszüge aus den Landesdatenschutzgesetzen Schleswig-Holstein und Nordrhein-Westfalen bezüglich der Verarbeitung personenbezogener Daten wiedergegeben werden.

§ 2 (2) LDSG SH:

„(2) Datenverarbeitung ist die Verwendung personenbezogener Daten. Dabei ist:
1. **Erheben** das Beschaffen von Daten,
2. **Speichern** das Aufbewahren von Daten auf Datenträgern,
3. **Übermitteln** das Weitergeben von Daten an Dritte oder der Abruf von zum Abruf bereitgehaltenen Daten durch Dritte,
4. **Sperren** das Untersagen weiterer Verarbeitung gespeicherter Daten,
5. **Löschen** das Unkenntlichmachen gespeicherter Daten,
6. **Anonymisieren** das Verändern personenbezogener Daten derart, daß die Einzelangaben über persönliche oder sachliche Verhältnisse nicht mehr oder nur mit einem unverhältnismäßigen Aufwand einer bestimmten oder bestimmbaren natürlichen Person zugeordnet werden können,
7. **Pseudonymisieren** das Verändern personenbezogener Daten derart, daß die Einzelangaben über persönliche oder sachliche Verhältnisse ohne Nutzung der Zuordnungsfunktion nicht oder nur mit einem unverhältnismäßigen Aufwand einer bestimmten oder bestimmbaren natürlichen Person zugeordnet werden können,
8. **Verschlüsseln** das Verändern personenbezogener Daten derart, daß ohne Nutzung des Geheimnisses die Kenntnisnahme vom Inhalt der Daten nicht oder nur mit einem unverhältnismäßigen Aufwand möglich ist."

Im Datenschutzgesetz Nordrhein-Westfalen (DSG NRW) heißt es im § 10 (2):
„Dabei sind Maßnahmen zu treffen, die geeignet sind zu gewährleisten, dass
1. nur Befugte personenbezogene Daten zur Kenntnis nehmen können (Vertraulichkeit),
2. personenbezogene Daten während der Verarbeitung unversehrt, vollständig und aktuell bleiben (Integrität),
3. personenbezogene Daten zeitgerecht zur Verfügung stehen und ordnungsgemäß verarbeitet werden können (Verfügbarkeit),
4. jederzeit personenbezogene Daten ihrem Ursprung zugeordnet werden können (Authentizität),
5. festgestellt werden kann, wer wann welche personenbezogenen Daten in welcher Weise verarbeitet hat (Revisionsfähigkeit),
6. die Verfahrensweisen bei der Verarbeitung personenbezogener Daten vollständig, aktuell und in einer Weise dokumentiert sind, dass sie in zumutbarer Zeit nachvollzogen werden können (Transparenz)."

1.4 Telekommunikationsgesetz (TKG)

Das TKG trat am 25. Juli 1996 in Kraft und ist ein Teil von rechtlichen Vorschriften der Telekommunikation, die national und auch von der EU erlassen wurden.

§ 1: „Zweck des TKG ist es, durch Regulierung im Bereich der Telekommunikation den Wettbewerb zu fördern und flächendeckend angemessene und ausreichende Dienstleistungen zu gewährleisten sowie eine Frequenzordnung festzulegen.“

Nach Begriffsbestimmungen des Gesetzes ist „Telekommunikation der technische-Vorgang des Aussendens, Übermittelns und Empfangens von Nachrichten jeglicher Art in Form von Zeichen, Sprache, Bildern oder Tönen mittels Kommunikationsanlagen“. Dabei kommt es weder auf den Inhalt noch auf die verwendete Übertragungstechnik an, sondern das Telekommunikationsrecht bezieht sich ausschließlich auf das Zusammenwirken der Komponenten Netz, Dienst und Endeinrichtungen, unabhängig von den zu übertragenden Signalen und den Nutzeranwendungen.

Die Paragraphen 89–93 befassen sich mit dem Datenschutz, dem Auskunftsersuchen der Sicherheitsbehörden und der Einhaltung der Vorschriften des 11. Teils dieses Gesetzes durch die Betreiber von Telekommunikationsanlagen.

§ 89: „(1) Die Bundesregierung erlässt für Unternehmen, die geschäftsmäßig Telekommunikationsdienste erbringen oder an der Erbringung solcher Dienste mitwirken, durch Rechtsverordnung mit Zustimmung des Bundesrates Vorschriften zum Schutze personenbezogener Daten der an der Telekommunikation Beteiligten, welche die Erhebung, Verarbeitung und Nutzung dieser Daten regeln. Die Vorschriften haben dem Grundsatz der Verhältnismäßigkeit, insbesondere der Beschränkung der Erhebung, Verarbeitung und Nutzung auf das Erforderliche, sowie dem Grundsatz der Zweckbindung Rechnung zu tragen. Dabei sind Höchstfristen für die Speicherung festzulegen und insgesamt die berechtigten Interessen des jeweiligen Unternehmens und der Betroffenen zu berücksichtigen. Einzelangaben über juristische Personen, die dem Fernmeldegeheimnis unterliegen, stehen den personenbezogenen Daten gleich.“

§ 90: „(1) Wer geschäftsmäßig Telekommunikationsdienste anbietet, ist verpflichtet, Kundendateien zu führen, in die unverzüglich die Rufnummern und Rufnummernkontingente, die zur weiteren Vermarktung oder sonstigen Nutzung an andere vergeben werden, sowie Name und Anschrift der Inhaber von Rufnummern und Rufnummernkontingenten aufzunehmen sind, auch soweit diese nicht in öffentliche Verzeichnisse eingetragen sind.“

§ 91: „(1) Die Regulierungsbehörde kann Anordnungen und andere geeignete Maßnahmen treffen, um die Einhaltung der Vorschriften des Elften Teils dieses Gesetzes und der auf Grund dieses Teils ergangenen Rechtsverordnungen sicherzustellen. Dazu können von den Verpflichteten erforderliche Auskünfte verlangt werden. Die Regulierungsbehörde ist zur Überprüfung der Einhaltung der Verpflichtungen befugt, die Geschäfts- und Betriebsräume während der üblichen Betriebs- und Geschäftszeiten zu betreten und zu besichtigen.“

§ 92 „(1) Wer geschäftsmäßig Telekommunikationsdienste erbringt, ist verpflichtet, dem Bundesministerium für Post und Telekommunikation auf Anfrage entgeltfrei Auskünfte über die Strukturen der Telekommunikationsdienste und -

netze sowie bevorstehende Änderungen zu erteilen. Einzelne Telekommunikationsvorgänge und Bestandsdaten von Teilnehmern dürfen nicht Ge- genstand einer Auskunft nach dieser Vorschrift sein."

§ 93: „Telekommunikationsunternehmen, die einen handvermittelten Telekommunikationsdienst anbieten, sind verpflichtet, gemäß den Regelungen der Konstitution der Internationalen Fernmeldeunion den Staatstelekommunikationsverbindungen im Rahmen des Möglichen Vorrang vor dem übrigen Telekommunikationsverkehr einzuräumen, wenn dies von dem Anmelder der Verbindung ausdrücklich verlangt wird."

1.5 Telekommunikation-Kundenschutzverordnung (TKV)

Auf Grundlage des § 41 des TKG wurde 1997 die TKV erlassen. Sie regelt als Kundenschutzverordnung die besonderen Rechte und Pflichten der Anbieter von Telekommunikationsdienstleistungen für die Öffentlichkeit und ihrer Kunden. Außerdem stellt sie die Regelungen bereit, die das vertragliche Verhältnis der Beteiligten unmittelbar berühren.

§ 2: „Marktbeherrschende Anbieter von Telekommunikationsdienstleistungen für die Öffentlichkeit haben diese Leistungen jedermann zu gleichen Bedingungen zur Verfügung zu stellen, es sei denn, dass unterschiedliche Bedingungen sachlich gerechtfertigt sind."

§ 5: „Bei der Abrechnung haben die Anbieter folgende Grundsätze zu beachten:
Die Dauer zeitabhängig tarifierter Verbindungen von Telekommunikationsdienstleistungen für die Öffentlichkeit ist unter regelmäßiger Abgleichung mit einem amtlichen Zeitnormal zu ermitteln.
Die Systeme, Verfahren und technischen Einrichtungen, mit denen die Umrechnung der nach Nummer 1 ermittelten Verbindungsdaten in Entgeltforderungen erfolgt, sind vom Anbieter einer regelmäßigen Kontrolle auf Abrechnungsgenauigkeit und Übereinstimmung mit den vertraglich vereinbarten Entgelten einschließlich der Verzonungsdaten zu unterziehen.
Die Voraussetzungen nach Nummer 1 sowie Abrechnungsgenauigkeit und Entgeltrichtigkeit der Datenverarbeitungseinrichtungen nach Nummer 2 sind durch ein Qualitätssicherungssystem sicherzustellen oder einmal jährlich durch vereidigte, öffentlich bestellte Sachverständige oder vergleichbare Stellen überprüfen zu lassen. Zum Nachweis der Einhaltung dieser Bestimmung ist der Regulierungsbehörde die Prüfbescheinigung einer akkreditierten Zertifizierungsstelle für Qualitätssicherungssysteme oder das Prüfergebnis eines vereidigten, öffentlich bestellten Sachverständigen vorzulegen."

1.6 Europäische Datenschutzrichtlinie

Die Europäische Datenschutzrichtline wurde im Oktober 1995 erlassen und dient dem Schutz natürlicher Personen bei der Verarbeitung personenbezogener Daten und zum freien Datenverkehr. Danach gewährleisten die Mitgliedsstaaten den Schutz der Grundrechte und Grundfreiheiten und insbesondere den Schutz der Privatsphäre natürlicher Personen bei der Verarbeitung personenbezogener Daten.

1.7 Informations- und Kommunikationsdienste-Gesetz (IuKDG)

Das IuKDG trat 1997 in Kraft und enthält 3 Gesetze:
1. Das Teledienstgesetz
2. Das Teledienstdatenschutzgesetz
3. Das Signaturgesetz

Das IuKDG ist das erste Gesetz, dass über einen umfassenden rechtlichen Rahmen über den Bereich Multimedia verfügt. Man nennt es deshalb auch das Multimediagesetz.

Zu 1.: Teledienste sind alle elektronischen Informations- und Kommunikationsdienste zur individuellen Nutzung von Daten mittels Telekommunikation:
• Telebanking, Datenaustausch
• Datendienste (z. B. Verkehrs-, Wetter-, Umwelt- und Börsendaten, Verbreitung von Informationen über Waren und Dienstleistungsangebote)
• Internet-Dienste
• Telespiele
• Angebote von Waren und Dienstleistungen mit interaktivem Zugriff und unmittelbaren Bestellmöglichkeiten

Das Gesetz gilt nicht für Telekommunikationsdienstleistungen und Rundfunk!

Zu 2.: Das Teledienstdatenschutzgesetz (TDDSG) enthält die Grundsätze für die Verarbeitung personenbezogener Daten durch die Dienstanbieter.
Das Signaturgesetz (SigG) soll die Sicherheit der elektronischen Kommunikation gewährleisten und die Rahmenbedingungen über den Einsatz der digitalen Signatur im offenen Rechts- und Geschäftsverkehr festlegen. Mit dem SigG wurden gesetzliche Regelungen geschaffen, die zur Verwirklichung einer rechtsverbindlichen digitalen Kommunikation beitragen sollen. Bei der Verwendung digitaler Signaturen gelten 2 Prinzipien:
1. das Authentizitäts-Prinzip (Sind die elektronisch übermittelten Daten originalgetreu?)
2. das Identitäts-Prinzip (Von wem stammen die Daten?)

Zu 3.: Die Signaturverordnung (SigV) regelt Detailfragen zum Verfahren der Genehmigung und der Prüfung von Zertifizierungsstellen. Sie regelt ebenfalls das Verfahren und die technische Voraussetzung für die digitale Signatur.

2. Urheberrechtsgesetz (UrhG)

Das Urheberrecht wurde 1965 erlassen und inzwischen vielen Ergänzungen und Änderungen unterworfen. Es regelt die Rechte an urheberrechtlich geschützten Werken. Programme und Datenbanken fallen ebenfalls unter das Urheberrecht.

§ 1: „Die Urheber von Werken der Literatur, Wissenschaft und Kunst genießen für ihre Werke Schutz nach Maßgabe dieses Gesetzes."

§ 2: „(1) Zu den geschützten Werken der Literatur, Wissenschaft und Kunst gehören insbesondere:
1. Sprachwerke, wie Schriftwerke, Reden und Computerprogramme;
2. Werke der Musik;
3. pantomimische Werke einschließlich der Werke der Tanzkunst;
4. Werke der bildenden Künste einschließlich der Werke der Baukunst und der angewandten Kunst und Entwürfe solcher Werke;

5. Lichtbildwerke einschließlich der Werke, die ähnlich wie Lichtbildwerke geschaffen werden;
6. Filmwerke einschließlich der Werke, die ähnlich wie Filmwerke geschaffen werden;
7. Darstellungen wissenschaftlicher oder technischer Art, wie Zeichnungen, Pläne, Karten, Skizzen, Tabellen und plastische Darstellungen.

§ 7: „Urheber ist der Schöpfer des Werkes."

§ 12: „(1) Der Urheber hat das Recht zu bestimmen, ob und wie sein Werk zu veröffentlichen ist."

§ 15: „(1) Der Urheber hat das ausschließliche Recht, sein Werk in körperlicher Form zu verwerten; das Recht umfasst insbesondere
1. das Vervielfältigungsrecht (§ 16),
2. das Verbreitungsrecht (§ 17),
3. das Ausstellungsrecht (§ 18)."

§ 16: „(1) Das Vervielfältigungsrecht ist das Recht, Vervielfältigungsstücke des Werkes herzustellen, gleichviel in welchem Verfahren und in welcher Zahl."

§ 23: „Bearbeitungen oder andere Umgestaltungen des Werkes dürfen nur mit Einwilligung des Urhebers des bearbeiteten oder umgestalteten Werkes veröffentlicht oder verwertet werden."

§ 69a: „(2) Der gewährte Schutz gilt für alle Ausdrucksformen eines Computerprogramms. Ideen und Grundsätze, die einem Element eines Computerprogramms zugrunde liegen, einschließlich der den Schnittstellen zugrunde liegenden Ideen und Grundsätze, sind nicht geschützt.
(3) Computerprogramme werden geschützt, wenn sie individuelle Werke in dem Sinne darstellen, dass sie das Ergebnis der eigenen geistigen Schöpfung ihres Urhebers sind. Zur Bestimmung ihrer Schutzfähigkeit sind keine anderen Kriterien, insbesondere nicht qualitative oder ästhetische, anzuwenden.
(4) Auf Computerprogramme finden die für Sprachwerke geltenden Bestimmungen Anwendung, soweit in diesem Abschnitt nichts anderes bestimmt ist."

§ 171 „(1) Das Verbreitungsrecht ist das Recht, das Original oder Vervielfältigungsstücke des Werkes der Öffentlichkeit anzubieten oder in Verkehr zu bringen."

3. Netiquette

Der Umgang mit dem Internet ist nur im geringen Maße gesetzlich geregelt. Die weltumspannende Verteilung von Anbietern und Teilnehmern macht eine einheitliche gesetzliche Regelung unmöglich. Vor diesem Hintergrund gibt es verschiedene Bestrebungen auf eine eigenverantwortliche moralische und ethische Selbstverpflichtung der Internet-Benutzer. Diese sind in Form einer Netiquette (net etiquette) festgelegt und können auf verschiedenen Servern (siehe unten) eingesehen und diskutiert werden. In Anlehnung an christliche Wertvorstellungen findet man unter anderem eine Auflistung grundlegender Regeln:

„Die Zehn Gebote für Computerethik

1. Du sollst nicht deinen Computer benutzen, um anderen Schaden zuzufügen.
2. Du sollst nicht anderer Leute Arbeit am Computer behindern.
3. Du sollst nicht in den Files anderer Leute stöbern.
4. Du sollst nicht den Computer zum Stehlen benutzen.
5. Du sollst nicht den Computer benutzen, um falsches Zeugnis abzulegen.
6. Du sollst nicht Software benutzen oder kopieren, für die du nicht gezahlt hast.
7. Du sollst nicht anderer Leute Ressourcen ohne deren Erlaubnis verwenden.
8. Du sollst nicht anderer Leute geistig Werk als deines ausgeben.
9. Du sollst über die sozialen Konsequenzen deiner Programme nachdenken.
10. Du sollst den Computer so benutzen, dass du Verantwortung und Respekt zeigst.“

1. Problemstellung

Das interne Netz der Firma Lütgens ist über einen Router mit dem Internet verbunden. Um sich vor Fremdzugriffen aus dem Internet zu schützen, wird die Firma B@ltic Network beauftragt, eine Firewall zu installieren.

Das momentane Netz der Firma Lütgens zeigt Abb. 1-1. Das Unternehmen betreibt einen eigenen Webserver zur Bereitstellung von Webseiten über das Internet und dem Firmen-LAN sowie einen Mailserver zur Nutzung von E-Mails. Firma Lütgens besitzt über eine Festverbindung eine direkte Ankopplung an den Internet-Backbone ihres Internet-Service-Providers.

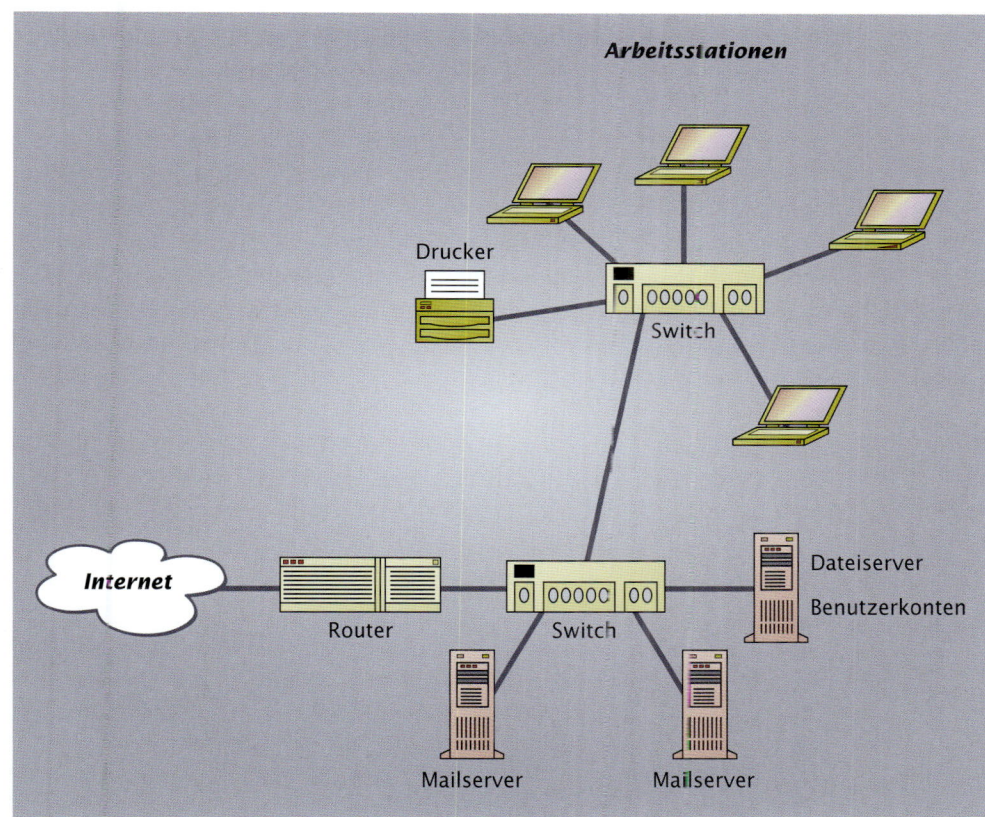

1-1
LAN mit
Ankopplung an
das Internet

Folgende Sicherungsmaßgaben werden laut Vorgabe von Firma Lütgens erwartet:
- Kein Zugriff von Unbefugten aus dem Internet heraus auf die Rechner des LAN.
- Ein Zugriff auf den Webserver soll vom Internet aus für jede Person möglich sein.
- Außendienstmitarbeiter sollen die Möglichkeit haben, über eine geschützte Internet-Verbindung auf das firmeninterne LAN zuzugreifen.
- E-Mails sollen über den eigenen Mailserver sowohl innerhalb des LANs als auch innerhalb des Internets versendet bzw. empfangen werden können.

TIPP

Bei der Planung von Firewall-Systemen sind grundsätzlich die entstehenden Kosten mit dem zu erwartenden Grad an Sicherheit abzuwägen und mit dem Kunden abzusprechen!

2. Planung des Firewall-Systems

Firma B@ltic Network schlägt der Firma Lütgens zur Minimierung der Sicherheitsgefährdung eine Screened-Subnet-Firewall (siehe Abb. 2-1) vor. Die in dieser Architektur vorhandene demilitarisierte Zone (DMZ) eignet sich sehr gut zur Platzierung des vorhandenen Webservers: Trotz der Möglichkeit, vom Internet aus auf den Webserver der DMZ zugreifen zu können, ist ein Zugriff auf das LAN weiterhin gesperrt. Das LAN ist somit vor Zugriffen vom Internet aus geschützt. Der Betrieb des Mailservers erfolgt innerhalb des sicheren LANs, um dort gespeicherte E-Mails vor möglichen Bedrohungen zu schützen. Da dem Mailserver jedoch aufgrund des geschützten LANs keine E-Mails zugestellt werden können, kommt zusätzlich ein Mail-Relay-Server zum Einsatz.

> *Ein Mail-Relay[1]-Server ist ein Mailserver, der von einem Sender E-Mails entgegennimmt und diese an andere Rechner weiterleitet.*

Der Mail-Relay-Server wird in der DMZ platziert. So ist er sowohl vom LAN als auch vom Internet aus erreichbar. E-Mails für Nutzer des LANs werden vom Internet aus zunächst an den Mail-Relay-Server in der DMZ gesendet. Der Mail-Relay-Server leitet die Daten dann weiter an den Mail-Server des LANs. Von dort aus erfolgt schließlich die Verteilung der Mails an die einzelnen Clients. Sollen umgekehrt E-Mails aus dem LAN heraus an Internet-Nutzer gesendet werden, so können diese direkt an die zuständigen Mailserver des Internets gesendet werden, da ein direkter Zugriff vom LAN aus auf das Internet möglich ist. Eine Beteiligung des Mail-Relay-Servers ist hier nicht notwendig.

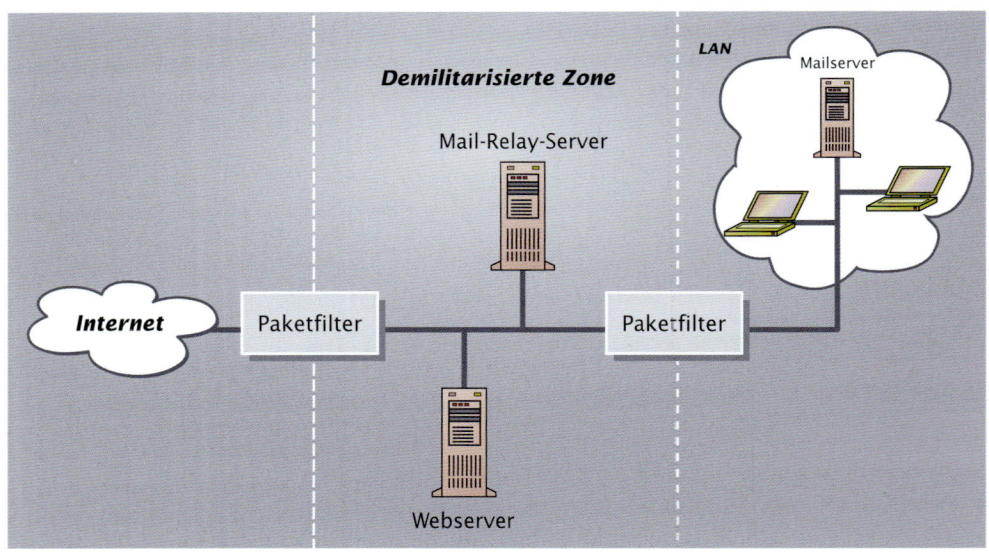

2-1 Sicherung des LANs mittels Screened-Subnet-Firewall

Aufgrund der Sperrung von Zugriffen vom Internet aus in das LAN, können auch Außendienstmitarbeiter der Firma Lütgens nicht direkt auf Firmendaten des LANs zugreifen. Zur Lösung dieses Problems schlägt Firma B@ltic Networks den Einsatz von VPN-Verbindungen vor.

Die Screened-Subnet-Firewall kann unterschiedlich realisiert werden. So ist es z. B. möglich, für die Paketfilter und das VPN-Gateway jeweils einzelne Rechner zu verwenden. Diese Variante entspricht einem hohen Sicherheitsgrad, da bei Überwin-

[1] **to relay:** engl. übertragen, weiterleiten

278

dung eines Rechners durch Angreifer erst noch die anderen Rechner zu überwinden sind, bevor ein Zugriff auf das LAN möglich ist. Eine andere Möglichkeit besteht darin, die Paketfilter und das VPN-Gateway auf einem einzigen Rechner zu installieren. Diese Variante beinhaltet jedoch einen geringeren Schutz für das LAN, da nur noch ein einziger Rechner zu überwinden ist. Vorteilhaft sind dagegen die aufgrund des geringeren Hardwareaufwandes niedrigeren Kosten. Zur Umsetzung dieser kostengünstigeren Variante eignet sich z. B. die Software „IPCop". Diese Open-Source-Software basiert auf einer Linux-Umgebung, die speziell für den Einsatz als Router und Firewall konzipiert wurde. Sie enthält nur die Softwareelemente, die unbedingt für die Firewall-Funktionalität benötigt werden, so dass mögliche Angriffsziele minimiert werden.

In Abwägung des Kosten-Nutzen-Verhältnisses entscheidet sich Firma Lütgen als kleineres Unternehmen für den Einsatz der IPCop-Firewall und der damit zu realisierenden Screened-Subnet-Architektur.

3. Installation und Konfiguration der Firewall

Abb. 3-1 zeigt den Netzplan des Firewall-Systems unter Verwendung der Software IPCop.

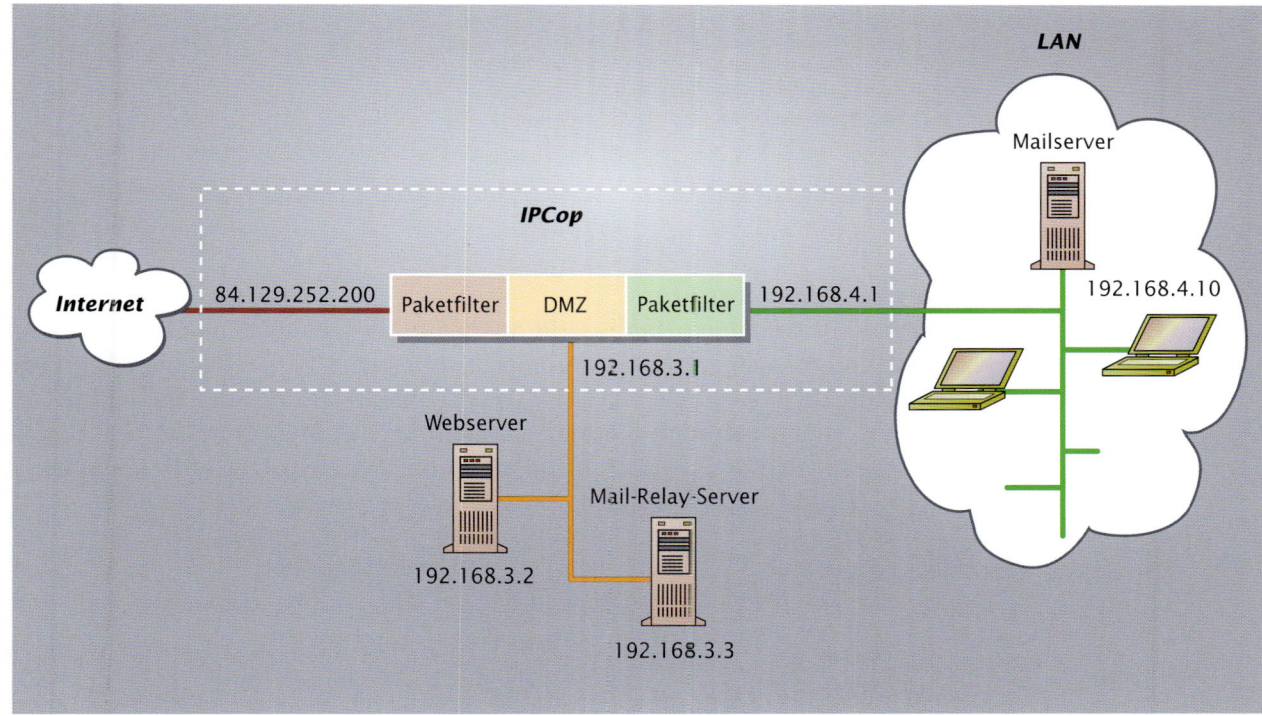

3-1 Screened-Subnet-Firewall mittels „IPCop"

Als Mindestvoraussetzung für den Betrieb des IPCop-Rechners wird von dem Entwicklerteam ein Pentium-I-Prozessor mit einer Taktfrequenz von 90 MHz sowie 32 MByte Arbeitsspeicher und eine 500-MByte-Festplatte angegeben. IPCop ist für eine max. Anzahl von ca. 50 Clients ausgelegt. Für den Betrieb als Screened-Subnet-Firewall werden zusätzlich 3 Netzwerkkarten benötigt (siehe Abb. 3-1):

- Netzwerkkarte 1: Internet (rote Zone)
- Netzwerkkarte 2: Demilitarisierte Zone (orange Zone)
- Netzwerkkarte 3: LAN (grüne Zone)

Während der Installation sind u. a. Angaben zu machen über:
- die Anzahl und Art der verwendeten Netzwerkschnittstellen
- die grundsätzliche Konfigurationsart der Firewall (z. B. einfacher Paketfilter zur Kopplung zweier Netze oder Einsatz als Screened-Subnet-Firewall)

Nach der Installation erfolgt die Konfiguration des Systems von einem Client aus. Hierzu steht auf dem Client ein Web-Frontend zur Verfügung über das mittels SSL-gesicherter Verbindung mit der Firewall kommuniziert werden kann.

Wichtige Elemente der Konfiguration sind:
- Definition von Regeln für die Paketfilter
- Einrichtung des VPN-Zugangs
- Realisierung einer möglichst automatischen Erkennung von Angriffen

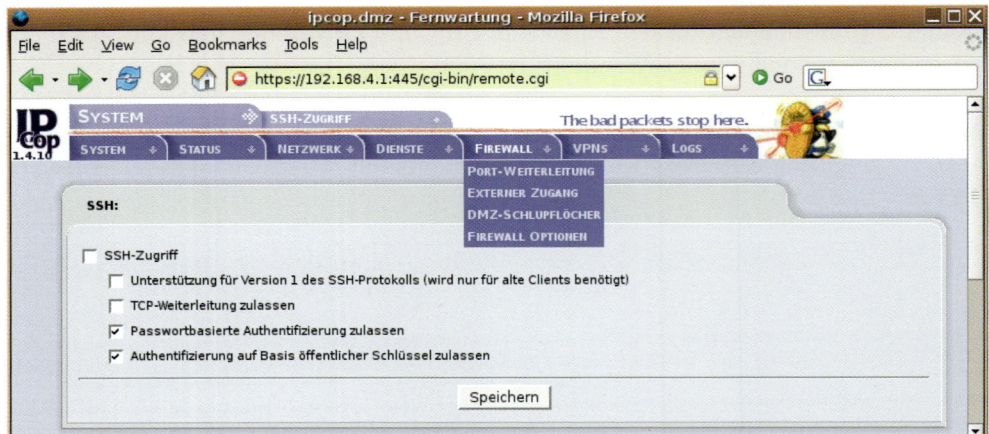

3-2
Konfiguration
der Firewall

3.1 Paketfilter-Regeln

Nach der Ersteinrichtung sind die IPCop-Paketfilter entsprechend der in Tabelle 3.1-1 genannten Angaben konfiguriert. So gestatten sie z. B. den Rechnern des LAN einen vollständigen Zugriff auf die DMZ und das Internet. Ein Zugriff auf das LAN ist hingegen sowohl vom Internet als auch von der DMZ aus nicht gestattet. Sollen dennoch für bestimmte Zwecke Zugriffe auf das lokale Netz erfolgen (z. B. zur Abfrage eines im LAN platzierten DNS-Servers von den Servern der DMZ), so sind hierfür Ausnahmeregeln zu definieren. Abb. 3.1-1 zeigt, dass diese Ausnahmeregeln entweder mittels Port-Weiterleitungen oder über das Einrichten von sogenannten „DMZ-Schlupflöchern[1]" zu erstellen sind. Es ist jedoch zu beachten, dass jede Ausnahmeregel die Sicherheit des lokalen Netzes verringert!

TIPP

Von Paketfiltern gesperrte Kommunikationsverbindungen sollten nur dann mittels Ausnahmeregeln geöffnet werden, wenn dieses absolut unvermeidbar ist!

> *Unter einer Port-Weiterleitung[2] versteht man die Weiterleitung eingehender Verbindungswünsche auf einem ausgewählten Port eines Routers an einen Rechner.*

Mittels Port-Weiterleitung können Dienste z. B. eines lokalen Netzes für das Internet zur Verfügung gestellt werden.

[1] Die Bezeichnung „DMZ-Schlupflöcher" wurde von den IPCop-Entwicklern gewählt

[2] engl.: Port-Forwarding

Richtung	Route offen oder gesperrt
Internet → Firewall	gesperrt
Internet → DMZ	gesperrt
Internet → LAN	gesperrt
DMZ → Firewall	gesperrt
DMZ → Internet	offen
DMZ → LAN	gesperrt
LAN → Firewall	offen
LAN → Internet	offen
LAN → DMZ	offen

Tabelle 3.1-1
Standardmäßige
IPCop-Routen-
Einstellungen

Um eine genaue Vorstellung darüber zu haben, welche Routen die Firewall zur Verfügung stellen muss, bietet sich der Einsatz einer Kommunikationsmatrix an. Dort sind alle an der Kommunikation beteiligten Systeme aufgeführt. Zusätzlich enthält die Matrix Angaben darüber, ob eine Kommunikation zwischen diesen Systemen jeweils möglich sein soll oder nicht. Anhand der Kommunikationsmatrix können dann recht einfach eventuelle Ausnahmeregeln für die Paketfilter formuliert werden.

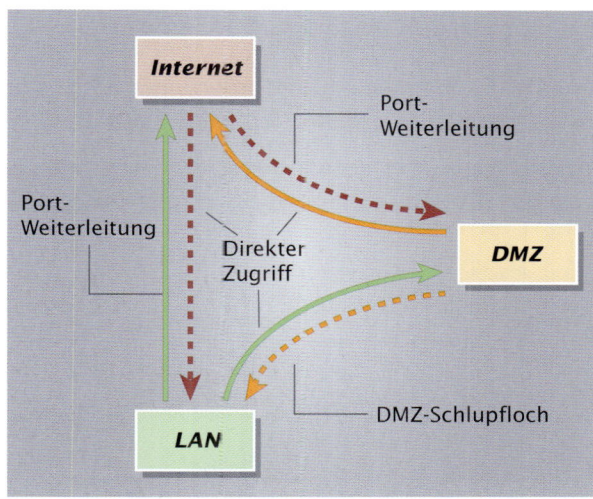

3.1-1
Direkte Zugriffs-
möglichkeiten und
Zugriffsausnahmen

Tabelle 3.1-2 zeigt die Kommunikationsmatrix für die Firewall der Firma Lütgens. Das Symbol „x" zeigt hierbei eine mögliche Kommunikation an, das Symbol „–" steht dagegen für eine gesperrte Verbindung.

von \ nach	Internet	Webserver (192.168.3.2)	Mail-Relay-Server (192.168.3.3)	Mailserver (192.168.4.10)	LAN (192.168.4.0)
Internet	x	x	x	–	–
Webserver (192.168.3.2)	–	x	x	–	–
Mail-Relay-Server (192.168.3.3)	x	x	x	x	–
Mailserver (192.168.4.10)	–	–	x	x	x
LAN (192.168.4.0)	x	x	–	x	x

Tabelle 3.1-2 Kommunikationsmatrix zur Einrichtung der Firewall

Aus der Kommunkationsmatrix (siehe Tabelle 3.1-2) und den standardmäßig von IPCop bereits eingestellten Routen (siehe Tabelle 3.1-1) ergeben sich folgende noch zu öffnende Kommunikationsverbindungen:

- Internet → Webserver (HTTP, Port 80)
- Internet → Mail-Relay-Server (SMTP, Port 25)
- Mail-Relay-Server → Mailserver (SMTP, Port 25)

Die beiden vom Internet in die DMZ gerichteten Verbindungen sind mittels Port-Weiterleitung zu konfigurieren, die von der DMZ in das LAN gerichtete Verbindung ist jedoch über die Definition eines DMZ-Schlupfloches einzurichten (siehe Abb. 3.1-1).

Zur Konfiguration der Port-Weiterleitungen sind verschiedene Parameter anzugeben: Die Quell-IP-Adresse und der Quellport bestimmen, an welchem Port IPCop die Anfragen entgegen nimmt. Ziel-Port und Ziel-IP-Adresse geben dagegen an, wohin die Anfrage weitergeleitet wird.

Tabelle 3.1-3
Parameter zur Konfiguration von Port-Weiterleitungen

Tabelle 3.1-3 enthält die erforderlichen Daten zur Einrichtung der Firewall-Port-Weiterleitungen der Firma Lütgens.

Kommunikationsverbindung	Quell-IP-Adresse	Quellport	Ziel-IP-Adresse	Zielport
Internet → Webserver	alle Internet-IP-Adressen (Default-IP)	80	192.168.3.2	80
Internet → Mail-Relay-Server	alle Internet-IP-Adressen (Default-IP)	25	192.168.3.3	25

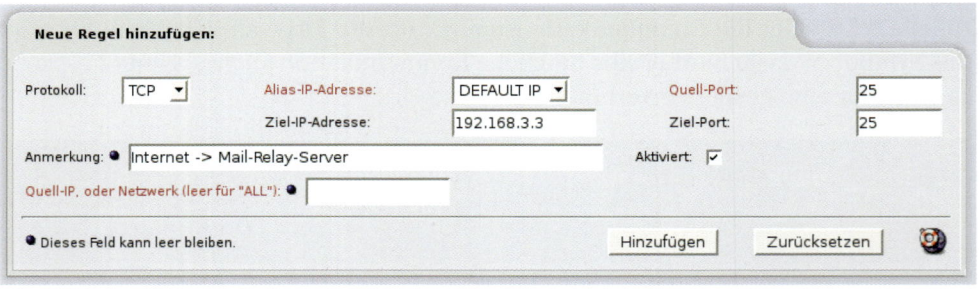

3.1-2
Freigabe des Mail-Relay-Servers mittels Port-Weiterleitungen

Zugriffe von der DMZ in das LAN sperrt IPCop aus Sicherheitsgründen standardmäßig. Soll dennoch auf das LAN von der DMZ aus zugegriffen werden, so sind DMZ-Schlupflöcher zu definieren. Diese lassen jeweils nur einzelne Verbindungen zu, indem zu jedem Schlupfloch die Quell-IP-Adresse aus der DMZ, die Ziel-IP-Adresse innerhalb des LAN sowie der verwendete Port angegeben werden.

Für die Weiterleitung von E-Mails des in der DMZ platzierten Mail-Relay-Servers zum LAN-Mailserver sind folgende Angaben zur Konfiguration des DMZ-Schlupfloches notwendig (siehe Abb. 3.1-3):

- Quell-IP-Adresse: 192.168.3.3 (Mail-Relay-Server der DMZ)
- Ziel-IP-Adresse: 192.168.4.10 (Mailserver des LAN)
- Portnummer: 25 (SMTP)

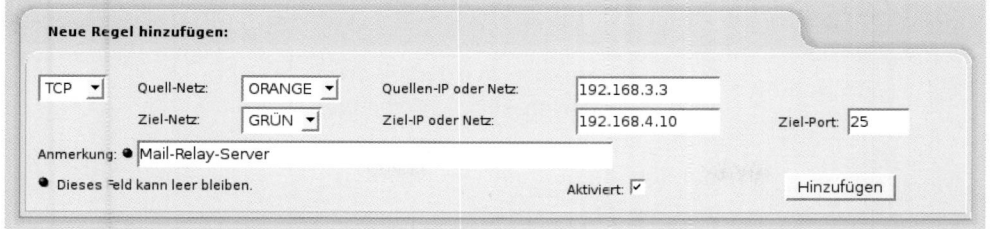

3.1-3
Konfiguration des
DMZ-Schlupfloches

3.2 Einrichtung des VPN-Zugangs

Um Außendienstmitarbeitern der Firma Lütgens einen geschützten Zugriff auf das LAN zu ermöglichen, sollen VPN-Verbindungen eingesetzt werden. Hierbei bietet sich eine Rechner-zu-Gateway-Konfiguration (siehe Abschnitt 14.2.5: Virtual Private Networks) an, da die Außendienstmitarbeiter jeweils mit einzelnen Rechnern auf das Firmen-LAN zugreifen möchten. Dazu befindet sich auf der Firmen-Seite des VPN-Tunnels ein VPN-Gateway in Form des IPCop-Rechners. Das andere Ende des Tunnels ist jeweils mit dem an das Internet angeschlossenen Rechner der Außendienstmitarbeiter verbunden.

Zur Einrichtung des IPCop-Rechners als VPN-Gateway sind folgende Angaben notwendig:

- IP-Adresse des Gateways
- LAN bzw. Teilnetz des LANs, auf das mittels VPN zugegriffen werden darf.
- Passwort[1], mit dem sich die Außendienstmitarbeiter identifizieren.

3.2-1
Konfiguration des
VPN-Zugangs

Zur VPN-Realisierung verwendet IPCop standardmäßig IPSec, so dass die Rechner der Außendienstmitarbeiter diese Sicherheitsarchitektur ebenfalls unterstützen müssen. Unter Windows XP lässt sich ein VPN-Zugang zum IPCop-Rechner z. B. mit dem Programm „ipseccmd.exe" einrichten, das Bestandteil der kostenlos erhältlichen „Microsoft Support Tools" ist. Zur komfortablen Bedienung dieses auf der Kommandozeile basierenden Programms bietet sich z. B. die Software „IPSec-Tool" der Buch-CD an. Die für die VPN-Verbindung notwendigen Parameter werden dort in die Konfigurationsdatei „ipsec.conf" eingetragen (siehe Abb. 3.2-2). Tabelle 3.2-1 enthält eine Auflistung wichtiger Parameter dieser Datei.

[1] IPCop bietet alternativ die Möglichkeit einer Identifizierung über Zertifikate

Parameter	Bedeutung	Beispiel
left	Eigene IP-Adresse. Wird als Wert für diesen Parameter „%any" angegeben, so fügt das Programm automatisch die momentane eigene IP-Adresse ein	left=%any
right	Die IP-Adresse des IPCop-VPN-Gateways	right= 84.129.252.200
rightsubnet	Die IP-Adresse und Subnetzmaske des Netzwerks, auf das mittels VPN zugegriffen werden soll.	rightsubnet= 192.168.4.0/ 255.255.255.0
presharedkey	Passwort	presharedkey= geheim
network	Netzwerkverbindungstyp (DFÜ, LAN oder automatische Erkennung)	network=auto
auto	Operation, die beim Start von IPSec ausgeführt wird. Der Parameter „start" bewirkt den sofortigen Aufbau der Verbindung.	auto=start
pfs	„Perfect forward secrecy[1]". Ohne PFS werden bei Verschlüsselung neue Schlüssel aus vorhergehenden Schlüsseln abgeleitet. Mit PFS werden jeweils unabhängige Schlüssel erzeugt.	pfs=yes

Tabelle 3.2-1 Wichtige Parameter zur Konfigurierung der VPN-Verbindung mit der Software „IPSec-Tool"

```
conn Luetgens
        left=%any
        right=84.129.252.200
        rightsubnet=192.168.4.0/255.255.255.0
        presharedkey=geheim
        network=auto
        auto=start
        pfs=yes
```

3.2-2 Beispiel der Konfigurationsdatei „ipsec.conf"

3.3 Automatische Erkennung von Angriffen

Eine wichtige Ergänzung zu Firewalls sind Systeme, die Angriffe auf ein Netzwerk bzw. einen Rechner erkennen können. Diese Systeme erfüllen im Netzwerk die Funktion, die in einem Haus eine Alarmanlage besitzt: Dringt jemand ein, so wird Alarm ausgelöst.

[1] **Perfect forward secrecy:** engl. Perfekte Vorwärts-Geheimhaltung

Während Firewall-Systeme das Eindringen in Netze und Rechner verhindern, dient ein IDS zur Alarmierung bei Einbruchsversuchen und erhöht so die Sicherheit in Netzwerken.

> *Programme zur Erkennung von Angriffen auf Rechnersysteme werden als „Intrusion Detection Systems[1]" (IDS) bezeichnet.*

Das Erkennen von Einbrüchen mit einem IDS kann auf vielfältige Weise erfolgen. Am Weitesten verbreitet sind signaturbasierte Systeme. Die Einbruchserkennung ist dort in drei Schritte unterteilt:

- Schritt 1: **Wahrnehmung**
  Um einen Einbruch wahrnehmen zu können, werden Daten aus Log-Dateien und/oder Daten des Netzwerkverkehrs gesammelt.

- Schritt 2: **Mustererkennung**
  Innerhalb der Mustererkennung vergleicht das IDS die in der Wahrnehmungsphase gesammelten Daten mit Mustern (Signaturen) aus einer Datenbank, die für bestimmte Einbrüche kennzeichnend sind.

- Schritt 3: **Reaktion**
  Konnten aus den in der Wahrnehmungsphase gesammelten Daten Einbruchsmuster erkannt werden, so wird ein Alarm („Intrusion Alert[2]") ausgelöst.

Die Firewall IPCop beinhaltet das IDS „Snort". Snort liest die direkt an der Netzwerkkarte anstehenden Datenpakete des Netzwerks aus. Anschließend werden diese Daten in der Mustererkennung mit den Mustern bekannter Einbrüche verglichen, wobei die Muster in Form von „Rules" (Regeln) vorliegen. Snort bietet verschiedene Möglichkeiten, auf einen erkannten Einbruch aufmerksam zu machen. So kann man einen Einbruch z. B. protokollieren oder sich im Alarmfall über das SMB-Protokoll Mitteilungen zusenden lassen.

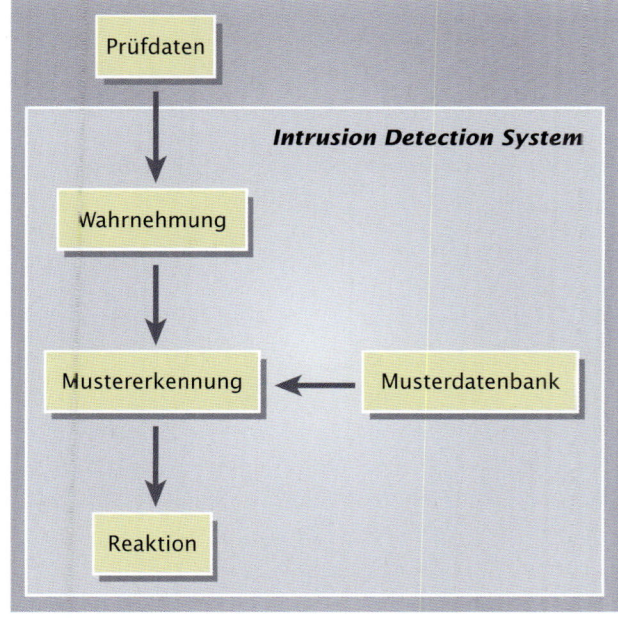

3.3-1: Ablauf einer IDS-Einbruchserkennung

[1] **Intrusion Detection System:** engl. Einbruchs-Erkennungssystem
[2] **Intrusion Alert:** engl. Einbruchalarm

285

Inbetriebnahme von Netzwerken

Das Gesamtnetz der Firma Lütgens ist von der Firma B@ltic Networks bzw. deren Subunternehmer aufgebaut, eingerichtet und konfiguriert worden. Vor einer Übergabe ist das Netz in Betrieb zu nehmen und zu testen.

Nach der Konfiguration und Betriebnahme eines Netzwerkes müssen die Funktionen überprüft und getestet werden. Für diese Überprüfung sind gegebenenfalls Testverfahren und Testhilfsmittel zu entwickeln oder zu beschaffen.

15.1 Vorgehensweise bei der Inbetriebnahme

Um ein Netzwerk und seine angeschlossenen Komponenten in Betrieb zu nehmen, ist schrittweise vorzugehen:

- Test und Inbetriebnahme der Netzwerkphysik
  - Prüfung aller Netzwerkleitungen
  - Prüfung aller Netzwerkfunktionselemente
  - Überprüfung der Spannungsversorgung
- Prüfung und Inbetriebnahme der angeschlossenen Server
- Prüfung der Inbetriebnahme der angeschlossenen Clients
- Prüfung und Inbetriebnahme von netzwerkfähigen Peripheriegeräten
- Prüfung der Kommunikationsfähigkeit aller Komponenten untereinander
- Prüfung und Inbetriebnahme der Dienste
- Prüfung und Inbetriebnahme der Administration.

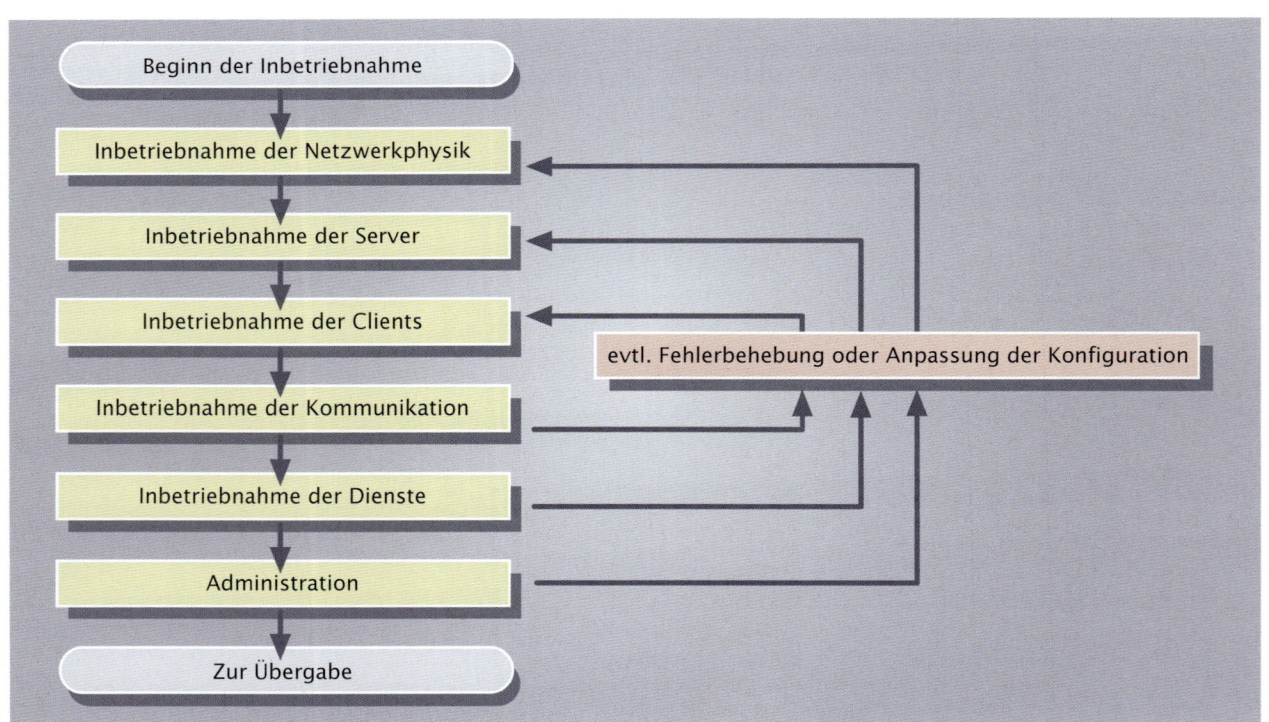

15.1-1 Inbetriebnahme eines Netzwerkes

Eine komplette Prüfung aller Übertragungselemente wie Leitungen, Anschlussdosen, Hubs und Switches ist Voraussetzung. Sie sollte bereits als Bestandteil einer Gesamtinbetriebnahme vorab erfolgt und dokumentiert sein.

Anschließend werden sowohl alle angeschlossenen Endgeräte, wie zum Beispiel Clients und Server, als auch die Übertragungselemente, wie Router und Gateways, in Betrieb genommen und auf korrekte Funktion überprüft. Aufgrund der Vielfalt und Unterschiedlichkeit in der Funktion und Handhabung der einzelnen Geräte sollte dabei sorgfältig nach den mitgelieferten Handbüchern, Bedienungsanleitungen und Dokumentationen vorgegangen werden.

In einem dritten Schritt werden die Kommunikationsverbindungen der einzelnen Clients eingerichtet und überprüft. Dazu werden diese mit geeigneten Netzwerk-Tools und Prüfgeräten getestet. In Anlehnung an das ISO/OSI-Referenzmodell sollte mit den untersten Schichten begonnen werden, um grundlegende Fehler schnell zu erkennen.

Im vierten Schritt werden die notwendigen Netzwerkeinstellungen überprüft und gegebenenfalls angepasst, so z. B.:
- die korrekte Weiterleitung von Druckaufträgen an die entsprechenden Netzwerkdrucker,
- der Zugriff auf Datensicherungseinheiten,
- die korrekte Verbindung einzelner Subnetze über die Routing-Tabellen,
- der Zugriff auf Kommunikationsverbindungen (z. B. Modem, ISDN)
- der Zugriff auf Dienste wie z. B. das World Wide Web oder Email.

Im letzten Schritt werden gemäß den Vorgaben des Auftraggebers die Verzeichnisse und Dienste für die einzelnen Benutzer und Benutzergruppen sowie deren Benutzerkonten und Zugriffsrechte eingerichtet (siehe auch Abschnitt 12.5 „Netzwerkadministration"). Zwingend notwendig ist auch hier die Überprüfung aller Einstellungen, wie z. B. die korrekte Vergabe der Rechte. Im Fehlerfall könnten sonst erhebliche Sicherheitslücken entstehen.

> **TIPP**
>
> Bei der Inbetriebnahme eines Netzwerkes ist auf die sorgfältige Dokumentation aller Verbindungen und Einstellungen zu achten. Sie sind später Teil der Übergabe.

15.2 Tests

> Eine typische Fragestellung eines Auftraggebers lautet: „Ist das erstellte Netzwerk wirklich voll funktionsfähig?"

Die oben gestellte Frage ist meist nicht einfach zu beantworten. Hier liegen häufig die Ursachen für Auseinandersetzungen. Um als Fachkraft qualifiziert reagieren zu können, müssen zwei Dinge in Einklang gebracht werden:
- Die sorgfältige und umfassende Erstellung und Einhaltung eines Pflichtenheftes. Dies dient der Festlegung der Kriterien „WAS funktionieren soll".
- Eine Entwicklung von Strategien, die in der Lage sind, aussagekräftig die geforderten Funktionen zu überprüfen.

Die Überprüfung der Funktionstüchtigkeit erfolgt in der Regel durch die Erprobung und durch Tests. An Tests müssen also folgende Anforderungen gestellt werden:
- Umfang: Werden umfassend alle Kriterien überprüft?
- Aussagekraft: Welche Aussage über die Qualität eines überprüften Kriteriums haben die Testergebnisse?
- Gültigkeit, Validität: Sind die ermittelten Ergebnisse für die zu überprüfenden Kriterien überhaupt gültig (valide)?

TIPP

Um ohne vorgefasste Meinung in die Entwicklung und Durchführung von Tests einzusteigen, kann es sinnvoll sein, unabhängige Gutachter zu beauftragen. Zumindest sollte der Errichter des Netzwerkes nicht selbst die abschließenden Tests durchführen.

- Normgerecht: Werden einschlägige Normen und Vorschriften berücksichtigt und eingehalten?
- Nachvollziehbarkeit: Sind für den Abnehmer die Auswahl und die Durchführung der Tests nachvollziehbar?
- Wiederholbarkeit: Sind die durchgeführten Test jederzeit wiederholbar (reproduzierbar)?

Für die Übertragungsphysik sind diese Testkriterien in Normen festgelegt. So kann sich ein Kunde meist auf die Funktionsfähigkeit der Netzwerkverbindungen verlassen, wenn diese durch eine Fachfirma installiert wurden und eine entsprechende messtechnische Überprüfung vorgenommen wurde. Bei der Übergabe der Anlage sind die erstellten Messprotokolle Bestandteil der Dokumentation (siehe „Überprüfung der Netzwerkverkabelung" und „Dokumentation einer Netzwerkverkabelung"). Die spezifischen Testkriterien für die Übertragungssysteme wurden bereits in den genannten Abschnitten erläutert.

Für eine Kommunikationsverbindung existieren im Prinzip keine genormten Testkriterien. Sie lassen sich jedoch auf den einzelnen Ebenen des ISO/OSI-Referenzmodells mit geeigneten Programmtools testen. So liefert der bereits beschriebene „ping"-Befehl einen Hinweis auf die Übermittlung von IP-Paketen und somit auf eine Verbindung der Systeme auf den Schichten 1 bis 3. Wird im Netzwerk jedoch eine Firewall eingesetzt, kann mit diesem Befehl durch die mögliche Sperrung der ICMP-Dienste keine Verbindung überprüft werden.

In den darüber liegenden Ebenen der Dienste und Anwendungen wird ein Test noch schwieriger. Da die Dienste und Programme meist über einen sehr großen Funktionsumfang verfügen, ist es praktisch nur möglich, ausgewählte Funktionen zu testen.

Entwickeln Sie eine Teststrategie, die die Verbindung und Funktion ihres Internetanschlusses überprüft und belegt.

15.3 LAN-Analyse

Im Netzwerk der Firma B@ltic Networks werden Daten plötzlich sehr langsam übertragen. Ein Mitarbeiter der IT-Abteilung wird beauftragt, den Fehler zu beheben.

Programme, die alle übertragenen Datenpakete mithören und analysieren, werden als Sniffer[1] bezeichnet.

Ein besonderer Problemfall ist die Überprüfung eines Netzes im laufenden Betrieb. Ein außergewöhnliches Betriebsverhalten tritt häufig erst im laufenden Betrieb und unter Last auf. Hier ist die Verwendung von Netzwerkdiagnoseprogrammen sinnvoll (siehe auch Kapitel 9 und 14). Sie sind in der Lage, alle im Netz übertragenen Datenpakete abzuhören und zu analysieren. Sender- und Empfängeradressen sowie die Typen der Datenpakete lassen einen Rückschluss auf Fehlerursachen und Sicherheitslücken zu.

[1] **Sniffer**: engl. Schnüffler

15.3-1
Einsatz eines
Netzwerkdiagnose-
programms

Mögliche Fehlerursachen bei stark sinkender Bandbreite können zum Beispiel falsch konfigurierte oder defekte Systeme sein, die eine Vielzahl von Broadcast-Nachrichten durch das gesamte Netz senden.

Über diese Wartungs- und Diagnosefunktionen hinaus existieren Programme, die alle Kommunikationsports sowie die dahinter liegenden Dienste und deren Konfiguration überprüfen. Auf diese Weise sind Sicherheitslücken erkennbar, die vor allem bei einem Zugriff von Außen zu erheblichen Schäden führen können.

> *Programme, die Kommunikationsports überprüfen, werden als Scanner[1] bezeichnet.*

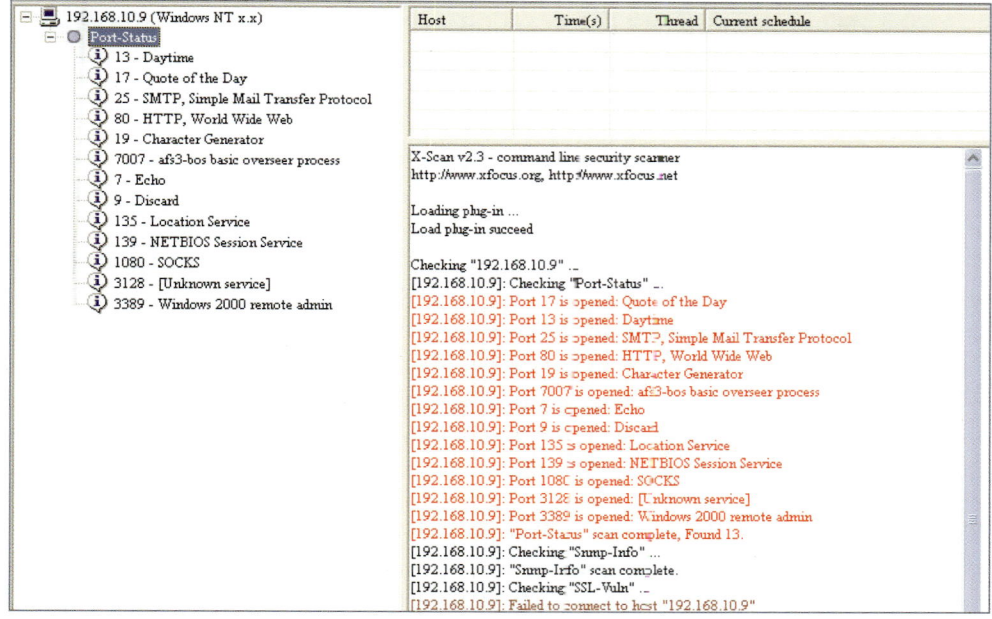

15.3–2 Einsatz eines Scanprogramms

TIPP

Analyse- und Scan-Programme sind unter strikter Beachtung von Vorgaben für die Datensicherheit und den Datenschutz durchzuführen. So ist das Scannen von Ports möglicherweise noch zulässig; die Rechtslage ist umstritten. Das Eindringen in Server und deren Dienste und Verzeichnisse unterliegt den Datenschutzgesetzen und ist verboten.

1. Recherchieren Sie, welche Diagnoseprogramme in Ihrem Betrieb/Ihrer Schule eingesetzt werden.
2. Informieren Sie sich über den Einsatz dieser Programme.

[1] **Scan**: engl. absuchen

Nach der Konfiguration und Betriebnahme eines Netzwerkes müssen die Funktionen überprüft und getestet werden. Für diese Überprüfung sind gegebenenfalls Testverfahren und Testhilfsmittel zu entwickeln oder zu beschaffen.

Nach Beendigung von Installations- und Konfigurationsarbeiten sowie der Inbetriebnahme des Netzwerkes sind folgende Aufgaben durchzuführen:

- Abnahme durch Ersteller und Auftraggeber,
- Übergabe an den Auftraggeber,
- Einweisung von Benutzern und Administratoren,
- Schulung von Benutzern und Administratoren und
- Übergabe der Dokumentation an den Auftraggeber.

Bei kleineren Projekten kann auf einzelne Punkte, z. B. Schulungen, unter Umständen verzichtet werden.

Die Übergabe eines Produktes stellt in der Regel den Abschluss eines Auftrages dar. Über den Abschluss eines Projektes hinaus können weitere Arbeiten anfallen. Dies sind z. B.:

- Wartungsarbeiten,
- Schulungen,
- Anschlussaufträge.

16.1 Abnahme und Übergabe

Mitarbeiter der Firmen Lütgens und B@ltic Networks führen gemeinsam die Übergabe bzw. Übernahme des neu errichteten Netzwerkes durch.

Bei größeren Hard- und Softwareprojekten erfolgt vor der Übergabe eine Abnahme durch Auftragnehmer und Auftraggeber. Dadurch soll sichergestellt werden, dass alle Arbeiten gemäß den Leistungsbeschreibungen des Pflichtenheftes und den Lieferbedingungen erledigt wurden. Zusätzlich sind ggf. die Auswahl und Installation aller technischen Betriebsmittel zu überprüfen. Dies hat besondere Bedeutung bei der Übergabe elektrotechnischer Anlagen, bei denen Sicherheitsüberprüfungen nach DIN/VDE durchzuführen sind. Zur Dokumentation wird über den gesamten Vorgang ein Abnahme- und Übergabeprotokoll angefertigt. Die Prüfprotokolle einzelner Bereiche, z. B. der Schutzmaßnahmen sowie die Gutachten externer Prüfer (z. B. TÜV[1]), sind Bestandteil der Übergabeprotokolle.

Im Rahmen der Abnahme können auch Tests durch den Auftraggeber durchgeführt werden. Diese entsprechen den in Kapitel 15.2 formulierten Kriterien. Um jedoch die Aussagekraft zu erhöhen, sollten nicht die vom Auftragnehmer verwendeten Testverfahren genutzt werden.

Mit der Abnahme und Übergabe geht die Verantwortung für die Anlage oder Software auf den Auftraggeber über.

[1] **TÜV:** Technischer Überwachungs-Verein

16.2 Dokumentation

Mit der Abnahme und Übergabe desNetzwerkes übergibt die Firma B@ltic Networks eine vollständige Dokumentation an die Firma Lütgens.

Dokumentationen von Anlagen und Software erfüllen wichtige Funktionen bei:
- der Wartung,
- der Erweiterung,
- der Veränderung,
- der Fehlerbehebung und
- der Bedienung.

Aus diesem Grund müssen sie leicht verständlich formuliert sein und den gesamten Funktionsumfang eines Produktes beschreiben.

> *Die Dokumentation einer Anlage oder einer Software muss übersichtlich, vollständig und auf aktuellem Stand gehalten werden. Sie muss im Fehlerfall sofort zugänglich sein. Die Aufbewahrung und der Schutz vor unberechtigtem Zugang obliegen einem Verantwortlichen.*

Im Wesentlichen basiert die Dokumentation auf den Festlegungen des Pflichtenheftes. Folgende Aspekte sind bei einem Netzwerk im Besonderen zu berücksichtigen:

Dokumentation	Inhalt
Übersichtspläne	Übersichtspläne sind vor allem für das Netzwerkmanagement von Bedeutung. Es werden vor allem dargestellt: • Aufgabe und Zusammenwirken der einzelnen Netzwerkkomponenten • Netzpläne der logischen Verbindungen • Netzwerkdiagramme und -zeichnungen • geographische Übersichtspläne
Verkabelung	Darstellung der gesamten physikalischen Verbindungen: • Netzpläne der physikalischen Verbindungen • Medientypen (z. B. Kabel, Funk) • Kabeltypen (z. B. LWL, CAT 7) • Kabelbezeichnungen zur Identifikation • Beschaltungsinformationen (Ort, Kontaktbelegung usw.) • Leitungslängen je Abschnitt • Prüfprotokolle der einzelnen Abschnitte • angeschlossene Geräte
Arbeitsplätze	Informationen über die angeschlossenen Clients: • Netzwerkkarten (Typ, MAC-Adresse) • Adressierungen (IP-Adresse, Subnetzmaske) • Netzwerkanmeldungen (DNS, Domäne usw.)
Server	Informationen über die Server: • Netzwerkkarten (Typ, MAC-Adresse) • Adressierungen (IP-Adresse, Subnetzmaske) • Gateway- und Router-Informationen • Netzwerkanmeldungen (DNS, Domäne usw.) • zusätzliche Verbindungen (ISDN, DSL usw.) • Netzwerkbetriebssysteme (Bezeichnung, Version, Patches) ▶▶

Dokumentation	Inhalt
Peripheriegeräte	Alle im Netzwerk verfügbaren Geräte wie z. B. Drucker sind aufzulisten. Art und Umfang der Informationen entsprechen in etwa denen der angeschlossenen Arbeitsplätze.
Netzwerk-Komponenten	Je nach Art und Funktion der Netzwerkkomponenten, wie z. B. Hubs, Switches und Routern, sind ähnliche Informationen wie bei Servern zu dokumentieren. Zusätzlich können folgende Informationen von Bedeutung sein: • Firmwareversion • Porttypen und -anzahl • aktivierte Protokolle • Filtereinstellungen • eingetragene virtuelle LANs • Managementinformationen (z. B. MIB) • Sicherheitseinstellungen (Passwörter sollten gesondert unter Verschluss dokumentiert werden!)
Software	Um den Wartungs- und Verwaltungsaufwand zu begrenzen, sollten alle Arbeitsplätze soweit wie möglich mit identischen Softwarepaketen ausgestattet sein. Zur Dokumentation gehören alle Informationen über die eingesetzte Software. Darüber hinaus sollten einzelne spezifische Einstellungen, z. B. für einzelne Anwender oder besondere Anwendergruppen, dokumentiert werden.
Änderungen	Alle Änderungen sind in den oben genannten Dokumentationen vorzunehmen. Zusätzlich sollte auch die Beantragung und Durchführung der Änderungen formal dokumentiert werden. Dies betrifft unter anderem die Genehmigung von Änderungsanträgen und die technische und zeitliche Überwachung der Durchführung von Änderungen.

TIPP

Für die Erstellung und Pflege der Dokumentation existieren Verwaltungsprogramme. Diese sind häufig mit Funktionen des Netzwerkmanagements versehen, so dass viele Daten automatisch erfasst werden können (siehe Kapitel 13).

1. Erarbeiten Sie ein Formular für die Dokumentation eines Netzwerkes. Stützen Sie sich dabei auf die oben vorgestellte Tabelle.
2. Erstellen Sie eine Dokumentation für das Netzwerksegment, in dem sich der Arbeitsplatzrechner in Ihrem Betrieb/Ihrer Schule befindet.

16.3 Einweisung und Schulung

Um möglichst zügig alle Funktionen des neuen Netzwerkes nutzen zu können, müssen die Mitarbeiter der Firma Lütgens in die Funktionen eingewiesen werden und in der Anwendung der Programme geschult werden.

Mit der Einführung einer neuen Anlage und/oder einer neuen Software sind alle betroffenen Mitarbeiter in die Funktionen einzuweisen, zu schulen und zu trainieren.

Informationen, Einweisungen und Schulungen können verschiedene Adressatenkreise betreffen:
- Mitarbeiter,
- Management,
- Lieferanten und
- Kunden.

Um Kosten zu senken und gezielter die unterschiedlichen Adressatenkreise anzusprechen, werden häufig nur einzelne leitende bzw. verwaltende Mitarbeiter (z. B. Administratoren, IT-Servicekräfte) geschult.

Unabhängig von den Schulungen im Zusammenhang mit der Beschaffung neuer Anlagen und Programme sollte auf regelmäßige Weiterbildung der Mitarbeiter Wert gelegt werden.

Diese sind dann wiederum für die Einweisung und Schulung der einzelnen Personengruppen zuständig. Dieses Prinzip wird als Multiplikatorenschulung bezeichnet.

Die einzelnen Adressatenkreise sind bei der Ausarbeitung der Schulungskonzepte zu berücksichtigen. Werden die Konzepte selber erarbeitet, z. B. durch Multiplikatoren, so könnte folgende Struktur verwendet werden:
- Zielformulierung,
- Analyse der Zielgruppe,
- Formulierung der Inhalte,
- Festlegung der Methoden,
- Festlegung der gegenständlichen Rahmenbedingungen,
- Festlegung der personellen Rahmenbedingungen,
- Festlegung der organisatorischen Rahmenbedingungen.

Für die konkrete Umsetzung eines Konzeptes sind die Informationen aus Kapitel 2 hilfreich.

Neben dem Angebot, selbst Einweisungen und Schulungen zu entwickeln und durchzuführen, gibt es die Möglichkeit auf einen externen Schulungsträger zurückzugreifen. In jedem Fall sollte nach der Schulung eine Überprüfung sowohl des Lernerfolges (z. B. durch Prüfungen) als auch des Schulungskonzeptes (Evaluation[1]) erfolgen. Diese Elemente sichern und erhöhen die Qualitätsstandards von Schulungen.

1. Entwickeln sie eine kleine Einweisungssequenz für einen Mitarbeiter an ihrem Arbeitsplatz. Berücksichtigen sie dabei Aspekte der Präsentationstechniken.
2. Untersuchen Sie, welche Schulungsträger im näheren Umkreis Schulungen und Fortbildungen anbieten.

[1] **Evaluation:** Bewertung, Beurteilung

Das Unternehmen Lütgens expandiert und richtet eine neue Niederlassung ein. Neben einer Infrastruktur für das Datennetz wird ein Kommunikationsnetz benötigt, das auch über einen leistungsstarken Zugang zum öffentlichen Netz verfügt, um mit der Firmenzentrale in Kontakt zu treten. Mit der Planung und Realisierung wird das Unternehmen B@ltic Networks GmbH beauftragt.

Setzt sich ein Unternehmen aus mehreren Niederlassungen an unterschiedlichen Standorten zusammen, ist es notwendig, die einzelnen lokalen Netzwerke miteinander zu verbinden. Der Zugang zu dem hieraus entstehenden Weitbereichsnetz (WAN) erfolgt im Gegensatz zu LANs grundsätzlich über einen Provider (Dienstanbieter). Das wohl bekannteste WAN ist das Telefonnetz (Fernsprechnetz), das die weltweite Übertragung von Sprache und Daten ermöglicht.

Den Austausch von Informationen mit Hilfe nachrichtentechnischer Übertragungsverfahren bezeichnet man als Telekommunikation[1].

Das Telefonnetz ist also ein Medium zur Durchführung von Telekommunikation. Neben der Sprachübertragung sind z. B. die Nutzung von E-Mail oder Fax weitere Beispiele für Telekommunikation.

Telekommunikation spielt heute eine sehr wichtige Rolle im täglichen Leben (kein Unternehmen kann ohne Telefon existieren). Durch die Telekommunikation können Arbeit und Arbeitsort unabhängiger voneinander werden. So gibt es bereits eine Vielzahl von sogenannten „Telearbeitsplätzen", bei denen die Arbeit außerhalb des eigentlichen Firmenstandortes vollzogen wird und der notwendige Informationsaustausch zwischen Arbeitnehmer und Firma mittels Telekommunikation vom Telearbeitsplatz aus erfolgt.

Historisch bedingt werden Telekommunikationsnetze unterteilt in Nachrichtennetze und Datennetze (siehe Abb. 17-1). Nachrichtennetze wie z. B. das Telefonnetz gehören zu den ältesten Netzen. Sie dienen der Übertragung von Nachrichten zwischen Menschen. Datennetze wie z. B. lokale Netze (LANs) oder Weitbereichsnetze (WANs) werden dagegen für die Kommunikation von Rechner zu Rechner eingesetzt. (siehe Abschnitt 5.7: „Räumliche Ausdehnung von Netzwerken"). Nachrichten- und Datennetze sind jeweils zusätzlich in „öffentliche Netze" und „nicht-öffentliche Netze" (private Netze) unterteilt.

Als „öffentliche Netze" bezeichnet man Netze, die prinzipiell für jede Person zugänglich sind. Für öffentliche Netze sind außerdem gewisse staatlich kontrollierte Auflagen zu erfüllen. So muss ein öffentliches Netz für Sprachübertragung z. B. Notrufeinrichtungen unterstützen.

Im Gegensatz zu öffentlichen Netzen sind nicht-öffentliche Netze nur einem bestimmten Personenkreis wie z. B. den Mitarbeitern einer Firma zugänglich.
Der prinzipielle Aufbau von öffentlichen Nachrichtennetzen und öffentlichen WAN-Datennetzen unterscheidet sich heutzutage nicht mehr. Zur Realisierung von WANs wie dem Internet werden sogar die öffentlichen Nachrichtennetze verwendet. Im heutigen Sprachgebrauch wird daher unter öffentlichen Netzen und Weitbereichsnetzen dasselbe verstanden. Da über Datennetze zunehmend Nachrichtenformen wie z. B. Sprache übertragen werden, die traditionell eher den Nachrichtennetzen zuzuordnen sind, findet immer mehr eine Verschmelzung von Nachrichten- und Datennetzen statt.

[1] Telekommunikation von „tele": griech. fern und „communicare": lat. mitteilen

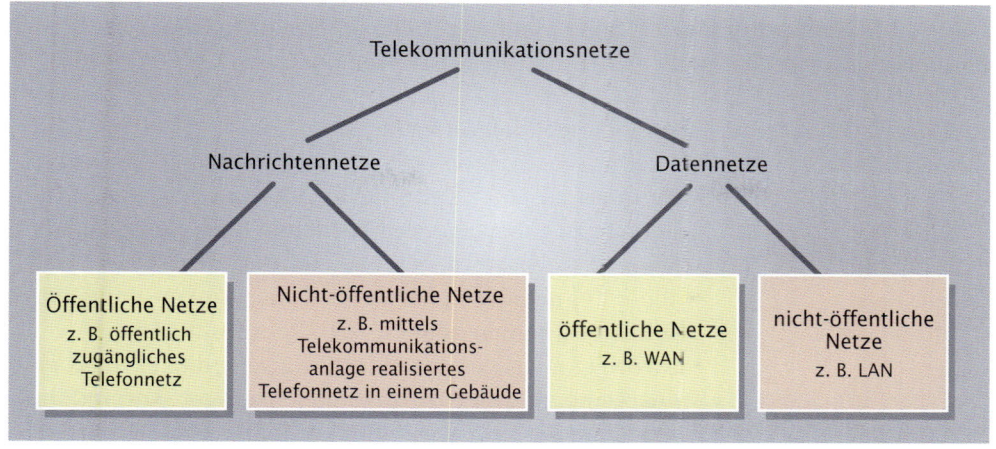

17-1
Telekommunikations-
netze

17.1 Aufbau öffentlicher Netze

 Ein öffentliches Netz bzw. Weitbereichsnetz ist in folgende Komponenten unterteilt (siehe Abb. 17.1-1):

- Endeinrichtungen („**T**erminal **E**quipment", TE) wie z.B. Telefon, Rechner oder Faxgeräte (siehe Abschnitt 18.1: Telekommunikationsendgeräte)
- Vermittlungsstellen
- Verbindungsleitungen

An den Vermittlungsstellen sind zum einen die Endeinrichtungen angeschlossen und zum anderen laufen dort die einzelnen Übertragungsstrecken zusammen. Um mit Teilnehmern kommunizieren zu können, die an anderen Vermittlungsstellen angeschlossen sind, ist eine Vernetzung dieser Vermittlungsstellen erforderlich. Aufgabe der Vermittlungsstellen ist es, einen Weg durch das Netz zum Zielteilnehmer zu schalten. Die Verbindung zweier Vermittlungsstellen erfolgt über

- Koaxialkabel,
- Lichtwellenleiter,
- Richtfunkstrecken oder
- Satelliten.

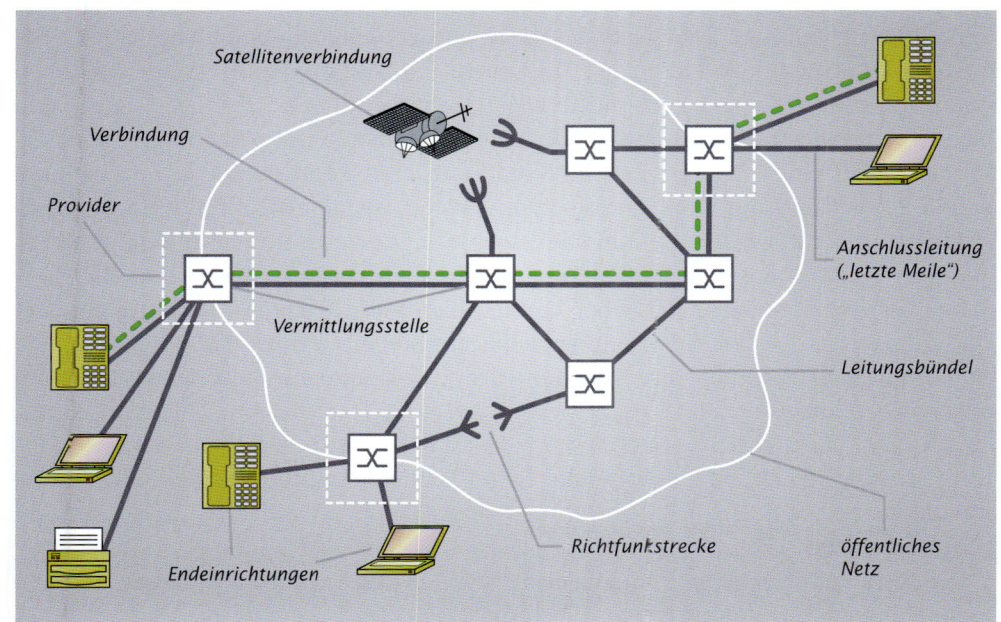

17.1-1
Prinzipielle Struktur
eines öffentlichen
Netzes

Die Verbindungsleitung vom Teilnehmer zum nächstgelegenen Netzknoten wird häufig auch als „letzte Meile" (engl. Local Loop) bezeichnet.

An ein öffentliches Netz werden folgende Forderungen gestellt:

Vermittlungs-schicht	X.25
Sicherungs-schicht	Frame Relay HDLC PPP SDLC
Bitübertragungs-schicht	EIA/TIA–232 EIA/TIA–449 EIA/TIA–612/613 V.35 X.21

17.1-2 Wichtige WAN-Spezifikationen innerhalb des ISO/OSI-Referenzmodells

- Es muss zu jeder Zeit eine Verbindung von einem Teilnehmer zu jedem anderen Teilnehmer des Netzes möglich sein.
- Jeder Teilnehmer muss das gewünschte Verbindungsziel selbst bestimmen können (z. B. über Rufnummern).
- Das Netz muss genügend mächtig sein, d.h. es muss eine ausreichend große Anzahl gleichzeitiger Verbindungsmöglichkeiten zur Verfügung stellen.

Die in öffentlichen Netzen eingesetzten Technologien arbeiten auf den Schichten 1 bis 3 des ISO/OSI-Referenzmodells. Abb. 17.1-2 zeigt wichtige Spezifikationen, die diesen Schichten zugeordnet sind.

Im Folgenden werden die Strukturen des Fernsprechnetzes und des Internets als wichtige Vertreter öffentlicher Netze näher vorgestellt.

17.1.1 Struktur des Fernsprechnetzes

Ein öffentliches Fernsprechnetz, das ausschließlich der Übertragung von Sprache dient, gibt es in Deutschland heute nicht mehr. Stattdessen werden über das Netz zahlreiche weitere Dienste wie z. B. Fax oder Videoübertragungen angeboten (siehe Kapitel 20: Dienste integrierendes Netz).

Vermittlungen stellen den Verbindungsweg zwischen den Gesprächsteilnehmern her.

Der Anschluss der einzelnen Fernsprechteilnehmer an das Netz erfolgt über Ortsvermittlungsstellen (VE:O).

Je nach Ausbauzustand kann eine Ortsvermittlungsstelle über 100.000 Fernsprechteilnehmer verwalten. Das Gebiet der Bundesrepublik Deutschland ist hierbei lückenlos und überschneidungsfrei in Ortsvermittlungsbereiche aufgeteilt, denen mindestens jeweils eine Ortsvermittlungsstelle zugeordnet ist. Für den Zugang zum Internet sind diese Vermittlungsstellen an entsprechende Gateways angeschlossen. Damit auch Teilnehmer miteinander kommunizieren können, die an unterschiedlichen Ortsvermittlungsstellen angeschlossen sind, werden Fernvermittlungsstellen (VE:F) eingesetzt. Diese verbinden die einzelnen Ortsvermittlungsstellen miteinander. Fernvermittlungsstellen beinhalten häufig auch Vermittlungsstellen, die Übergänge zu Netzen anderer Betreiber bereitstellen (VE:N). Die Vermittlung von Gesprächen in das Ausland übernehmen separate Stellen (VE:A), da dort häufig eine Anpassung der Gesprächsdaten an die Norm des jeweiligen Zielnetzes vorgenommen werden muss.

Ein Fernsprechnetz beinhaltet in aller Regel Teilnetze mit unterschiedlicher Funktionalität:
- **Sprachnetz:**
  Das Sprachnetz setzt sich im Wesentlichen aus den Vermittlungsstellen und den zugehörigen Verbindungswegen zusammen.

- **Signalisierungsnetz:**

  Zum Aufbau, Abbau und Betrieb einer Verbindung sowie zur Fernwartung des Fernsprechnetzes ist es notwendig, Steuerinformationen zwischen den Teilnehmern bzw. Vermittlungsstellen auszutauschen (siehe Abschnitt 17.7: Signalisierung). Die Übertragung dieser Daten erfolgt innerhalb des vom Sprachnetz getrennten Signalisierungsnetzes. Dort werden zur Vermittlung der Signalisierungsdaten eigene Vermittlungsstellen verwendet, die man als „Signalling Transfer Points" (STP) bezeichnet.

- **Datennetz:**

  Über Datennetze werden Dienste, wie z. B. der Zugang zum Internet, bereitgestellt. Wünscht ein Teilnehmer eine Datenverbindung (z. B. mittels DSL), so wird das innerhalb der zugehörigen Ortsvermittlungsstelle erkannt. Dort wird dann eine entsprechende Verbindung zum Internet-Gateway hergestellt.

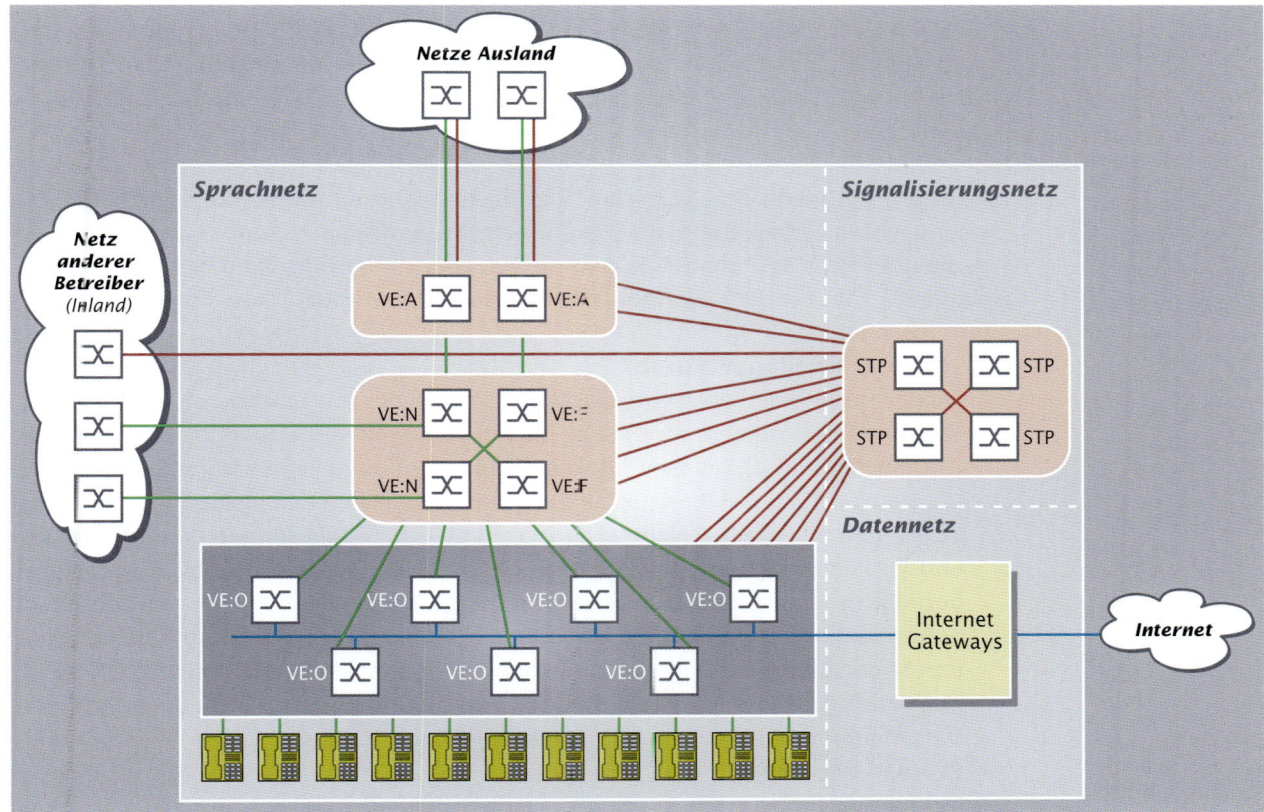

17.1.1-1: Aufbau Fernsprechnetz

17.1.2 Struktur des Internets

Das Internet besteht aus einer Vielzahl von Netzwerken, die über Gateways miteinander verknüpft sind. Die einzelnen Netze sind hierbei autonome Systeme (siehe Abschnitt 11.3.2: Dynamisches Routing).

> *Unter einem autonomen System (AS) versteht man ein Netzwerk, das als Einheit verwaltet wird und eine einheitliche Routing-Strategie verwendet. Ein autonomes System kann wiederum aus Teilnetzen bestehen.*

[1] **Signalling Transfer Points:** engl. Signalisierungs-Übertragungspunke

TIPP

Die ASNs der Netz-
betreiber lassen
sich über die RIPE-
Webseite (http://
www.ripe.net) er-
mitteln. So besitzt
z. B. das autonome
System der Deut-
schen Telekom die
ASN 3320.

Um Routing zwischen den einzelnen autonomen Systemen des Internet zu ermöglichen, muss jedes dieser Systeme eindeutig gekennzeichnet sein. Dieses erfolgt
durch eine spezielle AS-Nummer (ASN), die eine Länge von 16 Bit besitzt. Die Vergabe der ASN erfolgt durch die IANA[1]. Diese weist zunächst regionalen Internet-Re-
gistrierungsorganisationen (RIR[2]) Blöcke von AS-Nummern zu. Die RIRs vergeben
dann die einzelnen Nummern aus den Blöcken an die in ihren Bereich fallenden
autonomen Systeme. Die für Europa zuständige RIR ist das RIPE (Reseaux IP Europeens[3]) mit Sitz in Amsterdam.

> *Unter einem Backbone versteht man
> den Teil einer Netzwerkverbindung, der
> als hauptsächlicher Pfad für die Daten-
> übertragung verwendet wird.*

Wesentlicher Bestandteil der einzelnen Netze sind deren Hauptver-
kehrsstränge, die als Backbones[4]
bezeichnet werden.

In der Regel bestehen Backbone-
Verbindungen aus Lichtwellenleitern mit hoher Bandbreite. Abb. 17.1.2-1 zeigt die
Struktur des Landeshochschulnetzes in Baden-Württemberg mit den zugehörigen
Backbones.

Um eine weltweite Erreichbarkeit zu erzielen, werden die von den Providern be-
reitgestellten Netze miteinander gekoppelt. An zentralen Austauschknoten, den sogenannten Peerings[5], laufen hierzu die Backbones der einzelnen Netzbetreiber zusammen. Für die Organisation der Peerings haben sich zwei Vorgehensweisen
durchgesetzt:

- **Internet Exchange Points:**
  Da der Betrieb der Netzschnittstellen aufgrund der teuren Hardware sowie der
  Wartung hohe Kosten verursacht, haben sich weltweit einige große öffentliche
  Knoten gebildet. Bei diesen Internet Exchange Points ist der Datenaustausch ge-
  bührenfrei. Voraussetzung ist jedoch, dass der Datenaustausch zwischen annähernd gleichrangigen Netzbetreibern erfolgt, d. h. Netzbetreiber, deren Netzgröße
  und Verkehrsaufkommen annähernd gleich groß sind. Die jeweiligen Netzbetreiber sind hierbei selbst für die Beschaffung und den Betrieb der erforderlichen
  Schnittstellen-Hardware verantwortlich. Einer der größten Internet Exchange Points ist der 1995 eingerichtete „Deutsche Commercial Internet Exchange" (DeCIX)
  in Frankfurt. Hier sind inzwischen mehr als 160 Netze unterschiedlicher Netzbetreiber miteinander gekoppelt[6] (Stand 2006).
- **Private Peerings:**
  Neben den großen öffentlichen Peering Points gibt es auch private Austausch-
  punkte zwischen den Internet-Netzen. Bei stark unterschiedlichem Verkehrsaufkommen zwischen den Netzen, muss in aller Regel der kleinere Netzbetreiber den
  Datenverkehr durch das Netz des größeren Betreibers bezahlen.

Der Betrieb der Internet-Teilnetze und der zugehörigen Zugänge erfolgt im Wesent-
lichen durch Dienstleister. Hierzu gehören:
- **Carrier:**
  Als Carrier bezeichnet man in der Telekommunikation Netzbetreiber, also Dienst-
  leister, die eine eigene Netzinfrastruktur innerhalb des Internet betreiben und
  Übertragungskapazitäten an Kunden verkaufen.
- **Internet Service Provider (Internet Provider, ISP):**
  Als Internet Service Provider bezeichnet man Dienstleister, die Internet-Dienst-
  leistungen an Endkunden verkaufen. Diese Dienste können beispielsweise die

[1] **IANA:** Internet Assigned Numbers Authority
[2] **RIR:** Regional Internet Registries
[3] **RIPE:** Reseaux IP Europeens: franz. Europäisches IP-Netz
[4] **Backbone:** engl. Rückgrat
[5] **Peer:** engl. Gleichgestellter
[6] Die Deutsche Telekom als größter Betreiber eines Internet-Backbone-Netzes in Deutschland ist nicht am DeCIX beteiligt.

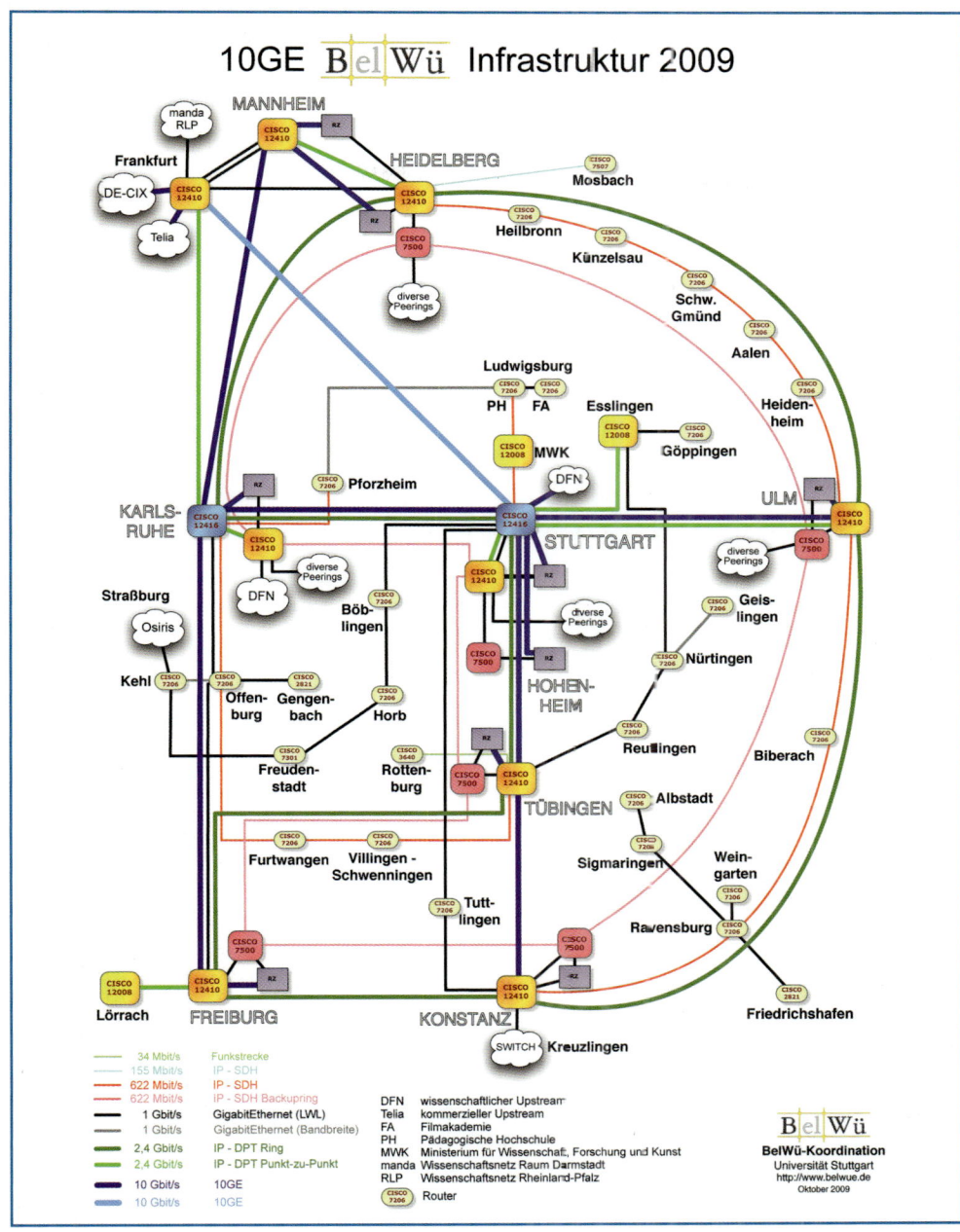

17.1.2-1
Struktur des Landes-
hochschulnetzes in
Baden-Württemberg

Herstellung von Internet-Zugängen sein (Access Provider) oder das Bereitstellen von Speicherplatz für Webseiten auf einem an das Internet angeschlossenen Server des Providers (Webhosting).

- **Institutionelle Netzbetreiber:**
Hierzu gehören Einrichtungen, die mit öffentlichen Mitteln gefördert werden, z. B. Forschungszentren oder Universitätseinrichtungen. Die von diesen Instituten betriebenen Netzzugänge sind meist nichtkommerziell und daher nicht oder nur sehr eingeschränkt gewerblich nutzbar.

Das Internet ist dezentral angeordnet, da es aus einer Vielzahl weltweit miteinander verbundener Netze besteht. Es gibt also keine „Netzwerkmitte", in dessen Zentrum sich ein Server befindet, der den gesamten Netzverkehr steuert. Stattdessen wird jedes Teilnetz von den Netzbetreibern eigenständig verwaltet. Diese dezentrale Organisation sorgt für große Stabilität und ist ein wesentlicher Erfolgsfaktor des Internets: Bei Ausfall eines Servers oder sogar eines kompletten Teilnetzes ist das restliche Internet weiterhin funktionstüchtig. Oftmals können in Sekundenschnelle Ersatzverbindungen verwendet werden, so dass die Endbenutzer in vielen Fällen nicht einmal den Ausfall bemerken.

Der Zugang zum Internet kann auf vielfältige Art und Weise erfolgen. In Abhängigkeit der Anbindung des Internet Service Providers an das Internet ist es z. B. möglich, ein Firmen-LAN über ein Gateway direkt an den Internet-Backbone eines Carriers zu koppeln. Ebenfalls weit verbreitet ist der Internet-Zugang über das Fernsprechnetz (siehe Abb. 17.1.2-2).

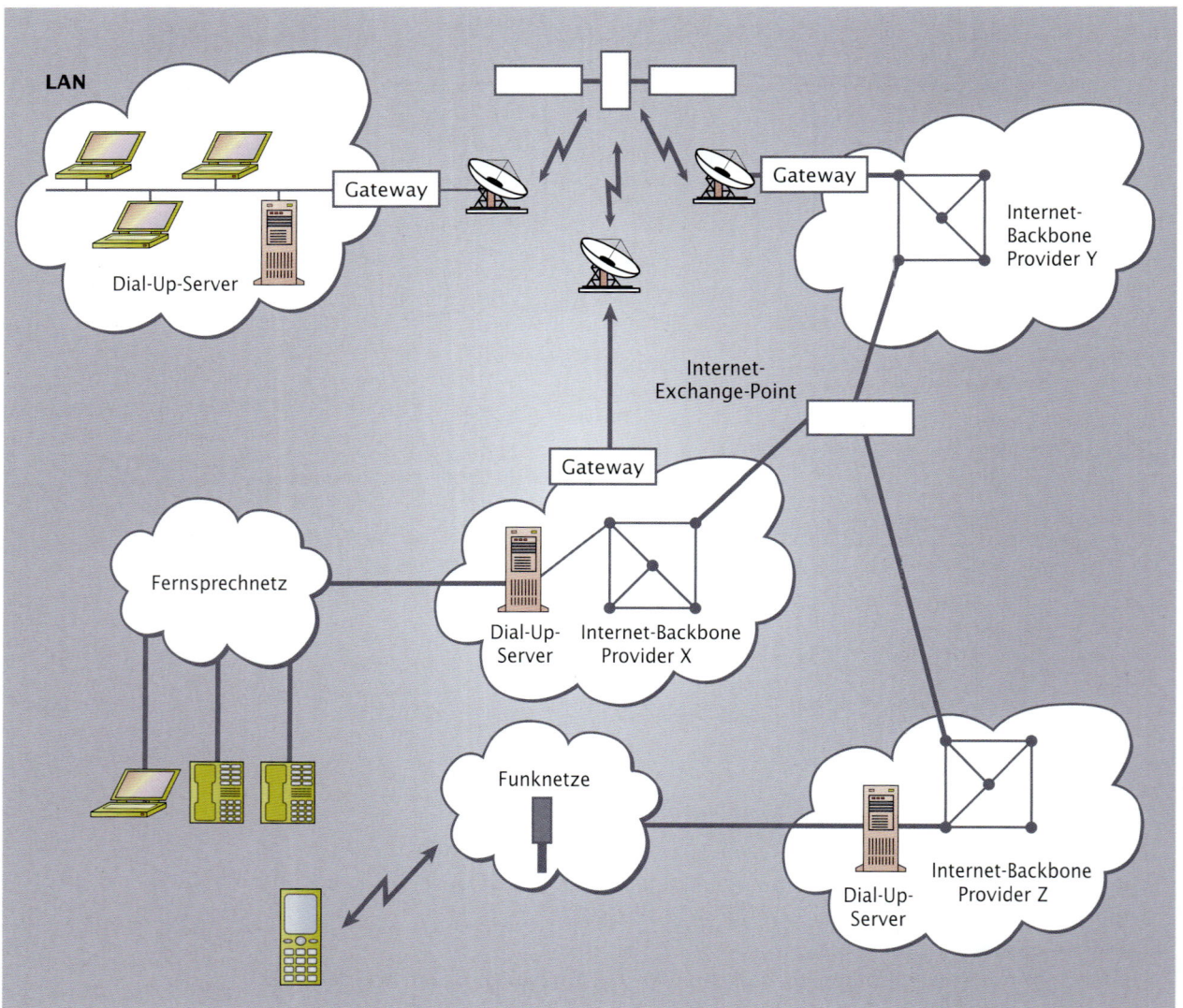

17.1.2-2 Struktur des Internets

Internetverbindungen werden durch die Funktionalität der Vermittlungs- und der Transportschicht ermöglicht. Hierbei kommt die standardisierte und weit verbreitete TCP/IP-Protokollfamilie zum Einsatz. So ist gewährleistet, dass die Kommunikation unabhängig von den verwendeten Betriebssystemen und Netzwerktechnologien erfolgen kann.

17.2 Dienste

Die über Weitbereichsnetze zu übertragenden Informationen können sehr unterschiedlich sein, z. B. Sprache, Text, Bild, Ton oder Daten (siehe Abschnitt 8.1: Kommunikationsabläufe).

Bis vor einigen Jahren waren Netze nur in der Lage, jeweils eine bestimmte Art der Nutzinformation zu übertragen. Alle Einrichtungen in diesem Netz waren dann auf die Übermittlung von Nachrichten in diesem Format ausgerichtet. So war das Fernsprechnetz ursprünglich lediglich auf die Übertragung von analogen, elektrischen Signalen zwischen 300 Hz und 3400 Hz für die Sprachübertragung ausgerichtet. Inzwischen sind dort jedoch auch vielfältige Datenübertragungen z. B. in Form von E-Mails oder Dateien möglich.

> *Die Fähigkeit eines Netzes, Informationen einer bestimmten Art zu übertragen, wird als Dienst bezeichnet.*

Beispiele für Dienste, die ein Netz unterstützt, sind z. B.
- Sprachdienst,
- Faxdienst oder
- Telegrammdienst.

Die Vielfalt an getrennten Netzen mit jeweils einem spezifischen Dienst und zugehörigen Netzschnittstellen und Endgeräten war sehr teuer und wartungsintensiv. Ziel war es daher, die Dienste zusammenzufassen und in einem einzigen Netz anzubieten. Erreicht werden konnte dieses schließlich mit dem „Integrated Services Digital Network" (ISDN, siehe Kapitel 20). Bei ISDN handelt es sich jedoch nicht um ein Netz, das neu verlegt wurde, sondern ISDN ist Bestandteil des heute durchgängig digitalen Fernsprechnetzes.

Den Telekommunikationsdiensten sind jeweils Dienstmerkmale zugeordnet, die den Dienst näher kennzeichnen. Dienstmerkmale für den Sprachdienst können z. B. sein:
- Rufweiterschaltung
- automatischer Rückruf bei „besetzt"
- das Anzeigen von Tarifinformationen

17.3 Nachrichtenvermittlung

Für die Kommunikation von zwei Teilnehmern in einem öffentlichen Netz muss eine Verbindung über die zum Netz gehörenden Vermittlungsstellen gefunden werden.

> *Die Art und Weise, wie ein Übertragungspfad zwischen Sender und Empfänger in einem Kommunikationsnetz gesucht und gefunden wird, bezeichnet man als Vermittlung.*

Bei den Vermittlungsprinzipien kann prinzipiell zwischen der kanalorientierten Vermittlung und der Speichervermittlung unterschieden werden.

Kanalorientierte Systeme sind besonders für interaktive, kontinuierliche Datenströme geeignet. Typische Beispiele sind das Telefonnetz sowie ISDN. Die Kanäle können dabei permanent oder zeitweise (dynamisch) auf Anforderung der Teilnehmer zur Verfügung gestellt werden. Falls die Datenrate des Kanals

> *Bei der kanalorientierten Vermittlung wird für die Dauer der Übertragung ein physikalischer Kanal zwischen Sender und Empfänger aufgebaut.*

nicht ausreicht, können mehrere Kanäle gebündelt werden (z. B. 2 Kanäle für ISDN = 2 × 64 kbit/s = 128 kbit/s).

Eine „verbindungsorientierte[1]" Datenübertragung ist durch das Vorhandensein eines Kommunikationskanals gekennzeichnet (siehe Abschnitt 9.3.2: Protokolle des Transportsystems). Kanalorientierte Systeme sind daher automatisch auch verbindungsorientiert.

> *Bei der Speichervermittlung wird die Nachricht in den Vermittlungsstellen zwischengespeichert, bis der Weitertransport möglich ist.*

Die Speichervermittlung wird wiederum unterteilt in die Nachrichten- und die Paketvermittlung. Bei der Nachrichtenvermittlung werden die zu übermittelnden Daten (z. B. eine Datei) in einer einzigen Dateneinheit zusammengefasst und übertragen. Die Bedeutung dieses Vermittlungsprinzips ist in den letzten Jahren jedoch stark zugunsten der Paketvermittlung zurückgegangen. Bei der Paketvermittlung werden die zu übermittelnden Daten in mehrere Dateneinheiten (Pakete) zerlegt, um u.a. die Durchlaufzeit durch das Netz zu verringern. Die einzelnen Pakete können hierbei im Rahmen einer Verbindung als zusammengehörig gekennzeichnet werden (verbindungsorientierte Datenübertragung z. B. TCP, X.25 oder Frame Relay) oder als einzelne, unabhängige Einheiten durch das Netz wandern (verbindungslose Datenübertragung z. B. IP, siehe Abschnitt 9.3.2: Protokolle des Transportsystems). Bei der verbindungsorientierten Paketvermittlung wird überprüft, ob die einzelnen Pakete unbeschädigt und in der richtigen Reihenfolge beim Empfänger eintreffen. Bei der verbindungslosen Paketvermittlung finden derartige Prüfungen dagegen nicht statt.

Verbindungen, die auf dem Prinzip der Paketvermittlung basieren, besitzen keine feste Leitungsführung. Die einzelnen Pakete können somit unterschiedliche Wege nutzen. Man bezeichnet derartige Verbindungen daher auch als virtuelle (scheinbare) Verbindungen. Im Gegensatz dazu werden kanalorientierte Verbindungen auch als physikalische Verbindungen bezeichnet. Auch bei den Vermittlungsarten existieren unterschiedliche Bezeichnungen. So spricht man bei kanalorientierten Vermittlungen von Verkehrslenkungen. Paketvermittlungen bezeichnet man dagegen meist als Routing (siehe Kapitel 11: Routing).

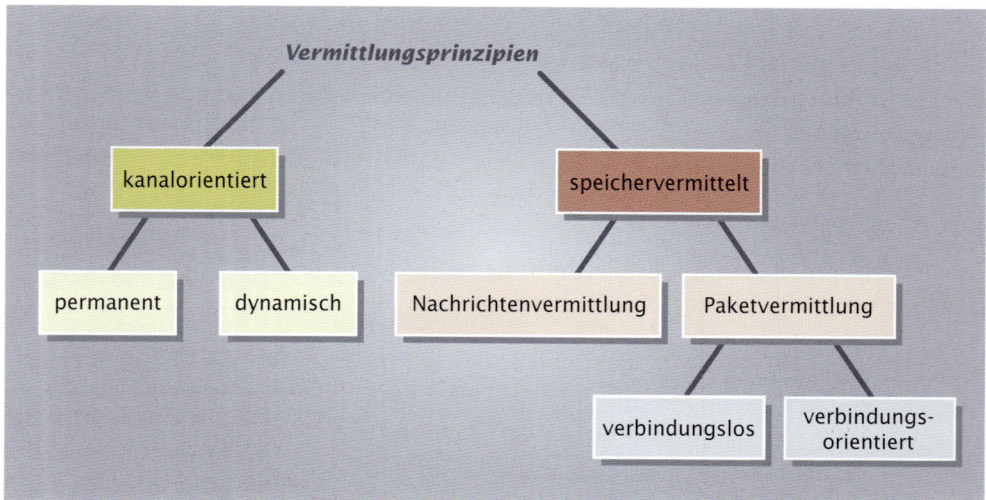

17.3-1 Vermittlungsprinzipien

[1] Eine andere Bezeichnung für „verbindungsorientiert" ist „leitungsvermittelt".

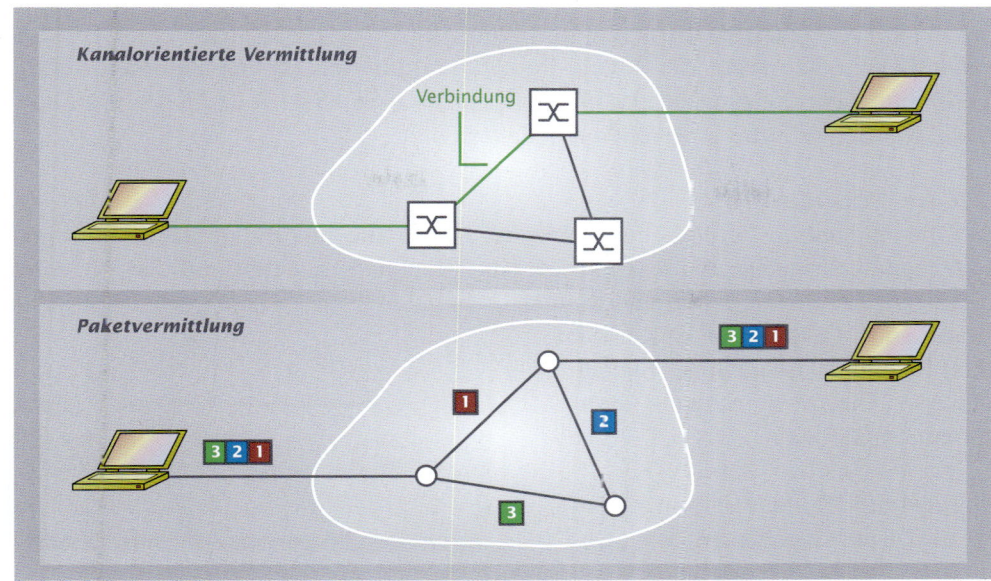

17.3-2
Prinzip kanalorien-
tierte Vermittlung und
Paketvermittlung

	verbindungsorientiert			verbindungslos
Weitbereichsnetze (öffentliche Netze)	Fernsprechnetz UMTS ISDN GSM	X.25 Frame Relay	TCP ATM	IP
Lokale Netze		ATM-LAN		Ethernet W-LAN Token Ring FDDI
	kanalorientiert		Paketvermittlung	

17.3-3 Anwendung der Vermittlungsprinzipien

kanalorientierte Vermittlung	Paketvermittlung
optimiert für konstante Datenströme (z. B. Sprache)	optimiert für sporadische Datenströme
feste Datenrate (Kanalrate)	variable Datenraten
minimale Verzögerung	Verzögerungen durch Zwischenspeicherung
praktisch keine Datenverluste	Datenverluste durch Überlauf des Speichers möglich

verbindungsorientierte Vermittlung	verbindungslose Vermittlung
einmaliger Auf- und Abbau der Verbindung	Ermittlung des Weges durch das Netz für jedes Paket separat erforderlich
Ermittlung des Weges durch das Netz einmal pro Verbindung	komplette (lange, netzweit eindeutige) Zieladresse im Paket
gleicher Weg für alle Pakete, keine Überholungen	unterschiedliche Wege und Überholungen der Pakete möglich

303

17.4 WAN-Ankopplung

Öffentliche Netze verbinden lokale Netze mit Hilfe vom Provider bereitgestellter Verbindungsleitungen. Die Ankopplung der LANs an WANs erfolgt hierbei über spezielle Geräte und unterschiedlichen Schnittstellen.

17.4.1 Modem

In Abhängigkeit des öffentlichen Netzes ist dessen Zugang für digitale oder für analoge Signale ausgelegt. Bei Ankopplung eines Rechners an ein öffentliches Netz mit analogem Zugang ist daher eine Konvertierung der digitalen Ausgangssignale des Rechners in analoge Signale erforderlich. Diese Aufgabe übernimmt ein Modem.

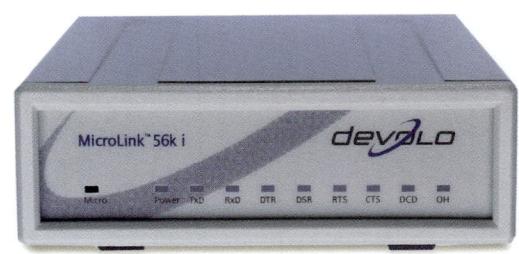

17.4.1-1 Modem

Der Begriff „Modem" ist ein Kunstwort, das sich aus den Worten **„Mo**dulator" und **„Dem**odulator" zusammensetzt. Unter Modulation versteht man einen Vorgang, bei dem ein elektrisches Signal entsprechend des Verlaufs eines weiteren elektrischen Signals verändert wird. Abb. 17.4.1-2 zeigt einen Modulator, der aus dem digitalen Rechtecksignal eines Rechners mit Hilfe eines zusätzlichen sinusförmigen Signals (Träger) ein analoges Ausgangssignal erzeugt. Dieses Ausgangssignal enthält nun die Informationen des ursprünglichen Rechnersignals und eignet sich für die Übertragung in einem analogen Netz. Eine Schaltung, mit der man aus dem modulierten Signal wieder das ursprüngliche Signal zurückgewinnt, nennt man Demodulator.

> *Ein Modem konvertiert analoge Signale in digitale Signale und umgekehrt.*

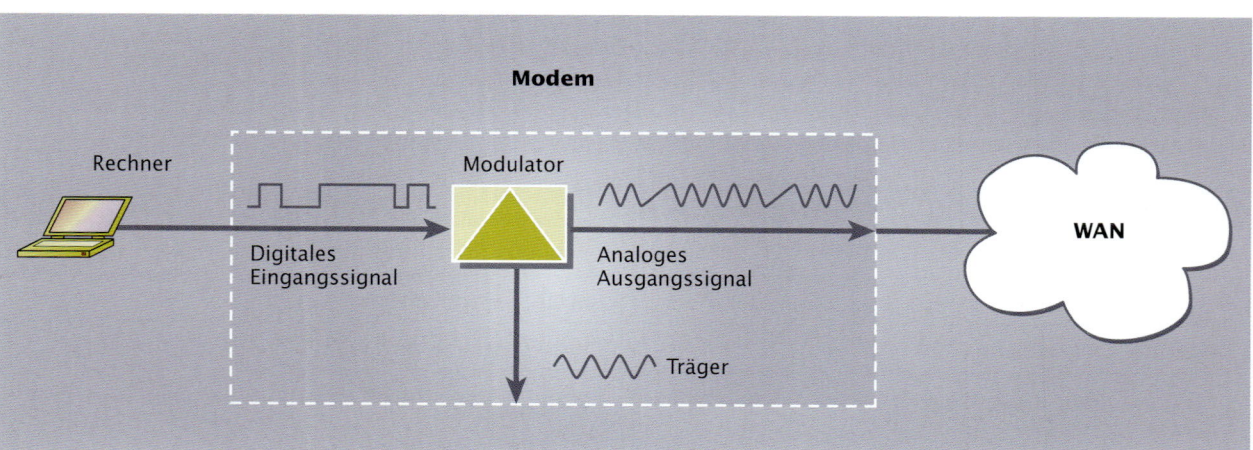

17.4.1-2 Einfacher Modulator

Es existiert eine Vielzahl von Modulationsverfahren wie Amplitudenmodulation, Frequenzmodulation, Phasenmodulation oder Kombinationen dieser Verfahren (z. B. Quadratur-Amplitudenmodulation). Die Modulationsverfahren wurden von der CCITT in verschiedenen V-Normen standardisiert. Die folgende Tabelle zeigt wichtige, dort definierte Standards:

Norm	(Übertragungsrate in bit/s)
V.21	300
V.22	600, 1200
V.22 bis	1200, 2400
V.32	4800, 9600
V.32 bis	4800, 7200, 9600, 14400
V.34	2400…28800
V.34+	2400…33600
V.90	bis zu 57600

Ein typisches Einsatzgebiet von Modems ist z. B. die Nutzung des analogen Telefonnetzes für die Datenübertragung mittels Rechner (siehe Abb. 17.4.1-3). Das für die Sprachübertragung vorhandene Telefonnetz wird hierbei häufig auch als „**P**lain **O**ld **T**elephone **S**ervice" (**POTS**, engl. der alte Telefondienst') bezeichnet.

Geräte, die wie ein Modem Daten in die Anschlussleitung eines WANs einspeisen, werden auch als Datenkommunikationseinrichtungen (**D**ata **C**ommunications **E**quipment, DCE) bezeichnet. Zu diesen Geräten gehören neben Modems z. B. Schnittstellenkarten, Repeater, Router oder Switches. Ein an die DCE angeschlossenes Endgerät bezeichnet man als Datenendeinrichtung (**D**ata **T**erminal **E**quipment, **DTE**). Hierbei kann es sich z. B. um Workstations oder Server handeln.

17.4.1-3 Datenübertragung über das Telefonnetz mittels Modem

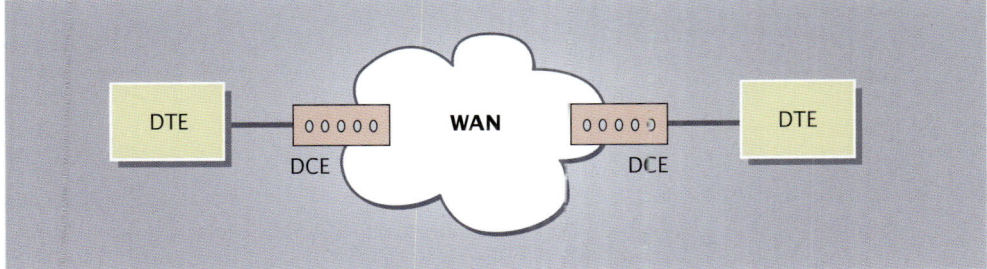

17.4.1-4 DTE und DCE

17.4.2 Diensteinheiten

Zur Ankopplung von Endgeräten an digitale WAN-Leitungen werden häufig spezielle DCEs benötigt, die man als Diensteinheiten (Service Units) bezeichnet. Diese Geräte werden unterteilt in:

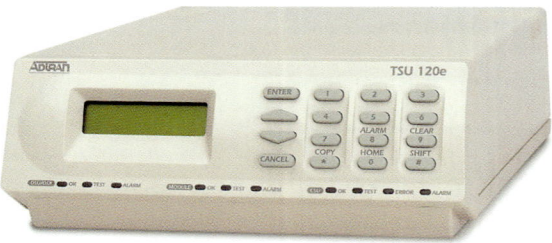

17.4.2-1 CSU/DSU-Gerät

• **C**hannel **S**ervice **U**nit[1] (**CSU**):
Die CSU bildet eine Art Puffer zwischen der Endeinrichtung und dem WAN, indem sie unter anderem für
Potenzialfreiheit und Pegelanpassung sorgt. Zusätzlich
nimmt die CSU die Signalisierung vor und bietet Funktionen zum Test der WAN-Ankopplung.
• **D**ata **S**ervice **U**nit[2] (**DSU**):
Die DSU formatiert die zu übertragenden Daten und
passt diese an die Datenformate des WAN an.

Eine CSU wird häufig zusammen mit einer DSU in einem Gerät (CSU/DSU) kombiniert.

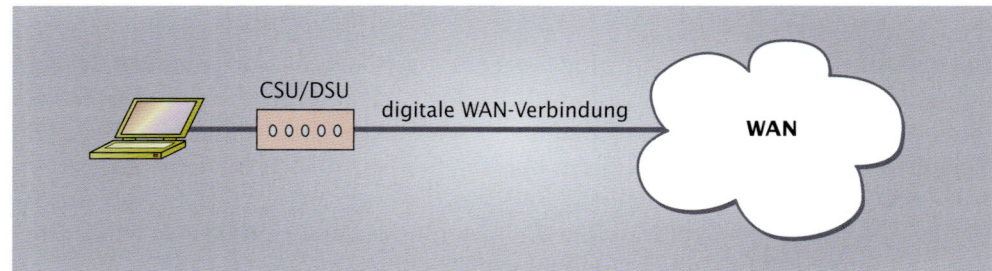

17.4.2-2 CSU/DSU zur WAN-Ankopplung

17.4.3 Zugriffsserver

Zugriffsserver bündeln Verbindungen, die per Einwahl von außen in ein WAN (siehe
Abb. 17.4.3-1) geführt oder die vom WAN nach außen geführt werden.

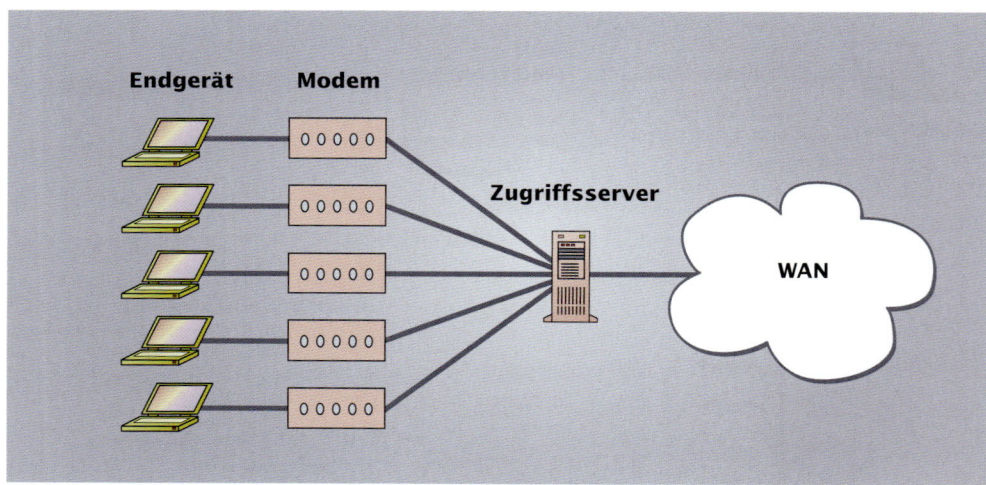

17.4.3-1 Zugriffsserver als Konzentrator für Verbindungen, die in ein WAN geführt werden.

17.5 Standards öffentlicher Netze

Öffentliche Netze bzw. WANs arbeiten auf den Schichten 1 bis 3 des ISO/OSI-Refe-
renzmodells. Die meisten Aktivitäten betreffen hierbei jedoch die Schichten 1 und
2, so dass WAN-Standards in der Regel die elektrischen, mechanischen und funktionalen Verbindungen der Bitübertragungsschicht und die Anforderungen der Sicherungsschicht beschreiben.

[1] **Channel Service Unit:** engl. Kanal-Dienstein- heit
[2] **Data Servie Unit:** engl. Daten-Diensteinheit

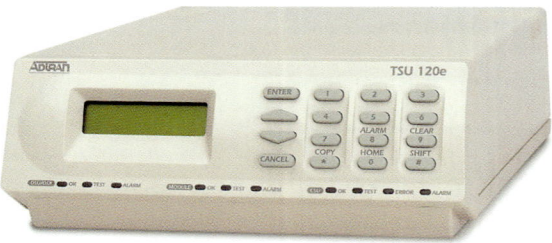

Die folgende Tabelle enthält eine Auswahl wichtiger Schicht-1-Standards, die die Schnittstelle zwischen dem Endgerät (normalerweise ein Router) und einem DCE (z. B. CSU/DSU) als Gerät zur WAN-Ankopplung betreffen:

Standard	Max. Übertragungsrate	Bemerkung
EIA/TIA 232	115,2 Kbit/s	frühere Bezeichnung: RS232
EIA/TIA 449, EIA 530	2,048 Mbit/s	andere Bezeichnung: RS422/RS423
EIA/TIA 612/613	52 Mbit/s	andere Bezeichnung: HSS-Standard (HSS = High Speed Serial Interface)
V.35	2 Mbit/s	ist in den USA ein häufig verwendeter Schnittstellenstandard bei Routern und DSUs.
X.21	10 Mbit/s	wird häufig in Europa und Japan verwendet.
G.703	ab 64 kbit/s	wird häufig bei 2-Mbit/s-Festverbindungen eingesetzt.

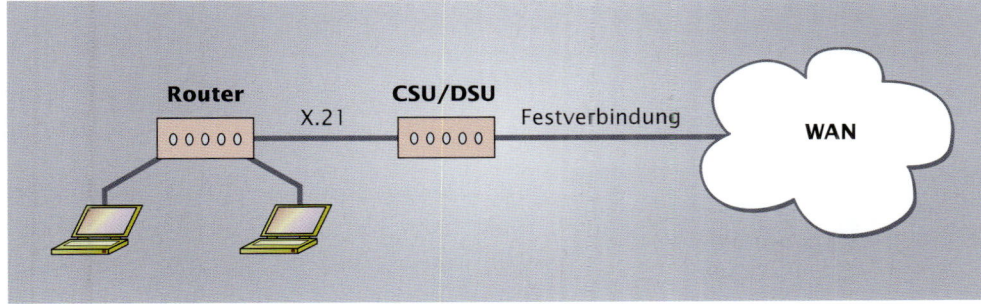

17.5-1 Typische X.21-Anwendung

Für WAN-Verbindungen werden unterschiedliche Technologien eingesetzt. Hierzu gehören z. B. ISDN, Frame Relay und ATM. Allen Technologien gemeinsam ist das in der Schicht 2 angewendete Protokoll HDLC (ISO 6256, siehe Abschnitt 9.4: Weitere Übertragungsprotokolle) bzw. die Anwendung einer Variante dieses Protokolls. HDLC kann somit als der WAN-Standard auf der Schicht 2 angesehen werden. Die Verwendung unterschiedlichster Technologien innerhalb von WANs erfordert jedoch auch bestimmte Voraussetzungen auf der Schicht 1. Hier haben sich folgende Übertragungsstandards etabliert:

- Synchrone digitale Hierarchie
- Plesiochrone digitale Hierarchie

17.5.1 Synchrone digitale Hierarchie

Um das hohe Verkehrsaufkommen in Weitbereichsnetzen bewältigen zu können, werden dort Verbindungen verwendet, die eine hohe Kapazität und Übertragungsrate besitzen. Eine Deckung der hierzu notwendigen Kosten kann aber nur erreicht werden, wenn diese Systeme eine hohe Ausnutzung haben. So werden z. B. über eine einzige Glasfaserleitung mehrere Verbindungen geführt.

17.5-2 X.21-Stecker

Mit Hilfe der Multiplextechnik (siehe Abschnitt 29.5: Multiplexverfahren) werden hierzu einzelne Kanäle gebündelt und gemeinsam über eine Verbindungsleitung übertragen. Die Kanalbündelung erfolgt innerhalb verschiedener Hierarchiestufen. So werden z. B. zunächst die Kanäle der Teilnehmer gebündelt, die an einer Ortsvermittlungstelle angeschlossen sind (Stufe 1). Die gebündelten Kanäle mehrerer Ortsvermittlungsstellen werden nun wiederum zusammengefasst und über eine einzige Leitung übertragen (Stufe 2, siehe Abb. 17.5.2-1).

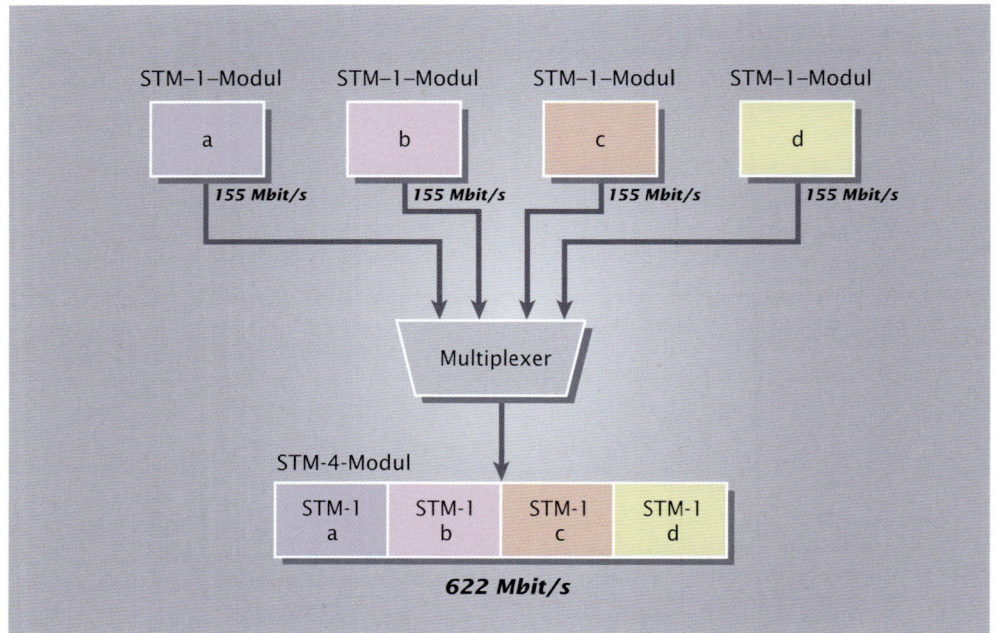

17.5.2-1 SDH-Kanal-
bündelung

Hierarchiestufe	Übertragungs-rate (inMbit/s)	Bezeichnung SONET
–	51,84	OC-1
STM-1	155,52	OC-3
STM-2	207,36	–
STM-3	466,56	OC-9
STM-4	622,08	OC-12
STM-6	933,12	OC-18
STM-8	1.244,16	OC-24
STM-12	1.866,24	OC-36
STM-16	2.488,32	OC-48
STM-32	4.976,64	OC-96
STM-64	9.953,28	OC-192
–	13.271,04	OC-256
STM-128	19.906,56	OC-384
STM-256	39.813,12	OC-768
STM-512	79.626,24	OC-1536
STM-1024	159.252,48	OC-3072

Die schrittweise durchgeführte Kanalbündelung kann über eine Vielzahl von Hierarchiestufen erfolgen. Die einzelnen Stufen enthalten hierbei fest definierte Übertragungsraten und Kanalkapazitäten. Das meist verwendete Verfahren zum Aufbau dieser Hierarchien ist die auf der Bitübertragungsschicht arbeitende „synchrone digitale Hierarchie" (SDH). Tabelle 17.5.2-1 enthält eine Auflistung der einzelnen Hierarchiestufen und der zugehörigen Übertragungsraten. SDH ging aus der 1985 entwickelten digitalen Hierarchie „Synchronous Optical Network" (SONET) hervor und wurde von der ITU-T in den Empfehlungen G.707, G.793 und G.803 definiert. Die Unterschiede zwischen SONET und SDH sind jedoch eher gering, so dass die SONET-Bezeichnungen auch weiterhin noch häufig anzutreffen sind (siehe Tabelle 17.5.2-1).

Tabelle 17.5.2-1

Die wesentlichen Vorteile der SDH sind

- weltweit standardisierte und einheitliche Übertragungsraten,
- die Möglichkeiten, direkt auf einzelne Signale bestimmter Bandbreite zugreifen zu können, auch wenn diese in eine hohe Hierarchiestufe eingeordnet sind,
- die mögliche Verwendung unterschiedlicher Verkehrsarten wie ATM oder Frame Relay.

In der SDH werden die Daten in einzelnen Transportmodulen (Synchronous Transport Module, STM) übertragen. Die Übertragung der einzelnen Module ist hierbei sehr genau zeitlich aufeinander abgestimmt, d. h., die Übertragung erfolgt synchronisiert. Diese Vorgehensweise ermöglicht die Entnahme einzelner Module aus dem Gesamtdatenstrom bzw. das Hinzufügen einzelner Module in den Gesamtdatenstrom ohne die Datenübertragung hierbei unterbrechen zu müssen.

Das kleinste Transportmodul in der SDH wird als STM-1 bezeichnet und besitzt eine Übertragungsrate von 155 Mbit/s. Das Modul kann wiederum Übertragungssysteme auf Basis unterschiedlicher Technologien wie z. B. ATM oder Frame Relay beinhalten. Die kleinste Einheit ist dort jedoch auf ein 2,048-Mbit/s-System festgelegt. Die höheren Hierarchien der SDH-Technik werden durch Zusammenfassung von STM-1-Modulen erreicht. So besteht z. B. das STM-4-Modul mit einer Übertragungsgeschwindigkeit von 622 Mbit/s aus vier STM-1-Modulen, das STM-16-Modul mit 2,5 Gbit/s wird dagegen aus vier STM-4-Modulen gebildet.

17.5.2 Plesiochrone digitale Hierarchie

Ebenso wie SDH ist PDH eine Technologie zum Multiplexen digitaler Datenströme, die über WANs übertragen werden. Die zugeführten Datenströme müssen hierbei annähernd (plesio, griechisch = nahe) synchron zueinander sein, d.h. sie sind zeitlich aufeinander abgestimmt und dürfen z. B. aufgrund verschiedener Signallaufzeiten nicht auseinander driften. Unterschiedliche Bitraten der Datenströme werden bei PDH durch das gezielte Einfügen oder Entfernen einzelner Bits in den Datenstrom ausgeglichen. Diese Bits bezeichnet man auch als „Stopfbits". Die Anwendung der Stopftechnik besitzt jedoch den Nachteil, dass auf Datenströme der untersten Multiplex-Ebenen erst zugegriffen werden kann, wenn man vorher alle höher gemultiplexten Datenströme demultiplext und die Stopfbits wieder entfernt. Dadurch werden PDH-Geräte aufwendig und teuer. Bei SDH dagegen ist ein direkter Zugriff auf die Datenströme aller Hierarchie-Ebenen möglich. PDH wird daher zunehmend von der SDH-Technologie abgelöst.

17.6 Verbindungsarten

Bei der Datenübertragung in öffentlichen Netzen kommen folgende Verbindungsarten zum Einsatz:

- Wählverbindungen
- Festverbindungen

17.6.1 Wählverbindungen

Sind keine permanenten Verbindungen zwischen zwei Kommunikationspartnern erforderlich, so kommen Wählverbindungen zum Einsatz. Bei der verbindungsorientierten Datenübertragung erfolgt die Auswahl des Kommunikationspartners anhand von Zielinformationen, wie z. B. einer Rufnummer. Die Kommunikation gliedert sich dann in folgende Schritte:

Verbindungsaufbau → Nachrichtenübertragung → Verbindungsabbau

Verbindungsaufbau:
- Auswahl des Kommunikationspartners durch Zielinformationen, wie z. B. Rufnummer.
- Wegesuche durch das Netz und Auswahl geeigneter Verbindungen.
- Herstellung der Verbindung.
- Feststellung der Kommunikationsbereitschaft der angewählten Endeinrichtung.

Nachrichtenübertragung:
- Übertragung der Nachrichten über die Wählverbindung.

Verbindungsabbau:
- Freigabe der verwendeten Einrichtungen wie z. B. Leitungen, so dass diese wieder für einen erneuten Verbindungsaufbau zur Verfügung stehen.

Bei der verbindungslosen Datenübertragung, die z. B. aufgrund des Internet Protokolls (IP) innerhalb des Internet verwendet wird, entfällt der Verbindungsaufbau zur Zielstation. Stattdessen enthalten die Datenpakete jeweils die komplette Zieladresse und werden dann spontan gesendet. Die für die Datenübertragung notwendigen Ressourcen, z. B. Übertragungskanäle, werden in diesen Netzen nicht reserviert, da die Verbindungsaufbauphase fehlt. Entsprechend müssen nach der Verbindung auch keine Ressourcen wieder freigegeben werden.

17.6.2 Festverbindungen

Bei Festverbindungen wird eine permanente Verbindung zwischen den Kommunikationspartnern eingerichtet. Hierbei handelt es sich um Punkt-zu-Punkt-Verbindungen, die keinen Wählvorgang erfordern, um die Verbindung nutzen zu können. Andere Bezeichnungen für Festverbindungen sind Standleitungen oder Datendirektverbindungen (DDV). Festverbindungen werden in der Regel beim Provider gemietet. Die Kosten sind abhängig von der Entfernung der Teilnehmer zueinander und der geforderten Bandbreite. An beiden Enden einer Festverbindung ist eine CSU/DSU erforderlich. Zur Kostenreduzierung können im Multiplexbetrieb (siehe Abschnitt 29.5: Multiplexverfahren) auch mehrere Verbindungen gleichzeitig über eine Standleitung geführt werden. Dieses hat jedoch eine Verringerung der Bandbreite der Festverbindung zur Folge.

WAN-Verbindungen unterliegen häufig hohen Schwankungen des Datenverkehrs, so dass die konstanten Bandbreiten von Festverbindungen in vielen Fällen nicht komplett ausgenutzt werden. Da Festverbindungen in der Regel sehr teuer sind, ist genau zu überprüfen, welche Bandbreite für den eigenen Bedarf erforderlich ist.

Vorteile:
von Festverbindungen gegenüber Wählverbindungen:
- Keine Wartezeit für den Verbindungsaufbau.
- Jederzeit alleiniger Zugriff auf die Festverbindung.

Nachteil:
- Bei geringer Auslastung recht teuer.

17.7 Signalisierung

Innerhalb eines Telekommunikationsnetzes sind vielfältige Steuerungsaufgaben notwendig. Hierzu gehören z. B.:

- Herstellen, Aufrechthalten und Beenden von Verbindungen zwischen Teilnehmern
- Testen von Elementen des Netzes wie z. B. Verbindungen oder Vermittlungseinrichtungen
- Wartung des Netzes

Um die Bandbreite bei der Übertragung der Nutzdaten nicht einzuschränken, erfolgt die Übertragung der Steuerungsfunktionen innerhalb von modernen Telekommunikationsnetzen in eigenen Teilnetzen. Diese Teilnetze bezeichnet man als Signalisierungsnetze (siehe Abschnitt 17.1.1: Struktur des Fernsprechnetzes).

> *Unter Signalisierung oder auch Zeichengabe versteht man den Austausch von Informationen zu Steuerungszwecken.*

Dargestellt werden die Signalisierungen z. B. durch bestimmte Potenzialzustände einer Leitung oder durch spezielle Signalisierungsnachrichten. Die Signalisierungen müssen hierbei ebenso wie die Nutznachrichten zwischen den Endeinrichtungen und den Netzelementen sowie zwischen den Netzelementen ausgetauscht werden. Die Signalisierung kann direkt in Verbindung mit dem Kommunikationskanal erfolgen (Inband-Signalisierung), sie kann jedoch auch über separate Kanäle durchgeführt werden (Outband-Signalisierung). Ein Beispiel für Inband-Signalisierung ist das analoge Telefonnetz, bei dem die Rufnummer (Signalisierung) auf derselben Leitung wie die Sprache übertragen wird. Outband-Signalisierung ist z. B. bei ISDN anzutreffen. Dort existiert ein eigener Kanal (D-Kanal) zur Signalisierung.

Signalisierungen erfolgen über eigene Signalisierungsprotokolle. So werden in Fernsprechnetzen z. B. häufig Protokolle verwendet, die zum „Signalling System No. 7" (SS7) gehören. SS7 basiert auf der Outband-Signalisierung und ist ähnlich dem ISO/OSI-Referenzmodell in Schichten unterteilt.

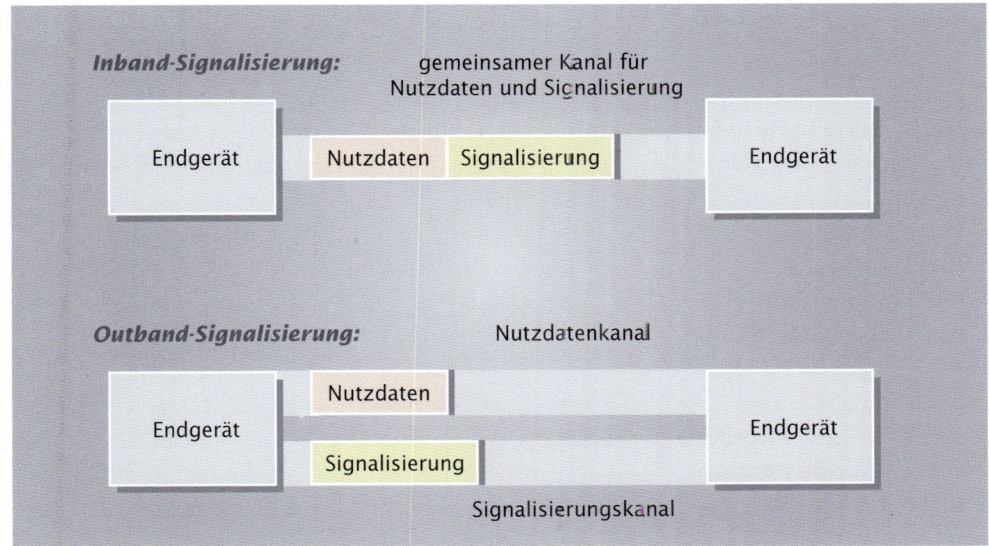

17.7-1 Signalisierungsarten

Die Firma Lütgens benutzt für die interne und externe Kommunikation Telefone und Faxgeräte. Der Anschluss der Geräte erfolgt über eine zentrale Telefonanlage, die auch die Verbindung in das öffentliche Kommunikationsnetz herstellt. Den Anschluss, die Inbetriebnahme und die Wartung führt die Firma B@ltic Networks im Rahmen eines Servicevertrages durch.

Telekommunikationsgeräte können grundsätzlich in zwei Kategorien unterteilt werden: in Telekommunikationsendgeräte und Telekommunikationsanlagen. Sie sind entweder mit einem internen Kommunikationsnetz oder mit dem öffentlichen Netz verbunden.

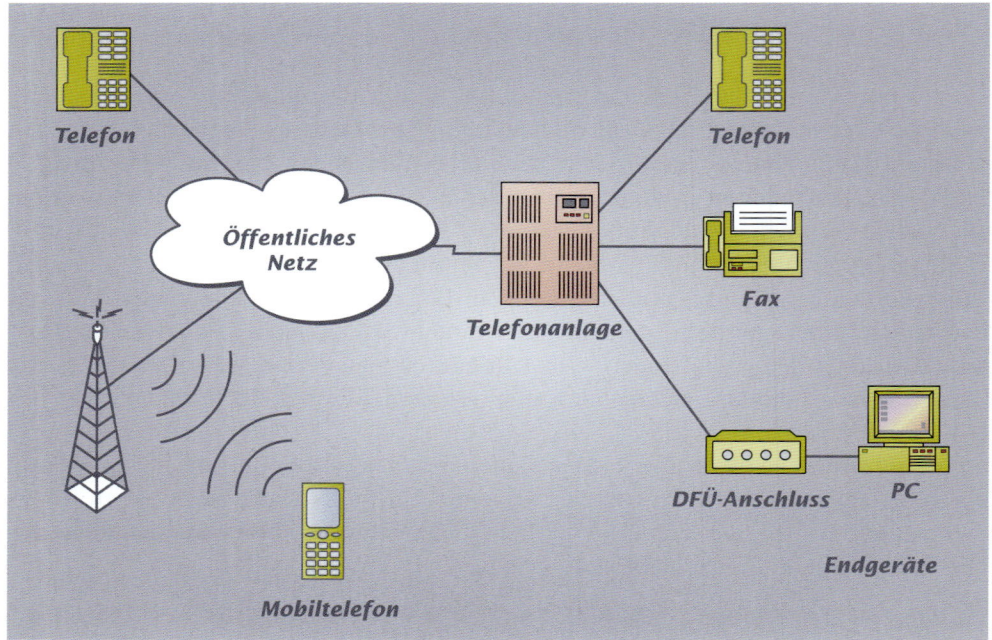

18-1
Einbindung von
Telekommunikations-
geräten

Folgende grundlegende Anforderungen werden an die Geräte gestellt:
- Die Sicherheit für den Benutzer und das Servicepersonal muss gewährleistet sein.
- Das Gerät muss die EMV-Richtlinien erfüllen (elektromagnetische Verträglichkeit).
- Das öffentliche Telefonnetz muss vor Schaden geschützt werden.
- Das Netz und das vorhandene Frequenzspektrum muss effektiv genutzt werden.
- Die Kommunikationsfähigkeit mit dem Netz und der Geräte untereinander muss gewährleistet sein.

Damit die Erfüllung der Anforderungen garantiert ist, dürfen nur Geräte verwendet werden, die von autorisierten Stellen überprüft und zugelassen wurden. Die Geräte tragen dann eine Kennzeichnung der Europäischen Union (CE-Kennzeichnung) und evtl. zusätzlich eine Kennzeichnung des Bundesamtes für Zulassungen in der Telekommunikation (BZT).
Der Personenkreis, der den Aufbau und die Einrichtung von Telekommunikationsgeräten sowie Arbeiten am Netz vornimmt, ist in der Personenzulassungsverordnung (PersZulV) geregelt. Bis zum Hausanschluss ist in der Regel der Netzbetreiber

für die Bereitstellung des Netzes verantwortlich. Von diesem Übergabepunkt an (z. B. ab der ersten Anschlussdose) ist der Kunde bzw. dessen Beauftragter für die Funktion des Telekommunikationsnetzes zuständig.

18.1 Telekommunikationsendgeräte

Der Nutzer einer Kommunikationsverbindung hat in der Regel nur direkten Zugriff auf ein Telekommunikationsendgerät. Mit diesem Gerät nimmt er an einer Kommunikation teil. Je nach verwendeter Netztechnologie (siehe Kapitel 5 und 6) werden in analogen Netzen die Geräte aufgrund der verwendeten Anschlussbezeichnung als a/b-Geräte bezeichnet. In digitalen Netzen sind ISDN-Endgeräte zu verwenden. Geräte, die ausschließlich auf einen Einsatz in einer TK-Anlage eines bestimmten Herstellers abgestimmt sind, werden als Systemgeräte bezeichnet. Diese bieten in der Verbindung mit der jeweiligen TK-Anlage ein erweitertes Funktionsspektrum. Besondere Endgeräte, wie z. B. Modem und ISDN-Karte, dienen der Datenkommunikation.

18.1.1 Telefone

Telefone stellen als TK-Endgeräte eine Sprachübertragung her. Sie bestehen im Wesentlichen aus einem Mikrofon, einem Fernhörer (Lautsprecher), einem Gabelumschalter und einem Signalgeber. Fernhörer und Mikrofon sind z. B. in einem Handapparat integriert. Bei modernen Telefonen (Komfort-Telefon) werden folgende Funktionen angeboten:

Grundfunktionen	• Sprechen • Hören • Rufen (Signal) • Wählen
Zusatzfunktionen	• Rufnummernspeicher • elektronisches Telefonbuch • Gebührenerfassung und -anzeige • Freisprechen und Lauthören • Vermitteln • CLIP (Rufnummernübermittlung) etc. • Kurzwahl • Wahlwiederholung

Realisiert werden diese zusätzlichen Funktionen durch spezielle integrierte Schaltkreise (IC). Diese Telefongeräte werden auch als „elektronische Telefone" bezeichnet.

Aufgrund der digitalen Übertragungs- und Vermittlungstechnik unterscheiden sich ISDN-Telefone von analogen Telefonen vor allem in der Umsetzung analoger Signale in digitale Signale durch AD-Umsetzer und in der Verwaltung und Nutzung der zur Verfügung stehenden Übertragungs- und Steuerkanäle (siehe Kapitel 20).

Weite Verbreitung haben inzwischen die Mobilfunktelefone. Dabei ist zu unterscheiden zwischen den „schnurlosen" Telefonen die im Zusammenhang mit Basisstationen als Endgeräte im lokalen Bereich eingesetzt werden und den Mobiltelefonen (Handys), die einen Zugang zu einem öffentlichen Funknetz herstellen (siehe Kapitel 25). Insbesondere Handys besitzen einen stark erweiterten Funktionsum-

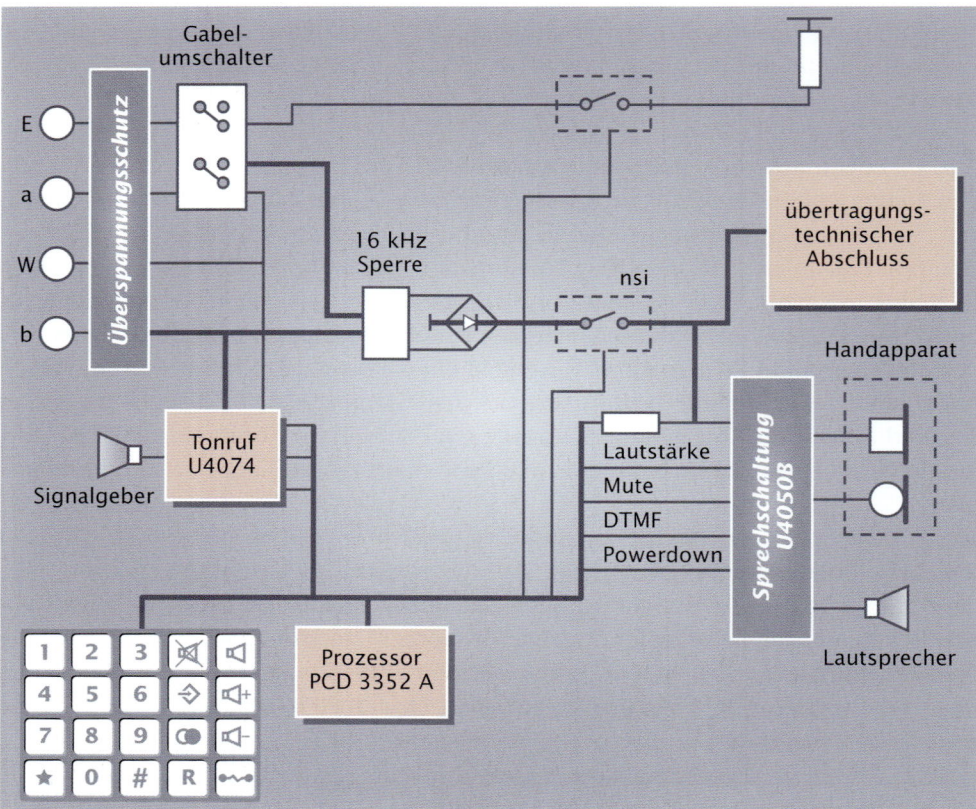

fang, der auf das Diensteangebot der Funknetzbetreiber zugeschnitten ist. Dies sind zum Beispiel:

- Digitalkamera,
- WAP Internetzugang,
- Versand von SMS und MMS,
- Bluetooth-Schnittstelle.

18.1.2 Anrufbeantworter

Neben dem Telefon sind Anrufbeantworter weit verbreitet. Diese gehören zu der Gruppe der Nichtfernsprechgeräte (N-Codierung, siehe auch Abschnitt 19.2 Telekommunikations-Anschalteinheit). Anstelle eines Teilnehmers nehmen diese Geräte nach einer voreingestellten Anzahl von Rufsignalen den eingehenden Anruf an. Dazu wird ein kurzer Ansagetext abgespielt und danach mit der Aufzeichnung einer Sprachnachricht begonnen. Nach Beendigung der Aufzeichnung wird die Verbindung wieder abgebaut.

Aktuelle Systeme zeichnen die Sprache in digitaler Form auf. Neben der Sprachaufzeichnung werden Datum und Uhrzeit der Aufzeichnung festgehalten. Der Benutzer kann die aufgenommenen Nachrichten am Gerät abrufen und ggf. löschen. Mit Hilfe kleiner Signalerzeuger für MFV-Töne oder einem MFV-fähigen Telefon können die Nachrichten auch von einem beliebigen Telefonanschluss verwaltet werden (Abhören, Löschen). Diese Funktion wird als Fernabfrage bezeichnet. In Unternehmen werden rechnerbasierte Lösungen zur Realisierung und Verwaltung von Sprachnachrichten genutzt. Diese sind üblicherweise in übergeordnete Officelösungen, wie zum Beispiel Mail- oder SMS-Benachrichtigungen bei neuen Sprachnachrichten, integriert.

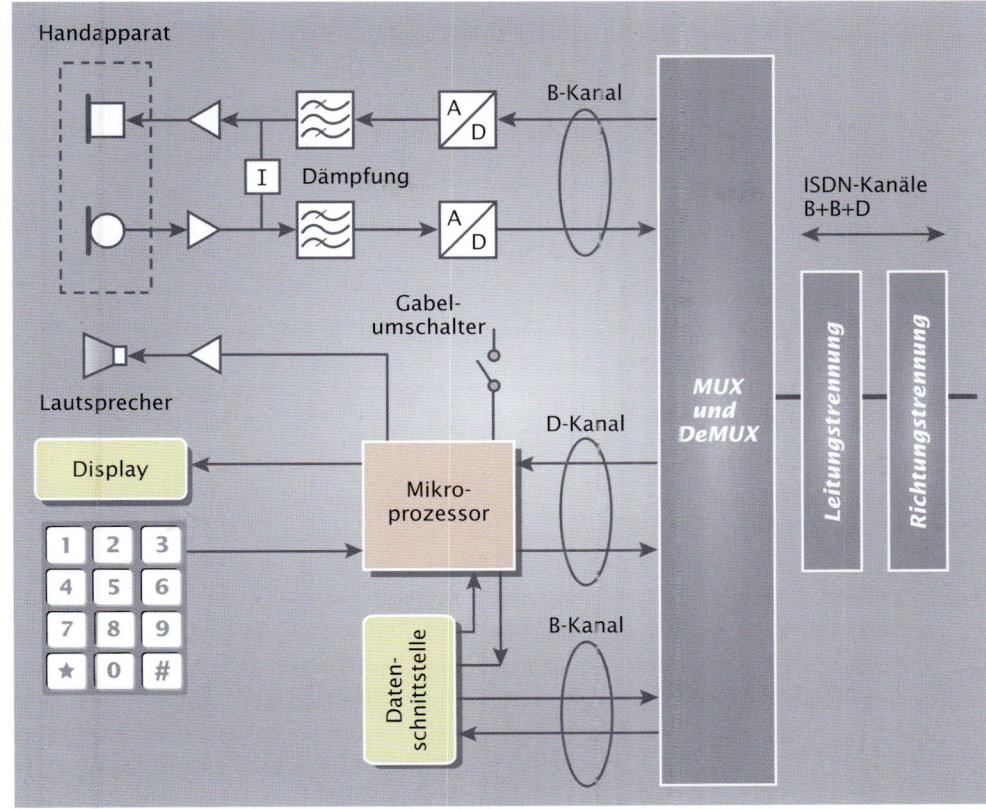

18.1.1-2
Aufbau eines
ISDN-Telefons

18.1.3 Telefaxgeräte

Telefaxgeräte (Faxgeräte) dienen der Übertragung von Schrift- und Bildinformationen über analoge oder digitale Verbindungen. Dabei wird die Dokumenten- oder Bildvorlage über eine Scannereinheit aufgenommen und digitalisiert. Dieser Datensatz wird in ein spezielles Telefax-Übertragungsformat umgesetzt und über eine Modem- oder ISDN-Verbindung übertragen. Auf der Gegenseite werden diese Daten wieder aufgenommen, decodiert und auf einer Ausgabeeinheit ausgegeben. Entsprechend der dabei angewandten Drucktechnologie werden Faxgeräte in Thermopapier-, Laser- oder Tintenstrahl-Faxgeräte eingeteilt.

Faxgeräte werden entsprechend ihrer technischen Eigenschaften bezüglich Auflösung und Übertragungsrate in Gruppen eingeteilt. Standard sind Geräte der Gruppen 2 und 3.

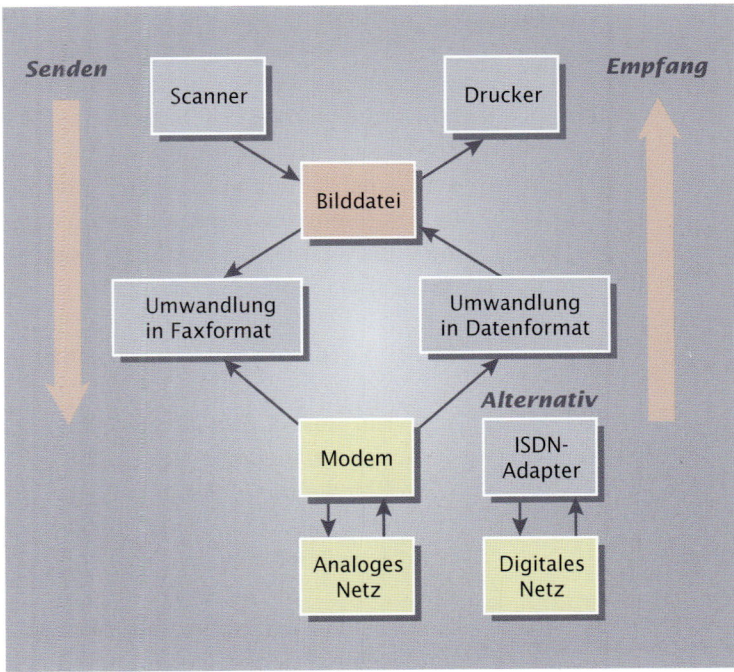

18.1.3-1 Funktionsprinzip eines Faxgerätes

Bezeichnung	Beschreibung
Gruppe 1	• in Deutschland nicht zugelassen • Vertikalauflösung von 100 ppi (pixel per inch)[1] • Übertragungsdauer für eine DIN-A4-Seite ca. 6 Minuten
Gruppe 2	• Vertikalauflösung von 100 ppi • Redundanzminderung • Übertragungsdauer für eine DIN-A4-Seite ca. 3 Minuten
Gruppe 3	• Vertikalauflösung von 100 ppi oder 200 ppi • Redundanzminderung und Bandbreitenkompression • Übertragungsdauer für eine DIN-A4-Seite ca. 1 Minute
Gruppe 4	• ISDN-Anschaltung • Übertragungsgeschwindigkeit von 64 kbit/s • Vertikalauflösung bis 300 ppi • Übertragungsdauer für eine DIN-A4-Seite ca. 10 Sekunden

18.1.4-1
Kombigerät

18.1.4 Kombigeräte

Kombigeräte vereinen mehrere der bisher beschriebenen Funktionen typischer Endgeräte. Betrachtet man das Funktionsprinzip eines Faxgerätes, so fällt auf, dass dort Scanner- und Druckfunktionen ebenso vorhanden sein müssen wie eine Datenübertragungseinrichtung (z. B. Modem). Verwendet man für diese Funktionen hochwertigere Drucker- und Scannereinheiten, erweitert das Gerät um weitere Kommunikationsschnittstellen (USB, Centronics) und entwickelt entsprechende Steuerungssoftware, so erhält man universell einsetzbare Bürokommunikationsgeräte, die auch im „Stand-Alone-Betrieb" eingesetzt werden können. Folgende Funktionalitäten sind typischerweise kombiniert:

• Faxgerät, Kopierer und Telefon
• Scanner, Drucker, Kopierer und Faxgerät

In Unternehmen werden zunehmend computergestützte Lösungen zum Empfang und zur Verwaltung von Faxnachrichten genutzt. So kann der Empfänger ein Fax „papierlos" als Mail erhalten.

18.2 Telekommunikationsanlagen

Ein großer Teil der Telekommunikation wird bei der Firma Lütgens firmenintern abgewickelt. Außerdem müssen externe Anrufer an firmeninterne Stellen weitervermittelt werden können oder diese direkt erreichen. Weitere Dienste, wie z. B. Ansagedienste für den Betrieb einer Hotline, sollten ebenfalls realisierbar sein.

Die Organisation und Verteilung firmeninterner Verbindungen sowie auch der Übergang zum Netz eines Netzanbieters wird durch Telekommunikationsanlagen geleistet. Vor allem die kostenfreie firmeninterne Kommunikation und die Vermittlung von Gesprächen sind Vorteile dieser Anlagen. Je nach Art der Anlage und des Netzanschlusses ist eine Vielzahl von Funktionen möglich, z. B.:

• Zuweisung unterschiedlicher Signalisierungsarten,

• Amtsholung,
• Gebührenerfassung,

[1] **ppi:** pixel per inch; engl. Bildpunkte je Zoll

- Gebührenimpuls,
- Kurzwahl,
- Sammelruf, Bildung von Gruppen,
- Pick-up,
- Rückfrage,
- Weiterverbinden,
- Dreierkonferenz,
- Makeln,

- Anklopfen,
- Anrufweiterleitung,
- Wartemusik,
- Kurzwahlspeicher,
- Nutzung einer Türfreisprech-einrichtung (TFE),
- Gebührenminimierung mittels des Least-Cost-Routing.

Bei größeren Anlagen können weiterhin folgende Funktionen angeboten werden:
- Vernetzungsmöglichkeiten auf der Basis von IP-Adressen,
- Erweiterungsmöglichkeiten durch modulare Bauform
- Zentrale Voicemessage Lösungen.

Der Anschluss der Anlagen kann über verschiedene Varianten an das Netz des Netzbetreibers erfolgen:
- Analoger Anschluss (veraltet),
- ISDN-Basisanschluss,
- ISDN-Primärmultiplexanschluss.

Bei den heute verwendeten Anlagen handelt es sich um digitale Anlagen. Dort werden die vom Netzbetreiber zur Verfügung gestellten externen Rufnummern verwaltet und den Rufnummern der internen Endgeräte zugewiesen.

Moderne Telefonanlagen haben folgenden Funktionsaufbau:

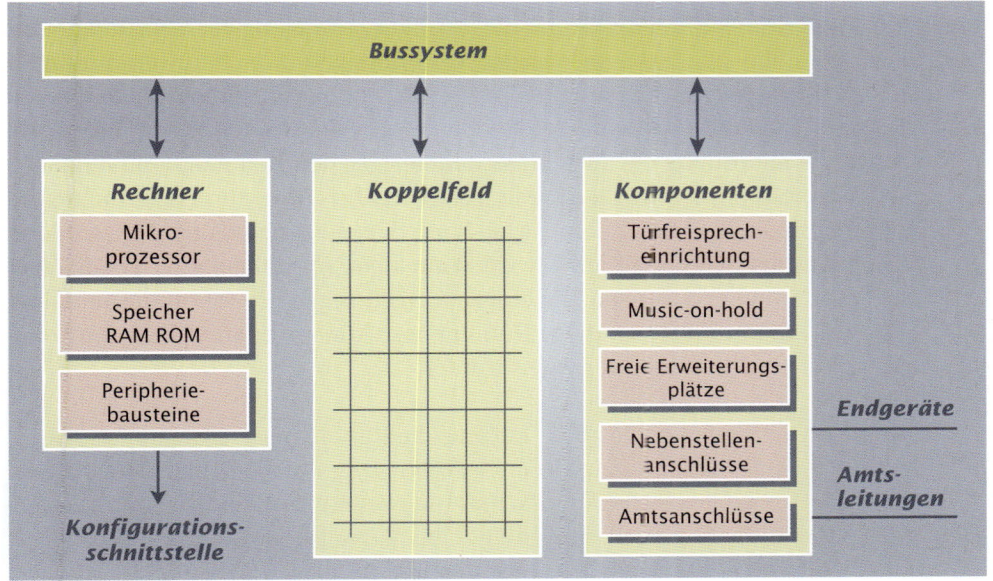

TIPP

Einige moderne ISDN-Kleinanlagen und ISDN-Endgeräte kommunizieren direkt nach dem Anschluss mit dem Knoten der Vermittlungsstelle und senden über den D-Kanal einen Datenstring. Auf diese Anforderung antwortet der Switch der Vermittlungsstelle mit allen zugewiesenen Telefonnummern (MSN: Multiple Subscriber Number, siehe Kapitel 20) des Anschlusses. Diese Nummern weist die Telefonanlage allen Anschlüssen zu. So ist eine schnelle und einfache Inbetriebnahme möglich.

18.2-1
Funktionsprinzip einer Telefonanlage

Erkennbar ist der Einsatz eines Rechnersystems, welches große Ähnlichkeit mit einem einfachen IT-System besitzt. Bei größeren Anlagen werden diese Funktionalitäten deshalb durch leistungsfähige Rechnersysteme (Workstations) realisiert.

Große Verbreitung haben kleinere Anlagen, an die zwischen vier und acht Endgeräte angeschlossen werden können. Diese werden nicht nur in kleineren Unternehmen, sondern im zunehmenden Maße auch im privaten Bereich installiert. Das Einsatzgebiet wird als SOHO bezeichnet (SOHO: small office, home office). Neben den Te-

18.2-2 Telefonanlage für eine SOHO-Anwendung

lefonanschlüssen für analoge Geräte stellen diese Anlagen auch einen PC-ISDN-Anschluss über eine USB-Verbindung zur Verfügung. Modelle mit integriertem DSL-Router sind ebenfalls erhältlich.

Für die komfortable Inbetriebnahme und Konfiguration der Telefonanlagen werden Softwarepakete der Hersteller verwendet. Folgende Grundeinstellungen sind vorzunehmen:

- Eingabe der verwendeten Telefonnummern (MSN) des Netzanbieters,
- Zuweisung der MSNs zu den einzelnen Endgeräteanschlüssen (Rufverteilung und Kabelplan),
- Angabe des Endgerätetyps (Dienstekennung beachten),
- Warteschleifen-Musik (MOH: Music-On-Hold),
- Gebührenerfassung,

- Einwahlbereich (Ortsnetz, nationales Netz, internationales Netz),
- Amtsholung,
- Nacht- und Urlaubsschaltungen,
- Wähllisten für ein Least-Cost-Routing[1],
- weitere Sonderfunktionen der Anlage,
- gegebenenfalls sind ISDN-Endgeräte zu konfigurieren (Zuweisung der MSN usw.).

TIPP

Bei der Konfiguration einer Anlage ist dringend darauf zu achten, sowohl den alten Konfigurationsstand wie auch den neuen Stand zu sichern. Somit lassen sich bei Ausfall oder Fehlfunktionen der Anlage schnell alle Einstellungen wieder herstellen

Telefonanlagen werden mit Hilfe einer firmenspezifischen Konfigurationssoftware die auf einem Rechner installiert wurde programmiert. Ein Zugriff auf die Anlage ist dann über eine serielle Schnittstelle (z. B. USB) oder den S_0-Bus (siehe Kapitel 20) möglich. Insbesondere die Nutzung des ISDN-Netzes über den S_0-Bus ermöglicht die Fernwartung von Telefonanlagen.

Bei der Konfiguration der Anlage ist auf die korrekte Zuweisung des Gerätetyps bzw. der Dienstekennung zu achten. So werden Verbindungen zwischen Geräten unterschiedlichen Typs bzw. eine Verbindung zwischen unterschiedlichen Diensten verhindert. Außerdem sollte selbst bei kleineren Anlagen ein Rufnummernplan erstellt werden, der die Zuordnung der Anschlussnummern zu den Benutzern darstellt.

Ein Rufnummernplan dokumentiert die Zuweisung von Rufnummern zu einem Anschluss.

Wünscht der Auftraggeber die freie Vergabe von externen Rufnummern innerhalb des Unternehmens, so kann dies beim gewählten Netzanbieter beantragt werden. Dieser wird dann dem Anschluss eine sogenannte Kopfnummer zuweisen und einen dazugehörigen Block von Rufnummern (Rufnummernblock). Diese Rufnummern können dann frei bei der Konfiguration der Anlage vergeben werden.

Beispielsweise könnte der Firma Lütgens die Kopfnummer 903 und der Rufnummernblock 0 bis 300 zugewiesen werden. Das bedeutet, dass die Rufnummern 903-0 bis 903-300 frei vergeben werden können. In dieser Schreibweise werden sie dann häufig auch dargestellt. Üblicherweise wird die Rufnummer 0 (903-0) der Telefonzentrale bzw. einem automatisierten Vermittlungssystem zugewiesen. Die weiteren Rufnummern werden gemäß einem Rufnummernplan den Mitarbeitern bzw. den Endgeräteanschlüssen zugeordnet.

1. Beschaffen Sie sich das Handbuch einer Telefonanlage, z. B. aus dem Internet.
2. Informieren Sie sich über die Grundfunktionen einer Telefonanlage.
3. Ermitteln Sie auf der Grundlage eines Handbuches einer Telefonanlage, welche Grundeinstellungen vorzunehmen sind.

[1] **Least Cost Routing:** engl. Ermittlung der kostengünstigsten Wählverbindung

Zu den Aufgaben der Firma B@ltic Networks gehört nicht nur die Installation von Rechnernetzen, sondern auch die Bereitstellung von Infrastrukturen für Telekommunikationsdienste. Privathaushalte und kleine Betriebe besitzen häufig einen analogen Zugang zum öffentlichen Telekommunikationsnetz. Firma B@ltic Networks muss somit auch analoge Anschlüsse für den Betrieb der Telekommunikationsgeräte wie Telefone, Anrufbeantworter und Faxgeräte installieren können.

Das öffentliche Telekommunikationsnetz ist in zwei Zuständigkeitsbereiche unterteilt (siehe Abb. 19-1):
- Bereich des Netzbetreibers
- Teilnehmerbereich

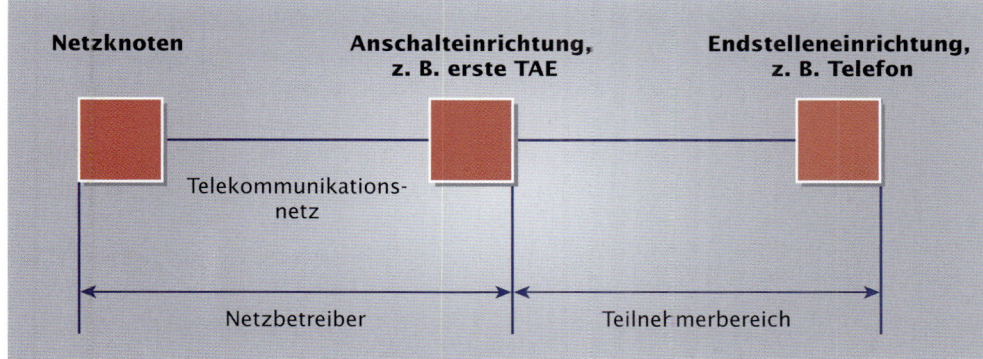

19-1 Zuständigkeiten im öffentlichen Telekommunikationsnetz

Der Zuständigkeitsbereich des Netzbetreibers endet an der beim Teilnehmer installierten Anschalteeinrichtung.

Die vom Netzbetreiber installierte Anschalteeinrichtung dient somit als Netz-Übergabepunkt. Abhängig von einem analogen oder digitalen Anschluss an das Telekommunikationsnetz werden unterschiedliche Anschalteeinrichtungen verwendet:

> *Unter einer Anschalteeinrichtung versteht man eine Komponente, an die Endeinrichtungen wie Telefone und Telekommunikationsanlagen angeschlossen werden können.*

Analoger Anschluss:
- Telekommunikations-Anschalteeinheit (TAE)

Digitaler Anschluss:
- ISDN-Anschalteeinheit (IAE) oder
- Universal-Anschlusseinheit (UAE)

Beide Anschlussarten verwenden jedoch dieselbe Teilnehmer-Anschlussleitung (TAsl oder Asl), d. h. die Leitung, die die Anschalteeinheit mit der Ortsvermittlungsstelle des Netzbetreibers verbindet. Die Asl besteht meist aus zwei Kupfer-Doppeladern, wobei eine Doppelader als Reserve ausgelegt ist. In einigen Ausnahmen werden auch Lichtwellenleiter verwendet.

Im Folgenden wird die analoge Anschlusstechnik näher beschrieben. Die Darstellung des digitalen Zugangs erfolgt in Kapitel 20 (Dienste integrierendes digitales Netz).

19.1 Netzabschluss

Beim analogen Anschluss werden die beiden Adern der Teilnehmer-Anschlussleitung mit „a" und „b" bezeichnet. Zwischen diesen Adern liegt eine Gleichspannung
von 60 V zum Betrieb der Endgeräte an. Diese Spannung wird von der Ortsvermittlungsstelle eingespeist, an die der Teilnehmer angeschlossen ist.

Der Netzübergabepunkt beim Kunden wird durch den Anschluss einer TAE an die
Teilnehmer-Anschlussleitung gebildet. Da somit ein Netzwerkabschluss entsteht,
bezeichnet man diese Anschalteinheit auch als „Network Termination Analog[1]"
(NTA).
Innerhalb der TAE befindet sich zwischen den beiden Adern der Anschlussleitung
ein sogenannter passiver Prüfabschluss (PPA). Er besteht aus einem elektrischen
Widerstand und einer Diode (siehe Abb. 19.1-1) und ermöglicht die Fernprüfung des
Teilnehmeranschlusses von der Vermittlungsstelle aus. Hierbei ist es nicht notwen-
dig, dass ein Endgerät, z. B. ein Telefon, an die TAE beim Kunden angeschlossen ist.

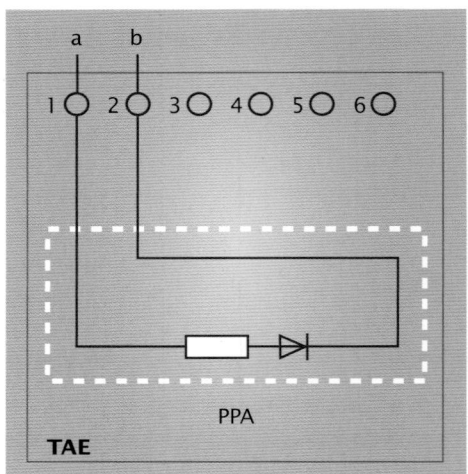

19.1-1 TAE-Anschlussdose mit passivem
Prüfabschluss

19.2 Telekommunikations-Anschalteinheit

TAEs werden bei analogen Anschlüssen nicht nur als NTA verwendet, sondern sie
dienen als allgemeine Komponenten zum Anschluss von Endeinrichtungen. Der passive Prüfabschluss befindet sich jedoch lediglich in der ersten TAE, d. h. in der TAE,
die den NTA bildet und direkt mit der Vermittlungsstelle verbunden ist.

TAE-Anschlussdosen und TAE-Stecker sind für den richtigen Einsatz mechanisch
kodiert (siehe Abb. 19.2-1 und 19.2-2):
- Codierung „F":
  Fernsprechbetrieb, Anschluss für Fernsprechgeräte
- Codierung „N":
  Nichtfernsprechbetrieb, Anschluss für Zusatzgeräte, z. B. Fax, Modem oder An-
  rufbeantworter

TAE-Anschlussdosen sind mit ein, zwei oder drei Steckbuchsen ausgestattet (Ein-
fach-, Zweifach- oder Dreifach-TAE), die berührungsgeschützte Kontakte besitzen.
Entsprechend der Codierungen der von links nach rechts angeordneten Buchsen
bezeichnet man eine Dreifach-TAE z. B. als NFN-TAE.

[1] Network Termination
Analog: engl. Analoger
Netzwerkabschluss

320

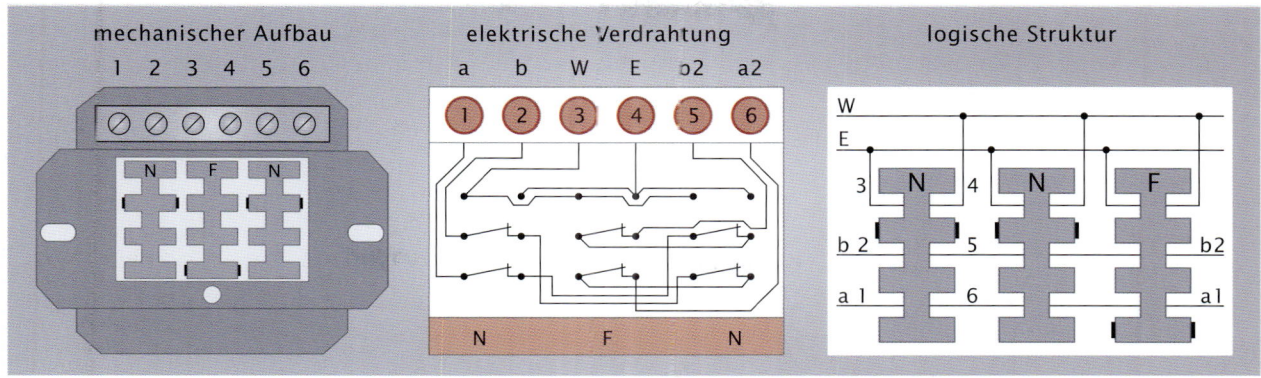

mechanischer Aufbau   elektrische Verdrahtung   logische Struktur

19.2-1 TAE-Anschlussdose mit NFN-Kodierung

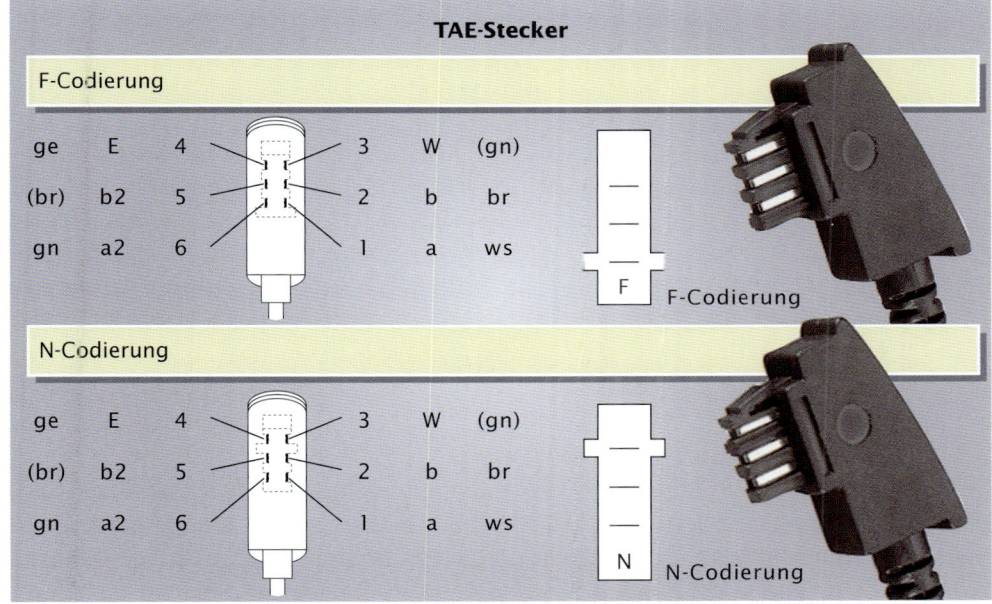

TAE-Stecker

F-Codierung

ge	E	4		3	W	(gn)
(br)	b2	5		2	b	br
gn	a2	6		1	a	ws

F-Codierung

N-Codierung

ge	E	4		3	W	(gn)
(br)	b2	5		2	b	br
gn	a2	6		1	a	ws

N-Codierung

19.2-2 TAE-Stecker

Bezeichnung	Bedeutung
a oder La	Leitung a der von der Teilnehmer-Anschlussleitung stammenden Ader a
b oder Lb	Leitung b der von der Teilnehmer-Anschlussleitung stammenden Ader b
W	Wecker (Zusatzklingel), wird nur noch selten verwendet.
E	Erdungsleitung für eine Nebenstelle
a2	Durch die Anschlussdose geschleifte Leitung a
b2	Durch die Anschlussdose geschleifte Leitung b

Tabelle 19.2-1
TAE-Anschluss-
bezeichnungen

Während eines Telefongespräches muss aus rechtlichen Gründen sichergestellt sein, dass Endgeräte nicht parallel geschaltet sind und so ein Mithören des Gesprächs möglich ist (Wahrung des Fernmeldegeheimnisses). Aus diesem Grund sind die Kontakte von TAE-Anschlussdosen als Öffner ausgelegt, d. h., ein eingesteckter

Stecker öffnet die Kontakte und trennt somit nachgeschaltete Anschalteeinrichtungen vom Netz. Die dort angeschlossenen Endeinrichtungen sind dann nicht mehr in Betrieb.

Abb. 19.2-3 zeigt das Hintereinanderschalten zweier TAE-Anschlussdosen. Die Eingänge a und b werden bei nicht eingestecktem Stecker weiter an die Ausgänge a2 und b2 geleitet. Von dort aus wird dann die nächste TAE-Dose angesteuert.

Soll an einer a/b-Doppelader mehr als ein Telefon betrieben werden, so erfolgt das über eine Telekommunikationsanlage (siehe Abschnitt 18.2: Telekommunikationsanlagen). Bei nur zwei Telefonen kann der Betrieb auch über einen elektronischen Umschalter erfolgen.

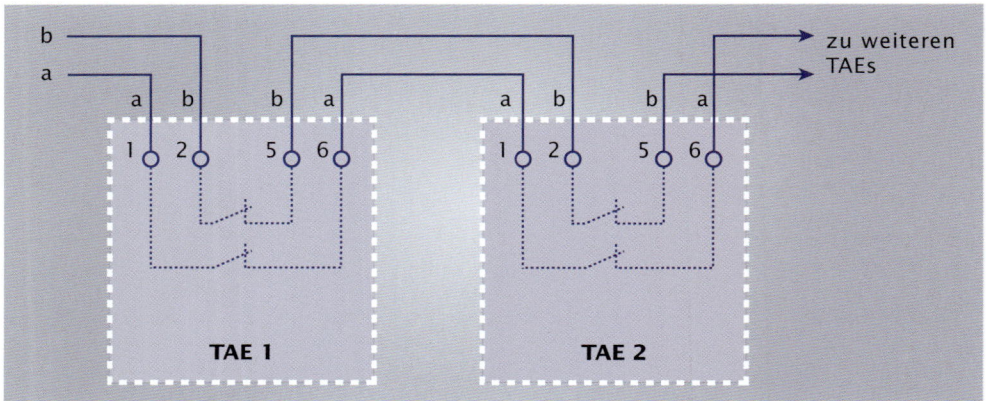

19.2-3 Hintereinander geschaltete TAE-Anschlussdosen

19.3 Installationsleitungen

Zur Installation der Telekommunikationskomponenten sind Leitungen entsprechend der Bestimmung DIN VDE 0815 „Installationskabel und -leitungen für Fernmelde- und Informationsverarbeitungsanlagen" zu verwenden. Zur Verringerung kapazitiver Kopplungseinflüsse und der Nebensprechdämpfung (siehe Abschnitt 29.2.2: Kenngrößen einer Verbindung) sind die einzelnen Adern einer Leitung miteinander verseilt. Abb. 19.3-1 zeigt eine 4-adrige Leitung, deren Verseilungsart man als „Sternvierer" bezeichnet.

Um die einzelnen Adern einer Leitung unterscheiden und zuordnen zu können, wird die Isolierung der Adern durch Farben oder bei älteren Leitungstypen durch Ringe gekennzeichnet. Abb. 19.3-2 zeigt eine Installationsleitung in Sternvierer-Verseilung in unterschiedlichen Ausführungen und Kennzeichnungen (siehe Exkurs Übertragungsmedien).

Bei Leitungen mit sehr vielen Adern und sich somit wiederholenden Farben ist ein „Auszählen" für eine korrekte Zuordnung der Adern erforderlich. Zusammengehörende a- und b-Adern sind jeweils miteinander verdrillt. Gezählt werden die Adern von der äußeren Lage beginnend nach innen. Die Zählrichtung

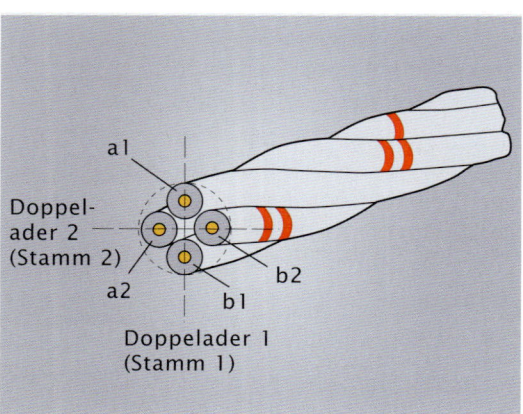

19.3-1 Sternvierer-Verseilung

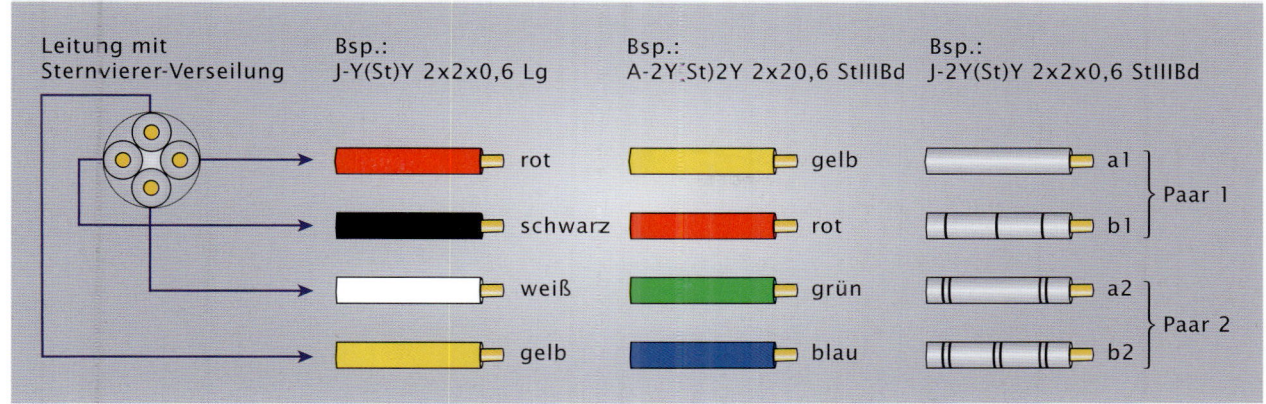

19.3-2 Farb- und Ringkennzeichnung von Installationsleitungen

verläuft hierbei im Uhrzeigersinn. Zur Unterscheidung von a- und b-Adern gilt in der Regel als Faustformel das Hell-Dunkel-Prinzip:

- helle Farbe: a-Ader
- dunkle Farbe: b-Ader

Farben der a-Adern:

- rot (nur beim ersten Paar jeder Lage)
- weiß (bei allen anderen a-Adern)

Farben der b-Adern:

- blau, gelb, grün, braun und schwarz in fortlaufender Wiederholung

Wichtig ist das Auffinden des jeweils ersten a-/b-Paares einer Lage, um von dort aus das Zählen zu beginnen. Die folgende Tabelle zeigt als Beispiel die Farbkombinationen der a- und b-Adern einer Lage mit 10 Adernpaaren:

Zählreihenfolge	a-Ader	b-Ader
1. Paar (Zählbeginn)	rot	blau
2. Paar	weiß	gelb
3. Paar	weiß	grün
4. Paar	weiß	braun
5. Paar	weiß	schwarz
Wiederholung:		
6. Paar	weiß	blau
7. Paar	weiß	gelb
8. Paar	weiß	grün
9. Paar	weiß	braun
10. Paar	weiß	schwarz

Tabelle 19.3-2 Farbkombinationen der Adernpaare einer Leitungslage mit 10 Adernpaaren

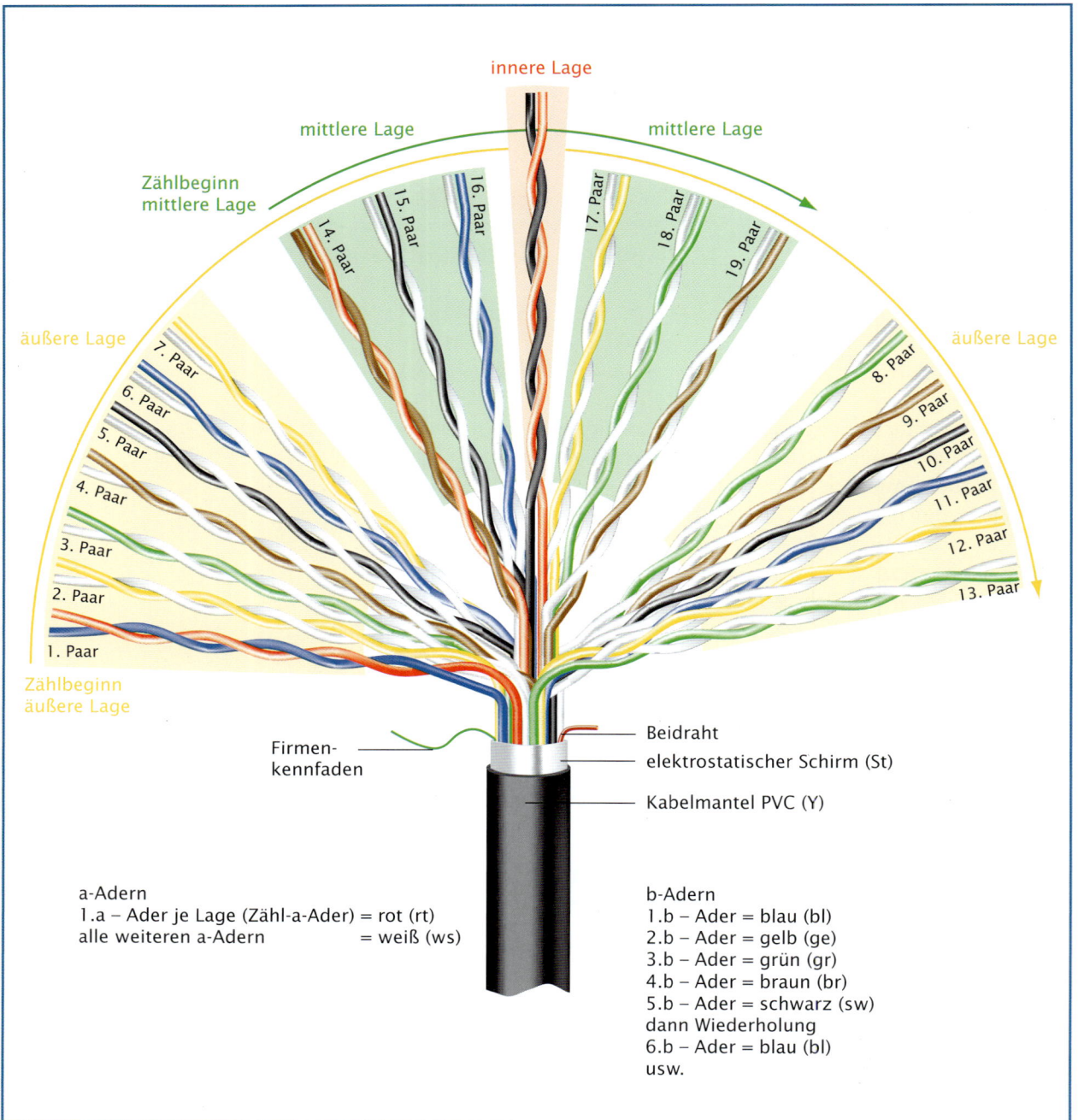

innere Lage

mittlere Lage   mittlere Lage

Zählbeginn
mittlere Lage

14. Paar   15. Paar   16. Paar   17. Paar   18. Paar   19. Paar

äußere Lage   äußere Lage

7. Paar   8. Paar
6. Paar   9. Paar
5. Paar   10. Paar
4. Paar   11. Paar
3. Paar   12. Paar
2. Paar   13. Paar
1. Paar

Zählbeginn
äußere Lage

Firmen-   Beidraht
kennfaden   elektrostatischer Schirm (St)

                                 Kabelmantel PVC (Y)

a-Adern   b-Adern
1.a – Ader je Lage (Zähl-a-Ader) = rot (rt)   1.b – Ader = blau (bl)
alle weiteren a-Adern   = weiß (ws)   2.b – Ader = gelb (ge)
                                               3.b – Ader = grün (gr)
                                               4.b – Ader = braun (br)
                                               5.b – Ader = schwarz (sw)
                                               dann Wiederholung
                                               6.b – Ader = blau (bl)
                                               usw.

19.3-3 Auszählung einer Installationsleitung vom Typ J-Y(St)Y 20×2×0,6 Lg

- Wird bei Ihnen bzw. in Ihrem Betrieb ein analoger Zugang zum öffentlichen Fernsprechnetz verwendet? Untersuchen Sie ggf. die ab dem NTA
  vorhandene Infrastruktur für den Anschluss der Endgeräte.
- Unterscheiden Sie die Adernpaare einer in Ihrem Betrieb verwendeten Installationsleitung mit mehreren Lagen durch Auszählen.

Firma Lütgens möchte ihr Telefonnetz erweitern: Es sollen mehrere Fernsprechapparate mit jeweils eigenen Rufnummern anschließbar sein, ein weiterer Anschluss mit eigener Rufnummer ist für ein Faxgerät vorgesehen. Die Telefonate sollten möglichst parallel geführt werden können. Die mit der Erweiterung des Telefonnetzes beauftragte Firma B@ltic Networks entschließt sich daher für die Installation eines flexiblen Netzwerkkonzeptes auf Basis von ISDN.

Die über ein Netz zu übertragenden Informationen, wie Sprache, Bilder oder Rechnerdaten, sind sehr unterschiedlich. In der Vergangenheit wurden für die bereitzustellenden Dienste jeweils eigene Netze verwendet. Beispiele solcher Netze sind z. B. das Fernsprechnetz, das Fernschreibnetz (Telex) oder die Datennetze Datex-L und Datex-P. Aufgrund der fortschreitenden Verbreitung von Rechnern und der damit verbundenen zunehmenden Nutzung verschiedenster Dienste, erwies sich der Betrieb von einzelnen dienstspezifischen Netzen als unflexibel und kostenintensiv. Man war daher bestrebt, alle Dienste über ein einziges Netz anbieten zu können. Diese Zielsetzungen wurden schließlich Mitte der 80er Jahre mit dem „Integrated Services Digital Network" (ISDN) umgesetzt[1].

[1] Aufgrund der hohen Verbreitung des Internets möchte man auch dort möglichst viele Dienste anbieten. So setzt sich z. B. die Nutzung von Sprachdiensten über das Internet (Voice over IP, VoIP, siehe Abschnitt 26.5: IP-Telefonie) zunehmend durch.

> **Das „Integrated Services Digital Network"**
> **(ISDN) ist ein digital arbeitendes Telekommunikationsnetz, über das verschiedene Telekommunikationsdienste angeboten werden.**

20.1 Dienste und Dienstmerkmale im ISDN

Im ISDN können grundsätzlich alle Dienste verwendet werden, die auch in den bisherigen getrennten Netzen angeboten wurden. Die Übertragungsgeschwindigkeit ist hierbei auf 64 kbit/s pro Kanal begrenzt. Die folgende Tabelle enthält wichtige ISDN-Dienste:

Tabelle 20.1-1
Wichtige ISDN-Dienste

Dienstbezeichnung	Merkmale
Fernsprechen	• geringere Dämpfung als beim herkömmlichen Fernsprechnetz • verbesserte Qualität durch spezielle Sprachcodierung • erweiterte Funktionalität durch neue Dienstmerkmale
Daten-übermittlung	• Übertragungsgeschwindigkeiten bis 64 kbit/s, durch Kanalbündelung auf 128 kbit/s erweiterbar • keine Analog-/Digitalumsetzung und Digital-/Analogumsetzung mehr erforderlich
Telefax	• Unterstützung der Fax-Gruppen 2, 3 und 4 • höhere Qualität als beim herkömmlichen Telefax-Dienst möglich
Nutzung von Online-Diensten	• schneller Verbindungsaufbau • Kanalbündelung möglich
Bildtelefon	• gleichzeitige Übertragung von Sprache und Bildern • Zur echten Bewegtbildübertragung reicht die Übertragungsgeschwindigkeit von 64 kbit/s bzw. 128 kbit/s nicht aus.
Fernwirken und Fernüberwachen	• Dienst zur gleichzeitigen Übertragung von Sprache und Messwerten zur Ferndiagnose und Fernwartung

Den Teilnehmern steht an den ISDN-Anschlüssen neben dem reinen Dienst eine Vielzahl besonderer Leistungsmerkmale zur Verfügung, die man als Dienstmerkmale bezeichnet. Die Dienste und deren Dienstmerkmale können je Anschluss oder Rufnummer eingerichtet werden. Die folgende Tabelle zeigt beispielhaft wesentliche Dienstmerkmale des Dienstes „Fernsprechen":

Tabelle 20.1-2
Wesentliche Dienstmerkmale des Dienstes „Fernsprechen"

Dienstmerkmal	Beschreibung
Übermittlung der Rufnummer zum gerufenen Anschluss	Beim Verbindungsaufbau wird die Rufnummer des Anrufers dem Angerufenen übermittelt, so dass noch vor Annahme des Gesprächs dessen Ursprung festgestellt werden kann (z. B. Anzeige der Rufnummer im Display). Es ist möglich, die Übermittlung der Rufnummer zu unterdrücken.
Anklopfen	Während einer bestehenden Verbindung wird ein ankommender Ruf eines dritten Teilnehmers durch ein akustisches Signal angezeigt und die Rufnummer dieses Teilnehmers erscheint im Display.
Umstecken von Endgeräten	ISDN-Endgeräte können unter Beibehaltung desselben Dienstes von einer Anschlussdose auf eine andere umgesteckt werden.
Subadressierung	Die Subadressierung ermöglicht die Übertragung zusätzlicher Informationen zur Rufnummer und damit zum Endgerät. Dadurch ist es möglich, verschiedene Prozeduren in den Endgeräten zu aktivieren wie z. B. das Starten eines bestimmten Programms in einem Rechner oder die gezielte Anwahl eines Endgeräts an einer TK-Anlage.
Halten der Verbindung	Durch Halten der Verbindung kann das momentan geführte Gespräch ohne Verbindungsabbau unterbrochen werden, um z. B. ein weiteres Gespräch entgegenzunehmen oder eine zweite Verbindung zu einem anderen Teilnehmer aufzubauen. Nach dem Halten kann das frühere Gespräch fortgesetzt werden.
Makeln	Bei drei Gesprächsteilnehmern kann jeweils zwischen zwei Gesprächsteilnehmern hin- und hergeschaltet werden.
Konferenzschaltung	Drei oder mehr Gesprächsteilnehmer können miteinander kommunizieren.
Anrufweiterschaltung	Die Anrufweiterschaltung ermöglicht das Weiterleiten von Anrufen zu beliebigen Anschlüssen.
Rückruf bei besetzt	Ist die Verbindung besetzt, so wird der Anrufende von der Vermittlungsstelle angerufen, sobald die Verbindung wieder frei ist. Nach dem Abheben des Hörers erfolgt automatisch ein Wiederanruf bei der zuvor besetzten Nummer.

[1] Das CCITT (Comité Consultarif International Télégraphique et Téléphonique) ist die frühere Bezeichnung der heutigen ITU-T (International Telecommunication Union – Telecommunication Standardization Sector), die sich mit Normen, Standards und Empfehlungen aus dem Bereich der Telekommunikation beschäftigt.

20.2 Struktur eines ISDN-Teilnehmeranschlusses

Der ISDN-Teilnehmeranschluss wurde von dem internationalen Ausschuss CCITT[1] in fest definierte Funktionseinheiten unterteilt. Zwischen den Funktionseinheiten existieren jeweils Referenzpunkte. Sie sind keine Schnittstellen, sondern gedachte Punkte zur Abgrenzung der Funktionseinheiten. Realisiert man jedoch eine Schnittstelle zwischen zwei Funktionseinheiten, wird meistens der Referenzpunktbezeichner als Schnittstellenbezeichner übernommen (siehe Abb. 20.2-1).

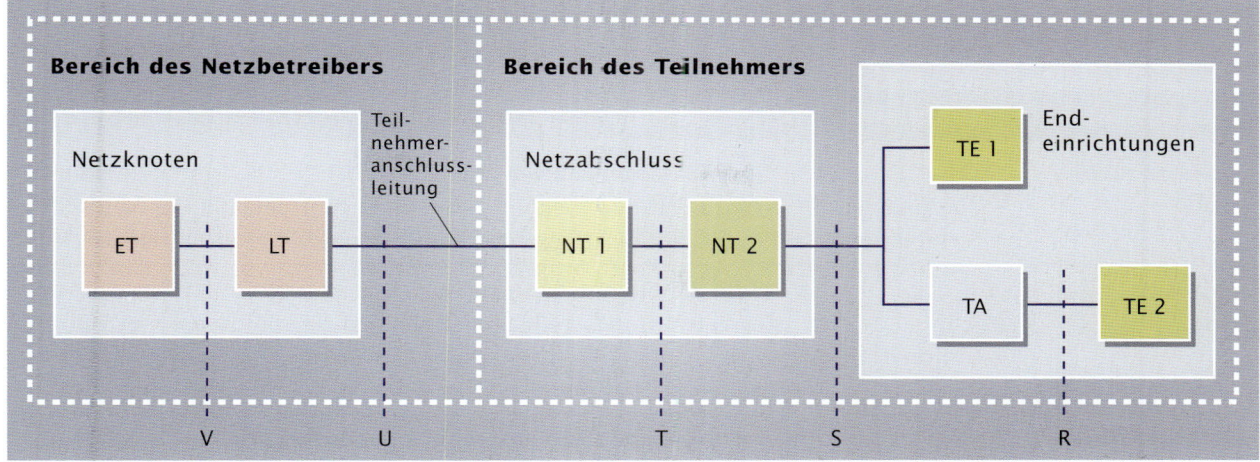

20.2-1 Struktur eines ISDN-Teilnehmeranschlusses

Die Definition des ISDN-Teilnehmeranschlusses bezieht sich auf zwei Bereiche:
- den Bereich des Netzbetreibers mit dessen Ortsvermittlungsstelle und der Teilnehmer-Anschlussleitung
- den Bereich des Teilnehmers, bei dem die Infrastruktur für den Betrieb der ISDN-Endeinrichtungen installiert wird

Bereich des Netzbetreibers:

Der Bereich des Netzbetreibers besteht aus der Ortsvermittlungsstelle (Exchange Termination, ET) und dem zugehörigen Leitungsabschluss (Line Termination, „LT"). Während die Vermittlungsstelle im Wesentlichen ihre Vermittlungsaufgaben durchführt (siehe Abschnitt 17.1: Aufbau öffentlicher Netze) stellt der LT u. a. Versorgungsspannungen für Teilnehmer-Endgeräte bereit und dient dem Schutz vor Kurzschlüssen, die auf der Teilnehmerseite verursacht werden.

Bereich des Teilnehmers:

Die Verbindung zwischen Netzbetreiber- und Teilnehmerbereich erfolgt über die Teilnehmer-Anschlussleitung. Auf der Teilnehmerseite befindet sich an dieser Leitung zunächst der Abschluss des öffentlichen Telekommunikationsnetzes.

Das CCITT hat eine Unterteilung des NT in die Komponenten NT 1 und NT 2 vorgesehen. Während der NT 1 den eigentlichen Netzabschluss bildet, dient der NT 2 zur Vermittlung von Verbindungen nachgeschalteter Endgeräte. In Deutschland gibt es den NT 2 jedoch nicht, da diese Funktion von TK-Anlagen übernommen wird (siehe Abschnitt 18.2: Telekommunikationsanlagen). Der S- und der T-Referenzpunkt fallen somit zusammen und man spricht nur noch von dem S-Referenzpunkt. Der NT (NT 1) ist vom Netzbetreiber steuerbar, so kann er z. B. zwecks Überprüfung der Verbindung eine Schleife innerhalb des NTs schalten, d. h. Hin- und Rückleitung miteinander verbinden. Direkt am NT kann bereits ein ISDN-Endgerät (Terminal Equipment, TE), z. B. ein Telefon mit ISDN-Schnittstelle geschaltet werden. Endeinrichtungen, die über keine ISDN-Schnittstelle verfügen, beispielsweise konventionelle analoge Telefone, können über spezielle Adapter (Terminaladapter, TA) in die ISDN-Infrastruktur eingebunden werden.

> *Der Netzabschluss (Network Termination, NT) bildet den Abschluss des öffentlichen Telekommunikationsnetzes und stellt dem Teilnehmer eine Schnittstelle zum Anschluss der ISDN-Endgeräte zur Verfügung.*

Die folgende Tabelle fasst die Funktionseinheiten des ISDN-Teilnehmeranschlusses zusammen:

Funktionseinheit	Abkürzung	Beschreibung
Vermittlungs-stelle	ET (Exchange Termination)	• führt die Vermittlungen zum Herstellen der Verbindungen durch • Signalisierung zwischen Teilnehmer und Netz auf der Netzseite • Betrieb auf den Schichten 2 und 3 des ISO/OSI-Referenzmodells
Leitungs-abschluss	LT (Line Termination)	• bildet den übertragungstechnischen Abschluss der Strecke von der Vermittlungsstelle zum Teilnehmeranschluss auf der Netz-seite • Betrieb auf der Schicht 1 des ISO/OSI-Referenzmodells
Netzabschluss	NT 1 (Network Termination)	• bildet den übertragungstechnischen Abschluss der Strecke von der Vermittlungsstelle zum Teilnehmeranschluss auf der Teil-nehmerseite • vom Netzbetreiber für Testzwecke steuerbar • Betrieb auf der Schicht 1 des ISO/OSI-Referenzmodells
	NT 2	• vermittelnde oder konzentrierende Funktion, wie z. B. Betrieb als Nebenstellenanlage • Betrieb auf den Schichten 2 und 3 des ISO/OSI-Referenzmodells • Der NT 2 wird in Deutschland nicht verwendet!
Endsystem Typ 1	TE1 (Terminal Equipment)	• Endgeräte, wie z. B. digitale Telefone, die eine ISDN-Schnitt-stelle besitzen und hierüber direkt an den NT gekoppelt werden können
Endsystem Typ 2	TE2	• konventionelle Endgeräte, wie z. B. analoge Telefone, die nur über einen entsprechenden Adapter (TA) an den NT gekoppelt werden können
Endsystem-adapter	TA (Terminal Adapter)	• dient der Anpassung herkömmlicher Endgeräte-Schnittstellen, wie z. B. a/b oder V.24 an die ISDN-Schnittstelle

Tabelle 20-2.1 Funktionseinheiten eines ISDN-Teilnehmeranschlusses

20.3 Anschlussarten

Ein ISDN-Anschluss ist in zwei Varianten verfügbar (siehe Abb. 20.3-1):
• Basisanschluss
• Primärmultiplexanschluss

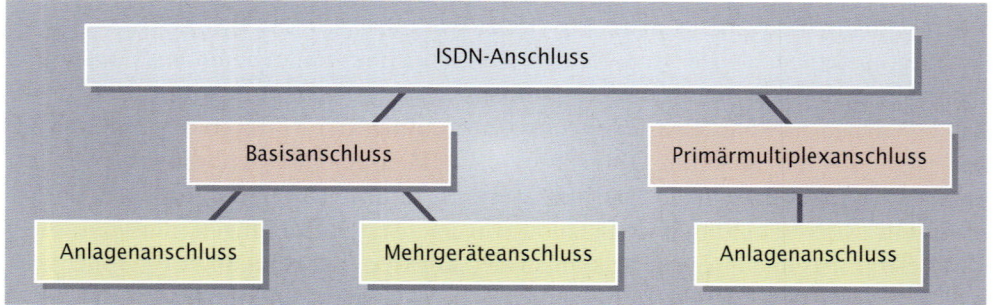

20.3-1 ISDN-Anschlussmöglichkeiten an eine Vermittlungsstelle

Beim ISDN-Basisanschluss stehen dem Teilnehmer zwei Nutzkanäle, beim Primärmultiplexanschluss dreißig Nutzkanäle zur Verfügung.

Die zur Steuerung von Verbindungen notwendigen Signalisierungsinformationen werden in einem zusätzlichen Kanal (D-Kanal) übertragen.

Die Datenübertragungsrate beim D-Kanal ist abhängig von der verwendeten ISDN-Anschlussart. Beim Basisanschluss beträgt sie 16 kbit/s, beim Primärmultiplexanschluss 64 kbit/s.

> *Ein Nutzkanal (Basiskanal, B-Kanal) dient der direkten Übertragung von Informationen, wie z. B. der Sprache zwischen Nutzern (Teilnehmern). Ein ISDN-B-Kanal besitzt eine Datenübertragungsrate von 64 kbit/s.*

> *Als Zeichengabekanal (D-Kanal: engl., Data Channel) bezeichnet man einen Kanal zur Übertragung von Steuerungsinformationen zwischen Endgeräten und der Vermittlungsstelle.*

20.3.1 Basisanschluss

Abb. 20.3.1-1 zeigt den Aufbau eines ISDN-Basisanschlusses.

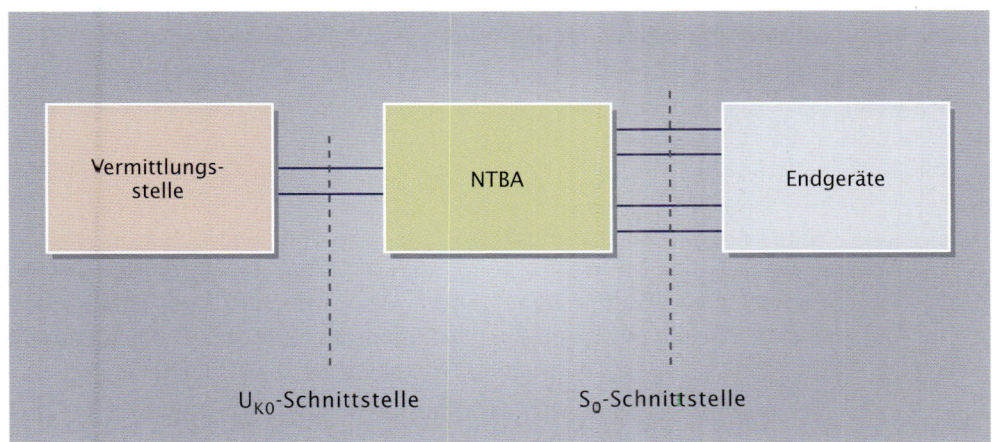

20.3.1-1 ISDN-Basisanschluss

Entsprechend der Bezeichnung der Referenzpunkte U und S der allgemeinen Struktur eines ISDN-Teilnehmeranschlusses werden die zugehörigen Schnittstellen als U- und S-Schnittstelle bezeichnet.
Die U-Schnittstelle befindet sich zwischen der Vermittlungsstelle und dem NT und wird durch die Teilnehmer-Anschlussleitung repräsentiert. Beim Basisanschluss ist die Teilnehmer-Anschlussleitung als Kupfer-Doppelader ausgelegt. Die U-Schnittstelle bezeichnet man daher als U_{K0}-Schnittstelle (K = Kupfer, 0 = Basisanschluss). In wenigen Ausnahmen werden auch Glasfaserleitungen als Anschlussleitungen verwendet. Die Schnittstellenbezeichnung lautet dann U_{G0} (G = Glasfaser).

Die S-Schnittstelle befindet sich zwischen dem NT und den angeschlossenen Endgeräten und wird durch die Endgeräteanschlussleitung repräsentiert. Sie besteht aus zwei Kupfer-Doppeladern, wobei für das Senden und das Empfangen jeweils eine Doppelader verwendet wird. Die S-Schnittstelle wird beim Basisanschluss S_0-Schnittstelle genannt, die Leitungen der S_0-Schnittstelle bezeichnet man auch als S_0-Bus. Um Störungen bei der Datenübertragung durch sogenannte Reflexionen zu vermeiden, ist am Ende des S_0-Busses für die beiden Doppeladern jeweils ein Widerstand mit einem Wert von $100\,\Omega$ (0,1 W) anzuschließen.

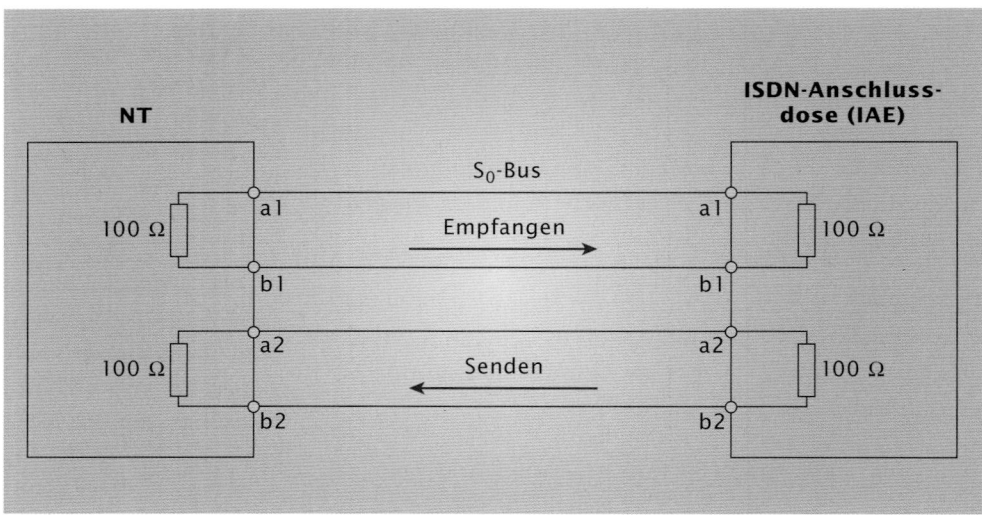

20.3.1-2 S$_0$-Bus mit Abschlusswiderständen

Beim Basisanschluss ergibt sich eine „Nettodatenrate" von 144 kbit/s:

B-Kanal 1	:	64 kbit/s
+ B-Kanal 2	:	64 kbit/s
+ D-Kanal	:	16 kbit/s

= 144 kbit/s (Nettodatenrate)

Zur Synchronisation zwischen Endgerät und Vermittlungsstelle sind jedoch noch weitere 48 kbit/s zu übertragen, so dass sich folgende tatsächliche Datenübertragungsrate (Bruttodatenrate) ergibt:

Nettodatenrate	:	144 kbit/s
+ Steuerinformationen	:	48 kbit/s

= 192 kbit/s (Bruttodatenrate)

NTBA:
Der NT wird beim Basisanschluss als NTBA (NT Basisanschluss) bezeichnet. Wichtige Aufgaben des NTBAs sind

- Bildung des übertragungstechnischen Abschlusses auf der Teilnehmerseite
- Umsetzung der Übertragung von der zweiadrigen U$_{K0}$-Schnittstelle auf die vieradrige S$_0$-Schnittstelle
- Speisung von ISDN-Endeinrichtungen mit einer Betriebsspannung
- Bereitstellung von Funktionen zum Überprüfen der Verbindungsqualität durch den Netzbetreiber

Der Anschluss eines NTBA an die Ortsvermittlungsstelle erfolgt meist über eine Kupferdoppelader (U$_{K0}$-Schnittstelle). Hierzu wird vom Netzbetreiber beim Teilnehmer eine TAE-Dose (siehe Kapitel 19: Analoge Anschlusstechnik) installiert,

20.3.1-3 NTBA

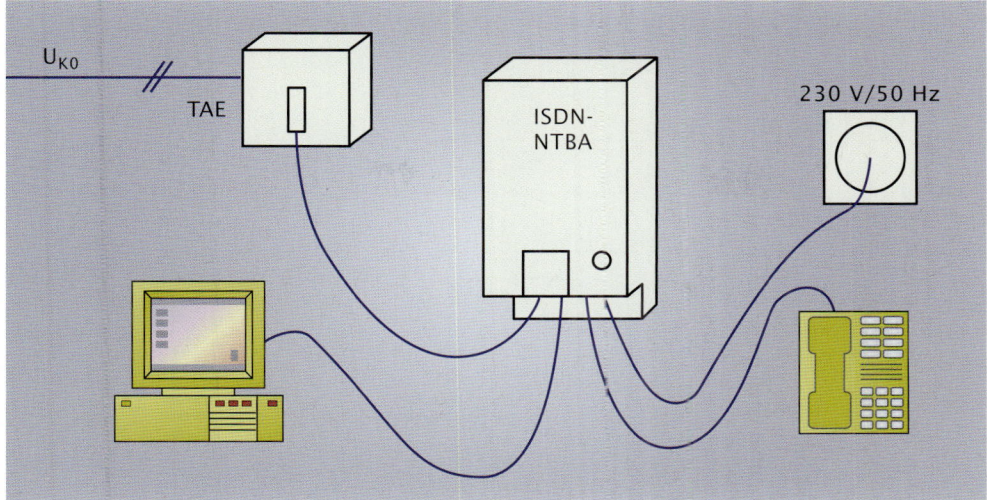

20.3.1-4 NTBA-Anschluss

an die die Kupferdoppelader angeschlossen wird. Über eine Steckverbindung kann der NTBA dann an die TAE-Dose und damit an die Ortsvermittlungsstelle angeschlossen werden.

Speisung der ISDN-Endeinrichtungen:

ISDN-Endgeräte wie Telefone erhalten ihre Betriebsspannung oftmals direkt vom NTBA. Zu diesem Zweck befindet sich im NT eine Schaltung zur Betriebsspannungsversorgung, die am 230-V-Netz des NT angeschlossen ist.

Die Höhe der Betriebspannung beträgt 40 V und wird vom NTBA mit einer max. belastbaren Leistung von 4,5 W an die S_0-Schnittstelle angelegt (siehe Abb. 20.3.1-5). Im Normalbetrieb führt die Senderichtung (2a, 2b) der S_0-Schnittstelle das Pluspotenzial der Speisespannung, die Empfangsrichtung (1a, 1b) das Minuspotenzial. Bei einem Ausfall der Netzspannung ist es erforderlich, dass für den Notfall zumindest noch ein Telefon funktionsfähig ist. Dazu schaltet der NTBA bei einem Netzausfall automatisch auf eine Notstromversorgung um. Die Spannung für die Notstromversorgung entnimmt der NTBA der Vermittlungsstelle, die diese Spannung (zwischen 48 V und 99 V) über die U_{K0}-Schnittstelle bereitstellt. Die Leistung, die von der Vermittlungsstelle geliefert werden kann, beträgt max. 400 mW, so dass hiermit nur ein einziges Telefon betrieben werden kann. Im Notstromfall kehrt der NTBA daher die Polarität der Versorgungsspannung um, so dass angeschlossene Endeinrichtungen diese Fehlersituation erkennen können. Nur ein einziges notspeiseberechtigtes Telefon innerhalb des ISDN-Teilnehmeranschlusses bleibt dann in Betrieb. Endgeräte, die für eine Notstromversorgung ausgelegt sind, kehren die Polarität der Versorgungsspannung bei Eintreten der Notstromversorgung automatisch wieder um, damit sie weiterhin betriebsfähig sind. ISDN-fähige Telefone können so eingestellt werden, dass sie als Telefon für den Notbetrieb einsatzbereit bleiben.

Es darf nur ein Telefon innerhalb des gesamten ISDN-Teilnehmeranschlusses als Endgerät für den Notstrombetrieb konfiguriert sein!

ISDN-Basisanschlüsse sind verfügbar als (siehe Abb. 20.3-1)
- Anlagenanschluss oder
- Mehrgeräteanschluss.

TIPP

Besitzen alle angeschlossenen ISDN-Endeinrichtungen eine eigene Stromversorgung, so braucht der NTBA nicht an das 230-V-Netz angeschlossen zu werden!

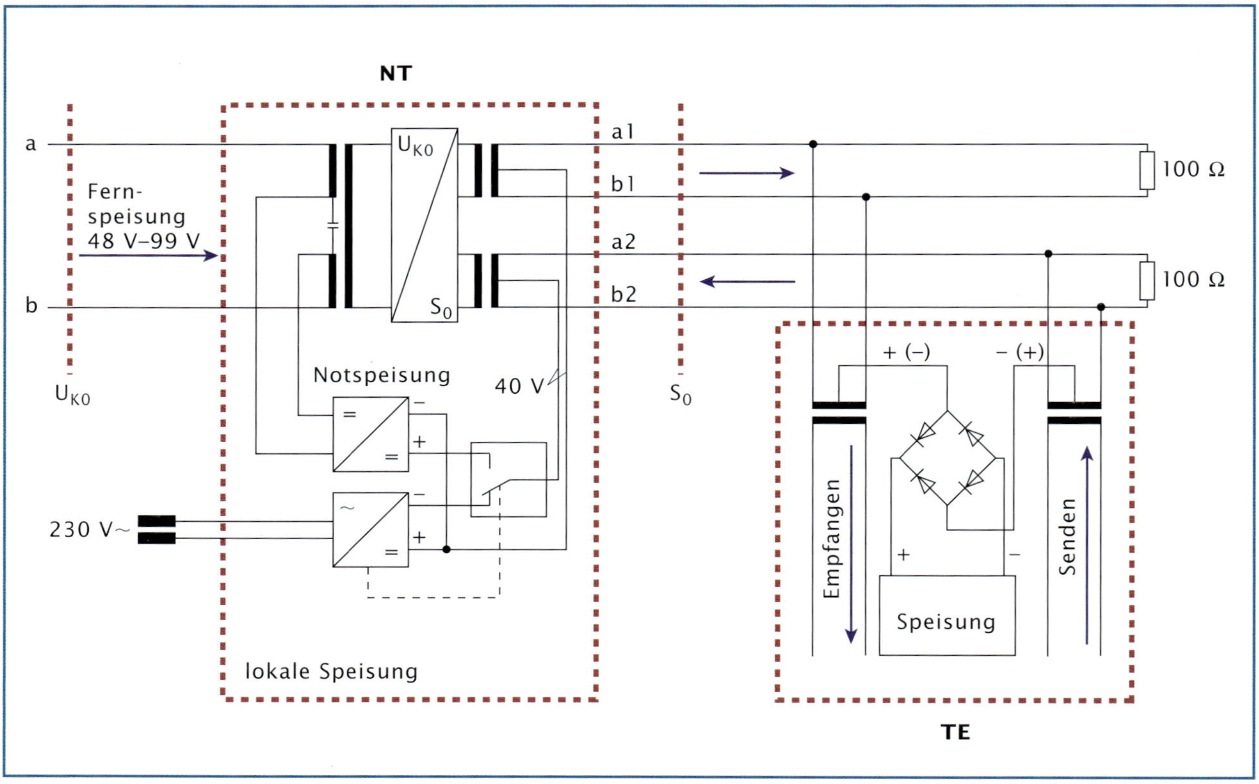

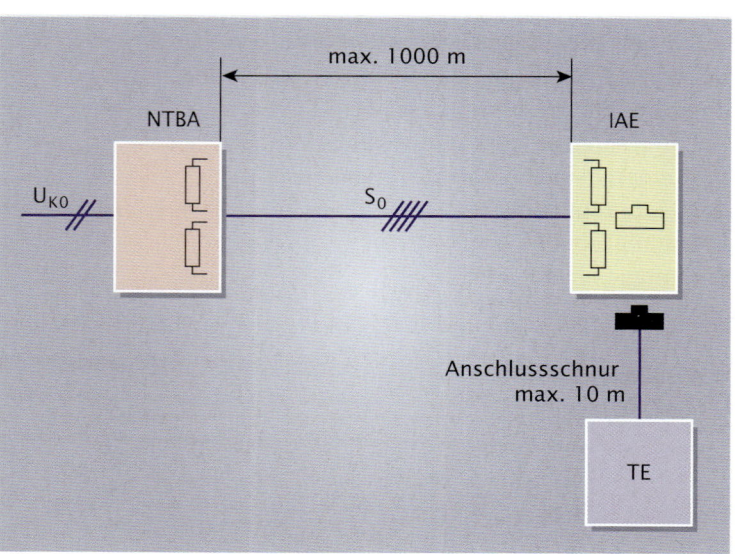

20.3.1-5 Speisung von ISDN-Endeinrichtungen

Anlagenanschluss:

Bei einem ISDN-Anlagenanschluss kann über den S_0-Bus nur eine Endeinrichtung an den NTBA angeschlossen werden, d. h. zwischen beiden Geräten besteht eine Punkt-zu-Punkt-Verbindung (siehe Abschnitt 8.2: Kommunikationsverbindungen). Typischerweise kommt beim Anlagenanschluss eine Telekommunikationsanlage als Endeinrichtung zum Einsatz.

Die Länge zwischen dem NTBA und der ISDN-Anschlussdose (ISDN-Anschlusseinheit, IAE), an die das Endgerät angeschlossen wird, beträgt max. 1000 m. Die Abschlusswiderstände sind auf der NTBA-Seite bereits im NTBA integriert, in der IAE sind sie nachträglich einzusetzen. Der NTBA ist für den Anlagenanschluss zu konfigurieren. Das erfolgt meist über Schalter, die sich am NTBA befinden.

ISDN-TK-Anlagen besitzen häufig zwei S_0-Schnittstellen: Als externer S_0-Bus wird das Bussystem bezeichnet, mit dem der NTBA an die TK-Anlage gekoppelt ist. Ein weiterer interner S_0-Bus verbindet dagegen ISDN-Endge-

20.3.1-6 ISDN-Anlagenanschluss

räte mit der TK-Anlage. Häufig besitzen ISDN-TK-Anlagen auch noch Anschlussmöglichkeiten für analoge Telefone. Die zum Betrieb dieser Telefone notwendigen Terminaladapter (TA) sind dann bereits in die TK-Anlage integriert.

Mehrgeräteanschluss:

Die Konfiguration als ISDN-Mehrgeräteanschluss ermöglicht es, mehrere Endeinrichtungen über den S_0-Bus am NTBA anzuschließen.

Man unterscheidet beim Mehrgeräteanschluss zwischen mehreren Installationsarten:
- dem kurzen passiven Bus
- dem erweiterten passiven Bus
- der Y-Konfiguration

Kurzer passiver Bus:

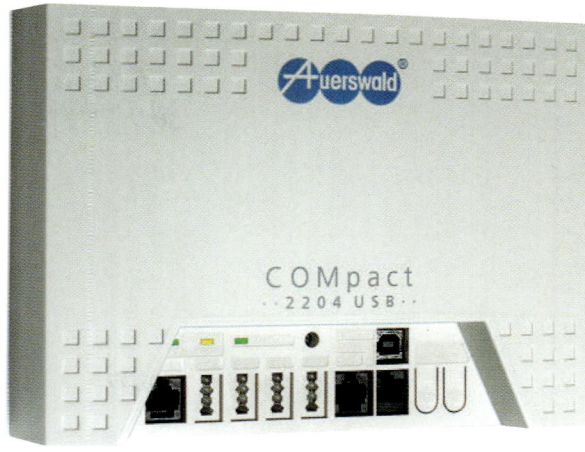

20.3.1-7 Kompakte ISDN-TK-Anlage

> *Bei einem ISDN-Mehrgeräteanschluss handelt es sich um eine Punkt-zu-Mehrpunkt-Verbindung.*

Bei dieser Installationsart sind die Buchsen für die Endgeräte an beliebigen Stellen auf dem S_0-Bus verteilt. Im Gegensatz zum Anlagenanschluss mit einer max. Buslänge von 1000 m darf die Länge des S_0-Busses beim kurzen passiven Bus 200 m nicht überschreiten. Es dürfen nicht mehr als 8 Endeinrichtungen angeschlossen werden. Die maximale Anzahl von direkt am S_0-Bus angeschlossenen Buchsen ist auf 12 beschränkt.

> Zur Vermeidung von Störungen bei der Datenübertragung, sollten möglichst keine Stichleitungen verwendet werden. Es dürfen max. 8 über eine Stichleitung verbundene Anschlussdosen vorhanden sein. Die Länge einer Stichleitung beträgt max. 1 m.

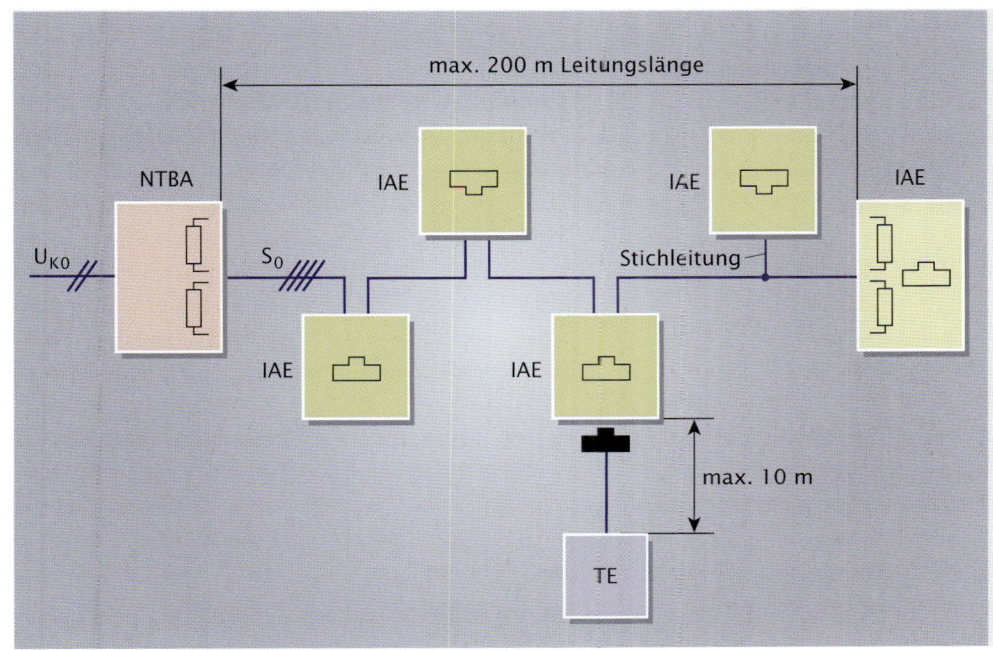

20.3.1-8 Kurzer passiver Bus

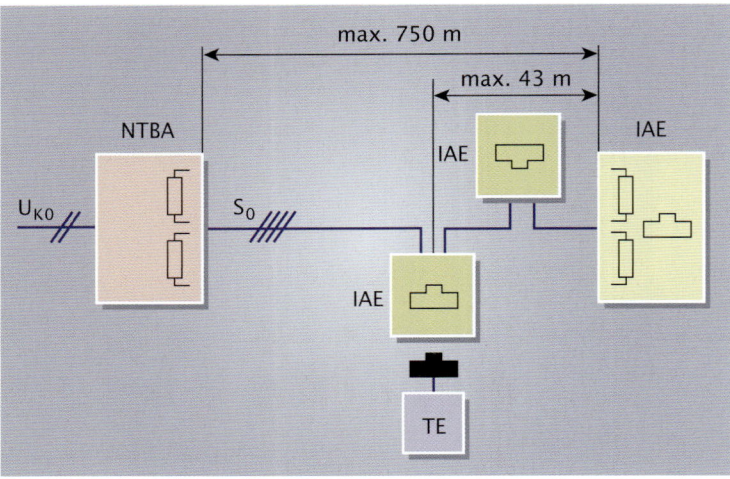

20.3.1-9 Erweiterter passiver Bus

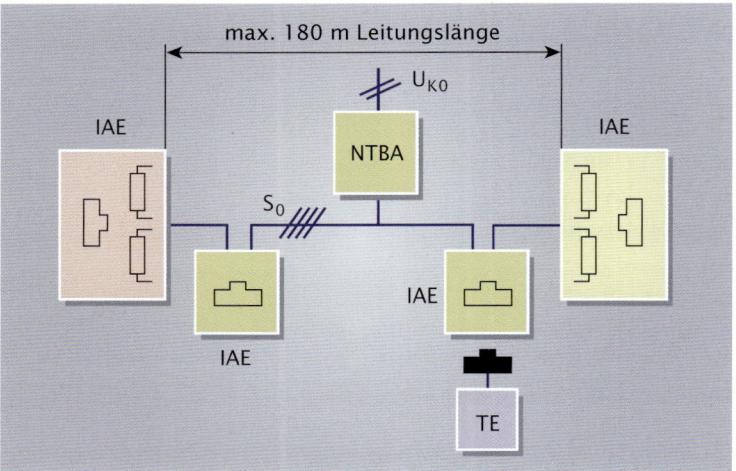

20.3.1-10 Y-Konfiguration

Erweiterter passiver Bus:

Beim erweiterten passiven Bus werden die Anschlussdosen bzw. die Endeinrichtungen ausschließlich im Endbereich der Busleitungen angeschlossen. Hierdurch kann die Leitungslänge gegenüber der des passiven Busses auf 750 m ausgedehnt werden. Es dürfen jedoch höchstens vier Endgeräte und 12 Anschlussdosen am Bus vorhanden sein. Auch beim erweiterten passiven Bus sollten Stichleitungen zur Vermeidung von Übertragungsfehlern möglichst vermieden werden.

Y-Konfiguration:

Bei der Y-Konfiguration befindet sich der NTBA in der Mitte des S_0-Busses. Wie beim kurzen passiven Bus dürfen max. 8 Endeinrichtungen und 12 Anschlussdosen vorhanden sein. Die Leitungslänge des S_0-Busses darf 180 m nicht überschreiten. Es ist zu beachten, dass der Bus nach beiden Seiten mit $100\,\Omega$-Widerständen abgeschlossen sein muss.

20.3.2 Primärmultiplexanschluss:

Für Teilnehmer mit einem hohen Kommunikationsbedarf bietet sich der Primärmultiplexanschluss an. Er umfasst 30 Nutzkanäle und einen Zeichengabekanal mit einer Datenübertragungsrate von 64 kbit/s pro Kanal. Es ergeben sich damit folgende Gesamt-Datenübertragungsraten:

$$30 \text{ B-Kanäle}: 30 \cdot 64 \text{ kbit/s} = 1920 \text{ kbit/s}$$
$$+ \quad 1 \text{ D-Kanal}: \qquad\qquad 64 \text{ kbit/s}$$
$$= 1984 \text{ kbit/s (Nettodatenrate)}$$

Wie beim Basisanschluss sind noch weitere Daten für Synchronisations- und Steuerzwecke zu übertragen, so dass sich folgende tatsächliche Datenübertragungsrate (Bruttodatenrate) ergibt:

$$\text{Nettodatenrate} \quad : 1984 \text{ kbit/s}$$
$$+ \text{ Steuerinformationen} : \quad 64 \text{ kbit/s}$$
$$= 2048 \text{ kbit/s} = 2 \text{ Mbit/s (Bruttodatenrate)}$$

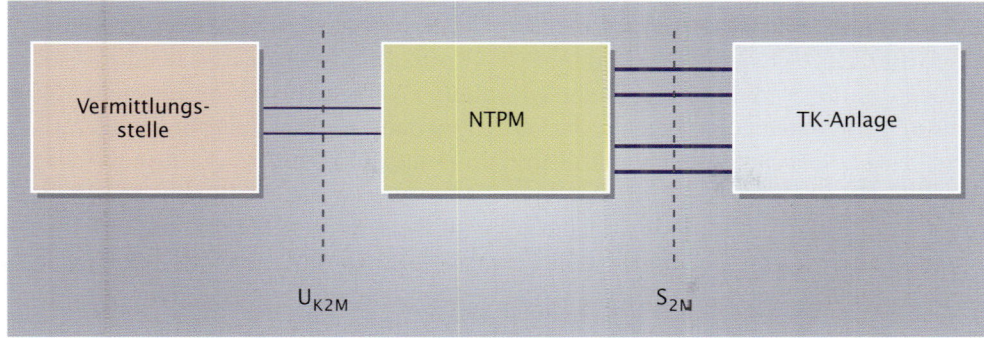

20.3.2-1 ISDN-Mehrgeräteanschluss mit U_{K2M}- und S_{2M}-Schnittstelle

Mit den insgesamt 32 Kanälen (30 B-Kanäle, 1 D-Kanal, 1 Synchronisationskanal) und der Datenübertragungsrate von 2 Mbit/s ergibt sich beim Primärmultiplexanschluss die Struktur eines PCM-30-Übertragungssystems (siehe Abschnitt 29.5: Multiplexverfahren).

Den NT bezeichnet man beim Primärmultiplexanschluss als NTPM (Network Termination Primary Multiplex). Er wird über zwei herkömmliche Kupferdoppeladern oder über Lichtwellenleiter (ein oder zwei Leitungen) mit der Vermittlungsstelle verbunden. Die U-Schnittstelle bezeichnet man als U_{K2M}-Schnittstelle (Kupferdoppelader) oder U_{G2M}-Schnittstelle (Glasfaser), häufig spricht man jedoch vereinfacht von der U_{2M}-Schnittstelle.

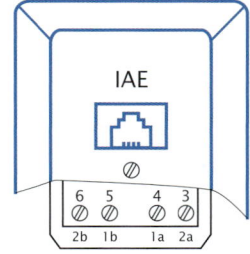

20.4-1 ISDN-Anschlusseinheit (IAE)

Der Primärmultiplexanschluss ist nur in der Konfiguration eines Anlagenanschlusses verfügbar (Punkt-zu-Punkt-Verbindung), d. h. es muss eine TK-Anlage an den NTPM angeschlossen werden. Die Schnittstelle zwischen NTPM und TK-Anlage wird hierbei als S_{2M}-Schnittstelle bezeichnet.

20.4 Anschlusstechnik

Zum Anschluss von Endeinrichtungen an den S_0-Bus verwendet man die ISDN-Anschlusseinheit (IAE, siehe Abb. 20.4-1). Sie besitzt ein oder zwei 8-polige Buchsen vom Typ RJ-45 zum Anschluss der ISDN-Endgeräte. Da der S_0-Bus jedoch nur 4 Adern besitzt, sind nur 4 der 8 möglichen Kontakte zum Anschluss des S_0-Busses vorhanden. Sind dagegen alle 8 Kontakte anschließbar, so wird die Anschlussdose als universelle Anschlusseinheit (UAE) bezeichnet.

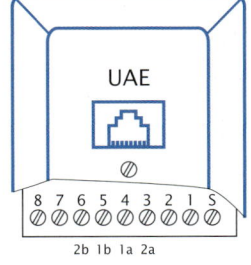

20.4-2 Universelle Anschlusseinheit (UAE)

Bezeichnung der Anschlussklemme	Nummer des Buchsenkontakts	Funktion aus Sicht des NT in Richtung Endgerät
1a	4	Sendeader
1b	5	Sendeader
2a	3	Empfangsader
2b	6	Empfangsader
S	–	Schirmung

Tabelle 20.4-1 Belegung der IAE und UAE

20.5 ISDN-Protokollarchitektur

Als Grundlage für den Einsatz der ISDN-Protokolle dient das ISO/OSI-Referenzmodell. Da die Signalisierung (siehe Abschnitt 17.7: Signalisierung) ausschließlich über den D-Kanal erfolgt, besteht die ISDN-Protokollarchitektur beim Endgerät aus zwei Protokolltürmen: Ein Protokollturm für den D-Kanal und ein Protokollturm für den B-Kanal (siehe Abb. 20.5-1 und Abb. 9.4-2). Während die Aufgaben der Schichten 4 bis 7 beim B-Kanal abhängig vom jeweils gewählten Dienst sind, ist der D-Kanal-Protokollturm für die Signalisierung des Endgerätes mit der Vermittlungsstelle zuständig.

Die Aufgaben der Schichten 1 bis 3 bei der ISDN-Übertragung sind:

- **Bitübertragungsschicht:**
  Diese Schicht ist zuständig für die gleichzeitig in beide Richtungen stattfindende Übertragung der Signale zwischen Endeinrichtung und Netz.

- **Sicherungsschicht:**
  Im Wesentlichen wird der Nachrichtenaustausch der Schicht 3 zwischen den Endstellen und der Vermittlungsstelle gesichert.

- **Vermittlungsschicht:**
  Innerhalb der Vermittlungsschicht findet die eigentliche Signalisierung zwischen den Endeinrichtungen und der Vermittlungsstelle statt. Beispiele solcher Signalisierungsinformationen sind „Teilnehmer hat abgehoben" oder „Teilnehmerruf".

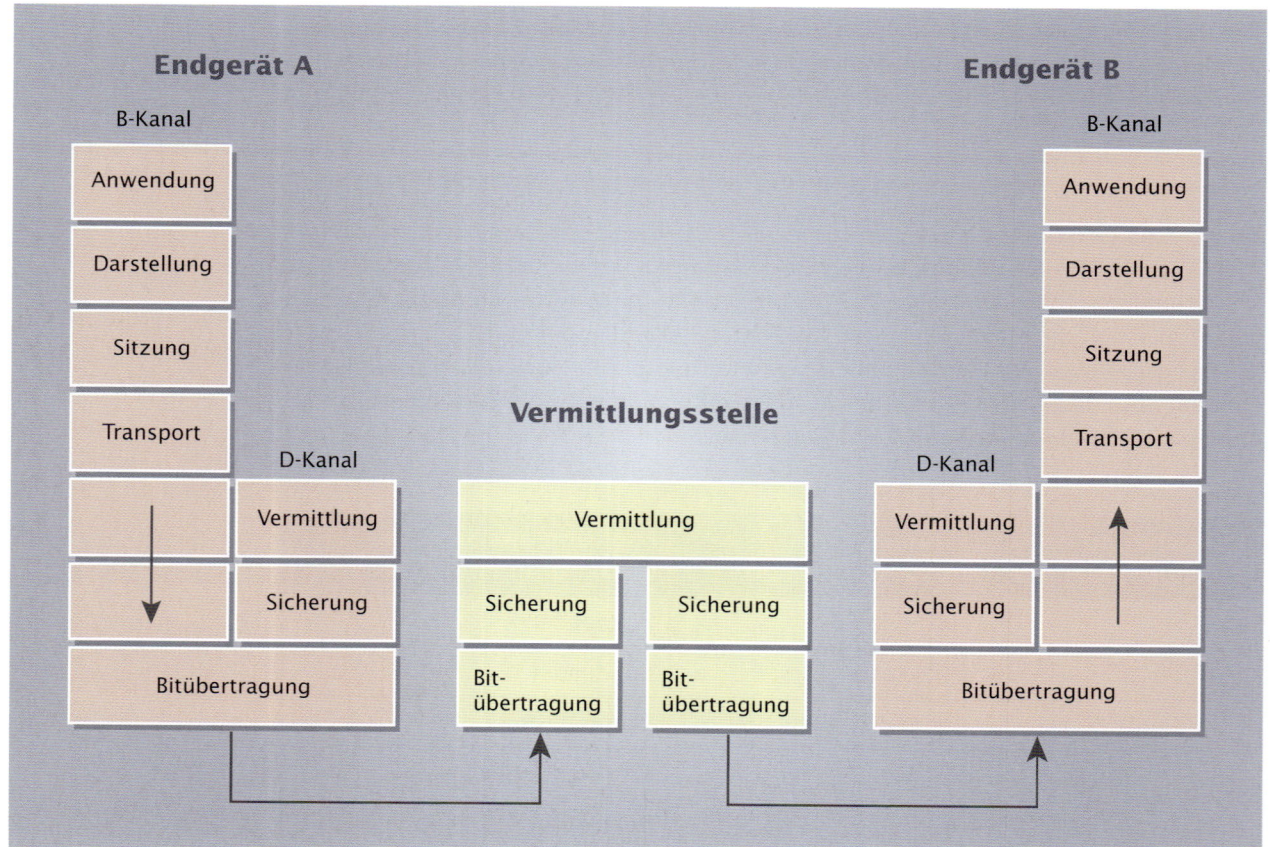

20.5-1 ISO/OSI-Referenzmodell beim ISDN

20.5.1 Bitübertragungsschicht

Die Bitübertragungsschicht wird durch die S- und die U-Schnittstelle und deren Signale beschrieben. Da sich in den Endgeräten und im NT sogenannte Transformatoren befinden, die keine Gleichspannung übertragen können, muss dafür gesorgt werden, dass die S- und die U-Schnittstelle gleichspannungsfrei sind. Das wird durch Signalcodierung erreicht, d. h. die Signale der S- und der U-Schnittstelle werden so codiert, dass im Mittel keine Gleichspannung auf den Leitungen vorhanden ist. Beim S_0-Bus wird hierzu ein sogenannter „modifizierter AMI-Code" verwendet. Bei der U_{K0}-Schnittstelle kommt in Deutschland und Belgien hauptsächlich der „4B3T-Code" zum Einsatz. Die anderen europäischen Länder verwenden für die U_{K0}-Schnittstelle dagegen den „2B1Q-Code" (siehe Abschnitt 29.3: Codes).

Die Bitübertragungsschicht hat die Aufgabe, die Informationen in Form von Bitströmen in beide Richtungen zu übertragen. D- und B-Kanal müssen hierbei gemultiplext (siehe Abschnitt 29.5: Multiplexverfahren) werden. Abb. 20.5.1-1 zeigt den Aufbau eines S_0-Rahmens[1].

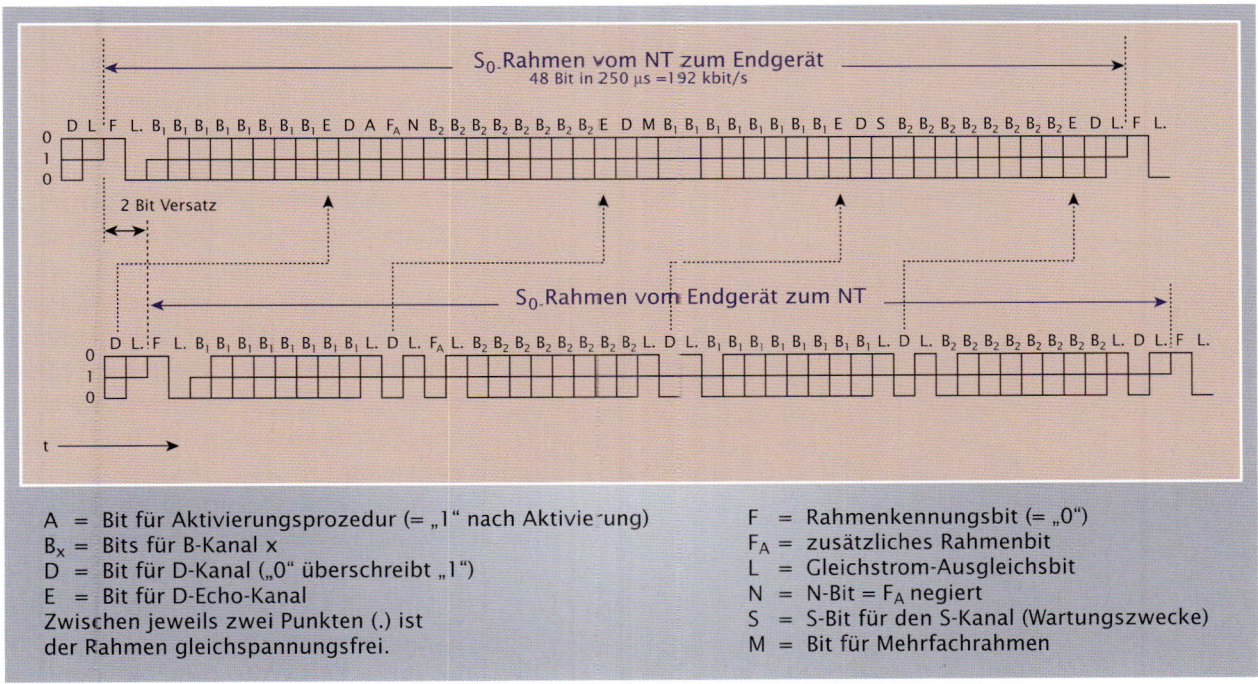

A = Bit für Aktivierungsprozedur (= „1" nach Aktivierung)
B_x = Bits für B-Kanal x
D = Bit für D-Kanal („0" überschreibt „1")
E = Bit für D-Echo-Kanal
Zwischen jeweils zwei Punkten (.) ist der Rahmen gleichspannungsfrei.

F = Rahmenkennungsbit (= „0")
F_A = zusätzliches Rahmenbit
L = Gleichstrom-Ausgleichsbit
N = N-Bit = F_A negiert
S = S-Bit für den S-Kanal (Wartungszwecke)
M = Bit für Mehrfachrahmen

20.5.1-1 S_0-Rahmen

Am S_0-Bus werden zwei Zustände der Endgeräte unterschieden:
- aktiver Zustand (Betriebszustand)
- Ruhezustand (deaktivierter Zustand)

Die Aktivierung und Deaktivierung der Endgeräte kann vom Endgerät selbst oder von der Vermittlungsstelle aus erfolgen.

> *Die Aktivierungs- und Deaktivierungsprozeduren eines ISDN-Endgerätes werden als ISDN-Schicht-1-Protokoll bezeichnet.*

Der Aktivierungs- und Deaktivierungsvorgang unterscheidet sich bei der S- und der U-Schnittstelle, so erfolgt z. B. bei der U-Schnittstelle zusätzlich die Steuerung der Verbindung bei Prüfung der Verbindungsqualität. Im Folgenden wird beispielhaft die Aktivierungsprozedur an der S_0-Schnittstelle dargestellt:

[1] Im Gegensatz zu LANs spricht man beim ISDN bereits auf der Schicht 1 von Rahmen.

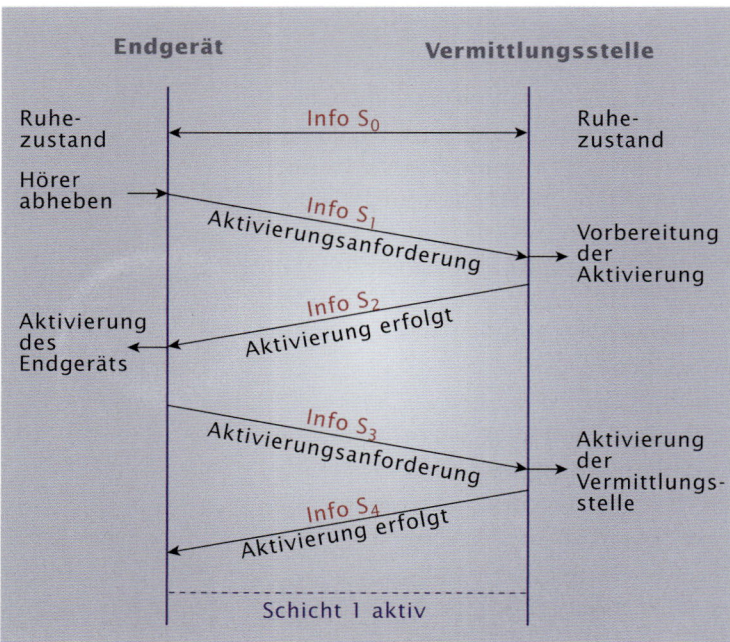

20.5.1-2 Aktivierung der Bitübertragung zwischen Endgerät und Vermittlungsstelle

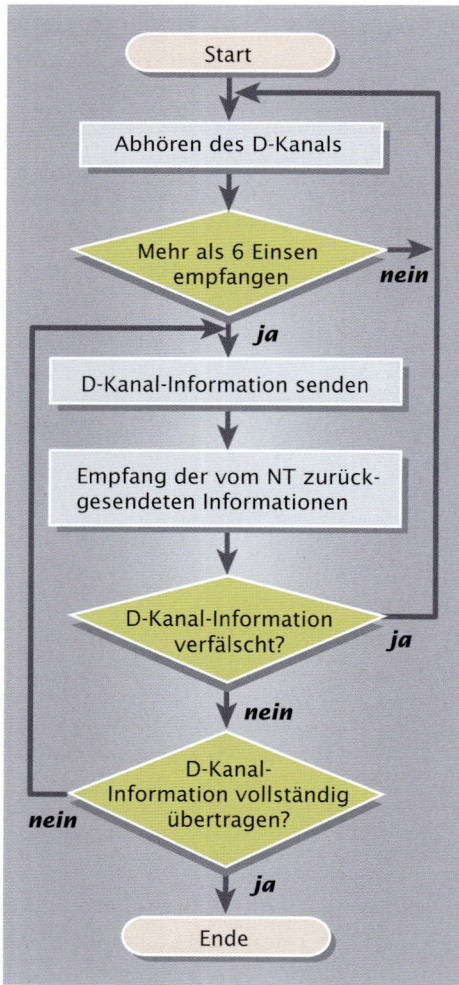

20.5.1-3
D-Kanal-Zugiffs-
steuerung

Für die Aktivierung (und Deaktivierung) an der S_0-Schnittstelle können keine Nachrichten in Form bestimmter Datenpakete ausgetauscht werden, da solche Strukturen auf der Schicht 1 nicht existieren. Vielmehr werden die Steuersignale durch bestimmte Zustände der Schnittstellenleitungen und durch bestimmte Zustände einzelner Bits dargestellt, auf die hier nicht näher eingegangen werden soll. Die Steuersignale werden als „INFO S_0" bis „INFO S_4" bezeichnet. Abb. 20.5.1-2 zeigt den Austausch dieser Informationen bei der Aktivierung der Bitübertragung zwischen einem Endgerät und der Vermittlungsstelle. Die Einleitung der Aktivierungsprozedur erfolgt hierbei durch das Endgerät, indem z. B. bei einem ISDN-Telefon der Hörer abgehoben wird.

D-Kanal-Zugriffssteuerung:

Für die Signalisierung steht nur ein D-Kanal zur Verfügung. Um zu verhindern, dass mehrere Endgeräte gleichzeitig schreibend auf den D-Kanal zugreifen und somit verfälschte Nachrichten übertragen werden können, ist eine Zugriffssteuerung für den D-Kanal notwendig.

Dazu wird die von einem Endgerät im D-Kanal gesendete Information vom NT empfangen und über den sogenannten D-Echo-Kanal unmittelbar an das Endgerät zurückgesendet. Bevor ein weiteres D-Bit im D-Kanal gesendet wird, kann das Endgerät somit kontrollieren, ob die Information verfälscht wurde. Bei einer erkannten Kollision stellt das Endgerät seine Sendung sofort ein und wartet bis der D-Kanal frei wird.

Der freie Zustand eines Kanals wird durch eine dauerhafte Übertragung von Einsen signalisiert. Da eine D-Kanal-Nachricht nie mehr als sechs aufeinander folgende Einsen enthält, kennzeichnet der Empfang von mehr als sechs aufeinander folgende Einsen somit den freien Zustand des Kanals.

20.5.2 Sicherungsschicht

Um der Schicht 3 eine gesicherte Datenübertragung zur Verfügung zu stellen, verwendet ISDN das Protokoll HDLC (siehe Abschnitt 9.4: Weitere Übertragungsprotokolle). Hierbei werden die Nachrichten der Schicht 3 in Rahmen übertragen, die jeweils eine Sendefolgenummer besitzen und durch eine Prüfsequenz (Frame Check Sequence, FCS) gegen Bitverfälschung gesichert sind. Zur Bildung eines HDLC-Rahmens werden die D-Kanal-Bits aus dem S_0-Rahmen der Schicht 1 herausgefiltert und zu einem Schicht-2-HDLC-Rahmen zusammengesetzt (siehe Abb. 20.5.2-1 und Abb. 9.4-2).

[1] **Terminal Endpoint Identifier:** engl. Endgeräte-Identifizierer

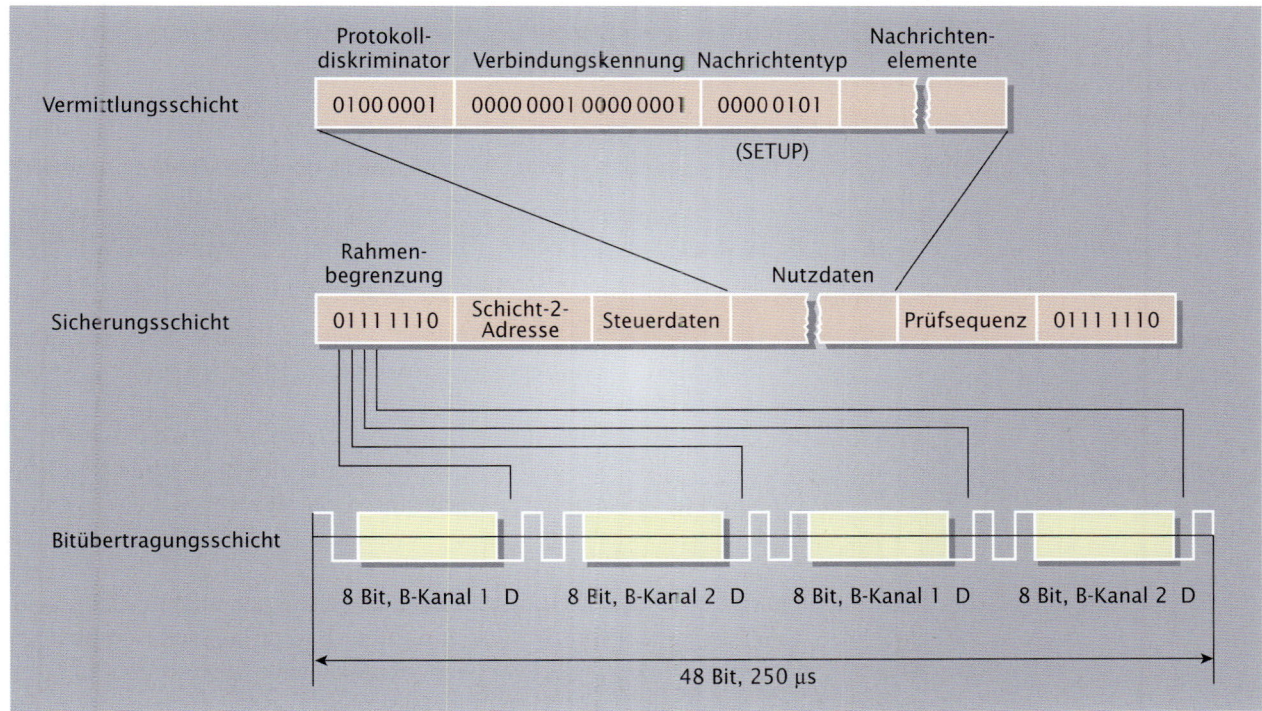

20.5.2-1 Bildung der D-Kanal-Protokollrahmen

Adressierung der Endgeräte:

Bei mehreren am S_0-Bus angeschlossenen Endgeräten muss die Vermittlungsstelle jedes Endgerät, das auf dem D-Kanal sendet und empfängt, eindeutig ansprechen können. Daher besteht zwischen jedem Endgerät und der Vermittlungsstelle eine eigene logische Verbindung. Die hierzu notwendige Adresse wird als „Terminal Endpoint Identifier[1]" (TEI) bezeichnet und befindet sich im Adressfeld des HDLC-Protokolls (siehe Abb. 20.5.2-2).

Jedem Endgerät wird ein TEI entweder durch eine feste Einstellung am Endgerät (z. B. mittels Schalter) oder durch Vergabe durch die Vermittlungsstelle zugeordnet. Mit einem TEI (7 Bit) lassen sich insgesamt 127 Adressen vergeben, die folgenden Bereichen zugeordnet sind:

> *Der „Terminal Endpoint Identifier" (TEI) kennzeichnet die Schicht-2-Adresse für das ISDN-Endgerät.*

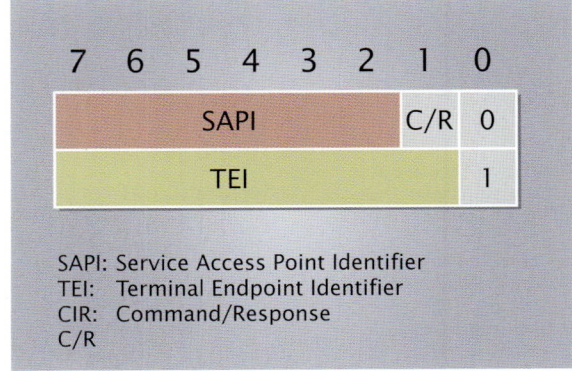

SAPI: Service Access Point Identifier
TEI: Terminal Endpoint Identifier
CIR: Command/Response
C/R

20.5.2-2 ISDN-Schicht-2-Adressfeld

TEI-Wert	Beschreibung
0	Adresse bei Punkt-zu-Punkt-Verbindungen (Anschluss von TK-Anlagen)
1 bis 63	Adressen, die in Endgeräten eingestellt werden können
64 bis 126	Adressen, die durch die Vermittlungsstelle vergeben werden
127	Broadcast-Adresse

Tabelle 20.5.2-1 TEI-Adressbereiche

Der „Service Access Point Identifier" (SAPI) kennzeichnet den momentan verwendeten ISDN-Schicht-2-Dienst.

Ein weiteres Element des HDLC-Adressfeldes ist der „Service Access Point Identifier[1]" (SAPI).

Von den max. 64 möglichen Werten, die durch den 6-Bit-langen SAPI angegeben werden können, sind jedoch nur vier fest definiert:

SAPI-Wert	Beschreibung
0	Übertragung von Signalisierungsinformationen der Schicht 3 des D-Kanal-Protokolls
1	Übertragung von Signalisierungsinformationen bei paketvermittelten Daten
16	Übertragung von paketvermittelten Daten
63	Vergabe der Schicht-2-Adressen

Tabelle 20.5.2-2 Fest definierte SAPI-Werte

Das letzte Element innerhalb des HDLC-Adressfeldes ist das „Command/Response-Bit[2]" (C/R). Da HDLC zwischen Kommandos und Antworten auf diesen Kommandos unterscheidet, wird durch das C/R-Bit festgelegt, ob es sich bei dem momentan übertragenen Schicht-3-Paket um ein Kommando (Command) oder um eine Antwort (Response) hierauf handelt. Typische Kommandos sind z. B. „DISC" (Disconnect[3]) oder „RESET[4]". Antworten bestehen häufig in der Quittierung dieser Befehle.

20.5.3 Vermittlungsschicht
Wesentliche Aufgaben der Schicht-3 sind:
- Signalisierung für den Aufbau und Abbau von B-Kanal-Verbindungen
- Multiplexen der Zeichengabe für mehrere B-Kanal-Verbindungen über eine Schicht-2-Verbindung
- Abwicklung von Diensten.

Wichtige Vertreter für D-Kanal-Protokolle sind 1TR6 und Euro-DSS1:
- 1TR6:
Dieses D-Kanal-Protokoll wurde 1989 mit der offiziellen Einführung des ISDN in Deutschland verwendet. Inzwischen hat man es jedoch fast vollständig durch das Euro-DSS1-Protokoll ersetzt.

- European Digital Subscriber System No. 1 (Euro-DSS1):
Das Euro-DSS1-Protokoll (auch bekannt als Euro-ISDN) ist das am weitesten verbreitete D-Kanal-Protokoll. Ein wesentlicher Unterschied zu 1TR6 ist die Anwahl der Endgeräte. So benötigt man beim 1TR6 grundsätzlich eine Hauptnummer und

[1] **Service Access Point Identifier:** engl. Dienst-Zugriffspunkt-Identifizierer
[2] **Command:** engl. Kommando; **Response:** engl. Antwort, Meldung
[3] **Disconnect:** engl. Verbindung unterbrechen
[4] **Reset:** engl. zurücksetzen

eine gerätespezifische Endnummer (Durchwahl). Beim Euro-DSS1 kann man hingegen jedem Endgerät eine vollständig eigene Rufnummer zuteilen.

Im Folgenden wird das Schicht-3-Protokoll Euro-DSS1 näher beschrieben. Abb. 20.5.3-1 zeigt den Aufbau eines Euro-DSS1-Pakets. Die eigentliche Schicht-3-Nachricht setzt sich hierbei aus dem Nachrichtentyp und den Nachrichtenelementen zusammen.

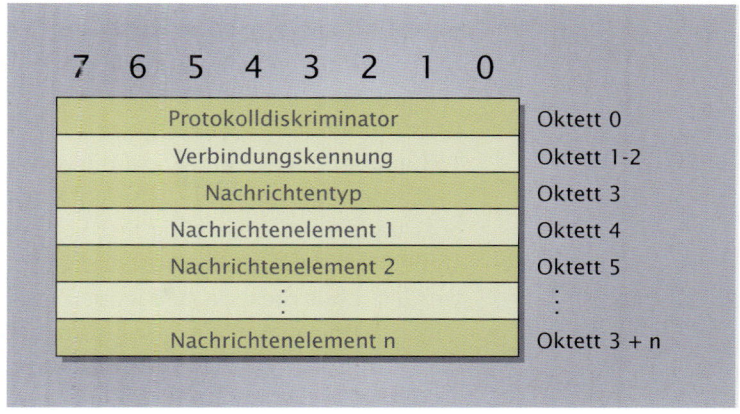

20.5.3-1 Schicht-3-Paket für das Euro-DSS1-Protokoll

Feldbezeichnung	Beschreibung
Protokoll-diskriminator[1]	gibt das verwendete D-Kanal-Protokoll, wie z. B. 1TR6, oder Euro-DSS1 an
Verbindungs-kennung	dient zur Unterscheidung verschiedener Signalisierungsvorgänge
Nachrichtentyp	legt die Bedeutung einer Nachricht fest. Für jeden Typ ist definiert, welche Nachrichtenelemente enthalten sein müssen und welche enthalten sein können.
Nachrichten-elemente	ergänzen den Nachrichtentyp durch zusätzliche Informationen. So werden z. B. die Ziffern der Rufnummer beim Verbindungsaufbau in Nachrichtenelementen übertragen.

Tabelle 20.5.3-1 Feldbeschreibungen des Euro-DSS1-Pakets

Tabelle 20.5.3-2 gibt einen Überblick über wichtige Schicht-3-Nachrichten:

Tabelle 20.5.3-2 Wichtige Schicht-3-Nachrichten

Feldbezeichnung	Beschreibung
Verbindungsaufbau:	
SETUP	Verbindungsaufbau einleiten
SETUP ACKNOWLEDGE	Bestätigung des eingeleiteten Verbindungsaufbaus
ALERTING	Rufen eingeleitet
CONNECT	Durchschaltung einleiten
CONNECT ACKNOWLEDGE	Durchschaltung akzeptiert
CALL PROCEEDING	Verbindungsaufbau beginnt
PROGRESS	Verbindungsstatus abfragen
Verbindungsphase:	
INFORMATION	zusätzliche Informationen übertragen
Verbindungsabbau:	
DISCONNECT	Verbindungsabbau einleiten
RELEASE	Freigabe des B-Kanals einleiten
RELEASE COMPLETE	B-Kanal freigegeben

[1] **Diskriminator:** lat. Trenner

Verbindungsaufbau und Verbindungsabbau:

Der Verbindungsaufbau und Verbindungsabbau wird im Folgenden an einem einfachen Beispiel dargestellt (siehe Abb. 20.5.3-2). Hierbei möchte der Teilnehmer A mit dem Teilnehmer B telefonieren:

Teilnehmer A leitet den Verbindungswunsch durch das Abheben des Hörers ein. Das Endgerät legt daraufhin eine noch nicht verwendete Verbindungskennung für die notwendige Signalisierung fest und sendet die Nachricht SETUP zur Vermittlungsstelle. Vom Benutzer kann über das Endgerät ein bestimmter B-Kanal vorgeschlagen werden. Falls dieser Kanal jedoch nicht innerhalb der SETUP-Nachricht angegeben wird, so übernimmt die Vermittlungsstelle die Auswahl des B-Kanals. Nach Erhalt der Quittierung von der Vermittlungsstelle wird der Wählton (Freizeichen) angelegt. Anschließend wählt Teilnehmer A die Rufnummer von Teilnehmer B. Hierbei wird für jede eingegebene Ziffer die Nachricht INFORMATION zur Vermittlungsstelle gesendet, die die Kennung der jeweiligen Ziffer beinhaltet. Nach dem Empfang der ersten Wählinformation schaltet die Vermittlungsstelle das Freizeichen ab. Die Vermittlungsstellen untereinander verwenden das von der ITU-T standardisierte Signalisierungssystem Nr. 7 (Signalling System No. 7, SS No. 7) zum Austausch von Signalisierungsinformationen.

Der Teilnehmer B erhält von der Vermittlungsstelle eine SETUP-Nachricht, die auch die Diensterkennung enthält (hier der Dienst „Freisprechen"). Zu diesem Dienst kompatible Geräte von Teilnehmer B antworten der Vermittlungsstelle durch ein ALERTING, wenn sie frei sind. Im Besetzfall senden sie eine RELEASE-Nachricht. Nach dem Erhalt von ALERTING wird beim Teilnehmer A von der Vermittlungsstelle aus ein Freiton generiert. Der Gerufene kann nun den eingehenden Ruf annehmen oder ablehnen. Durch Abheben des Hörers wird die Verbindung angenommen. Das Endgerät sendet daher die Nachricht CONNECT an die Vermittlungsstelle, was wiederum mittels CONNECT ACKNOWLEDGE bestätigt wird. Das rufende Endgerät von Teilnehmer A erhält bei Verbindungsbeginn eine CONNECT-Nachricht, wor-

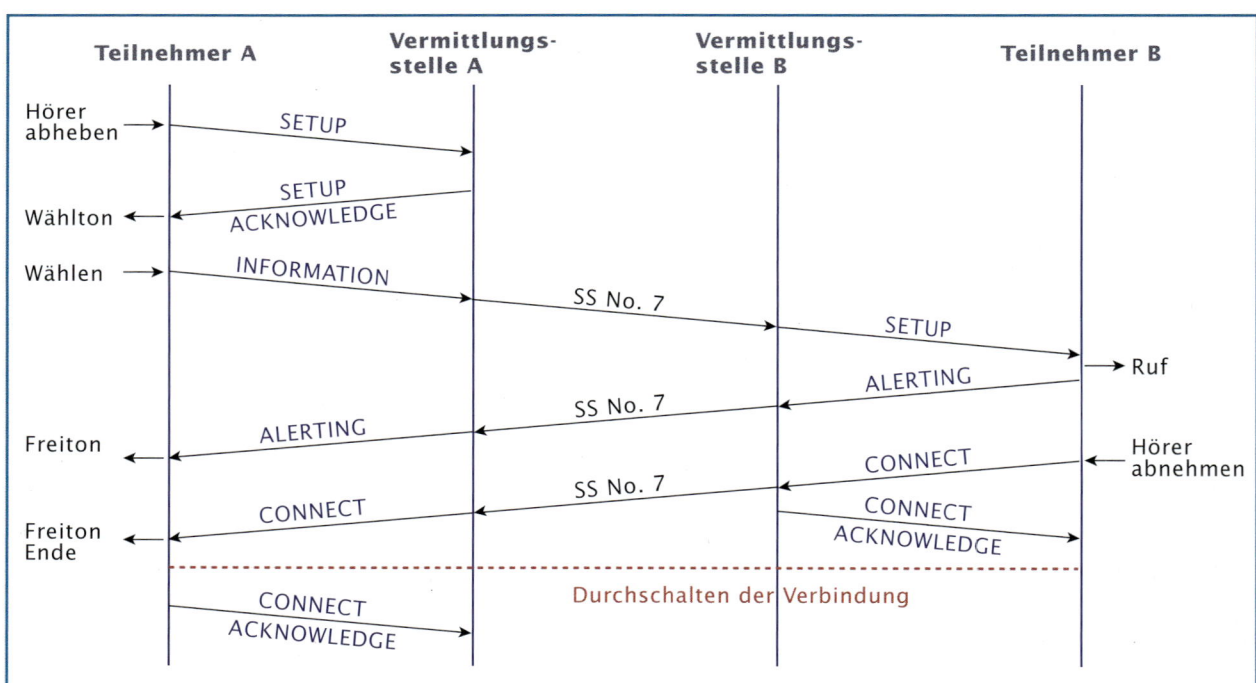

20.5.3-2 Verbindungsaufbau

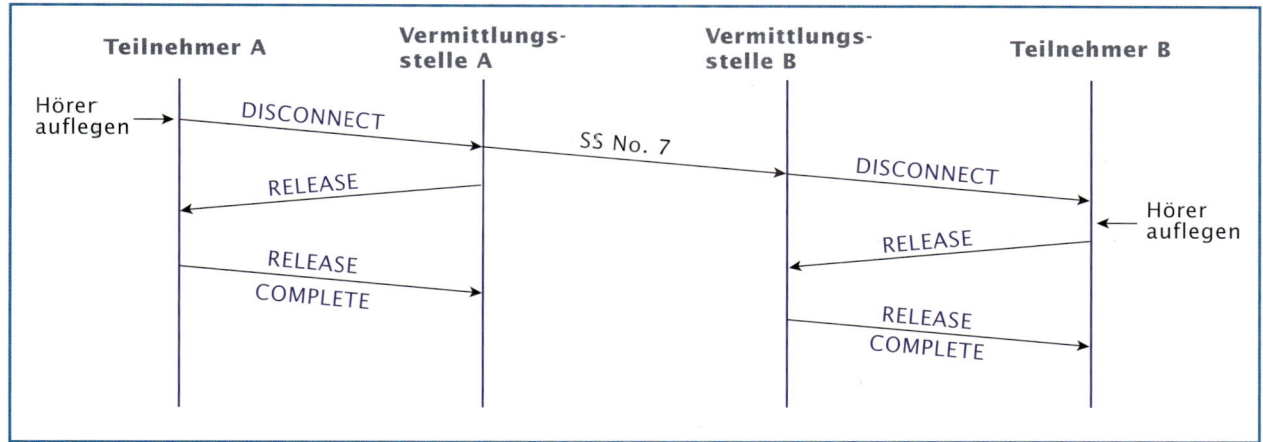

20.5.3-3 Verbindungsabbau

aufhin der Freiton abgeschaltet wird. Anschließend bestätigt es der Vermittlungsstelle die Verbindung mittels CONNECT ACKNOWLEDGE.

Durch Auflegen des Hörers wird der Verbindungsabbau von Teilnehmer A eingeleitet (siehe Abb. 20.5.3-3). Dessen Endgerät sendet daraufhin eine DISCONNECT-Nachricht an die Vermittlungsstelle. Die Vermittlungsstelle antwortet mit einem RELEASE und beendet dadurch die Zuordnung des B-Kanals. Anschließend wird die Verbindung zum Teilnehmer B getrennt. Nach dem Auflegen des Hörers durch Teilnehmer B, sendet dessen Endgerät eine RELEASE-Nachricht an die Vermittlungsstelle. Diese antwortet mit einem RELEASE ACKNOWLEDGE, beendet die Zuordnung des B-Kanals und gibt der Verbindungskennung frei.

Adressierung:

Der Aufbau von ISDN-Telefonnummern erfolgt nach der ITU-T-Richtlinie E.164. Die Adresse setzt sich hierbei aus der ISDN-Rufnummer und einer optionalen ISDN-Subadresse zusammen.

Die max. 15 Ziffern lange ISDN-Rufnummer besteht aus einer Länderkennzahl, einer Ortsnetzkennzahl und der Teilnehmerrufnummer. Die ISDN-Rufnummer adressiert die Endeinrichtung am S_0-Bus. Zusätzlich kann eine max. 32 Zeichen lange Subadresse angegeben werden. Sie ermöglicht die Übertragung zusätzlicher Informationen zur Rufnummer und damit zum Endgerät. Dadurch ist es möglich, verschiedene Prozeduren in den Endgeräten zu aktivieren, wie z. B. das Starten eines bestimmten Programms in einem Rechner oder die gezielte Anwahl eines Endgeräts an einer TK-Anlage.

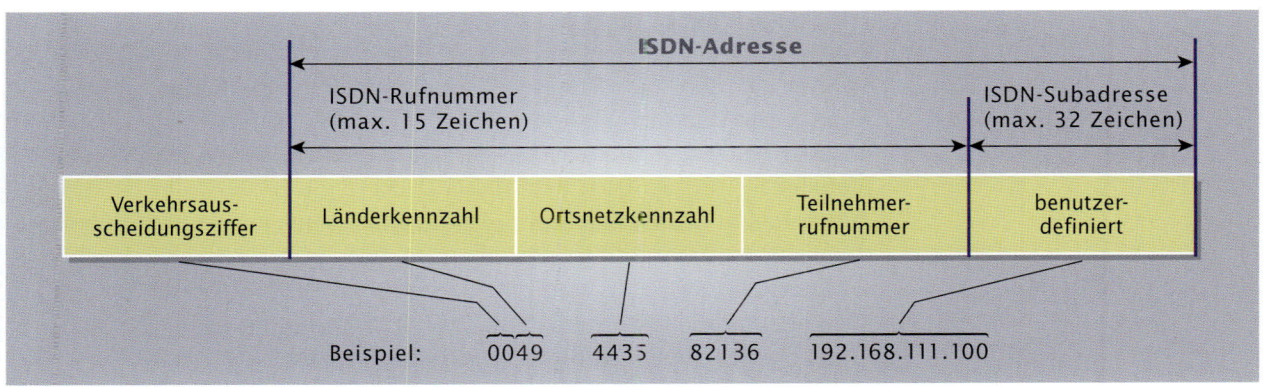

20.5.3-4 Aufbau einer ISDN-Adresse

Der gesamten ISDN-Adresse ist eine sogenannte Verkehrsausscheidungsziffer voranzustellen. Innerhalb des deutschen Telefonnetzes lautet die Verkehrsausscheidungsziffer „0". Für internationale Gespräche wird dagegen „00" verwendet, was man häufig mit „+" abkürzt.

> *Mehrfachrufnummern dienen dazu, einen ISDN-Mehrgeräteanschluss über mehrere Rufnummern zu erreichen. Die Mehrfachrufnummern können auf die einzelnen am S_0-Bus angeschlossenen Endgeräte aufgeteilt werden.*

Bei einem ISDN-Mehrgeräteanschluss werden sogenannte Mehrfachrufnummern (Multiple Subscriber Number, MSN) verwendet.

> *Ein Rufnummernblock ist ein zusammenhängender Bereich von Rufnummern und dient beim ISDN-Anlagenanschluss dem direkten Anwählen der Endgeräte.*

Bei einem ISDN-Anlagenanschluss erhält man anstatt Mehrfachrufnummern eine Rufnummer für die angeschlossene TK-Anlage (Kopfnummer) und einen Rufnummernblock.

Die Größe des Rufnummernblockes richtet sich nach der Anzahl der beantragten Leitungen (z. B. 00 bis 29). Zum Anwählen eines Endgerätes wird die dem Endgerät zugewiesene Nummer aus dem Rufnummernblock an die Kopfnummer angehängt.

Beispiel: Kopfnummer: 9715
Rufnummernblock: 00 bis 29
Anwählen des Endgerätes, das der Nummer 06 aus dem Rufnummernblock zugewiesen wurde: 971506

20.6 Breitband-ISDN

ISDN verwendet standardmäßig 64 kbit/s pro Kanal. Für zahlreiche Dienste wie z. B. Bewegtbildübertragungen oder Hochleistungs-Datenübertragungen zwischen Rechnern ist diese Übertragungsgeschwindigkeit jedoch unzureichend. Das traditionelle ISDN bezeichnet man daher häufig auch als Schmalband-ISDN. Um höhere Übertragungsgeschwindigkeiten zu erreichen, war daher ursprünglich geplant, ISDN zu einem Breitband-ISDN (B-ISDN) auszubauen, das diese Geschwindigkeiten zur Verfügung stellt. B-ISDN basierte hierbei auf Technologien wie SDH (siehe Abschnitt 17.5.1: Synchrone digitale Hierarchie) und ATM (siehe Kapitel 23: Asynchronous Transfer Mode). Innerhalb von Pilotversuchen erwies sich die Netzkonzeption des B-ISDN jedoch im Vergleich zu verbindungslosen IP-Netzen als zu teuer und wurde daher nie großflächig in Betrieb genommen. Öffentliche Breitbandnetze verwenden heute jedoch Technologien wie ATM und SDH und sind dem ursprünglichen B-ISDN-Konzept übertragungstechnisch sehr ähnlich.

1. Kommt in Ihrem Betrieb/Ihrer Schule ISDN zum Einsatz? Erkundigen Sie sich ggf. über die Gründe für die dortige Verwendung von ISDN. Welche Anschlussart wird benutzt?
2. Welcher Unterschied besteht zwischen Schmalband- und Breitband-Diensten?
3. Aus welchem Grund muss der S_0-Bus grundsätzlich mit Widerständen abgeschlossen werden? Beschreiben Sie, wie das in der Praxis durchzuführen ist.
4. Wie kann mittels ISDN eine Punkt-zu-Punkt-Verbindung und wie eine Punkt-zu-Mehrpunkt-Verbindung realisiert werden?

Firma Lütgens möchte für ihre Kunden eine Zahlung mittels Kreditkarte ermöglichen. Eine weit verbreitete Möglichkeit der Umsetzung besteht darin, das Kartenlesegerät über das Fernsprechnetz mit dem Zentralrechner des Kreditinstituts zu verbinden.

Empfehlungen für öffentliche Datennetze werden von der ITU-T[1] in Beschreibungen zusammengefasst, die durch den Buchstaben „X" gefolgt von einem Punkt und der Nummer der Beschreibung gekennzeichnet sind.
Die Beschreibung X.25 wurde 1976 von der ITU-T verabschiedet und beschreibt eine Schnittstelle zwischen Datenendeinrichtung (DTE, Data Terminal Equipment) und Datenübertragungseinrichtung (DCE, Data Circuit Terminating Equipment) in einem WAN.

> *X.25 ist eine Schnittstelle zwischen Datenendeinrichtung und Datenübertragungseinrichtung in einem WAN, um dort eine gesicherte Datenübertragung zu ermöglichen.*

Das Ziel bei der Entwicklung von X.25 war, sichere Datenübertragungen über das damals eher unzuverlässige analoge Fernsprechnetz zu ermöglichen. Aus diesem Grund enthält X.25 eine Vielzahl von Fehlerbehandlungs- und Flusskontrollverfahren. Um auf die hohen Kosten für Festverbindungen verzichten zu können, arbeitet ein X.25-Netz paketvermittelt. Auf diese Weise können mehrere Verbindungen über eine Leitung geführt werden. X.25 arbeitet hierbei verbindungsorientiert, d.h., die einzelnen über das Netz versendeten Pakete werden als zusammengehörig gekennzeichnet. Im Gegensatz dazu arbeitet z.B. IP verbindungslos, da die Datenpakete dort als einzelne, unabhängige Einheiten durch das Netz wandern (siehe Abschn. 17.3: Nachrichtenvermittlung). Die Verbindungen bei X.25-Netzen können unterschiedlich konfiguriert werden:

- Virtuelle Festverbindungen (PVC: Permanent Virtual Circuit):
  Die Route der Verbindung wird beim Start der sich zwischen den Endgeräten befindenden Switches aufgebaut.
- Virtuelle Wählverbindungen (SVC: Switched Virtual Circuit):
  Die Verbindung wird nur bei Bedarf hergestellt.

X.25-Verbindungen können sehr kostengünstig sein, da die Tarife nicht auf der Verbindungsdauer oder der Entfernung basieren, sondern die übertragene Datenmenge berücksichtigen. Die maximale Übertragungsrate beträgt hierbei 2 Mbit/s. Die Übertragung erfolgt symmetrisch, d.h., für das Senden und das Empfangen werden die gleichen Übertragungsraten verwendet.
Zusammen mit den Standards X.28 und X.29 ist auch ein Anschluss sogenannter „nicht intelligenter" Komponenten, z.B. Terminals, an ein X.25-Netz möglich. Hierbei wird ein als PAD (Packet Assembler/Disassembler[2]) bezeichnetes Gerät zwischen dem anzuschließenden Endgerät und dem Netz geschaltet. Die Aufgabe des PADs ist es, die Daten in einzelne Pakete zu verpacken bzw. die Datenpakete zu entpacken. Die X.28-Schnittstelle ist hierbei für die Umsetzung der Daten asynchron arbeitender Endgeräte in den für X.25 notwendigen synchronen Datenstrom zuständig. X.29 ist hingegen ein Verfahren zum Austausch von Steuerinformationen zwischen einem PAD und einer Datenendeinrichtung auf der anderen Seite des X.25-Netzes.

[1] **ITU-T:** International Telecommunication Union – Telecommunications Standardization Sector, damals noch CCITT
[2] **Packet Assembler/ Disassembler:** engl. Paket-Monteur/Demonteur

Abb. 21-1 zeigt den Aufbau eines einfachen X.25-Netzes. Die netzinternen Vermittlungsknoten werden als DSE (Data Switching Exchange) bezeichnet. Die für die Anbindung der Endeinrichtungen an das X.25-Netz vorhandenen Vermittlungsstellen sind Datenübertragungseinrichtungen. Die Kopplung von X.25-Netzen erfolgt über das Protokoll X.75, das im Besonderen der Signalisierung zwischen öffentlichen Netzen mit Paketvermittlung dient.

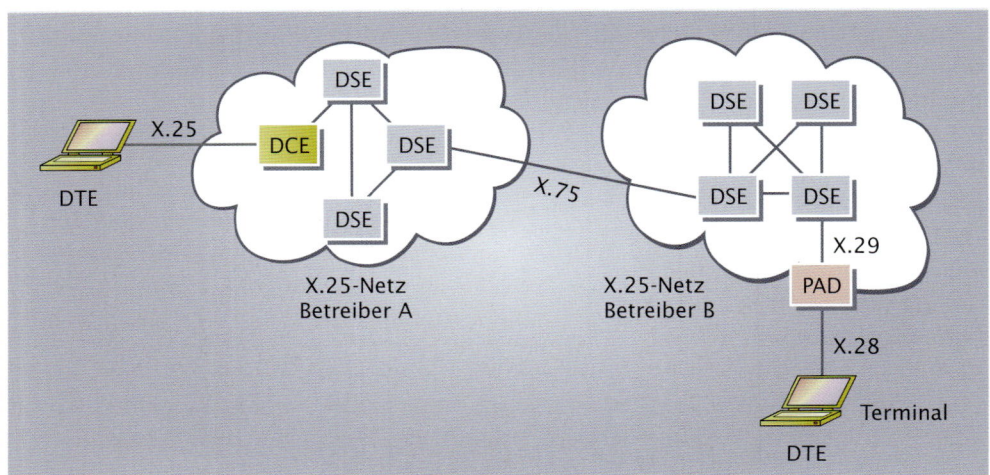

21-1 X.25-Netz

X.25 orientiert sich an den Schichten 1 bis 3 des ISO/OSI-Referenzmodells:

- Schicht 1:
  Auf der Bitübertragungsschicht wird die X.21-Schnittstelle verwendet. Diese beinhaltet im Wesentlichen die elektrischen Eigenschaften zur Anbindung der Datenendeinrichtung an die Datenübertragungseinrichtung (siehe Abschnitt 17.5: Standards öffentlicher Netze).

- Schicht 2:
  Die Sicherungsschicht beinhaltet Steuerungsverfahren zur Übertragung von Datenblöcken zwischen DTE und DCE. Hierbei wird das auf dem HDLC-Protokoll basierende Protokoll LAPB (Link Access Procedure Balanced) verwendet.

- Schicht 3:
  Die Vermittlungsschicht ist verantwortlich für den Verbindungsaufbau, den Verbindungsabbau und die Übertragung der Datenpakete. Um eine gesicherte Datenübertragung zu gewährleisten, werden gesonderte Steuerungsmechanismen wie z. B. Flusskontrollen und Empfangsbestätigungen eingesetzt. Die Datenpakete besitzen eine Länge von 128 Bit. In der Schicht 3 wird das Protokoll X.25-PLP (Packet Layer Protocol) verwendet.

Das PLP arbeitet in unterschiedlichen Betriebsarten:
- Verbindungsaufbau
- Datenübertragung

21-2 X.25-Protokolle

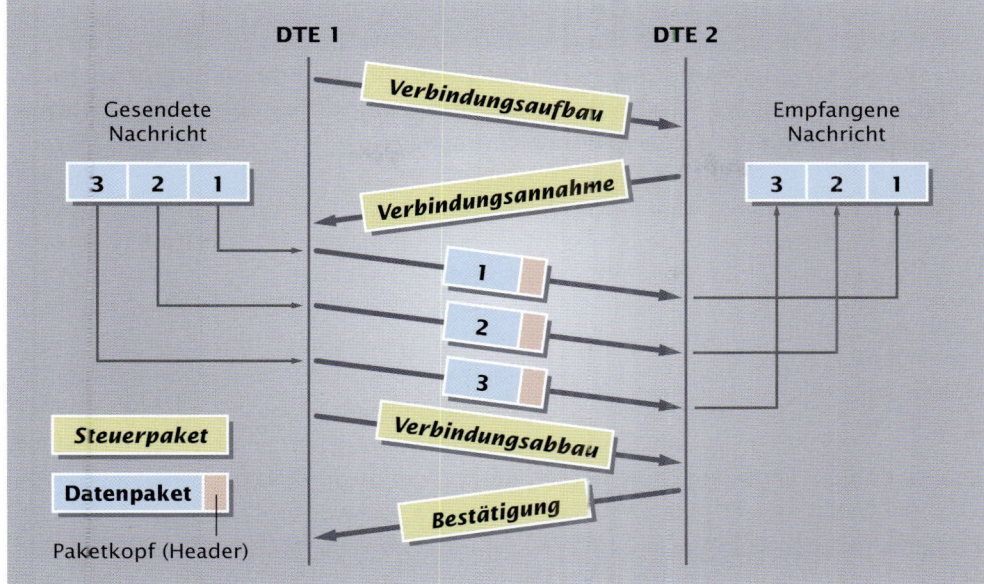

21-3 X.25-Verbindungsaufbau

- Leerlauf:
  Wird durchgeführt, wenn eine Verbindung aufgebaut wurde, jedoch keine Daten-
  übertragung stattfindet.
- Verbindungsabbau
- Synchronisation:
  Notwendig, falls DTE und DCE synchronisiert werden müssen.

Zur Steuerung der Verbindung werden spezielle Datenpakete verwendet, die ausschließlich Steuerungsinformationen beinhalten. Abb. 21-3 zeigt den Ablauf einer
Verbindung zwischen zwei Endeinrichtungen.

In Deutschland bietet u.a. die Deutsche Telekom den auf X.25 basierenden Dienst
Datex-P (engl. Data Exchange-Packet) an. Um Datex-P betreiben zu können, benötigt man ein Datex-P-Modem bzw. ein X.25-Modem oder einen ISDN-Anschluss
mit einer X.31-Option (Datex-P-ISDN-Access). X.31 ist ein Protokoll für die paketvermittelte Datenübertragung über ISDN. An das X.25-Netz angeschlossene Rechner
sind bei SVC-Verbindungen über eine spezielle „Telefonnummer" erreichbar, die
man als „Network User Address, NUA" bezeichnet. Sie besteht im Allgemeinen aus
einem dreistelligen Ländercode, einem einstelligen Providercode und einer zehn-
stelligen nationalen Terminal-Nummer.

Die X.25-Schnittstelle ist eine der meist verbreiteten WAN-Schnittstellen. Viele
Geräte wie Bankenrechner, Supermarktkassen, Tankstellen und Rechner von Reise-
büros arbeiten auf Basis von X.25. Aufgrund der hohen Verfügbarkeit des Internet
und der geringen Nutzungsgebühren erfolgt jedoch zunehmend eine Umstellung der
Datenkommunikation auf Basis von IP.

1. Beschreiben Sie das Übertragungsverfahren im Datex-P-Netz.
2. Welche Aufgaben besitzt ein PAD?

Frame Relay

Firma Lütgens besitzt mehrere über Deutschland verteilte Standorte. Ein Teil dieser Standorte ist unter Verwendung der weit verbreiteten Frame-Relay-Technologie mit der Firmenzentrale verbunden.

Frame Relay[1] ist eine in den 80er Jahren entwickelte und von der ITU-T definierte WAN-Technologie, die sich auf die Schichten 1 und 2 des ISO/OSI-Modells bezieht. Frame Relay ist für hohe Datenübertragungsraten ausgelegt. Ursprünglich wurde es entwickelt, um für ISDN schnell Daten über das WAN liefern zu können. Inzwischen wird Frame Relay auch innerhalb vieler anderer Netzwerkschnittstellen verwendet. So kommt es oftmals bei der Kopplung von LANs zum Einsatz. Frame-Relay-Verbindungen werden daher häufig auch als kostengünstige Alternative zu Standleitungen von den Netzbetreibern angeboten.

> *Frame Relay ist eine Technologie für schnelle paketvermittelte Datenübertragungen innerhalb von WANs.*

Frame Relay ist ebenso wie X.25 eine paketvermittelte Technologie. Häufig wird Frame Relay auch als modernisierte Form von X.25 angesehen, da es Übertragungsraten bis 45 Mbit/s ermöglicht (bei X.25 max. 2 Mbit/s). Diese hohen Geschwindigkeiten werden durch einen Verzicht auf umfangreiche Fehlerkorrekturmaßnahmen und Sicherheitsmechanismen, wie das bei X.25 der Fall ist, erreicht. Möglich ist dieser Verzicht allerdings nur deshalb, weil heute die öffentlichen Netze weniger Übertragungsfehler verursachen, als es bei den analogen Fernsprechnetzen der 70er Jahre der Fall war. Sind dennoch Fehlerkorrekturmaßnahmen erforderlich, so ist das von Protokollen übergeordneter Schichten (z. B. TCP) durchzuführen.

Frame Relay stellt paketvermittelte Kommunikationsverbindungen zwischen Datenendeinrichtungen (Data Terminal Equipment, DTE) und Datenübertragungseinrichtungen (Data Circuit Terminating Equipment, DCE) zur Verfügung. Abb. 22-1 zeigt den Aufbau eines Frame-Relay-Netzes. Der Anschluss der Endeinrichtungen an die Übertragungseinrichtungen, z. B. an Frame-Relay-Switches, erfolgt meist über

[1] **Frame Relay:** engl. Rahmenübertragung

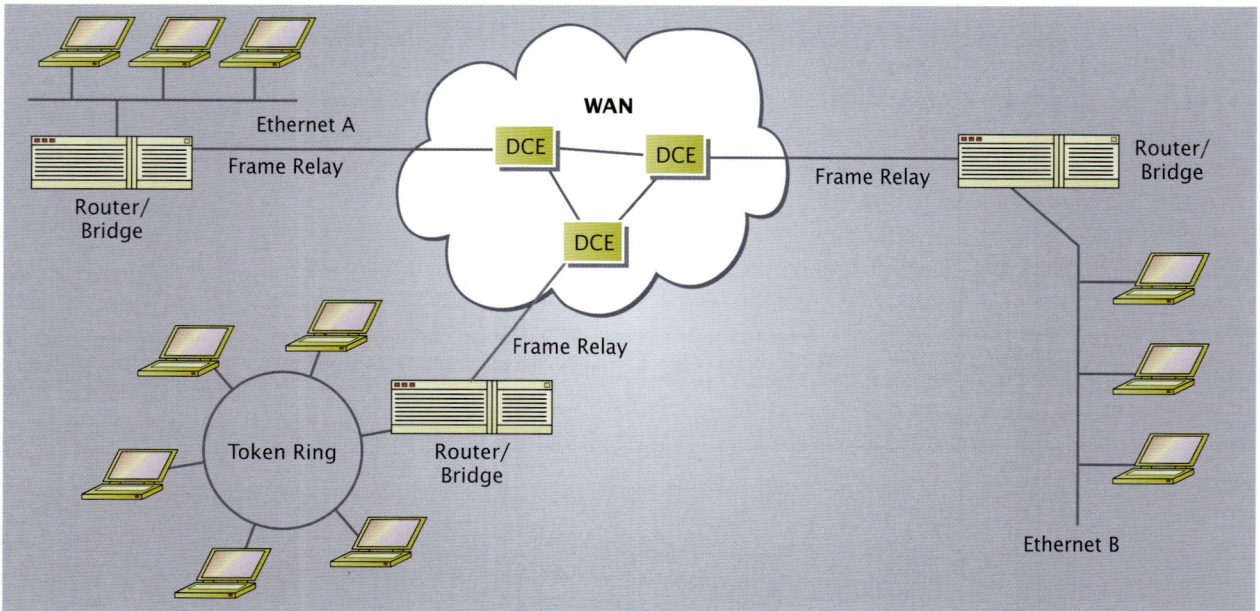

22-1 Frame-Relay-Netz

spezielle Server, Bridges oder Router, die Frame Relay unterstützen. Die Standard-schnittstelle bzgl. der Schicht 1 des ISO/OSI-Referenzmodells zwischen DTE und DCE ist X.21.

Frame Relay arbeitet ebenso wie X.25 verbindungsorientiert. Hierbei wird das auf der Sicherungsschicht des ISO/OSI-Referenzmodells arbeitende Frame-Relay-Pro-tokoll eingesetzt. Dieses Protokoll richtet eine logische Verbindung zwischen zwei Datenendeinrichtungen (Data Terminal Equipment, DTE) ein. Solche Verbindungen bezeichnet man auch als virtuelle Frame-Relay-Verbindungen (Frame Relay Virtual Circuits). Frame-Relay-Verbindungen können als virtuelle Festverbindungen (Per-manent Virtual Circuit, PVC) oder virtuelle Wählverbindungen (Switched Virtual Cir-cuit, SVC) konfiguriert werden (siehe Kapitel 21: X.25).

Mehrere über eine physikalische Leitung geführte virtuelle Verbindungen werden ge-multiplext (siehe Abschnitt 29.5: Multiplexverfahren). Jede Frame-Relay-Verbindung erhält hierbei eine Nummer (DCLI-Wert, DCLI = Data Link Connection Identifier) zur eindeutigen Identifizierung. Abb. 22-2 zeigt die Verwendung von DLCI-Werten bei vir-tuellen Festverbindungen: Eine PVC besteht zwischen den Orten Großenkneten und Wolmersdorf, die andere zwischen Oldenburg und Kiel. Großenkneten kennzeichnet dessen PVC-Verbindung mit Wolmersdorf über den DLCI-Wert 17. Für die umge-kehrte Richtung wird die DLCI-Kennung 25 verwendet. Für die Verbindung von Ol-denburg nach Kiel wird der DLCI-Wert 19 benutzt, während die umgekehrte Richtung den DLCI-Wert 39 besitzt. Der DLCI-Adressraum ist auf eine Größe von 10 Bit be-schränkt, d. h. es können Werte zwischen 0 und 1023 verwendet werden.

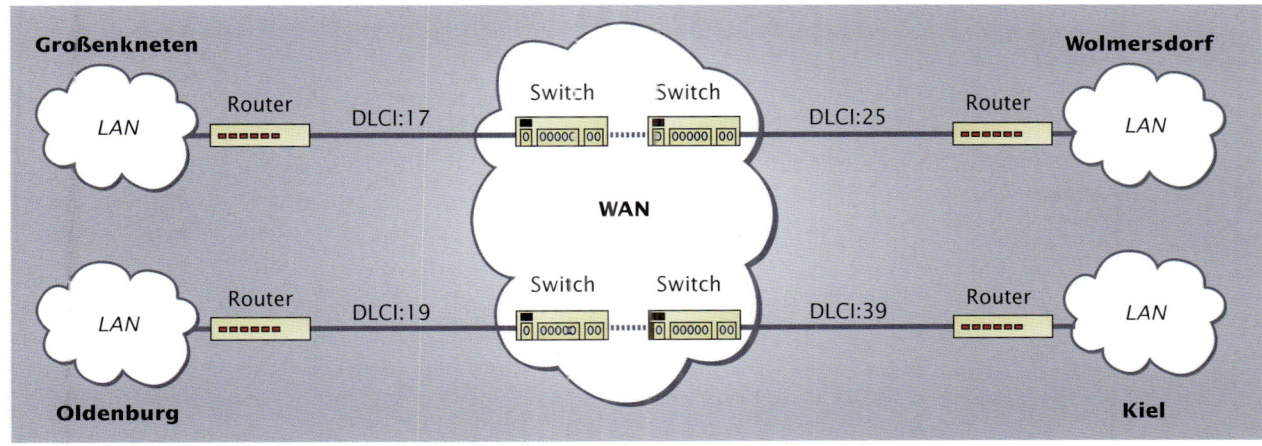

22-2 Zuordnung von DLCI-Werten bei Frame-Relay

Für die Übertragung von Frames erstellen die Switches der Netzbetreiber zunächst eine Tabelle, in der den DLCI-Werten die entsprechenden Quell- und Zielports zu-geordnet werden. Beim Empfang eines Frames analysiert der Switch dann den im Frame über-tragenen DLCI-Wert und trägt die zugehörige Nummer des Ziel-ports im Frame ein. Der voll-ständige Pfad durch das Frame-Relay-Netz wird hier ermittelt, bevor der erste Frame übertra-gen wird.

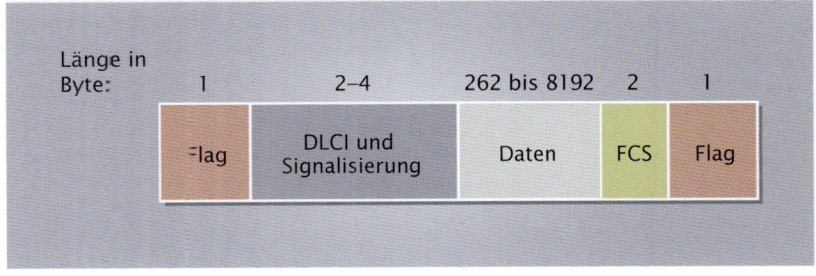

22-3 Frame-Relay-Rahmenaufbau

Bezeichnung	Erläuterung
Flag	Kennzeichnung des Rahmenanfangs und des Rahmenendes (01111110)
DLCI	Data Link Connection Identifier: Identifizierung der virtuellen Frame-Relay-Verbindung
Signalisierung	Signalisierung zwischen DTE und DCE z. B. für Behandlung der Frames bei Netzüberlast
Daten	Nutzdaten
FCS	Frame Check Sequence: Prüfsumme

Zu Beginn der 90er Jahre wurde die Frame-Relay-Technologie erweitert. Es wurden Spezifikationen entwickelt, die zum ursprünglichen Frame-Relay-Protokoll kompatibel waren, es jedoch um zusätzliche Funktionen erweiterten. Diese Frame-Relay-Erweiterungen bezeichnet man als „Local Management Interface[1]" (LMI). Hierzu gehören z. B.

- Erzeugung von Statusmeldungen zu virtuellen Verbindungen. Dadurch wird verhindert, dass Daten über virtuelle Verbindungen, die nicht mehr existieren, gesendet werden.
- Multicasting, d. h., die Übertragung einzelner Frames von einem Absender zu mehreren Empfängern.
- einfache Flusskontrolle, um Geräte, deren höhere Schichten keine Flusskontrolle realisieren können, eine Grundsicherheit bei der Datenübertragung zu ermöglichen.
- globale DLCI-Werte, d. h., die DLCI-Werte werden zu globalen Adressen bestimmter Endgeräte, wie z. B. Router. Jeder Frame-Relay-Anschluss kann eine eigene DLCI-Kennung haben, die über eine Adressauflösung angesprochen wird. Somit kann Frame Relay nicht nur über feste Verbindungen, sondern auch über Wählverbindungen betrieben werden.

Obwohl Frame Relay deutliche Vorteile hinsichtlich der Übertragungsrate gegenüber X.25 bietet, ist diese Technik für die Übertragung zeitkritischer Anwendungen, wie Sprach- und Videoübertragung, weniger geeignet. Die Ursache hierfür ist, dass Frame Relay kein berechenbares Echtzeitverhalten bietet, d. h., es gewährleistet nicht, dass ein Frame den Empfänger zu einem ganz bestimmten Zeitpunkt erreicht. Ist das jedoch erforderlich, wird man eher die ATM-Technologie (ATM = Asynchronous Transfer Modus[2]) verwenden (siehe Kapitel 23: ATM).

Welche Unterschiede bestehen zwischen X.25 und Frame Relay? Geben Sie geeignete Anwendungsbeispiele für beide Technologien an.

[1] **Local Management Interface:** engl. lokale Verwaltungsschnittstelle
[2] **Asynchronous Transfer Modus:** engl. asynchroner Übertragungsmodus

Firma Lütgens möchte für firmeninterne Weiterbildungsmaßnahmen Audio- und Videodaten online von ihren verschiedenen Standorten aus abrufen können. Da aus diesem Grund eine schnelle WAN-Verbindung notwendig ist, entscheidet sich die Firma für den Einsatz von ATM.

Asynchronous Transfer Mode[1] (ATM) ist eine schnelle paketvermittelnde Übertragungstechnologie, die hauptsächlich für den Einsatz in Weitverkehrsnetzen entwickelt wurde. ATM ermöglicht Verbindungen für sehr hohe Datenaufkommen mit Übertragungsraten bis 2,48 Gbit/s. Ein typisches Einsatzgebiet ist die Übertragung von Multimediadaten z. B. für Videokonferenzen über das WAN.

ATM wurde ursprünglich für das Breitband-ISDN entwickelt, so dass es auf der dortigen ITU-T-Empfehlung basiert. Das sogenannte „ATM-Forum" hat diese Empfehlung dann bzgl. des Einsatzes in öffentlichen und privaten Netzen erweitert. Das ATM-Forum ist ein Zusammenschluss von ATM-Geräteherstellern, die entscheidend bei der Weiterentwicklung und Standardisierung der ATM-Technologie mitwirken.

> *ATM ist eine paketvermittelnde und verbindungsorientierte Übertragungstechnologie, die Datenpakete fester Länge verwendet.*

Das ATM-Prinzip beruht auf einer vereinfachten, verbindungsorientierten Paketvermittlung. Bei der Datenübertragung werden die Nutz- und Signalisierungsinformationen in Form von Paketen fester Länge (53 Bytes), den sogenannten Zellen, ausgetauscht. Die Länge der Nutzdaten in einem solchen Paket ist also nicht variabel und hängt somit auch nicht vom jeweiligen Bedarf ab wie es z. B. bei Paketen in X.25-Netzen der Fall ist[2].

Die feste Länge der Zellen verkürzt nicht notwendigerweise die Verarbeitungszeit innerhalb der ATM-Knoten. Gegenüber der herkömmlichen Paketvermittlung ist die Verarbeitungszeit jedoch exakt berechenbar. Vergleichbar ist diese Situation an den Eingängen der ATM-Knoten mit dem Anstehen in einer Schlange vor der Supermarktkasse: Wenn die Zeitdauer, die die einzelnen Personen für die Abfertigung und Bezahlung benötigen, nicht genau bekannt ist, gestaltet sich die Auswahl der „schnellsten" Schlange als recht schwierig. So kann es passieren, dass die kleinste Schlange am langsamsten abgearbeitet wird. Würde die Abfertigung eines Kunden jedoch jeweils genau gleich lang dauern, wäre die Wartezeit im Voraus berechenbar und man könnte die Warteschlange mit der geringsten Wartezeit gezielt auswählen.

Die exakte Berechenbarkeit der Dauer einer Datenübertragung ist Voraussetzung zur Gewährleistung eines Echtzeitbetriebs.

> *Unter Echtzeit versteht man die Zeit, die Abläufe in der realen Welt benötigen.*

Echtzeit ist abhängig von den zu betrachtenden Abläufen. So benötigt z. B. die Übertragung von Videodaten „in Echtzeit" mit Datenreduktion nach MPEG 2 eine Übertragungsgeschwindigkeit von ca. 5 bis 10 Mbit/s. Für die Übertragung in Studioqualität sind 34 Mbit/s notwendig. Echtzeit bedeutet hier also, dass das Video online in ausreichender Qualität betrachtet werden kann. Audiodaten benötigen weniger Bandbreite. Sie können in Abhängigkeit der gewünschten Qualität bereits ab einer Datenrate von ca. 20 kbit/s „in Echtzeit" übertragen werden.

[1] **Asynchronous Transfer Mode:** engl. asynchroner Übertragungsmodus

[2] Datenpakete werden bei ATM als „Zellen" bezeichnet, um sich von Datenpaketen zu unterscheiden, deren Größe variabel ist.

Die Übertragung von Daten in Echtzeit ist in herkömmlichen Paketvermittlungen nicht garantiert. Dort kann die Übertragungszeit nicht exakt vorherbestimmt werden, da die Datenpakete zum einen unterschiedliche Längen besitzen und zum anderen aufgrund der verwendeten Routingverfahren unterschiedliche Übertragungswege und damit unterschiedliche Laufzeiten besitzen können. Innerhalb von ATM-Netzen ist jedoch garantiert, dass die Daten mit einer Übertragungsgeschwindigkeit von max. 2,48 Gbit/s beim Empfänger ankommen, so dass ein Echtzeitdienst möglich ist.

23.1 ATM-Zellen

ATM-Zellen (siehe Abb. 23.1-1) bestehen aus einem Zellenkopf zur Steuerung der Zellen, dem Overhead, und dem Feld für die Nutzdaten (Payload). Innerhalb von ATM-Netzen unterscheidet man zwei Arten von Zellen:

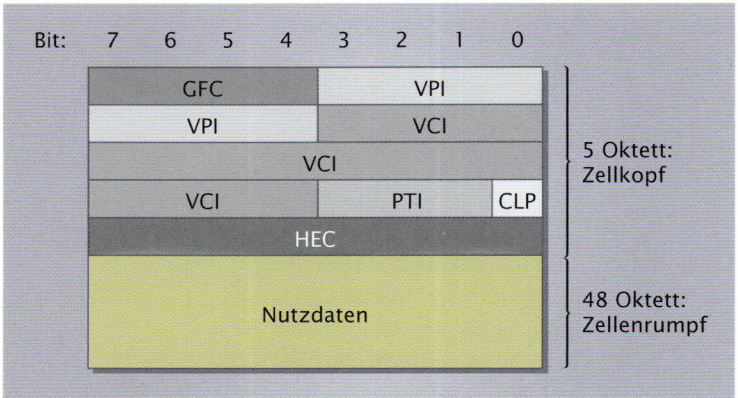

- UNI-Zellen (UNI = User Network Interface):
  UNI-Zellen werden zwischen Endgerät und ATM-Netzknoten übertragen.
- NNI-Zellen (NNI = Network Node Interface):
  Die Übertragung von NNI-Zellen erfolgt ausschließlich zwischen ATM-Netzknoten. Bei diesen Zellen entfällt das GFC-Feld. Die frei gewordenen Bits stehen zusätzlich dem VPI-Feld zur Verfügung.

23.1-1 ATM-UNI-Zelle

Feld	Beschreibung
GFC	Generic Flow Control: Reserviert zur Steuerung des Datenflusses zwischen Endgerät und ATM-Netzknoten (wird zur Zeit noch nicht verwendet).
VCI/VPI	Virtual Channel Identifier (VCI) und Virtual Path Identifier (VPI): Kennungen zur Unterscheidung verschiedener, gleichzeitiger Verbindungen. Die Kennungen werden im Wesentlichen für den Verbindungsaufbau und das Routing benötigt.
PT	Payload Type: Angabe über den Typ des Nutzdatenfeldes, d. h. Übertragung von reinen Nutzdaten oder von Verwaltungsinformationen.
CLP	Cell Loss Priority: Wertigkeit der ATM-Zelle. Eine Wertigkeit von 1 ordnet der Zelle eine geringere Priorität als die Wertigkeit 0 zu. In Stausituationen wird diese Zelle verworfen. Der Zellverlust führt dann zur erneuten Anforderung durch die Anwendung.
HEC	Header Error Control: Dieses Feld dient der Fehlererkennung. Ein einzelnes fehlerhaftes Bit kann im ATM-Knoten direkt korrigiert werden. Weitere Fehler führen zum Verwerfen der ganzen Zelle.

Tabelle 23.1-1: Felder einer ATM-UNI-Zelle

Die Zellgröße (48 Oktett Nutzdaten, 5 Oktett Header) ist lediglich ein Kompromiss zwischen kleinen und großen Zellen: Kleine Zellen haben den Vorteil einer geringeren Verzögerungszeit, d. h. sie können schnell Daten speichern und dann sofort versandt werden. Nachteilig ist jedoch, dass das Netz durch die hohe Anzahl von kleinen Zellen mit den jeweils dazu gehörenden Headerdaten stärker belastet wird, als wenn man große Zellen verwenden würde. Im Gegensatz dazu sind große Zellen häufig nicht vollständig ausgefüllt, wenn kleine Datenmengen, wie z. B. Kurznachrichten, übertragen werden.

23.2 ATM-Verbindungen

ATM ist eine verbindungsorientierte Übertragungstechnologie, die zwar paketvermittelt, nicht aber leitungsvermittelt arbeitet. Wenn also zwei Endgeräte über ein ATM-Netz Daten austauschen wollen, so müssen sie ähnlich dem Wählen bei einer Telefonverbindung zunächst eine Verbindung zueinander aufbauen. Im Gegensatz zu den Datenpaketen im Internet nehmen die ATM-Zellen dann alle den gleichen Weg vom Sender zum Empfänger. ATM vereinigt somit die Vorteile einer direkten Verbindungs-Durchschaltung (hohe Geschwindigkeit durch geringen Zeitaufwand beim Routing) mit denen der Paketvermittlung (flexible Bandbreitenzuordnung und dadurch gute Ausnutzung der Leitungskapazität).

ATM-Verbindungen bestehen lediglich in der Zeit zwischen dem Verbindungsaufbau und dem Verbindungsabbau. Wird zwischen den gleichen Endgeräten eine erneute Verbindung aufgebaut, so kann sich der Pfad der Daten durch das Netz gegenüber dem Datenpfad der vorherigen Verbindung unterscheiden. Aus diesem Grund spricht man bei ATM auch von virtuellen Verbindungen.

Über einen Anschluss können gleichzeitig mehrere virtuelle Verbindungen abgewickelt werden. Man unterscheidet hierbei

- virtuelle Kanäle (Virtual Channel, VC):
  Der virtuelle Kanal ist eine unidirektionale logische Daten-Verbindung innerhalb des ATM-Netzes. Jedem Kanal ist eine eigene Kennung zugeordnet (Virtual Channel Identifier, VCI, siehe Abb. 23.1-1).
- virtuelle Pfade (Virtual Path, VP):
  Ein virtueller Pfad besteht aus mehreren zu einem Bündel zusammengefassten virtuellen Kanälen. Jeder Pfad besitzt eine Pfadidentifikation (Virtual Path Identifier, VPI, siehe Abb. 23.1-1). Diese Kennung beschreibt somit diejenigen Kanäle, die entlang des Pfades laufen.

Ein ATM-Netzwerk besteht im Wesentlichen aus den Endgeräten (Terminal Equipment, TE) und ATM-Switches. Die Aufgabe der Switches ist es, die Zellen im Netzwerk weiterzuleiten. Das Routing wird hierbei über die Auswertung der VPI/VCI-Werte erreicht. Alle Pakete mit gleichen VPI/VCI-Werten nehmen den gleichen Weg. Um für eine ATM-Zelle den richtigen Ausgang zu finden, durchsucht der Switch eine interne Routingtabelle. VPI/VCI-Werte haben hierbei immer nur eine lokale Bedeutung, d. h. sie beschreiben nur die Verbindung zwischen zwei benachbarten Geräten im gesamten Netz. Der Switch ändert daher die VPI/VCI-Werte je nach Bedarf.

Ziel des Einsatzes von ATM ist es, jedem Nutzer des Netzes nur diejenige Bandbreite und Übertragungsqualität zur Verfügung zu stellen, die er auch wirklich benötigt. ATM muss daher in der Lage sein, unterschiedliche Dienste und Bitraten zu unter-

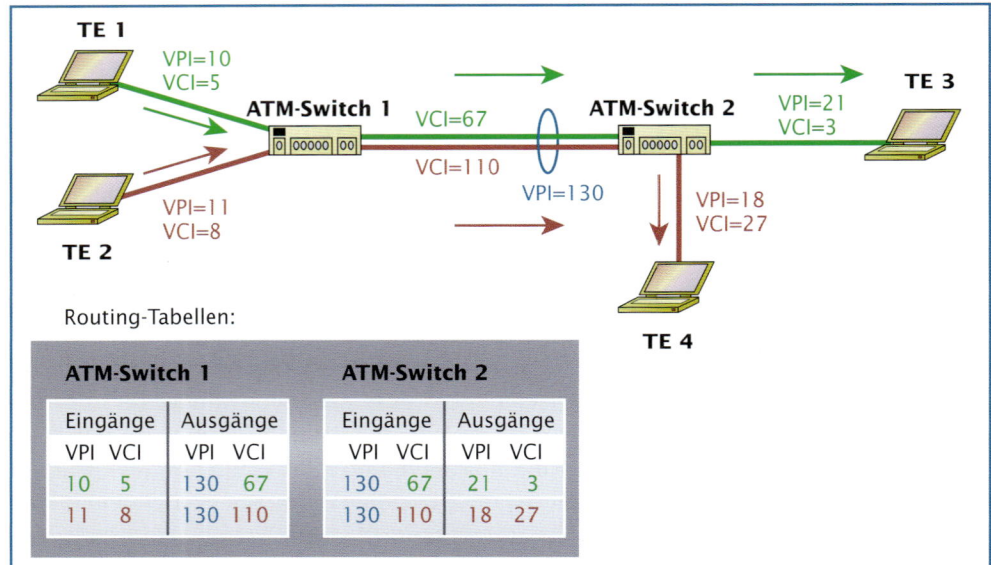

23.2-1 ATM-Netz mit
VPI/VCI-Werten

Routing-Tabellen:

ATM-Switch 1				ATM-Switch 2			
Eingänge		Ausgänge		Eingänge		Ausgänge	
VPI	VCI	VPI	VCI	VPI	VCI	VPI	VCI
10	5	130	67	130	67	21	3
11	8	130	110	130	110	18	27

stützen. Um das zu erreichen, wird ein Zeitmultiplexverfahren verwendet (siehe Abschnitt 29.5: Multiplexverfahren):

Mit Hilfe des Zeitmultiplexverfahrens können unterschiedliche Datenströme zusammengeführt werden. Die Daten der einzelnen Quellen werden zunächst über ATM-Paketierer in ATM-Zellen fester Größe verpackt. Die einzelnen Zellen werden dann einem Multiplexer zugeführt, der sie miteinander verschachtelt und anschließend über eine Leitung mit höherer Übertragungsrate wieder ausgibt. Die Übertragung der gemultiplexten Zellen erfolgt zu festen Zeitpunkten, die sich an einem Netztakt orientieren. Von den Datenquellen aus kann der Versand der Daten jedoch zu beliebigen Zeitfolgen ablaufen. Die Zellbildung ist somit unabhängig vom Netztakt.

23.2-2 ATM-Switch

> *Das ATM-Verfahren ermöglicht die Übertragung von Daten entsprechend des Bedarfs der Datenquellen. Die Zellbildung verläuft asynchron zum Übertragungstakt des ATM-Netzes.*

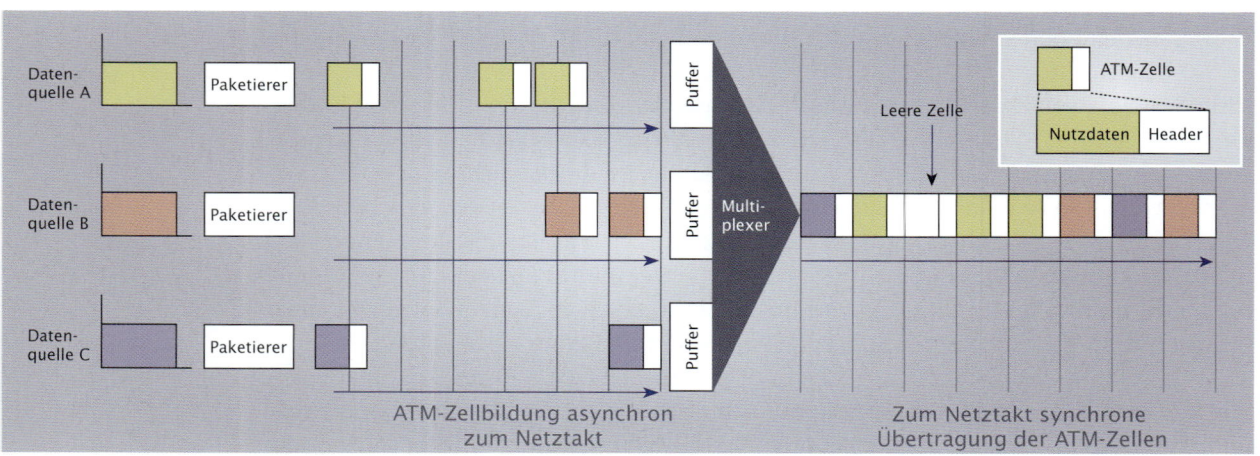

23.2-3 Multiplexen von ATM-Zellen

Innerhalb einer ATM-Verbindung werden fortlaufend Zellen gesendet. Stehen zu einem Zeitpunkt keine Daten zum Versand an, fügt man Leerzellen in den Datenstrom ein.

23.3 ATM-Referenzmodell

ATM basiert zwar auf einer Architektur, die im Wesentlichen den Schichten 1 und 2 des ISO/OSI-Referenzmodells entspricht, es lassen sich aber nicht alle ATM-Funktionen auf dieses Modell abbilden. Aus diesem Grund wurde ein spezielles ATM-Referenzmodell (siehe Abb. 23.3-1) entwickelt. Dieses Modell enthält drei Kommunikationsebenen, die alle Schichten umgeben:

- Kontrollebene:
  Die Kontrollebene ist für die Signalisierung, d. h. den Aufbau, Abbau und die Überwachung einer Verbindung zuständig.
- Benutzerebene:
  Die Benutzerebene verwaltet den Transport der Nutzdaten.
- Verwaltungsebene:
  Die Verwaltungsebene setzt sich aus der Schichtenverwaltung und der Ebenenverwaltung zusammen. Während die Schichtenverwaltung die Überwachung und Koordination der Aufgaben der einzelnen Schichten übernimmt, koordiniert die Ebenenverwaltung die Zusammenarbeit der Ebenen

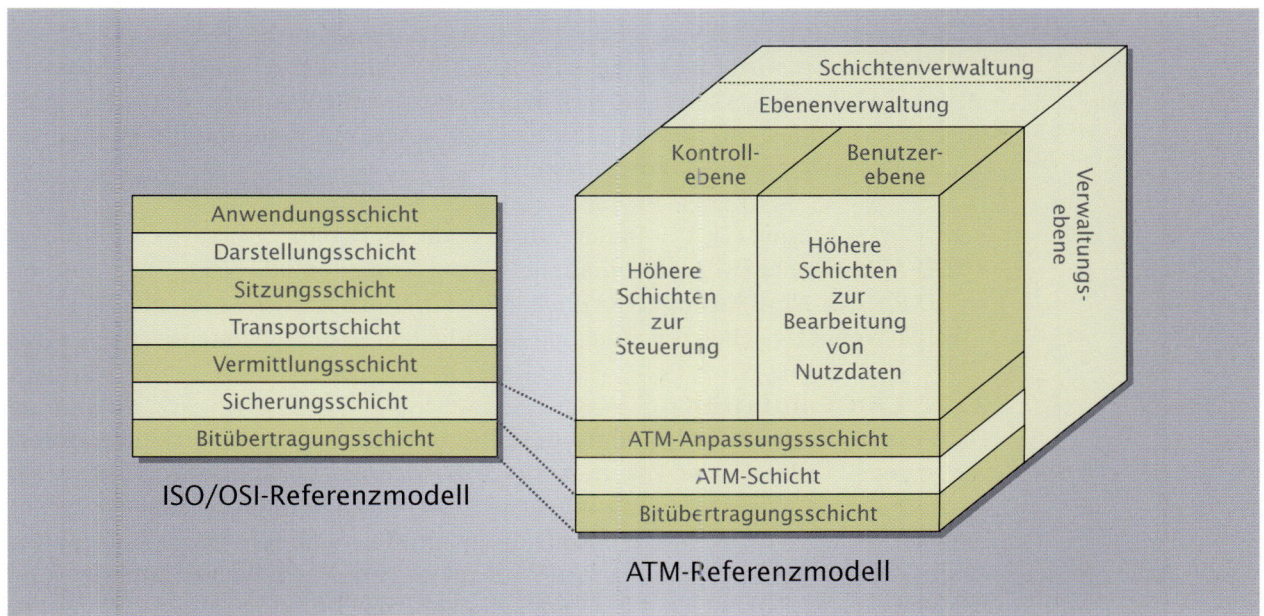

23.3-1 Vergleich ISO/OSI-Referenzmodell mit ATM-Referenzmodell

Schichten des ATM-Referenzmodells:

- Bitübertragungsschicht:
  Entsprechend des ISO/OSI-Referenzmodells werden in der Bitübertragungsschicht die mechanischen, elektrischen und funktionalen Eigenschaften der ATM-Verbindung definiert. Als Übertragungsmedium kommen bei ATM Lichtwellenleiter oder Koaxialkabel zum Einsatz. Die Medien verwenden die SDH- oder PDH-Technologie zur Übertragung von ATM-Zellen (siehe Abschnitt 17.5: Standards öffentlicher Netze).

- ATM-Schicht:
  Die ATM-Schicht ist für den gesicherten Transport der Zellen zuständig. So wird dort dem Feld für die Nutzdaten der Header zugefügt. Wichtige Aufgaben der ATM-Schicht sind:
  - Identifizierung und Bearbeitung der Kennungen für die virtuellen Kanäle (VC) und virtuellen Pfade (VP)
  - Sicherung der Header-Informationen von ATM-Zellen
  - Kennzeichnung von leeren Zellen
- ATM-Anpassungsschicht (ATM Adaption Layer, AAL):
  Die AAL ist das Bindeglied zwischen den zu übertragenen Daten der höheren Schichten und der zellorientierten Übertragung der ATM-Schicht. So segmentiert die AAL z. B. die Nutzdaten in jeweils 48-Byte-große Zellblöcke.
- Höhere Schichten:
  Die höheren Schichten sind in einen Teil zur Bearbeitung der Nutzdaten und einen Steuerteil für die Signalisierung aufgeteilt. Im Nutzdatenteil können die von der AAL zur Verfügung gestellten Dienste gewählt werden. Im Steuerteil wird dagegen die Signalisierung für den Nutzdatenteil vorgenommen. Die zu den beiden Teilen gehörenden Daten werden innerhalb des Nutzdatenfeldes einer ATM-Zelle übertragen.

23.4 ATM-Adressierung

Die Adressierung von ATM-Systemen, z. B. von ATM-Endgeräten oder ATM-Switches in öffentlichen Netzwerken, basiert auf dem ITU-T-Standard E.164, der auch beim ISDN verwendet wird (siehe Abschnitt 20.5.3: Vermittlungsschicht). Innerhalb von privaten ATM-Netzwerken existieren jedoch drei unterschiedliche Formate, so dass deren Verwendung von Netzwerk zu Netzwerk variieren kann. Die Bezeichnungen der jeweils 20-Byte-langen Formate sind:

- DCC-ATM-Format (DCC = Data Country Code, ISO 3166)
- ICD-ATM-Format (ICD = International Code Designator, ISO 6523)
- NSAP-E.164-ATM-Format (NSAP = Network Service Access Point, gemäß ITU-T E.164, wobei zwischen privatem und öffentlichem Gebrauch unterschieden wird)

23.5 LAN-Emulation

Da LANs im Normalfall verbindungslose Protokolle bzw. Zugriffsverfahren einsetzen, wie z. B. CSMA/CD bei Ethernet oder Token Passing bei Token-Ring-Netzen, ist eine direkte Kopplung von LANs über das verbindungsorientierte ATM-Netz nicht möglich. Eine weit verbreitete Lösung dieses Problems besteht in der Anwendung des LAN-Emulation-Protokolls. Das Protokoll nimmt eine Reihe von Anpassungen bei ATM vor, so dass bei den LAN-Endgeräten und der darauf installierten Software keine Änderungen notwendig sind. Das ATM-Netz verhält sich bei der Emulation so, als wäre es ein Ethernet- oder Token-Ring-Netz[1]. Die Übertragung der Daten erfolgt hierbei mit der vollen ATM-Geschwindigkeit.

Die wesentlichen Aufgaben der LAN-Emulation (LANE) sind
- Umsetzung der von LANs verwendeten MAC-Adressen auf ATM-Adressen,
- Bereitstellung der von ATM nicht zur Verfügung stehenden Broadcast- und Multicast-Mechanismen.

[1] FDDI wird zur Zeit noch nicht bei der LAN-Emulation unterstützt.

Die LANE-Software ist auf jedem ATM-Host zu installieren, der mit einem LAN-Host kommunizieren möchte. Zusätzlich ist ein LAN-Emulation-Server (LES) innerhalb des ATM-Netzes zu installieren, der Dienste für das Broadcasting und Multicasting sowie Dienste für das Auflösen von MAC- und ATM-Adressen bereitstellt. Anstatt einen separaten Server einzusetzen wird die Server-Software häufig auch auf einem ATM-Switch installiert. Die Kopplung des LANs mit dem ATM-Netz erfolgt über eine ATM/LAN-Bridge.

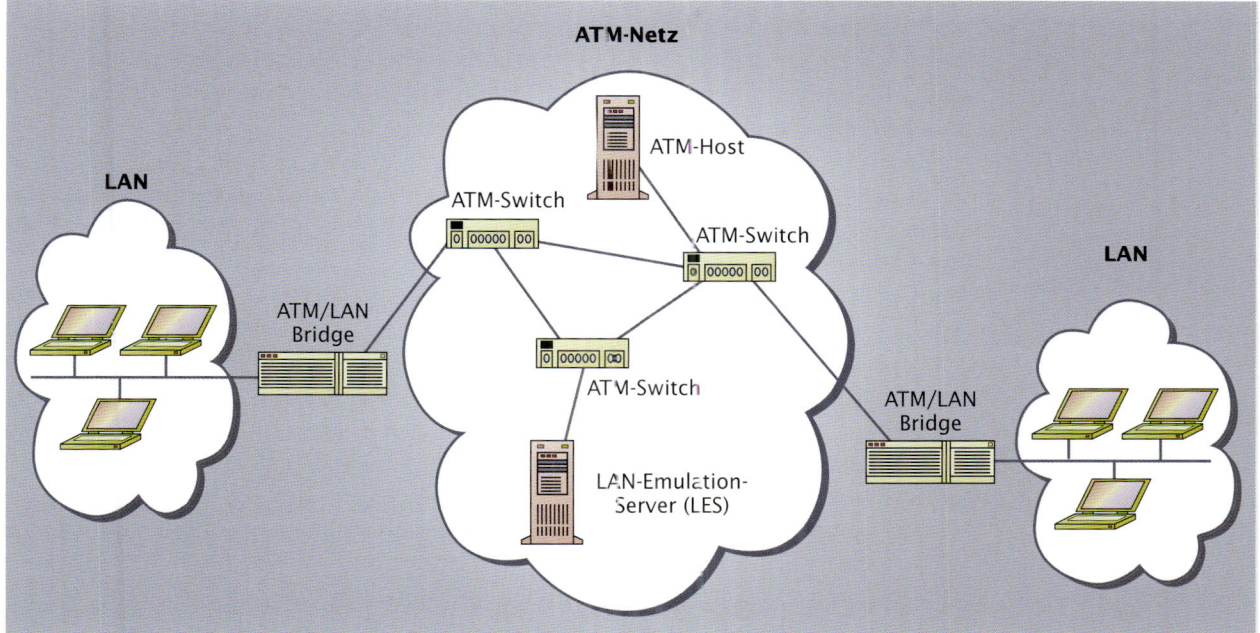

23.5-1 Kopplung von LAN und ATM-Netz

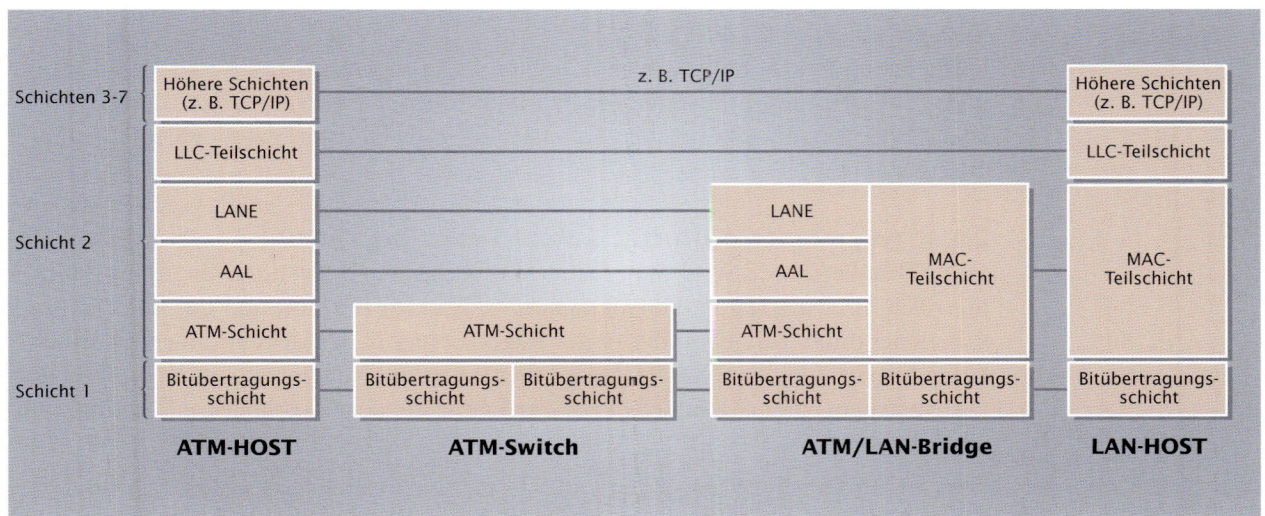

23.5-2 LANE-Protokollschichten

1. Wie kann man IP bei ATM-Netzen einsetzen?
2. Welche Vor- und Nachteile besitzen große ATM-Zellen gegenüber kleineren Zellen?
3. Was versteht man bei ATM unter einer virtuellen Verbindung?
4. Wie erreicht man bei ATM einen kontinuierlichen Datenstrom, auch wenn zwischenzeitlich keine Daten zur Übertragung anstehen?

24 Digital Subscriber Line (DSL)

Zusätzlich zu ihrem meist für Telefongespräche genutzten ISDN-Anschluss möchte Firma Lütgens einen schnellen Internetzugang. Hierzu wird ein DSL-Anschluss installiert.

Der Anschluss von Teilnehmer-Endgeräten an die Vermittlungsstellen der Netzbetreiber erfolgt meist über zwei- bis vieradrige Kupferleitungen. Digital Subscriber Line[1] (DSL) ist eine Technologie, mit der über solche Teilnehmeranschlussleitungen hohe Datenübertragungsraten erzielt werden können.

DSL umfasst eine Vielzahl ähnlicher Techniken, so dass man hierfür häufig die Bezeichnung xDSL verwendet. Wichtige Vertreter der mit dem Buchstaben „x" gekennzeichneten DSL-Varianten sind:
- Asymmetric Digital Subscriber Line (ADSL)
- High Bit Rate Digital Subscriber Line (HDSL)
- Symmetric Digital Subscriber Line (SDSL)
- Very High Data Rate Digital Subscriber Line (VDSL)

Bei DSL werden die Übertragungsrichtungen besonders bezeichnet:
- Downstream:
  Übertragungsrichtung vom Netzbetreiber zum Teilnehmer.
- Upstream:
  Übertragungsrichtung vom Teilnehmer zum Netzbetreiber.

Die verschiedenen DSL-Technologien werden eingeteilt in symmetrische und asymmetrische Verfahren:
- Symmetrische DSL-Verfahren:
  Die Datenübertragungsrate ist in beiden Richtungen gleich.
- Asymmetrische Übertragungsverfahren:
  Die Downstream-Übertragungsrate ist höher als die Upstream-Übertragungsrate.

24.1 Asymmetric Digital Subscriber Line (ADSL)

Das ADSL-Verfahren wird momentan am häufigsten verwendet. Es arbeitet asymmetrisch, d.h. die Datenübertragungsraten sind für die Hin- und die Rückrichtung unterschiedlich. Da Anwender in der Regel mehr Daten aus dem Internet herunterladen als sie selbst senden, steht der Richtung vom Netzbetreiber zum Teilnehmer (Downstream) mehr Bandbreite zur Verfügung als der umgekehrten Richtung (Upstream).

ADSL ist eine asymmetrische Übertragungstechnik zur Anbindung von Teilnehmerendgeräten an ein öffentliches Netz, wie z.B. an das Internet.

ADSL benötigt zur Datenübertragung lediglich ein Adernpaar, so dass die herkömmliche Anschlussleitung zwischen der Vermittlungsstelle und dem Teilnehmer verwendet werden kann. Über diese Leitung werden jedoch keine digitalen Signale, sondern speziell definierte analoge Signale übertragen. Die hierzu notwendige Signalumsetzung von digital nach analog und umgekehrt erfolgt mit Hilfe von ADSL-Modems, die sowohl in der Vermittlungsstelle als auch beim Teilnehmer installiert sein müssen (siehe Abb. 24.1-1).

[1] **Digital Subscriber Line:** engl. digitale Teilnehmeranschlussleitung

ADSL ermöglicht die gleichzeitige Übertragung von drei Kanälen über die Teilnehmeranschlussleitung:

- Downstream-Kanal
- Upstream-Kanal
- Telefonkanal für analoge Telefonie oder ISDN

Um die drei Kanäle zur Verfügung stellen zu können, müssen ADSL-Modems die verfügbare Bandbreite der Teilnehmeranschlussleitung aufteilen. Nach dem ADSL-Standard ist es möglich, dass während der ADSL-Initialisierungsphase zwischen folgenden Verfahren ausgewählt werden kann (siehe Abschnitt 29.5: Multiplexverfahren):

- Frequenzmultiplexverfahren (Frequenzy Division Multiplex Access, FDMA)
- Echokompensationsverfahren (Echo Cancellation)

Frequenzmultiplexverfahren:

Beim Frequenzmultiplexverfahren werden die zu übertragenen Signale so aus ihrer normalen Frequenzlage in andere Frequenzbereiche umgesetzt, dass die zur Verfügung stehende Bandbreite der Teilnehmeranschlussleitung nahezu vollständig ausgenutzt wird (siehe Abb. 24.1-1). Der schmalbandige Upstream-Kanal wird direkt oberhalb des Telefonie-Kanals platziert. Der breitbandige Downstream-Kanal schließt sich an und belegt die höheren Frequenzen. Die Frequenzbänder der drei Kanäle überlappen sich nicht.

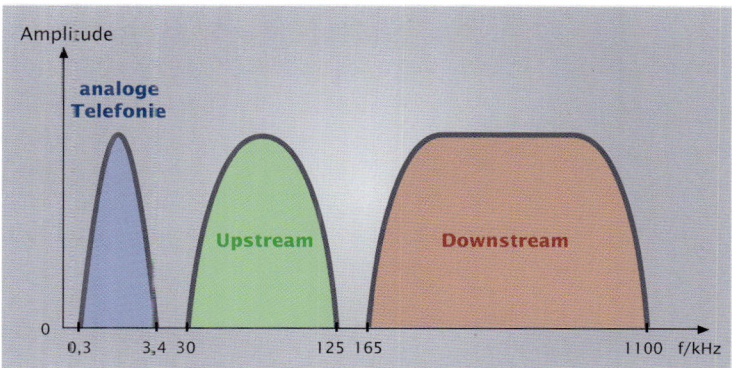

24.1-1 Aufteilung der Bandbreite in Kanäle mittels FDMA

Echokompensation:

Im Unterschied zum Frequenzmultiplexverfahren findet bei der Echokompensation einer Überlappung der Frequenzbereiche des Upstream- und des Downstream-Kanals statt (siehe Abb. 24.1-2). Auf diese Weise kann dem Downstream-Kanal mehr Bandbreite zur Verfügung gestellt werden. Die Trennung von Upstream- und Downstream-Kanal in den Empfängern ist jedoch aufwendiger als beim Frequenzmultiplexverfahren.

Beim gemeinsamen Betrieb von ADSL und ISDN erweist sich die höhere Bandbreite des ISDN (ca. 130 kHz) im Gegensatz zum Betrieb mit analoger Telefonie (Bandbreite 4 kHz) als Problem. Da beim ISDN-Betrieb nicht mehr soviel Platz für ADSL zur Verfügung steht, muss der ADSL-Übertragungsbereich eingeengt werden (siehe Abb. 24.1-2). Das hat eine geringere Übertragungsrate bzw. eine geringere max. Reichweite zur Folge. Um den ADSL-Übertragungsbereich nicht noch weiter einzuschränken, wird beim Betrieb mit ISDN grundsätzlich das Echokompensationsverfahren eingesetzt.

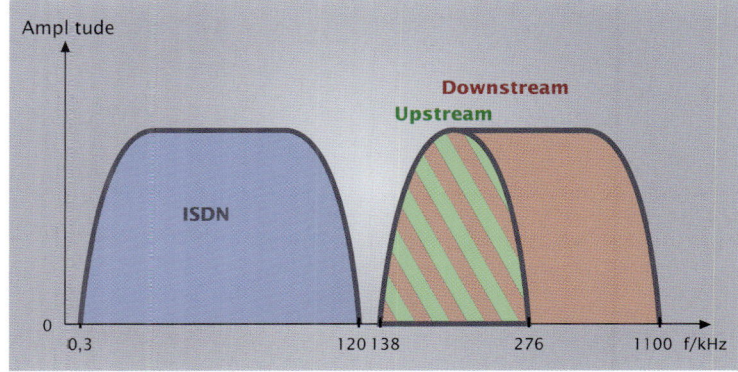

24.1-2 Aufteilung der Bandbreite in Kanäle mittels Echokompensation

Um die digital vorliegenden Rechnerdaten für die Übertragung über die Teilnehmeranschlussleitung in geeignete analoge Signale umsetzen zu können, ist eine spezielle Kodierung der Daten notwendig. ADSL verwendet hierfür das Verfahren „Discrete Multitone Transmission[1]" (DMT). DMT zerlegt die zur Verfügung stehende Bandbreite des Upstream- und Downstream-Kanals in einzelne jeweils 4 kHz große Unterbänder. Jedes dieser Frequenzbänder bildet dabei einen eigenen kleinen Übertragungskanal. Vor der eigentlichen Inbetriebnahme der Kanäle wird dann jeder einzelne Kanal hinsichtlich seiner Qualität getestet. Bei guter Qualität wird mit einer hohen Datenrate über den Kanal übertragen. Bei einer schlechten Qualität erfolgt die Übertragung entweder mit einer geringeren Datenrate oder der Übertragungskanal wird nicht verwendet.

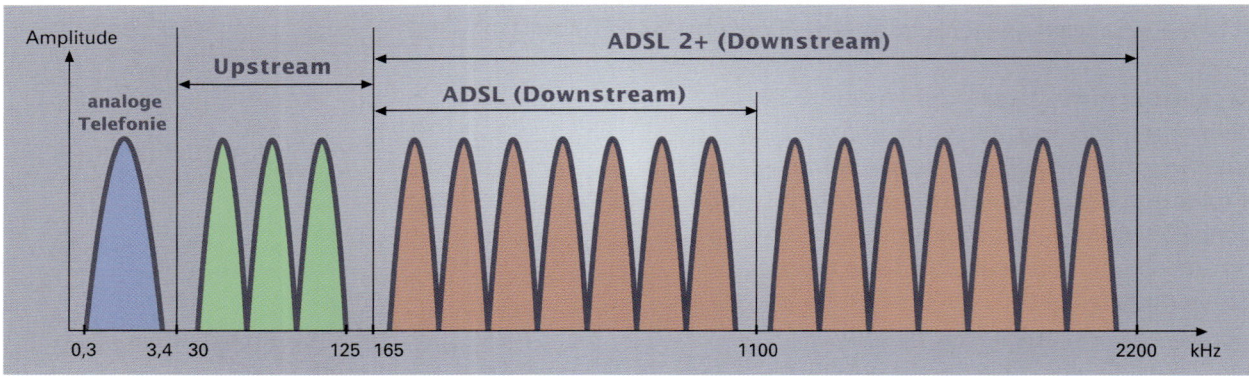

24.1-3 Unterteilung in Frequenzbändern mittels DMT

Zur Trennung der ADSL- und der Telefonie-Datenströme dient ein Splitter. Dieses Gerät arbeitet als Frequenzweiche, d.h. es trennt die für die Telefonie genutzten niedrigen Frequenzen von den hohen Frequenzen der Rechner-Datenübertragung. Der Splitter wird sowohl beim Teilnehmer als auch in der Vermittlungsstelle beim Netzbetreiber installiert. Abb. 24.1-4 zeigt den Aufbau eines ADSL-Anschlusses. Die auf der Teilnehmeranschlussleitung vorhandene Schnittstelle zwischen dem Teilnehmer und der Vermittlungsstelle wurde in Deutschland von der Deutschen Telekom in der Richtlinie „TR 112" (TR = Technische Richtlinie) definiert. Häufig wird hierfür auch die Bezeichnung „U-R2" (R = Remote) verwendet, die streng genommen lediglich eine Bezeichnung des Splitterausgangs auf der Teilnehmerseite ist. Den Splitterausgang des beim Netzbetreiber installierten Splitters bezeichnet man dagegen als „U-C2" (C = Central Office).

[1] **Discrete Multitone Transmission:** engl. diskrete Mehrtonübertragung

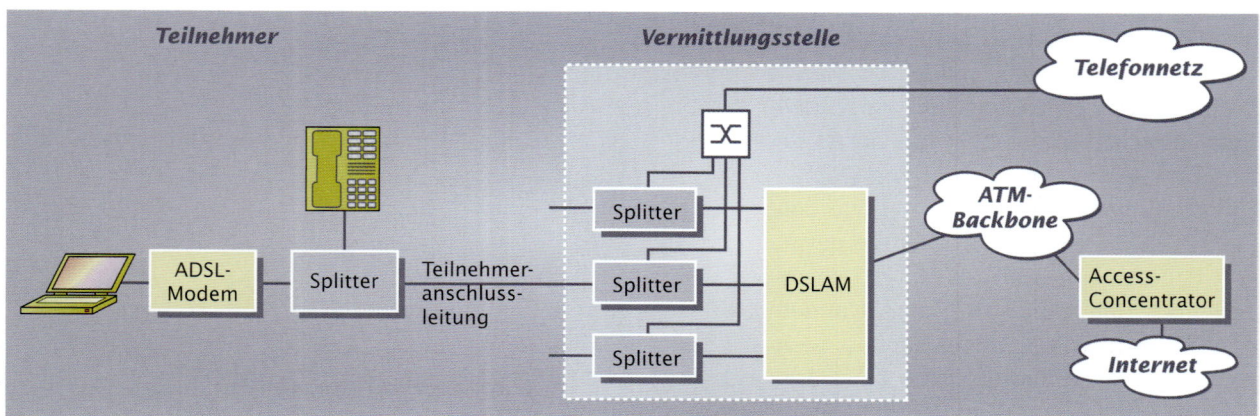

24.1-4 Aufbau eines ADSL-Anschlusses

Die von den einzelnen Teilnehmern ankommenden Datenströme werden beim Netzbetreiber mit Hilfe eines „Digital Subscriber Line Access Multiplexers" (DSLAM) auf eine Leitung zusammengeführt. In einem DSLAM sind die ADSL-Modems bereits integriert.

ADSL-Protokolle:

ADSL verwendet zur Datenübertragung die ATM-Technologie (siehe Kapitel 23: ATM). Hierzu werden die Nutzdaten des Teilnehmers innerhalb des ADSL-Modems zunächst in ATM-Zellen verpackt. Von dort aus erfolgt dann der Zellen-Versand über den DSLAM und den ATM-Backbone des Netzbetreibers an den sogenannten Access Concentrator. Der Access Concentrator ist ein Router und bildet die Schnittstelle zwischen dem ATM-Backbone des Netzbetreibers und dem IP-basierten Internet.

24.1-5 DSL-Modem mit integriertem Router

In Deutschland kommt bei ADSL meist das Protokoll PPP (siehe Abschnitt 9.3.2: Protokolle des Transportsystems) zum Einsatz. Es wird im Wesentlichen zur Authentifizierung und der automatischen Netzwerkkonfiguration verwendet. PPP wird bereits bei analogen Modems und bei ISDN-Internetzugängen verwendet, so dass die Provider die erforderlichen Infrastrukturen auch bei ADSL verwenden können.

Die zwischen dem ADSL-Modem und dem Access Concentrator bestehende ATM-Verbindung verwendet die Ethernet-LAN-Emulation (siehe Abschnitt 23.5: LANE). Aus diesem Grund sind die PPP-Frames so anzupassen, dass sie über das (emulierte) Ethernet übertragen werden können. Diese Aufgabe übernimmt das „Point-to-Point-Protocol-over-Ethernet" (PPPoE, RFC 2516), indem es die PPP-Rahmen in Ethernet-Rahmen verpackt.

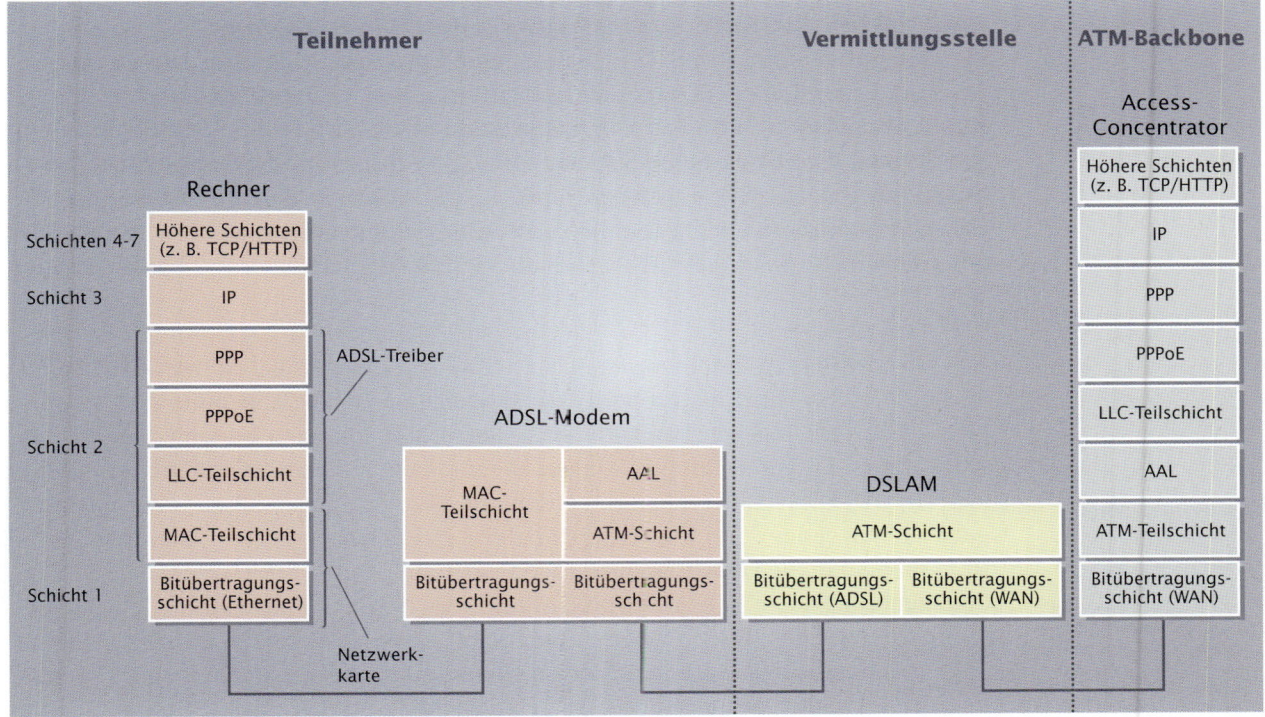

24.1-6 ADSL-Protokolle

ADSL2 und ADSL2+:

Seit 2002 gibt es den offiziellen Standard ADSL2 (G.992.3) und seit 2003 existiert der Standard ADSL2+ (ITU G.992.5). ADSL2 und ADSL2+ sind Weiterentwicklungen von ADSL zur Erhöhung der Datenübertragungsraten und der Reichweite. Die Verbesserungen erreicht man bei ADSL2 durch eine Vielzahl von Änderungen wie z. B. einer Verringerung des Verwaltungsaufwandes von ADSL-Verbindungen und einer geänderten Bit-Codierung bei stark gestörten Frequenzbändern. Gegenüber einer max. Downstream-Datenrate von 12 Mbit/s bei ADSL2 bietet ADSL2+ Datenraten bis zu 24 Mbit/s. Dieses erreicht man durch die Nutzung des gegenüber ADSL bzw. ADSL2 zusätzlichen Frequenzbereiches zwischen 1,1 MHz (obere ADSL-Frequenz) und 2,2 MHz (siehe Abb. 24.1-3). Diese hohen Frequenzen werden jedoch mit zunehmender Leitungslänge noch stärker gedämpft, als dieses bei ADSL mit der max. Frequenz von 1,1 MHz der Fall ist. Daher bietet ADSL2+ bei Leitungslängen über 3 km zwischen Teilnehmer und Vermittlungsstelle keine Geschwindigkeitsvorteile gegenüber ADSL bzw. ADSL2 (siehe Abb. 24.1-7).

Aufgrund der hohen max. Downstream-Datenrate von 24 Mbit/s können über ADSL2+ auch „Tripel-Play-Dienste" angeboten werden.

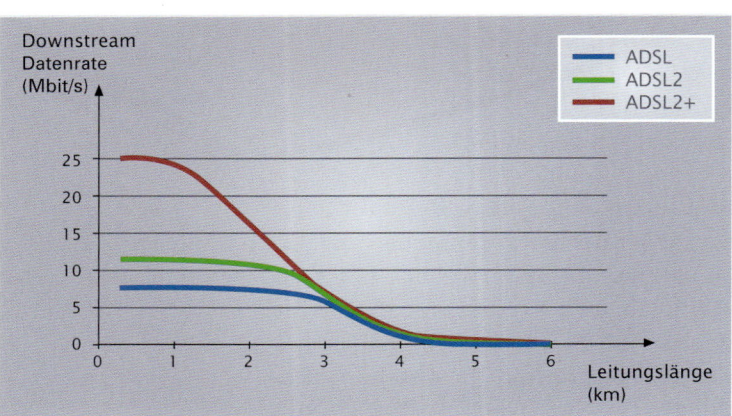

24.1-7 Abhängigkeit der ADSL-Datenraten von der Leitungslänge

> *Triple-Play-Dienste bezeichnen die Möglichkeit, Telefoniedienste, Internetzugriffe und Video-dienste (z. B. TV-Programme) über einen einzigen Breitbandanschluss anzubieten.*

24.2 High Bit Rate Digital Subscriber Line (HDSL)

Ziel der Entwicklung von HDSL war es, eine kostengünstige Alternative zu den in Amerika verwendeten T1-Verbindungen zu schaffen. T1 überträgt Daten über zwei Kupferdoppeladern mit einer Übertragungsrate von 1,544 Mbit/s. HDSL-Verbindungen können die etwa 4-fache Strecke von T1 überbrücken, ohne dass teure Signalregeneratoren eingesetzt werden müssen. Die erste (von ANSI standardisierte) HDSL-Variante verwendete ebenfalls zwei Kupferdoppeladern, wobei je Doppelader eine Bitrate von 784 kbit/s[1] (12 Datenkanäle und ein Signalisierungskanal) möglich war.

Das Gegenstück zu den amerikanischen T1-Verbindungen ist die europäische E1-Verbindung. Sie wird häufig bei PCM-30-Systemen (siehe Abschnitt 29.4.3: Multiplexverfahren) eingesetzt und überträgt dort Daten mit einer Geschwindigkeit von 2,048 Mbit/s. E1-Verbindungen können ebenfalls mittels einer (von ETSI[2] standardisierten) HDSL-Variante realisiert werden. Als Übertragungsmedium verwendet man entweder zwei oder drei Kupferdoppeladern. Bei Einsatz von zwei Adernpaaren beträgt die maximale Übertragungsrate je Paar 1,168 Mbit/s[2] (18 Datenkanäle und ein Signalisierungskanal). Werden drei Adern verwendet, können zusätzliche Kanäle übertragen werden. Die maximale Übertragungsrate je Adernpaar beträgt 784 kbit/s (12 Datenkanäle und ein Signalisierungskanal). Insgesamt können damit 36 Daten- und drei Signalisierungskanäle verwendet werden, so dass HDLC problemlos mit PCM-30-Systemen (30 Datenkanäle und ein Signalisierungskanal) einsetzbar ist.

[1] 784 kbit/s = 12 × 64 kbit/s + 1 × 16 kbit/s, 12 Datenkanäle + 1 Signalisierungskanal
[2] **ETSI** = European Telecommunications Standards Institute
[3] 1168 kbit/s = 18 × 64 kbit/s + 1 × 16 kbit/s, 18 Datenkanäle + 1 Signalisierungskanal

Im Gegensatz zu ADSL arbeitet HDSL symmetrisch, d. h., die Datenübertragungs-raten sind in beiden Richtungen identisch (T1: 1,544 Mbit/s, E1: 2,048 Mbit/s). HDSL erlaubt keine zusätzliche analoge Sprachübertragung, da es bereits die gesamte Bandbreite des Übertragungsmediums belegt. Es ist daher nicht möglich, über eine HDSL-Verbindung gleichzeitig zu telefonieren und Rechnerdaten zu übertragen.

24.3 Symmetric Digital Subscriber Line (SDSL)

SDSL ist eine auf HDSL2 basierende ITU-Empfehlung und dient der Ankopplung von Systemen an öffentliche digitale Netze, z. B. dem ISDN. Eine häufige SDSL-Anwen-dung ist daher die Datenübertragung beim ISDN-Primärmultiplexanschluss. SDSL arbeitet symmetrisch unter Verwendung von ein oder zwei Kupferdoppeladern. Bei Reichweiten von 3 km sind mit einer Doppelader Bitraten bis maximal 3 Mbit/s mög-lich, mit zwei Doppeladern kann die Bitrate auf 4 Mbit/s erhöht werden. Da SDSL genau wie HDSL die gesamte Bandbreite des Übertragungsmediums belegt, ist eben-falls keine Übertragung weiterer Dienste, z. B. für analoge Telefonie, möglich.

24.4 Very High Data Rate Digital Subscriber Line (VDSL)

VDSL ist die derzeit schnellste DSL-Übertragungstechnik und dient ebenso wie ADSL der Ankopplung von Teilnehmern an das Internet. Im Gegensatz zu ADSL sind bei VDSL sowohl symmetrische als auch asymmetrische Übertragungsraten mög-lich. Die Anfang 2004 von der ITU verabschiedete VDSL1-Empfehlung G.993.1 be-inhaltet eine nutzbare Datenrate von 50 Mbit/s für jede Richtung (symmetrischer Betrieb). Hierbei wird eine maximale Leitungslänge der Kupferdoppelader des Teil-nehmeranschlusses von 300 m zugrunde gelegt. Bei asymmetrischem Betrieb lässt sich somit eine Downstream-Datenrate bis 100 Mbit/s realisieren.
Im Mai 2005 wurde von der ITU die VDSL2-Empfehlung G.993.2 veröffentlicht. VDSL2 verdoppelt die Datenübertragungsraten gegenüber VDSL1 noch einmal, d. h., im Symmetriebetrieb sind maximal 100 Mbit/s für jede Richtung möglich. Bei asym-metrischer Übertragung sind Downstream-Bitraten bis 200 Mbit/s angegeben.

Die hohen VDSL-Datenübertragungsraten werden durch zwei Maßnahmen erreicht:

- Verwendung eines gegenüber ADSL2+ erweiterten Frequenzbereiches:
  Während ADSL2+ für die Übertragung Frequenzen bis lediglich 2,2 MHz verwen-det, nutzt VDSL1 Frequenzen bis 12 MHz. Der VDSL2-Frequenzbereich umfasst sogar Frequenzen bis 30 MHz.
- Verkürzung der Kupfer-Leitungslängen
  Je kürzer die aus Kupfer bestehende Teilnehmeranschlussleitung ist, desto schneller kann die Datenübertragung über diese Leitung erfolgen. Aus diesem Grund wird ein Teil der Kupfer-Teilnehmeranschlussleitung durch Lichtwellenlei-ter ersetzt. Die Teilnehmeranschlussleitungen passieren auf ihrem Weg vom Teil-nehmer zur Vermittlungsstelle normalerweise einen Kabelverzweiger, an dem mehrere Teilnehmer angeschlossen sind. Bei VDSL wird die Strecke zwischen Ka-belverzweiger und Vermittlungsstelle durch einen Lichtwellenleiter ersetzt. Der Kabelverzweiger erhält die Funktion eines vollständigen DSLAMs (siehe ADSL), d. h. dort werden die einzelnen von den Teilnehmeranschlussleitungen stammen-den Signale auf eine Lichtwellenleitung zusammengeführt und zur Vermittlungs-stelle weitergeleitet.

VDSL ist grundsätzlich auch ohne einen aus der Vermittlungsstelle ausgelagerten DSLAM nutzbar. So liefert VDSL2 beispielsweise bei einer Kupferleitungslänge von

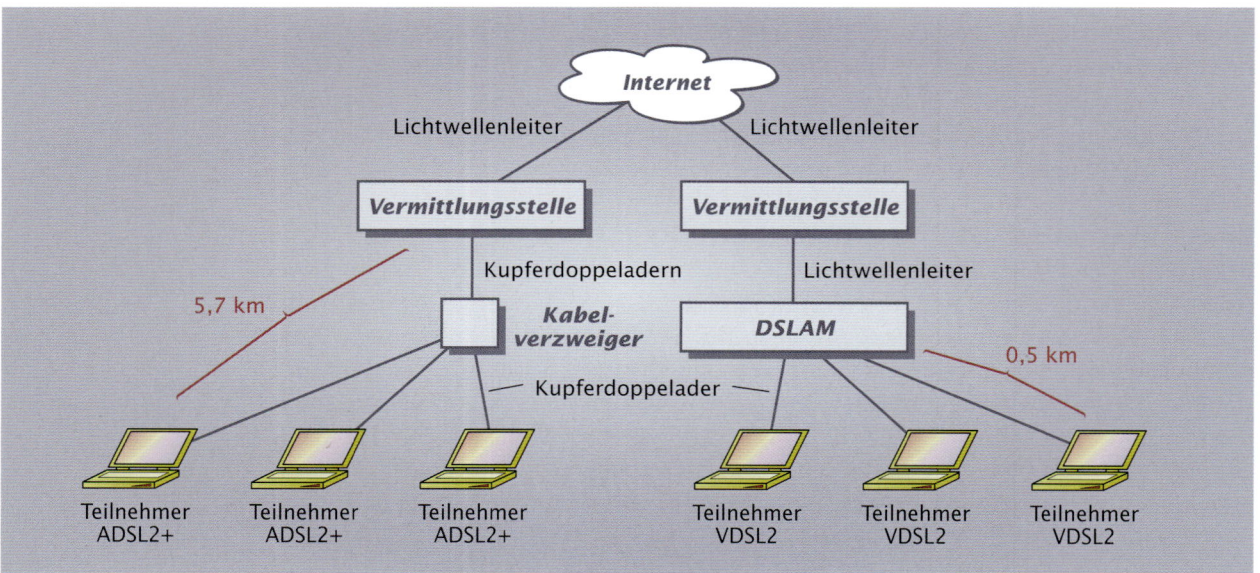

24.4-1 Unterschiedliche Zubringer bei ADSL2+ und VDSL2

1000 m aufgrund des von diesem Verfahren genutzten breiten Frequenzbereiches noch Übertragungsraten bis 50 Mbit/s. Ab einer Entfernung von 1600 m sinkt die Übertragungsrate auf Werte ab, die auch mit ADSL2+ erreicht werden können.

Die folgende Tabelle gibt einen Überblick über wichtige DSL-Technologien:

Familie	ITU-Standard	Name	Betriebs-art	Adern-paare	Maximale Down-stream-Datenrate (Mbits/s)	Maximale Upstream-Datenrate (Mbit/s)	Maximale Leitungs-länge (km)
HDSL	G.991.1	HDSL	sym.	1	T1: 1,552 E1: 2,32	T1: 1,552 E1: 2,32	3,6
				2	T1: 1,544	T1: 1,544	
				3	E1: 2,048	E1: 2,048	
SDSL	G.991.2	G.SHDSL, HDL2	sym.	1	2,3	2,3	3
				2	4,6	4,6	3
ADSL	G.992.1	G.DMT	asym.	1	7	0,8	5,5
ADSL	G.992.2	G.lite	asym.	1	1,5	0,8	5,5
ADSL2	G.992.3	G.DMT.bis	asym.	1	8	1	5,5
ADSL2	G.992.3	Reach Enhanced	asym.	1	8	1	6
ADSL2	G.992.5	ADSL2+	asym.	1	24	1	5,7
VDSL	G.993.1	VDSL1	sym./asym.	1	sym.: 50 asym.: 100	sym.: 50 asym.: 10	1,5
VDSL2	G.993.2	VDSL2	sym./asym.	1	sym.: 100 asym.: 200	sym.: 100 asym.: 20	0,5

Tabelle 24.4-1 DSL-Standards der ITU

24.5 DSL über Satellit

In gering besiedelten Gebieten Deutschlands ist es für Provider häufig nicht wirtschaftlich, DSL-Anschlüsse bereitzustellen. Einen Ausweg bietet hier die Datenübertragung per Satellit. Die häufig unter der Bezeichnung „DSL über Satellit" angebotenen Anschlussarten verwenden jedoch keine DSL-Technologien zur Datenübertragung. Die Bezeichnung „DSL" soll vielmehr verdeutlich, dass DSL-ähnliche Übertragungsgeschwindigkeiten möglich sind.

Es gibt zwei Möglichkeiten der Satellitenübertragung als Zugang zum Internet:

Zwei-Wege-Technik: Download und Upload über Satellit

Sowohl der Empfang als auch der Versand von Daten erfolgt komplett über Satellit. Hierzu ist neben der Satellitenantenne ein Modem erforderlich, welches die Daten vom Rechner so aufbereitet, dass diese über die Antenne gesendet werden können. In umgekehrter Richtung werden die von der Antenne empfangenen Signale vom Modem so umgesetzt, dass ein direkter Anschluss an den Rechner, z. B. über die Netzwerkschnittstelle, erfolgen kann (siehe Abb. 24.5-1). Die Übertragungsgeschwindigkeit für den Download beträgt max. 4096 kbit/s, für den Upload max. 360 kbit/s[1].

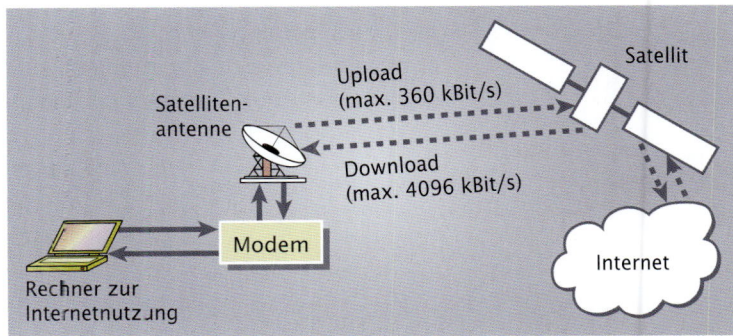

24.5-1 Zwei-Wege-Technik

Ein-Weg-Technik:
Download über Satellit, Upload über Telefonverbindung

Es wird lediglich der Download von Daten über eine Satellitenverbindung realisiert. Der Upload erfolgt über eine Telefonverbindung (siehe Abb. 24.5-2). Da bereits für das Aufrufen einer Webseite Daten vom eigenen Rechner zum Internet gesendet werden, kann auf die Telefonverbindung nicht verzichtet werden. Die Übertragungsgeschwindigkeit für den Download beträgt max. 4096 kbit/s[1]. Für den Upload sind unterschiedliche Telefonverbindungen einsetzbar. So eignen sich hierfür z. B. analoge oder ISDN-Telefonverbindungen sowie Mobilfunkverbindungen. Entsprechend hängt die Upload-Übertragungsgeschwindigkeit von der verwendeten Telefonverbindung ab.

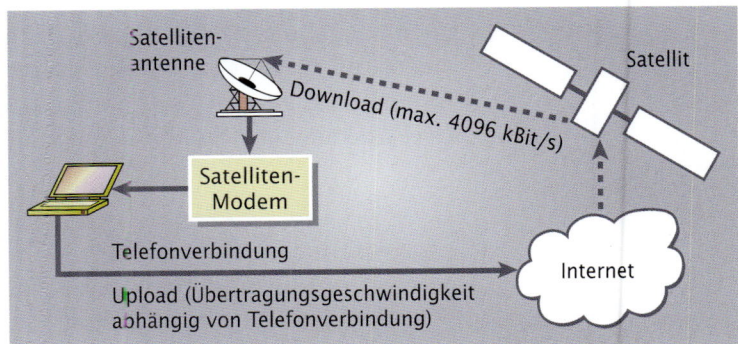

24.5-2 Ein-Weg-Technik

1. Welche DSL-Technologien eignen sich besonders zur Anbindung von Teilnehmern an das Internet? Welche Zugangsart verwenden Sie in Ihrem Betrieb bzw. in Ihrer Schule?
2. Aus welchem Grund kann die Richtungstrennung bei ADSL in Verbindung mit ISDN nur mittels Echokompensation und nicht mit Hilfe von FDMA erfolgen?
3. Welche Anwendungsmöglichkeiten sehen Sie für VDSL1/2?

1 Stand 2011

In der Firma Lütgens werden Telefon- und Computerverbindungen benötigt, die eine schnelle Verlegung des Arbeitsplatzes zulassen.

Funknetze ermöglichen eine flexible Kommunikation, ohne eine feste Bindung an einen Anschluss. Je nach Netztyp ist neben Sprachdiensten die Nutzung einer großen Anzahl weiterer Dienste möglich. Der größte Vorteil von Funknetzen liegt in der hohen Mobilität der Nutzer, die die angebotenen Dienste nutzen können, ohne in ihrer Bewegung durch Übertragungsleitungen eingeschränkt zu sein.

Funknetze decken eine große Bandbreite an Einsatzmöglichkeiten ab. Sie werden unterschieden hinsichtlich:
- der Übertragungsreichweite,
- der Bandbreite,
- dem genutzten Frequenzband,
- den angebotenen Diensten und Dienstmerkmalen.

Funknetze nutzen elektromagnetische Wellen (Funkwellen) zur Übertragung von Informationen und Daten.

Der Zugang zu einem Funknetz wird innerhalb des Sende- und Empfangsbereiches durch Funkeinrichtungen (Antennen mit Sende- und Empfangsanlagen) ortsunabhängig ermöglicht. Die Übertragung der Signale erfolgt durch elektromagnetische Wellen. Durch Übergänge zu Festnetzen (sogenannte Gateways) wird die Verbindung zwischen den Funknetzen und zu Teilnehmern in Festnetzen hergestellt.

Für die mobile Kommunikation sind zwei Funktionsmerkmale von besonderer Bedeutung (Abb. 25-1):
- Handover:
  Das Handover (Weiterreichen) bezeichnet den Wechsel der Funkzellen bei laufender Kommunikation ohne deren Unterbrechung.
- Roaming:
  Beim Roaming (Herumstreifen) kann jede Mobilstation anhand ihrer Nummer identifiziert und einer Funkzelle zugeordnet werden. Auf diese Weise kann der Teilnehmer im gesamten Funknetz erreicht werden. Besondere Bedeutung hat das Roaming bei der Kommunikation über die Grenzen des aktuellen Netzes hinweg.

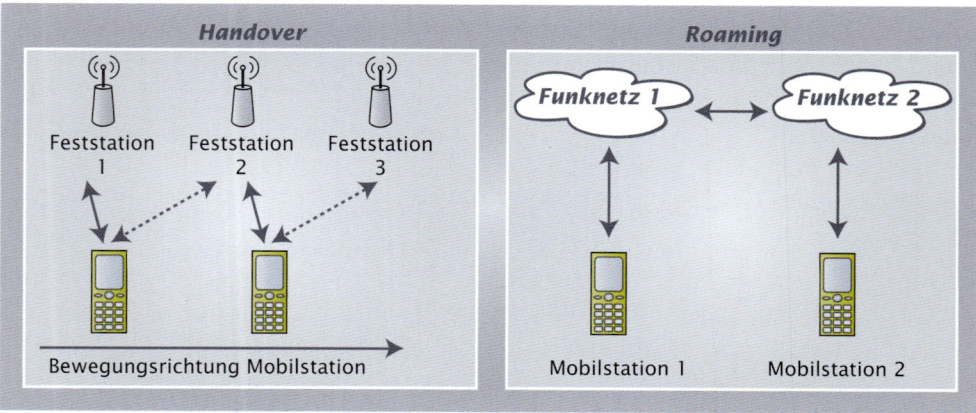

25-1 Handover und Roaming

25.1 Lokale Funknetze

Lokale Funknetze decken einen begrenzten Sende- und Empfangsbereich ab. Die Reichweite dieser Netze reicht von wenigen Metern bis zu mehreren hundert Metern. Eingesetzt werden lokale Funknetze, wenn eine große Flexibilität und Ortsunabhängigkeit der Kommunikationsteilnehmer gefordert ist. Darüber hinaus werden Funknetze auch bei besonderen Umgebungsbedingungen eingesetzt, wenn z. B. eine Verkabelung in historischen Gebäuden nicht zulässig ist.

Bei der Beratung eines Kunden ist zu berücksichtigen, dass es je nach verwendetem Netzwerkstandard auch zu Störungen z. B. im Frequenzbereich um 2,4 GHz kommen kann. In diesem Bereich werden unter anderem auch Mikrowellenherde und Fernbedienungen eingesetzt. Auch der Bluetoothstandard und Geräte, welche nach dem WLAN-Standard arbeiten, können sich gegenseitig stören. Zudem sollte bei solchen Lösungen auch die mögliche Gefährdung durch Abhören oder Einbruch in das Netz durch Fremde bei der Planung berücksichtigt werden. Weiterhin sind die Auswirkungen von Funkwellen auf den menschlichen Organismus noch nicht ausreichend untersucht. Für den Kunden stellt eine Funkvernetzung möglicherweise eine gesundheitliche Gefährdung dar.

In den folgenden Abschnitten sollen beispielhaft drei Standards behandelt werden. Sie stehen jeweils stellvertretend für ihre Einsatzgebiete:
- DECT-Netze mit dem Haupteinsatzgebiet in der Telekommunikation,
- WLAN (Wireless LAN) für die Vernetzung von Computersystemen,
- Bluetooth für den Einsatz im direkten persönlichen Umfeld (WPAN: Wireless Personal Area Network).

Die verwendeten Übertragungsverfahren ähneln einander stark.

25.1.1 DECT-Netze

> In der Lagerhaltung der Firma B@ltic Networks müssen Mitarbeiter möglichst einen ortsunabhängigen Zugriff auf das Telefonnetz haben, da sie sich auch während eines Gespräches im Gebäude bewegen müssen.

[1] **DECT** **D**igital **E**nhanced **C**ordless **T**elecommunication: engl. digitale erweiterte schnurlose Telekommunikation

Innerhalb von Gebäuden wird die Flexibilität und Reichweite von Telekommunikationseinrichtungen durch die Verwendung „schnurloser" Endgeräte erhöht. Bei den Geräten handelt es sich fast ausschließlich um Telefongeräte (Mobilstationen, Portable Part), die ohne Anschlussleitung über eine Funkverbindung mit einer Basisstation (Feststation, Fixed Part) kommunizieren. Die Basisstation stellt wiederum den Zugang zum Festnetz bzw. zur Telefonanlage her. Dabei können mehrere Mobilstationen untereinander über eine Feststation eine Verbindung aufbauen. Sind mehrere Feststationen über ein Gebäude verteilt, lassen sich Strukturen entwickeln, in der eine hohe Anzahl von Mobilstationen untereinander über eine relativ große Netzausdehnung und mit dem Festnetz kommunizieren können (Abb. 25.1.1-1). Die technische Basis für diese Netze ist der DECT-Standard[1].

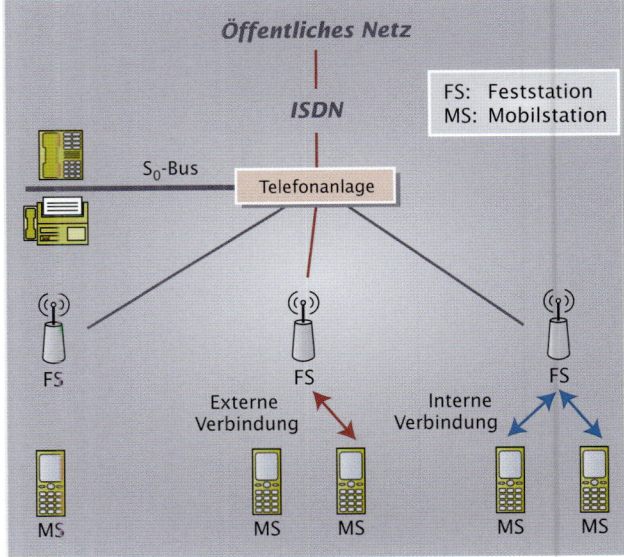

25.1.1-1 Struktur eines DECT-Netzes

DECT-Netze besitzen folgende besondere Merkmale:

- **hohe Übertragungsqualität (digitale Übertragung)**
- **Fehlererkennungs- und Fehlerkorrekturmöglichkeiten durch:**
  - **ARQ: Automatic Retransmission Query**
  - **FEC: Forward Error Correction**
  - **CRC: Cyclic Redundancy Check**
- **hohe Abhörsicherheit (Verschlüsselung der Daten)**
- **Funktion und Kompatibilität zwischen Geräten verschiedener Hersteller bei Verwendung eines einheitlichen Übertragungsprotokolls (z. B. GAP: Generic Access Profile)**

> *Lokale Mobilfunknetze mit einem Zugang zum öffentlichen Netz werden auch als Wireless Local Loop (WLL) bezeichnet.*

Der DECT-Standard wird durch folgende technische Merkmale beschrieben:

Merkmal	Erläuterung
Frequenzbereich	1880–1900 MHz
Anzahl der Trägerfrequenzen	10
Bandbreite	1,728 MHz
Kanäle	120 Duplexkanäle
Modulation	Phase Shift Keying (PSK) mit Bandbegrenzung
Sprachcodierung	32 kbit/s
Datenübertragung mit ARQ	25,6 kbit/s
Datenübertragung mit FEC	24 kbit/s
Kanalbündelung symmetrisch	24–264 kbit/s je Träger
Kanalbündelung unsymmetrisch	24–552 kbit/s je Träger
Sendeleistungen	≤ 250 mW (Spitze), 10 mW je Station
Zellradius	≤ 300 m

> *Das Frequenz-Zeit-Multiplexverfahren ist eine Kombination aus einem Frequenzmultiplex (FDMA: Frequency Division Multiple Access) und einem Zeitmultiplex (TDMA: Time Division Multiple Access).*

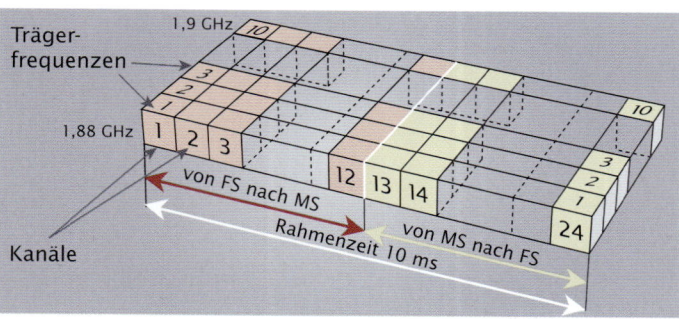

25.1.1-2 Frequenz-Zeit-Multiplexverfahren

Zur Übertragung von Nachrichten wird das Frequenz-Zeit-Multiplexverfahren verwendet. Bei diesem Verfahren werden gleichzeitig zehn Trägerfrequenzen genutzt, auf denen zeitlich nacheinander zwölf Kanäle übertragen werden. Es stehen somit insgesamt 120 Kanäle zur Verfügung. Der vorgegebene Frequenzbereich (1880 bis 1990 MHz) wird dazu in zehn Abschnitte mit einer Übertragungsbandbreite von 1278 kHz aufgeteilt. Im Duplexbetrieb kann nacheinander auf zwölf Kanälen (1 bis 12) gesendet und auf zwölf Kanälen (13 bis 24) empfangen werden (siehe Abb. 25.1.1-2). Die Dauer der Übertragung dieser 24 Kanäle wird als Rahmenzeit bezeichnet und beträgt 10 ms.

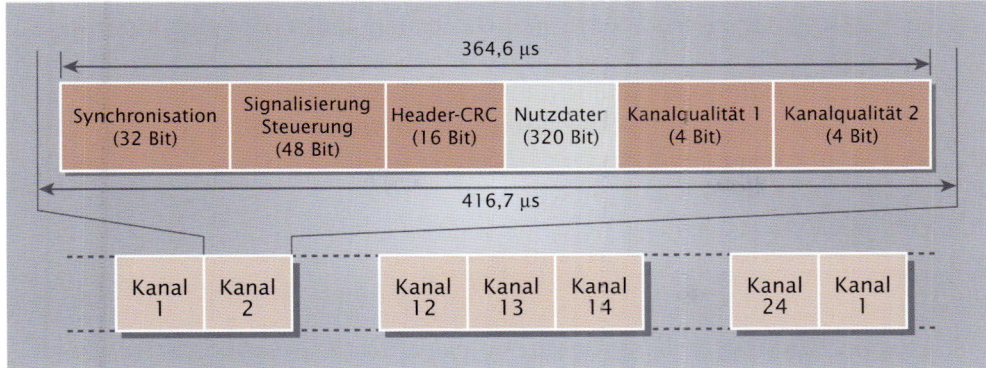

364,6 µs

| Synchronisation (32 Bit) | Signalisierung Steuerung (48 Bit) | Header-CRC (16 Bit) | Nutzdater (320 Bit) | Kanalqualität 1 (4 Bit) | Kanalqualität 2 (4 Bit) |

416,7 µs

| Kanal 1 | Kanal 2 | | Kanal 12 | Kanal 13 | Kanal 14 | | Kanal 24 | Kanal 1 |

25.1.1-3 DECT-Nachrichtenrahmen

Über die einzelnen Kanäle wird in Form eines Nachrichtenrahmens die eigentliche Information übertragen (siehe Abb. 25.1.1-3). Dabei kann innerhalb eines Zeitfensters von 416,7 µs der Nachrichtenrahmen mit 320 Bit an Nutzdaten übertragen werden. Die Differenz zwischen dem Zeitfenster und der Zeit für die Übermittlung des Nachrichtenrahmens dient dem Schutz gegen das Überlappen von Nachrichtenrahmen.

25.1.2 Wireless LAN

> Für Schulungen und Präsentationen soll ein Konferenzraum bei der Firma Lütgens so ausgestattet werden, dass ein flexibles Arbeiten mit Notebook-Computern möglich ist. Die Firma B@ltic Networks GmbH bietet dazu die Installation eines Funknetzes an.

Speziell für die orts- und leitungsunabhängige Übertragung von Daten zwischen Computern existieren mehrere Standards. Diese basieren auf der Nutzung von Funk- oder Infrarotschnittstellen und sind nach IEEE 802.11, dem DECT-Standard (siehe oben) oder nach dem Standard Hiper LAN (High Performance LAN) standardisiert.

In einem Funknetz sind zwei Geräte von besonderer Bedeutung: die Station (mit Funknetzwerkkarte) und der Access Point. Die Konfiguration eines Netzes kann in Form eines „Ad-hoc"-Netzes oder eines Infrastrukturnetzes erfolgen (Abb. 25.1.2-1).

Ein „Ad-hoc"-Netz besteht aus mehreren Rechnern mit jeweils einer Funknetzwerkkarte. Nur diese Systeme können untereinander in Kontakt treten. Ein Access Point wird nicht verwendet.

> *Computernetze, die über Funk- oder Infrarotschnittstellen miteinander kommunizieren, werden als WLAN (Wireless Local Area Network) bezeichnet.*

Ein Infrastrukturnetz kann eine sehr komplexe Form annehmen. Besonderes Kennzeichen ist der Einsatz von Access Points. Die gesamte Kommunikation läuft über diese Stationen. Eine direkte Kommunikation zwischen den einzelnen Netzwerkkarten wird dann nicht zugelassen. Die Access Points können auch die Verbindung zu anderen Access Points oder zum Festnetz herstellen. Dies ge-

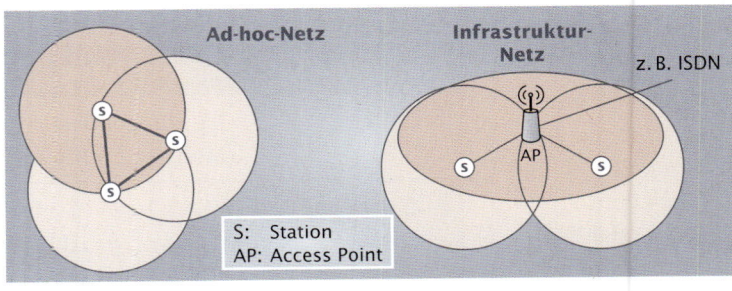

25.1 2-1 WLAN Netzformen

schieht z. B. über integrierte Switches, ISDN-Schnittstellen oder DSL-Modems. Für den Zugang zum Internet über eine DSL-Leitung werden Access Points auch mit einer Routerfunktion angeboten. Diese Access Points werden als Portale bezeichnet. Einem Funknetz wird ein Netzwerkname zugewiesen (SSID: Service Set Identifier oder ESSID: Extended Service Set Identifier).

Folgende WLAN- können in einem Wireless LAN verwendet werden:

Netzform	Betriebsart	Beschreibung
Infrastruktur-netz	Basic Service Set (BSS)	Betriebsart für einen Access Point, an dem sich mehrere Endgeräte anmelden können und ein gemeinsames Netz bilden.
	Extended Service Set (ESS)	Erweiterte Dienste (Roaming) für ein Netz, das aus zwei oder mehr Access Points gebildet wird. Diese sind über ein Ethernet miteinander verbunden und besitzen denselben Funknetzwerknamen (SSID oder ESSID).
	Wireless Bridge Modus	Verbindung zweier Netze über zwei Access Points. Clients können sich nicht an dem Access Point anmelden.
	Distribution System (DS)	Gleichzeitige Funktion als Bridge und als Basisstation.
„Ad-hoc" Verbindung	Independent Basic Service Set (IBSS)	Betriebsart zur direkten Kommunikation zwischen Endgeräten. Ein Access Point wird nicht verwendet.

TIPP

Zur Sicherung eines WLAN-Netzes sollten folgende Maßnahmen durchgeführt werden:

- Vergabe eines eigenen Netzwerknamens (SSID bzw. ESSID)
- Deaktivierung des Broadcasts der SSID
- Zugang auf der Ebene von MAC-Adressen
- Verschlüsselung der Daten z. B. durch WEP (Wired Equivalent Privacy) oder WPA (Wi-Fi Protected Access)

Aufgrund der offenen Funkausbreitung auch über Gebäudegrenzen hinweg, sind WLANs oft Ziel von Eindringlingen. So genannte „Wardriver" spüren offene Netze auf und nutzen diese für Zugänge zum Internet oder zum Einbruch in die dahinter liegenden Festnetze. Wird ein WLAN-Zugang nicht absichtlich öffentlich angeboten, z. B. in Wartehallen und Hotels, sollte dieser gegen ein unbefugtes Eindringen geschützt werden. Wird ein WLAN öffentlich angeboten, so sind die entsprechenden Rechtsvorschriften und Haftungsfragen zu berücksichtigen (siehe auch Kapitel 14).

Bei der Verschlüsselung der Daten mittels WEP wird durch einen 64 Bit langen Schlüssel (Version 1) bzw. einen 128 Bit langen Schlüssel (Version 2) das Decodieren der Daten erschwert. Da dieses Verfahren als relativ unsicher gilt, wurde das WPA Verfahren entwickelt, welches mit mehreren Schlüsseln arbeitet.

Folgende Standards sind zurzeit für die Funkübertragung mittels WLAN von besonderer Bedeutung:

IEEE Standard	Beschreibung
802.11	Grundlegendes Protokoll für drahtlose Netze, Übertragungsraten bis 2 Mbit/s, Übertragungsfrequenz im Bereich von 2,4 GHz
802.11a	WLAN bis 54 Mbit/s bei einer Übertragungsfrequenz im Bereich von 5 GHz, 12 überschneidungsfreie Kanäle, Modulation OFDM (Orthogonal Frequency Division Multiplexing) ▶▶

IEEE Standard	Beschreibung
802.11b	WLAN bis 11 Mbit/s bei einer Übertragungsfrequenz im Bereich von 2,4 GHz, 3 überschneidungsfreie Kanäle
802.11b+	WLAN bis 22 Mbit/s bei einer Übertragungsfrequenz im Bereich von 2,4 GHz
802.11c	Wireless Bridging zwischen der Access Points
802.11e	Erweiterung von WLAN um QoS (Quality of Service)
802.11f	Roaming zwischen Access Points unterschiedlicher Hersteller
802.11g	WLAN bis 54 Mbit/s bei einer Übertragungsfrequenz im Bereich von 2,4 GHz
802.11i	Verbesserung der Verschlüsselung
802.11n	Geplanter Standard, WLAN mit Übertragungsraten von 108 Mbit/s bis 320 Mbit/s

Wie an den Normungsstandards zu erkennen, arbeitet die Funkübertragung in einem Frequenzband bei 2,4 GHz. Dieser Bereich liegt im weltweit lizenzfreien ISM[1]-Band. Die Sendeleistung liegt dabei bei 100 mW. Das 5 GHz Band ist in Europa wenig verbreitet. Die erzielbaren Reichweiten hängen sehr stark von den verwendeten Antennen und der Umgebung ab. Innerhalb von Gebäuden sind üblicherweise Entfernungen bis etwa 30 m realisierbar. Im freien Gelände sind Reichweiten bis zu mehreren hundert Metern überbrückbar. Mit besonderen Antennen sind auch Verbindungen von mehreren Kilometern Entfernung möglich. Der Zugriff auf das Übertragungsmedium erfolgt nach dem CSMA/CA[2]-Verfahren (siehe Abschnitt 9.1.1). Die Übertragung wird nach dem Verfahren „**F**requency **H**opping **S**pread **S**pectrum" (FHSS) organisiert. Dazu wird in fest vereinbarten Folgen die Übertragungsfrequenz gewechselt.

Der verwendete FHSS-Übertragungsrahmen gliedert sich in drei Abschnitte. Die Präambel von 96 Bit Länge, den Header von 32 Bit Länge und das Datenfeld mit variabler Länge von 34 bis 2346 Byte. Innerhalb dieses Datenfeldes ist der eigentliche WLAN-Frame untergebracht (siehe Abb. 26.1.2-2).

Da gerade zur Einführung der Funknetze Standards fehlten, schlossen sich die Hersteller zur Wireless Ethernet Compability Alliance (WECA) zusammen. Ziel war es,

[1] **ISM** Industrial, Scientific, Medic: engl. Industrie, Wissenschaft, Medizin
[2] **CSMA/CA:** Carrier Sense Multiple Access / Collision Avoidance

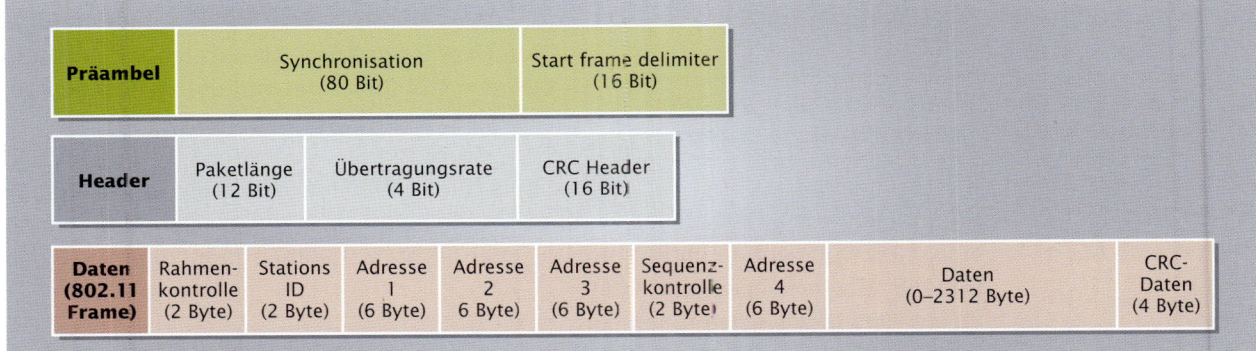

25.1.2-2 WLAN Standardrahmen

die Funktionsfähigkeit und Kompatibilität zwischen den Produkten unterschiedlicher Hersteller zu garantieren.

> *Mit der Bezeichnung WIFI (Wireless Fidelity) werden Produkte gekennzeichnet, die zu der IEEE 802.11 kompatibel sind und somit mit Produkten anderer Hersteller kombiniert werden können.*

WLAN-Netze besitzen folgende besonderen Merkmale:

- **hohe Übertragungsqualität (digitale Übertragung)**
- **hohe Mobilität der Netzwerkkomponenten**
- **Flexibilität der Netzwerkstruktur**
- **geringer Installationsaufwand**
- **hohe Abhörsicherheit (Verschlüsselung der Daten)**
- **Funktionalität zwischen Geräten verschiedener Hersteller durch WIFI-Standard**

25.1.3 Bluetooth

Für die Gestaltung des Arbeitsplatzes eines Außendienstmitarbeiters der Firma B@ltic Networks GmbH muss berücksichtigt werden, dass mehrere mobile Geräte, wie z. B. Notebook, PDA[1] und Mobiltelefon, untereinander Daten austauschen können.

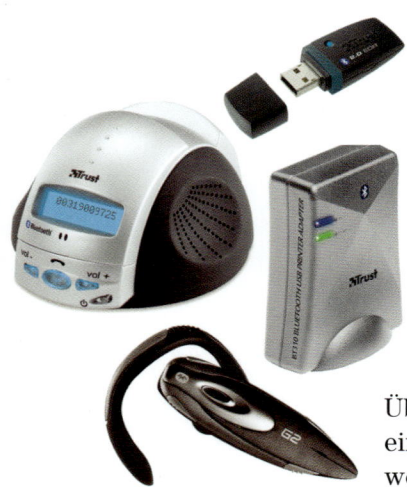

Für eine Funkvernetzung mit kurzer Reichweite wird ein spezieller WLAN-Standard, der Bluetooth-Standard, eingesetzt. Die Bezeichnung basiert auf dem maßgeblichen Entwickler, der Firma Ericsson, die einen Funkstandard zur Verbindung mobiler Geräte wie Notebooks, PDAs und Mobiltelefone entwickelte. Unter dem Beinamen „Blåtand" (dänisch für Blauzahn, englisch: Bluetooth) vereinigte der Dänenkönig Harald II. im 10. Jahrhundert mehrere skandinavische Gebiete. Mit dieser Bezeichnung soll auf die Vereinigung unterschiedlicher Gerätetypen und Übertragungsstandards hingewiesen werden. Bluetooth wird von einer Interessengemeinschaft entwickelt und standardisiert, der Bluetooth Special Interest Group (Bluetooth-SIG). Bluetooth ist inzwischen in der Norm IEEE 802.15 geregelt.

Über Bluetooth-Verbindungen lassen sich im Nahbereich Peripheriegeräte an einen Rechner oder ein Notebook anschließen. Außerdem ist auch eine Netzwerkverbindung von PCs untereinander realisierbar. Da mit sehr geringen Sendeleistungen gearbeitet wird, können kleine Sende- und Empfangsmodule

25.1.3-1 Bluetooth-Geräte

verwendet werden. Diese lassen sich z. B. leicht in Geräte wie Mobiltelefone und deren Headsets integrieren (Abb. 25.1.3-1).

> *Ein Bluetooth-Netz mit bis zu acht gleichberechtigten Geräten wird als Piconet[2] bezeichnet.*

In einem Bluetooth-Netz organisiert ein Master die Kommunikation zwischen den Geräten. Das bedeutet, dass zunächst alle Teilnehmer eines Netzes gleichberechtigt sind. Das erste aktive Gerät übernimmt dann die Funktion des Masters. Insgesamt kann dieses Netz bis zu acht Teilnehmer haben, von denen maximal sieben Geräte gleichzeitig aktiv sind.

> *Der Zusammenschluss mehrerer Piconetze wird als Scatternet[3] bezeichnet.*

[1] **PDA P**ersonal **D**igital **A**ssistant: engl. Persönlicher Digitaler Assistent

[2] **pico:** lat. klein

[3] **to scatter:** engl. verbreiten

Da ein Gerät gleichzeitig an der Kommunikation in mehreren Piconetzen teilnehmen kann, lassen sich größere Netze mit mehreren Master-Geräten organisieren (Abb. 25.1.3-2). Insgesamt können bis zu zehn Piconetze untereinander in Kontakt treten.

Grundsätzlich wird zwischen der Organisation von Punkt-zu-Punkt- und Punkt-zu-Mehrpunkt-Verbindungen unterschieden. Punkt-zu-Punkt-Verbindungen sind in der klassischen Telefonie leitungsvermittelt (siehe auch Kapitel 8). Der Verbindungstyp wird als Synchronous Connection Oriented (SCO) bezeichnet, da gleich große Datenströme in einer verbindungsorientierten Kommunikation in beide Richtungen ausgetauscht werden. Paketvermittelte Punkt-zu-Mehrpunkt-Verbindungen dienen dem Datenaustausch zwischen mehreren Geräten und werden, da ungleiche Datenströme in verbindungsloser Form ausgetauscht werden, als Asynchronous Connectionless (ACL) bezeichnet. Folgende Tabelle stellt die wichtigsten Merkmale von Bluetooth-Verbindungen dar:

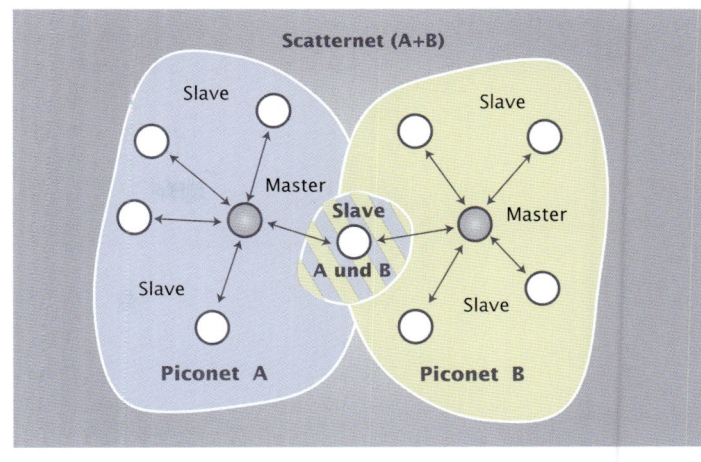

25.1.3-2 Bluetooth Netzformen

Merkmal	Erläuterung
Sendeleistung in drei Klassen	1 mW (0 dBm); 2,5 mW (4 dBm); 100 mW (20 dBm)
Reichweite	10 m (bis 100 m)
Stromaufnahme	Stand-by-Betrieb: max. 0,3 mA Sendebetrieb: max. 30 mA
Frequenzbereich	2,402–2,48 GHz (2,4 GHz ISM-Band, siehe Wireless LAN)
Anzahl der Trägerfrequenzen	79
Frequenzabstand	1 MHz
Datenrate	1 Mbit/s (brutto), 2,2 Mbit/s (mit EDR[1])
	433,9 kbit/s in zwei Richtungen
Datenübertragung symmetrisch **Datenübertragung asymmetrisch**	732,2 kbit/s in eine Richtung 57,6 kbit/s in Gegenrichtung
	64 kbit/s in zwei Richtungen
Sprachübertragung **Kanäle**	max. 7 Datenkanäle und 3 Sprachkanäle in einem Piconetz
	über asynchrone Datenkanäle
Steuerinformationen	GFSK: Gauss Frequency Shift Keying[2]
Modulationsverfahren **Übertragungssicherheit**	Fehlerkorrektur: FEC (Forward Error Correction) Empfangsquittierung: ARQ (Automatic Repeat Request)

[1] **EDR: E**nhanced **D**ata **R**ate; engl. erweiterte Datenrate

[2] Frequenzsprungverfahren. Innerhalb einer Sekunde wird bis zu 1600 mal zwischen 79 Frequenzstufen hin und her gesprungen (frequency hopping). Die 79 Kanäle haben einen Abstand von 1 MHz.

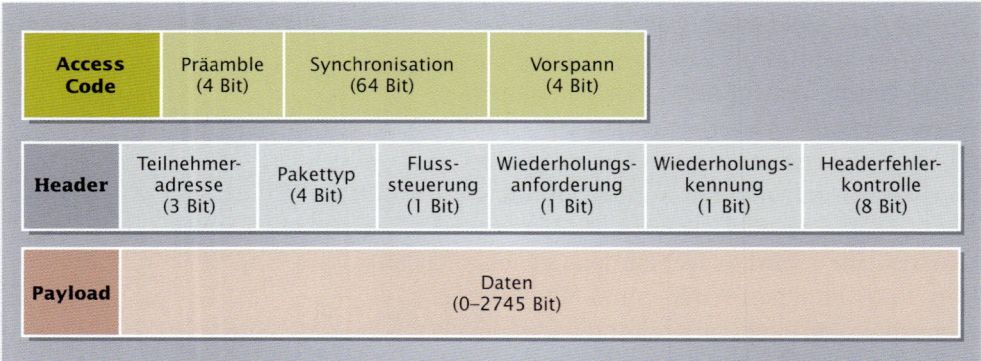

Access Code	Präamble (4 Bit)	Synchronisation (64 Bit)	Vorspann (4 Bit)			

Header	Teilnehmer-adresse (3 Bit)	Pakettyp (4 Bit)	Fluss-steuerung (1 Bit)	Wiederholungs-anforderung (1 Bit)	Wiederholungs-kennung (1 Bit)	Headerfehler-kontrolle (8 Bit)

Payload	Daten (0–2745 Bit)

25.1.3-3 Bluetooth Rahmenformat

Der verwendete Übertragungsrahmen gliedert sich in drei Abschnitte: In den Zugriffscode von 72 Bit Länge, einen Header von 54 Bit und einem variablen nutzbaren Datenrahmen von 0 bis 2745 Bit Länge (siehe Abb. 25.1.3-3).

Bluetooth-Geräte identifizieren sich anhand einer 48 Bit langen individuellen Seriennummer. Das erste aktive Gerät wird automatisch zum Master eines Piconetzes und ermittelt durch eine Erkundigungsnachricht (Inquiry-Message) weitere Teilnehmer (Slaves). Durch Austausch weiterer Nachrichten wird die Folge für das Frequency-Hopping (Frequenzwechsel) bestimmt. Alle Teilnehmer des Piconetzes verwenden dann dieselbe Abfolge. Nur dem Slave, der sich zwischen zwei Piconetzen befindet, sind zwei unterschiedliche Frequenzwechselfolgen bekannt. Werden keine Daten übertragen, so kann der Master seine Slave-Geräte in verschiedene Stromsparmodi versetzen.

TIPP

Die ständige Aktivierung von Bluetooth-Schnittstellen an Notebooks und vor allem Mobiltelefonen stellt ein Sicherheitsrisiko dar.

Bluetooth-Verbindungen basieren auf einfachen Sende- und Empfangsmodulen. Sicherheitsmechanismen für die Übertragung sind bereits in den Funktionen der speziellen Kommunikations-Prozessoren vorhanden. Diese ermöglichen die Authentifizierung der Verbindung und die Verschlüsselung der Nachricht auf der physikalischen Schicht. Die Verschlüsselung der Nachricht erfolgt kontinuierlich nach einem besonderen Verfahren (Stream-Cipher[1]) mit 40 oder 60 Bit langen Schlüsseln. Die Identifizierung der Teilnehmer erfolgt über ein Passwort. Wie auch bei den Wireless LAN Verbindungen, bieten diese Mechanismen keinen vollständigen Schutz. Eine Vielzahl von Tools ermöglicht durchaus das Abhören einer Bluetooth-Kommunikation und das Einbrechen in eine Verbindung.

Bluetooth-Netze besitzen folgende besondere Merkmale:

- **hohe Übertragungsqualität (digitale Übertragung)**
- **geringe Leistungsaufnahme**
- **hohe Mobilität der Netzwerkkomponenten**
- **Flexibilität der Netzwerkstruktur**
- **geringer Installationsaufwand**
- **gute Integration in Geräte**
- **leichte Anbindung von Peripheriegeräten**
- **Funktionalität zwischen Geräten verschiedener Hersteller durch Bluetooth-SIG-Standard**

[1] Besonderes Verschlüsselungsverfahren zur kontinuierlichen und verzögerungsfreien Verschlüsselung eines Datenstroms.

1. Ein kleineres Unternehmen ist bezüglich einer Vernetzung zu beraten. Wägen Sie für eine Kundenberatung die Vor- und Nachteile einer Funkvernetzung gegeneinander ab.
2. Wie könnte der Dienst „Sprachübertragung" (Telefonie) in das Netzwerk integriert werden?
3. Sie wollen im privaten Bereich mehrere PCs und PDAs Informationen austauschen lassen sowie über einen DSL-Router den Zugang zum Internet realisieren. Was ist bei einer Realisierung mittels WLAN-Komponenten zu berücksichtigen?
4. Wie könnte eine alternative Lösung mittels Bluetooth aussehen. Welche Vor- und Nachteile treten auf?

25.2 Mobilfunknetze

Außendienstmitarbeiter der Firma B@ltic Networks müssen möglichst ständig erreichbar sein bzw. Kontakt mit dem Unternehmen und den Kunden aufnehmen können. Außerdem sollten sie möglichst flexibel auf die Datenbestände des Unternehmens zugreifen können. So muss beispielsweise die Terminplanung mit einer Office-Lösung abgeglichen werden.

Für die mobile Telefonie gibt es mehrere digitale Netz-Standards. Der Zugang wird von verschiedenen Netzbetreibern angeboten, die vor allem in der Zusammenstellung der angebotenen Dienste konkurrieren. Kennzeichnend für Mobilfunknetze ist, dass die Endgeräte mittels einer Funkverbindung zu einer Feststation einen Zugang zum Festnetz herstellen. Die Entwicklungsgeschichte der Mobilfunknetze kann in drei „Generationen" eingeteilt werden:

1. Generation: analoge Sprachübertragung im nationalen Netz (Beispiel C-Netz)
2. Generation: digitale Sprach- und Datenübertragung im internationalen Netz (Beispiele D- und E-Netz)
3. Generation: digitale Sprach- und Datenübertragung im internationalen Netz (UMTS-Netz[1])

Analoge Funknetze spielen in der Sprachübertragung keine Rolle mehr. Aufgrund der veralteten Technik wird beispielsweise das C-Netz nicht mehr betrieben.

25.2.1 GSM-Netze

Zurzeit basieren die digitalen Mobilfunknetze auf dem GSM-Standard (GSM: Global System for Mobile Communication). Dabei handelt es sich um ein europaweit eingeführtes Mobilfunksystem, dessen Dienste sich an den ISDN-Diensten orientieren. Es werden also neben den Sprachdiensten auch Datendienste angeboten.

Ein Teilnehmer wird unabhängig vom eigentlichen Gerät über die SIM-Karte[2] des Netzbetreibers im Gerät identifiziert. Der Zugriff auf diese Karte kann über einen Zugangscode, den PIN-Code[3] gesperrt werden. Wird dieser Code dreimal hintereinander fehlerhaft eingegeben, so wird der Zugriff auf die SIM-Karte verweigert. Er ist dann nur über einen weiteren Code, den PUK-Code[4] wieder möglich. Auf der SIM-Karte sind alle Teilnehmerdaten gespeichert. Dies sind neben begrenzten Anwenderdaten (Telefonbucheinträge, Bilder, Klingeltöne usw.) der Verschlüsselungscode für eine Kommunikationsverbindung und seine international eindeutige Identifizie-

[1] **SIM** **S**ubscriber **I**dentity **M**odul: engl. Teilnehmer Erkennungsmodul
[2] **PIN** **P**ersonal **I**dentity **N**umber: engl. Persönliche Identifizierungsnummer
[3] **PUK** **P**ersonal **U**nlock **K**ey: engl. Persönlicher Freischalt-Schlüssel

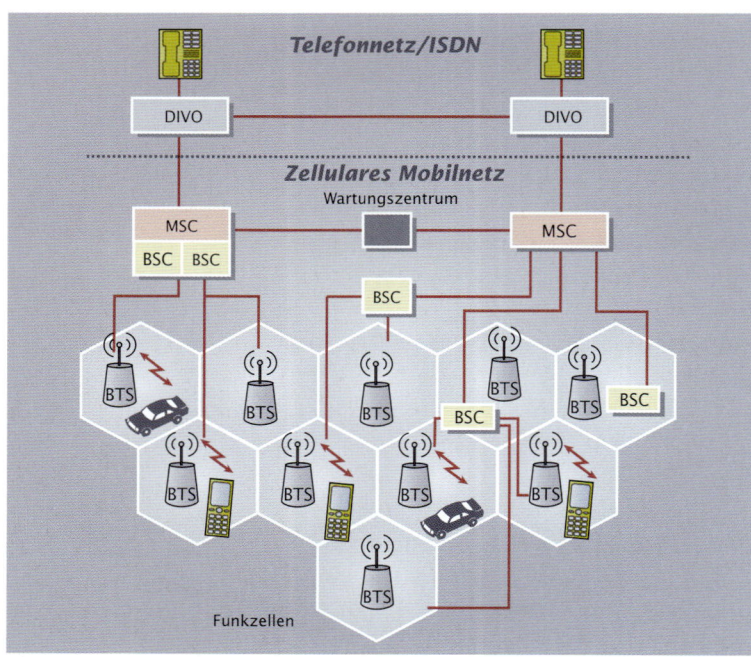

25.2.1-1 Struktur eines GSM-Netzes

Diagram labels:
Telefonnetz/ISDN
DIVO
DIVO
Zellulares Mobilnetz
Wartungszentrum
MSC
BSC BSC
MSC
BSC
BSC
BSC
BTS
BTS
BTS
BTS
BTS
BTS
BTS
BTS
BTS
BTS
BTS
Funkzellen

rungsnummer, die IMSI-Nummer[1]. Aufgrund des großen Umfanges, den die Anwendungsdaten schnell erreichen können, werden diese auch im Gerätespeicher oder in zusätzlichen Speichern, wie z. B. SD-Cards, hinterlegt. Zusätzlich ist das verwendete Endgerät mit einer international eindeutigen Kennung, der IMEI-Nummer[2] versehen. IMSI- und IMEI-Nummern werden bei der Organisation der Verbindungen verwendet. Die IMSI-Nummer wird zur Abrechnung einer Mobilfunkverbindung benötigt.

Ein GSM-Netz hat eine zellulare Struktur (siehe Abb. 25.2.1-1).

Die einzelnen Strukturelemente sollen im Folgenden erläutert werden.

TIPP

Zum Schutz vor unbeabsichtigter Bedienung und unbefugter Benutzung eines Mobiltelefones sollten folgende Maßnahmen getroffen werden:

- Aktivierung einer Tastatursperre
- Eingabe eines Handy-Sperrcodes
- Verwendung des PIN-Codes

Funkzellen

Mobilfunknetze decken in Form von Funkzellen einen Bereich räumlich ab. Der Radius einer Funkzelle beträgt maximal etwa 35 km und ist in seiner Ausdehnung und Ausstattung stark von der Beschaffenheit des Geländes und dem erwarteten Kommunikationsaufkommen abhängig. In der Praxis sind die Zellen aufgrund der geringen Sendeleistungen moderner Geräte wenige 100 Meter bis einige Kilometer groß.

Sender-Empfänger-Stationen (BTS: Base Transceiver Station; Basis Sender-Empfänger-Station) innerhalb der Funkzellen stellen die Verbindung zu den mobilen Telefongeräten (MS: Mobilstation) über Funkverbindungen her. Die einzelnen Funkzellen arbeiten mit fest zugeteilten Frequenzbündeln. Diese werden in den angrenzenden Nachbarzellen nicht verwendet, so dass sie in weiter entfernten Zellen erneut vergeben werden können. Die Übertragung der Informationen findet ähnlich wie beim DECT-Standard in Form eines Frequenz-Zeit-Multiplexverfahrens (siehe Abschnitt 25.1.1) statt. Die Hauptaufgaben einer BTS sind:

- Kontrolle der Verbindung
- Handover (siehe oben)
- Überwachung und Steuerung der Empfangs- und Sendepegel
- Verwaltung des zugeteilten Frequenzbündels
- Kanalcodierung und -decodierung
- Ver- und Entschlüsselung der Kommunikation
- Verbindung zu den übergeordneten BSC-Stationen.

Die BTS überprüft laufend die Empfangssignalstärke der sendenden Mobilstation innerhalb der Zelle. Diese wird mit den gemeldeten Pegeln der umliegenden Basisstationen verglichen. Je nach zunehmender oder abnehmender Signalstärke wird von der BTS die Verbindung zur Mobilstation übernommen oder an eine andere BTS abgegeben.

Der unterbrechungsfreie Wechsel einer Funkzelle und die Umschaltung auf einen anderen Übertragungskanal bei laufender Kommunikation werden als Handover (engl. Übergabe) bezeichnet.

[1] **IMSI I**nternational **Mo**bile **S**ubscriber **I**dentity: engl. Internationale Mobilteilnehmer Identität

[2] **IMEI I**nternational **Mo**bile **E**quipment **I**dentity: engl. Internationale Mobilgeräte Identität

Außerdem wird jede Mobilstation über ihre Kennung identifiziert und kann so einer Funkzelle zugeordnet werden. Durch den Austausch der Informationen im gesamten GSM-Netz ist der Teilnehmer dann über die Basisstation erreichbar. Besondere Bedeutung hat diese Funktion bei der Kommunikation über die Grenzen des Netzbetreibers hinweg. So kann bei einer internationalen Kommunikationsverbindung ein Teilnehmer auch im Ausland erreichbar sein.

> *Der Aufbau und die Aufrechterhaltung einer Kommunikation über die Grenzen eines Mobilfunknetzes hinweg werden als Roaming (engl. herumstreifen) bezeichnet.*

BSC-Stationen

Die einzelnen Funkzellen bzw. die Kommunikation der Basisstationen untereinander werden durch BSC-Stationen (BSC: Basic Station Control; Basis-Stations-Kontrolle) gesteuert. Eine BSC steuert eine oder mehrere Basisstationen meist über eigene Richtfunkstrecken. Die BSC-Stationen sind für die Verwaltung der Funkkanäle zuständig. Da sie durch die BTS-Stationen Kenntnis über die Empfangsleistung der Mobilstationen erhalten, steuern sie die Sendeleistungen der BTS-Stationen. Aufgrund dieser Informationen wird von ihnen auch das Handover gesteuert.

25.2.1-2 Basisstation eines Funknetzes

MSC-Stationen

Die einzelnen BSC-Stationen werden über MSC-Stationen (MSC: Mobile Services Switching Center; Mobile Dienste Schaltzentrum) zusammengefasst. Die MSC-Stationen sind über Richtfunk oder Festnetzleitungen miteinander verbunden. Außerdem stellen sie den Übergang in das Festnetz her. Folgende weitere Aufgaben nehmen MSC-Stationen war:

- Auf- und Abbau des Gespräches (Vermittlung)
- Wegesuche im Netz
- Feststellung des Standortes der Mobilstation (Ortsaktualisierung, engl. Location Update)
- Gebührenermittlung
- Handover zwischen verschiedenen BSC-Stationen bzw. MSC-Stationen.

Die Daten eines Endgerätes werden von der MSC-Station in einer Besucherdatei geführt (VLR: Visitor Location Register). Diese müssen jedoch mit der Heimdatei (siehe unten) abgeglichen und bestätigt werden. Beim Verlassen einer Zelle werden die Daten einer Mobilstation an die nächste MSC-Station weitergereicht und mit der Heimdatei abgeglichen.

Betriebs- und Wartungszentrale

Die Betriebs- und Wartungszentrale wird auch als OMC (Operation and Maintenance Center) bezeichnet. Sie führt das Managementsystem eines gesamten GSM-Netzes. Dazu gehören die Steuerung und Aufrechterhaltung des gesamten Netzzuganges und Netzbetriebes.

Weiterhin wird den Mobilfunkkunden über zusätzliche Hard- und Software eine große Anzahl von Diensten angeboten. Neben den üblichen Telefondiensten können dazu auch Datendienste (z. B. GPRS, siehe Kapitel 28: World Wide Web), E-Mail- und Internetdienste gehören. Im Zuge der fortschreitenden Verbreitung mobiler Navigationssysteme werden über GPS-Module (GPS: Global Position System) Standortbestimmungen vorgenommen und die entsprechenden Routen an die Mobilgeräte zurückgemeldet. Eine weitere wichtige Funktion der Betriebs- und Wartungszentrale ist die Abrechnung der Verbindungskosten und der in Anspruch genommenen

Dienste (Billing; engl. Abrechnung). Die Daten werden automatisch erfasst und über EDV-Systeme verarbeitet.

Für die Durchführung der Aufgaben wird auf die Informationen aus den MSC-Stationen (z. B. VLR) zurückgegriffen. Darüber hinaus werden folgende Dateien bzw. Register geführt:

- HLR (Home Location Register): In der Heimdatei werden alle benutzerspezifischen Informationen eines Mobilfunkteilnehmers geführt. Neben den nutzbaren Diensten und Dienstmerkmalen ist dies auch die eindeutige Identifizierung über die international gültige IMSI-Nummer (siehe oben). Da diese Informationen mit dem VLR abgeglichen werden, ist auch der aktuelle Aufenthaltsort in dieser Datei gespeichert.
- AuC (Authentication Center): Die Beglaubigungszentrale enthält in einer besonders geschützten Datenbank alle Informationen für den Schutz einer Kommunikationsverbindung. Dies betrifft vor allem die Kopie des für eine Datenverschlüsselung notwendigen Geheimschlüssels, der auf der SIM-Karte des Teilnehmers hinterlegt ist.
- EIR (Equipment Identity Register): In der Identitätsdatei wird die international vergebene IMEI-Nummer des Endgerätes sowie die Teilnehmernummer geführt. Mit Hilfe dieses Registers lassen sich defekte oder gestohlene Geräte identifizieren und für den weiteren Gebrauch sperren.

Netzarten

Zurzeit sind insgesamt drei GSM-Netzarten in Betrieb. Sie unterscheiden sich grundsätzlich durch die verwendeten Frequenzbereiche und den damit verbundenen Reichweiten. Die Ausbaustufen sind inzwischen vergleichbar. Im europäischen Raum werden GSM-Netze vom Typ GSM 900 und GSM 1800 betrieben. Netze vom Typ GSM 1900 werden z. B. in den USA betrieben.

Folgende Tabelle bietet einen Überblick über die GSM-Spezifikationen:

Netzbezeichnung	Frequenzbereich Uplink (Mobilstation zur Basisstation)	Frequenzbereich Downlink (Basisstation zur Mobilstation)	Gesamte Bandbreite	Nationale Netze (Bsp.)
GSM 900	890–915 MHz	935–960 MHz	25 MHz	D1, D2
GSM 1800	1710–1785 MHz	1805–1880 MHz	75 MHz	E1, E2
GSM 1900	1850–1910 MHz	1930–1990 MHz	60 MHz	

Als Dual-Band-Geräte werden mobile Endgeräte bezeichnet, die sowohl im GSM 900 wie auch im GSM 1800 Frequenzbereich arbeiten können.

Als Tri-Band-Geräte werden mobile Endgeräte bezeichnet, die in allen drei GSM-Frequenzbereichen arbeiten können.

Möchte man mit seinem Endgerät (z. B. Mobiltelefon) unabhängig von einem Anbieter bzw. Netzbetreiber sein, so muss dieses in der Lage sein, sowohl im GSM 900 wie auch im GSM 1800 Frequenzbereich zu arbeiten.

Gerätetechnisch noch aufwendiger sind Geräte, die alle GSM-Standards unterstützen. Mit ihnen ist man auch außerhalb Europas erreichbar.

TIPP

Aufgrund der Strukturierung des Netzes in Form von Funkzellen und der hohen Mobilität, werden dieses System und die verwendeten Endgeräte im englischsprachigen Raum auch als Cell Phone, Cellular Phone oder Mobile bezeichnet. Der Begriff Handy, wie er im Deutschen existiert, wird nicht verwendet.

TIPP

Viele Mobilfunk-Provider bieten ihren Kunden für eine Fernreise außerhalb Europas ein Tri-Band-Gerät als Leihgerät an.

25.2.2 UMTS-Netz

Das UMTS-Netz (Universal Mobile Telecommunication System) befindet sich noch im Aufbau. Derzeit sind nur Ballungszentren ausreichend versorgt. Zukünftig soll es weltweit verfügbar sein und eine vollständige Integration der Sprach-, Daten- und Internet-Dienste in einem weltweiten mobilen Netz ermöglichen.

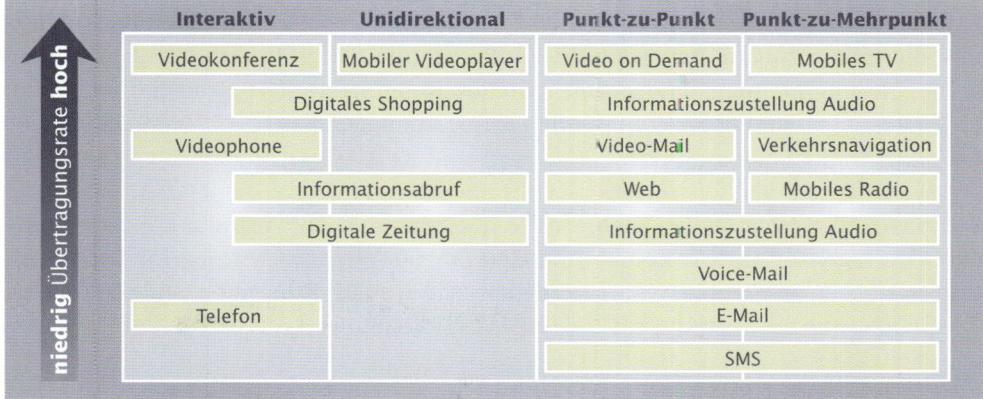

25.2.2-1 Dienste im UMTS-Netz

Die internationale Bezeichnung lautet IMT-2000 (International Mobile Telecommunication). Zwar setzt es gegenüber den GSM-Netzen einen neuen Standard, weist aber die gleiche zellulare Struktur auf. Über diese zellulare Struktur hinaus ist das Netz in drei Zelltypen gegliedert. Die Gliederung berücksichtigt:

• den Aufenthaltsort,
• die damit verbundene Reichweite und
• die Bewegungsgeschwindigkeit des Teilnehmers.

Pico-Cell: Im Gebäude des Teilnehmers, der Haus-Zelle (Home-Cell) und in der näheren Umgebung, der Pico-Zelle, ist die maximale Übertragungsrate von bis zu 2 Mbit/s nutzbar. Dabei wird von einem überwiegend stationären Einsatz der Geräte ausgegangen. Der Zellradius beträgt bis zu 500 m. Eine hohe Teilnehmerzahl muss berücksichtigt werden.

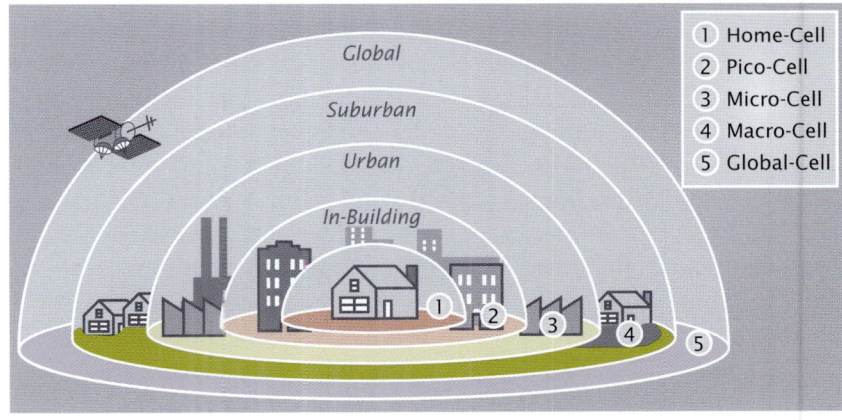

25.2.2-2 Gebietseinteilung des UMTS-Netzes

Micro-Cell: In der Stadt, den sogenannten Mikro-Zellen, sind Übertragungsraten bis 384 kbit/s möglich. Die Bewegungsgeschwindigkeit innerhalb einer Mikro-Zelle darf bis ca. 50 km/h betragen. Der Zellradius beträgt bis zu 3 km. Auch in der Micro-Zelle muss noch mit einem erhöhten Kommunikationsbedarf gerechnet werden.

Macro-Cell: Im regionalen Gebiet mit einem Zellradius von bis zu 10 km sind Übertragungsraten erheblich über 144 kbit/s erreichbar. Die Bewegungsgeschwindigkeit innerhalb einer Makro-Zelle darf bis zu 120 km/h betragen. In der Macro-Zelle ist mit einem relativ niedrigen Kommunikationsbedarf zu rechnen.

Global-Cell: Genau genommen handelt es sich um eine weltumspannende Zelle. Ohne Beschränkung der Mobilität und der Reichweite (global) soll selbst aus einem Flugzeug heraus eine Übertragungsrate über 144 kbit/s zur Verfügung stehen. Innerhalb der Globalen-Zelle ist nur mit gelegentlichem Kommunikationsbedarf zu rechnen.

Die Datenübertragung erfolgt paketorientiert. Damit ist die Nachrichtenübertragung nicht auf eine Leitung oder einen Funkkanal festgelegt. Die Datenübertragung und die Internetnutzung werden durch die Einbeziehung des IP-Protokolls unterstützt. Alle Teilnehmer sind durch globales Roaming weltweit erreichbar. Damit diese Netzausdehnung erreicht werden kann, stützt sich das UMTS-Netz dabei auch auf den Einsatz von Satelliten.

Für das UMTS-Netz stehen mehrere Frequenzbänder zur Verfügung. Die entsprechenden Lizenzen für die Sende- und Empfangsfrequenzen wurden in einem Auktionsverfahren an Netzbetreibern vergeben. Wie die UMTS-Frequenzen in Europa im Frequenzspektrum verteilt sind, zeigt die Abb. 25.2.2-3.

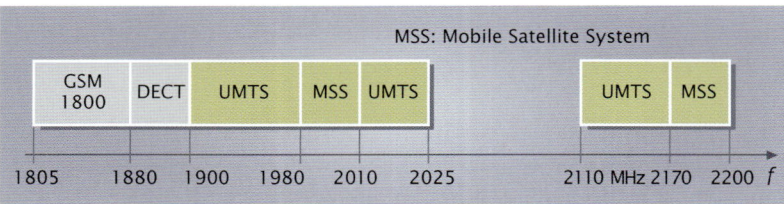

25.2.2-3 UMTS-Frequenzbereich

Bei UMTS wird nach dem Verfahren TD/W-CDMA (Time Division/Wideband – Code Division Multiple Access) übertragen. Es handelt sich dabei um eine Kombination aus einem Zeitmultiplexverfahren und einem Breitband-Code-Mulitplexverfahren. Vorteilhaft gegenüber anderen Mobilfunkübertragungen ist bei diesem Verfahren die geringe Störanfälligkeit. Als Nachteil ergibt sich jedoch eine Verringerung der Übertragungsrate mit zunehmender Bewegungsgeschwindigkeit der Mobilstation. Rein theoretisch soll der Mobilstation in einer Picozelle eine Übertragungsrate von bis zu 2 Mbit/s zur Verfügung stehen. Diese Rate wird jedoch auf die vorhandenen aktiven Teilnehmer aufgeteilt.

Somit sinkt die tatsächliche Übertragungsrate mit der Anzahl der aktiven Teilnehmer. Um dem entgegen zu wirken, sollten Picozellen eine möglichst kleine Zellgröße besitzen. Dies ist jedoch wirtschaftlich nur in Bereichen mit hoher Teilnehmerdichte umzusetzen. Werden die Bereiche größer oder variiert die Anzahl der aktiven Teilnehmer stark, so wird im UMTS-Netz mit einer Anpassung der Zelleigenschaften reagiert. Zum einen lässt sich die Größe der Zelle dynamisch verändern, zum anderen können aus einer Nachbarzelle weitere Übertragungsfrequenzen entliehen werden.

Die dynamische Anpassung der Zellgröße wird als Cell-Breathing[1] bezeichnet.
Das Entleihen von Übertragungsfrequenzen (Übertragungskapazitäten) wird Soft-Capacity[2] genannt.

1. Ihnen ist ein Mobiltelefon entwendet worden. Welche Informationen sind für Ihren Netzbetreiber von Bedeutung, wenn Sie das Telefon sperren lassen wollen?
2. Einige Netzbetreiber ermöglichen als besonderen Dienst die Ortung und Standortbestimmung eines Mobiltelefons. Erläutern Sie, wie solch eine Bestimmung technisch möglich ist.
3. Recherchieren Sie, welche Anbieter ein GSM 900 Netz betreiben und welche Anbieter ein GSM 1800 Netz betreiben.
4. Ein Kunde möchte mit einem UMTS-Gerät ausgerüstet werden. Recherchieren Sie für ein Beratungsgespräch entsprechende Netzanbieter und ihre Tarife.

[1] **Breathing:** engl. atmen
[2] **Capacity:** engl. Kapazität

25.3 Funksysteme

Neben den bisher beschriebenen Funknetzen existieren weitere Funksysteme. Diese sind in der Regel nicht öffentlich zugänglich und werden für einzelne Verbindungen oder als firmeninterne Funknetze betrieben.

25.3.1 Richtfunk

Beim Richtfunk wird eine Funkstrecke zwischen zwei festen Funkstationen aufgebaut. Die Übertragung von Signalen erfolgt üblicherweise im Frequenzbereich zwischen 4 GHz und 38 GHz.

> *Der Begriff Richtfunk bezeichnet eine Punkt-zu-Punkt-Funkverbindung zwischen zwei festen Funkstationen. Dabei werden die ausgesendeten elektromagnetischen Wellen durch spezielle Antennen stark gebündelt und auf den Empfänger ausgerichtet.*

Die Übertragungskapazität kann bis zu 140 Mbit/s betragen. Je nach Geländeverhältnissen und Witterung beträgt die Reichweite zwischen 5 km und 50 km. Zwischen Sender und Empfänger dürfen keine Hindernisse liegen. Es kommt sonst zu einer Dämpfung oder Reflexion des Signals. Zur optimalen Ausnutzung und zur Verringerung von Störeinflüssen werden die Frequenzbänder in Kanalraster aufgeteilt. Zusätzlich wird die ausgesendete Schwingung der Funkwelle benachbarter Kanäle räumlich um 90° gegeneinander versetzt.

> *Richtfunkwellen werden horizontal oder vertikal gesendet.*

Zur Bündelung der gesendeten bzw. zur Fokussierung der empfangenen Funkwellen werden Parabolantennen eingesetzt. Der Durchmesser der Parabolantenne steht in engem Zusammenhang mit dem Abstand der Sendestationen und der Stärke des Funkfeldes.

Eingesetzt werden Richtfunkstrecken zum Beispiel bei der Verbindung einzelner Funkzellen mit den BSC-Stationen. Ein besonderes Einsatzgebiet ist der Satellitenfunk. Hier werden Funkstrecken über Satelliten in geostationärer[1] Umlaufbahn aufgebaut. Über diese Satelliten können Telefongespräche oder Fernsehprogramme ausgestrahlt werden. Auch Daten werden über Satelliten verbreitet. Über herkömmliche Parbolantennen für das Satellitenfernsehen ist ein schneller Datenempfang möglich. Dieser Dienst wird als Sky-DSL bezeichnet.

25.3.1-1 Richtfunkantenne an einem Mobilfunkmast

25.3.2 Weitere Mobilfunksysteme

Neben den bisher beschriebenen Funksystemen gibt es noch weitere Funknetze, die für sehr spezifische Einsätze angeboten werden.

Bündelfunk

Ein Bündelfunksystem ist ein begrenztes zellulares Funksystem für die Übertragung von Sprache und Daten. Es findet zum Beispiel in Taxiunternehmen oder Kundendienstfirmen Anwendung. Geschlossene Systeme werden bei der Feuerwehr oder der Polizei eingesetzt. Im Bündelfunk sind folgende Sprachdienste möglich:

- Einzelruf
- Gruppenruf
- Rundruf (Broadcast)
- Notruf
- Offener Sprechkanal.

[1] Geostätionär bedeutet, dass der Satellit in der Umlaufbahn der Erde immer dieselbe Position über einem Punkt der Erde behält.

Darüber hinaus können verschiedene Datendienste für leitungs- oder paketvermittelte Datendienste genutzt werden.

25.3.2-1 Funkruf-Pager

Funkrufsysteme

Funkrufsysteme ermöglichen das Übermitteln einer kurzen Nachricht an einen mobilen Empfänger. Dieser Empfänger wird als Pager bezeichnet. Öffentliche Funkrufsysteme wie Cityruf, Scall, Quix oder Skyper werden kaum noch angeboten bzw. sind bereits eingestellt. Ersetzt wurden sie weitgehend durch die Dienste im Mobilfunknetz. Eingesetzt werden Funkrufsysteme noch im privaten Bereich oder in Unternehmen wie Krankenhäusern oder als „stille" Melder bei der Feuerwehr.

Global Positioning System (GPS)

Ein Global Positioning System ist ein satellitengestütztes Positionssystem. Im Allgemeinen wird darunter das NAVSTAR-GPS des US-Verteidigungsministeriums verstanden. Es gibt jedoch weitere Positionssysteme. So befindet sich beispielsweise das durch die Europäische Gemeinschaft getragene System Galileo im Aufbau.

Das GPS dient vor allem der weltweiten Positionsbestimmung und Navigation, ermöglicht jedoch auch die Ermittlung von Höhe und Geschwindigkeit des GPS-Empfängers. Die GPS-Satelliten senden ein Positionssignal und die Uhrzeit aus, so dass auf Basis dieser Signale sowie deren Laufzeitunterschieden aus mehreren Satellitensignalen (mindestens 3) auch die Position des GPS-Empfängers berechnet werden kann.

GPS wird in folgenden Bereichen eingesetzt:
- militärische Nutzung
- Seefahrt
- Luftfahrt
- Straßenverkehr
- Landwirtschaft
- Vermessungswesen.

25.3.2-2 Navigationsgerät

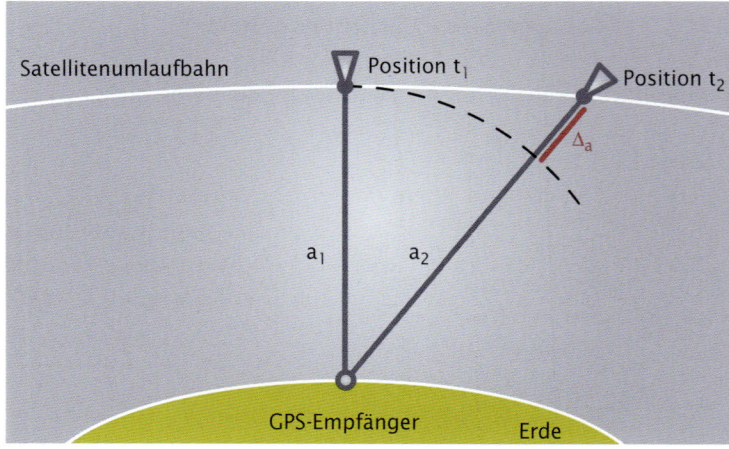

25.3.2-3 Positionsbestimmung

WiMAX (Worldwide Interoperability for Microwave Access[1])

In Bereichen, in denen die Breitbandversorgung mit DSL unzureichend ist, werden zunehmend Lösungen auf der Basis von WiMAX-Standards angeboten. Es handelt sich dabei um Breitband-Funktechnologien, die eine hohe Datenübertragungsrate garantieren sollen. WiMAX-Funknetze stehen in Konkurrenz zum UMTS-Funknetz.

WiMAX-Komponenten und Übertragungsverfahren sind nach IEEE 802.16 genormt. Es werden jeweils Standards für den ortsfesten (Fixed WiMAX) und den mobilen Einsatz (Mobile WiMAX) festgelegt. Breitbandfrequenzen für WiMAX gehören zu dem Bereich des Broadband Wireless Access (BWA) und liegen in folgenden Bereichen:

- 2,5 bis 2,69 GHz
- 3,4 bis 3,6 GHz
- 5,725 bis 5,85 GHz

25.3-2-3 WiMAX-Antenne

In der Bundesrepublik Deutschland sind die Lizenzen für den Betrieb von WiMAX-Netzen im Bereich 3,4 bis 3,6 GHz seit Dezember 2006 versteigert worden. In der Planung sind Netze mit Datenübertragungsraten von über 50 MBit/s und Reichweiten über mehrere Kilometer Entfernung. Im Allgemeinen liegen die Reichweiten jedoch bei etwa 600 Metern bei einer Rate von 20MBit/s, die sich jedoch alle Nutzer einer Zelle teilen müssen. Bei bestehender Sichtverbindung zwischen Basisstation und Empfänger sind Reichweiten bis zu 15 km und Übertragungsraten bis zu 4,5 MBit/s möglich.

RFID (Radio-Frequency Identification[2])

Eine Besonderheit stellt die Datenhaltung, Datenerfassung und Kommunikation mittels RFIDs dar. Aufgrund ihrer geringen Bauform werden sie im täglichen Leben wenig beachtet. Es handelt sich um ein Funk-Kommunikationssystem, welches ankommende

> *Mit RFID werden Systeme bezeichnet, die mittels Funkwellen für die Identifikation und Lokalisierung von Gegenständen und Lebewesen eingesetzt werden. Sie dienen der Erfassung und Speicherung von Daten.*

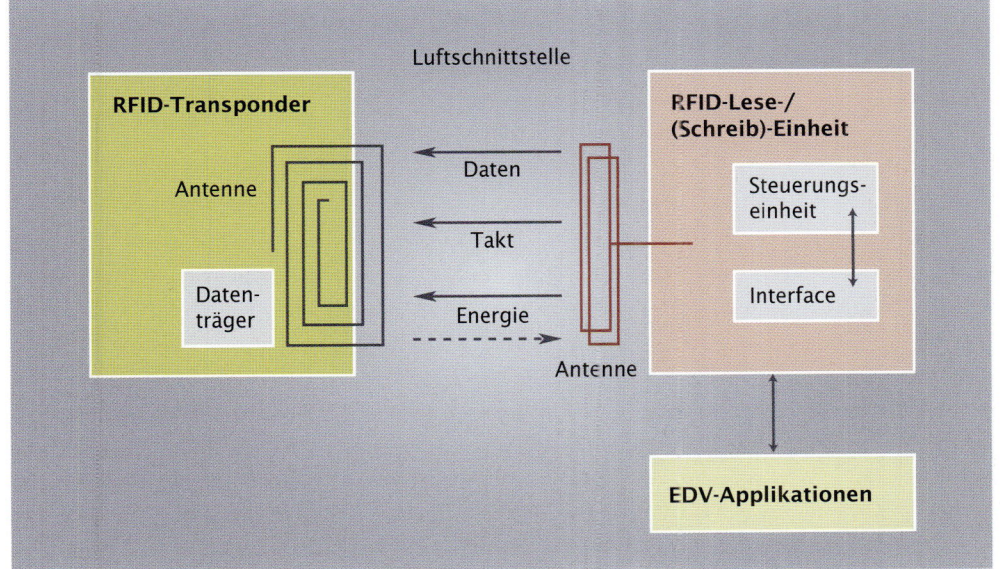

25.3.2-4 RFID-Funktionsweise

[1] **WiMAX:** Worldwide Interoperability for Microwave Access ; engl. weltweite Zusammenarbeit für den Mikrowellen-Zugang

[2] **RFID:** Radio-Frequency Identification , engl. Identifikation mittels Funkwellen

25.3.2-5 RFID-Anwendung bei Warenetiketten und in der Warenlogistik

Funksignale aufnimmt und beantwortet, bzw. weiterleitet. Diese Systeme werden auch als Transponder[1] bezeichnet. Als Gegenstelle fungiert ein Lesegerät, welches die Verbindung zum RFID aufnimmt und mit diesem kommuniziert.

RFIDs unterscheiden sich vor allem in der Art der Energieversorgung und damit auch in Bezug auf ihre Größe. Passive RFIDs beziehen ihre Energieversorgung aus den ankommenden Funkwellen und haben die kleinste Bauform. Sie sind insbesondere in der Auszeichnung von Waren und in Identifikationssystemen (Ausweise, implantierbare RFIDs) eingesetzt. Die Reichweite der Kommunikation ist auf wenige Meter begrenzt. Aktive RFIDs besitzen eine eigene Energieversorgung und werden insbesondere dort eingesetzt, wo eine höhere Übertragungsreichweite notwendig ist. Um Energie zu sparen, werden sie häufig durch entsprechende Funksignale aktiviert bzw. deaktiviert. Die Kommunikation erfolgt sehr anwendungsspezifisch in verschiedenen Frequenzbereichen der ISM-Bänder.

[1] Transponder: zusammengesetzt aus Transmitter (Sender) und Responder (Antwortsender)

Die Durchführung der täglichen Arbeits- und Geschäftsprozesse ist für die Firma Lütgens mit der Nutzung verschiedener Netzdienste verbunden. Diese betreffen den Daten- und Informationsaustausch mit Kunden und Lieferanten und müssen entsprechend leistungsfähig und zuverlässig ausgelegt sein.

Mit der Bereitstellung der öffentlichen Kommunikationsnetze ist nicht nur die Gewährleistung einer oder mehrerer Kommunikationsformen verbunden. Vielmehr werden Dienstleistungen zur Verfügung gestellt, die in Zusammenhang mit den geforderten Kommunikationsformen stehen. Dabei ist es nicht zwingend notwendig, dass die Dienstanbieter gleichzeitig auch Netzbetreiber sind. Auch ist die Art des Netzes (Festnetz, Mobilfunknetz) von geringer Bedeutung. Seit der Öffnung des Telekommunikationsmarktes offerieren zahlreiche Dienstanbieter ihre Leistungen auf der Basis eigener Netze oder des öffentlichen Netzes an (siehe auch Kapitel 27: Netz- und Dienstanbieter).

> *Mit der Nutzung bestimmter Netzformen und Telekommunikationsendgeräte ist im Prinzip der jeweilige Hauptdienst festgelegt.*

Die Anbieter von Diensten sind verpflichtet, ihre Kunden auf die bei der Nutzung der Dienste anfallenden Kosten hinzuweisen.

TIPP

Vorzugsweise Ansagedienste und Dienste, die per SMS bestellt werden (Laden von Klingeltönen usw.), entpuppen sich schnell als Kostenfalle! Kriminelle Unternehmen und schädliche Programme (Dialer usw.) verursachen über die unberechtigte Abrechnung von Diensten schnell sehr hohe Gebühren!

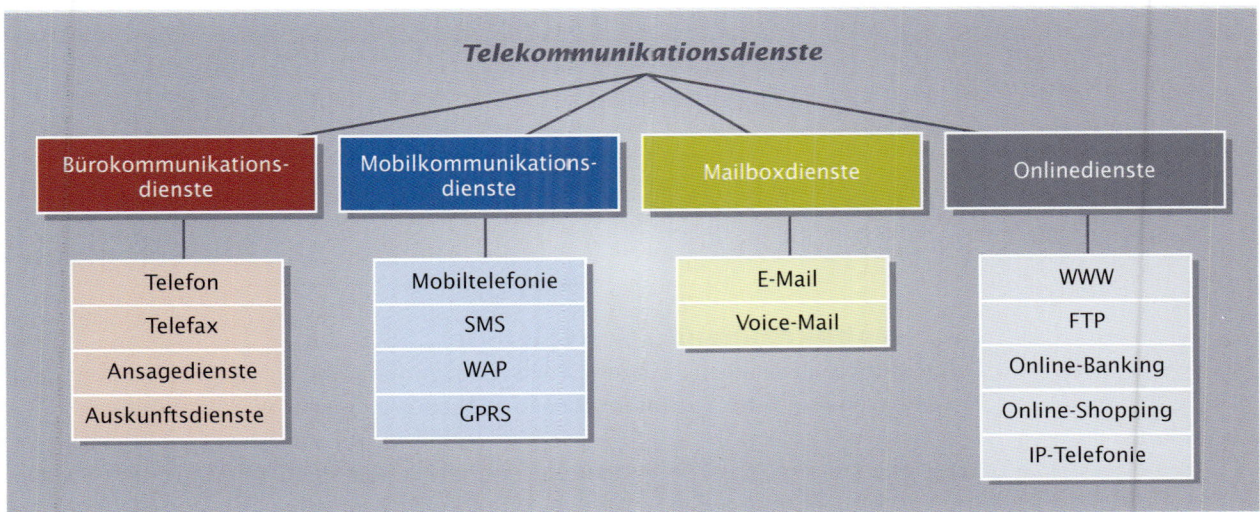

26-1 Telekommunikationsdienste

26.1 Bürokommunikationsdienste

Typische Bürokommunikationsdienste dienen der Abwicklung alltäglicher Büroaufgaben. Sie bieten die klassischen Dienste wie z. B. Telefonie und Telefax. Besondere Serviceleistungen verschiedener Anbieter wie Ansagedienste, Auskunftsdienste oder Benachrichtigungsdienste sind z. B.:

- Wirtschaftsinformationen,
- Börsenkurse,
- Rufnummernauskunft,
- Vermittlungsservice,
- Sekretariatsservice,

- Verkehrsinformationen,
- Wetterinformationen,
- Weckdienste,
- Service Hotlines.

Über besondere Servicenummern werden diese Informationen und Dienstleistungen bundesweit angeboten. Abhängig von der verwendeten Vorwahlnummer stehen bestimmte Dienste/Anwendungen zu Verfügung. Zu beachten ist, dass diese auch mit unterschiedlichen Kosten verknüpft sind.

Bezeichnung	Beschreibung
Service 0130 Service 0800	Unter den Vorwahlnummern 0130 und 0800 ist der Anbieter für seine Kunden kostenfrei erreichbar. Die anfallenden Kosten trägt der Anbieter. Dieser Service wird z. B. für Bestellungen angeboten.
Service 0180	Unter der Vorwahlnummer 0180 wird der anrufende Teilnehmer an die gewünschte Stelle weitergeleitet. Je nach Anbieter fallen dabei gestaffelte Verbindungskosten an. Diese sind der der 0180-Nummer folgenden Ziffer (1–5) zugeordnet. Dieser Service wird z. B. für kostenpflichtige Hotlines genutzt.
Service 0190 Service 0900	Über die Vorwahlnummern 0190 und 0900 wird der Anrufer automatisch mit kostenpflichtigen Ansagediensten privater Informationsanbieter verbunden. Die Kosten setzen sich aus Verbindungskosten und Anbieterkosten zusammen.
Service 0137	Vorwahlnummer für Gewinnspiele, Abstimmungen usw.

Die Dienste und Dienstmerkmale des ISDN wurden in den Kapiteln 18 und 20 beschrieben.

> Welche Bürokommunikationsdienste werden in Ihrem Betrieb/Ihrer Schule genutzt?

26.2 Mobilkommunikationsdienste

Die Mitarbeiter der Firma Lütgens müssen im Außendienst schnell erreichbar sein. Nachrichten und Informationen müssen zügig ausgetauscht werden können.

Mobilkommunikationsdienste bieten neben der klassischen Telefonie eine Vielzahl von Dienstmerkmalen, die die Vorteile einer Funkvernetzung ausnutzen. Neben den üblichen, auch im Festnetz vorhandenen Diensten, wie Rufumleitung und Anrufbeantworter (Sprachmailbox) und den Bürokommunikationsdiensten, sind unter anderem folgende Dienste von Bedeutung:
- SMS (Short Message Service)
- WAP (Wireless Application Protocol)
- Datendienste.

[1] **PDA P**ersonal **D**igital **A**ssistent: engl. perönlicher digitaler Assistent
[1] **GPS G**lobal **P**osition **S**ystem: engl. globales Positionsbestimmungs-System

Durch die zunehmende Integrationsdichte moderner Mobilfunktelefone, werden zunehmend auch Funktionen von PDA-Computern[1] in die Telefone integriert. Diese Telefone werden als Smartphones bezeichnet. Sie sind in der Lage, Organizerfunktionen zu übernehmen, Video- und Audio-Dateien wiederzugeben und Verkehrsrouten zu berechnen. Dazu stützen sie sich auf Dienste, die über das Funknetz angeboten werden. Für die Berechnung von Positionen werden häufig zusätzlich GPS-Daten[2] benötigt.

26.2.1 SMS

Der SMS (Short Message Service) bietet die Möglichkeit, Nachrichten bis zu einer Länge von 160 Zeichen zu übermitteln. Dabei wird umgangssprachlich diese Nachricht als SMS-Nachricht oder kurz SMS bezeichnet. SMS-Nachrichten können von einem Mobilfunktelefon oder über einen Internetzugang erzeugt und verschickt werden. Diese Nachrichten werden an den Mobilfunk-Netzbetreiber geleitet. Über die Identifizierung im Mobilfunknetz per SIM-Nummer kann die Nachricht dann an das entsprechende Gerät zugestellt werden. Sollte der Teilnehmer längere Zeit nicht im Netz angemeldet sein, verfällt die Nachricht nach einem bestimmten Zeitraum (z. B. 48 Stunden).

> *Der Dienst zur Übertragung von Zeichen über das GSM-Netz wird als SMS (Short Message Service) bezeichnet.*

Das Mobilfunktelefon fungiert hier als sogenannter Pager[1]. Wird eine SMS empfangen, so wird dies den Telefoneinstellungen entsprechend signalisiert. Der Versand einer SMS von einem Handy aus ist ebenfalls möglich. Diese Nachricht kann als SMS, Telefax oder eMail deklariert werden und wird dann über die entsprechenden Anschlüsse zugestellt.

Der SMS-Dienst ist neben der Telefonie der umsatzstärkste Dienst der Dienstbetreiber. Aufgrund der großen Akzeptanz bei den Kunden ist dieser Dienst um Zusatzfunktionen erweitert worden. Es existieren mehrere Standards.

Für die Übermittlung längerer Texte wird der Dienst EMS (Enhanced Message Service) angeboten. Damit wird die Beschränkung auf 160 Zeichen aufgehoben. Üblich ist eine Länge von bis zu 1024 Zeichen. Allerdings wird bei den meisten Netzbetreibern immer nach je begonnene 160 Zeichen abgerechnet.

26.2.1-1 MMS-Nachricht

Als Nachfolger der Dienste SMS und EMS ist MMS (Multimedia Messaging Service) anzusehen. Mit diesem Dienst sind die Übermittlung von Texten und das Versenden beliebiger Anhänge, wie z. B. Dokumente, Bilder oder Videosequenzen, möglich. MMS ist nicht kompatibel zu den Standards SMS und EMS, sondern wird vielmehr auf eine Mehrzahl bestehender Standards aufgesetzt. Endgeräte müssen deshalb diese Standards unterstützen. So wird beispielsweise für die Kommunikation das Protokoll WAP (Wireless Application Protocol) und für die Übertragung der Daten GPRS (General Packet Radio Service) verwendet. Insgesamt darf eine Nachricht das Volumen von 300 kByte nicht überschreiten.

> *Der Dienst zur Übertragung von Zeichen und multimedialen Anhängen über das GSM-Netz wird als MMS (Multimedia Messaging Service) bezeichnet.*

26.2.2 WAP

Unter dem Kürzel WAP (Wireless Application Protocol) werden Dienste und Protokolle zusammengefasst, die den Zugang und die Nutzung des Internets per Handy ermöglichen. Dabei werden die geringeren Übertragungsraten, die längeren Antwortzeiten und die kleinen Displays der Mobiltelefone berücksichtigt. Außerdem sind die Rechenleistungen der Mobilgeräte

> *Unter WAP werden eine Protokollfamilie und deren Dienste zusammengefasst, die den Zugang zum Internet über ein Mobilfunkgerät zur Verfügung stellt.*

[1] **Page:** engl. Seite; Pager: engl., Personenrufempfänger

26.2.2-1
WAP-Internetseite

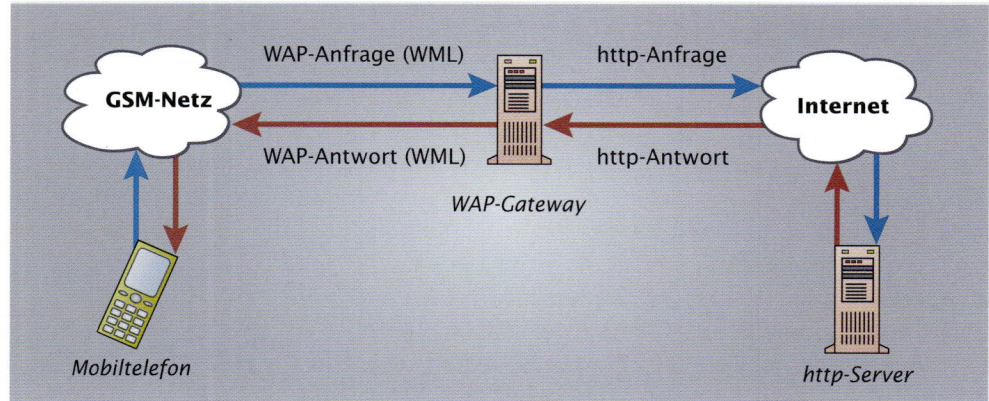

26.2.2-2 WAP-Kommunikation

zu berücksichtigen. Die entsprechenden Internetseiten sind deshalb in der Art und im Umfang kleiner und einfacher gehalten.

Um eine angemessene Internetnutzung zu erreichen, müssen:
• die Menge der zu übertragenden Daten stark reduziert werden und
• eine offene Struktur und Lesbarkeit der Auszeichnungssprache (Markup-Language) beibehalten werden.

Aus diesen Anforderungen heraus wird für die Gestaltung der Internetseiten eine eigene Auszeichnungssprache verwendet (WML: Wireless Markup Language). Die hinterlegten Seiten werden jedoch nicht als Quelltext übertragen, sondern in bereits compilierter Form. Deshalb kommuniziert der Client nicht direkt mit dem Internetserver, sondern über ein WAP-Gateway des Netzbetreibers. Für die Übertragung der Daten stützt sich WAP auf vorhandene Datenübertragungsprotokolle wie GPRS (General Packet Radio Service) oder HSCSD (High Speed Circuit Switched Data) (siehe auch Abschnitt 26.2.3). Die Kommunikation zwischen dem WAP-Client und dem WAP-Gateway wird mit dem Protokoll http organisiert. Abgerechnet wird je nach verwendetem Übertragungsprotokoll entweder nach exaktem Datenvolumen oder nach der Anzahl der übertragenen Seiten.

26.2.3 Datendienste
Für die Übertragung von Daten im Mobilfunknetz stehen mehrere Datendienste zur Verfügung. Sie bilden die Grundlage für weitere Dienste, wie zum Beispiel für die bereits behandelten Dienste SMS und WAP. So werden Klingeltöne, Hintergrundbilder oder Spiele über diese Datendienste auf Mobilfunktelefone geladen. Die Anforderung geschieht zum Beispiel über WAP oder eine SMS.

HSCSD
Beim HSCSD (High Speed Circuit Switched Data[1]) handelt es sich um eine schnelle leitungsvermittelte Datenübertragung. Es werden mehrere GSM-Kanäle (bzw. Zeitschlitze) zu einer logischen Verbindung zusammengefasst.

> *HSCSD (High Speed Circuit Switched Data) bezeichnet einen Dienst zur leitungsvermittelten Übertragung von Daten im GSM-Netz. Die Abrechnung erfolgt nach der Dauer der Verbindung.*

Insgesamt können nur maximal vier Kanäle genutzt werden. In Deutschland bieten nur die Netzbetreiber Vodafone und E-Plus

[1] **HSCSD H**igh **S**peed **C**ircuit **S**witched **D**ata: engl. leitungsvermittelte Datenübertragung mit hoher Geschwindigkeit

eine HSCSD-Übertragung an. Dabei können zwei Übertragungsvarianten genutzt werden:

- Für den Up- und den Downlink stehen jeweils 28.800 bit/s zur Verfügung (Vodafone).
- Für den Uplink stehen 43.200 bit/s und für den Downlink 14.400 bit/s (E-Plus) bereit.

Als problematisch kann sich auch die Bewegung des Gerätes erweisen, da bei einem Handover die Leitung nicht übernommen wird. Es wird dann auf eine einfache CSD Verbindung mit der Nutzung eines Kanals zurückgeschaltet.

GPRS

Beim GPRS (General Packet Radio Service[1]) handelt es sich um eine paketorientierte Datenübertragung. Dazu werden die Daten des Senders in Pakete aufgeteilt, übertragen und wieder beim Sender zusammengesetzt. Die Grundprinzipien dieses Verfahren sind mit der Datenübertragung mittels TCP vergleichbar (siehe auch Abschnitt 9.2).

> *Mit GPRS (General Packet Radio Service) wird ein Dienst zur paketorientierten Übertragung von Daten im GMS-Netz bezeichnet. Die Abrechnung erfolgt nach der Menge der übertragenen Daten.*

Mittels Bündelung aller acht GSM-Kanäle (bzw. Zeitschlitze) ist eine theoretische Datenübertragungsrate von 171,2 kbit/s möglich Tatsächlich ist die Datenübertragungsrate durch die Anzahl der gleichzeitig nutzbaren Kanäle des Mobilfunkgerätes begrenzt. Üblicher Standard sind zurzeit Geräte mit vier Kanälen im Downlink und zwei Kanälen im Uplink. Diese sind jedoch nicht gleichzeitig nutzbar. Mit aktuellen Geräten sind im Downlink Übertragungsraten von bis zu 28,8 kbit/s möglich. Mit GPRS kann sowohl eine „Punkt-zu-Punkt"-Verbindung (Point-to-Point) als auch eine „Punkt-zu-Multipunkt"-Verbindung (Point-to-Multipoint) aufgebaut werden.

1. Stellen Sie eine Auflistung der Dienste Ihres Mobilfunkbetreibers zusammen.
2. Welche Dienste nutzen Sie davon tatsächlich?
3. Informieren Sie sich über die Dienste im UMTS-Netz.

26.3 Mailboxdienste

Die Mitarbeiter der Firma B@ltic Networks sind auf eine schnelle Kommunikation mit Herstellern und Lieferanten angewiesen, um beispielsweise technische Probleme zu lösen. Dazu sind Problembeschreibungen und technische Daten in Form von Unterlagen auszutauschen. Sind Mitarbeiter der Firma B@ltic Networks durch Abwesenheit oder abgeschaltete Mobiltelefongeräte nicht erreichbar, so soll Ihnen eine Nachricht hinterlassen werden können.

Die Bezeichnung „Mailbox" (Briefkasten) beschreibt Dienste, die es ermöglichen, einem Teilnehmer Mitteilungen zu hinterlassen. Inzwischen gibt es unter dieser Bezeichnung verschiedene Dienste.

26.3.1 E-Mail

Der bekannteste und am weitesten verbreitete Mail-Dienst ist die Form eines elektronischen Briefes (E-Mail: electronic mail; elektronische Post).

> *Mit E-Mail werden sowohl der Dienst als auch die briefähnliche Nachricht bezeichnet.*

[1] **GPRS G**eneral **P**acket **R**adio **S**ervice: engl. allgemeiner paketorientierter Funkdienst

Vergleichbar ist dieser Dienst mit dem Postschließfach der klassischen Briefpost[1]. Nachrichten werden dort in codierter Textform abgelegt. Den Zugang zu dieser Nachricht hat nur derjenige, der sich als Benutzer des Systems mit korrektem Namen und Passwort anmelden kann. Innerhalb des E-Mailbox-Systems können die Nachrichten abgerufen, gelesen, editiert und gelöscht werden. Besondere Funktionen sind:

- Das Weiterreichen einer E-Mail an einen oder mehrere Teilnehmer. Dieser Vorgang wird als „forwarding" bezeichnet.
- Das Beantworten einer E-Mail. Dabei kann auf der Grundlage der eingegangenen E-Mail der Text bearbeitet und ergänzt werden. Auf diese Weise kann der Umfang der E-Mail sehr schnell sehr groß werden. Dieser Vorgang wird als „reply" bezeichnet.
- Das Versenden von E-Mails an ganze Gruppen.
- Das Anhängen von Dateien und Programmen an E-Mails.

E-Mail-Dienste sind heute üblicherweise in Online-Dienste oder Kommunikationsmanagementsysteme integriert.

Eine E-Mail besteht aus mehreren Teilen (siehe auch Abschnitt 9.3):

- dem Kopf (header): er enthält alle Daten über den Absender, den oder die Empfänger, Kopieempfänger, den Weg der E-Mail sowie die Codierung der Nachricht,
- der Nachricht (body) und
- optionalen Anhängen (attachment).

Der Austausch der E-Mails wird über Protokolle wie SMTP, POP oder IMAP vorgenommen. Dabei wird immer eine Verbindung eines Clients zu einem E-Mail-Server aufgebaut. Der Ablauf dieser Kommunikation ist im Kapitel 9 beschrieben.

TIPP

Zur Reduktion unerwünschter Mails bieten die Provider Filterfunktionen an. Außerdem sollten entsprechende Programme (Antivirenprogramme, Filter) auch lokal auf dem Rechner installiert werden.

Der Austausch von Mails ist zunehmend mit Risiken und Unannehmlichkeiten verbunden. Diese lassen sich in drei Kategorien zusammenfassen (siehe Kapitel 14):

- Mails mit schädlichem Anhang (Viren, Trojaner usw.),
- Mails, die den Empfänger zur Offenlegung von Zugangsdaten herausfordern (phishing-mail[2]),
- unerwünschte und massenhaft versandte Werbemails (SPAM: Spiced Ham, siehe Kapitel 14).

Außerdem ist der Inhalt einer E-Mail auf jedem Rechner, den die Mail auf ihrem Weg passiert, lesbar. Deshalb sollte ein Mail-Inhalt stets mit speziellen Programmen verschlüsselt werden.

Provider mit mehr als eintausend Teilnehmeranschlüssen sind nach dem Telekommunikationsgesetz verpflichtet, auf Anordnung eine Überwachung des E-Mail-Verkehrs durchführen zu können.

[1] Im IT-Bereich wird diese klassische Variante der Informationsübermittlung auch als „snailmail" (Schneckenpost) bezeichnet.

[2] **phishing:** verfremdete Form des Wortes fishing; engl. fischen. Es wird darunter das Entlocken (Abfischen) von Zugangsdaten und Passwörtern für das Online-Banking oder den Zugang zu Versandunternehmen verstanden.

26.3.2 Voice-Mail

Eine andere Art des Hinterlassens von Nachrichten ist die Aufzeichnung von Sprache beim Dienstanbieter. Je nach Anbieter wird dieser Dienst z. B. als Voice-Mailbox, Sprach-Mailbox oder Mobilbox bezeichnet. Die Funktionen sind mit denen eines Anrufbeantworters identisch (siehe Abschnitt 10.2.1). Der Teilnehmer wird durch Rückruf des Dienstanbieters über neu eingegangene Nachrichten informiert. Gesteuert werden Funktionen wie das Abrufen und das Löschen von Nachrichten über Nummernimpulse des IWV-Wählverfahrens (siehe Kapitel 19). Zugriff auf die Nachrichten hat nur derjenige, der sich über ein Passwort identifiziert. Bei Mobilgeräten wird zusätzlich über die SIM-Karte eine Autorisierung festgestellt.

> Überlegen Sie sich mindestens drei grundlegende Regeln für das Arbeiten mit E-Mails. Beziehen Sie in Ihre Überlegungen auch Sicherheitskriterien ein.

26.4 Online-Dienste

> Umfassende Anteile der Verwaltungs- und Organisationstätigkeiten in der Firma Lütgens betreffen den Zahlungsverkehr und das Bestellwesen. Eine Abwicklung ohne das direkte Aufsuchen des Partners erspart Zeit und Kosten.

Online-Dienste sind Dienste, die über einen Anbieter zum Beispiel über das World Wide Web (WWW) angeboten werden (siehe auch Kapitel 27). Es handelt sich dabei in der Regel um eine Integration unterschiedlicher Daten- und Informationsdienste. Folgende Dienste werden häufig angeboten:
- E-Mail,
- Online-Banking,
- Online-Shopping,
- Zugriff auf Datenbanken,
- Aktuelle Nachrichten (News-Ticker),
- Diskussions-Foren,
- Mitteilungsdienste,
- Online-Dialoge,
- Zugang zum World Wide Web (Internet).

An dieser Stelle sollen einige ausgewählte Dienste kurz beschrieben werden. Dem Dienst WWW (World Wide Web) ist aufgrund seiner Bedeutung ein eigenes Kapitel gewidmet.

26.4.1 Online-Banking
Sowohl für Privatpersonen als auch für Unternehmer kann die Erledigung von Bankgeschäften über eine Datenverbindung Zeit- und Gebührenvorteile bringen. Dies gilt vor allem für Routinevorgänge wie
- Überweisungen,
- Daueraufträge und
- Kontostandinformationen.

Diese Arbeiten können vom Arbeitsplatz aus erledigt werden. Dabei kann grundsätzlich in zwei Varianten gearbeitet werden:
- Offline: Überweisungen und dergl. werden auf Datenträgern gespeichert und der Bank übergeben.
- Online: Die Transaktionen finden entweder browserbasiert über das Internet oder mit Hilfe von speziellen Programmen statt.

> *Banktransaktionen über das Internet oder eine Direkteinwahl bei der Bank werden als Online-Banking bezeichnet.*

Darüber hinaus bieten inzwischen Banken als sogenannte Direktbanken, ohne ein eigenes Filial- und Zweigstellennetz, den Erwerb und den Verkauf von Aktien und Wertpapieren an. Dieser Handel wird als Online-Brokerage bezeichnet.

Gerade die Übertragung sensibler Informationen im Geldgeschäft bedarf des besonderen Schutzes. Dieser soll gewährleistet werden durch:

- die Verwendung einer PIN-Nummer bei der Anmeldung,
- der Verwendung von TAN-Nummern[1] bei der Durchführung von Transaktionen und
- der Verschlüsselung von Daten bei der Übertragung.

Als Sicherheitsstandard hat sich dafür zurzeit der HBCI-Standard (Home Banking Computer Interface) etabliert.

TIPP

Online-Banking-Zugänge und somit der Zugriff auf die Konten der Nutzer sind immer wieder Ziel von Attacken und Phishing-Mails!

26.4.2 eCommerce

Mit den Begriffen Tele-Shopping und Online-Shopping wird die Möglichkeit des Einkaufens im Internet oder über Direktverbindungen beschrieben. Aktuell stützt sich dieser Bereich auf die Nutzung des Internets. Über die Auswahl in speziellen Menüs können Produkte bestellt werden. Diese werden in sogenannten Warenkörben zusammengefasst. Nach Abschluss der Produktauswahl wird diese Bestellung dem Bestellsystem des Anbieters übergeben und weiter bearbeitet. Häufig findet eine Bestätigung des Auftrages in Form einer E-Mail statt.

Insgesamt entwickelt sich dieser Bereich sehr dynamisch. Für den eCommerce[2] stehen spezielle Softwarelösungen zur Verfügung.

Eine besondere Variante sind Online-Auktionshäuser wie z. B. eBay. Hier können Produkte und Dienstleistungen zur Versteigerung angeboten oder aber ersteigert werden.

TIPP

Ähnlich wie beim Online-Banking sind auch beim eCommerce sicherheitskritische Anforderungen zu beachten. Dies gilt vor allem bei der Bezahlung per Kreditkarte.

Den rechtlichen Rahmen bildet das Fernabsatzgesetz, welches inzwischen mit dem Schuldrechtsmodernisierungsgesetz (SMG) in das Bürgerliche Gesetzbuch (BGB) integriert worden ist. Es berücksichtigt die besondere Beziehung und Entfernung zwischen Anbieter und Kunde und regelt Fernabsatzverträge und Informationspflichten.

> *Sowohl die Softwarelösungen wie auch die Unternehmen im World Wide Web werden als Online-Shop, Web-Shop oder eShop bezeichnet.*

26.4.3 Chat

Unter einem Chat[3] versteht man die direkte Unterhaltung mehrerer Personen über das Internet. Es kann mit einer Art E-Mail-Austausch in Echtzeit verglichen werden, wobei alle Teilnehmer den Dialog mitlesen können. In einem Chat werden überwiegend textbasierte Nachrichten ausgetauscht. Um die Nachrichten um Kommentare, Gefühls- und Stimmungsäußerungen anreichern zu können, werden von den Teilnehmern besondere Zeichen und Abkürzungen verwendet. Diese werden als Emoticons[4] oder auch Smileys[5] bezeichnet. Eine kleine Auswahl zeigt die folgende Tabelle.

[1] **TAN:** Transaktionsnummer
[2] **eCommerce:** electronic commerce; engl. elektronischer Handel
[3] **to chat:** engl. plaudern
[4] **Emoticon:** Kunstwort aus Emotion und Icon
[5] **Smiley:** von to smile; engl. lächeln. Die „Gesichter" lassen sich am besten erkennen, wenn man den Kopf auf die linke Schulter legt.

Icon Zeichen	Bedeutung
:-)	lachendes Gesicht, Ausdruck von Freude
:-(	trauriges Gesicht, Ausdruck von Ärger oder Enttäuschung
;-)	zwinkern, Bedeutet in etwa „Nimm's nicht so ernst!"
:p	Zunge rausstrecken
:-x	Kuss

Icon Abkürzung	Bedeutung
g	grin; engl. grinsen, lachen
bg	big grin; engl. breites Grinsen
eg	evil grin; engl. fieses oder teuflisches Grinsen
lol	laughing out loud; engl. laut lachen
rotfl	rolling on the floor laughing; engl. sich auf dem Boden wälzen vor lachen

Chats werden in sogenannten Foren organisiert, die themenbezogen angeboten werden und in die man mittels eines Nicknames[1] und gegebenenfalls eines Passwortes eintreten kann. Organisiert, überwacht und kommentiert werden die Foren durch Administratoren. Wird gegen allgemein gültige Regeln verstoßen, so kann ein Teilnehmer aus dem Forum verbannt werden.

Im Zuge der technischen Entwicklung sind drei Formen entstanden.

IRC

Die älteste Form ist der Internet Relay Chat (IRC). Diese Chatform basiert auf einer Client-Server-Lösung. Über das Internet und das Protokoll IRC wird von den IRC-Clients auf einen Chat-Server zugegriffen. Für einen Chat muss auf dem Client das IRC-Protokoll eingerichtet sein. Der IRC ist weitgehend textbasiert, erlaubt aber auch den Austausch von Dateien.

Web-Chat

Die direkteste und einfachste Art des Chats erfolgt browserbasiert über das World Wide Web. Dazu müssen die notwendigen Einstellungen im Browser aktiviert sein. Die Chat-Funktionen sind dann direkt in den aufgerufenen HTML-Seiten integriert.

Instant Messaging[2]

Die modernste Form des Chats wird durch Softwarelösungen realisiert, die eine sehr schnelle und direkte Kommunikation ermöglichen. Vergleichbar ist dies mit einer erweiterten Lösung mittels IRC. Da feste Benutzernamen und Nummern vergeben werden, ist das Austauschen von Nachrichten auch dann möglich, wenn der Empfänger „offline" ist. Zum Funktionsumfang moderner Instant Messaging Systeme gehört auch die Sprach- und Videoübertragung sowie das Angebot von Spielen. Ein weit verbreitetes System ist ICQ (für „I seek you"; engl. „Ich suche dich").

Der Chat wird überwiegend für die private Kommunikation genutzt. Allerdings existieren auch eine Vielzahl von Foren für die Diskussion fachlicher Problemstellungen.

1. Entwickeln Sie mindestens drei Regeln für den sicheren Online-Zahlungsverkehr.
2. Ermitteln Sie, welchen Ablauf eine Bestellung in einem Online-Shop hat.
3. Recherchieren Sie im Internet zu folgenden Themen: Netiquette, Chatiquette, Smileys, Emoticons.

[1] **Nickname:** engl. Spitzname
[2] **Instant Messaging:** engl. sofortige Nachrichtenübermittlung

26.4.4 Videokonferenzen

Um eine Produktentwicklung durchzuführen, ist es in der Firma Lütgens immer wieder notwendig, mit den Beteiligten Pläne und Unterlagen abzugleichen. Da die Mitarbeiter zum Teil an voneinander weit entfernten Arbeitsplätzen tätig sind, gestalten sich Arbeitstreffen sehr zeit- und kostenaufwändig.

Eine Möglichkeit sehr flexibel und Kosten sparend über weite Entfernungen zu kommunizieren bietet die Durchführung von Videokonferenzen (video conferencing).

Ein System zur audiovisuellen und multimedialen Kommunikation zwischen räumlich weit entfernten Teilnehmern wird als Videokonferenzsystem bezeichnet.

Videokonferenzsysteme können eingesetzt werden zur:
- gemeinsamen Bearbeitung von Dokumenten und Dateien (document sharing),
- Aus- und Weiterbildung (eLearning),
- Fernwartung von Anlagen und Systemen.

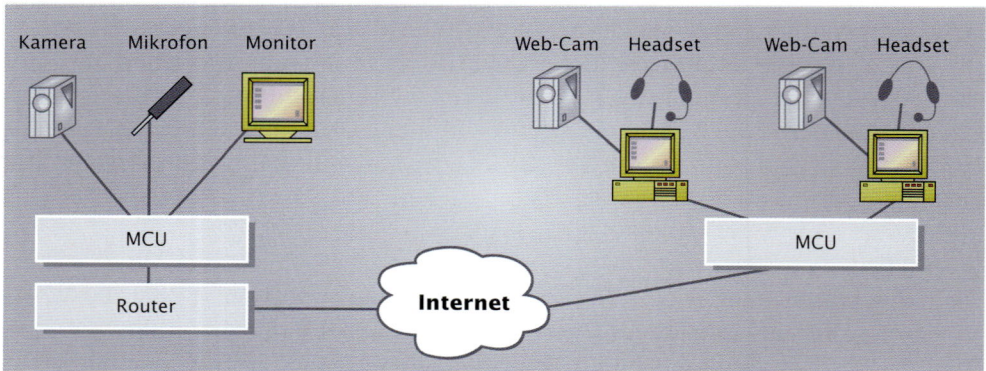

26.4.4-1 Videokonferenz

Besondere Gateways organisieren die Verbindungen der Endgeräte über die Fernverbindung. Für die Adressierung, Bandbreitenverwaltung und Abrechnung werden Systeme eingesetzt, die als Gatekeeper bezeichnet werden. Der Punkt-zu-Mehrpunkt-Betrieb (Point-to-Multipoint) wird über MCUs (Multipoint Control Units) geregelt. Diese sind entweder in den einzelnen Endgeräten oder als zentrale Einheit vorhanden. Die Arbeitsplätze selber müssen als Multimediasysteme mit Kamera, Lautsprecher und Mikrofon ausgestattet sein. Darüber hinaus müssen sie über die entsprechende Kommunikationssoftware verfügen.

26.5 IP-Telefonie

Das Telefonieren über ein Computernetzwerk auf der Basis des IP-Protokolls wird als IP-Telefonie, Internet-Telefonie oder Voice over IP (VoIP) bezeichnet.

Ein sich sehr dynamisch entwickelnder Dienst ist die Telefonie über das Internet. Wurden bisher überwiegend Firmen mit der entsprechenden Technologie ausgerüstet, entwickelt sich zunehmend das Angebot auch für Privatkunden. Im Gegensatz zur herkömmlichen Telefonie wird ein Gespräch paketorientiert übertragen und keine geschaltete Verbindung genutzt.

Mit dem Übergang auf paketorientierte Sprachübertragung werden die bestehenden Telefonnetze abgelöst und durch einheitliche Datennetze ersetzt. Dazu werden bestehende Netzwerkverbindungen genutzt. Der Zugang zum öffentlichen Telefonnetz wird über Gateways hergestellt. Leider existiert bisher kein einheitlicher Standard. In Unternehmensnetzen wird überwiegend der H.323-Standard angewendet, im privaten Bereich der SIP-Standard (siehe unten).

Im Prinzip funktioniert die IP-Telefonie genau wie der öffentliche Telefondienst. Analoge Sprachsignale werden mittels eines Analog-Digital-Umsetzers (ADU, engl. ADC[1]) in ein digitales Signal umgesetzt. Dieses wird dann codiert und komprimiert. Die Codierung des Sprachsignals (Codec) wird überwiegend im ITU-T-G.711-Standard vorgenommen. Für die Übertragung werden dann Pakete gebildet. Im Prinzip gleicht die Übertragung den Verfahren, wie sie ausführlich in den Kapiteln 9 bis 11 beschrieben wurden. Da die Geschwindigkeit von hoher Bedeutung ist, wird der eigentliche Transport mittels RTP[2] organisiert, welches üblicherweise UDP[3] als Übertragungsprotokoll verwendet.

Bei der IP-Telefonie werden analoge Signale paketorientiert in einer verbindungslosen Kommunikation übertragen.

Für die IP-Telefonie werden eine IP-Adresse und ein Port benötigt. Da jedoch viele Geräte über eine dynamisch zugewiesene IP-Adresse mit dem Netzwerk verbunden sind, stellt sich das Problem der eindeutigen und reproduzierbaren Identifizierung der Teilnehmer. Entweder wird vom Provider eine eigene VoIP-Telefonnummer vergeben oder sie wird mittels des Dienstes ENUM[4] (siehe unten) umgesetzt.

Vorteilhaft ist die IP-Telefonie vor allem bei bestehenden Netzwerkzugängen, z. B. über eine DSL-Verbindung, da sehr geringe Kosten anfallen. In wenigen Jahren wird diese Technik voraussichtlich die herkömmlichen Telefonnetze weitgehend ablösen. Mit der Weiterentwicklung von Diensten und Protokollen wie ENUM und SIP lassen sich dann wahrscheinlich einfach und sehr kostengünstig flexible Strukturen aufbauen. Eine physikalische und logische Trennung verschiedener Dienste und Geräte wird dann aufgehoben. Somit können über den reinen Sprachdienst hinaus weitere Dienste wie Video- und Datendienste in das Netz integriert werden.

26.5-1 Prinzip der IP-Telefonie

Für die Provider ergibt sich daraus eine Vereinheitlichung und damit Vereinfachung des bereitzustellenden Netzes. Dem Kunden kann damit eine höhere Integration und Verfügbarkeit der Dienste angeboten werden. Da dieser Übergang noch nicht abgeschlossen ist, ergibt sich für den Kunden jedoch ein schwieriger Überblick. Vor allem in der Verfügbarkeit und Qualität des Angebots gibt es regional große Unterschiede, die vor allem auf dem noch unzureichenden Ausbau mit Breitbandverbindungen basieren.

[1] ADC: **A**nalog **D**igital **C**onverter; engl. Analog-Digital-Umsetzer
[2] RTP: **R**ealtime **T**ransport **P**rotocol; engl. Echtzeit Transport Protokoll
[3] UDP: **U**ser **D**atagram **P**rotocol; engl. Benutzer Datagramm Protokoll
[4] ENUM: **E**.164 **NU**mber **M**apping; engl. E.164 (Bezeichnung des ITU-Standards) Nummern Umsetzung; Verfahren zur Übersetzung von Telefonnummern in eine IP-Adresse

H.323 Protokoll

Das Protokoll H.323 stellt eine Zusammenfassung verschiedener Standards dar und ist von ITU-T (ITU: International Telecommunication Union) festgelegt. Es legt folgende Dinge fest:

- Komponenten wie Terminals, Gateways, Gatekeeper usw.
- die Verfahren für die Verarbeitung von Sprache, Daten und Video
- das Verbindungsmanagement
- das Zusammenwirken unterschiedlicher Netze.

Einen Überblick über die H.323 Protokoll-Familie zeigt folgende Grafik:

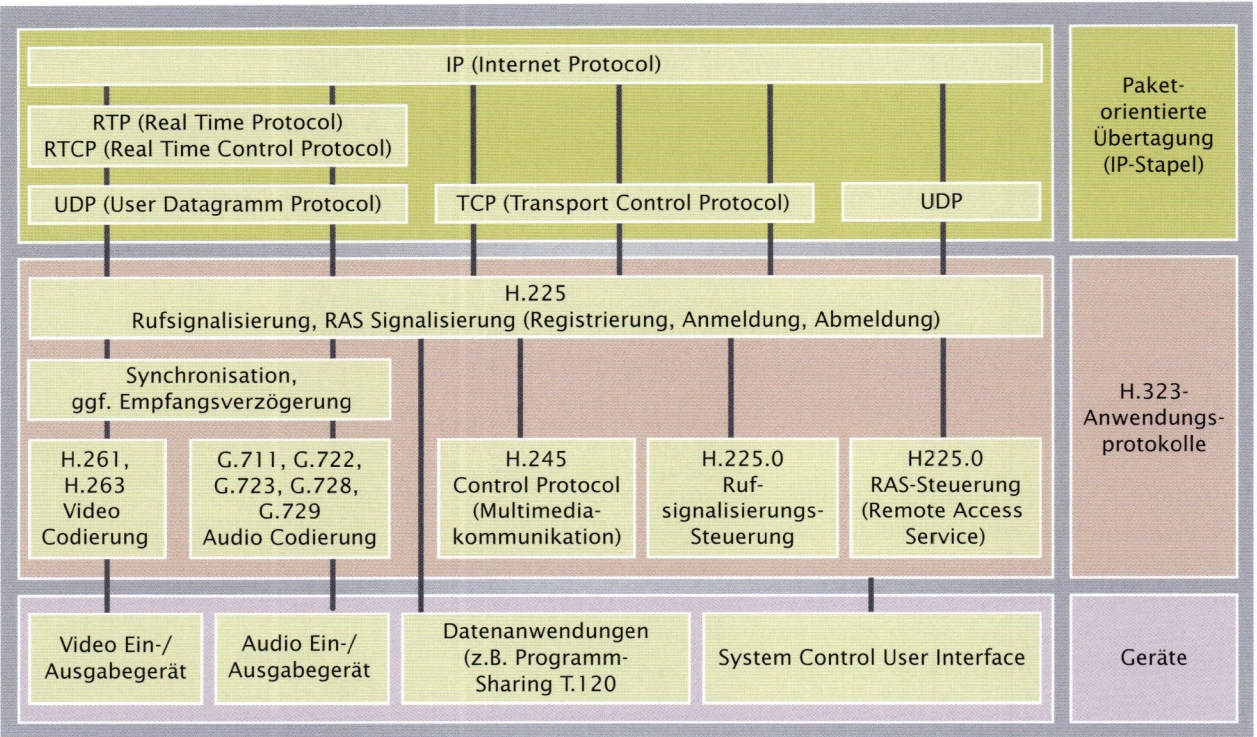

26.5-2 H.323-Protokoll-Familie

Als Terminal werden alle Endeinrichtungen, wie zum Beispiel IP-Telefone bezeichnet. Ein Gateway dient hier dem Übergang zwischen einem leitungsvermittelten Netz (klassisches Telefonnetz) und einem paketorientierten Netz (IP-Netz). Der Gatekeeper erfüllt folgende Funktionen:

- die Registrierung der angeschlossenen Terminals,
- den Aufbau und den Abbau der Verbindung und
- die Zugriffskontrolle.

Wie bereits im vorherigen Abschnitt beschrieben, dient die Multipoint Control Unit (MCU) der Steuerung von Multimedia-Konferenzen und der Aushandlung von Terminaleigenschaften im Punkt-zu-Mehrpunkt-Betrieb. Die folgende Grafik stellt die Architektur nach dem H323-Standard dar:

Mit QoS-LAN[1] werden in der Grafik Netzwerke bezeichnet, die aufgrund besonderer Verfahren wie zum Beispiel der Priorisierung von VoIP-IP-Paketen eine möglichst hohe Qualität der Sprachübertragung gewährleisten.

[1] QoS: Quality of Service; engl. Dienstgüte

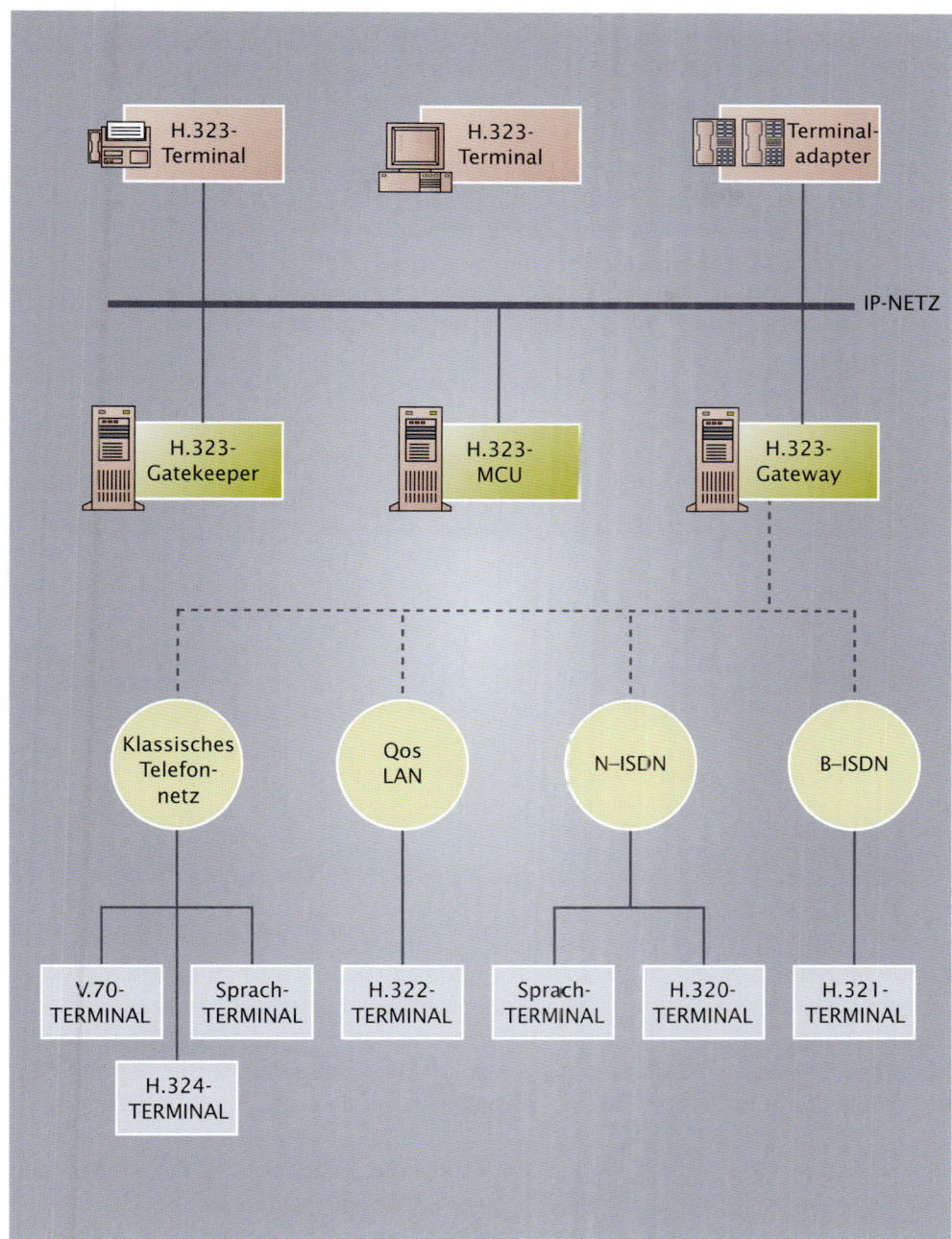

H.323-Terminal

H.323-Terminal

Terminal-adapter

IP-NETZ

H.323-Gatekeeper

H.323-MCU

H.323-Gateway

Klassisches Telefon-netz

Qos LAN

N–ISDN

B–ISDN

V.70-TERMINAL

Sprach-TERMINAL

H.322-TERMINAL

Sprach-TERMINAL

H.320-TERMINAL

H.321-TERMINAL

H.324-TERMINAL

26.5-3 H323-Architektur

Die Vorteile von H.323 liegen in den umfassend definierten Standards, der großen Verbreitung und der guten Erweiterbarkeit der Standards. Nachteilig sind der hohe Protokollaufwand und die höheren Betriebskosten.

SIP (Session Initiation Protocol)

Die Adressierung und die Adressauflösung (Zuordnung von IP-Adresse und Rufnummer) kann auch über das Session Initiation Protocol (SIP) gewährleistet werden.

> *Das Protokoll SIP dient dem einfachen und schnellen Aufbau, der Veränderung und dem Abbau von VoIP-Verbindungen.*

Möchte ein Teilnehmer an der IP-Telefonie teilnehmen, so muss er über einen Anbieter eine SIP-Adresse beziehen. Diese wird auch als URI (Uniform Resource Indicator) bezeichnet.

Da jedoch die wenigsten Telefongeräte in der Lage sind, die Wahl mittels URI durch-zuführen, vergeben die Anbieter für die IP-Telefonie eine herkömmliche Rufnum-mer. Zusätzlich stellt sich eine vorhandene Firewall oder ein Router als Problem dar. Da die Adressen durch die NAT (Network Address Translation) umgesetzt werden, müssen für die IP-Telefonie diese Zugänge umgangen werden. Dies ermöglichen be-sondere Server, die für die IP-Telefonie eine Firewall oder einen Router umgehen, ohne jedoch deren Funktionalität zu beeinträchtigen. Ermöglicht wird dies durch das Protokoll STUN (Simple traversal of UDP over NATs). STUN-Server werden im Zusammenhang mit SIP eingesetzt. Die folgende Grafik stellt die Architektur mittels SIP dar:

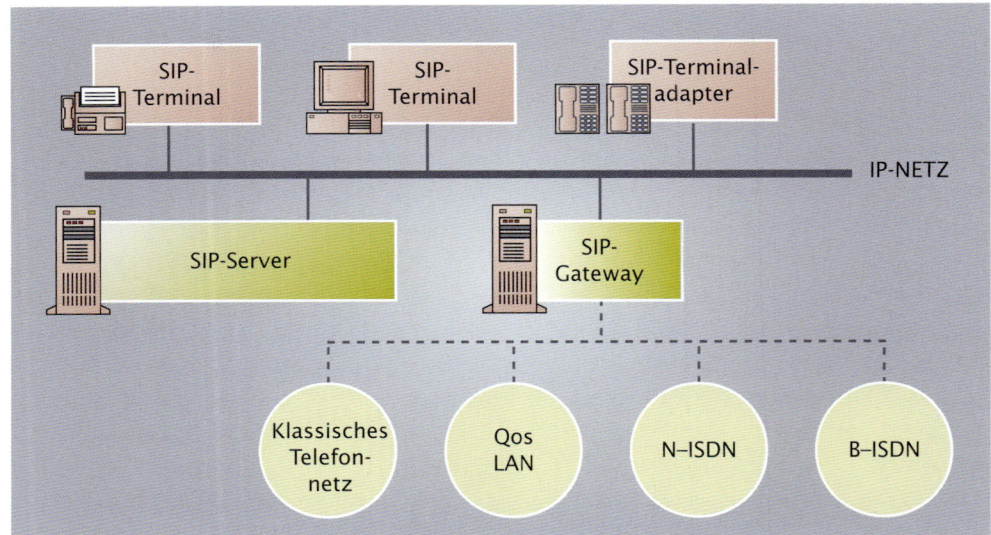

26.5-4 SIP-Architektur

SIP bietet große Vorteile, da es einfacher aufgebaut ist und schneller arbeitet als das aufwändigere Protokoll H.323. Da es auf den Erfahrungen der Internetentwicklung basiert, kann es offener und umfassender weiter entwickelt werden. Als nachteilig könnte sich erweisen, dass es keine zentralen Managementeinheiten gibt, sondern die Endgeräte verwaltende Funktionen ausüben müssen.

Auf absehbare Zeit werden wohl beide Protokolle nebeneinander existieren und weiterentwickelt werden.

ENUM (E.164 Number Mapping)
Mit dem Verfahren ENUM können klassische Telefonnummern in eine internetfähige Zieladresse umgesetzt werden. Es basiert auf der Anforderung mit einer Telefon-nummer sowohl im Telefonnetz wie auch im Internet möglichst unter der gleichen Nummer erreichbar zu sein. Nicht alle Provider bieten diesen Dienst an, sondern set-zen die Rufnummern meist kostenpflichtig mittels ihrer eigenen Festnetzgateways um.

Folgendes Beispiel verdeutlicht die Umsetzung einer Telefonnummer:

1.	+49 1 2345 6789	vollständige E.164-Nummer
2.	49123456789	Entfernen aller Zeichen, die keine Ziffern darstellen
3.	98765432194	Umkehren der Reihenfolge der Ziffern
4.	9.8.7.6.5.4.3.2.1.9.4	Einfügen von Punkten zwischen den einzelnen Ziffern
5.	9.8.7.6.5.4.3.2.1.9.4.e164.arpa	Anfügen des ENUM-Domain-Suffixes .e164.arpa

ENUM-fähige Geräte setzen diese Nummer bereits automatisch im Gerät um, so dass auf keinen Server zugegriffen werden muss.

1. Ermitteln Sie zu welchen Konditionen der Netzanbieter Ihres Betriebes/ Ihrer Schule IP-Telefonie anbietet.
2. Recherchieren Sie im Internet nach Telefongeräten, die IP-Telefonie unterstützen.
3. Welche Dienste können mit diesen Geräten noch genutzt werden?

Für die Nutzung von Sprach-, Online- und Mobilfunkdiensten muss sich die Firma Lütgens für entsprechende Dienstanbieter entscheiden. Diese stellen dann die notwendigen Netzzugänge und Dienste zur Verfügung.

In den bisherigen Kapiteln sind die Netztechnologien und die Netzdienste beschrieben worden. Der Zugang zu den Netzen und Diensten wird den Kunden von zahlreichen Unternehmen angeboten. Nicht in allen Fällen sind der Netzbetrieb und die Dienstangebote in der Hand eines Unternehmens.

27.1 Netzanbieter

Netzanbieter betreiben Weitbereichsnetze und stellen diese den Kunden zur Verfügung. Diese bestehen aus Leitungsnetzen und entsprechenden Netzknoten. Sie werden vom Unternehmen betrieben und gewartet. Durch die moderne Übertragungstechnik können im Prinzip über die Netze alle gewünschten Dienste abgewickelt werden. Netzanbieter treten häufig auch gleichzeitig als Dienstanbieter auf.

> *Da Netzanbieter die gesamte Übertragungstechnik anbieten, werden sie auch als Carrier[1] bezeichnet.*

Telekommunikationsnetze werden von mehreren Unternehmen betrieben. So sind schon seit längerer Zeit an Bahntrassen und in Energieversorgungsleitungen Kommunikationsleitungen aufgebaut worden. Darüber hinaus sind mehrere Mobilfunknetze weitgehend flächendeckend installiert. Mit der Öffnung des Telekommunikationsmarktes im Jahr 1998 wurden die Zugänge von Betreibergesellschaften den Dienstanbietern und Kunden zur Verfügung gestellt. Die Gesellschaften betreiben ihre Netze bundesweit oder regional begrenzt. Für den Betrieb des Netzes benötigen die Gesellschaften eine Betreiberlizenz. Die folgende Grafik zeigt beispielhaft die mögliche Struktur eines Netzanbieters.

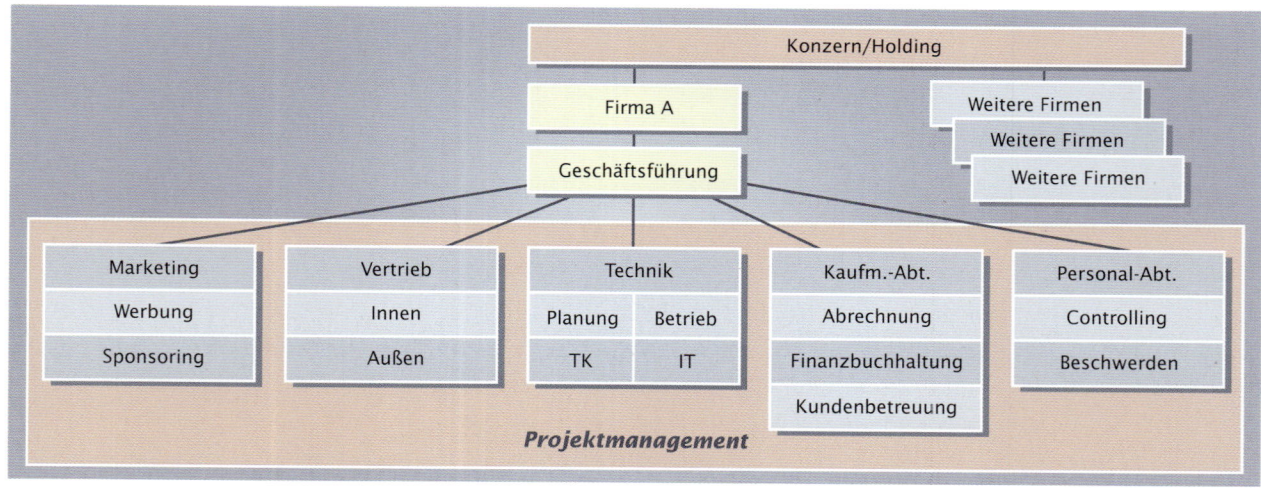

27.1-1 Betriebliche Struktur eines Netzanbieters

Da zurzeit große Übertragungskapazitäten durch die Netzanbieter vorgehalten werden, können Dienstanbieter bzw. Abnehmer zu günstigen Konditionen Übertragungskontingente mieten. Eine Sonderstellung unter den Netzbetreibern nimmt die Deutsche Telekom AG ein. Sie besitzt vor allem im Privatkundenbereich fast alle Endanschlüsse. Möchte ein alternativer Netzanbieter einen Endkunden übernehmen, so muss er deshalb häufig die Hausanschlüsse der Deutschen Telekom mieten,

[1] **Carrier:** engl. Träger

da sein eigenes Netz nicht bis zu Endkunden reicht. Alternativ müsste der Anbieter die Anbindung auf eigene Kosten zu dem Endkunden herstellen, was in der Regel nur bei großen Geschäftskunden wirtschaftlich vertretbar ist. Dies ist bei der Berechnung der Angebote mit einzubeziehen. Alternative Anschlüsse über die Energieversorgungsleitungen oder über Satellitenverbindungen haben entweder noch nicht die Leistungsfähigkeit oder sind zu teuer.

> *Der Anschluss von Endkunden an ein leistungsfähiges Telekommunikationsnetz wird als „Problem der letzten Meile" bezeichnet.*

Der Anschluss an ein Festnetz beginnt im Ortsvermittlungsknoten und endet an der Anschlussdose des Kunden. Dort sind die Telekommunikationsendgeräte, die Telekommunikationsanlagen oder die lokalen Netzwerke angeschlossen. Mit dem Anschluss an das Netz bekommt der Kunde eine Kennung z. B. in Form einer Telefonnummer oder IP-Nummer zugewiesen. Bei Mobilfunknetzen hat der Teilnehmer zwar eine Rufnummer, diese ist jedoch einer netzspezifischen Kennung zugeordnet, die z. B. auf der SIM-Karte hinterlegt ist.

27.2 Dienstzugänge

Der Zugriff auf Netzdienste setzt einen Netzzugang zum Weitbereichsnetz voraus. Von dort aus werden die Datendienstanbieter angewählt und ein Zugang zu den Verbindungsrechnern hergestellt. Wie diese Zugänge technisch ausgeführt werden, hängt von dem jeweiligen Fest- oder Funknetz ab. Die entsprechenden Zugangs- und Übertragungstechnologien wurden in den Kapiteln 19 bis 24 behandelt.

Der Zugang zu diesen Diensten wird durch einen Provider[1] hergestellt. Dieser betreibt ein Rechenzentrum. Dienste werden von einer Vielzahl von Providern betrieben, deren Leistungen in der Regel kostenpflichtig sind. Dazu kommen gegebenenfalls noch die Kosten für die Leitungsverbindungen der Netzanbieter. Aus diesem Grund sollte ein Provider auch sorgfältig ausgewählt werden. Wie bereits in Kapitel 26 beschrieben, existieren neben den Sprachdiensten auch Daten- und Internetdienste. Die beiden letztgenannten weisen aus der Sicht des Providers technisch und organisatorisch große Ähnlichkeit auf. Für diese Dienste gilt folgende Zugangsstruktur:

Der Einwahlknoten wird als Point of Presence (POP) bezeichnet. Allgemein werden Internet-Provider auch als ISP (Internet Service Provider) bezeichnet. Je nach Angebot werden Provider unterschiedlich zugeordnet.

[1] **Provider:** engl. Lieferant
[2] **Access:** engl. Zugang
[3] **Content:** engl. Inhalt
[4] **Presence:** engl. Anwesenheit
[5] **Host:** engl. Gastgeber, Wirt

Bezeichnung	Beschreibung
Access-Provider	Ein Access-Provider[2] stellt nur den Zugang zum Internet zur Verfügung. Eigene Dienste werden nicht angeboten. Nach der Einwahl und Autorisierung findet nur noch ein Routing statt.
Content-Provider	Content-Provider[3] stellen zusätzlich zur Verbindung auch Server mit Inhalten zur Verfügung. Aufgrund des vielfältigen Dienste-Angebotes werden diese Zugänge auch als Portale bezeichnet.
Presence-Provider	Presence-Provider[4] bieten ihren Kunden die Einrichtung und Pflege einer Internet-Präsenz an.
Web-Hoster	Web-Hoster[5] bieten nur die Verwaltung einer Internet-Domäne an und stellen Rechner- und Speicherkapazität für Internetseiten und Mails zur Verfügung.

Wird eine eigene Internet-Präsenz angestrebt, so ist entweder ein eigener Web-Server einzurichten oder man nutzt die Dienste eines Web-Hosters. Die Vergabe und Zuteilung des Domän-Namens erfolgt auf Antrag beim nationalen Network Information Center (NIC). In der Bundesrepublik Deutschland ist das die DENIC eG Domain Verwaltungs- und Betriebsgesellschaft (kurz: DENIC).

> 1. Stellen Sie fest, über welche Art von ISP (Internet Service Provider) Ihr Betrieb / Ihre Schule mit dem Internet verbunden ist.
> 2. Ermitteln Sie, auf welchen alternativen Wegen ein Domain-Name registriert werden kann.
> 3. Welche Rechte an einem Domain-Namen besitzt der sogenannte Admin-C?

27.3 Märkte

Aufgrund der weltumspannenden Technologie entwickeln sich gerade die IT-Märkte als globale Märkte. Dabei ist von Bedeutung, in welcher Form und Integration Netze, Netzzugänge und Dienste angeboten werden können. Fest kalkulierbar ist dabei eigentlich nur der Anschluss des Gebäudes bzw. der Geräte der Kunden an das Weitbereichsnetz. Die Tarife der Anbieter sind schwer vergleichbar und werden häufig zu Paketen zusammengefasst. Die Bestandteile der Pakete sind schwer zu vergleichen. Für den Kunden zeichnet sich der Markt deshalb durch eine große Vielfalt von Tarifstrukturen aus. Diese sind zusätzlich großen Änderungen innerhalb kurzer Zeiten unterworfen.

Folgende Kriterien gehen in die Kosten und damit in die Gestaltung von Tarifen ein:
- Anschlusskosten,
- die Entfernung, über die eine Kommunikation betrieben wird,
- eventuell auch der Anbieter, bei dem der angewählte Partner Kunde ist,
- der Zeitpunkt, zu dem die Verbindung besteht,
- die Dauer der Verbindung und
- Art und Umfang von genutzten Diensten.

Auf dem Markt bieten viele Anbieter Zugänge zu öffentlichen Telekommunikationsnetzen an. Für die Einwahl in deren Netze hat jeder Anbieter eines Netzzuganges eine eigene Netzkennziffer. Diese ist in der Form 0 10 XY festgelegt (z. B. 0 10 33 für Deutsche Telekom AG).

Der Kunde hat grundsätzlich zwei Möglichkeiten für die Auswahl eines Netzes.

1. Pre-Selection

Der Kunde schließt mit einem Netzbetreiber einen Vertrag. Daraufhin wird der Anschluss des Kunden im Netzknoten fest dem Netzbetreiber zugeordnet. Alle geführten Gespräche werden dann, ohne spezielle Vorwahl eines anderen Netzbetreibers, über das Netz dieses Netzbetreibers geführt. Eine Wahl in Netze anderer Betreiber ist weiterhin möglich.

2. Call-By-Call

Über das Pre-Selection hinaus hat der Kunde die Möglichkeit, für jedes Gespräch einen beliebigen Netzbetreiber zu wählen. Dies geschieht durch Vorwahl der Kennziffer des Netzbetreibers. Dieses Verfahren wird Call-By-Call genannt.

TIPP

Unterstützt wird das Call-By-Call-Verfahren durch Geräte, die ein Least-Cost-Routing ermöglichen. Diese Funktion ist bei vielen modernen Telefonanlagen bereits vorhanden. Beim Least-Cost-Routing wird entsprechend der Tageszeit und der Entfernung des Gesprächsteilnehmers der günstigste Netztarifanbieter ermittelt und gewählt. Da die Tarifstrukturen starken Veränderungen unterworfen sind, müssen diese Systeme regelmäßig mit aktuellen Tarifinformationen versorgt werden. Die Tarife beziehen sie per automatischen Download aus dem Internet.

Der Kunde hat beim Wechsel des Anbieters die Möglichkeit, seine bisherige Rufnummer zu behalten oder sich vom neuen Anbieter eine neue zuteilen zu lassen.

Die Tarifstrukturen im Telekommunikationsmarkt stellen sich sehr unübersichtlich dar. Zusätzlich wird mit dem Angebot kostengünstiger Hardware in Verbindung mit dem Abschluss oder der Verlängerung von Verträgen geworben. So werden zum Beispiel im stark umkämpften Markt der Mobiltelefonie Mobiltelefone sehr kostengünstig im Zusammenhang mit Nutzungsverträgen angeboten. Durch spezielle Einstellungen der Telefonbetriebssysteme ist gegebenenfalls ein Wechsel des genutzten Netzes nach Freigabe durch den Netzanbieter möglich. Dies betrifft nicht das übliche Handover und Roaming.

Nicht nur die Tarifstrukturen sind ein Kriterium für die Auswahl eines Netz- oder Dienstanbieters. Zusätzlich sind folgende Aspekte wichtig:
- Abdeckung des (Mobilfunk-)Netzes
- Verfügbarkeit des Netzes
- Störungshäufigkeit
- Zuverlässigkeit der Übertragung.

Die Güte eines Dienstes wird, je nach Netz, durch unterschiedliche Parameter ermittelt. Sie wird mit Quality of Service (QoS) bezeichnet.

1. Zu welchen Konditionen bzw. Tarifen werden Telefongespräche in Ihrem Betrieb / Ihrer Schule geführt?
2. Welche Festnetzbetreiber bieten in Ihrer Region Telefonanschlüsse an?
3. Welche vertraglichen Besonderheiten weist Ihr Mobilfunkvertrag auf?

28 World Wide Web

Bei der Beratung von Kunden der Firma B@ltic Networks GmbH kommt es immer wieder zu Missverständnissen bei Angeboten und Planungen für einen „Internet-Zugang". Für die Angebotserstellung muss zunächst geklärt werden, welche Dienste des Internets der Kunde in Zukunft nutzen möchte.

Der Begriff Internet ist nicht genau definiert, es gibt zwei Sichtweisen:
- die technische und organisatorische Netzwerkstruktur eines globalen Netzwerkes
- das Angebot verschiedener Dienste über ein globales Netzwerk.

Im alltäglichen Umgang wird der Begriff Internet häufig mit dem bekanntesten Internetdienst, dem World Wide Web (WWW) gleichgesetzt. Aber auch E-Mail ist ein sehr bekannter Internetdienst. Wesentliche Teile der Übertragungstechnik, der Übertragungsprotokolle sowie der Internet-Dienste wurden im Verlauf des Buches bereits beschrieben. In diesem Kapitel wird daher die Organisation des WWW sowie der Umgang mit wichtigen Web-Diensten thematisiert.

In seiner ursprünglichen Entwicklung auf dem ARPANET basierend, wurde eine Vielzahl von Diensten für das Internet entwickelt. Einen Überblick gibt folgende Tabelle.

Bezeichnung	Protokoll	Beschreibung
ftp	ftp	Dateitransfer
telnet	telnet	Fernsteuerung eines Systems
IRC	irc	Chat
Mail	smtp, imap, pop3	E-Mail
www	http; https	Aufruf von Hypertext-Dokumenten

Hypertext-Dokumente sind Anweisungsdateien, die mehrere unterschiedliche Informationsarten wie Texte, Grafiken, Bilder, Ton- und Videosequenzen miteinander verknüpfen.

Das WWW entstand 1989 aus einem Projekt des CERN[1] in Genf und basiert auf einem System, welches Hypertext-Dokumente über das Internet austauscht.

Ursprung war die Idee, den Austausch wissenschaftlicher Arbeiten zu erleichtern. Dazu sollten Dokumente miteinander verflochten werden können. Um dies zu ermöglichen, wurden drei wichtige Standards entwickelt:
- das Dokumentenformat HTML (Hypertext Markup Language, siehe Abschnitt 9.3.1) für die Auszeichnung von Hypertextseiten,
- die Adressierungsart URL (Uniform Resource Locator) für die Bezeichnung von Internet-Seiten und
- das Protokoll http (hypertext transport protocol) für die Anforderung und Übertragung von Hypertextdokumenten.

[1] CERN: Conseil Européen pour la Recherche Nucléaire; franz. Europäisches Kernforschungszentrum

Besonderes Kennzeichen von Hypertext-Elementen sind die Verweise auf andere Textstellen oder Dokumente. Diese werden als Hyperlinks oder einfach nur als Links bezeichnet. Links beinhalten die Adressierung des aufzurufenden Dokumentes.

404

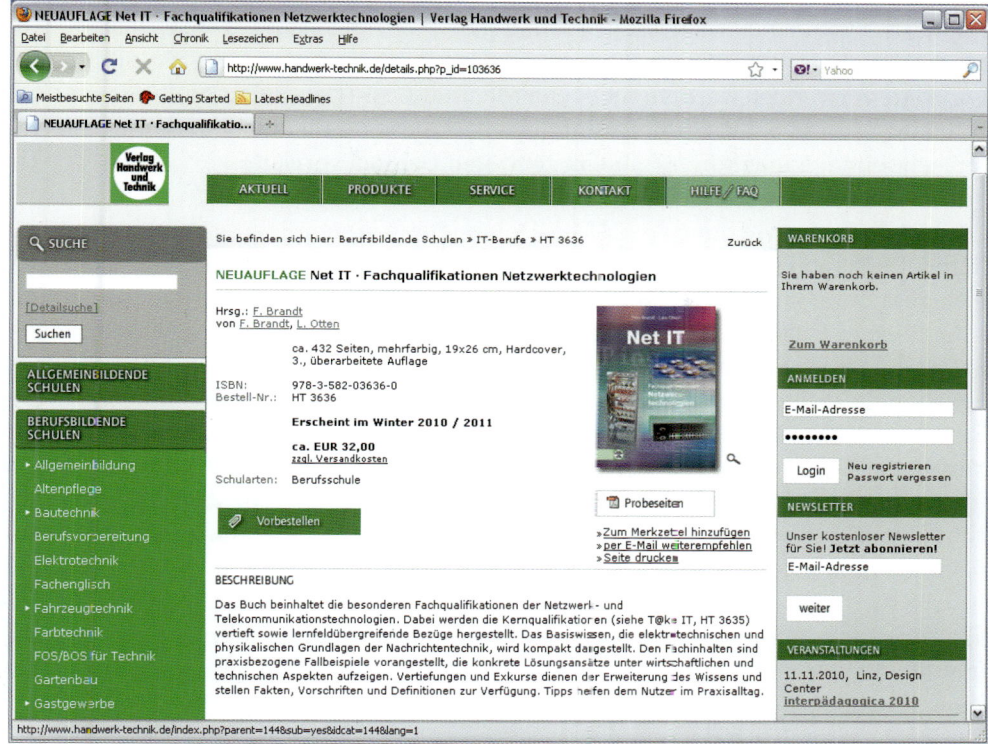

28.1 HTML-Seite

28.1 Browser

Für die Darstellung der Hypertext-Seiten wird ein Browser eingesetzt. Dieser übersetzt die Anweisungen der übermittelten HTML-Seite und stellt sie auf dem Bildschirm dar. Aktueller Standard ist XHTML (**Ex**tensible **H**ypertext **M**arkup **L**anguage), welcher HTML-Seiten ablösen wird. HTML basiert auf der Sprache SGML[2]. XHTML nutzt die Sprache XML[3], die eine vereinfachte Teilmenge von SGML ist. HTML bzw. XHTML sind Auszeichnungssprachen. Das bedeutet, dass dem Browser nur mitgeteilt wird, dass ein bestimmtes Textelement eine besondere Bedeutung hat, zum Beispiel die einer Überschrift. Damit wird nicht festgelegt, wie dieses Element tatsächlich darzustellen ist. Die Darstellung hängt allein vom verwendeten Browser und der Hardware des Systems ab.

Eine Auszeichnung wird als Tag[4] bezeichnet. Ein Tag schließt mit einem Start- und einem Ende-Tag einen Textteil ein und definiert damit eine Auszeichnung. Der Ausschnitt in Abbildung 28.1-1 zeigt die Auszeichnung des Titels „Verlag Handwerk und Technik" durch die entsprechenden Tags.

> *Eine Auszeichnungssprache wie HTML dient zur Beschreibung des Inhalts eines Dokumentenformates. Dabei werden die Eigenschaften und Zugehörigkeiten von bestimmten Wörtern, Sätzen und Abschnitten eines Textes oder einer Datenmenge beschrieben und zugeteilt – in der Regel, indem sie mit Auszeichnungselementen (Tags) markiert werden.*

28.1-1 Ausschnitt aus dem Quelltext einer HTML-Seite

[1] **SGML: S**tandard **G**eneralized **M**arkup **L**anguage
[2] **XML:** Extensible **M**arkup **L**anguage
[3] **Tag:** engl. Marke, Etikett, Aufkleber

Da HTML-Dokumente üblicherweise häufigen Änderungen unterworfen sind oder in unterschiedlichen Medien präsentiert werden, können für die Gestaltung Formatvorlagen verwendet werden. Diese werden als CSS (Cascading Style Sheets) bezeichnet. Mit ihnen lassen sich häufig wiederkehrende Elemente in den Dokumenten sehr einfach und komfortabel in zentralen Dateien verwalten.

Die bisherige Entwicklung von HTML-Dokumenten litt stark unter den unterschiedlichen Umsetzungen durch die Browser der verschiedenen Hersteller. Diese hielten sich zum Teil nicht an definierte Standards. Mit XHTML wird versucht, die unterschiedlichen Umsetzungen wieder zusammen zu führen. Über die Aktivierung von externen Programmbausteinen stellen die Browserhersteller auch über die Auszeichnung der Texte hinausgehende Funktionen, beispielsweise das Abspielen von Filmen oder die Ausführung kleiner Programme z. B. mit Hilfe von Java-Applets, zur Verfügung. Diese Bausteine werden als Plugins[1] bezeichnet. Darüber hinaus können über eine Datenbank des Browsers Informationen des Seitenanbieters beim Aufrufenden hinterlegt und bei Bedarf abgerufen werden. Diese Einträge in die Datenbank nennt man als Cookie[2].

Über moderne Browser sind neben dem WWW auch weitere Internetdienste wie ftp und irc nutzbar.

TIPP

Die umfassende Freigabe der Cookie-Datenbank und die Aktivierungsmöglichkeit von Plugins stellt ein Sicherheitsrisiko im Internetverkehr dar.

28.2 Anwendungen

> Für den Service an Geräten und Systemen ist die Firma B@ltic Networks auf aktuelle Informationen und Treiber angewiesen. Technische Probleme müssen mit anderen Fachleuten diskutiert werden. Diese Tätigkeiten werden von den Mitarbeitern häufig mit Hilfe des WWW erledigt.

Das World Wide Web stellt mehrere Dienste zur Verfügung. Diese werden über das Internet angeboten. Insbesondere die Präsentation von Informationen und die Recherche nach diesen Informationen haben das World Wide Web zu einer wichtigen Wissensquelle gemacht. Darüber hinaus ist aber auch der Austausch von Nachrichten oder Dateien von großer Bedeutung. Im Folgenden sollen wichtige Anwendungen für die Recherche und die Kommunikation vorgestellt werden.

28.2.1 Suchmaschinen

Programme, die eine Recherche nach Dokumenten und Dateien in einem Netzwerk wie z. B. dem WWW durchführen, werden als Suchmaschinen bezeichnet.

Eine häufige Tätigkeit in einem IT-Unternehmen ist die Recherche nach aktuellen Informationen, z. B. nach technische Daten, Preisen oder anderen Auskünften. Für diese Tätigkeiten können im WWW Angebote genutzt werden, die eine Informationssuche unterstützen.

Suchmaschinen haben folgende Funktionen:
- die Erstellung und Pflege einer Datenbank mit Informationen über Dokumente im Internet
- das Finden und Ordnen von Suchergebnissen
- die Aufbereitung von Suchergebnissen zum Beispiel in Form einer Bewertung der Relevanz

Die Bewertung (Ranking) von Ergebnissen erfolgt bei jedem Dienstanbieter unterschiedlich. Es können folgende Kriterien herangezogen werden:

[1] **Plugin** von to plug in: engl. einstöpseln, anschließen
[2] **Cookie:** engl. Keks

- die Häufigkeit der Suchbegriffe in einem Dokument
- die Häufigkeit von Verweisen anderer Dokumente auf das betreffende Dokument
- die Einstufung und Anzahl der zitierten Dokumente
- die Einstufung der Qualität der verweisenden Dokumente

Die Bewertungskriterien werden von den Suchmaschinenanbietern nicht offen gelegt, da somit die Manipulationswege bekannt würden. Kommerzielle Anbieter haben großes Interesse daran, möglichst häufig „gefunden" zu werden und möglichst „weit oben" auf den Trefferlisten zu erscheinen. Für diese Kunden bieten einige Suchmaschinen die Möglichkeit einer als Werbung gekennzeichneten Aufnahme an.

Für die Erstellung des Datenbestandes stützen sich die Suchmaschinen auf Programme, die automatisch das World Wide Web durchsuchen, aufgefundene Webseiten analysieren und in eine Datenbank eintragen.

> *Computerprogramme die das World Wide Web nach Dokumenten durchsuchen, werden Webcrawler[1], Webspider[2] oder Webrobot genannt. Webcrawler, die in den Datenbanken anderer Suchmaschinen suchen, werden als Metacrawler bezeichnet.*

Erfolgt die Erstellung des Datenbestandes manuell, handelt es sich nicht um eine Suchmaschine im engeren Sinne, sondern um einen Katalog.

Abb. 28.2.1-1 zeigt das Beziehungsgeflecht zwischen Suchmaschinen (ohne Anspruch auf Vollständigkeit, Stand: 17. 12. 2004; kleinere Anbieter wurden aus Gründen der Übersichtlichkeit nicht aufgeführt). Dieser Markt befindet sich stetig in Veränderung.

[1] **Crawler:** engl. Kriechtier, Krabbeltier
[2] **Spider:** engl. Spinne

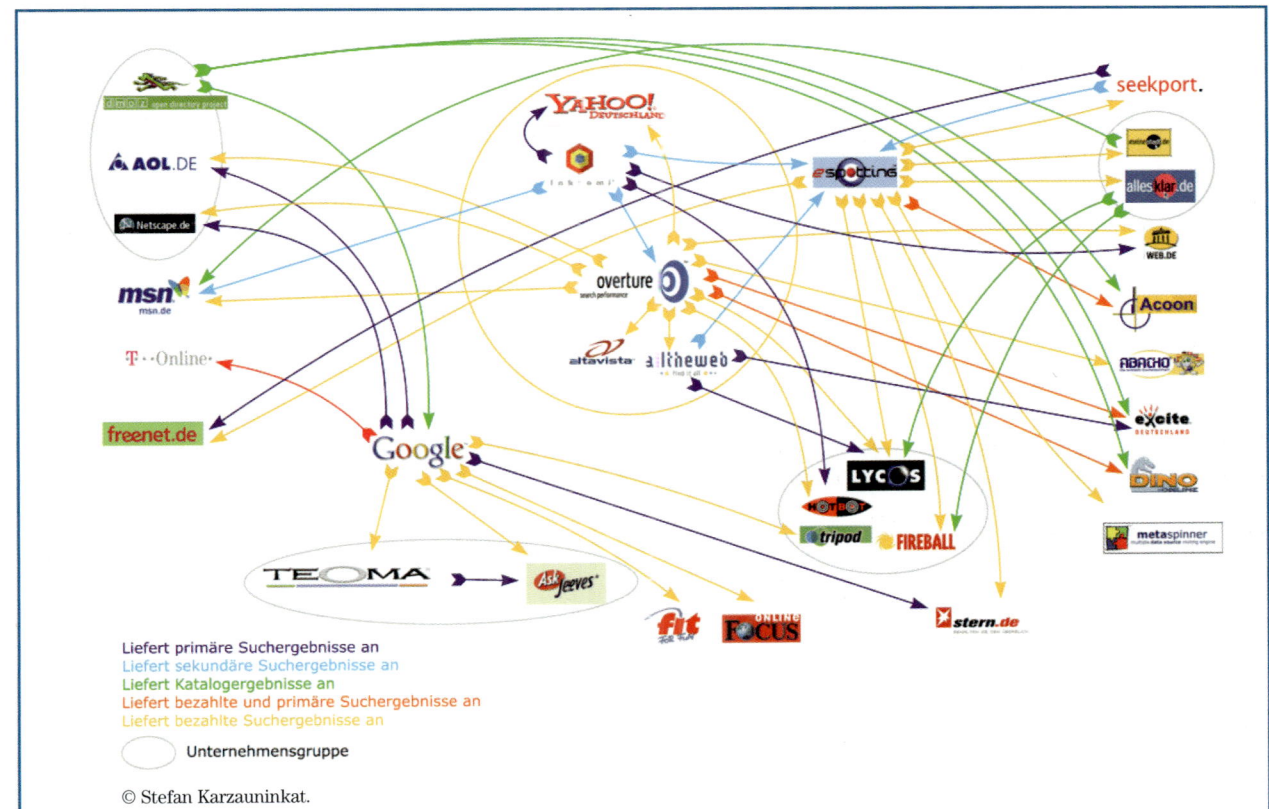

28.2.1-1 Beziehungen zwischen Suchmaschinen

28.2.2 Recherche im World Wide Web

Die Suche von Informationen im World Wide Web stützt sich im Wesentlichen auf die Verwendung von Suchmaschinen. Diese haben jedoch keine einheitliche Bedienung. Aus diesem Grund sollte man sich gerade bei der ersten Nutzung mit den Möglichkeiten der betreffenden Suchmaschine auseinander setzen. Grundsätzlich sollte vor einer Recherche Folgendes berücksichtigt werden:

- Auswahl treffender Suchbegriffe
- Auswahl des Sprachraums
- Verwendung logischer Operatoren zur Verknüpfung von Begriffen
- Eingrenzung durch Ausschluss bestimmter Begriffe

Das Arbeiten mit Suchmaschinen beinhaltet einige bedenkenswerte Aspekte:

- Bei der Auswahl der Schlüsselworte muss deren mögliche Mehrdeutigkeit berücksichtigt werden (Beispiel Maus: Tier oder Gerät). Auch das Auffinden verwandter oder gleichartig verwendeter Begriffe kann eine Rolle spielen (Beispiele: Rechner, Computer, PC).
- Die ermittelten Dokumente müssen bezüglich ihrer Aktualität überprüft werden, da manche Informationen im Netz wegen schlechter Pflege der Dokumente veraltet sind. In diesen Zusammenhang gehört auch die Glaubwürdigkeit der Information. Eine Gewähr für die Richtigkeit bietet ein Informationsanbieter im WWW in der Regel nicht.
- Einige angebotene Dokumente oder Dienste entsprechen nicht den gültigen Rechtsbestimmungen.
- Relevante Informationen sollten inklusive ihrer URL in einem entsprechenden Verzeichnis gespeichert werden und später „offline" weiter ausgewertet werden, da nicht sicher ist, ob eine Recherche später wieder dieselben Ergebnisse liefert bzw. ob die Information zu einem späteren Zeitpunkt überhaupt noch im WWW verfügbar ist.

> *Schreiben Sie sich vor der Recherche im WWW eine Liste von Suchbegriffen auf, die Sie dann systematisch abarbeiten und deren Ergebnisse Sie sofort sichten.*

Suchbegriffe sollten deshalb so gewählt werden, dass sie ein Thema angemessen eingrenzen. Eine große Anzahl von Ergebnissen deutet auf einen sehr weit gefassten Suchbegriff hin. Ist die Anzahl der Treffer dagegen sehr gering, so ist der Begriff zu eng gefasst. Der Zeitaufwand der Sichtung der Ergebnisse ist meist erheblich größer als die eigentliche Suche nach Quellen. Außerdem ist die Anzahl der gefundenen Quellen meist erheblich höher als deren Informationsgehalt.

Die folgende Tabelle zeigt die Bildung und Verknüpfung von Suchbegriffen am Beispiel der Suchmaschine „Google" (http://www.google.de).

Beispiel	Beschreibung
„DIN Norm"	Ermittelt Dokumente, in denen die Begriffe nebeneinander stehen.
DIN Norm	Die Dokumente werden ermittelt, die alle gesuchten Begriffe enthalten. Groß- oder Kleinschreibung sowie Worttrennungen in den Dokumenten werden dabei nicht berücksichtigt.
+http	Ein Wort oder Zeichen, das normalerweise von der Suchmaschine übergangen (Stop-Wort) wird durch das „+"-Zeichen in die Suche mit einbezogen. Das „+"-Zeichen wird auch bei Worten oder Wortgruppen verwandt, die in genau dieser Schreibweise gefunden werden sollen. Mit +Laufwerk werden nur Dokumente mit dieser Schreibweise gefunden und nicht mit dem Begriff „Lauf-Werk". ►►

Beispiel	Beschreibung
DIN -Norm	NICHT-Verknüpfung; ermittelt Dokumente, in denen der Begriff „DIN" und NICHT der Begriff „Norm" enthalten ist. Um von zusammengesetzten Wörtern zu unterscheiden, muss vor dem „-"-Zeichen ein Leerzeichen stehen.
site:www. google.de	Operator, der die Suche auf die vorgegebene Domain (hier: www.google.de) einschränkt.

Eine einfache Hilfe für eine präzisere Gestaltung der Suchfunktionen bieten die meisten Suchmaschinen über ein Menü zur „Erweiterten Suche" (siehe Grafik 28.2.2-1).

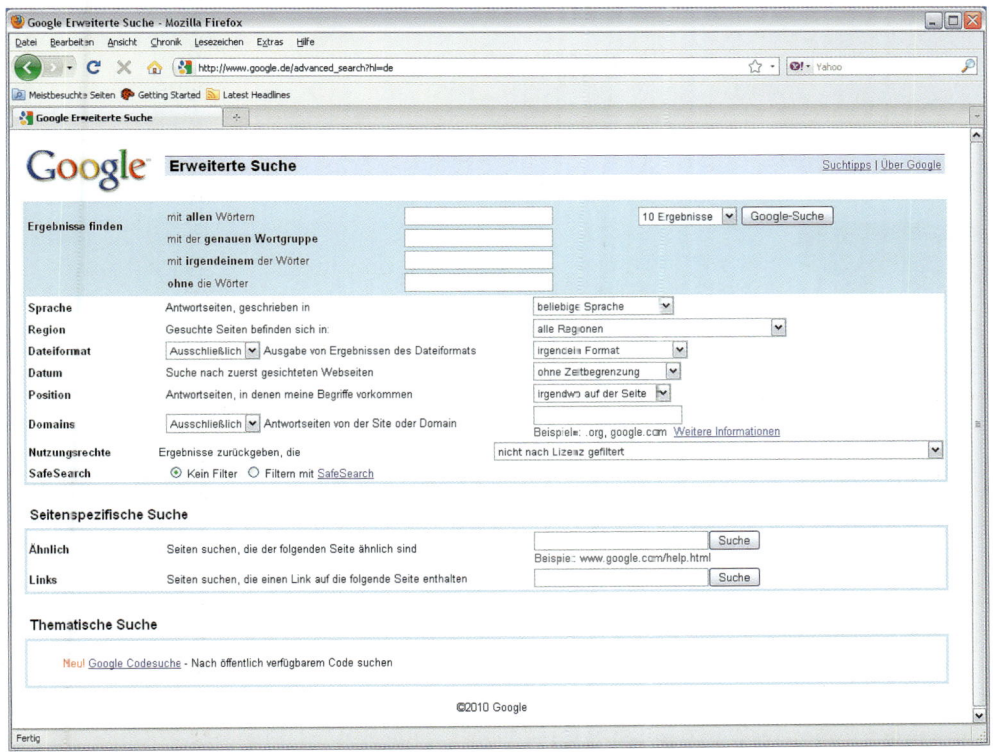

28.2.2-1 Eingabemaske einer Suchmaschine

28.2.3 Foren

Der Austausch und die Diskussion von Gedanken und Meinungen finden im World Wide Web in Diskussionsrunden statt. Dort kann jeder Teilnehmer zu einer Meinung Stellung beziehen oder Fragen stellen.

> *Eine Diskussionsrunde auf einer Webseite wird als Webforum bezeichnet.*

Webforen werden themenbezogen eingerichtet und können in Unterforen unterteilt werden. Beiträge zu einem Thema werden zu einer Abfolge zusammengefasst. Diese Abfolge wird Thread[1] oder Topic[2] genannt. Sie werden entweder in ihrem chronologischen Ablauf oder in Form einer Baumstruktur dargestellt.

Foren haben eine relativ geschlossene Form. Ein Benutzer muss sich meist für die Teilnahme registrieren lassen. Er kann sich dann auch per E-Mail über neu eingegangene Beiträge informieren lassen. Drei Typen von Teilnehmern treten in Foren auf:

[1] **Thread:** engl. Faden
[2] **Topic:** engl. Thema

- Administratoren haben den Zugriff auf die Forensoftware. Sie haben damit alle Möglichkeiten, Threads zu eröffnen oder zu schließen und Einstellungen an der Software vorzunehmen.
- Moderatoren betreuen einzelne Foren und deren Threads. Sie haben die Rechte, Beiträge zu löschen, zu editieren und Benutzer zu entfernen.
- Benutzer verfassen und diskutieren Beiträge. Sie können innerhalb der Foren eigene Threads einrichten und löschen.

28.2.3-1 Screenshot eines Forums

Ein Problem stellen immer wieder Benutzer dar, die sich nicht an die grundlegenden Umgangsformen halten (siehe Exkurs Datenschutz/Netiquette). Sie fallen häufig durch Beleidigungen, übermäßig viele Beiträge oder irreführende Meldungen auf. Nach Verwarnungen durch Moderatoren oder Administratoren müssen sie damit rechnen, aus dem Forum verwiesen zu werden. Benutzer sollten immer auch das Niveau bedenken, auf welchem Forenmitglieder eine Diskussion führen. Es gilt z. B. als unhöflich, innerhalb einer Expertengruppe grundlegende Probleme zur Diskussion zu stellen, die möglicherweise durch intensives Lesen des Handbuches bereits gelöst werden könnten.

1. Recherchieren Sie Informationen zu den Unfallverhütungsvorschriften für den Einsatz von Lasern.
2. Ermitteln Sie Foren zur Diskussion von Betriebssystemfehlern.
3. In welchen Punkten unterscheiden sich Diskussionsforen von Chatforen?

Die Übertragung von Informationen erfolgt in der Regel durch die Übertragung elektromagnetischer Signale. Dabei hängt die Übertragungskapazität weitgehend von folgenden Faktoren ab:

- der Übertragungsfrequenz
- der Übertragungsreichweite
- dem Leitungscode.

Durch Optimierung bzw. Auswahl dieser drei Größen ist die sich ergebende Übertragungskapazität beeinflussbar. In den folgenden Abschnitten sollen diese Größen näher beschrieben werden.

29.1 Nachrichtenleitungen

In den Kapiteln 6 und 7 wurden bereits Übertragungsmedien und deren Eigenschaften beschrieben. An die Übertragung eines Signals werden folgende Anforderungen gestellt:

möglichst verlustfreie Übertragung
möglichst störungsfreie Übertragung
möglichst lange Reichweiten

Die Eigenschaften einer Nachrichtenleitung hängen vor allem von deren Aufbau und der darauf abgestimmten Anschlusstechnik ab. Leitungsabschirmungen und eine auf die Übertragungsfrequenzen abgestimmte Impedanz[1] der Stecker und Buchsen tragen zur Einhaltung der Grenzwerte eines kompletten Links bei (siehe Kapitel 7.3).

29.2 Kenngrößen einer Nachrichtenverbindung

Eine Nachrichtenverbindung wird durch verschiedene Kennzahlen beschrieben. Für die Übertragung eines Signals ist eigentlich nur die Bewertung der gesamten Übertragungsstrecke interessant. Diese setzt sich aber aus den Eigenschaften aller an der Übertragung beteiligten Einrichtungen zusammen. Dazu zählen neben Sender und Empfänger, die Leitungen und Leitungsübergänge sowie möglicherweise eingesetzte Signalverstärker (siehe Abbildung 29.2-1).

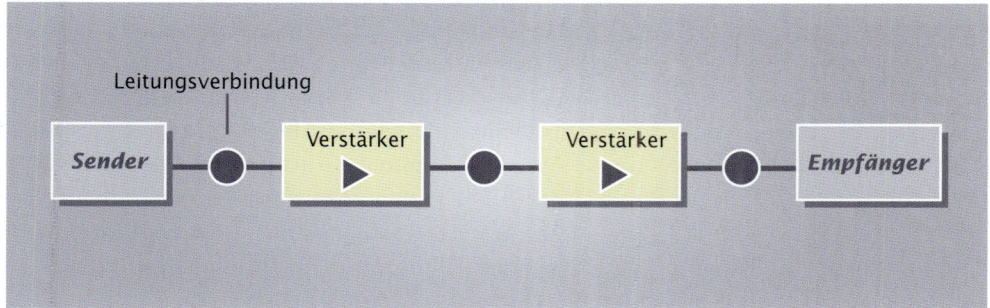

29.2-1 Aufbau einer Übertragungsstecke

29.2.1 Kenngrößen einer Leitung

Einen wesentlichen Anteil an der Übertragungsstrecke haben die elektrischen Leitungen. Aufgrund ihres Aufbaus und ihrer elektrischen Eigenschaften beeinflussen sie das Signal bezüglich der Signalform, der Amplitude und der Phasenlage (siehe Abbildung 29.2.1-1).

[1] **Impedanz:** komplexer Wechselstromwiderstand einer Leitung

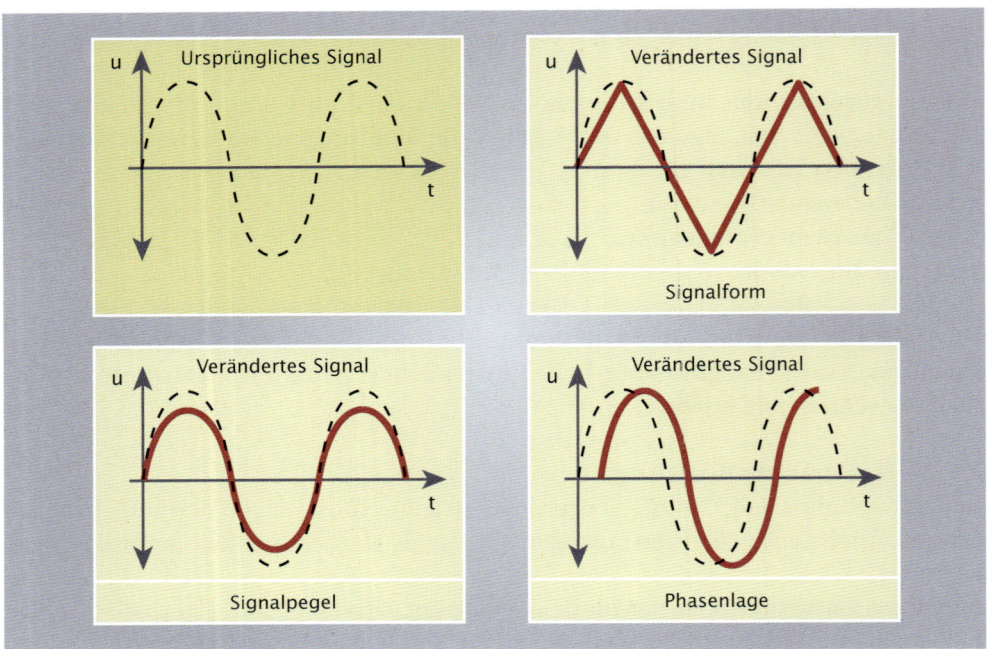

29.2.1-1 Veränderungen an einem übertragenen Signal

Diese Veränderungen sind messtechnisch durch den Vergleich von gesendetem und empfangenen Signal erfassbar. Die Ergebnisse lassen dann Rückschlüsse auf mögliche Fehler und auf die erzielbare Übertragungsqualität und die Übertragungsrate zu.

Für das Verständnis des Übertragungsverhaltens kann die Ersatzdarstellung einer Leitung verwendet werden.

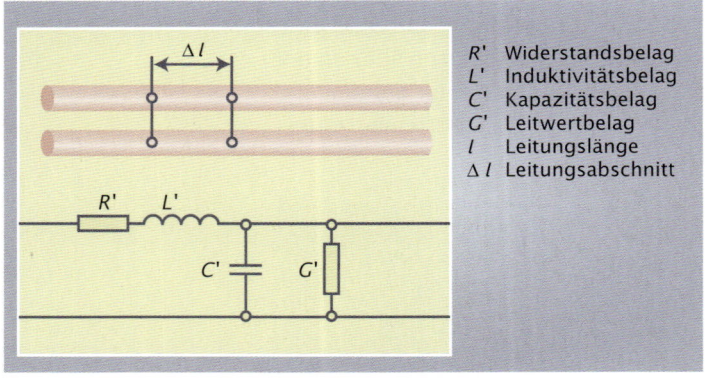

R' Widerstandsbelag
L' Induktivitätsbelag
C' Kapazitätsbelag
G' Leitwertbelag
l Leitungslänge
Δl Leitungsabschnitt

29.2.1-2 Ersatzschaltbild einer Leitung

Zu beachten ist, dass eine Leitung immer einen ohmschen Widerstandsanteil, einen induktiven Anteil und einen kapazitiven Anteil besitzt. Dieser komplexe Widerstand wird als Impedanz bezeichnet. Darüber hinaus wirkt auch der Isolationsleitwert, der sich durch den geringen Strom aufgrund der Isolation zweier Leiter ergibt. Da Leitungen insgesamt in ihrem Verhalten über die gesamte Länge als homogen zu betrachten sind, können die Anteile auf einen beliebigen Längenabschnitt bezogen werden. Diese Anteile werden dann als Belag bezeichnet und mit einem Hochstrich gekennzeichnet. Die Kennwerte für eine Leitung sind in der folgenden Tabelle zusammengestellt.

Belag	Formel	Übliche Einheit
Widerstandsbelag	$R' = R/l$	Ω/m
Induktivitätsbelag	$L' = L/l$	mH/km
Kapazitätsbelag	$C' = C/l$	nF/km
Leitwertbelag	$G' = G/l$	µS/km

Für die Übertragung eines Signals sind jedoch nicht die reinen Leitungswerte von Bedeutung sondern die spezifischen Werte im Zusammenhang mit der verwendeten Übertragungsfrequenz und der installierten Leitungslänge.

Wellenwiderstand

Der Wellenwiderstand darf nicht mit einem ohmschen Widerstand verwechselt werden. Er bezieht sich auf den Widerstand, den der Leiter für ein wellenförmiges Übertragungssignal darstellt. Ändert sich der Wellenwiderstand schlagartig – dies ist zum Beispiel bei Kurzschlüssen oder offenen Leitungsenden der Fall – so kommt es zu Reflexionen des ausgesendeten Übertragungssignals. Die Leitungslänge ist beim Wellenwiderstand ohne Bedeutung. Damit eine möglichst reflexionsfreie Übertragung möglich ist, müssen die angeschlossenen Geräte und die Leitungsenden entsprechend dimensioniert sein.

> *Besitzt ein Gerät einen Eingangswiderstand in Höhe des Wellenwiderstandes, so spricht man von Anpassung. Wird ein Leitungsende mit einem Widerstand in Höhen des Wellenwiderstandes versehen, spricht man von Terminierung.*

Bei Koaxialleitungen liegen die üblichen Wellenwiderstände bei $50\,\Omega$ und $75\,\Omega$. Twisted-Pair-Leitungen besitzen üblicherweise einen Wellenwiderstand von $100\,\Omega$. Aus diesem Grund müssen beispielsweise Leitungen des S_0-Busses auf beiden Enden mit $100\,\Omega$ Widerständen abgeschlossen sein (siehe Abschnitt 20.3.1: Basisanschluss).

Dämpfung

Bei der Übertragung eines Signals kommt es immer zu Verlusten. Das empfangene Signal ist generell geringer als das gesendete Signal.

> *Eine Verringerung des Signalpegels (Strom-, Spannungs- oder Leistungsamplitude) wird als Dämpfung bezeichnet.*

Der Dämpfungsfaktor D beschreibt das z. B. Verhältnis von gesendeter zu empfangener Signalleistung. Also $D_\mathrm{P} = \dfrac{P_\mathrm{ein}}{P_\mathrm{aus}}$.

In der Praxis wird jedoch das Dämpfungsmaß a (engl. attenuation) verwendet. Es wird in der Einheit Bel (B) bzw. Dezibel (dB) angegeben, und beschreibt das logarithmische Verhältnis z. B. der Eingangsleistung zur Ausgangsleistung. Also

$$a_\mathrm{P} = 10 \cdot \lg \cdot \frac{P_\mathrm{ein}}{P_\mathrm{aus}}.$$

Die Verwendung des Dämpfungsmaßes ermöglicht eine einfache Addition der Dämpfungswerte. Da die Dämpfung abhängig von der Leitungslänge ist, wird sie zur Beschreibung von Übertragungsstrecken als Dämpfungskoeffizient oder Dämpfungsbelag z. B. in dB/km angegeben.

29.2.2 Kenngrößen einer Verbindung

Nach dem Anschluss einer Leitung ist diese zu überprüfen (siehe Abschnitt 7.3: Überprüfung der Netzwerkverkabelung). Dazu wird das Gesamtübertragungsverhalten der Einzeladern und Anschlüsse gemessen. Für die Bewertung der Leitungsqualität werden die im Abschnitt 7.3 benannten Werte aufgenommen. Da alle Werte frequenzabhängig sind, müssen die Leitungsmessgeräte die in den Normen geforderten Werte durch Vorgabe aller festgelegten Frequenzen ermitteln. Für die Klasse E bedeutet das, dass ein Messsignal in dem Bereich von 1 MHz bis 250 MHz fließend vorgegeben wird.

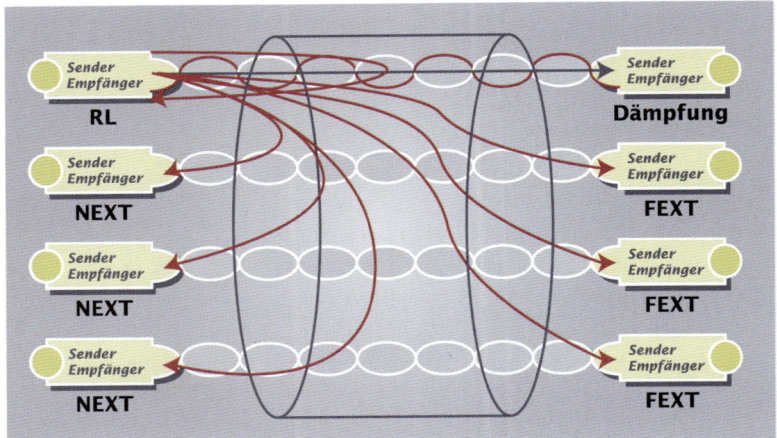

29.2.2-1 Kenngrößen einer Leitungsverbindung

Dämpfung

Die Dämpfung (a, attenuation) wurde bereits in Abschnitt 29.2.1 erläutert. Für jedes Aderpaar wird das Dämpfungsmaß a der in der entsprechenden Norm vorgegebenen Frequenzbereiche ermittelt. Je kleiner der Zahlenwert, umso besser ist die Leitungsverbindung.

Rückflussdämpfung

Die Rückflussdämpfung (Return Loss, RL) basiert auf Signalreflexionen entlang der Leitungsverbindung. Diese Reflexionen stören sowohl die gesendeten, als auch die vom anderen Leitungsende ankommenden Signale. Insbesondere die Steckverbindungen und unterschiedlich verwendete Leitungstypen sind die Ursache für Impedanzsprünge und die damit verbundenen Signalreflexionen. Die Rückflussdämpfung wird von beiden Leitungsenden gemessen und in dB angegeben. Je höher der Zahlenwert, umso besser ist die Leitungsverbindung.

NEXT

Mit NEXT (Near End Crosstalk) wird das sogenannte Nahnebensprechen bezeichnet. Es handelt sich dabei um den Einfluss des sendenden Aderpaares auf alle benachbarten Paare am Anfang der Leitung. Bei der Überprüfung einer Leitung mit vier Aderpaaren ergeben sich insgesamt sechs Aderpaarkombinationen und damit sechs Messwerte für das NEXT je Leitungsseite (also insgesamt 12 Messwerte bei einer vierpaarigen Leitung). Das Nahnebensprechen ist eine häufige Fehlerursache bei Abnahmeprüfungen. Je höher der Zahlenwert für das NEXT, umso besser ist die Leitungsverbindung.

FEXT

Mit FEXT (Far End Crosstalk) wird das Fernnebensprechen bezeichnet. Es wird dabei, im Gegensatz zum NEXT, der Einfluss des sendenden Aderpaares auf alle benachbarten Paare am Leitungsende gemessen. Da das FEXT richtungsabhängig ist, muss das FEXT von beiden Anschlussseiten aus gemessen werden.

ACR

Die Differenz zwischen NEXT und Dämpfung wird als ACR (Attenuation to Crosstalk Ratio) bezeichnet. Der Wert gibt Auskunft über den Störabstand zwischen Störsignal NEXT und der Dämpfung a. Er wird nicht gemessen, sondern aus den Messungen für die Dämpfung und den jeweiligen NEXT-Werten errechnet. So ist beispielsweise der Wert für das erste Aderpaar ACR1 = NEXT1 – a.

ELFEXT

Mit ELFEXT (Equal Level Far End Crosstalk) wird die Differenz zwischen dem FEXT und der Dämpfung eines Aderpaares angegeben. Der Wert gibt Auskunft über den Störabstand zwischen dem FEXT und der Dämpfung a. Auch dieser Wert wird aus den Messungen errechnet. So ist beispielsweise der Wert für das erste Aderpaar ELFEXT1 = FEXT1 – a.

PSNEXT

Der Wert für PSNEXT (Power Sum Next) beschreibt die Summe aus allen ermittelten NEXT Werten einer Leitung. Auch dieser Wert wird errechnet: PSNEXT = NEXT1 + NEXT2 + NEXT3 + NEXT4 (bei einer vierpaarigen Leitung).

PSELFEXT

Der Wert für PSELFEXT (Power Sum ELFEXT) beschreibt die Summe aus allen ermittelten ELFEXT Werten einer Leitung. Auch dieser Wert wird errechnet: PSELFEXT = ELFEXT1 + ELFEXT2 + ELFEX3 + ELFEXT4 (bei einer vierpaarigen Leitung).

PSACR

Der Wert für PSACR (Power Sum ACR) beschreibt die Summe aus allen ermittelten ACR Werten einer Leitung. Auch dieser Wert wird errechnet: PSACR = ACR1 + ACR2 + ACR3 + ACR4 (bei einer vierpaarigen Leitung).

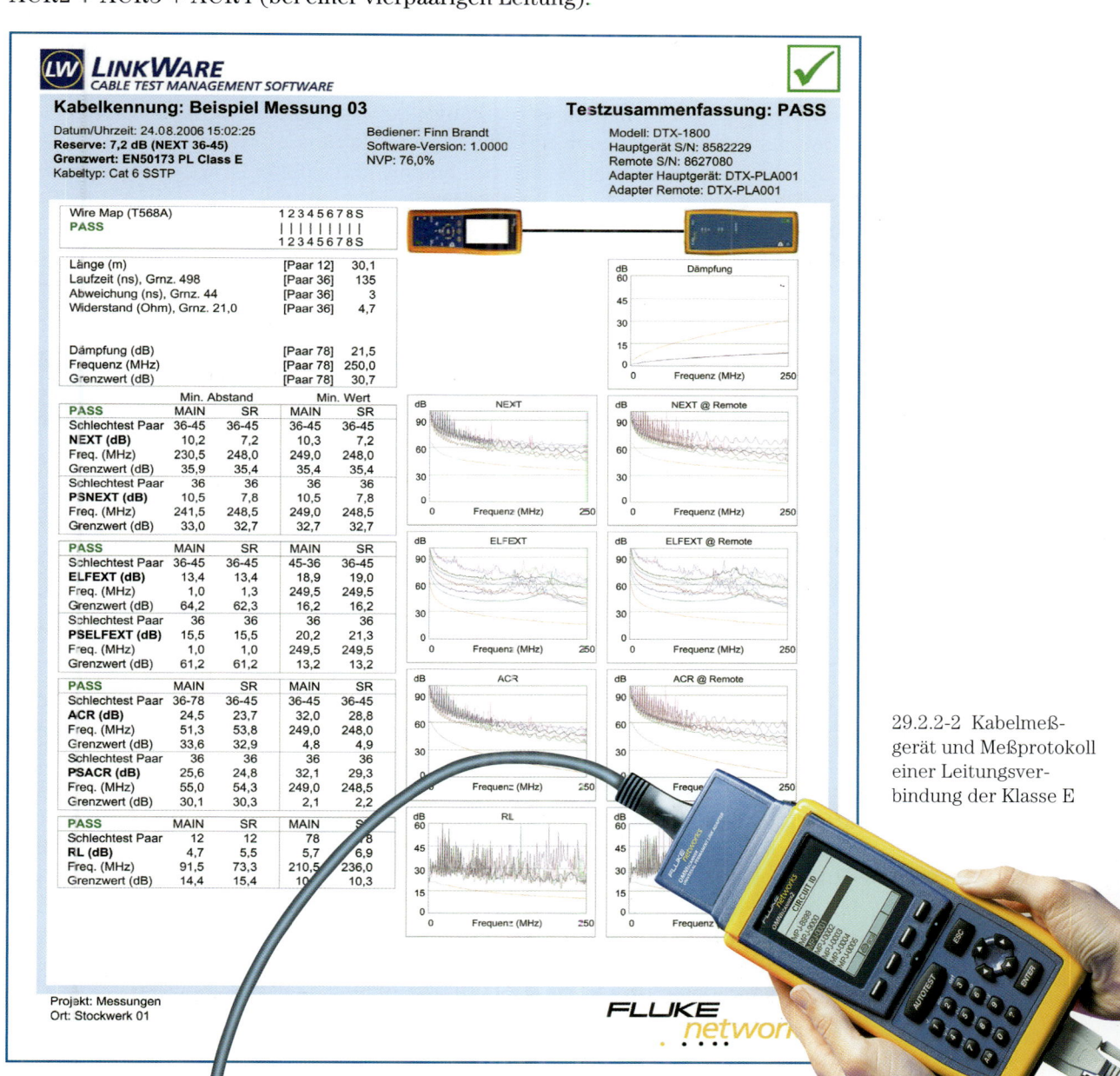

29.2.2-2 Kabelmeßgerät und Meßprotokoll einer Leitungsverbindung der Klasse E

29.3 Codes

Innerhalb einer Kommunikation werden Informationen, die von einem Sender an einen Empfänger übermittelt werden, mehrfach übersetzt. Beiden Teilnehmern muss die jeweilige Form der Übersetzung bekannt sein. Die Informationen werden vom Sender übersetzt (codiert) und vom Empfänger nach der Übertragung wieder zurückübersetzt (decodiert).

> *Unter einem Code versteht man nach DIN-Norm 443000 „... eine Vorschrift für die eindeutige Zuordnung zwischen zwei Mengen (Alphabeten)".*

Es kommen drei Arten von Codierungen zu Einsatz:

- Zahlencodes
- Zeichencodes
- Leitungscodes

29.3.1 Zahlencodes

Zahlencodes setzen logische Aussagen bzw. binäre Informationen in Zahlen um. Es werden für die logischen Aussagen die Zeichen 0 und 1 verwendet. Mit einer Abfolge dieser Zeichen lassen sich Zuordnungen zu anderen Zahlensystemen herstellen. Folgende Fragen werden bei der Beurteilung eines Zahlencodes berücksichtigt:

- Soll mit einem Zahlencode gerechnet werden können?
- Ist in dem Zahlencode eine Fehlererkennung und ggf. Fehlerkorrektur enthalten?
- Welches Schrittverhalten hat der Code?
- Ist der Code zyklisch aufgebaut?
- Ist die Codetabelle symmetrisch aufgebaut?

Die Grafik 29.3.1-1 zeigt im Überblick einige typische Zahlencodes:

Dezimal-ziffer	Hexadezi-malziffer	Dualzahl	BCD-Code	BCD-Code *mit Prüfbit*	Gray-Code
0	0	0000	0000	0000 0	0000
1	1	0001	0001	0001 1	0001
2	2	0010	0010	0010 1	0011
3	3	0011	0011	0011 0	0010
4	4	0100	0100	0100 1	0110
5	5	0101	0101	0101 0	0111
6	6	0110	0110	0110 0	0101
7	7	0111	0111	0111 1	0100
8	8	1000	1000	1000 1	1100
9	9	1001	1001	1001 0	1101

29.3.1-1
Zahlencodes

29.3.2 Zeichencodes

Für die Übertragung von Zeichen werden Zeichencodes verwendet. Sie besitzen einen größeren Umfang als die Zahlencodes. In der Computertechnik hat sich seit langer Zeit der ASCII-Code[1] etabliert. Er stammt noch aus der Zeit der Nachrichtenübermittlung per Fernschreiber (engl. Teletype, Abk. TTY). Es handelt sich um einen Code, der insgesamt 8 Bit für die Zuordnung von Zeichen bereitstellt. Ursprünglich wurden nur sieben Bit zur Darstellung von 127 Zeichen verwendet. Das achte Bit diente als Prüfbit. Dieses Bit wurde später für die Erweiterung des Zeichensatzes auf insgesamt 255 Zeichen genutzt. Die Zeichen 0 bis 127 gehören zum Standardzei-

[1] **ASCII:** American Standard Code for Information Interchange; engl. Amerikanischer Standard-Code für den Informationsaustausch

chensatz. Die Zuordnung der Zeichen 128 bis 255 ist konfigurierbar. In Grafik 29.3.2-1 ist der ASCII-Standardcode dargestellt.

	00	01	02	03	04	05	06	07
00	NUL 00/0	DLE 10/16	SP 20/32	0 30/48	@ 40/64	P 50/80	` 60/96	p 70/112
01	SOH 01/1	DC$_1$ 11/17	! 21/33	1 31/49	A 41/65	Q 51/81	a 61/97	q 71/113
02	STX 02/2	DC$_2$ 12/18	" 22/34	2 32/50	B 42/66	R 52/82	b 62/98	r 72/114
03	ETX 03/3	DC$_3$ 13/19	# 23/35	3 33/51	C 43/67	S 53/83	c 63/99	s 73/115
04	EOT 04/4	DC$_4$ 14/20	$ 24/36	4 34/52	D 44/68	T 54/84	d 64/100	t 74/116
05	ENQ 05/5	NAK 15/21	% 25/37	5 35/53	E 45/69	U 55/85	e 65/101	u 75/117
06	ACK 06/6	SYN 16/22	& 26/38	6 36/54	F 46/70	V 56/86	f 66/102	v 76/118
07	BEL 07/7	ETB 17/23	' 27/39	7 37/55	G 47/71	W 57/87	g 67/103	w 77/119
08	BS 08/8	CAN 18/24	(28/40	8 38/56	H 48/72	X 58/88	h 68/104	x 78/120
09	HT 09/9	EM 19/25	) 29/41	9 39/57	I 49/73	Y 59/89	i 69/105	y 79/121
10	LF 0A/10	SUB 1A/26	* 2A/42	: 3A/58	J 4A/74	Z 5A/90	j 6A/106	z 7A/122
11	VT 0B/11	ESC 1B/27	+ 2B/43	; 3B/59	K 4B/75	[5B/91	k 6B/107	{ 7B/123
12	FF 0C/12	FS 1C/28	, 2C/44	< 3C/60	L 4C/76	\ 5C/92	l 6C/108	| 7C/124
13	CR 0D/13	GS 1D/29	– 2D/45	= 3D/61	M 4D/77	] 5D/93	m 6D/109	} 7D/125
14	SO 0E/14	RS 1E/30	. 2E/46	> 3E/62	N 4E/78	^ 5E/94	n 6E/110	~ 7E/126
15	SI 0F/15	US 1F/31	/ 2F/47	? 3F/63	O 4F/79	_ 5F/95	o 6F/111	DEL 7F/127

Zeichen	A 41/65	Wert hexadezimal Wert dezimal		Steuerzeichen

29.3.2-1 ASCII-Standardcode

29.3.3 Leitungscodes

Die Übertragung von Daten über eine Leitung wird mittels spezieller Codes, den Leitungscodes, geregelt. Hier findet eine Zuordnung zwischen logischen Daten (Bits) und Signalpegeln statt. Die Codes sollen eine möglichst sichere und fehlerarme Übertragung der Informationen ermöglichen. Folgende Eigenschaften sind bei der Beurteilung von Leitungscodes zu berücksichtigen:
- die Höhe des Datendurchsatzes
- die Rückgewinnung der Daten auf der Empfängerseite
- die Höhe der Störabstrahlung
- die Gleichstromfreiheit
- die Rückgewinnung des ursprünglichen Taktsignals.

Die Grafik 29.3.3-1 gibt einen Überblick über die wichtigsten Leitungscodes.

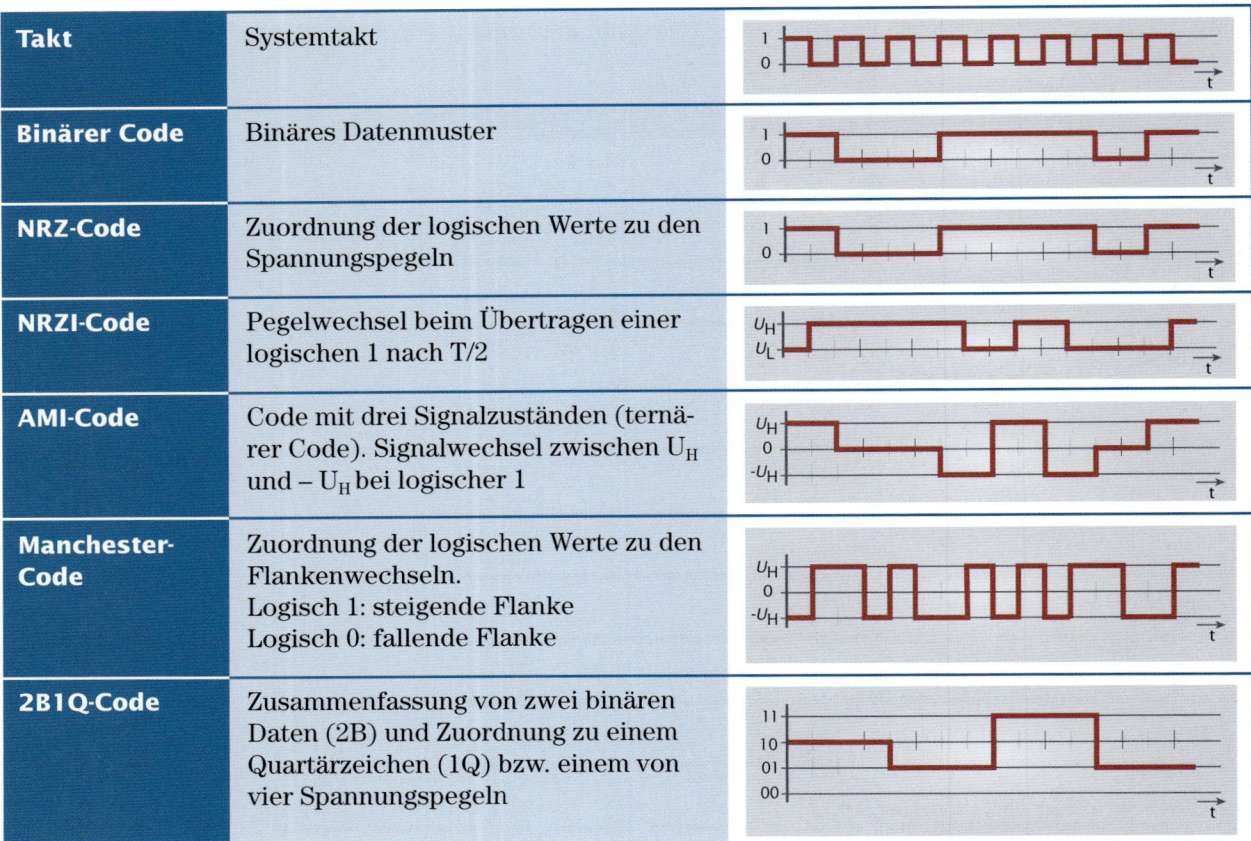

Takt	Systemtakt	
Binärer Code	Binäres Datenmuster	
NRZ-Code	Zuordnung der logischen Werte zu den Spannungspegeln	
NRZI-Code	Pegelwechsel beim Übertragen einer logischen 1 nach T/2	
AMI-Code	Code mit drei Signalzuständen (ternärer Code). Signalwechsel zwischen U_H und $-U_H$ bei logischer 1	
Manchester-Code	Zuordnung der logischen Werte zu den Flankenwechseln. Logisch 1: steigende Flanke Logisch 0: fallende Flanke	
2B1Q-Code	Zusammenfassung von zwei binären Daten (2B) und Zuordnung zu einem Quartärzeichen (1Q) bzw. einem von vier Spannungspegeln	

29.3.3-1 Leitungscodes

Folgende drei Kenngrößen sind für die Beurteilung eines Leitungscodes und des Übertragungsverhaltens zu unterscheiden:

Schrittgeschwindigkeit

Mit der Schrittgeschwindigkeit (auch als Baudrate bezeichnet) wird die Anzahl der Signalwechsel pro Sekunde beschrieben. Sie wird angegeben in der Einheit Baud (1 Bd = 1 Schrittwechsel pro Sekunde).

Bei der Verwendung einschrittiger Codes entspricht die Schrittgeschwindigkeit der Übertragungsrate.

Signalpegel

Vielfach werden in der digitalen Übertragungstechnik binäre Signalpegel verwendet. Das bedeutet, dass eine binäre Information durch ein entsprechendes Spannungs-, Strom- oder Frequenzsignal dargestellt wird. Es ist aber auch möglich, mehrere binäre Informationen, z. B. in Form von drei oder vier Signalen, zusammenzufassen. Man spricht dann von ternären oder quarternären Codes (z. B. AMI- und 2B1Q-Code).

Übertragungsfrequenz

Eng mit der Schrittgeschwindigkeit ist die Übertragungsfrequenz verbunden. Mit der Frequenz werden periodische Vorgänge beschrieben. Die Frequenz ist die Angabe der periodischen Wiederholungen pro Sekunde. Sie wird angegeben in der Einheit Hertz (1 Hz = 1/s). Datenübertragungen haben in der Regel keinen kontinuierlichen Frequenzverlauf. Deshalb kann das Übertragungsverhalten nur im Zusammenhang mit der Anzahl der maximal auftretenden Schrittwechsel abgeschätzt werden.

Übertragungsrate

Die Übertragungsrate ist die tatsächlich zu erzielende Menge von übertragenen Daten. Sie ist abhängig von der Bandbreite, vom verwendeten Leitungscode, der Reichweite und der Dämpfung. Die Übertragungsrate wird in bit/s (teilw. auch bps; bits per second) angegeben.

Bandbreite

Die Bandbreite bezeichnet einen zusammenhängenden Frequenzbereich, in dem ein Signal übertragen werden kann. Der verwendete Frequenzbereich hat Auswirkungen auf die maximale Datenübertragungsrate. Die Begriffe Bandbreite und Datenübertragungsrate sind nicht gleichwertig zu verwenden!

29.4 Modulationsverfahren

Zur Übertragung eines Nutzsignals ist es möglicherweise erforderlich, den verwendeten Frequenzbereich in einen anderen Frequenzbereich zu übertragen. Dies ist zum Beispiel notwendig bei der Übertragung über eine Funkstrecke oder bei der optimierten Ausnutzung einer Übertragungsstrecken durch ein Multiplexen (siehe Abschnitt 29.5: Multiplexverfahren).

Wird ein hochfrequentes Trägersignal in einer seiner Kenngrößen durch ein Nutzsignal verändert, so spricht man von Modulation.

Die Modulationsarten lassen sich nach den Kenngrößen des Trägersignals ordnen (siehe Grafik 29.4-1).

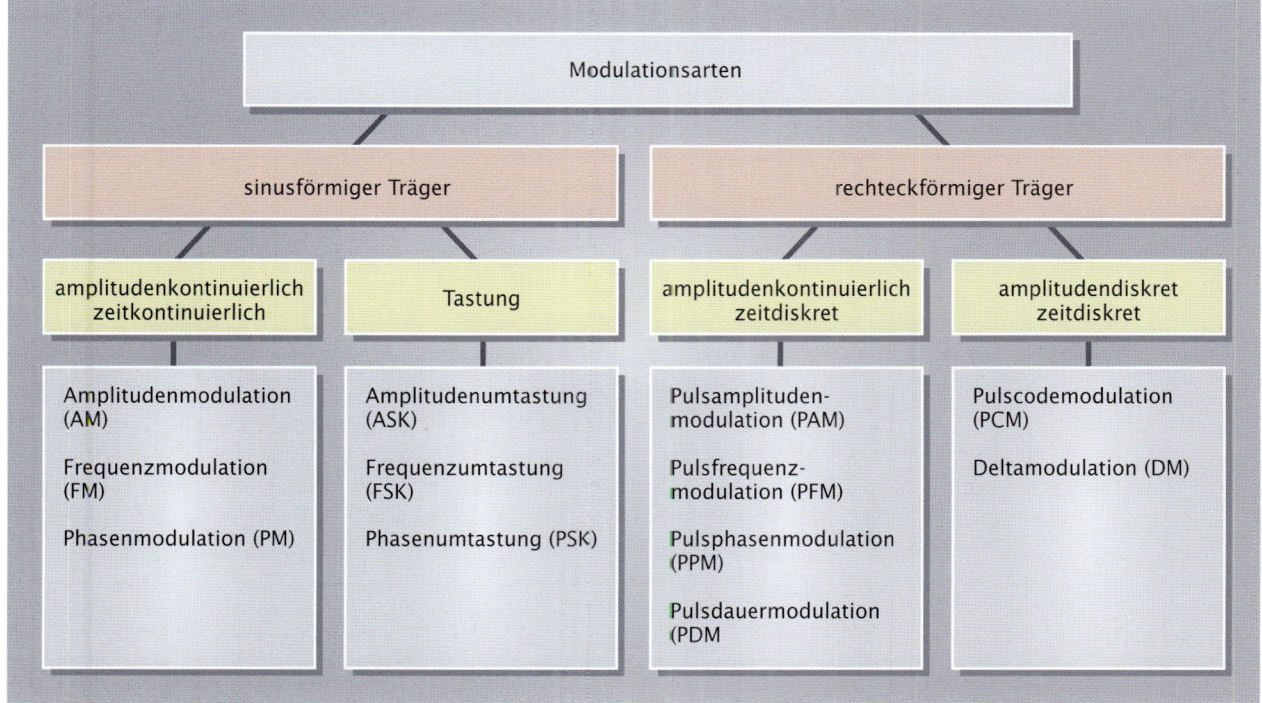

29.4-1 Modulationsarten

29.4.1 Modulation sinusförmiger Trägersignale

Sinusförmige Trägersignale können hinsichtlich der Amplitude, der Frequenz und der Phasenlage verändert werden. Diese können wiederum kontinuierlich im analogen Verhältnis zum Nutzsignal beeinflusst werden oder aber durch jeweils zwei Schaltzustände (digital) getastet werden.

Die folgende Tabelle gibt einen Überblick über die Modulationsformen.

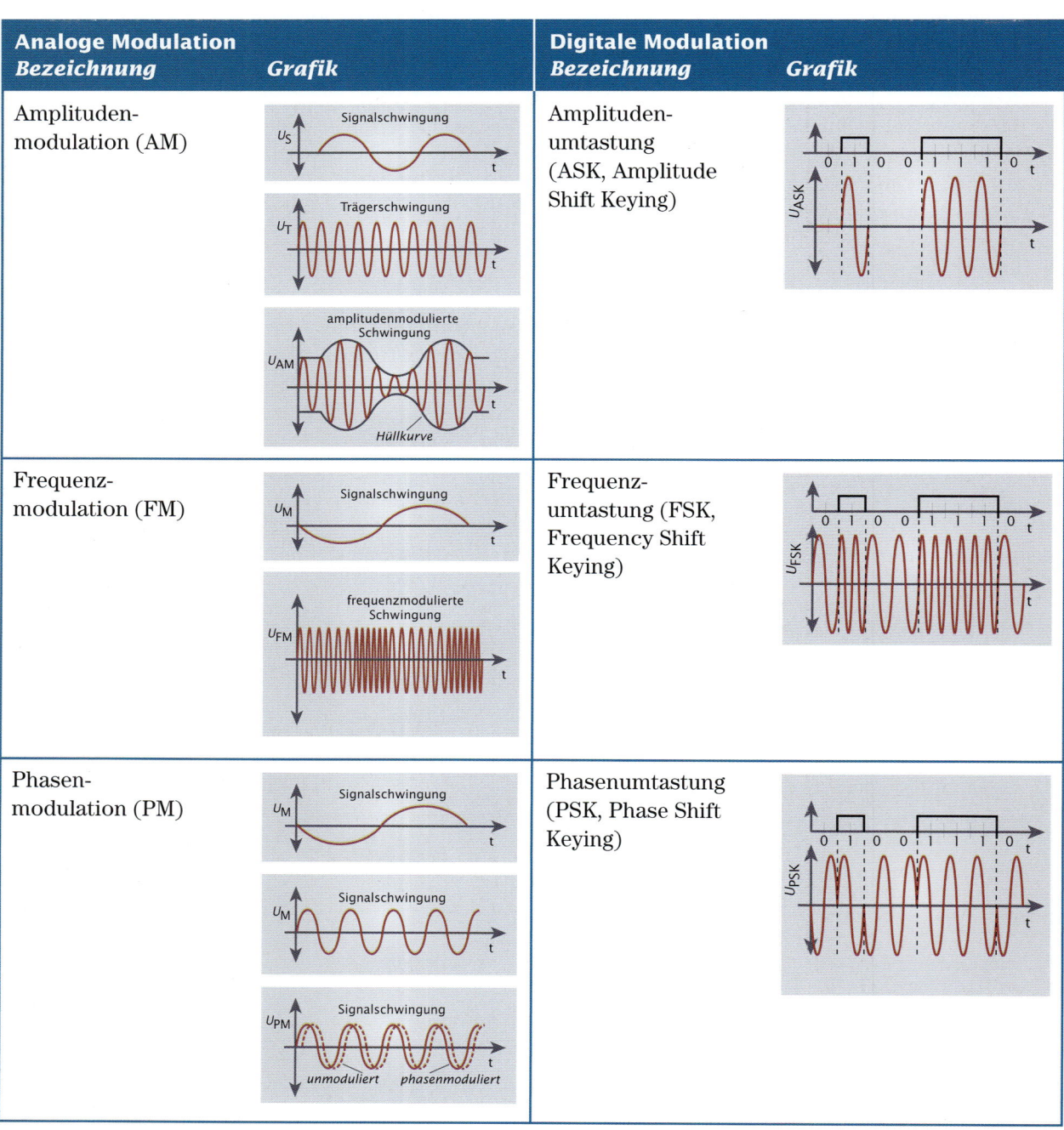

Analoge Modulation Bezeichnung	Grafik	Digitale Modulation Bezeichnung	Grafik
Amplituden-modulation (AM)		Amplituden-umtastung (ASK, Amplitude Shift Keying)	
Frequenz-modulation (FM)		Frequenz-umtastung (FSK, Frequency Shift Keying)	
Phasen-modulation (PM)		Phasenumtastung (PSK, Phase Shift Keying)	

29.4.2 Modulation rechteckförmiger Trägersignale

Rechteckförmige Trägersignale werden ähnlich wie sinusförmige Trägersignale hinsichtlich ihrer Amplitude, ihrer Frequenz und ihrer Phasenlage verändert. Darüber hinaus sind auch die Impulsdauer bzw. die Pausendauer der Signale veränderbar.

Die folgende Tabelle stellt eine Übersicht über die Modulationsformen dar.

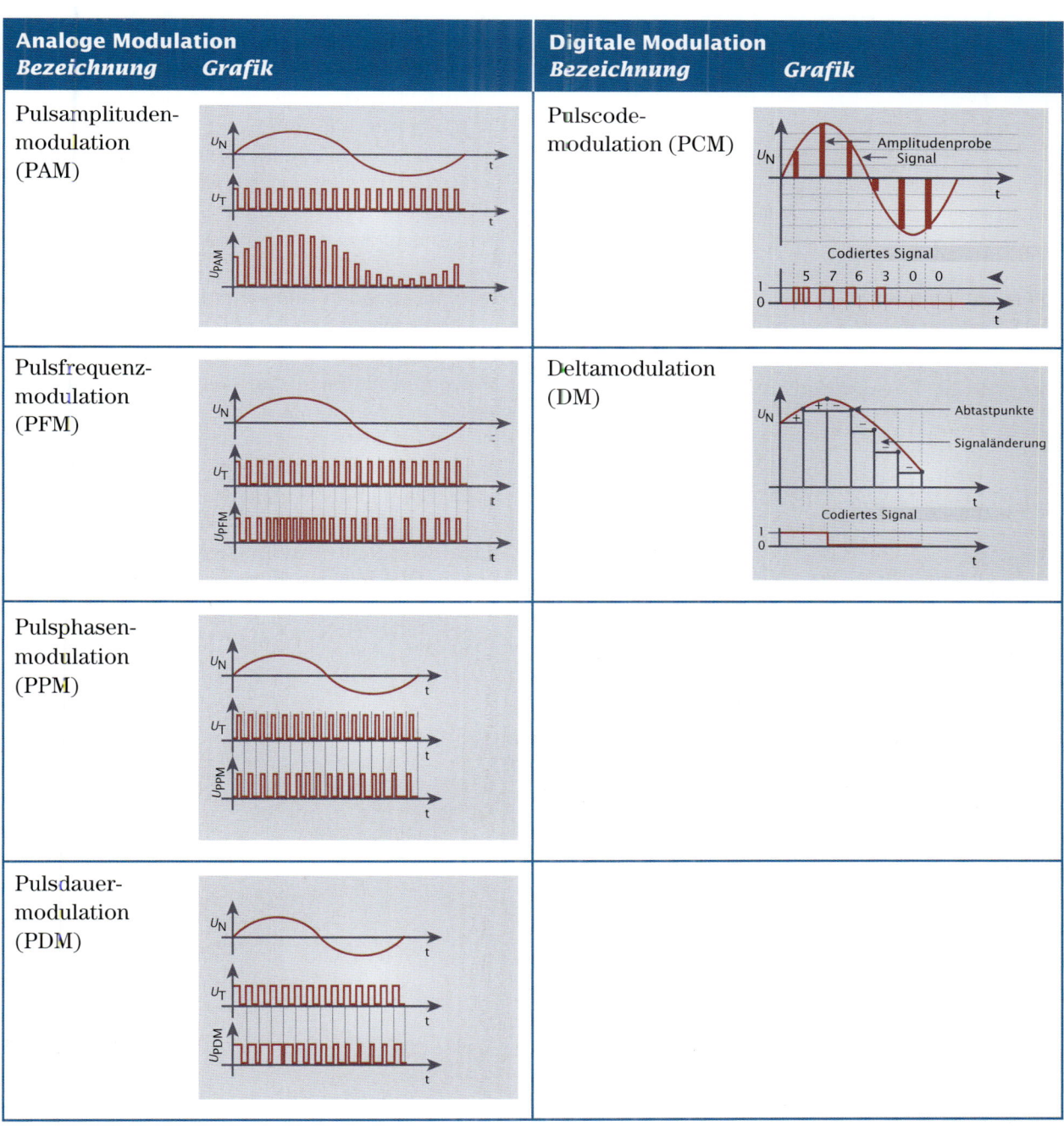

Analoge Modulation	Digitale Modulation
Bezeichnung *Grafik*	*Bezeichnung* *Grafik*
Pulsamplitudenmodulation (PAM)	Pulscodemodulation (PCM)
Pulsfrequenzmodulation (PFM)	Deltamodulation (DM)
Pulsphasenmodulation (PPM)	
Pulsdauermodulation (PDM)	

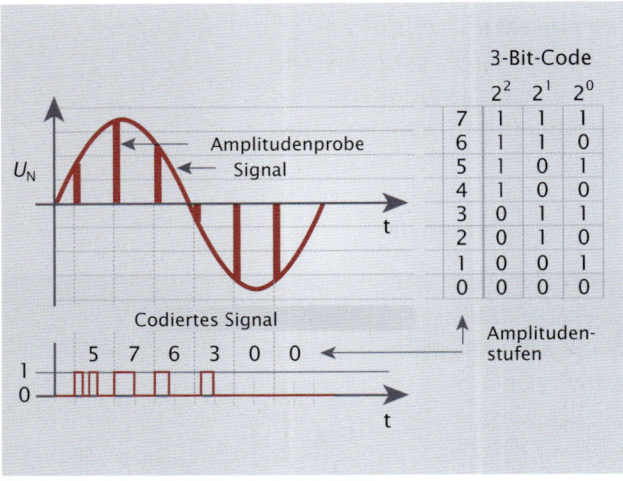

29.4.3-1 PCM-Codierung eines analogen Signals

29.4.3 PCM-30

PCM-30 ist das gängige Modulationsverfahren für die digitale Übertragung von analogen Signalen. PCM-30 Rahmen können im Prinzip auf allen Übertragungsmedien verwendet werden. In einem PCM-30 Übertragungsrahmen können insgesamt 30 codierte Signalverläufe übermittelt werden. Dazu werden jeweils die Signale mit einer bestimmten Frequenz abgetastet. Diese einzelnen Werte werden mittels Analog/Digital-Umsetzern in einen digitalen Code umgesetzt. Beim PCM-30 Verfahren beträgt die Auflösung der analogen Werte 8 Bit, also 256 mögliche Zwischenwerte. Die folgende Grafik stellt beispielhaft eine Umsetzung auf eine 3Bit-Codierung dar. Es ergeben sich hierbei nur acht Bewertungsstufen.

Übersicht über das PCM-30-Grundsystem:

Anzahl der Kanäle	32
Anzahl der Fernsprechkanäle	30
Dauer der Abtastung	125 µs
Kanaldauer	3,906 µs
Kanalbreite	8 Bit
Bitdauer	0,488 µs
Gesamtübertragungsrate	2048 kbit/s
Übertragungsrate pro Kanal	64 kbit/s
Abtastfrequenz	8 kHz

Die entstehenden Bitmuster werden dann jeweils innerhalb eines Kanals übertragen. Zwei zusätzliche Kanäle stehen für die Synchronisation, für Meldeinformationen und die Kennzeichnung zur Verfügung. Der Kanal 0 wird bei ungeraden Rahmenzahlen als Rahmenerkennung (Beginn jedes zweiten Rahmens) und zur Synchronisation genutzt. Bei geraden Rahmenzahlen enthält er Meldeinformationen z. B. von Fehlermeldungen. Der Kanal 16 enthält verteilte Signalisierungsinformationen der einzelnen Fernsprechkanäle.

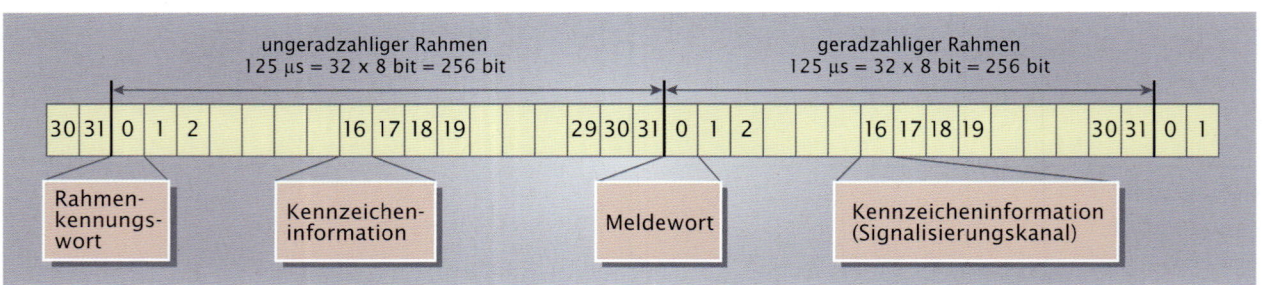

29.4.3-2 PCM-30 Rahmen

29.5 Multiplexverfahren

Um ein Übertragungsmedium möglichst optimal auszulasten, können zwei Strategien angewandt werden:

- Durch die Verwendung spezieller Übertragungsverfahren lassen sich die vorhandenen Datenkanäle mehrfach nutzen.
- Durch die Verwendung besonderer Leitungscodes lässt sich eine Reduktion der Daten erreichen.

Auf der Sendeseite werden die zu übertragenden Signale von einem Multiplexer zusammengefasst und dann entsprechend des Multiplexverfahrens übertragen. Die Empfangsseite teilt die Signale mit einem Demultiplexer wieder auf und führt sie den einzelnen Empfängern zu. Je nach verwendetem Multiplexverfahren, kann das Übertragungsmedium auch in beide Richtungen genutzt werden. Dazu ist dann auf beiden Seiten eine Multiplexer-Demultiplexer-Kombination erforderlich (siehe Grafik 29.5-1)

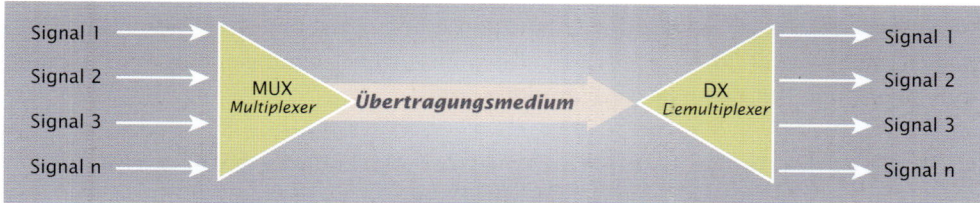

29.5-1 Prinzip der Multiplexübertragung

Folgende Multiplexverfahren gibt es:
- Raummultiplex: Aufteilung der Signale auf mehrere Übertragungskanäle oder Leitungen
- Frequenzmultiplex: Aufteilung der Signale auf verschiedene Frequenzbereiche
- Wellenlängenmultiplex: Aufteilung der Signale auf verschiedene Wellenlängen
- Zeitmultiplex: Aufteilung der Signale auf mehrere Zeitfenster
- Codemultiplex: Unterscheidung mehrerer Signale durch Codierung

Je nach Organisation des Zugriffs (siehe Abschnitt 9.1: Zugriffsprotokolle) werden die Multiplexverfahren in konkurrierende (dezentral gesteuerte) oder nichtkonkurrierende (zentral gesteuerte Verfahren) eingeteilt.

Konkurrierende Multiplexverfahren	Abkürzung	Nichtkonkurrierende Multiplexverfahren	Abkürzung
Frequency Division Multiple Access	FDMA	Frequency Division Multiplex	FDM
Wavelength Division Multiple Access	WDMA	Wavelength Division Multiplex	WDM
Time Division Multiple Access	TDMA	Time Division Multiplex	TDM
Code Division Multiple Access	CDMA	Code Division Multiplex	CDM
Space Division Multiple Access	SDMA	Space Division Multiplex	SDM

Zur optimalen Nutzung der Übertragungsmedien werden häufig Kombinationen zweier Verfahren angewandt wie z. B. TDMA und FDM in Funknetzen.

Schon seit langer Zeit werden Nachrichten optisch übertragen. So sind die Lichtsignalübertragung mittels Spiegeln oder Feuer, die Zeichengebung durch optische Telegraphen (Semaphore) oder die Signalisierung durch Rauch sehr alte Verfahren. Ihre Anwendungen sind vor allem durch schwankende Witterungsbedingungen (z. B. Nebel, Regen) und die sehr geringe Datenrate eingeschränkt. Das Medium Luft ist in seinen Übertragungseigenschaften starken Schwankungen unterworfen. Erst seit etwa 1970 werden Glasfasern zur Übertragung von optischen Signalen erprobt und angewendet. Damit können nahezu konstante Übertragungseigenschaften auch über sehr lange Entfernungen garantiert werden.

30.1 Physikalische Grundlagen einer optischen Übertragung

Die optische Übertragung von Informationen basiert ebenso wie die elektrische Übertragung auf der Ausbreitung elektromagnetischer Wellen. Für die Ausbreitung und die Übertragung gelten einige besondere physikalische Grundlagen.

> *Zum optischen Frequenzbereich gehören die Wellenlängen des infraroten (IR), des sichtbaren und des ultravioletten (UV) Strahlungsbereiches.*

30.1.1 Frequenzspektrum

Für die optische Nachrichtenübertragung wird ein Frequenzbereich verwendet, welcher deutlich oberhalb von Funkwellen liegt. Dieser Bereich ist teilweise mit dem Auge als optische Strahlung, also als Licht, wahrzunehmen.

Den Bereich optischer Strahlung innerhalb der elektromagnetischen Wellen stellt folgende Grafik 30.1.1-1 dar.

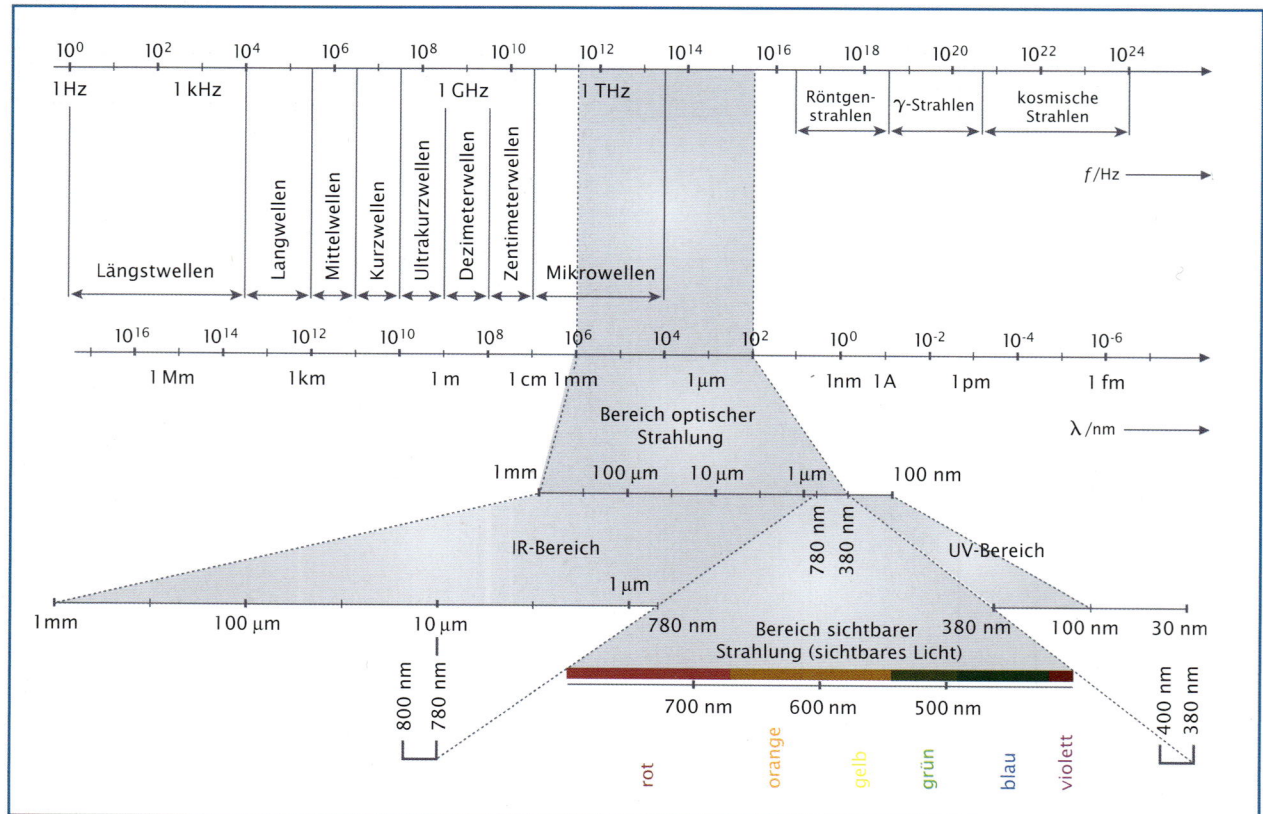

30.1.1-1 Frequenzspektrum elektromagnetischer Wellen

30.1.2 Signalgeschwindigkeit

Die Ausbreitungsgeschwindigkeit eines optischen Signals ist stark vom verwendeten Übertragungsmedium abhängig. Sie ist im Vakuum, also zum Beispiel im Weltraum, am höchsten und beträgt dort $c_0 = 300.000$ km/s.

Es gilt allgemein folgender Zusammenhang:

$$c = f \cdot \lambda = \frac{1}{T \cdot \lambda}$$

    c: Ausbreitungsgeschwindigkeit
    λ: Wellenlänge
    f: Frequenz
    T: Periodendauer

Um die Übertragungseigenschaften eines optischen Mediums zu beschreiben, wird die Brechzahl n verwendet. Sie beschreibt das Verhältnis der Lichtgeschwindigkeit im Vakuum zur Lichtgeschwindigkeit im verwendeten Medium.

$$n = \frac{c_0}{c_m}$$

Die folgende Tabelle stellt Beispiele für die Ausbreitungsgeschwindigkeit des Lichts und die Brechzahl verschiedener Medien dar.

Interessant ist der Vergleich der erzielbaren optischen Ausbreitungsgeschwindigkeiten mit denen der elektrischen Signalübertragung. So beträgt die Ausbreitungsgeschwindigkeit eines elektrischen Signals auf einem Kupferleiter nahezu Lichtgeschwindigkeit. Die Ausbreitungsgeschwindigkeit eines optischen Signals auf einem Lichtwellenleiter ist erheblich geringer.

Medium	c in km/s	Brechzahl
Vakuum	300.000	1,0000
Luft	299.000	1,0003
Wasser	225.000	1,333
Quarzglas	200.000	1,5
Kunststoffglas	197.000	1,53

30.1.3 Brechung

Geht ein Lichtstrahl von einem Medium in ein Medium mit einer anderen Brechzahl über, so wird er abgelenkt. Der Lichtstrahl wird gebrochen.

Je nach Auftreffwinkel des Lichts auf die Grenzfläche der beiden Medien kommt es zu unterschiedlichem Verhalten.

> *Als Brechung wird das Verhalten des Lichts bezeichnet, beim Übergang von einem Medium in ein Medium mit anderer Brechzahl, seine Richtung zu verändern. Die Brechung ist abhängig von den Brechzahlen der verwendeten Materialien*

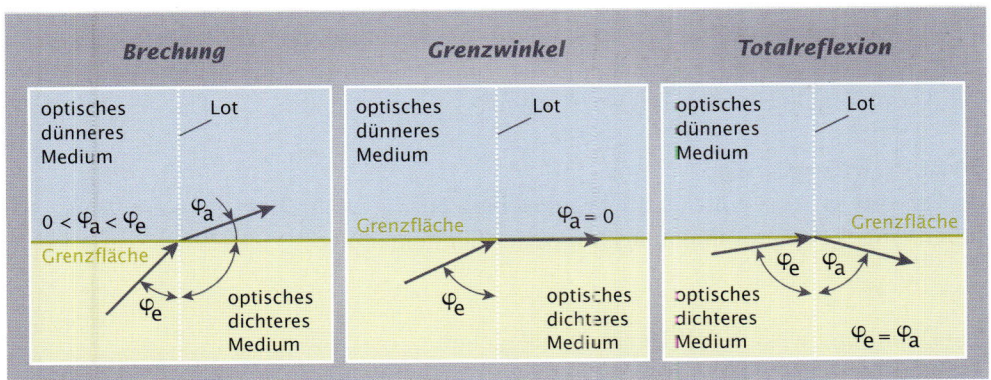

30.1.3-1 Brechung des Lichts

Die Basis für die Übertragung von Lichtsignalen über einen Lichtwellenleiter ist die Totalreflexion des Lichtstrahls. Er verbleibt damit immer vollständig innerhalb des Leiters.

30.2 Kenngrößen einer optischen Übertragungstrecke

Eine optische Übertragungsstrecke wird durch mehrere Kenngrößen beschrieben. Die im Folgenden beschriebenen Kenngrößen stellen aus Anwendungsgründen die Übertragung über Lichtwellenleiter in den Vordergrund.

30.2.1 Moden

Der Eintritt des Lichts in den Lichtwellenleiter kann unter verschiedenen Winkeln geschehen. In Abhängigkeit vom Kerndurchmesser eines optischen Leiters kann jedoch nur eine begrenzte Anzahl von Wellenlängen über den Leiter übertragen werden. Diese Wellenlängen werden als Moden bezeichnet. Ein Lichtwellenleiter kann also durch die Anzahl der übertragbaren Moden beschrieben werden.

30.2.2 Modendispersion[1]

> *Die zeitliche Verbreiterung des Lichtsignals, die durch Reflexionen entsteht, wird als Modendispersion bezeichnet.*

Die Lichtstrahlen in einem Lichtwellenleiter werden in der Regel bei ihrer Übertragung ständig an den Grenzflächen reflektiert (siehe Abschnitt 30.1.3). Dadurch ergeben sich unterschiedliche Signallaufzeiten der jeweils reflektierten Strahlen. Es kommt zu einer Verbreiterung des ursprünglich ausgesendeten Impulses am Ende des Übertragungsweges.

Bei der Verwendung von Single-Mode-Fasern wird nur eine Mode ausgesendet. Eine Modendispersion tritt deshalb dort nicht auf.

30.2.3 Materialdispersion

Optische Signale sind nicht auf eine einzige Wellenlänge begrenzt. Sie bestehen immer aus einem bestimmten Bereich. Dieser Bereich wird als Bandbreite B bezeichnet. Sie

> *Die zeitliche Verbreiterung des Lichtsignals, die durch die Bandbreite des Lichtsignals entsteht, wird als Materialdispersion bezeichnet.*

beträgt bei Leuchtdioden etwa 70 nm und bei Laserdioden etwa 1 nm. Da, wie oben erläutert, die Geschwindigkeit eines Signals von der Wellenlänge abhängt, kommt es zu unterschiedlichen Signallaufzeiten innerhalb des eingekoppelten Gesamtsignals. Die Auswirkungen sind abhängig von der Brechzahl des Mediums. Wie bei der Modendispersion, kommt es deshalb auch hier zu einer Verbreiterung des ursprünglich ausgesendeten Signals.

Damit es nicht zu einer Überlagerung zweier Signale kommt, müssen die Signale einen zeitlichen Mindestabstand haben. Die Materialdispersion begrenzt deshalb die erreichbare Übertragungsgeschwindigkeit bzw. hat einen entscheidenden Einfluss auf die maximale Übertragungsentfernung.

30.2.4 Dämpfung

Wie bereits in Abschnitt 29.2.1 beschrieben, ist die Dämpfung das Verhältnis zwischen eingekoppelter und ausgekoppelter Sendeleistung.

$$a_P = 10 \cdot \lg \cdot \frac{P_{ein}}{P_{aus}}$$

Die Dämpfung wird in dB (Dezibel) angegeben.

---

[1] **Dispersion:** Verteilung

Bei Lichtwellenleitern beruht die Dämpfung auf folgenden Ursachen:

- der Streuung, also der Ablenkung des Lichts im Material
- der Absorption[1], also der Aufnahme des Lichts im Leiter. Ein Teil der Lichtenergie wird in Wärme umgesetzt.
- Übergänge bei Spleiß- und Steckverbindungen. Es kommt zu Versatz und Grenzflächen in den Verbindungen. Licht wird stärker absorbiert oder abgelenkt.

Bei Lichtwellenleitern wird üblicherweise der Dämpfungskoeffizient angegeben, der die Dämpfung auf die Länge der Leitung bezieht. Die Einheit ist dann dB/km.

Durch die Materialeigenschaften ergibt sich ein typischer Verlauf der Dämpfungseigenschaften in Abhängigkeit der Wellenlängen (siehe Grafik 30.2.4-1). Die Rayleigh-Streuung beschreibt in der Grafik den theoretischen Verlauf der Dämpfung in einem Medium.

Zu erkennen sind drei Bereiche, in denen die Dämpfungseigenschaften relativ gering sind. Diese Bereiche werden als Fenster bezeichnet und liegen bei etwa 850 nm, 1300 nm und 1550 nm. Die Auswahl und Nutzung der Fenster ist abhängig von der Übertragungslänge und den Kosten für die optoelektrischen Bauelemente. Lumineszenzdioden (LED) werden in den ersten beiden Fenstern für kurze Entfernungen benutzt. Laserdioden finden ihren Einsatz im zweiten und dritten Fenster bei großen Entfernungen. Moderne optische Übertragungseinrichtungen nutzen weitere Fenster

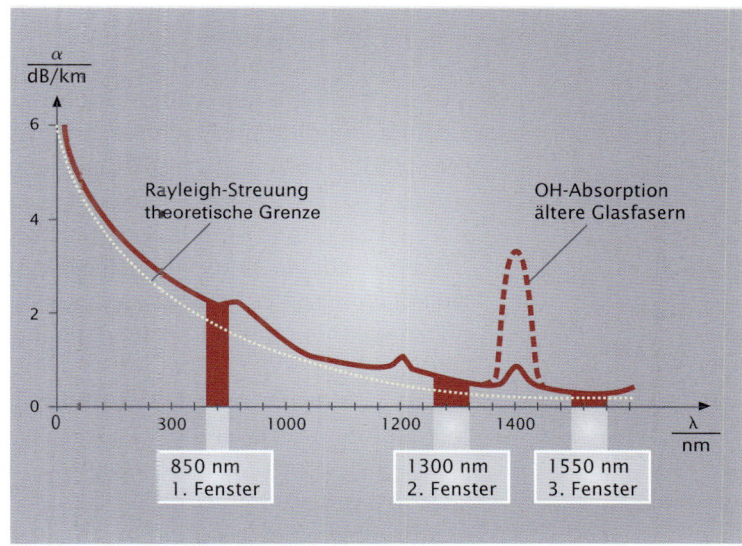

30.2.4-1 Dämpfungsverlauf in Lichtwellenleitern

30.3 Lichtwellenleiter

Die meisten Lichtwellenleiter bestehen aus Quarzglas. Es werden jedoch auch Kunststoffleiter angeboten. An Lichtwellenleiter werden besondere Anforderungen gestellt, vor allem an ihre optischen und mechanischen Eigenschaften. Lichtwellenleiter werden durch folgende Daten beschrieben:

- Kerndurchmesser in µm
- Manteldurchmesser in µm
- Art der Beschichtung
- Faserart
- Dämpfungskoeffizient in dB/km
- Bandbreite-Länge-Produkt.

Das Bandbreite-Länge-Produkt ist ein Kennwert für die Qualität eines Lichtwellenleiters. Es ist vor allem abhängig von den Dispersionen im Leiter und wird in MHz · km oder GHz · km angegeben. Das Bandbreite-Länge-Produkt beschreibt die erreichbare Übertragungsfrequenz auf der Übertragungsstrecke. Da die Übertragungsfrequenz im engen Zusammenhang mit der Datenübertragungsrate steht, wird das Bandbreite-Länge-Produkt von einigen Herstellern auch in Gbit/s · km angegeben. Ein hoher Wert weist auf eine hohe maximal erreichbare Übertragungsfrequenz hin.

[1] **Absorption:** das Aufsaugen, In-sich-aufnehmen

30.3.1 Leitungsaufbau

Lichtwellenleiter besitzen einen besonderen Aufbau (siehe Grafik 30.3.1-1).

Um eine lichtleitende innere Faser (Kern, engl. core) liegt ein ebenfalls lichtleitender Mantel (Umkleidung, cladding). Beide Materialien besitzen eine unterschiedliche Dispersion und leiten somit das Licht durch Reflexion innerhalb des Leiters. Zusätzlich ist der lichtleitende Bereich insgesamt mit einer dünnen Kunststoffschicht (Ummante-

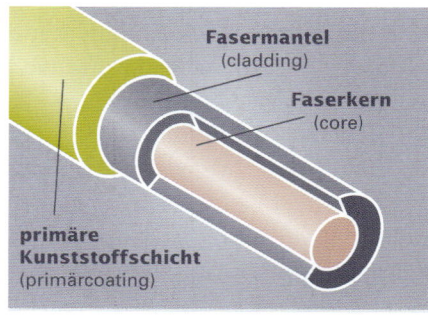

30.3.1-1 Aufbau eines Lichtwellenleiters

lung, engl. coating) umhüllt. Dieser schichtweise Aufbau stellt sicher, dass das Licht auch bei einer Biegung des Leiters nicht austritt und weiterhin reflektiert wird.

Der weitere Aufbau eines Lichtwellenleiterkabels hängt stark vom Verwendungs-zweck ab. So können weitere Kunststoffschichten und die Verwendung von Kunst-stoff-Fasern den mechanischen Schutz erhöhen. Die Verwendung einer Gelfüllung schützt die Leiter gegen das Eindringen von Wasser bei Beschädigung der äußeren Hülle.

Die verwendeten Materialien und die Abmessungen der Leitungen bestimmen deren Übertragungseigenschaften. Eingeteilt werden die Leitungen nach der Anzahl der übertragbaren Moden und den Brechungseigenschaften.

30.3.2 Multimode-Stufenindexfasern

Bei Multimode-Stufenindexfasern haben Kern und Mantel einen starken Unter-schied des Brechungsindexes (siehe Abbildung 30.3.2-1). Daraus ergibt sich eine zickzackförmige Reflexion der Moden. Daraus resultiert wiederum eine starke Mo-dendispersion, welche die Übertragungsbandbreite stark einschränkt. Da dieser Fa-sertyp überwiegend in Kunststofffasern hergestellt wird, ergibt sich zusätzlich eine starke Materialdispersion.

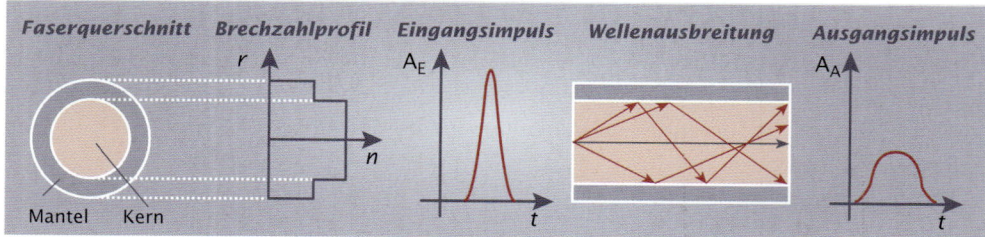

30.3.2-1 Eigenschaften einer Multimode-Stufenindexfaser

Multimode-Stufenindexfasern besitzen folgende Eigenschaften:
- Bandbreite-Länge-Produkt bis 100 MHz·km
- Große Impulsverbreiterung durch Moden- und Materialdispersion
- Dämpfung relativ hoch
- Einsatz für kleine Strecken (unter 500 m)

Da Multimode-Stufenindexfasern sehr kostengünstig sind, jedoch relativ schlechte Übertragungseigenschaften besitzen, werden sie überwiegend bei kurzen Strecken in der Automatisierungstechnik eingesetzt.

30.3.3 Multimode-Gradientenindexfasern

In einer Multimode-Gradientenindexfaser wird ein unterschiedlicher Verlauf der Brechzahl innerhalb des Kernes dazu benutzt, einen wellenförmigen Verlauf der Modenausbreitung zu erzeugen. Daraus ergeben sich keine bzw. geringere Laufzeitunterschiede der Signale. Multimode-Gradientenindexfasern haben eine geringere Moden- und Materialdispersion als Multimode-Stufenindexfasern und besitzen damit bessere Übertragungseigenschaften.

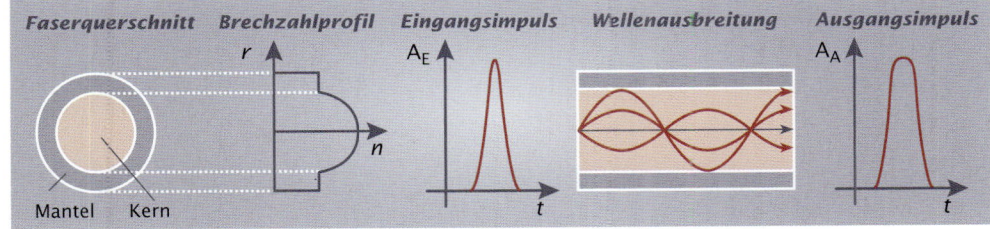

30.3.3-1 Eigenschaften einer Multimode-Gradientenindexfaser

Folgende Eigenschaften sind typisch für Multimode-Gradientenindexfasern:
- Bandbreite-Länge-Produkt bis etwa 1 GHz·km
- geringe Impulsverbreiterung durch Moden- und Materialdispersion
- niedrige Dämpfung
- Einsatz für Strecken bis etwa 5 km

Multimode-Gradientenindexfasern werden zurzeit überwiegend in lokalen Netzen eingesetzt.

30.3.4 Monomode-Stufenindexfasern

Bei Monomode-Stufenindexfasern ist der Kerndurchmesser so gering, dass nur eine Mode übertragen werden kann. Es kommt zu keinerlei Reflexionen, da das Signal nur im Kern übertragen wird. Eine Modendispersion tritt somit nicht mehr auf. Es wirkt nur noch die Materialdispersion. Einsetzbar ist dieser Fasertyp bei Wellenlängen des zweiten und dritten Fensters (ca. 1300 nm und 1550 nm).

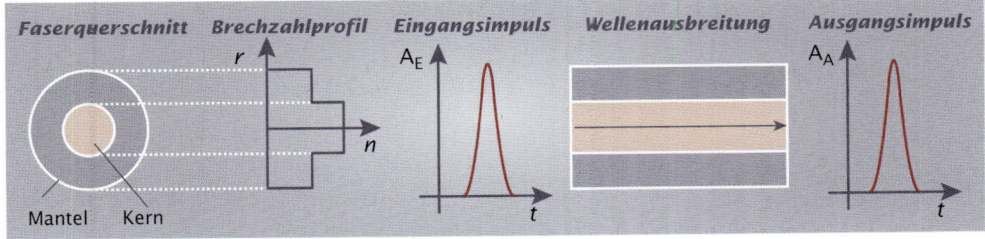

30.3.4-1 Eigenschaften einer Monomode-Stufenindexfaser

Die besonderen Eigenschaften von Monomode-Stufenindexfasern sind:
- Bandbreite-Länge-Produkt bis etwa 10 GHz·km
- sehr geringe Impulsverbreiterung durch Materialdispersion
- sehr niedrige Dämpfung
- Einsatz für Strecken über 100 km

Die Kosten für Monomode-Stufenindexfasern sind erheblich höher als für andere Fasertypen. Eingesetzt wird die Faser vor allem bei Weitverkehrsverbindungen.

30.3.5 Übertragungsstrecken

Bei der Planung und Installation von Lichtwellenleiter-Übertragungsstrecken müssen Kriterien bezüglich der Länge der Strecke und der zu erzielenden Übertragungsrate berücksichtigt werden. Dazu gehört auch die strikte Beachtung der Herstellerhinweise bezüglich der mechanischen Beanspruchungen wie z. B. Biegung oder Stauchung. Damit im Fehler- oder Erweiterungsfall erneut Steckverbindungen oder Spleißungen hergestellt werden können, sollte eine Leitungsreserve von etwa 2 bis 4 m an den jeweiligen Enden eingeplant werden. Lichtwellenleiter-Übertragungsstrecken besitzen beispielsweise folgenden Aufbau:

30.3.5-1 Lichtwellenleiter-Übertragungsstrecke

Der gesamte Übertragungsweg ist nach der Installation, nach Reparaturen oder nach Änderungen durch Messungen und Tests zu überprüfen. Dazu sollten folgende Werte ermittelt werden:

- Dämpfungsverhalten der Gesamtstrecke
- Rückstreumessung mittels ODTR[1]
- absolute Signalpegel am System
- Empfänger-Empfindlichkeit
- Bandbreite des Gesamtsystems

Für die Messungen stehen entsprechende Geräte zur Verfügung. Insbesondere die Messungen mittels ODTR ergeben einen guten Überblick über die Verwendbarkeit der Übertragungsstrecke. Mit dem Gerät wird der Signalverlauf auf einer Strecke ermittelt und optisch dargestellt. Das ODTR sendet Lichtimpulse aus und nimmt deren Reflexion auf. So ist eine genaue Lokalisierung von Fehler- und Störstellen, z. B. durch Wassereinbruch möglich. Die Abbildung 30.3.5-2 zeigt einen beispielhaften Signalverlauf. Der Cursor dient der Darstellung der Entfernung zwischen dem Sender und der entsprechenden Stelle im Leitungsverlauf.

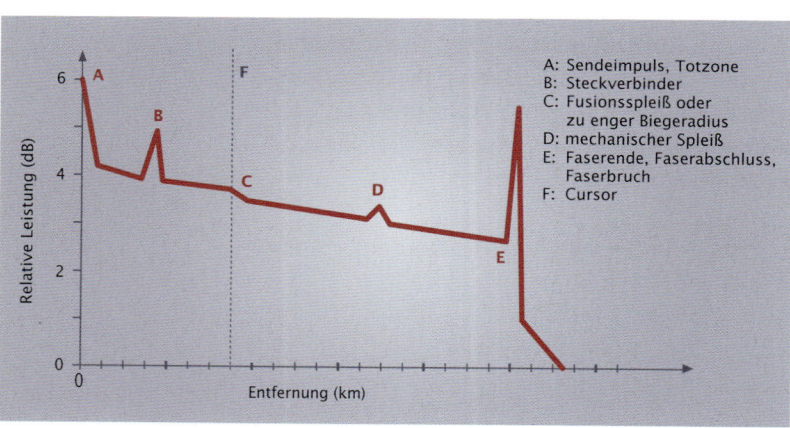

30.3.5-2 ODTR Messverlauf

Die ODTR-Messkurve ist eine Art „Fingerabdruck" einer Übertragungsstrecke. Deshalb werden sensible Nachrichtenverbindungen regelmäßig überprüft, um ein mögliches Abhören bzw. ein Einkoppeln von Abhörgeräten zu erkennen.

30.4 Unfallverhütung

Da die zu übertragenden Lichtsignale häufig durch Laserdioden erzeugt werden, sind vor allem die Sicherheitsbestimmungen im Umgang mit Laserstrahlen zu beachten. Insbesondere das Auge, aber auch die Haut können durch Laserstrahlen geschädigt werden.

[1] **ODTR: O**ptical **T**ime **Do**main **R**eflectometer; engl. Optisches Zeitbereichs-Reflektometer

Die entsprechenden Maßnahmen und Regeln sind in den Unfallverhütungsvorschriften der Berufsgenossenschaften festgelegt und werden von diesen überwacht. Für die Arbeit mit Lasereinrichtungen gilt die Vorschrift BGV[4] B2 (ehemals VBG[5] 93).

Lasereinrichtungen werden in vier Klassen eingeteilt und dementsprechend gekennzeichnet:

„1. Klasse 1:   Die zugängliche Laserstrahlung ist ungefährlich.

2. Klasse 2:   Die zugängliche Laserstrahlung liegt nur im sichtbaren Spektralbereich (400 nm bis 700 m). Sie ist bei kurzzeitiger Bestrahlungsdauer (bis 0,25 s) ungefährlich auch für das Auge.

3. Klasse 3 A: Die zugängliche Laserstrahlung wird für das Auge gefährlich, wenn der Strahlungsquerschnitt durch optische Instrumente verkleinert wird. Ist dies nicht der Fall, ist die ausgesandte Laserstrahlung im sichtbaren Spektralbereich (400 nm bis 700 m) bei kurzzeitiger Bestrahlungsdauer (bis 0,25 s), in den anderen Spektralbereichen auch bei Langzeitbestrahlung, ungefährlich.

4. Klasse 3 B: Die zugängliche Laserstrahlung ist gefährlich für das Auge und in besonderen Fällen auch für die Haut.

5. Klasse 4:   Die zugängliche Laserstrahlung ist sehr gefährlich für das Auge und gefährlich für die Haut. Auch diffus gestreute Strahlung kann gefährlich sein. Die Laserstrahlung kann Brand- oder Explosionsgefahr verursachen." (BGV B2 § 2 Abs. 3)

Üblicherweise existiert im Betrieb ein Gesamtsystem, aus dem keine Laserstrahlen austreten und es entspricht somit der Klasse 1. Im Beschädigungsfall oder bei Öffnen einer Steckverbindung im Betrieb darf keine gefährliche Lichtstrahlung austreten. Aus diesem Grund dürfen in einem Lichtwellenleiter-Kommunikationsnetz nur Systeme bis maximal Klasse 3 A verwendet werden.

Bei Arbeiten am Übertragungsnetz, wie z. B. bei Messungen und Instandhaltungen, müssen die tätigen Personen eine besondere Unterweisung erhalten haben.

[1] **BGV:** Berufsgenossenschaftliche Vorschrift
[2] **VBG:** Vorschrift der Berufsgenossenschaft

Abkürzungen und Begriffe

AAL ATM Adaption Layer
ACL Asynchronous Connectionless
ACR Attenuation to Crosstalk Ratio
ADC Analog Digital Converter
ADSL Asymmetric Digital Subscriber Line
AFNOR Association Française de Normalisation
AH Authentication Header
AM Amplitudenmodulation
ANSI American National Standards Institute
ARP Address Resolution Protocol
ARQ Automatic Retransmission Query
AS autonomes System
ASCII American Standard Code for Information Interchange
ASI Actor Sensor Interface
ASK Amplitudenumtastung
Asl Teilnehmer-Anschlussleitung
ASN AS-Nummer
ATM Asynchronous Transfer Modus
AuC Authentication Center

BDSG Bundesdatenschutzgesetz
BGP Border Gateway Protocol
B-ISDN Breitband-ISDN
BNC Bayonet Neill Cocelmann, Bayonet-Navy-Connector, British-Naval-Connector, Baby-N-Connector
BSC Basic Station Control
BSI British Standards Institution
BSS Basic Service Set
BTS Base Transceiver Station
BWA Broadband Wireless Access

CA Certification Authority
CA Collision Avoidance
CAL Client Access License
CAN Controller Area Network/Car Area Network (veralt.)
CCITT Comité Consultarif International Télégraphique et Téléphonique
ccTLD Country Code Top Level Domain
CD Collision Detection
CDM Code Division Multiplex
CDMA Code Division Multiple Access
CEN Comité Européen de Normalisation
CENELEC Comité Européen de Normalisation Electrotechnique
CERN Conseil Européen pour la Recherche Nucléaire
CHAP Challenge Handshake Authentication Protocol
CIDR Classless Inter Domain Routing
CMIP Common Management Information Protocol
CRC Cyclic Redundancy Check
CS Carrier Sense
CSMA/CA Carrier Sense Multiple Access with Collision Avoidance

CSMA/CD Carrier Sense Multiple Access with Collision Detection
CSS Cascading Style Sheets
CSU Channel Service Unit

Datex-P Data Exchange Packet
DCE Data Communications Equipment
DCLI Data Link Connection Identifier
DDV Datendirektverbindung
DeCIX Deutsche Commercial Internet Exchange
DECT Digital Enhanced Cordless Telecommunication
DENIC DENIC eG Domain Verwaltungs- und Betriebgesellschaft
DES Data Encryption Standard
DHCP Dynamic Host Configuration Protocol
DIN Deutsches Institut für Normung
DIT Directory Information Tree
DKE Deutsche elektrotechnische Kommission
DM Deltamodulation
DMT Discrete Multitone Transmission
DMZ demilitarisierte Zone
DN Distinguished Name
DNS Domain Name Service
DoD US-Department of Defence
DS Distribution System
DSAP Destination Service Access Point
DSE Data Switching Exchange
DSL Digital Subscriber Line
DSLAM Digital Subscriber Line Access Multiplexers
DSU Data Service Unit
DTE Data Terminal Equipment

EDR Enhanced Data Rate
EGP Exterior Gateway Protocol
EIA Electronics Industries Association
EIB Europäischer Installations-Bus
EIR Equipment Identity Register
ELFEXT Equal Level Far End Cross Talk
EMS Enhanced Message Service
EMV elektromagnetische Verträglichkeit
ENUM Elephone Number Mapping
ESP Encapsulation Security Payload
ESS Extended Service Set
ESSID Extended Service Set Identifier
ET Exchange Termination
Euro-DSS1 European Digital Subscriber System No. 1

FAN Field Area Network
FCIP Fibre over IP
FCP Fibre-Channel-Protokoll
FDDI Fibre Distributed Data Interface
FDM Frequency Division Multiplex
FDMA Frequency Division Multiple Access
FEC Forward Error Correction
FEXT Far End Cross Talk

FHSS Frequency Hopping Spread Spectrum
FM Frequenzmodulation
FQDN Fully Qualified Domain Name
FSK Frequenzumtastung
FTP File Transfer Protocol

GAN Global Area Network
GFSK Gauss Ferquency Shift Keying
GG Grundgesetz
GPL General Public License
GPRS General Packet Radio Service
GPS Global Position System
GRE Generic-Route-Encapsulation-Verfahren
GSM Global System Mobile Communications

HBCI Home Banking Computer Interface
HDLC High Level Data Link Control
HDSL High Bit Digital Subscriber Line
HE Höheneinheit
HLR Home Location Register
HSCSD High Speed Circuit Switched Data
HTML Hypertext Markup Language
http Hypertext Transfer Protocol

I^2C IIC: Inter-Integrated Circuit
IAB Internet Architecture Board
IAE ISDN-Anschlusseinheit
IANA Internet Assigned Numbers Authority
IBSS Independent Basic Service Set
ICANN Internet Corporation for Assigned Names and Numbers
ICMP Internet Control Message Protocol
ICQ "I seek you"
IDEA International Data Encryption Agorithm
IDS Intrusion Detection System
IEC International Electrotechnical Commission
IEEE Institute of Electrical and Electronic Engineers
IETF Internet Engineering Task Force
IGP Interior Gateway Protocol
IKE Intenet Key Exchange
IMAP Interactive Mail Access Protocol
IMEI International Mobile Equipment Identity
IMSI International Mobile Subscriber Identity
IP Internet Protocol
IPsec IP-Security
IPv4 Version 4 des Internetprotokolls
IPv6 Nachfolgeversion 6 des Internetprotokolls
IPX/SPX Internetwork Packet Exchange/Sequenced Packet Exchange
IRC Internet Relay Chat

ISAKMP Internet Security Association and Key Management Protocol

ISCSI Internet Small Computer System Interface over IP

ISDN Integrated Services Digital Network

IS-IS Intermediate-System-to-Intermediate-System-Protokoll

ISM Industrial, Scientific, Medic

ISO International Organization for Standardization

ISP Internet Service Provider/Internet Provider

ITU International Telecommmunication Unit

IuKDG Informations- und Kommunikationsdienste-Gesetz

L2F Layer 2 Forwarding

L2TP Layer 2 Tunneling Protocol

LAC L2TP Access Concentrator

LAN Local Area Network

LANE LAN-Emulation

LDAP Lightweight Directory Access Protocol

LDIF LDAP-Data-Interchange-Format

LDSG Landesdatenschutzgesetz

LES LAN-Emulation-Server

LLC Logical Link Control

LMI Local Management Interface

LNS L2TP Network Sever

LSA Link State Advertise

LT Line Termination

LWL Lichtwellenleiter

MA Multiple Access

MAC Media Access Control

MAC Message Authentication Code

MAN Metropolitan Area Network

MAU Media Access Unit

MAU Multistation Access Unit

MCU Multipoint Control Units

MD4 und MD5 Message Digest 4/Message Digest 5

MDT mittlere Datentechnik

MIB Management Information Base

MMS Multimedia Messaging Service

Modem Modulator und Demodulator

MOH Music-On-Hold

MPPE Point-to-Point Encryption

MSC Mobile Services Switching Center

MS-CHAP Microsoft Callenge Handshake Authentication Protocol

MSN Multiple Subscriber Number

MTU Maximum Transfer Unit

NAPT Network Address Port Translation

NAS Network Attached Storage

NAT Network Address Translation

NC Network Computer

NCP Network Core Protocol

NDS Novell Directory Service

Net BIOS Network Basic Input Output System

NetBEUI Net BIOS Extended User Interface

NEXT Near End Cross Talk

NFS Network File System

NIC Network Information Center (in Deutschland: DeNIC)

NIC Network Interface Card

NMS Network Management Systems

NNI Network Node Interface

NT Network Termination

NTA Network Termination Analog

NTBA NT Basisanschluss

NTPM Network Termination Primary Multiplex

NUA Network User Address

OEM Original Equipment Manufacturer

OID Object Identifier

OMC Operation and Maintenance Center

OSI Open Systems Interconnection

OSPF Open Shortest Path First

OU Organization Unit

P2P Peer-to-Peer-Netzwerk

PAC PPTP Access Concentrator

PAI Packet Assembler/Disassembler

PAM Pulsamplitudenmodulation

PAN Personal Area Network

PAP Password Authentication Protocol

PAT Port Adress Translation

PCI Protocol Control Information

PCM Pulscodemodulation

PDA Personal Digital Assistant

PDH plesiochrone digitale Hierarchie

PDM Pulsdauermodulation

PDU Protocol Data Unit

PersZulV Personalzulassungsverordnung

PFM Pulsfrequenzmodulation

PGP Pretty Good Privacy

Phishing Password Fishing (Passwortangeln)

PID Protocol Identifier

PIN Personal Identity Number

PLC Power Line Communication

PM Phasenmodulation

PNS PPTP Network Server

POP Point of Presence

POP Post Office Protocol

POP3 Post Office Protocol (Version 3)

POTS Plain Old Telephone Service

PPA passiver Prüfabschluss

PPM Pulsphasenmodulation

PPP Point-to-Point Protocol

PPPoE Point-to-Point-Protocol-over-Ethernet

PPTP Point-to-Point Tunneling Protocol

PROFIBUS Process Field Bus

PROFIBUS-DP DP = dezentrale Peripherie

PROFIBUS-FMS FMS = Fieldbus Message Specification

PROFIBUS-PA PA = Process Automation

PSACR Power Sum ACR

PSELFEXT Power Sum ELFEXT

PSK Phasenumtastung

PSNEXT Power Sum NEXT

PUK Personal Unlock Key

PVC Permanent Virtual Circuit

QoS Quality of Service

RAID Redundant Array of Inexpensive Disks

RARP Reverse Address Resolution Protocol

RDN Relative Distinguished Name

RFC Request for Comment

RFID Radio Frequency Identification

RIP Routing Information Protocol

RIPE Reseaux IP Europeens

RIR Internet-Regisetrierungsorganisation

RL Return Loss

RMON Remote Monitoring

RSA Rivest, Shamir, Adleman

RTP Realtime Transport Protocol

SA Security Association

SAD Security Association Database

SAN Storage Area Network

SAP Service Access Point

SAP Service Advertising Protocol

SAPI Service Access Point Identifier

SASL Simple Authentication and Security Layer

SCO Synchronous Connection Oriented

SCSI Small Computer System Interface

SDH sychrone digitale Hierarchie

SDM Space Division Multiplex

SDMA Space Division Multiple Access

SDSL Symmetric Digital Subscriber Line

SGML Standard Generalized Markup Language

SigG Signaturgesetz

SigV Signaturverordnung

SIM Subscriber Identity Modul

SIP Session Initiation Protocol

SLIP Serial Line IP

SMB Server Message Block

SMTP Simple Mail Transport Protocol

SNAP Subnet Access Point

SNMP Simple Network Management Protocol

SOAP Simple Object Based Protocol

SONET Synchronous Optical Network

SPAM Spiced Ham

SPD Security Policy Database

SS No. 7 Signalling System No. 7

SS7 Signalling System No. 7

SSAP Source Service Access Point

SSH Security Shell

SSID Service Set Identifier

SSL Secure Sockets Layer

S-STP screened shielded twisted pair

STM Synchronous Transport Modul

STP Signalling Transfer Points

STUN Simple Traversal of UDP over NATs

SVC Switched Virtual Circuit

TA Terminaladapter
TAE Telekommunikations-Anschalteinheit
TAN Transaktionsnummer
TAsl Teilnehmer-Anschlussleitung
TCP Transmission/Transport Control Protocol
TDDSG Teledienstdatenschutzgesetz
TDM Time Division Multiplex
TDMA Time Division Multiple Access
TE Terminal Equipment
TEI Terminal Endpoint Identifier
Telnet Telecommunications Network
TIA Telecommunications Industry Association
TKG Telekommunikationsgesetz
TKV Telekommunikation-Kundenschutzverordnung
TLD Top Level Domain
TLS Transport Layer Security
TP twisted pair
tracert Trace Route
TTL Time to Live (Feld im IP-Header)

UAE Universal-Anschlusseinheit
UDP User Datagram Protocol
UNI User Network Interface
UrhG Urheberrechtsgesetz

URI Uniform Resource Identifier
URL Uniform Resource Locator
USV unterbrechungsfreie Stromversorgung
UTP-/STP unshielded twisted pair/shielded twisted pair

VC Virtual Channel
VCI Virtual Channel Identifier
VDI/VDE Verein Deutscher Ingenieure/Verband der Elektrotechnik, Elektronik und Informationstechnik
VDSL Very High Data Rate Digital Subscriber Line
VE:A Auslandsvermittlungsstelle
VE:F Fernvermittlungsstelle
VE:N Netzübergang
VE:O Ortsvermittlungsstelle
VFD Voltage and Frequency Dependent from mains supply
VFI Voltage and Frequency Independent from mains supply
VI Voltage Independent from mains supply
VLAN virtuelles LAN
VLR Visitor Location Register
VoIP Voice over IP

VP Virtual Path
VPI Virtual Path Identifier
VPN Virtual Private Network

WAN Wide Area Network
WAP Wireless Application Protocol
WDM Wavelength Division Multiplex
WDMA Wavelength Division Multiple Access
WECA Wireless Ethernet Compability Alliance
WEP Wired Equivalent Privacy
WIFI Wireless Fidelity
WiMAX Worldwide Interoperability for Microwave Access
WINS Windows Internet Name Service
WIPO World Intellectual Property Organization
WLAN Wireless Local Area Network
WMI Wireless Markup Language
WOL Wake-on-LAN
WPA Wi-Fi Protected Access
WPAN Wireless Personal Area Network
WWW World Wide Web

X.25-PLP Packet Layer Protocol
XML Extensible Markup Language

Quellen

Bildquellen

ADTRAN Europe Limited, Bramley Hants (UK), http://www.adtran.com
Allied Telesis International GmbH, München, http://www.alliedtelesyn.de
APC Deutschland GmbH, München, http://www.apc.com
ATTO Technology Inc., Amherst, New York (USA), http://www.attotech.com
Auerswald GmbH & Co. KG, Cremlingen, http://www.auerswald.de
AVM Computersysteme Vertriebs GmbH, Berlin, http://www.avm.de
Robert Bosch GmbH, Stuttgart, http://www.bosch.de/start/content/language1/html/index.htm
BelWü-Koordination, Stuttgart, http://www.belwue.de
Cisco Systems GmbH, Hallbergmoos bei München, http://www.cisco.de
Fred Cohen & Associates, Livermore California (USA), http://www.all.net
D-Link Deutschland GmbH, Eschborn, http://www.dlink.de
devolo AG, Aachen, http://www.devolo.de
Ericsson GmbH, Düsseldorf, http://www.ericsson.de
Fluke Deutschland GmbH, Kassel, http://www.fluke.de, http://www.flukenetworks.com
Garmin Deutschland GmbH, Gräfelfing (bei München); http://www.garmin.de
Google Germany GmbH, Hamburg, http://www.google.de
Hama GmbH & Co KG, Monheim, http://www.hama.de
Hewlett-Packard GmbH, Böblingen, http://welcome.hp.com/country/de/de/welcome.html
Informationsforum RFID e.V., Berlin, http://www.info-rfid.de
Stefan Karzauninkat, Hamburg, http://www.suchfibel.de
KUKA Roboter GmbH, Augsburg, http://www.kuka.com/germany/de/imprint/
M-net Telekommunikations GmbH, München, http://www.m-net.de
Madge Networks GmbH, Neu-Isenburg, http://www.madge.com
Dirk Meissner, Köln, http://www.meissner-cartoons.de
Motorola GmbH, Taunusstein, http://www.motorola.com
NETGEAR Deutschland GmbH, München, http://www.netgear.de
Nokia GmbH, Düsseldorf, http://www.nokia.de
Palo Alto Research Center (PARC), Palo Alto California (USA), http://www.parc.com
Panasonic Marketing Europe GmbH, Hamburg, http://www.panasonic.de
Rittal GmbH & Co. KG, Herborn, http://www.rittal.de
Sony Ericsson Mobile Communications, München, http://www.sonyericsson.com
SysKonnect GmbH, Ettlingen, http://www.syskonnect.de
TAROX Systems & Services GmbH, Lünen, http://www.tarox.de
Deutsche Telekom AG, Bonn, http://www.telekom.de
T-Mobile Deutschland GmbH, Bonn, http://www.t-mobile.de
Trust Deutschland GmbH, 47533 Kleve, http://www.trust.com
Tyco Electronics AMP GmbH, Langen http://www.tycoelectronics.com
Wyse Technology GmbH, Kirchheim, http://www.wyse.de
Philip Zimmermann & Associates, Silicon Valley, California (USA), http://www.philzimmermann.com

Downloadquellen

FTP-Server (Microsoft Windows)
- FileZilla (Microsoft Windows):
  http://www.filezilla-project.org
- vsftpd (Linux):
  http://www.vsftpd.beasts.org

FTP-Client:
- FileZilla (Microsoft Windows, Linux, Mac OS):
  http://www.filezilla-project.org
- SmartFTP (Microsoft Windows):
  http://www.smartftp.com

Netzwerk-Diagnosesoftware:
- Wireshark (Microsoft Windows, Linux, Mac OS):
  http://www.wireshark.org

LDAP-Browser/Editor:
- Softerra LDAP Browser (Microsoft Windows):
  http://www.ldapbrowser.com
- Browser282b2, LDAP-Browser und LDAP-Editor
  (Microsoft Windows, Linux, Mac OS auf Java-Basis):
  http://www.mcs.anl.gov/~gawor/ldap/index.html

LDAP-Server:
- OpenLDAP (Linux):
  http://www.openldap.org
- OpenLDAP (Microsoft Windows):
  http://download.bergmans.us/openldap

SNMP-Netzwerkmanagement-Software:
- Better Networks SNMPview (Microsoft Windows):
  http://www.snmpview.de/

Ver- und Entschlüsselung:
- GnuPG (Microsoft Windows, Linux):
  http://www.gnupg.org
- OpenSSL (Microsoft Windows, Linux):
  http://www.openssl.org

Erzeugung von Hashwerten:
- MD5summer (Microsoft Windows):
  http://www.md5summer.org

Firewall:
- IPCop (Linux):
  http://www.ipcop.org